中文社会科学引文索引（CSSCI）来源集

民间法

FOLK LAW

第25卷

主　编·谢　晖　陈金钊　蒋传光
执行主编·彭中礼

中南大学法学院 主办

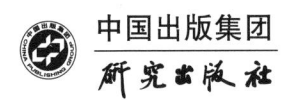

中国出版集团
研究出版社

图书在版编目(CIP)数据

民间法.第25卷/谢晖,陈金钊,蒋传光主编.--北京：研究出版社，2021.3
ISBN 978-7-5199-0991-8

Ⅰ.①民… Ⅱ.①谢… ②陈… ③蒋… Ⅲ.①习惯法-中国-文集 Ⅳ.① D920.4-53

中国版本图书馆 CIP 数据核字 (2021) 第 035028 号

出 品 人：赵卜慧
责任编辑：张立明

民间法（第 25 卷）
MINGJIANFA (DI 25 JUAN)

作　者	谢晖　陈金钊　蒋传光
出版发行	研究出版社
地　址	北京市朝阳区安定门外安华里 504 号 A 座（100011）
电　话	010-64217619　　64217612（发行中心）
网　址	www.yanjiuchubanshe.com
经　销	新华书店
印　刷	河北赛文印刷有限公司
版　次	2021 年 3 月第 1 版　　2021 年 3 月第 1 次印刷
开　本	787 毫米 ×1092 毫米　1/16
印　张	30.5
字　数	607 千字
书　号	ISBN 978-7-5199-0991-8
定　价	98.00 元

版权所有，翻印必究；未经许可，不得转载

总　　序

在我国，从梁治平较早提出"民间法"这一概念起算，相关研究已有 25 年左右的历程了。这一概念甫一提出，迅即开启了我国民间法研究之序幕，并在其后日渐扎实地推开了相关研究。其中《民间法》《法人类学研究》等集刊的创办，一些刊物上"民间法栏目"的开办，"民间法文丛"及其他相关论著的出版，一年一度的"全国民间法/民族习惯法学术研讨会"、中国人类学会法律人类学专业委员会年会、中国社会学会法律社会学专业委员会年会、中国法学会民族法学专业委员会年会等的定期召开，以及国内不少省份民族法学研究会的成立及其年会的定期或不定期召开，可谓是相关研究蓬勃繁荣的明显标志和集中展示。毫无疑问，经过多年的积累和发展，我国民间法研究的学术成果，已经有了可观的量的积累。但越是这个时候，越容易出现学术研究"卡脖子"的现象。事实正是如此。一方面，"民间法"研究在量的积累上突飞猛进，但另一方面，真正有分量的相关学术研究成果却凤毛麟角。因此，借起草"《民间法》半年刊总序"之机，我愿意将自己对我国当下和未来民间法研究的几个"看点"（这些思考，我首次通过演讲发表在 2020 年 11 月 7 日于镇江召开的"第 16 届全国民间法/民族习惯法学术研讨会"上）抛出来，作为引玉之砖，供同仁们参考。

第一，民间法研究的往后看。这是指我国的民间法研究，必须关注其历史文化积淀和传承，即关注作为历史文化积淀和传承的民间法。作为文化概念的民间法，其很多分支是人们社会生活长期积累的结果，特别是人们习常调查、研究和论述的习惯法——无论民族习惯法、地方习惯法、宗族习惯法，还是社团习惯法、行业习惯法、宗教习惯法，都是一个民族、一个地方、一个宗族，或者一个社团、一种行业、一种宗教在其历史长河中不断积累的结果。凡交往相处，便有规范。即便某人因不堪交往之烦而拒绝与人交往，也需要在规范上一视同仁地规定拒绝交往的权利和保障他人拒绝交往的公共义务。当一种规范能够按照一视同仁的公正或"正义"要求，客观上给人们分配权利和义务，且当这种权利义务遭受侵害时据之予以救济时，便是习惯法。所以，民间法研究者理应有此种历史感、文化感或传统感。应当有"为往圣继绝学"的志向和气概，在历史中观察当下，预见未来。把史上积淀的民间法内容及其作用的方式、场域、功能，其对当下安排公共交往、组织公共秩序的意义等予以分门别类，疏证清理，发扬光大，是民间法研究者责无旁贷的。在这方面，我国从事民族习惯法，特别是从史学视角从事相关研究的学者，已经做了许多值得赞许的工作，但未尽之业仍任重道远。其他相关习惯法的挖掘整理，虽有零星成果，但系统地整理研究，很不尽人意。因之，往后看的使命绝没有完成，更不是过时，而是必须接续既往、奋力挖掘的民间法学术领域。

第二，民间法研究的往下看。这是指我国的民间法研究，更应关注当下性，即关注当代社会交往中新出现的民间法。民间法不仅属于传统，除了作为习惯（法）的那部分民间法之外，大多数民间法，是在人们当下的交往生活中产生并运行的。即便是习惯与习惯法的当下传承和运用，也表明这些经由历史积淀所形成的规则具有当下性或当下意义。至于因为社会的革故鼎新而产生的社区公约、新乡规民约、企业内部规则、网络平台规则等，则无论其社会基础，还是其表现形式和规范内容，都可谓是新生的民间法。它们不但伴随鲜活的新型社会关系而产生，而且不断助力于新社会关系的生成、巩固和发展。在不少时候，这些规范还先于国家法律的存在，在国家法供给不及时，以社会规范的形式安排、规范人们的交往秩序。即便有了相关领域的国家法律，但它也不能包办、从而也无法拒绝相关新型社会规范对人们交往行为的调控。这在各类网络平台体现得分外明显。例如，尽管可以运用国家法对网络营运、交易、论辩中出现的种种纠纷进行处理，但在网络交往的日常纠纷中，人们更愿意诉诸网络平台，运用平台内部的规则予以处理。这表明，民间法这一概念，不是传统规范的代名词，也不是习惯规范的代名词，而是包括了传统规范和习惯规范在内的非正式规范的总称。就其现实作用而言，或许当下性的民间法对于人们交往行为的意义更为重要。因此，在当下性视角中调查、整理、研究新生的民间规范，是民间法研究者们更应努力的学术领域。

第三，民间法研究的往前看。这是指我国的民间法研究，不仅应关注过去、关注当下，而且对未来的社会发展及其规范构造要有所预期，发现能引领未来人们交往行为的民间法。作为"在野的"、相对而言自生自发的秩序安排和交往体系，民间法不具有国家法那种强规范的可预期性和集约性，反之，它是一种弱规范，同时也具有相当程度的弥散性。故和国家法对社会关系调整的"时滞性"相较，民间法更具有对社会关系"春江水暖鸭先知"的即时性特征。它更易圆融、自然地适应社会关系的变迁和发展，克服国家法在社会关系调整中过于机械、刚硬、甚至阻滞的特点。惟其如此，民间法与国家法相较，也具有明显地对未来社会关系及其规范秩序的预知性。越是面对一个迅速变革的社会，民间法的如上特征越容易得到发挥。而我们所处的当下，正是一个因科学的飞速发展，互联网技术的广泛运用和人工智能的不断开发而日新月异的时代。人类在未来究竟如何处理人的自然智慧和人工智能间的关系？在当下人工智慧不断替代人类体力、脑力，人们或主动亲近人工智慧，或被迫接受人工智慧的情形下，既有民间法是如何应对的？在人类生殖意愿、生殖能力明显下降的情形下，民间法又是如何因应的……参照民间法对这些人类发展可以预知的事实进行调整的蛛丝马迹，如何在国家法上安排和应对这些已然呈现、且必将成为社会发展事实的情形？民间法研究者对之不但不能熟视无睹，更要求通过其深谋远虑的研究，真正对社会发展有所担当。

第四，民间法研究的往实看。这是指我国的民间法研究，应坚持不懈地做相关实证研究，以实证方法将其做实、做透。作为实证的民间法研究，在方法上理应隶属于社会学和人类学范畴，因此，社会实证方法是民间法研究必须关注并运用的重要工具。无论社会访谈、调查问卷，还是蹲点观察、生活体验，都是研究民间法所不得不遵循的方法，否则，民间法研究就只能隔靴搔痒，不得要领。在这方面，近20年来，我国研究民间法，特别是研究民族习惯法的一些学者，已经身体力行地做了不少工作。但相较社会学、人类学界的研究，民间法研究的相关成果还远没有达到那种踏足田野、深入生活的境地。绝大多数实证研究，名为实证，但其实证的材料，大多数是二手、甚至三手的。直接以调研获得的一手材料为基础展开研究，虽非没有，但寥若晨星。这势必导致民间法的实证研究大打折扣。这种情形，既与法学学者不擅长社会实证的学术训练相关，也与学者们既没有精力，也缺乏经费深入田野调研相关，更与目前的科研评价体制相关——毕竟扎实的社会学或人类学意义上的实证，不要说十天数十天，即便调研一年半载，也未必能够成就一篇扎实的、有说服力的论文。因此，民间法研究的往实看，绝不仅仅是掌握社会学或人类学的分析方法，更需要在真正掌握一手实证材料的基础上，既运用相关分析工具进行分析，又在此分析基础上充实和完善民间法往实看的方法，甚至探索出不同于一般社会学和人类学研究方法的民间法实证研究之独有方法。

第五，民间法研究的往深看。这是指我国的民间法研究，要锲而不舍地提升其学理水平。这些年来，人们普遍感受到我国的民间法研究，无论从对象拓展、内容提升、方法运用还是成果表达等各方面，都取得了显著的成就，但与此同时，人们又存有另一种普遍印象：该研究在理论提升上尚不尽如人意，似乎这一领域，更"容易搞"，即使人们没有太多的专业训练，也可以涉足，不像法哲学、法律方法、人权研究这些领域，不经过专业训练，就几乎无从下手。这或许正是导致民间法研究的成果虽多，但学理深度不足的主要原因。这尤其需要民间法研究在理论上的创新和提升。我以为，这一提升的基点，应锚定民间法学术的跨学科特征，一方面，应普及并提升该研究的基本理念和方法——社会学和人类学的理念与方法，在研究者能够娴熟运用的同时，结合民间法研究的对象特征，予以拓展、提升、发展。另一方面，应引入并运用规范分析（或法教义学）方法和价值分析方法，以规范分析的严谨和价值分析的深刻，对民间法的内部结构和外部边界予以深入剖析，以强化民间法规范功能之内部证成和外部证成。再一方面，在前述两种理论提升的基础上，促进民间法研究成果与研究方法的多样和多元。与此同时，积极探索民间法独特的研究方法、对象、内容、范畴等，以资构建民间法研究的学术和学科体系——这一体系虽然与法社会学、法人类学、规范法学有交叉，但绝非这些学科的简单剪裁和相加。只有这样，民间法研究往深看的任务才能有所着落。

第六，民间法研究的比较（往外）看。这是指我国的民间法研究，不仅要关注作为非制度事实的本土民间法及其运行，而且要眼睛向外，关注域外作为非正式制度事实的民间法及其运行，运用比较手法，推进并提升我国的民间法研究。民间法的研究，是法律和法学发展史上的一种事实。在各国文明朝着法治这一路向发展的过程中，都必然会遭遇国家法如何对待民间法的问题，因为国家法作为人们理性的表达，其立基的直接事实基础，就是已成制度事实的非正式规范。随着不同国家越来越开放性地融入世界体系，任何一个国家的法制建设，都不得不参照、尊重其他国家的不同规范和国际社会的共同规范。因此，民间法研究的向外看、比较看，既是国家政治、经济、文化关系国际化，人民交往全球化，进而各国的制度作用力相互化（性）的必然，也是透过比较研究，提升民间法学术水平和学术参与社会之能力的必要。在内容上，比较研究既有作为非正式制度事实的民间法之比较研究，也有民间法研究思想、方法之比较研究。随着我国学者走出国门直接观察、学习、调研的机会增加和能力提升，也随着国外学术思想和学术研究方法越来越多地引入国内，从事比较研究的条件愈加成熟。把国外相关研究的学术成果高质量地、系统地迻译过来，以资国内研究者参考，积极参与国际上相关学术活动，组织学者赴国外做专门研究，成立比较研究的学术机构，专门刊发民间法比较研究的学术专栏等，是民间法研究比较看、向外看在近期尤应力促的几个方面。

当然，民间法研究的关注路向肯定不止如上六个方面，但在我心目中，这六个方面是亟须相关研究者、研究机构和研究团体尽快着手去做的；也是需要该研究领域的学者们、研究机构和研究团体精诚团结、长久攻关的事业。因此，在这个序言中，我将其罗列出来，并稍加展开，冀对以后我国的民间法研究及《民间法》半年刊之办刊、组稿能有所助益。

创刊于2002年的《民间法》集刊，从第1卷到第13卷一直以"年刊"的方式出版。为了适应作者及时刊发、读者及时阅读以及刊物评价体系之要求，自2014年起，该集刊改为半年刊。改刊后，由于原先的合作出版社——厦门大学出版社稿件拥挤，尽管责任编辑甘世恒君千方百计地提前刊物的面世时间，但结果仍不太理想。刊物每每不能按时定期出版，既影响刊物即时性的传播效果，也影响作者和读者的权利。《民间法》主编与编辑收到了不少作者和读者对此的吐槽。为此，经与原出版社厦门大学出版社及甘世恒编辑的商量，从2020年第25卷起，《民间法》将授权由在北京的研究出版社出版。借此机会，我要表达之前对《民间法》的出版给予鼎力支持的山东人民出版社及李怀德编审，济南出版社及魏治勋教授，厦门大学出版社及甘世恒编审的诚挚感谢之情；我也要表达对《民间法》未来出版计划做出周备规划、仔细安排的研究出版社及张立明主任的真诚感谢之意。期待《民间法》半年刊作为刊载民间法学术研究成果的专刊，在推进我国民间法研究上，责无旁贷地肩负起其应有的责任，也期待民间法研究者对《民间法》半年刊一如既往地予以宝贵的帮助和支持！

是为序。

陇右天水学士　谢　晖
2020年冬至序于长沙梅溪湖寓所

原　　序

　　自文明时代以来，人类秩序，既因国家正式法而成，亦藉民间非正式法而就。然法律学术所关注者每每为国家正式法。此种传统，在近代大学法学教育产生以还即为定制。被谓之人类近代高等教育始创专业之法律学，实乃国家法的法理。究其因，盖在该专业训练之宗旨，在培养所谓贯彻国家法意之工匠——法律家。

　　诚然，国家法之于人类秩序构造，居功甚伟，即使社会与国家分化日炽之如今，前者需求及依赖于后者，并未根本改观；国家法及国家主义之法理，仍旧回荡并主导法苑。奉宗分析实证之法学流派，固守国家命令之田地，立志于法学之纯粹，其坚定之志，实令人钦佩；其对法治之为形式理性之护卫，也有目共睹，无须多言。

　　在吾国，如是汲汲于国家（阶级）旨意之法理，久为法科学子所知悉。但不无遗憾者在于：过度执著于国家法，过分守持于阶级意志，终究令法律与秩序关联之理念日渐远离人心，反使该论庶几沦为解构法治秩序之刀具，排斥法律调节之由头。法治理想并未因之焕然光大，反而因之黯然神伤。此不能不令人忧思者！

　　所以然者何？吾人以为有如下两端：

　　一曰吾国之法理，专注于规范实证法学所谓法律本质之旨趣，而放弃其缜密严谨之逻辑与方法，其结果舍本逐末，最终所授予人者，不过御用工具耳（非马克斯·韦伯"工具理性"视角之工具）。以此"推进"法治，其效果若何，不说也知。

　　二曰人类秩序之达成，非惟国家法一端之功劳。国家仅藉以强制力量维持其秩序，其过分行使，必致生民往还，惶惶如也。而自生于民间之规则，更妥帖地维系人们日常交往之秩序。西洋法制传统中之普通法系和大陆法系，不论其操持的理性有如何差异，对相关地方习惯之汲取吸收，并无沟裂。国家法之坐大独霸，实赖民间法之辅佐充实。是以19世纪中叶、特别20世纪以降，社会实证观念后来居上，冲击规范实证法学之壁垒，修补国家法律调整之不足。在吾国，其影响所及，终至于国家立法之走向。民国时期，当局立法（民法）之一重大举措即深入民间，调查民、商事习惯，终成中华民、商事习惯之盛典巨录，亦成就了迄今为止中华历史上最重大之民、商事立法。

　　可见，国家法与民间法，实乃互动之存在。互动者，国家法借民间法而落其根、坐其实；民间法藉国家法而显其华、壮其声。不仅如此，两者作为各自自治的事物，自表面看，分理社会秩序之某一方面；但深究其实质，则共筑人间安全之坚固堤坝。即两者之共同旨趣,在构织人类交往行动之秩序。自古迄今,国家法虽为江山社稷安全之必备,然与民间法相须而成也。此种情形,古今中外,概莫能外。因之,此一结论,可谓"放之四海而皆准"。凡关注当今国家秩序、黎民生计者,倘弃民间法及民间自生秩序于不顾,即令有谔谔之声,皇皇巨著,也不啻无病呻吟、纸上谈兵,终其然于事无补。

近数年来,吾国法学界重社会实证之风日盛,其中不乏关注民间法问题者。此外,社会学界及其他学界也自觉介入该问题,致使民间法研究蔚然成风。纵使坚守国家法一元论者,亦在认真对待民间法。可以肯定,此不惟预示吾国盛行日久之传统法学将转型,亦且表明其法治资源选取之多元。为使民间法研究者之辛勤耕耘成果得一展示田地,鄙人经与合作既久之山东人民出版社洽商,决定出版《民间法》年刊。

本刊宗旨,大致如下:

一为团结有志于民间法调查、整理与研究之全体同仁,共创民间法之法理,以为中国法学现代化之参照;

二为通过研究,促进民间法与官方法之比照交流,俾使两者构造秩序之功能互补,以为中国法制现代化之支持;

三为挖掘、整理中外民间法之材料,尤其于当代特定主体生活仍不可或缺、鲜活有效之规范,以为促进、繁荣民间法学术研究之根据;

四为推进民间法及其研究之中外交流,比较、推知相异法律制度的不同文化基础,以为中国法律学术独辟蹊径之视窗。

凡此四者,皆须相关同仁协力共进,始成正果。故鄙人不揣冒昧,吁请天下有志于此道者,精诚团结、互为支持,以辟法学之新路、开法制之坦途。倘果真如此,则不惟遂本刊之宗旨,亦能致事功之实效。此乃编者所翘首以待者。

是为序。

陇右天水学士　谢　晖
序于公元 2002 年春

目 录　　　　　　　　　民间法（第25卷）

总序/原序　　　　　　　　　　　　　　　　　　　　　　　　　谢　晖／I

学理探讨

国家公共政策的"私人执行"：草根动员与公民诉讼　　　　　　　陈洪杰／3
论民间法的场域公共秩序
　　——基于广义法哲学视角之民间法的基石法益型构　　　　　　姚选民／21
民间规范的修辞阐释　　　　　　　　　　　　　　　　李　杰　黄琦翔／41
当代中国司法回应社会的模式研究
　　——基于类型化的分析与反思　　　　　　　　　　　　　　　侯明明／50
三维重塑：走向规范意义的调解
　　——基于法官、习惯与调解的互动关系分析　　　　　　　　　童晓宁／64
民族地区刑事和解的实践困境与调适方向　　　　　　　　　　　　彭　昕／76
基层法官参与社会治理的三重叙事
　　——以"援引民间规范的基层司法裁判文书"为线索　　　　　王文玉／93
社区网格化治理法治化的规范之维
　　——基于社会内在性视域　　　　　　　　　　　　　　　　　王　琦／108

经验解释

民间法视域下唐代立嗣亲子关系价值取向及其启示　　　　　　　曹薇薇／127
中西方法律传统中的地理性　　　　　　　　　　　　孙日华　赵卓越／139
德昂族习惯规范研究的回眸与前瞻　　　　　　　　　　　　　　赵天宝／153
家规在中国传统基层社会治理中现代转化　　　　　　　　　　　刘志松／175

博弈视角下的清代乡村失序现象研究
——以徐士林《守皖谳词》及《续》为范本 ………………………… 李悦田 / 186
民事纠纷解决中的国家法与民间法的互动
——基于紫阳正堂司法档案的考察 ……………………………… 金 怡 / 198
家礼与族规：家国谱系的制度逻辑 ……………………………… 林树煌 / 218
武定团碑苗族土地使用权习惯法的演进及其社会功能探析 ……… 徐建平 / 235

制度分析

民族地区乡村治理的习惯规则之维
——基于新制度主义的分析 ……………………… 廖 艳 吴承超 / 255
民事审判中习惯适用的规范化问题研究
——以Z市基层法院292份民事判决书为样本 …… 于志洁 李 宁 / 265
论我国民法典中习惯要素的设置及其司法实效 …………………… 宋 菲 / 276
从分散到统一
——论地方权益性假期的立法乱象及克服路径 …… 林立成 王志勇 / 289
作为公司（Companhia）母体的合伙（Sociedade）制度历史梳理
——以澳门民商法为视角 ………………………………………… 王 华 / 304
论我国仲裁机构社会服务机构法人地位 …………………………… 刘君之 / 324

社会调研

"祭龙"议事与乡村治理 ……………………………………………… 张利利 / 341
论藏式调解的司法整合 ………………………………… 王林敏 王 亮 / 358
我国农村纠纷化解难点的成因及治理
——基于中国传统政治文化治理特征的解释 …………………… 王韬钦 / 369
清代民间土地交易的习惯（法）探赜
——基于宁波地区契约文书的实证研究 ………… 陶文泰 李学兰 / 384
清末民初湖南民商事习惯调查之研究及意义 …… 夏新华 陈仁鹏 / 403
多元协作框架下网络餐饮第三方平台的治理路径 ………………… 尚海涛 / 417

域外视窗

法律多元视角下的荷兰阿达特法 …………………………………… 张 泽 / 435

习惯法对法律现代化的稳定作用
——以英国古典普通法的习惯法特征为例 .... 王永祥 / 446
跨文化视野下的中国藏族与日本古代对偶婚比较研究 .... 孙 璐 / 459

学理探讨

国家公共政策的"私人执行"：
草根动员与公民诉讼

陈洪杰*

摘 要 行政中心主义的治理模式经常会陷入这样一种自相矛盾的困境中：本应作为国家公共政策执行者的政府机构自己却在以各种方式"扭曲"、甚至是"抗拒"国家政策的执行。而"草根动员"固然可以通过"行动—回应"的关系架构帮助中央政府克服地方治理过程中存在的信息不对称，提升国家治理绩效。然而，中央政府显然不可能一以贯之地对千千万万的私人行动一概做出有效回应。因此，现代法治国家通常都是基于政治与法律的功能分立，通过确立司法最终解决原则而将地方治理的绩效问题从行政系统向司法系统进行输送。在行政治理与司法治理的路径分化以及社会行动者的"竞争性"选择中，国家也许可以通过一种"市场化"的路径来实现"私人执行权"与国家治理资源的优化配置。

关键词 国家治理绩效 行政治理 司法治理 多元共治

引 言

在国家治理体系中，国家各级行政职能部门是自上而下执行中央政策与国家法律的常规载体（此即通常所说的"委托—代理"模式），但诸多研究表明，由于信息不对称等原因，政策制定者往往无法充分掌握政策目标在各层级执行者手中具体的落实情况。这就导致政策执行者经常出现两幅相互矛盾的面孔：一方面，许多经验研究发现，基于所谓"压力型体制"的内在运行逻辑，各级行政职能部门会采取"层层加码"的方式来迫使下级机构采取积极措施来落实政策；另一方面，研究者同时又发现，基层官员会采取各种策略

---

* 陈洪杰，法学博士，上海师范大学哲学与法政学院副教授。

与共谋行为来化解上级的压力。甚至,"同一政府机构常常扮演相互矛盾的角色,即向下施压、层层加码,与此同时又和下级共谋应对上级。"①

为了克服"委托—代理"模式下行政代理人利用信息优势"上下其手"的结构性难题,谢岳、党东升在《草根动员:国家治理模式的新探索》(以下简称"治理新探索")一文中提出以"草根动员"作为国家公共政策执行的补充机制,以矫正科层官僚在政策执行过程中难以避免的推诿与扯皮——"底层民众发起的草根动员之所以能够提高治理的绩效,是因为集体行动能够在地方政府与社会之间建立起一种横向责任关系,给地方政府制造外部压力,从而迫使这些代理机构在政策执行时减少失误与懈怠。"② 有研究者发现,"中国民众表达抗议和诉求有一个显著特点,即他们创造性地运用中央文件、法律、政策和其他官方支持的价值目标,以抗议'不忠'的地方官员,并向中央政府或上级政府寻求帮助。"对于中央政府而言,这样一种有限度的"合法反抗"或是"忠诚抗议"可以帮助克服政策实施过程中的信息不对称,"有助于中央政府监督地方政府和调整政策。"③ 正是在这一意义上,我们或许可以将草根动员视为是国家公共政策的"私人执行"机制,正如"治理新探索"所指出的:"只要草根动员具备了一定的政治和社会条件,就有可能以理性与和平的方式推进基层社会的治理,使之成为国家治理体系的一个重要的组成部分。"④

一、草根动员的经验逻辑及其局限

作为一种实然的描述,草根动员既可能是以单纯的个体或小集体利益作为行动诉求,也可能包含了公共利益表达;与其利益诉求密切相关的行动组织策略也相应地包括了从利用个人社会关系网络到动用国家、社会公共资源(上级或者中央政府、媒体以及NGO组织,等等);行动方式既可能是诉诸"堵门""静坐""游行"等"街头政治"渠道,也可能是通过上访等体制内渠道,有的时候也会利用集体诉讼这样的法律手段。应星通过个案研究发现,草根行动者对于采取何种利益表达渠道并没有特别的偏好,"由于'诉讼的政治学'使司法与行政处于同一权力谱系中,因此,公民寻求救济的行动就不会拘于司法救济/非司法救济之分。他们打官司并不一定是出于他们对法律的相信,就像他们上访也并不一定出于对'青天'的相信。他们把法律和上访同样都作为权宜救济的手段,就如同支配者把法律和信访作为权宜治理的手段一般。"⑤

---

① 对相关经验研究的问题呈现与文献梳理可参见周雪光、练宏:《中国政府的治理模式:一个"控制权"理论》,载《社会学研究》2012年第5期,第70页。
② 谢岳、党东升:《草根动员:国家治理模式的新探索》,载《社会学研究》2015年第3期,第1页。
③ 参见曹正汉:《中国上下分治的治理体制及其稳定机制》,载《社会学研究》2011年第1期,第3页。
④ 谢岳、党东升:《草根动员:国家治理模式的新探索》,载《社会学研究》2015年第3期,第1页。
⑤ 应星:《草根动员与农民群体利益的表达机制——四个个案的比较研究》,载《社会学研究》2007年第2期,第17页。

正是因为草根动员与权力体制之间的关系互动具有鲜明的"权宜"色彩，这就使得其在很多时候都必须凭借特定的"机遇"才有可能发挥预期的功能。比如，"治理新探索"描述了这样一个经验个案：福建省 PN 县政府于 1994 年从福州引进的一家化工企业（福建 RP 化工有限公司，以下简称 RP）生产的是污染性极高的氯酸钾产品。在长达 10 年的时间里，RP 向企业所在地的 XP 村排放了大量的废水、废气和废渣。当地村医 ZCJ 基于职业敏感，将污染与村民的身体状况建立起有统计学数据加以支撑的因果联系。于是村民们被动员起来展开抗争行动，其早期的行动主要围绕着自我的利益表达，以围堵工厂大门、信访等方式寻求经济赔偿，但收效甚微。

ZCJ 从 1999 年开始从事动员抗争，在吸取早期教训之后，他将村民的污染遭遇与 PN 县的环境破坏联系起来。这一策略取得了成功，国家环保总局和当时的国务院总理朱镕基均表示了关注，媒体也开展了专门报道。在这里，高层的关注与媒体的广泛介入实际上是以全国人大与国务院在 1998 年将环境保护确立为基本国策并加以推行为背景的。在 ZCJ 罗列的媒体清单中，国内几乎所有的国家级媒体都在其中。舆论压力导致的直接结果是，RP 化工厂在 2002 年被国家环保局列入 55 家污染最严重的企业黑名单。

舆论关注同时也引来了环保 NGO 的介入，《方圆》杂志记者引荐中国政法大学污染受害人法律援助中心来为集体行动提供帮助。在援助中心的支持下，2002 年 11 月 7 日，1721 名环境污染受害者向宁德市中级人民法院提起了民事诉讼。援助中心不仅为 PN 县的农民免费提供诉讼代理，而且提供诉讼所需的全部费用。2005 年底，经过 ZCJ 等人和援助中心长达 3 年多的共同努力，村民们胜诉了。

基于上述经验案例，"治理新探索"试图建构一种基于"行动—回应"关系架构的草根动员模式："通过草根行动者的动员，在基层社会，中央政府能够对它的代理机构形成一种有效的外部监督，弥补自上而下的行政机构内部监督不到位的缺陷，督促地方政府更加积极地执行国家的治理目标。"① 然而，由于国家高层的注意力是稀缺的，只有很少部分的地方治理事件能够"幸运"地进入国家高层的视野。如果在国家公共政策的执行中，每一起个案的政策贯彻都需要国家高层予以特别关注、督促落实，那就基本上等同于消解了行政治理"委托—代理"模式的存在价值。

就像在前文的经验案例中，类似这样的环境污染个案在我国可能是大面积存在着的，而该案的"幸运"之处是恰逢发生在国家大力推进环境保护政策初期的大背景下，② 国家高层出于抓典型的考虑当然会对"具有代表性的新现象"予以额外的关注。而一旦类似的个案层出不穷地冒出来，国家高层的注意力显然是分配不过来的，其后果要么是导致草根行动之间的"动员竞争"以争夺稀缺的高层注意力，而这必然会导致其与地方政府之间的

---

① 谢岳、党东升：《草根动员：国家治理模式的新探索》，载《社会学研究》2015 年第 3 期，第 19 页。
② 谢岳、党东升在文章中使用了"幸运"这个说法，参见谢岳、党东升：《草根动员：国家治理模式的新探索》，载《社会学研究》2015 年第 3 期，第 16 页。

冲突升级；要么就是"石头飞上天，也得落回地上来"。

二、草根动员的社会行动结构与路径分化潜力

如前所述，行政中心主义的治理模式经常会陷入这样一种自相矛盾的困境中：本应作为国家公共政策执行者的政府机构自己却在以各种方式"扭曲"、甚至是"抗拒"国家政策的执行。而按照"治理新探索"的分析框架，草根动员之所以可以作为一种提升国家治理绩效的"私人执行"机制，是因为其可以通过"行动—回应"的关系架构引入国家高层与社会共同体的关注来推进政策执行。这一社会行动结构主要是以国家行政治理体系"上下分治"的权力配置逻辑为基础的——"中央政府主要执掌治官权，即选拔、监督和奖惩官员的权力；至于实际管治各地区民众的权力（简称'治民权'），则交给地方官执掌。只要地方官不违背中央政府所定大政方针，均可以因地制宜地行使其治民权，灵活地处置所管辖地区的民众事务。"①

这就意味着，草根动员的"强度"必须要达到"上达天听"的程度才有可能谋求执掌"治官权"的国家高层介入；与此同时，草根动员还必须借助于社会共同体意识对自身的行动诉求进行阐释，将自我利益表达有效地框定在公共利益表达的架构里。只有通过行动框释，草根动员才有可能整合来自国家与社会两个层面的政治支持，迫使执掌"治民权"的基层政府回归到努力谋求共识的行动框架中；这就涉及关键的"第三方"，这主要指的是专业化社会组织与大众传媒，正是"第三方"的介入，可以更有效地框定草根动员的行动边界，扩大行动影响，确保社会集体行动与地方政府之间的博弈维持在和平、理性的界限内。

我们可以看到，草根动员固然可以帮助国家高层克服地方治理过程中存在的信息不对称，但它一方面受制于偶然的行动者、偶得的社会关系网络以及国家高层自身的议程设置与注意力分配；另一方面，也会制造潜在的社会冲突。正如"治理新探索"对福建XP村草根行动的判断，如果缺乏国家政策环境的"机遇"、有效的行动框释和第三方介入，"该项运动或许像大多数集体抗议一样，要么不了了之，要么以暴力的方式草草收场"。②不仅如此，由于国家高层的注意力始终都是有限的，其不可能一以贯之地对千千万万的私人行动一概做出有效回应。因此，尝试与纵向导控的行政权力体制进行对接的草根动员作为一种旨在提升国家治理绩效的常规性机制所能起到的作用可能始终是有限的。

也正因为如此，现代法治国家通常都是基于政治与法律的功能分立，通过确立司法最终解决原则而将地方治理的绩效问题从行政系统向司法系统进行输送："法律系统既能够通过广泛的法律共同体传达以法律表现出来的政治指令，又能够通过普遍化的权利诉讼提

---

① 曹正汉：《中国上下分治的治理体制及其稳定机制》，载《社会学研究》2011年第1期，第1页。
② 谢岳、党东升：《草根动员：国家治理模式的新探索》，载《社会学研究》2015年第3期，第8页。

供丰富的信息监控与有效的制裁机制。"① 藉此，以法律的普遍性命令所加以建构的"国家机构之间的平行责任"② 就可以作为实施国家公共政策的替代性机制而在"行动—回应"的关系架构两端重新配置社会行动资源。

事实上，在国家治理体系较为成熟完善的西方国家，作为行政治理的补充机制，司法治理为"草根动员"提供了机制化的行为导向与行动激励。比如，美国的"私人检察总长"理论（private attorney general）正是基于强调在特定领域通过私人诉讼引入司法治理对破坏国家公共政策的行为予以矫正、制裁的积极意义。

三、司法治理与社会行动资源的"市场化"配置

（一）社会行动资源配置的效率问题

当草根动员从日常政治行动向更为复杂的法律行动发生演化，集体行动成本过高的问题就会凸显出来。比如，在前文福建 RP 企业污染案中，按照传统的当事人观念，只能由近两千名污染受害者作为私法上的权利主体以集体诉讼的方式对污染企业提出控告，在这种情况下，如果缺乏有效领导，一致行动本身的协商成本就可能是高不可攀的。当然，在这个例子中，由于 ZCJ 的个人独特作用，使得这个问题似乎并不显得尤为突出。但我们仍然需要注意到，集体行动困境是客观存在着的。

在早期的一则例子中，四川省资阳市雁江区境内的清水河及其支流沿岸有数十家石料加工作坊肆意排放污染物，不仅阻塞河道，而且污染水体，使 4 个村的 800 亩土地、近 2000 人的生产生活受到严重影响。雁江区环保局曾对污染企业发出整改通知，限期停产整改。但众厂家仍然我行我素，污染问题得不到切实解决。受害农民思想难以统一，部分受害农民与污染企业交涉无果之后，担心胜诉无望，并因诉讼费用的负担，起诉态度消极。③

另外，在诸如环境公共政策的执行过程中经常会出现公共利益与私人权利之间的复杂竞合与冲突，在很多时候，我们其实并不能合理地预期在事实上享有权利或存在个体性利益的社会成员就一定会积极地采取符合国家公共政策预期的私人行动。他们也许会在公共利益与私人经济利益以及长远利益与短期收益之间做出在他们看来是符合"理性"的取舍。比如，在类似于福建 RP 企业与 XP 村的关系例子中，如果企业的环境破坏行为并不是像在本案中那样对相关村民利益构成不可调和的根本性矛盾，或者企业属于那种足够暴利的行业，也许他们就会在私下里达成在他们看来属于"双赢"的"共谋"行为。

有的时候，违反国家公共政策的行为尽管同时侵害了多数人的利益，但对于每一个单

---

① 伍德志：《欲拒还迎：政治与法律关系的社会系统论分析》，载《法律科学》（西北政法大学学报）2012 年第 2 期，第 10 页。
② 谢岳、党东升：《草根动员：国家治理模式的新探索》，载《社会学研究》2015 年第 3 期，第 2 页。
③ 参见齐树洁、林建文：《环境纠纷解决机制研究》，厦门大学出版社 2005 年版，第 235 页。

独的社会个体而言,这种侵害并不是显得尤为严重,他们也许会觉得不值得付诸特别的行动对之加以抵制。这一方面可能是由于"集体行动的成果具有非排他性和公共性的特点,所有集体中的成员都能从中获益,包括那些没有分担集体行动成本或风险的成员,这种不对等的成本收益模式导致了在集体行动中存在'搭便车'现象,所以理性自利的个体一般不会自动采取集体行动;"① 另一方面,"如果侵害涉及极为复杂的事实关系或有关法律极为难理解,为了获得救济要花费比自己所要求的高得不相称的费用(包括把原告们组织起来的交涉费用),"② 就都可能会使绝大多数人打消采取积极行动的念头。

而另一方面,热心公益的社会团体或个人却常常向法庭提出超越起诉者个人利益的问题,原告起诉的基础并不在于自己的某种权利受到侵害或是胁迫(或者,即便存在着个体性的利益损害,也是微不足道的),而在于希望保护因私人或政府机关的违法作为而受损的公众的利益(比如,2005年松花江污染案,北大法学院若干师生的起诉③)。然而,按照以传统私法制度为权利配置基础的"原告资格的私法模式",④ 这些环境公益组织或个人是不能被授予诉讼主体资格的。

这个时候,我们就会发现,传统私法模式下的权利配置在很多时候难以产生有效推动"私人执法"诉讼的积极效果:有诉讼主体资格的社会成员经常缺乏行动意愿与行动能力,而具有行动意愿与行动能力的社会公民却往往并不具备法定的诉讼主体资格,从提升治理绩效的维度来看,这样的私法权利模式就没有实现社会行动资源的有效配置。

(二)"私人执行权"的"市场化"配置

在由国家各级行政机关充当国家公共政策之执行主体的时候,执行权的配置必然是按照科层化的官僚体制逻辑进行自上而下的均质化配置。受制于编制、预算以及权力腐败等因素,政府机构往往缺乏足够充分的资源、信息或是行动激励对所有违反国家公共政策的行为做出及时有效的反应。

相较于公共执行权的"科层化"配置,"治理新探索"试图加以建构的"草根动员"模式在一定意义上可以被视为是"私人执行权"的"私法化"配置。根据这一理论范式,

---

① 李平原、刘海潮:《探析奥斯特罗姆的多中心治理理论——从政府、市场、社会多元共治的视角》,载《甘肃理论学刊》2014年第3期,第128页。

② [意] M. 卡佩莱蒂:《福利国家与接近正义》,刘俊祥等译,法律出版社2000年版,第68页。

③ 2005年11月13日,中国石油天然气集团公司所属中国石油天然气股份有限公司吉林分公司双苯厂(101厂)的苯胺车间因操作错误发生剧烈爆炸并引起大火,造成8人死亡、60人受伤,100吨苯、硝基苯和苯胺流进松花江。2005年12月7日,北京大学法学院三位教授及三位研究生向黑龙江省高级人民法院提起了国内第一起以自然物(鲟鳇鱼、松花江、太阳岛)作为共同原告的环境民事公益诉讼,要求法院判决被告赔偿100亿元人民币用于设立松花江流域污染治理基金,以恢复松花江流域的生态平衡,保障鲟鳇鱼的生存权利、松花江和太阳岛的环境清洁的权利以及自然人原告旅游、欣赏美景和美好想象的权利。参见蔡守秋:《论环境公益诉讼的几个问题》,载《昆明理工大学学报》(社会科学版)2009年第9期,第7-8页。

④ 巩固:《美国原告资格演变及对公民诉讼的影响解析》,载《法制与社会发展》2017年第4期,第125页。

"行动—回应"的关系架构往往是在"'侵权—抗争'这一宏观逻辑预设下展开的……其逻辑支点在于,民众之所以采取环境抗争行动是由于环境问题导致自身权益不断受到侵害而被迫奋起反抗以谋求救济。"① 也就是说,社会行动者的行动资格系取决于其在私法上获得的实体权利配置,不具有私法上权利的社会行动者只能作为"第三方"发挥有限的作用。但这一理论范式的缺失在于没有充分意识到无论是因为国家高层注意力分配不够,抑或是因为社会行动者陷入集体行动困境而导致按照传统私法模式下的"私人执行权"配置陷入无效率时,我们又该如何寻求一种更有效率的替代性私人执行机制?

按照科斯定理的推论,资源的初始配置即便是无效率的,但只要交易成本足够低,资源最终仍会在市场化条件下达成最优的配置均衡。有鉴于此,本文的讨论试图呈现一种对"私人执行权"进行"市场化"配置的思路:"通过降低诉诸法院的准入门槛限制,使得环境公益组织得以用更低的成本来提供监测环境质量以及执行环境公共政策的社会公共产品。"② 其主要旨就在于通过降低获取社会行动资格的"交易成本",促进社会行动资源朝着更具行动意愿与行动能力的社会行动主体进行配置:"当行政机关怠于环保职守或企业发生环境侵害行为时,无直接利害关系人(包括组织、机关等)以公益的目的提起诉讼,司法机关受理案件并裁决……行政机关履行环保职责的合法性转由司法机关判断。"③ 于是,基于公共利益表达而不是自我利益诉求的社会行动者成为"私人检察总长",由法律加以框定的公共行动路径整合社会动员,"公民诉讼"成为社会行动者参与推动执行国家公共政策至关重要的中心机制。

我们可以看到,美国《1970年清洁空气法》(Clean Air Act Amendments of 1970,简称为"Clean Air Act"或"CAA")第304条正是在上述意义上首次确立了所谓的公民诉讼条款(citizen suit provisions):任何人有权以自己的名义对任何他人[包括(i)合众国以及(ii)任何其他宪法第11修正案认可具有被告资格的政府机构]提起民事诉讼,只要其在指控中表明后者已经违反(假如有证据证明这种被指控的违法行为已经重复出现)或将要违反(A)本法规定的排放标准或限制,或(B)本法执行机构或某一州政府依据本法发布的命令。但原告必须提前60天通知美国环保署(EPA)、州政府(the state)以及其将要控告的对象。④ 在《清洁空气法》之后,几乎所有的美国联邦环境法都包括了公民诉讼条款。

正如《清洁空气法》的一个主要的参与制订者所指出的,在该法中设计公民诉讼条款原因在于:"参议院委员会意识到,单纯依靠公共行政机构是不可能全面充分实施空气污

---

① 韩瑞波、叶娟丽:《政企合谋、草根动员与环境抗争——以冀南L镇D村为例》,载《中南大学学报》(社会科学版)2018年第3期,第145页。
② A. H. Barnett; Timothy D. Terrell, Economic Observations on Citizen – Suit Provisions of Environmental Legislation, 12 *Duke Envtl. L. & Pol'y F.* 1 (2001).
③ 郑少华:《生态文明建设的司法机制论》,载《法学论坛》2013年第2期,第23页。
④ 42 U. S. C 7604 (b) (1) (A) (2000).

染治理工作的……社会公众的参与是达成国家政策目标不可或缺的要素。"① 在很长一段时间内，联邦法院支持国会的立场，将扩展普通公民诉权视为私人的行动权利（private rights of action），认同其为了维护公共利益和执行公法而采取的公共行动（the public action）。②

（三）公民诉讼的实践路径

公民诉讼制度的要旨在于赋予那些与环境侵害行为并不存在显著直接利害关系的"第三方"以独立的司法行动地位，使其可以越过传统私法模式下权利配置的边界，自主作为国家公共政策的私人执行者而展开行动。基于美国的经验，我们可以通过以下几则判例中把握这一实践路径的初步演进脉络：

在哈德森风景保护协会诉联邦能源委员会（Scenic Hudson Preservation Conference v. Federal Power Commission）案中，哈德森风景保护协会要求法院对联邦能源委员会作出的，许可在哈德森高地的风暴国王山（Storm King Mountain in the Hudson Highlands）上建立水力发电设施的行政许可进行审查。如果以前文引述的 RP 化工厂污染案做类比，就算本案中的水力发电设施建成之后会造成潜在的环境破坏，有资格提起诉讼的也应该是像 XP 村村民这样的直接受害人。按照传统法律形式要件，原告资格的获得主要以其受到事实上的直接损害或者有受到损害的切实危险为前提。③ 并且这种事实上的损害还被狭窄地界定在经济损害的范畴。④

但审理本案的第二巡回法院（the Second Circuit）认为，经济利益上的损害不应成为起诉者获得原告资格的强制性条件，起诉者如果能够证明其在美学利益、环保利益以及娱乐利益上的特殊利益受到了侵害则其就可以被视为有受到损害的切实危险。无论是哈德森风景保护协会及其成员还是邻近的城镇居民都属于《联邦能源法》（Federal Power Act）所界定的"受到侵害"的当事人范畴，从而可以具备要求对联邦能源委员会所作出的行政许可进行司法审查的原告资格。⑤

以传统环境公益诉讼中对私法权利进行扩张解释的判例为基础，在 Sierra Club v. Morton 案中，法院在事实上为公民诉讼的行动路径设定了一种便捷的形式主义要求。在该案中，塞拉俱乐部试图质疑林业局批准迪斯尼公司在矿金峡谷进行娱乐项目开发，认为该项目会损害自然环境，但其仅仅在诉状中一般性地宣称环保组织在自然保护方面有"特

---

① Senate Comm. On Public Works, 93d Cong., A Legislative History of the Clean Air Act Amendments of 1970 (Comm. Print 1974) ("CAA Legislative History"). at 138 (statement of Sen. Muskie).
② See Abram Chayes, The Role of the Judge in Public Law Litigation, 89 *HARV. L. REV.* 1281 (1976).
③ Massachusetts v. Mellon, 262 U.S. 447 (1923). at 488.
④ Bennett v. Spear, 520 U.S. 154 (1997); Ass'n of Data Processing Serv. Orgs. v. Camp, 397 U.S. 150 (1970).
⑤ 354 F. 2d 608 (2d Cir. 1965), cert. denied, 384 U.S. 941 (1966).

殊利益",法院认为这并不足以使得环保组织获得原告资格。但法院在判决驳回起诉的时候却也表示,环境保护团体只需修改诉状,就本组织或者本组织成员的特定利益受到侵害作出确定陈述（assertion）,则其便可获得原告资格。①

在一年之后的 United States v. Students Challenging Regulatory Agency Procedures（"SCRAP"）案中,我们可以观察到公民诉讼较为完整的行动框释策略：SCRAP 主张他的成员在森林中徒步旅行时受到大量胡乱堆放的金属啤酒罐以及类似东西的阻碍,该组织认为造成这些东西被堆放在森林中的原因是由于联邦州际商业委员会批准铁路部门征收 2.5% 附加运费的决定。他们认为运费增高导致一些可以利用但经济价值不大的资源不能从资源原产地运送出去,而整个社会的资源需求量却没有减少,从而引起伐木、采矿活动和垃圾的增加。这损害了他们享用华盛顿山区自然环境的休闲娱乐利益。因此对联邦州际商业委员会提起诉讼,要求法院对运费率进行司法审查。最高法院承认了 SCRAP 的原告资格。②

按照公民诉讼制度下的行动框释逻辑,当发生环境侵害行为时,环境公益组织只需吸纳一名当地受害居民作为会员,就可以代表其利益向侵害者提起诉讼,要求法院对其发布禁令,甚至处以罚款。③ 就环保公共政策的实施而言,这显然是一种更有效率的私人执行机制。并且,环境公益组织开展的公民诉讼也并不排除环境侵害的直接受害者另外提起索赔诉讼,这就使得在"行动—回应"关系架构两端的"权利—权力"资源配置尽可能符合帕累托最优原则。

四、"市场化"路径的限度及其实践修正

在美国的实践中,我们确实可以看到公民诉讼条款极富效率地推动了社会行动资源朝着更加"市场化"的方向进行重新配置,然而,一旦司法程序功能发生异化,过于积极扩张的公民诉讼实践则又会反过来成为环境资源本身进行优化配置的"交易成本",这在相当程度上意味着"市场化"的路径实际上亦是有其限度的。

一个尤为典型的案例是宾夕法尼亚环保项目公司（Pennsylvania Envtl. Enforcement Project, Inc. 以下简称为 PEEP）依据《自然资源保护与修复法》（Resource Conservation and Recovery Act, 以下简称为 RCRA）的公民诉讼条款,于 1995 年 9 月针对 Keystone 水泥公司（Keystone Cement Co., C. A.）提起的诉讼。④ PEEP 主张 Keystone 在水泥煅烧炉

---

① 405 U. S. 727（1972）.

② 412 U. S. 669, 685（1973）.

③ Hunt v. Washington State Apple Advertising Commission 案中,法院确立了社会组织的诉讼资格标准：1. 社会组织的成员本人具有诉讼资格；2. 社会组织寻求保护的利益与其宗旨相关；3. 其声称或请求的救济不需要其个体成员的参与。参见曹明德：《中美环境公益诉讼比较研究》,载《比较法研究》2015 年第 4 期,第 72 页。

④ 这一案例的资料来源,请见 A. H. Barnett; Timothy D. Terrell, Economic Observations on Citizen‑Suit Provisions of Environmental Legislation, 12 *Duke Envtl. L. & Pol'y F.* 1（2001）.

中焚烧有毒废料的行为已经构成了对当地居民迫在眉睫的威胁,因此寻求法院对之发布禁令。

在当时的美国,每年大概会产生2亿5千万吨有毒工业废料,大都是通过焚化处理,焚化炉的运营商每处理1吨废料可以收费数百美元。到了20世纪80年代,水泥制造商开始在水泥煅烧炉中使用液体工业废料作为燃料以取代传统的煤,由于有毒废料在水泥煅烧炉中也可以按照联邦排放法规所要求的那样被焚化降解,因此,水泥制造商同时也可以因为其对有毒工业废料的焚化处理而获得收益。Keystone公司1995年约15%的收入就来自于此。在1990年,常规焚化炉的运营商每处理1吨液体废料的收费高达284美元,而如果使用水泥煅烧炉进行处理则只需100美元。这就导致截至1991年,传统焚化产业超过60%的市场份额被水泥制造商给占据了。

于是,行业竞争者于1993年12月成立了一个热处理行业联合会(Association for Responsible Thermal Treatment,简称ARTT),其宗旨据称是努力促进"以最先进的技术与最严格的排放标准来实现对有毒废料的无害焚烧处理"。而该组织的三大会员之一,同时也是Keystone的主要商业竞争者,Rollins Environmental Services(一家传统的焚化炉运营商)则在大约8个月的时间范围内向PEEP提供了至少25万美元的资金支持,后者则在匆匆成立数周之后即向Keystone提起了诉讼。在PEEP有限的存续周期内,其活动主旨就是开展这样一种目的性很强的选择性"执法"诉讼。

相关研究表明,Keystone的案例不是孤例,在得克萨斯州以及密歇根州都出现了传统的有毒废料焚化处理运营商试图通过支持环境公益团体提起公民诉讼的方式来打击来自水泥制造业的商业竞争者。正如Rollins被披露的备忘录所揭示的,只要能够谋求增加规制措施,水泥煅烧炉的焚化处理产业就将是"最伤不起的"(most vulnerable)。①

在这里,按照市场的逻辑,社会环境资源的配置从传统焚化炉运营商转移到水泥煅烧炉运营商实际上是契合国家环境公共政策所追求的环保效率原则的。然而,过于宽泛地赋予司法行动者资格实际上却又反过来增加了这种环境资源配置的"交易成本",这就带来了实践修正的内在诉求。

以Lujan v. National Wildlife Federation案为转折点,在20世纪90年代一系列判决中,最高法院重新对原告资格的获得施加了诸多限制。这个案件的起因在于政府要对一部分被用于开采矿石以及类似商业用途的国有土地进行回收,内务部长(Secretary of the Interior)根据《联邦土地政策与管理法》[Federal Land Policy and Management Act(FLPMA)]授权内务部(Department of the Interior)对这些回收行为进行审查并撤销了部分回收行为。国家野生生物联盟[National Wildlife Federation(NWF)]及其几位成员主张这一撤销行为

---

① A. H. Barnett; Timothy D. Terrell, Economic Observations on Citizen – Suit Provisions of Environmental Legislation, 12 *Duke Envtl. L. & Pol'y F.* 1 (2001).

违反了《联邦土地政策与管理法》，并且也没有按照《国家环境政策法案》（National Environmental Policy Act〈NEPA〉）的要求进行环境影响评估，因此要求法院对撤销行为进行司法审查。

国家野生生物联盟的两位成员通过向法院提交宣誓书的方式来表明本组织的原告资格。但法院认为，该宣誓书所声称的起诉者所遭受的对土地享有的休闲娱乐利益损害涉及了数百万英亩的土地，而事实上只有其中几千英亩的土地受到了内务部撤销行为的影响，并且起诉者并不是这几千英亩土地的实际使用者。因此，该宣誓书所声称的损害过于宽泛，并不能满足获得原告资格的必要条件，即必须存在"特定的损害"。①

在两年以后的 Lujan v. Defenders of Wildlife 一案中，② Scalia 法官撰写判决书指出："在过去的这些年里，我们的案例已经确立了宪法对起诉资格的最低限度的要求，起诉资格应该包括三个要素：第一，原告必须受到一个事实的损害（injury in fact）——对一个受法律保护的利益的侵犯，损害是（a）具体的和特定的（concrete and particularized）（特别说明：损害必须是以一种个人的和单独的方式影响到原告）；（b）损害必须是真实的或即将发生的，而不是猜测的或假设的（actual or imminent, not conjectural or hypothetical）。第二，在损害和被控行为之间必须有因果关系（causal connection）——损害能够公平地追溯至被告被控行为，而且并非是由未提交法院的某第三方当事人的独立的行为造成的。第三，与单纯的推测相比，损害将会被一个有力的判决给予救济是可能的。"在 Scalia 法官看来，当事人负有证明上述起诉资格要素的义务。因此，当原告挑战的对象是政府作为或不作为的合法性时，且原告自身并非政府行为的直接对象时，"起诉资格不会被阻止，但一般来说将实质上更为困难地确立。"③

五、多元共治视野下的国家治理路径分化与社会行动选择

在美国，囿于权力分立的政治准则，公民诉讼在一般意义上被视为是"对政府行动的补充而非替代"，Lujan 案的裁判逻辑表明法院实际上是通过对原告资格的"适度控制"以在实践中动态调整"适合司法处理"的议题，④ 这在本质上是"补充而非替代"的分权逻辑使然。从相关制度来看，为避免司法僭越行政的嫌疑，"多数公民诉讼条款都规定了'勤勉公诉'，要求在行政主体已起诉或正在勤勉地对被诉违法行为进行执法时排除公民诉讼。"⑤ 如果政府机关已经采取相关行动，"只是在（公民诉讼）原告看来不够进取"，法

---

① 497 U. S. 871（1990）.
② 504 U. S. 555（1992）.
③ 参见陈冬：《严格的起诉资格规则——以鲁坚案为中心析美国环境公民诉讼》，载吕忠梅、徐祥民主编：《环境资源法论丛》（第四卷），法律出版社 2004 年版，第 154 页。
④ 参见巩固：《美国原告资格演变及对公民诉讼的影响解析》，载《法制与社会发展》2017 年第 4 期，第 132 页。
⑤ 参见巩固：《美国环境公民诉讼之起诉限制及其启示》，载《法商研究》2017 年第 5 期，第 175 页。

院一般倾向于认为只要政府执法行动在合乎情理的范畴内,司法就不予介入。在"锡楚埃特南北河流域管理局诉锡楚埃特""卡尔诉赫夫纳"以及"卡伯特森诉美国高士有限公司"等案中,法院均以一种自我克制的姿态在肯定政府之"勤勉"的前提下拒绝受理公民诉讼。①

尽管如此,法院对起诉者的司法行动进行限制的潜在后果是可能会促使相关社会行动者就同一行动目标而采取"草根动员"式的行动策略。美国的相关实践表明,一旦法院意识到有必要通过实施司法介入以有效维持公民诉讼作为一种"刺激政府机构积极行动并且在必要的时候可以弥补政府职能的不足"②的多元张力,法院就一定会对相关议题做出积极回应。这一路径分化的潜力使得司法成为一种可欲的变量控制机制从而使得有可能在行政治理与司法治理的路径分化中依靠社会行动者的竞争性选择而实现国家治理资源的优化配置。

(一)"多元"的张力

在 Friends of the Earth, Inc. v. Laidlaw Environmental Services 案中,原告地球之友公益组织(Friends of the Earth, Inc.)声称被告 Laidlaw 公司(系污水处理设备运营商)没有按照国家污染物排放体系(National Pollutant Discharge Elimination System)所许可的标准向南卡罗来纳河(South Carolina river)进行污水排放。原告基于《清洁水法》而诉请法院发出禁令并对被告处以罚款。原告向法院提交了其组织成员关于自身之休闲娱乐利益受损的宣誓书。尤为值得关注的是,在这一诉讼被提起之前,Laidlaw 公司试图利用"勤勉公诉"的相关规定,为了阻却公民诉讼而预先要求州政府对其提起诉讼。但联邦地方法院(district court)却裁定认为州政府的诉讼并未"被勤勉地提起"(diligently prosecuted),因而也就不足以阻却公民诉讼。③

也许正是因为 Laidlaw 案在处理司法与行政所谓"补充而非替代"的关系问题上能够提供路标式的经验参照,当其最终被提交至最高法院后,最高法院审时度势地降低了自 Lujan 案以来所确立的所谓"具体及特定化的事实损害"以及"可救济性"的认定标准,并相应确认了"地球之友"的原告资格。藉此,在环境侵害发生地有本地居民作为会员的环境保护组织就仍然可以按照传统的行动框释逻辑而获得起诉资格。④

我们可以看到,为了克服"市场化"路径在配置社会行动资源问题上的内在缺陷,法院必然要通盘考虑"潜在案件的数量、司法能力与资源的客观状况、司法权与行政权的合

---

① 参见巩固:《美国环境公民诉讼之起诉限制及其启示》,载《法商研究》2017 年第 5 期,第 176 页。
② S. REP. NO. 99-50, at 28 (1985).
③ 528 U. S. 167 (2000). at 175-78. 181-83.
④ 参见 A. H. Barnett; Timothy D. Terrell, Economic Observations on Citizen-Suit Provisions of Environmental Legislation, 12 *Duke Envtl. L. &Pol'y F.* 1 (2001)。

理分野"，① 以"原告资格审查"作为"过滤案件"的变量控制机制，在环境问题的行政治理路径与司法治理路径之间维持着既互为补充又"竞争性"地建构提升国家治理绩效的"耦合机制"。②

在我国，作为探索多元治理路径的尝试，2012年修改的《民事诉讼法》第55条规定："对污染环境、侵害众多消费者合法权益等损害社会公共利益的行为，法律规定的机关和有关组织可以向人民法院提起诉讼。"与优化配置"私人执行权"的"市场化"路径相契合的是，相关法律对"有关组织"的原告资格问题仅仅规定了"登记级别、年限及守法情况这些形式要件"③——2015年1月1日起施行的《环境保护法》第58条规定：对污染环境、破坏生态，损害社会公共利益的行为，符合下列条件的社会组织可以向人民法院提起诉讼：（一）依法在设区的市级以上人民政府民政部门登记；（二）专门从事环境保护公益活动连续五年以上且无违法记录。④ 符合前款规定的社会组织向人民法院提起诉讼，人民法院应当依法受理。

据此，在我国的实践中，已经可以看到在"行动—回应"关系架构的两端，社会行动资源与国家治理资源正在按照各自的逻辑在重新配置：比如，2015年1月，由阿里巴巴公益基金会支持的"环境公益诉讼支持基金"正式启动，该基金对各地发现案源并拟提起环境公益诉讼的社会组织给予资助，为前期调研、取证等活动提供资金。在2015年由环境公益组织提起的环境公益诉讼中有8件申请了该基金，总金额达到186600元。⑤ 另外，"截至2018年9月，提起环境公益诉讼的社会组织增加到了22家……所提起的公益案件涵盖全国大部分地区，基本实现了生态环境保护的重点地区的全覆盖"；⑥ 另一方面，最高法院于2014年6月份正式成立环境资源审判庭。截至2018年12月底，全国31个省、市、自治区人民法院设立环境资源专门审判机构共1271个，其中审判庭391个，合议庭808个，巡回法庭72个。257个基层人民法院、110个中级人民法院、23个高级人民法院设立了专门环境资源审判庭。⑦ 从中我们可以看到，"多元"的张力已经初步显现："2018

---

① 巩固：《美国环境公民诉讼之起诉限制及其启示》，载《法商研究》2017年第5期，第178页。
② 参见刘艺：《环境正义的司法治理路径探索——六枝特区人民检察院环境行政公益诉讼案评析》，载《中国法律评论》2019年第2期，第78页。
③ 参见巩固：《大同小异抑或貌合神离？中美环境公益诉讼比较研究》，载《比较法研究》2017年第2期，第107页。
④ 另根据2015年1月7日起施行的《最高人民法院关于审理环境民事公益诉讼案件适用法律若干问题的解释》第2条与第4条："依照法律、法规的规定，在设区的市级以上人民政府民政部门登记的社会团体、民办非企业单位以及基金会等，可以认定为环境保护法第五十八条规定的社会组织；""社会组织章程确定的宗旨和主要业务范围是维护社会公共利益，且从事环境保护公益活动的，可以认定为环境保护法第五十八条规定的'专门从事环境保护公益活动'。"
⑤ 参见巩固：《2015年中国环境民事公益诉讼的实证分析》，载《法学》2016年第9期，第23-24页。
⑥ 江必新：《中国环境公益诉讼的实践发展及制度完善》，载《法律适用》2019年第1期，第6页。
⑦ 吕忠梅、刘长兴：《环境司法专门化与专业化创新发展：2017—2018年度观察》，载《中国应用法学》2019年第2期，第2页。

年，全国法院共受理社会组织提起的环境民事公益诉讼案件65件，审结16件；受理检察机关提起的环境公益诉讼案件1737件，审结1252件。其中，受理检察民事公益诉讼案件113件，审结72件；受理检察行政公益诉讼案件376件，审结231件；受理检察刑事附带民事公益诉讼案件1248件，审结949件。"①

（二）"共治"的潜力

在我国2014年国务院政府工作报告中，李克强总理明确提出要"注重运用法治方式，实行多元主体共同治理"。"多元共治"的要旨即在于通过推进"政府与社会共同治理"，积极整合有助于"摆脱体制失灵的制度资源"，② 以国家治理资源的优化配置来提升国家治理绩效。在这里，问题的关键即在于具有相对独立性的体制外社会组织资源如何以其自下而上的"私人行动"有效整合到国家治理自上而下的决策结构中，进而帮助后者克服决策过程中信息不对称与决策资源配置的无效率。

有鉴于此，本文以"草根动员"与"公民诉讼"这两类社会行动类型与国家治理机制之间的互动为分析线索，尝试在理论上讨论是否可能以一种"市场化"的路径（主要是基于交易成本、多元制度供给与行为选择这三重维度）来配置社会行动资源，从而基于社会行动路径分化以及国家治理结构（行政/司法）的有效对接，在社会行动者的竞争性选择中实现国家治理资源（权力/权威）的优化配置。

在国家治理结构"回应"社会行动路径分化的制度对接过程中，最为关键的即在于如何基于制度功能分化而形成"共治"的合力。比如，我们之所以认为草根动员在提升国家治理绩效方面具有积极意义，是因为日常抗争行动所制造的政治压力可以迫使基层政府对上级政府和社会更加负责地承担政治伦理责任。然而，当草根动员从日常政治行动向司法动员发生演化时，由于受制于司法技术上诉讼类型（民事、行政、刑事）的划分，其在法律责任层面向政府施加的压力反而可能弱化。比如，在前文福建省PN县的例子中，XP村村民就其遭受的环境损害所提起的只能是常规意义上的"民事诉讼"，诉讼技术形态的限制使得司法治理缺乏能够有效"切入"行政治理的"共治"渠道。

相较之下，美国的公民诉讼则"既可以诉民也可以诉官，其本质是以环境污染或破坏等原因行为为指向"。③ 这在根本上是因为基于环境公共政策的实施逻辑，司法动员往往会囊括多元复杂的诉求。比如，在"绿发会诉上街区马固村村委会、上街区人民政府、峡窝镇人民政府和上街区文广局等人文遗迹破坏案"中，马固村为配合政府产业园规划进行

---

① 参见吕忠梅、刘长兴：《环境司法专门化与专业化创新发展：2017—2018年度观察》，载《中国应用法学》2019年第2期，第8页。
② 王名、蔡志鸿、王春婷：《社会共治：多元主体共同治理的实践探索与制度创新》，载《中国行政管理》2014年第12期，第17页。
③ 参见杜群、梁春艳：《我国环境公益诉讼单一模式及比较视域下的反思》，载《法律适用》2016年第1期，第52页。

搬迁，致使多处历史文物遭破坏。原告起诉要求被告赔礼道歉，重新规划该地区，并采取原地保护、遗址保护、建立文物博物馆等补救措施。① 这些诉讼请求以及诉请的对象实际上兼具了民事与行政的双重属性，按照传统的司法模式是无法在一个诉讼中一并解决的。即便"村委会和其他行政主体可分别被提起民事公益诉讼和行政公益诉讼，这种对同一事件的人为拆分也是繁琐低效"。②

有鉴于此，最高人民法院引导推动地方试点实践的"环境资源刑事、民事、行政归口审理的三审合一模式"③ 实际上正是通过"司法资源的整合"④ 而对契合国家政策目标的社会行动加以更有效地回应。在2018年，"全国已有15家高级人民法院实行环境资源民事、行政案件'二合一'，刑事、民事、行政案件'三合一'或刑事、民事、行政和环境案件执行'三加一'的归口审理模式"。⑤ 由此，作为落实国家机构之间平行责任的司法机制可以更有效地为"追求自我选定目标的公民提供一个支持性框架"，⑥ 降低社会行动者的选择成本。

另外，针对当前我国环境公益诉讼起诉率低的问题，有学者基于公共选择理论视角建议借鉴美国公民诉讼制度律师费"败诉方负担"规则和"赏金猎人"制度对有意愿推进环境公共利益的社会行动者提供"选择性激励"。从美国的实践来看，即便法院通常都是在原告胜诉的背景下才会判决适用律师费"败诉方负担"规则，一般不将之适用于被告胜诉的情形。⑦ 但这在一般情况下也足以"迫使潜在当事人更仔细地权衡其诉讼请求的可行性，从而可以减少无谓的或骚扰性诉讼"。⑧ 与此同时，通过"明确规定胜诉原告可以主张败诉被告支付的损害赔偿金的一部分作为奖励"，⑨ 这就可以既对有正当理由的诉讼产生激励效应，又可以预防滥诉。⑩

总而言之，在"行动—回应"的关系架构下，"多元共治"的实践潜力将在很大程度

---

① 参见王硕：《千年古村拆迁损毁文物民间环保组织状告政府》，载《京华时报》2015年10月19日第15版。
② 巩固：《2015年中国环境民事公益诉讼的实证分析》，载《法学》2016年第9期，第32页。
③ 黄秀蓉、钭晓东：《论环境司法的"三审合一"模式》，载《法制与社会发展》2016年第4期，第105页。
④ 参见张新宝、庄超：《扩张与强化：环境侵权责任的综合适用》，载《中国社会科学》2014年第3期。
⑤ 吕忠梅、刘长兴：《环境司法专门化与专业化创新发展：2017 - 2018年度观察》，载《中国应用法学》2019年第2期，第8页。
⑥ [美] 米尔伊安·R. 达玛什卡：《司法和国家权力的多种面孔——比较视野中的法律程序》，中国政法大学出版社2004年版，第109页。
⑦ 根据这一规则，法院可以判决由败诉方承担胜诉方的律师费。当然，这通常都只适用于原告胜诉的情形，极少适用于被告胜诉的情形。参见 Jeffrey G. Miller; Brooke S. Dorner, *The Constitutionality of Citizen Suit Provisions in Federal Enviromental Statutes*, 27 J. Envtl. L. & Litig. 410 (2012)。
⑧ 陈亮：《环境公益诉讼激励机制的法律构造——以传统民事诉讼与环境公益诉讼的当事人结构差异为视角》，载《现代法学》2016年第4期，第141页。
⑨ 参见陈亮：《环境公益诉讼"零受案率"之反思》，载《法学》2013年第7期，第134 - 135页。
⑩ 参见王丽萍：《突破环境公益诉讼启动的瓶颈：适格原告扩张与激励机制构建》，载《法学论坛》2017年第3期，第95页。

上取决于国家如何通过制度供给降低社会选择成本、提供选择性激励,从而实现在"政府在场"的前提下,"将内在维护合法性与有效性的动力与外在倒逼机制的压力转化成国家治理能力"。①

六、对我国当前实践的反思

有学者认为,我国当前由"司法机关主导环境民事公益诉讼程序"的相关制度设计"使得司法机关可以将公共利益应当在何种程度上得到保护以及允许其暴露在何种程度的危险之中这样一些传统上属于立法机关或行政机关的公共政策选择问题转化为了法律适用问题,侵入了行政权乃至立法权的权限范围"。② 这在实践中导致了"环境行政执法与环境民事公益诉讼功能重叠与冲突问题"。③

比如,对于"泰州天价赔偿案""康菲溢油"公益诉讼等案就在学理上被认为有司法权越位行政权的嫌疑。有学者援引国外学者的学理阐释,认为:"公益诉讼不能入侵行政机关的合法领地。"④ 在有"全国首例大气污染公益诉讼案"之称的"中华环保联合会诉德州晶华集团振华有限公司大气环境污染责任纠纷公益诉讼"案中,有学者认为,被告被诉前已连受5次行政处罚,在起诉的前一天已被当地环保部门处以"责令全部停产整治、停止超标排放废气污染物",在起诉后的第3天该公司生产线已实现"全部放水停产,并另外新选场址,原厂区准备搬迁"。但法院仍然对之判处高额赔偿,这类"主要问题已通过行政手段得到基本解决的案件,再行提起公益诉讼,难言合理"。⑤

在"常州毒地"案中,上述学理表达已经切实转换为相应的实践逻辑,该案一审法院认为:"在涉案地块环境污染损害修复工作已由常州市新北区政府依法组织开展,环境污染风险已经得到有效控制,后续环境污染监测、环境修复工作仍在实施的情况下,两原告提起公益诉讼维护社会环境公共利益的诉讼目的已在逐步实现。因此,对两原告提出的判令三被告消除危险或赔偿环境修复费用、赔礼道歉的诉讼请求,本院依法不予支持……驳回原告北京市朝阳区自然之友环境研究所、中国生物多样性保护与绿色发展基金会的诉讼请求。案件受理费1891800元由两原告自然之友、绿色发展基金会共同负担。"⑥

那么,按照上述学理表达与实践逻辑,我们是否有必要借鉴域外的制度经验,为环境

---

① 参见臧晓霞、吕建华:《国家治理逻辑演变下中国环境管制取向:由"控制"走向"激励"》,载《公共行政评论》2017年第5期,第125页。

② 参见王明远:《论我国环境公益诉讼的发展方向:基于行政权与司法权关系理论的分析》,载《中国法学》2016年第1期,第55页。

③ 罗丽:《我国环境公益诉讼制度的建构问题与解决对策》,载《中国法学》2017年第3期,第253页。

④ 参见罗丽:《我国环境公益诉讼制度的建构问题与解决对策》,载《中国法学》2017年第3期,第253页。

⑤ 参见巩固:《大同小异抑或貌合神离?中美环境公益诉讼比较研究》,载《比较法研究》2017年第2期,第123页。

⑥ www.cbcgdf.org/NewsShow/4857/1029.html,登陆时间2018-05-15。

公益诉讼设立前置条件，只有当"行政机关拒绝执法或者穷尽行政程序后，环保组织才能起诉"，① 以避免司法机关"超出其职权范围，在实质上侵入和超越行政权"？②

本文认为，对于仅仅是在形式上初步形成司法治理与行政治理之路径分化，而尚未在真正意义上实现政治与法律功能分化的我国而言，司法与行政的两权界分实际上并不妨碍这两者实际上是在一种"统分结合"的功能结构下为国家公共政策的"私人执行"提供路径支持的。比如，所谓的"泰州天价赔偿案"就是在相关的司法党政机关（泰州中院、江苏省高院、被告企业所在地的从开发区到市级党政机关）经过充分沟通协调，"在既有上级法院支持而法律效果有保证，并且符合地方政府经济政策和中心工作要求而社会效果有保证的情况下……案件立案和审理才驶入快车道"。③

相应地，基于"草根动员"的行动逻辑，社会行动者无论是寻求司法介入还是谋求行政干预，一旦常规制度通道无助于其行动目标，其往往会付诸泛政治化的超常规社会动员。比如，作为"常州毒地"案原告之一的绿色发展基金会面对一审败诉判决的行动反应是"准备在网上发起募捐活动，以筹集近100万元的诉讼费，每人限捐两元"，而另一原告自然之友的总干事张伯驹则表示，在常州公益诉讼二审结案之前，自然之友暂不会发起针对此案件的专题公众筹款活动。"当然，如若经过二审及后续程序，仍然不能扭转高昂诉讼费用的判决，我们将启动相应预案，与大家形成合力，共同应对"。④

就此而言，在我国特有的治理结构下，如果我们把"草根动员"的行动逻辑作为问题的出发点就可以发现，在由党作为司法行政最终领导者的"压力型体制"下，最为关键的问题显然不在于司法是否越权行政，⑤ 而在于哪一种制度通道所提供的路径支持能够更有效地在"行动—回应"的关系架构下通过释放社会动员者制造的政治压力而达成国家的政策目标。

我们也许可以合理地设想，在国家公共政策"私人执行"机制的路径分化与"竞争性"选择中，行政治理与司法治理功能的"竞争性"重叠反而会有助于通过自下而上的社会行动选择来为"行动—回应"关系架构的实践形态提供多元开放的可能性。从而实现

---

① 胡静：《环保组织提起的公益诉讼之功能定位——兼评我国环境公益诉讼的司法解释》，载《法学评论》2016年第4期，第172页。

② 王明远：《论我国环境公益诉讼的发展方向：基于行政权与司法权关系理论的分析》，载《中国法学》2016年第1期，第55页。

③ 参见秦鹏、陈幸欢：《环境公益诉讼中的法院角色、逆向选择与社会结构——以泰州1.6亿赔偿案为样本的法社会学分析》，载《西南民族大学学报》（人文社科版）2015年第5期，第98页。

④ 李超：《常州毒地案环保组织败诉难承担189万诉讼费拟募捐》，载《中国青年报》2017-02-07，第001版。二审法院后来专门就案件受理费问题做出说明，认为："上诉人优先诉求是由被上诉人修复受损环境，承担修复费用系优先诉求不能实现时的备位诉求，应当按照优先诉求确定案件受理费。因此，本案按照非财产案件计算案件受理费。"据此，一审案件与二审案件的案件受理费均调整为100元人民币。参见（2017）苏民终232号。

⑤ 有研究者指出，美国公民诉讼的制度精髓是"司法能动主义"，本身就是以"法院干预立法、行政执法为出发点。"参见侯佳儒：《环境公益诉讼的美国蓝本与中国借鉴》，载《交大法学》2015年第4期，第47页。

以国家制度供给与社会行动选择互为"激励",促进包括行政治理与司法治理在内的多元国家治理体系的功能分化与机制协调,在社会、国家"多元共治"的动态博弈中实现国家治理资源的优化配置。

Private Enforcement of National Public Policy: Grass – roots Mobilization and Citizen Litigation

Chen Hongjie

Abstract: The governance model of administrative centralism often falls into such a self – contradictory dilemma: government agencies, which should be the implementers of national public policies, are themselves "distorting" or even "resisting" the implementation of national policies in various ways. Although the "action – response" model of "grassroots mobilization" can help the central government overcoming the information asymmetry in the process of local governance and improve the performance of national governance. However, it is clearly impossible for the central government to consistently respond effectively to tens of millions of private actions. Therefore, modern countries ruled by law are usually based on the separation of political and legal functions. By establishing the principle of judicial final settlement, the performance of local governance is transferred from the administrative system to the judicial system. Based on the path differentiation between administrative governance and judicial governance, and the "competitive" choice of social actors, the state may realize the optimal allocation of "private executive power" and national governance resources through a "market – oriented" path.

Key words: National Governance Performance; Administrative Governance; judicial governance; Pluralistic Co – governance

论民间法的场域公共秩序

——基于广义法哲学视角之民间法的基石法益型构

姚选民[*]

摘　要　从法哲学的视角来看，法或广义上之法体系存在的目的是为了保护法益。国家法存在的目的主要是为了保护国家政治秩序法益，或者说，国家法的基石法益是政治秩序。以国家法存在的目的或其基石法益为参照，民间法存在的目的主要是为了保护特定区域或领域的公共秩序法益，或者说，民间法的基石法益是场域公共秩序。缘于法益理论的穿透力，国家层面民间法的基石法益逻辑具有一定程度的理论普遍性，能够在扩展适用于国际社会层面，亦即国际"民间法"存在的目的主要是为了保护全球社会范围内不同区域或领域的国际公共秩序法益，或者说，国际"民间法"的基石法益是国际场域公共秩序。

关键词　法哲学　法的目的　法益　民间法　政治秩序　场域公共秩序

构建一般意义上的民间法哲学，我们首先需要面对的理论问题是，民间法缘何存在，其存在的现实基础是什么？即是说，民间法作为社会规范或者"法"，其存在的目的是什么？业已知道，学界一般认为，"民间法"是"国家法"的对称概念，缘于民间法哲学是个"新鲜玩意儿"，而国家法及其法哲学是人们所熟知的法学研究对象，且国家法存在之目的，学界特别是法学界学者已有大量研究文献及深入思考，在这种情况下，我们在阐述民间法存在之现实基础这一法哲学命题时以国家法作为一种重要研究参照便似乎是展开该论题研究最便捷亦最为合理的学术路径。或许亦可以这么说，我们在思考、切入民间法存在的目的这一法哲学命题时，在一定程度上是参考或借鉴了学界特别是法学界学者回应国家法存在之目的这一法哲学命题的思维方式，亦在很大程度上方便人们或阅读者理解我们

---

[*] 姚选民，法学博士后，湖南省社会科学院副研究员、中国反腐败司法研究中心特聘研究员。

对民间法存在的目的这一法哲学命题的展开和论述。但是,同时要明确的是,这种参考或借鉴,肯定不是以国家法研究思维来统领民间法研究思维,至少在一般意义上的民间法哲学即全球化背景下的民间法哲学的构建中是如此。

一、前提准备:法存在之目的的法益法哲学分析

法存在的目的或广义上之法体系存在的目的是什么?对于这类终极性问题的关注或思考,似乎首先出现在西方法律思想史①甚或西方哲学史上。在西方哲学史上,"目的"这一词汇主要根源于希腊语的"终点"之意,是古希腊自然观念思想的基本构成要素。②古希腊先哲亚里士多德就曾提出了著名的"四因说",③即质料因、形式因、目的因和动力因,用"目的因"来表达特定事物之"向之努力"的内在规定性。关于"目的",在德国哲学家康德看来,"有关一个客体的概念就其同时包含有该客体的现实性的根据而言,就叫作目的"④,目的还可以具体区分为外在目的和内在目的。其中,"外在目的"意思是说,一事物的存在旨在是为了它事物,亦即一事物对另一事物的适应性;"内在目的"则意思是说,在一事物的概念中亦即其本质规定中有着其自己之内在可能性的根据。缘于理论研究诉求的特定性,很显然,在此所探讨之法或广义上之法体系的目的,主要探讨的是法存在的外在目的,而其内在目的在此按而不表。

关于法或广义上之法体系存在的目的这一法哲学命题,一方面,西方法律思想史上可谓是"众说纷纭",除业已提及之亚里士多德的"内在"目的论和康德的自然目的论以外,还有西塞罗的内在道德精神论、耶林的目的法学⑤、庞德的社会统制论⑥等。⑦另一方面,国内学界特别是法学界学者对法或广义上之法体系存在的目的这一法哲学命题的认识或回答在很大程度上也是"莫衷一是",他们往往从法的价值的角度来揭示法或广义上之法体系存在的目的价值,如秩序、自由、效率、正义、人权等价值。⑧"凡是可以借助于法律上的权利、义务来加以保护和促进的美好事物,都可以被视为法的目的价值,例如,公平、正义、安全、自由是、秩序、效率等法的目的价值的多元性,是与人的需求的多样性和法所调整的社会关系的多样性直接联系在一起的。"⑨缘于法或广义上之法体系

---

① 参见[爱尔兰]J. M. 凯利:《西方法律思想简史》,王笑红译,法律出版社2002年版,第1-429页。
② 参见赵明,黄涛:《论法的目的:以康德目的论哲学为视角》,载《哈尔滨工业大学学报(社会科学版)》2012年第2期。
③ 参见[古希腊]亚里士多德:《形而上学》,苗力田译,中国人民大学出版社2003年版,第85页。($1013^{a25}-1013^{b6}$)
④ [德]康德:《判断力批判》,邓晓芒译,杨祖陶校,人民出版社2002年版,第15页。
⑤ 参见[德]施塔姆勒:《现代法学之根本趋势》,姚远译,商务印书馆2016年版,第73-79页。
⑥ 参见[美]罗斯科·庞德:《通过法律的社会控制》,沈宗灵译,商务印书馆2010年版,第38-61页。
⑦ 参见付子堂,宋云博:《对"法的目的"传统理论之批判与反思》,载《政法论丛》2014年第2期。
⑧ 参见张文显主编:《法理学》(第四版),高等教育出版社2011年版,第251、260-286页;胡平仁:《宪政语境下的习惯法与地方自治:"萨摩亚方式"的法社会学研究》,法律出版社2005年版,第18页。
⑨ 张文显主编:《法理学》(第四版),高等教育出版社2011年版,第253页。

存在的目的这一法哲学命题的繁复性，以及思考问题的开放性学术偏好，我们对法或广义上之法体系存在的目的这一法哲学命题的思考或回答，拟主观性地撷取一种特定的视角即法益的视角，或更确切地说是一种法益法哲学的视角来展开。① 之所以这样做，一方面，法益视角是探讨法或广义上之法体系存在的目的这一法哲学命题的一个很重要的审视视角，另一方面，从特定视角即法益视角或法益法哲学视角切入法或广义上之法体系存在的目的这一法哲学命题，不仅可以凸显思考这一法哲学命题维度的独特性，而且可以避免坠入对这一繁复问题之泛泛而谈的"窠臼"。

从法益视角或法益法哲学的视角来思考法或广义上之法体系存在的目的这一法哲学命题，很明显地预设着我们的一个基本判断，即法或广义上之法体系存在的目的主要是为了保护法益。具体来讲，一方面，"说法是利益的规律，和说法是正义的规律，不相抵触。利益是法所规律的目的，而正义则是法所规律的最高标准。法是利益的规律，但我们的正义感情，又要求它是利益的公正的规律。"② 也就是说，从法的本质来讲，法或广义上之法体系存在的目的是为了保护法益。另一方面，基于对法或广义上之法体系存在的目的这一法哲学命题之现有研究的基本考察，③ 在很大程度上讲，法或广义上之法体系存在的目的主要是为了保护法益这一论断似乎业已成为一种共识性的观念。在这种情况下，我们接下来要面对或回答的问题就是：法益是什么，它包括哪些基本内容？或更确切地说，缘于法益主题的繁复性，从法哲学的视角来看，法益是什么，它包括哪些基本内容？

关于"法益"一词的来源，学界特别是法学界一般认为这一概念特别是其基本内涵来自德国，由德国学者首创，而日本学者则拥有该概念的首译权，即从德文首译。④ 具体来讲，"法益"这一中文学术概念是从"das Rechtsgut"这一德文学术词汇转译来的。"das Rechtsgut"这一德文学术表达则是由"das Recht"和"das Gut"两个词汇合成的，其中，"das Recht"意指"法或与法有关的东西"，而"das Gut"意指"财物或有价值的东西"。现代意义上之法益概念的最初内涵是用德文表达"das Gut des Recht（e）s"表示的，意思是说"法概念上的财（rechtliches Gut）是由法承认其价值的事物"。关于现代意义上之法益概念（即"法财"概念）的创始者或"始作俑者"，有研究认为是比恩鲍姆（Michael Birnbaum），他在《关于作为犯罪概念权利侵害的必要性，特别考虑名誉损毁概念》一文中将"法财"概念首先运用于犯罪的实质这一刑法研究领域中，并明确被赋予犯罪客

---

① 参见胡平仁：《宪政语境下的习惯法与地方自治："萨摩亚方式"的法社会学研究》，法律出版社2005年版，第18—20页。
② [日]美浓部达吉：《法之本质》，台湾商务印书馆1993年版，第43页。
③ 参见[日]木村龟二主编：《刑法学词典》，顾肖荣等译，上海翻译出版公司1991年版，第407页；张明楷：《法益初论》（2003年修订版），中国政法大学出版社2003年版，第175页；陈兴良：《序一》，载曾明生：《刑法目的论》，中国政法大学出版社2009年版，第3页。
④ 参见于飞：《"法益"概念再辨析：德国侵权法的视角》，载《政法论坛》2012年第4期。

体的地位。① "通过宾丁格（Karl Binding）和李斯特（Franz von Liszt），法益概念在德国刑法上获得了核心概念的地位。"② 也就是说，法益概念一开始主要在刑法学中有影响，之后逐渐对其他的部门法学均产生重要影响。③ 即便如此，那法益是什么呢？关于法益究竟是什么的问题，遗憾的是，法益概念创立至今争论了100多年却仍没有达成一致性的共识。究其原因，学界特别是法学界学者认为可能主要有三个方面：一方面，在法益概念诞生之初，一些前提性的基础概念和基础理论没有能够及时达成共识，如法的目的、权利和利益的概念等，为后来之深入阐释产生学术分歧埋下了浓浓的伏笔。另一方面，法益概念产生影响力后，许多研究者习惯于从不同的理论基础出发阐述他们各自个殊性的法益观，如或进行改造，或"另起炉灶"，各种法益学说犹如"雨后春笋"，法益概念的核心内涵长时间难以成型。其三，法益概念所胎生自的大陆法学在公法与私法上划分严格，界限明确、泾渭分明，公法学者和私法学者常常各表其法益概念，不仅从特定部门法的实证角度出发，创立个殊性的法益学说，而且创造出"千奇百怪"的法益语汇体系。④ 在这种情况下，法益概念的基本内涵迄今还是一个开放性的学术问题，有待学界特别是法学界学者进一步探讨。

当然，关于法益概念的现有使用状况，人们对其评价或许过于负面。从积极的方面来审视，当前学术界特别是法学界对法益概念使用上的某种"乱象"在一定程度上亦反证该概念的旺盛生命力，展现出法益概念本身强大的内在张力。可以说，就是在目前这样一种境况下，我们来接手法益概念，来将之建构或构造成一个重要理论分析概念。具体来讲，既然要沿用法益概念，那么，我们对法益概念的诠释或构造跟学界特别是法学界学者对它的现有理解就不可能完成不同，与此同时，既然是在法哲学的层面上来使用或构造法益概念，那么，我们对法益概念的诠释就不可能完全是对学界特别是法学界学者对法益概念之现有理解的"照搬沿用"。也就是说，在现有关于法益概念之直观理解的基础上，我们对法益概念之基本内涵的法哲学厘定亦会有自己的个殊化理解。

具体来讲，首先，法益之"法"不仅仅是指实定法或实在法，更是指或广义上的法体系。关于法益之"法"的话题，"法益是前实定法的概念还是实定法的概念……法益是刑法保护的东西，还是一般法（或所有的法）都保护的东西？或者说，法益是刑法上的特有概念，还是一般法的共有概念？"⑤ 对于这些问题，学界特别是法学界不同的学者有不

---

① 参见［日］伊东研祐：《法益概念史研究》，秦一禾译，中国人民大学出版社2014年版，第13－14、27页。
② ［日］伊东研祐：《法益概念史研究》，秦一禾译，中国人民大学出版社2014年版，第68页。
③ 参见李岩：《民事法益研究》（博士论文），吉林大学2007年版，第9－10、11页；董兴佩：《法益：法律的中心问题》，载《北方法学》2008年第3期；张明楷：《法益初论》（2003年修订版），中国政法大学出版社2003年版，第1－157页。
④ 参见刘芝祥：《法益概念辨识》，载《政法论坛》2008年第4期。
⑤ 张明楷：《法益初论》（2003年修订版），中国政法大学出版社2003年版，第158－159页。

同的回答。不过，从学界特别是法学界学者关于法益之法的设问样式及其回答来看，学界特别是法学界学者对法益概念的理解更多的是受制于法益史研究或关于法益的历史研究，更深一步追究的话，是深受西方法律思想传统的影响。具言之，以对法（即广义上的法体系）与法律的区别认识为例，在西方法律思想传统中，法与法律相对应的拉丁文是"Jus"与"Lex"，"Jus"一般是指抽象的法则、正义、权利等，而"Lex"主要是指具体的法律或国家实定法。也就是说，在西方法律思想传统中，"法"一般是指高度抽象的、永恒的、普遍有效的正义法则或道德法则，而"法律"主要是指由国家机关制定、颁布的行为规则，法律是法或广义上的法体系之真实的或虚假的表现形式。① 这种法与法律二元结构是西方法律思想传统中特有的，是"自然法"（应然法）与"实在法"（国家实定法）对立观念的法哲学概括，在这种法学理论视镜中，是不太可能存在国家法甚或官方法之外的广义上法体系之基本法形态如民间法的，或者说，是不可能有国家法或官方法外之民间法的法律地位甚或政治地位的。在这种法学思维逻辑的深刻影响或支配下，法益之法自然仅仅是指实定法或国家法。然而，法仅仅是实定法或国家法吗？同作为广义上之法体系中之基本法形态的民间法不也是法吗。在这种直观事实的冲击下，我们会意识到，法益或许既不必须是前实定法的概念，也不必须是实定法或国家法的概念，而从一种更宽广的学术视野或高度来审视和反观，法益之法在很大程度上讲亦可以是现实社会生活中业已存在之法的概念或广义上之法体系的概念。也就是说，如果我们对法益的理解不拘束于其发生学涵义，而基于一种法哲学思维从一般意义上的广义上之法体系的站位来审视，法益显然是广义上之法体系所保护的东西，既是国家法或官方法的概念，也是国家层面之民间法的概念，还可以是国际法（包括国际"官方法"和国际"民间法"）的概念。基于这样一种思想认识逻辑，法益是"法"所承认、实现和保护的利益，这里的"法"即是法或广义上的法体系，不但包括"法律"或国家法，而且包括国家法之外的国家层面民间法，如习惯、习俗、乡规民约、行业规章等，还包括国际社会层面的国际"官方法"和国际"民间法"，前者如国际强行法、国际刑法等，后者如国际"软法"、区域国际法等。

其次，法益之"益"，主要是指客观利益。关于法益之"益"的话题，"法益的内容是状态还是利益？价值是否是法益？"② 学界特别是法学界学者对这一问题亦有不同的认识。直观而言，法或广义上之法体系在本质上是一种利益分配机制，即是说，客观存在的利益决定着其分配机制之法的产生、发展和运行，法的具体表现形式即法律或其他形式具体影响着（即促进或阻碍）具体利益的实现程度和发展方向。基于这样一种思想认识逻辑，显然利益是客观的、根本的，法律则是被决定的、主观能动的，作为分配机制的法律或其他形式不可能凭空创设客观利益，而只能是对社会关系中的各种客观利益现象进行有

---

① 参见董兴佩：《法益：法律的中心问题》，载《北方法学》2008年第3期。
② 张明楷：《法益初论》（2003年修订版），中国政法大学出版社2003年版，第159页。

目的的和有方向的调控，以促进更大利益的形成和发展。① 从这一马克思主义法哲学视角来看，亦即从法或广义上之法体系的历史演进规律来看，法益之益即法或广义上之法体系所保护的东西，是一种客观存在的利益，即一般人都认同的利益或好处。此为一方面。另一方面，过度主观的利益难以成为广义上之法体系所要保护的东西。比如说，杀人魔王也可能会从他们的杀人行为及其结果中获得某种程度的快感或者满足，但是，杀人行为作为明显违背常理、严重侵犯他人利益的行为，不可能得到法律或广义上之法体系的保护，因为即便杀人魔王从其杀人行为及其结果中得到了某种程度的精神满足，但是，由于一般人或正常人不可能从其杀人行为及其后果中获得某种精神满足或利益，根据一般人或正常人的价值立场则必然会否认，也能够否定该种行为为一种利益。② 这从另一个方面或反面说明了法益之"益"的客观性或公认性。虽然如此，那么，我们是否就此能够得出结论说，法益之益即法或广义上之法体系所保护的法益，是一种纯粹的客观利益呢？且不做"非此即彼"的肯定式或否定式回答，但是，这一问题在一定程度上亦提醒我们或许还要意识到或认识到法或广义上之法体系的阶级性。具体来讲，"国家是统治阶级的各个人借以实现其共同利益的形式"③，"由他们的共同利益所决定的这种意志的表现，就是法律"④。意思是说，法或广义上之法体系因其阶级性而使得法或广义上之法体系所保护的利益具有"私性"或主观性的面相。虽然如此，但同时我们亦知道，如果完全不兼顾被统治者或作为社会大多数之底层群众的基本利益，这种法或广义上之法体系恐怕终究也是维持不下去的。在这种意义上讲，法益之"益"现实来看可能不完全是纯粹的客观利益，但是，它一定不可能是纯粹的主观利益。

再次，法益的主体享有者一般是特定的法文化群体，既可能是国家或全球社会这一整体范围的法文化群体，亦可能是国家或全球社会范围内不同区域或领域（包括国际区域或领域）亦即各种场域法域（包括国际场域法域）的法文化群体。关于法益的主体享有者话题，"法益的主体是谁，个人肯定是法益的主体享有者，除此之外，国家、社会是否也是法益的主体？"⑤ 关于法益的主体享有者问题，基于保护法益就是保护特定主体尤其是特定个人的法益这种直观思维逻辑，其直观性的初步回答似乎是，法益的主体享有者主要包括个体、国家和社会，而且个体似乎是当然的主体享有者。⑥ 不过，这样一种推理及其结论是可以争辩的。具体来讲，业已知道，法益之"益"主要是指客观利益。如果是这样的话，显然，法益的主体享有者肯定不是个体，而是法益之法对其有现实拘束力之特定区域或领域（包括国际区域或领域）中的所有人，而这些人之所以会尊奉该法是因为他们共

---

① 参见杨春洗、苗生明：《论刑法法益》，载《北京大学学报（哲学社会科学版）》1996年第6期。
② 参见张明楷：《法益初论》（2003年修订版），中国政法大学出版社2003年版，第165页。
③ 《马克思恩格斯选集》（第1卷），人民出版社2012年版，第212页。
④ 《马克思恩格斯全集》（第3卷），人民出版社1960年版，第378页。
⑤ 张明楷：《法益初论》（2003年修订版），中国政法大学出版社2003年版，第159–160页。
⑥ 参见张明楷：《法益初论》（2003年修订版），中国政法大学出版社2003年版，第159–160页。

同信守该法所赖以为基的法文化及基于其上的物质利益或精神利益。基于这样一种思维认识逻辑,从法或广义上之法体系的角度来看,法益的主体享有者一般是特定的法文化群体。缘于法文化的多样性,这些特定的法文化群体,既可能是国家或全球社会这一整体范围的法文化群体,亦可能是国家或全球社会范围内不同区域或领域(包括国际区域或领域)亦即各种场域法域(包括国际场域法域)的法文化群体。如果是这样的话,显然,法或广义上的法体系之存在的目的首先或起初不是要保护某个个人或个体,而是为让法或广义上之法体系的本身得到遵循,保护受其拘束之特定的法文化群体的客观利益。也就是说,特定的法文化群众中的个体的利益受到保护是形式,其实质是个体所置于其间之特定的法文化群体的利益得到了维护,亦即国家或全球社会这一整体范围的法文化群体或者国家或全球社会范围内不同区域或领域(包括国际区域或领域)亦即各种场域法域(包括国际场域法域)之法文化群体的客观利益得到了维护。否则的话,一旦特定的法文化群体的利益得不到维护,国家或全球社会这一整体范围的法文化群体或者国家或全球社会范围内不同区域或领域(包括国际区域或领域)亦即各种场域法域(包括国际场域法域)中任何主体(包括国际法主体成员)的利益受到侵害的情形就会"指日可待",而不是相反①。

　　法益究竟是前实定法的概念,还是实定法或国家法的概念?法益是只是特定部门法如刑法所保护的东西,还是法或广义上的法体系所保护的东西?法益的内容是状态还是客观利益,价值是否是法益?法益的主体或享有者是谁?② 关于这系列问题,"显然,要系统地、没有矛盾地回答上述问题,从而完整地界定法益概念,是相当困难"③。诚言之,从理论完美的角度来看,要系统回答这些关于法益领域的基础问题,的确是非常艰难和相当困难的。不过,从关注法益理论的特定理论研究诉求来看,基于以上这些分析或对这系列关于法益领域之基础问题的基本回应,一般意义上的法益主要是指特定的法文化群体所享有的法或广义上之法体系所保护的客观利益,而法益之"法"是法或广义上的法体系,法益之"益"主要是客观利益,法益的主体享有者是特定的法文化群体,既可能是国家或全球社会这一整体范围的法文化群体,亦可能是国家或全球社会范围内不同区域或领域(包括国际区域或领域)亦即各种场域法域(包括国际场域法域)的法文化群体。④ 也就是说,从法益法哲学的视角来看,法或广义上的法体系所存在的目的主要是为了保护特定的法文化群体的客观利益。基于这样一种关于法益的思想认识逻辑,我们会发现,在国家层面,国家法的核心或基石法益是国家政治秩序,政治秩序是国家这一特定之法文化群体的

---

① 参见张明楷:《法益初论》(2003 年修订版),中国政法大学出版社 2003 年版,第 244 – 245 页。
② 张明楷:《法益初论》(2003 年修订版),中国政法大学出版社 2003 年版,第 158 – 160 页。
③ 张明楷:《法益初论》(2003 年修订版),中国政法大学出版社 2003 年版,第 160 页。
④ 参见张明楷:《法益初论》(2003 年修订版),中国政法大学出版社 2003 年版,第 167 页;刘芝祥:《法益概念辨识》,载《政法论坛》2008 年第 4 期;杨春洗、苗生明:《论刑法法益》,载《北京大学学报(哲学社会科学版)》1996 年第 6 期;李岩:《民事法益研究》(博士论文),吉林大学 2007 年,第 11 页。

客观利益，这种利益是国家范围内大多数社会成员的基本需要。而以国家法的核心或基石法益为参照，国家层面之民间法的核心或基石法益是场域公共秩序，场域公共秩序是国家范围内不同区域或领域亦即各种场域法域中法文化群体的客观利益，这种以国家层面之民间法为载体的利益主要是自发生成的结果。而在国际社会层面，亦是如此，不仅有相类似的逻辑划分，即国际"官方法"和国际"民间法"，而且亦有这些广义上之法体系中基本法形态即国际"官方法"和国际"民间法"所要保护的法益，即国际社会层面的国际政治秩序和国际场域公共秩序，其中，国际政治秩序是全球社会范围大多数国际法主体甚或所有国际法主体这一特定之法文化群体的客观利益，这种利益是全球社会中大多数国际法主体成员甚或所有国际法主体成员的基本需要，而国际场域公共秩序是全球社会范围内不同区域或领域（包括国际区域或领域）亦即各种场域法域（包括国际场域法域）中之大部分国际法主体或所有国际法主体这类法文化群体的客观利益。

二、民间法之基石法益的基本研究参照：对国家法之政治秩序基石法益的分析

受社会意义上的秩序概念之基本内涵的启发，① 以公共秩序、经济秩序、法律秩序等为直观参照，② 作为社会意义上的秩序之子秩序，政治秩序的基本构成要素有这样四项。③ 具体来讲，（1）基本范畴要素。作为社会意义上的秩序的子秩序类型，政治秩序亦是一种关系体或关系结构，其性质是一种关系，隶属于"关系"的范畴。跟社会意义上的秩序中的其他子秩序类型一样，政治秩序关系亦有自身的特征或特点：一是"实然性"特征。政治秩序中的关系在一定程度上亦是客观实然的，抑或亦可以说，政治秩序中关系的实然性有其独特性：这种实然性特征的人为性比较明显，社会成员在一定条件下能够创造、改变，甚或消灭政治秩序中的各种关系。二是"结构性"特征。政治秩序中的关系同样是一种关系结构，不是单纯线性的或单纯平面性的，不过，这种关系结构缘于其"政治性"特质，其人为性或主观性特别强。三是"位势区间性"特征。缘于政治秩序关系的"人为性"特征，政治秩序中的关系存在程度状态差别情况，位势区间性亦是政治秩序关系的重要特征。以政治秩序关系中有关平等的关系束为例，这种有关平等的关系束，一方面表现为政治平等关系束，包括基本平等关系、相对平等关系等程度类型，另一方面表现为政治不平等关系束，包括根本不平等关系、相对不平等关系等程度类型。政治秩序中的关系或特定类型关系不止有一种表现形态，而有许多不同程度的表现形态。四是"根本性"特征。以公共秩序、经济秩序、法律秩序等社会意义上的秩序之子秩序中的关系体为参照，

---

① 参见姚选民：《罗尔斯政治秩序观问题：建构与批判》，中共中央党校出版社2014年版，第229－231页；姚选民：《罗尔斯政治秩序观研究：一种论纲（上）》，载《社会科学论坛》2014年第5期。
② 参见姚选民：《罗尔斯政治秩序观问题：建构与批判》，中共中央党校出版社2014年版，第231－235页；姚选民：《罗尔斯政治秩序观研究：一种论纲（上）》，载《社会科学论坛》2014年第5期。
③ 参见郑维东：《政治秩序的构建：儒家政治文化与政治稳定》，吉林人民出版社2002年版，第29－33页。

政治秩序关系体在社会意义上秩序关系体中的优位性比较明显，甚或可以说，是一种占据着支配地位的优位性。不仅如此，政治秩序关系体对社会意义上的秩序中其他子秩序关系体具有一种支配性的影响力。（2）基本对象要素。作为社会意义上的秩序的子秩序，政治秩序适用的是对象是其辖下的全体成员（包括国际法主体成员），政治秩序缘于其关系的"根本性"特征，其本身的任何变化都可能会对其辖下之所有社会成员（包括国际法主体成员）的生活或生存环境产生"颠覆"式影响或改变，跟经济秩序、法律秩序等秩序类型特别是公共秩序类型相对照，政治秩序所牵涉到的问题具有更强的公共性甚或政治性。（3）基本稳定性要素。相对于社会意义上的秩序中之其他子类型秩序如经济秩序、法律秩序、公共秩序等，政治秩序可以说拥有近乎超强的稳定性。之所以如此，一方面原因是，政治秩序是由国家机器、官方法等物质性力量促成的，这些物质性力量具有深厚的强制力，其辖下社会主体（包括国际法主体成员）几乎难以抗拒。另一方面原因是，政治秩序本身的变动对其辖下所有社会成员（包括国际法主体成员）之社会生活的前景影响非常大。就后一方面而言，社会基本结构（或世界结构）是一个政治体之政治秩序的根本性表征，该基本结构的任何变化会深刻地影响着辖下所有社会主体（包括国际法主体成员）的生活前景①，这些社会主体（包括国际法主体成员）在政治秩序方面的行动选择一般具有更强的保守性，或者说，他们要为其政治行为选择承担更大的判断负担。②（4）基本关系维系要素。以社会意义上的秩序中的其他子类型秩序为参照，政治秩序中的关系及其结构的维系主要是运用官方法（包括国家法和国际"官方法"），以及以国家机器或国家暴力为典型代表的强制性手段，而一般不使用一般意义的民间法、道德、教化等非强制手段。在对这些政治秩序的基本组成部分进行深入分析后，政治秩序概念的轮廓很自然地就浮现了出来。从国家社会的维度或层面来看，所谓政治秩序，意指社会中人们或社会成员业已内在认同并积极维护的超稳定关系结构体，这种关系结构体主要经由以强制力为潜在保障的种种方式特别是国家法来支撑。③而在国际社会层面，亦存在类似于国家政治秩序的国际政治秩序，所谓国际政治秩序，主要是指全球社会范围内社会主体特别是国际法主体成员业已内在认同并积极经由以一定强制力为潜在保障的各种方式特别是国际"官方法"来支撑的稳定关系结构体。④

一般而论，法或广义上之法体系存在的诸多价值如正义、平等、自由等秩序最终都可还原为其辖下之特定法文化群体的客观利益。如果是这样的话，那么，法或广义上之法体系存在的目的，或更确切地说，其核心目的是为了保护其辖下之特定法文化群体的客观利

---

① 参见［美］约翰·罗尔斯：《罗尔斯论文全集》（上册、下册），陈肖生等译，吉林出版集团有限责任公司2013年版，第177-178、254、264、358、478、544、637页。
② 参见沈亚平：《社会秩序及其转型研究》，河北大学出版社2002年版，第52-55页。
③ 参见姚选民：《罗尔斯政治秩序观问题：建构与批判》，中共中央党校出版社2014年版，第235-237页；姚选民：《罗尔斯政治秩序观研究：一种论纲（上）》，载《社会科学论坛》2014年第5期。
④ 参见郑维东：《政治秩序的构建：儒家政治文化与政治稳定》，吉林人民出版社2002年版，第20-22页。

益。在这种情况下,国家法作为"法"或广义上之法体系的一种重要基本形态,其存在的目的亦主要是保护其辖下国家这一特定法文化群体的客观利益,更确切地说,主要是为了保护整个国家层面的法文化群体即全体国民的客观利益。缘于政治秩序作为一种客观利益对于国家这一特定法文化群体的极端重要性①,在很大程度上讲,国家法的核心或基石法益就是一种政治秩序:"国家颁布法律,其目的是为了保护、巩固和发展有利于统治阶级的社会关系和社会秩序。"② 以我们所熟悉的国家法为例,从中国的视角直观来看,宪法、刑法、民法显然是国家法的典型代表。在这种情况下,如果它们存在的核心目的主要是为了维护政治秩序这一特定法益,那么,国家法的核心或基石法益是政治秩序这一观点或论断在很大程度上便能够得到有力支撑或论证。

首先,宪法存在的核心目的。最新修订的《中华人民共和国宪法》(以下简称《宪法》)第一条规定:"中华人民共和国是工人阶级领导的、以工农联盟为基础的人民民主专政的社会主义国家。社会主义制度是中华人民共和国的根本制度……禁止任何组织或者个人破坏社会主义制度。"其中,"社会主义国家"规定的是我们国家的国体,"社会主义制度"规定的是我们国家的根本政治制度,它们都是我们国家政治秩序的核心表征。社会主义制度的不可破坏性意味着,作为国家法的宪法是在以根本大法的形式保护国家政治秩序。当然,若说该条文表明宪法作为国家法在维护国家政治秩序的"说辞"还有点笼统的话,那么,《宪法》第二十八条的表述就显得很直白了:"国家维护社会秩序,镇压叛国和其他危害国家安全的犯罪活动,制裁危害社会治安、破坏社会主义经济和其他犯罪的活动,惩办和改造犯罪分子。"其中,"镇压叛国和其他危害国家安全的犯罪活动""制裁危害社会治安、破坏社会主义经济和其他犯罪的活动"等都是宪法作为国家法维护国家政治秩序的基本表现,而将这些行为在政治上定性为严重违法行为或犯罪,显然是作为国家法最重要代表的宪法在以最权威、最有力的制裁方式表明,其存在的根本目的或核心目的旨在让社会主义的国家政治秩序得到有效维护。

其次,刑法存在的核心目的。"刑法是规定犯罪、刑事责任和刑罚的法律……也就是掌握政权的阶级即统治阶级,为了维护本阶级政治上的统治和经济上的利益,根据自己的意志,规定哪些行为是犯罪和应负刑事责任,并给犯罪人以何种刑罚处罚的法律"。③ "蔑视社会秩序的最明显最极端的表现就是犯罪"。④ 学界特别是法学界学者的这些论断在一定程度上说明,作为国家法的刑法是最能反映其所保护的核心或基石法益是国家政治秩

---

① 参见〔美〕约翰·罗尔斯:《罗尔斯论文全集》(上册、下册),陈肖生等译,吉林出版集团有限责任公司 2013 年版,第 177 – 178、254、264、358、478、544、637 页。
② 赵廷光:《试论法的目的和基本作用》,载《贵州师范大学学报(社会科学版)》1979 年第 3 期。
③ 高铭暄,马克昌主编:《刑法学》(第 7 版),北京大学出版社 2016 年版,第 7 页。
④ 《马克思恩格斯文集》(第 1 卷),人民出版社 2009 年版,第 443 页。

序。① 总体来说，刑法的核心或基石法益是政治秩序，主要体现在这样两个方面，即包括它所关注的客观利益和其所适用的范围。就刑法所关注的客观利益而言，《中华人民共和国刑法》（以下简称《刑法》）第二条规定："中华人民共和国刑法的任务，是用刑罚同一切犯罪行为作斗争，以保卫国家安全，保卫人民民主专政的政权和社会主义制度，保护国有财产和劳动群众集体所有的财产，保护公民私人所有的财产，保护公民的人身权利、民主权利和其他权利，维护社会秩序、经济秩序，保障社会主义建设事业的顺利进行。"《刑法》这一条文挑明了作为国家法之刑法的使命任务，② 其中，"保卫国家安全""保卫人民民主专政的政权和社会主义制度"等使命任务明显旨在维护国家政治秩序，而整个国家层面之保护国有财产、集体所有财产等社会主义经济基础方面的使命任务，与个体层面之保护公民的私人财产、人身权利等使命任务，最终也会落脚到对国家政治秩序的维护上。不仅如此，我国刑法典对犯罪实质要件的规定，更是以刚性制裁的方式表明作为国家法的刑法旨在保护国家政治秩序法益，《刑法》第十三条规定："一切危害国家主权、领土完整和安全，分裂国家、颠覆人民民主专政的政权和推翻社会主义制度，破坏社会秩序和经济秩序，侵犯国有财产或者劳动群众集体所有的财产，侵犯公民私人所有的财产，侵犯公民的人身权利、民主权利和其他权利，以及其他危害社会的行为，依照法律应当受刑罚处罚的，都是犯罪"。在这一条文中，对犯罪罪状的描述，可以说非常直白地表达了作为国家法的刑法所要保护的核心法益是国家政治秩序。就刑法适用的范围领域而言，《刑法》第六条规定："凡在中华人民共和国领域内犯罪的，除法律有特别规定的以外，都适用本法。"这一具体征引条目意味着，作为国家法的刑法，其适用的范围领域是整个中华人民共和国的领土，并且，相对于其他法律来说，刑法典这一条目的普遍适用具有刚性和不可忤逆性。不仅如此，这种特性或思维逻辑还体现在这一点上，即《刑法》对于中华人民共和国公民在国土外之犯罪行为的法律拘束力，《刑法》第六条规定："中华人民共和国公民在中华人民共和国领域外犯本法规定之罪的，适用本法。"刑法典对其适用范围的国家性、对其适用对象的不限空间性等情况表明，作为国家法的刑法其存在之目的的政治性，即以完全不妥协的、最强有力的方式维护现行之国家政治秩序。与此同时，不光社会主义国家的刑法旨在保护国家或特定政治实体的政治秩序法益，资本主义刑法亦是如此。③

再次，民法存在的核心目的。缘于宪法、刑法的"政治法"特质，宪法、刑法存在的核心目的旨在维护国家政治秩序自不待言，不过，作为国家法的典型代表，民法存在的核心目的亦是如此吗？直观而言，一般意义上之民法存在的目的似乎跟国家政治秩序的维护相距甚远，但是，在考察我国民法典制定的目的之后，我们亦会突然察觉这种直观式印象

---

① 参见高铭暄，马克昌主编：《刑法学》（第7版），北京大学出版社2016年版，第18、43、312页；曾明生：《刑法目的论》，中国政法大学出版社2009年版，第84页。
② 参见高铭暄，马克昌主编：《刑法学》（第7版），北京大学出版社2016年版，第18-20页。
③ 参见曾明生：《刑法目的论》，中国政法大学出版社2009年版，第90页。

似乎是不可靠的。具体来讲，从制定我国民法典《中华人民共和国民法典》（以下简称《民法典》）的理论和现实意义来审视，制定民法典不仅仅是一桩法律事件，甚或更确切地说是一桩跟人们日常生活密切相关的法律事件即"维护最广大人民根本利益的客观需要"①，而且是一桩"政治事件"即"是全面推进依法治国，实现国家治理体系和治理能力现代化的重大举措"②"是健全社会主义市场经济制度，完善中国特色社会主义法律体系的必然要求"③。显然，这后一种意义还更具有决定性意义或核心意义："编纂民法典的指导思想是，高举中国特色社会主义伟大旗帜，全面贯彻党的十八大和十八届三中、四中、五中、六中全会精神，以马克思列宁主义、毛泽东思想、邓小平理论、'三个代表'重要思想、科学发展观为指导，深入贯彻习近平总书记系列重要讲话精神和治国理政新理念新思想新战略，贯彻统筹推进'五位一体'总体布局和协调推进'四个全面'战略布局要求，贯彻新发展理念，编纂一部具有中国特色、体现时代精神的民法典，正确调整民事关系，更好保护民事主体合法权益，维护社会经济秩序，为实现'两个一百年'奋斗目标、实现中华民族伟大复兴中国梦提供有力法治保障。"④ 如果是这样的话，显然，民法存在的目的并不是远离国家政治秩序的。之所以如此，主要是因为民法典是根据宪法制定的，是为了落实《宪法》的相关政治意志，《民法典》第一条规定："为了保护民事主体的合法权益，调整民事关系，维护社会和经济秩序，适应中国特色社会主义发展要求，弘扬社会主义核心价值观，根据宪法，制定本法。"也就是说，如果宪法存在的核心目的旨在维护国家政治秩序，作为宪法的下位法，民法典或民法存在的核心目的怎么可能不是维护国家政治秩序，只不过，可能更多地是在以民法特有的方式在维护国家政治秩序。不仅如此，跟刑法典一样，我国民法典也明确要求其要在全国适用或施行，《民法典》第十二条规定："中华人民共和国领域内的民事活动，适用中华人民共和国法律。法律另有规定的，依照其规定。"作为国家法的民法不可能只适用于主权国家的一隅，它对整个国家范围是原则适用的，这有力地展现了民法的政治性："民法作为上层建筑，是服务于经济基础的……中国特色社会主义法律制度具有维护和巩固我国基本经济制度的功能。民法典维护和巩固我国基本经济制度，同时，也要反映改革开放和市场经济建设的客观需要。"⑤

以上基本分析表明，国家法的核心或基石法益是国家政治秩序，当然，它们亦保护其他种类的客观利益，不过，对其他种类之客观利益的保护是为其核心或基石法益服务的。

---

① 李建国：《关于〈中华人民共和国民法总则〉的说明：2017年3月8日在第十二届全国人民代表大会第五次会议上》，载《人民日报》2017年3月9日第5版。
② 李建国：《关于〈中华人民共和国民法总则〉的说明：2017年3月8日在第十二届全国人民代表大会第五次会议上》，载《人民日报》2017年3月9日第5版。
③ 李建国：《关于〈中华人民共和国民法总则〉的说明：2017年3月8日在第十二届全国人民代表大会第五次会议上》，载《人民日报》2017年3月9日第5版。
④ 李建国：《关于〈中华人民共和国民法总则〉的说明：2017年3月8日在第十二届全国人民代表大会第五次会议上》，载《人民日报》2017年3月9日第5版。
⑤ 王利明主编：《中华人民共和国民法总则详解》（上册），中国法制出版社2017年版，第4页。

很明显，这样一种阐释或论证主要是以宪法、刑法、民法为例，且主要局限于中国，但是，鉴于当前法律全球化的背景现状，以及中国国家法立法对西方法律或美国法律的移植或借鉴现状，①我们的这样一种考察在很大程度上亦非纯粹个案意义上的，也具有一定程度甚或相当的现实普遍性。如果延伸到国际社会层面，基于相类似之国家法的核心或基石法益逻辑，国际"官方法"的核心或基石法益是国际政治秩序。

三、民间法的场域公共秩序基石法益分析：以国家法的基石法益为参照

业已知道，就国家层面而言，政治秩序主要是指国家范围内社会成员集体性地通过以强制力为后盾的各种手段特别是国家法来支撑的社会主体间的超稳定关系体，国家法存在的核心目的是旨在保护国家政治秩序法益。如果以国家法的核心或基石法益为参照，在国家层面，场域公共秩序主要是指国家范围内不同区域或领域亦即各种场域法域中人们集体地通过以一定强制力为潜在后盾的非强制性手段如民间法规范来支撑的社会主体间的相对稳定关系体，那么，在很大程度上讲，国家层面之民间法存在的核心目的旨在保护场域公共秩序法益。当然，这不是说国家法不保护各种场域法域的场域公共秩序法益，而是相比较而言，国家层面之民间法存在的核心目的主要是为了保护场域公共秩序法益，亦可以说，在国家法启动以前，国家层面之民间法可能就已经实现了对各种场域法域中之场域公共秩序法益的保护。

对于刑事案件如命案，如果进入国家法刑法视野，那么，在很大程度上会动用刑罚系统的，因为国家法刑法考量的是更高层面的国家法益即维护国家政治秩序，往往要落实其所倡导之国家法的法的精神，而且这种法的精神一般情况下多是现代法的精神，甚或更确切地说，主要是源自西方法律世界的现代法精神。为了维护这类现代法的精神，国家法刑法在其适用范围或领域具有绝对的垄断性，任何其他规范如民间规范或民间法都不能挑战其权威这一要求几乎达到了严苛的极致，以至于有时候这种要求会引发其所不意图的后果，即让其对国家政治秩序的维护走向了反面。也就是说，国家法刑法要求任何其他规范如民间规范或民间法都不能挑战其权威，这种严苛要求有时候不但没有能够保护好国家政治秩序法益，反而会在一定程度上损害国家政治秩序法益，因为会没必要地激发人们对国家政治秩序的负面情绪。然而，在国家层面或国家范围内民间法具有规制效力的各种场域法域，其民间法文化群体如藏区或藏文化区这一特定民间法文化群体，在他们的法文化观念中对所谓的刑事命案可能就没有什么"刑事""民事"相区分的概念。从国家法角度看来"人命关天"的刑事案件，在许多民间法文化群体看来，不过是违反了当地人的习俗约定，只要习俗约定能够得到重申和肯定，被暂时搅乱的社会法秩序一切都会重新回归平

---

① 参见姚选民：《法律全球化背景下的中国法治二元观：基于一种民间法哲学主体视角》，载谢晖等主编：《民间法》（第十七卷），厦门大学出版社2016年版，第37-50页。

静,既不会出现国家法刑法所要着力预防之故意杀人或致人死亡随意化的政治秩序崩溃风险,也不会产生国家法刑法过度适用之对国家政治秩序法益的损害。藏族"赔命价"习惯法及其实践①在一定程度上就很好地说明了这一点:国家层面之民间法的核心或基石法益是场域公共秩序。

所谓"赔命价",主要是指藏区或藏文化区发生杀人或致人死亡命案后,部落头人及其子弟、宗教人士等出面主持调解,由案件加害人向被害人家属赔偿相当数额的金钱和财物,以最终达到平息纠纷甚或最终免除刑罚处罚之目的的民族习惯规范。"赔命价"在古代藏区是以官方法的形式存在,② 在藏区成为中国国家行政区划组成部分后特别是进入现代社会后,沦落成了一种游离于正式国家法法秩序之外的民间法规范。③ 对于发生在藏区或藏文化区的刑事命案,"赔命价"民间法的处理旨在重申和尊重受到冲击的"赔命价"民间法法秩序,它既未意图要对抗作为国家法的刑法,实际上也没有损害国家政治秩序法益,即没有引发也不可能引发国家法刑法所担忧之故意杀人或致人死亡随意化的政治秩序崩溃风险。但是,若国家法刑法强行介入,则在藏区或藏文化区的此类案件中,不但可能无法妥善回复当地场域法域的场域公共秩序,而且还会没必要地激化藏区或藏文化区法文化群体对国家法刑法适用的负面情绪,进而实际上损害国家法刑法所要保护的在藏区或藏文化区的国家政治秩序法益。

有这样一个"赔命价"案例——青海"巷先加故意伤害致人死亡案":

> 1981年2月14日晚,巷先加(男)与被害人才合杰酒后去子哈大队先××帐房通奸,巷先加先进去,和住在先××家的女牧民力××同睡。才合杰进去后见先××的女儿英××已和他人同睡,就坐在灶火门前。片刻后才合杰压到熟睡的巷先加身上,巷惊醒发问:"阿罗,谁?"才合杰未出声,巷先加便用腰带甩打了两下,才仍未动。巷先加即起身一把撕住才的衣领,才亦撕住被告衣领。力××、英××见状即起身分别将巷先加和才合杰抱住。身抱才合杰的英××发现刀子,喊了声:"哎呀,刀子!"巷先加听喊声取出随身带的铁概子,挣脱力的手,朝才合杰头部猛砸下去,致才头部当即流血,双方停止殴斗。事后,才合杰回家谎称骑马摔伤。7天后由于疼痛加剧,才说了实话,并请民间医生作了治疗。81天后伤情严重,送医院抢救无效,于5月6日死亡。经审理,贵南县人民法院认为:被害人才合杰的死亡既与被告巷先加的伤害有重要关系,又有延误治疗的因素,故对被告人的伤害罪应从轻量刑。但是,被告巷先加在羁押期间又犯脱逃

---

① 参见南杰·隆英强:《藏族赔命价习惯法对我国刑事司法的挑战及其可能贡献》,载谢晖等主编:《民间法》(第八卷),山东人民出版社2009年版,第309-311页。
② 参见《果洛藏族自治州志》,民族出版社2001年版,第1084-1085页。
③ 参见淡乐蓉:《藏族"赔命价"习惯法研究》,中国政法大学出版社2014年版,第36-43页。

罪、盗窃罪，应从重处罚，决定判处被告有期徒刑7年。被告人巷先加被捕后，寺院活佛出面主持调解，作出决定：（1）被告人全家迁出塔秀公社，另寻住处；（2）被告人家赔偿被害人一方马1匹、牛18头、羊15只，现金500元；（3）出现金2500元购买经卷送给寺院。调解完毕后，以为事已解决，同村群众多人到司法机关请求免予追究被告的刑事责任。①

从该案例文本来看，显然，作为国家法的刑法介不介入该案都没有关系，"赔命价"民间法的处理会让该案所暂时破坏之藏文化区的场域公共秩序得到恢复，实现"赔命价"民间法法文化群体即藏民或信奉藏文化之居民所想要的效果和目的，一切都会归于平静。该案表明，"赔命价"民间法不会将该案中的致人死亡事实上升到政治秩序的高度来进行处理，而且潜意识地认为用国家法的方式进行处理没有必要，是"杀鸡用牛刀"。这一刑事个案表明，"赔命价"民间法旨在维护藏区或藏文化区的场域公共秩序法益。

在刑事领域如此，在民事领域亦是如此。存在这样一个案例——江苏"离婚析产执行案"：

> 2004年某月，江苏泰州市姜堰区人民法院在执行一起离婚析产案件时，仅仅为执行一件生活用品马桶，竟然遭到当地近一百名村民的强烈阻挠，出现了群情激愤的场面，执行人员在执行时被这些村民围困达两个小时之久。我们知道，一只马桶一般在市场上仅售价为100多元，但是，为什么在对它进行财产执行时会遭遇到这么大的阻力呢？原来，姜堰区人民法院的判决和执行没有顾及当地老百姓的风俗习惯民间法，触动了当地人的一个习俗。这个习俗的基本内涵是，当地人所有的女儿出嫁，一般总要赔上"三圆一响"，而这"三圆"中就有"一圆"叫作"子孙桶"，其实就是常见的生活用品马桶。不过，这只马桶的寓意却很重要，即意味着所嫁的人家会子子孙孙繁衍生息、人丁兴旺。在当地农村，这样一种风俗习惯一直延续至今，所以，即便是离婚，谁要是想从男方家中一并拿走作为"子孙桶"的马桶，这就是意味着女方在诅咒男方家要"断子绝孙"。因此缘故，在充分考虑到当地民情风俗民间法的情况下，姜堰区人民法院法官最终并没有对这个"子孙桶"马桶予以严格执行。②

---

① 参见张济民主编：《青海藏区部落习惯法资料集》，青海人民出版社1993年版，第209－210页；相类似案例亦可参见淡乐蓉：《藏族"赔命价"习惯法研究》，中国政法大学出版社2014年版，第169－170页。

② 参见张赫：《民间法进入司法的意义及方式》，载谢晖等主编：《民间法》（第七卷），山东人民出版社2008年版，第165页；相类似案例亦可参见王彬：《民间法如何走进司法判决：兼论"顶盆继承案"中的法律方法》，载谢晖等主编：《民间法》（第七卷），山东人民出版社2008年版，第51－52页。

在该离婚财产执行案中,"子孙桶"民间法旨在确保当地的风俗习惯不被破坏,维护当地的场域公共秩序,并且,这一风俗习惯谨恪守其使命,没有其他过分诉求,即还诉求除"子孙桶"以外的财产。但是,若作为国家法的民法强行介入社会纠纷的每一个角落,则不仅既超出了作为国家法之民法应有的效力适用范围或领域即民事意义上的政治秩序范畴,而且亦难以真正实现其欲保护之国家政治秩序这一法益目标。

从国家层面之特定民间法的具体内容来看,民间法亦主要是维护国家范围内不同区域或领域亦即各种场域法域的场域公共秩序。以较具普遍性的规约——《汶川县龙溪乡垮坡村村规民约》①为例:

> 为加强法制建设,以法治村,维护本村社会秩序,打击各种破坏生产和公共设施行为,保护本村生产生活正常进行,除按国家法律法规执行外,特制定以下村规民约。经全体村民讨论通过,望互相监督,共同遵守。
>
> ……
>
> 第二条,提倡晚婚晚育,少生优生,自觉履行计划生育义务,凡强行超生第一胎者,除按政策规定处罚外,另给予下列处理:(1)不批宅基地;(2)不批自用木材指标;(3)不给困难补贴;(4)不安排土地。
>
> 凡强行超生第二胎者,除按以上处理外,再给予下列处罚:(1)收回上等承包地1至2亩;(2)不能享受国家和村上的一切福利待遇。
>
> ……
>
> 第四条,所有村民应珍惜每一寸土地,凡乱占耕地修房造屋,指东占西,超面积建房,除按政策规定处外,村上另在国家罚款的基础上再增加百分之十的罚款,并限期补办手续。
>
> 第五条,所有村民有对公路的保护、保养义务。除公路沿线的责任地外,杜绝在公路上下线开荒种地,违约者给予下列处理:(1)凡在公路沿线开荒种地者,给予一百元—二百元处理;(2)在公路沿线乱倒石渣、废弃物者,给予五十元—一百元处理。
>
> 凡违反以上两条者,同时义务清理和保养公路一年。
>
> 第六条,本村村民应按村委规定,积极参加义务投工投劳,每享受一份责任地,投义务工十个,特殊基建另行安排,少投一个义务工,扣四元,超投一个义务工,奖三元。
>
> 第七条,发扬平等、团结友爱、互助的新型社会主义关系,做到家庭团结、

---

① 《汶川县龙溪乡垮坡村村规民约》,载龙大轩:《乡土秩序与民间法律:羌族习惯法探析》,中国政法大学出版社2010年版,第339-341页。

邻里和睦，村户团结，尊老爱幼，不偷盗扒窃，不打架斗殴，不准私拉乱接电源，不准损坏公私财物，如有违约，视其情况，给予下列处罚：（1）虐待老人和儿童，除按法律规定追究刑事责任外，按家庭人口计算，人平多投义务工十个，并限期改正虐待行为；（2）乱拉乱接电源者，村上给予五十元至一百元的处理；（3）偷盗扒窃、打架斗殴者，除按治安室依法处理外，村上再根据治安室的处理结果加倍处理。

……

垮坡村全体村民
一九九一年十月二十六日

从该规约甚或未提及的大量规约的具体内容来看，作为民间法的乡规民约，其存在的核心目的是为了维护特定区域或领域，如垮坡村这类村或基层社区场域法域的场域公共秩序，即旨在尽可能地避免特定区域或领域这类场域法域中"邻里纠纷"的出现。

以上分析主要是从特定种类民间法的主要诉求来看国家层面民间法的核心或基石法益，此为一个方面。另一方面，亦可从民间法适用的范围来审视其所要保护的核心或基石法益。国家层面之民间法多是在国家范围内不同区域或领域亦即各种场域法域中适用，或适用于村、乡镇、县（市区）、地市、省（市区）甚或跨行政区域，或适用于特定的领域如政治领域、经济领域、文化领域、社会领域、生态领域等多领域。因此缘故，民间法亦被称之为一种"地方性知识"，也就是特定区域或领域的习俗规范。① 民间法适用的地域性或领域性，在前南京国民政府司法行政部编的《民事习惯调查报告录》中得到了淋漓尽致的体现，报告录中的民事习惯多是特定县域民事习惯甚或跨县域民事习惯，尽管有些县域的民事习惯之间存在着相同或类同之处。② 在此意义上讲，民间法的适用范围总是地域性的或特定领域性的，这就在很大程度上反映出了民间法的非政治性。

就民间法适用之范围或领域的特性而言，有这样一个案例——江苏"不得于下午探视病人"事件③：

2010年，为了加强医院管理，江苏省卫生厅印发《关于加强医院探视管理

---

① 参见谢晖：《大、小传统的沟通理性》，中国政法大学出版社2011年版，第349页；[美]克利福德·格尔茨：《地方知识：阐释人类学论文集》，杨德睿译，商务印书馆2014年版，第4-271页；[美]克利福德·吉尔兹：《地方性知识：事实与法律的比较透视》，邓正来译，载梁治平主编：《法律的文化解释》，生活·读书·新知三联书店1994年版，第73-171页。
② 参见《民事习惯调查报告录》（修订版），中国政法大学出版社2005年版，第1-856页。
③ 参见符向军：《医院探视病人新规需尊重"民间法"》，http://www.chinacourt.org/article/detail/2010/06/id/413970.shtml，2010年6月17日；相类似案例亦可参见蓝寿荣：《关于土家族习惯法的社会调查与初步分析》，载谢晖等主编：《民间法》（第三卷），山东人民出版社2004年版，第169-170页。

的若干规定（试行）》，明确要求探视者到医院去探视病人必须在每天的下午3点至晚上9点之间，而且每次探视不得超过1小时。此项规定一出，立即引起了广泛的社会争议。有的医护人员认为，该规定的施行将进一步优化病房管理秩序，部分民众也对该规定持肯定意见，表示该规定的施行将有利于保持病房内的安静环境，对病人的休息和康复都有比较大的帮助。与此同时，不少民众亦表达了相反的意见和观点，其中大多数民众认为，该项规定缺乏基本的人性化考量，没有对当地的民间习俗给予必要的尊重。"限时探视"意味着，亲友上午到医院探视病人将被医院明确拒绝。这种规定做法，不单单是探视时间的变化问题，而且在很大程度上明显是对长期以来存在于当地传统乡土社会之民间规范或民间法的漠视。即是说，在我国的很多地方包括江苏省内，广泛流传并践行着这样一种民间规范或民间法，即"不得于下午探视病人"。在一般普通民众看来，上午意味着阳气旺盛，生机蓬勃，下午则是"夕阳西下"，下午探视对病人而言在很大程度上意味着很不吉利。在下午的时候探视病人，对那些病人来说，是对他们的极不尊重。不仅如此，而且还会加重病人们的心理负担，不利于病人病情的康复，这与规定探视病人时间的初衷可谓是"南辕北辙"。

可见，不管不受民间规范或民间法拘束的"外人"怎么看，国家范围内不同区域或领域亦即各种场域法域中的法文化群体，特别如江苏省居民，是内在地认同"不得于下午探视病人"民间规范所构筑之当地场域公共秩序的，不会容许"不得于下午探视病人"等特定场域法域的民间习惯被打破。在这种情况下，国家层面之民间法有力地保护了其核心或基石法益即当地的场域公共秩序，相关国家法在这些地区也能够基本恪守着它们的适用范围或领域范围而不轻易介入。

可以说，在国家层面上，民间法的核心或基石法益是场域公共秩序。其实，缘于法益法哲学思维的理论普遍性，国家层面之民间法的核心或基石法益思想逻辑在一定程度上亦可以扩展到国际社会层面。在国际社会层面，一如前述，国际"官方法"的核心或基石法益是国际政治秩序，以国际"官方法"的核心或基石法益为参照，国际"民间法"的核心或基石法益是国际场域公共秩序。国际场域公共秩序主要是指全球社会范围内不同国际区域或领域亦即各种国际场域法域中国际法主体成员集体地通过以一定强制力为潜在后盾的非强制性手段如国际"民间法"来支撑的社会主体间的相对稳定关系体。

四、代结语：场域公共秩序法益逻辑的理论普遍性

在阐述民间法（主要是国家层面的民间法）的基石法益时，我们主要是以国家法的基石法益为基本参照的，而不论是国家法的基石法益，还是国家层面之民间法的基石法益，我们在进行论证时主要撷取的是当代中国这一特定时空中的法或广义上的法体系这一经验

材料。不仅如此，我们还将国家法的基石法益思想逻辑和民间法（主要是国家层面的民间法）的基石法益思想逻辑"轻描淡写"般地扩展适用至国际社会层面。这样一种做法或情况可能会引发人们特别是阅读者的疑问或质疑，即这种论证的完整性或饱满性问题。在这里，我们之所以将该问题主动提出来，一方面表明我们业已意识到了这一问题，另一方面表明在意识到该问题的情况下我们还这么做亦有自己的理由：其一，一般意义上之民间法的基石法益是一个非常繁复的主题，面面俱到地进行论证会让整个论述既烦琐和臃肿又难看和不清晰，有失法哲学研究的气质或风度。其二，能够有力地论证民间法（主要是国家层面的民间法）的基石法益是场域公共秩序，就能够大体上支撑起一般意义上之民间法（包括国际"民间法"）的基石法益是场域公共秩序（包括国际场域公共秩序），因为一般意义上的民间法哲学的本体论主要是国家层面的，其国际社会层面的阐述是以国家层面的阐述为基础的，或者说，是国家层面阐述的延伸和扩展。并且，这样一种学术处理是也是在法哲学研究的"误差"范围内的，毕竟法哲学研究不能像社会科学研究那样完全遵循着实证研究路数，而主要是一种基本论证，即或阐释式论证，或思想式论证。其三，在具体阐述民间法（主要是国家层面的民间法）的基石法益是场域公共秩序时主要以当代中国这一特定时空中之广义上的法体系为经验材料这种做法或处理，可能是最有力的。就第三方面理由具体来讲，一方面，是因为所要建构的民间法哲学是中国人视角下的民间法哲学，其本身就具有天然的中国国度印记，使用中国的法体系经验材料可以说是"天经地义"的，国外的法哲学或法理学理论建构在相类情况下亦多是相类似处理的，即主要采用他们国度或文化圈的法体系经验材料。另一方面，是因为任何一个国家的法或广义上之法体系基本上是相同的，即基本上都是由民间法和国家法这两种广义上法体系之基本法形态构成的，所不同的是这国家层面或国家范围内广义上之法体系的具体表现形式有出入，比如有的国家的国家法主要是判例法体系，有的国家则是大陆法体系或法典法体系；有的国家的民间法显得比较突出，有的国家的民间法显得不太突出；等等。在这种情况下，如果当代中国之广义上的法体系经验材料能够支撑起国家层面之民间法的基石法益是场域公共秩序，那么，其他国家之广义上的法体系经验材料在很大程度上亦在遵循着民间法（主要是国家层面的民间法）的基石法益逻辑。如果是这样的话，那么，我们就可以形成这样一套关于一般意义上之民间法（包括国际"民间法"）的基石法益逻辑。易言之，业已知道，在国家层面，政治秩序主要是指国家范围内社会成员集体性地通过以强制力为后盾的各种手段特别是国家法来支撑的社会主体间的超稳定关系体，而国家法的基石法益是国家政治秩序，以国家法的基石法益为参照，国家层面之民间法的基石法益是场域公共秩序，而场域公共秩序则主要是指国家范围内不同场域区域或领域亦即各种场域法域中人们集体地通过以一定强制力为潜在后盾的非强制性手段如民间法规范来支撑的社会主体间的相对稳定关系体。与此同时，缘于法益法哲学思想的穿透力，国家层面之民间法的基石法益逻辑内在地具有一定程度的扩展性或理论普遍性，能够在一定程度上扩展适用到国际社会层面。

如果是这样的话，在国际社会层面，国际政治秩序主要是指全球社会范围内国际法主体成员集体性地通过以适度强制力为后盾的各种手段特别是国际"官方法"来支撑的社会主体间的稳定关系体，国际"官方法"的基石法益是国际政治秩序，以国际"官方法"的基石法益为参照，国际"民间法"的基石法益是国际场域公共秩序，而国际场域公共秩序则主要是指全球社会范围内不同国际区域或领域亦即各种国际场域法域中国际法主体成员集体地通过以一定强制力为潜在后盾的非强制性手段如国际"民间法"来支撑的社会主体间的相对稳定关系体。在此基础上，一般而论，一般意义上的政治秩序主要是指国家或全球社会范围内社会主体（包括国际法主体成员）集体性地通过以适度强制力为后盾的各种手段特别是一般意义上的官方法（包括国家法和国际"官方法"）来支撑的社会主体间的稳定关系体，而一般意义上之官方法（包括国家法和国际"官方法"）的基石法益是政治秩序（包括国际政治秩序），以一般意义上之官方法的核心或基石法益为参照，一般意义上之民间法（包括国家层面的民间法，以及国际"民间法"）的基石法益是场域公共秩序（包括国际场域公共秩序），而一般意义上的场域公共秩序（包括国际场域公共秩序）则主要是指国家或全球社会范围内不同区域或领域（包括国际区域或领域）亦即各种场域法域（包括国际场域法域）中社会主体（包括国际法主体成员）集体地通过以一定强制力为潜在后盾的非强制性手段如一般意义上的民间法（包括国家层面的民间法，以及国际"民间法"）来支撑的社会主体间的相对稳定关系体。

On Field Public Order as the Core Legal Interest of Folk Law
——From the Perspective of Folk Law Philosophy

Yao Xuanmin

Abstract: From the perspective of legal philosophy, the purpose of law is to protect legal interests. The purpose of national law is to protect the political order of the country. Taking the core legal interest of national law as a reference, the purpose of folk law is to protect public order in different regions or areas. Due to the penetrating power of legal interest theory, the legal interest logic of folk law has a certain degree of theoretical universality and can be extended to the international community. In other words, the purpose of international folk law is to protect the international public order in different regions or areas within the global community.

Keywords: philosophy of law; purpose of law; legal interest; folk law; political order; field public order

民间规范的修辞阐释*

李 杰 黄琦翔**

摘 要 民间规范不仅是基于经济分析逻辑或社会学逻辑而形成的行为规范，还是包含各种修辞元素的行为规范。修辞是创制民间规范的基本要素，拟人、通感、比喻等修辞方式分别在民间创制中发挥重要作用。同时，修辞是民间规范作用于实践的重要方法，民间规范以借代、拟人等修辞方式构建行为规则，以对偶、排比等修辞方式解决纠纷。我们应当认识到民间规范中修辞元素的重要性，从修辞角度推动民间规范融入法治建设，在立法中吸收民间规范的修辞形式；在司法层面，民间规范修辞可以作为说服工具；在执法层面，利用民间规范中的修辞元素进一步促进执法科学化，从而实现法治体系真正的本土化，实现国家法治的进一步成熟和完善。

关键词 习惯法 修辞 法治本土化

一直以来，民间规范研究者试图科学剖析民间规范的本质，有的从经济分析的角度出发，揭示民间规范中的经济学逻辑，从而指出民间规范在本质上是成本效益分析的成果，是人们为了节约交易成本而形成的非正式规则，是人们交往过程中自然形成的"帕累托最优"；有的则从社会学分析角度出发，从结构功能主义角度看待民间规范，认为民间规范是人们为了维系共同体秩序而构造的功能性行为规则。这些观点都是从实证分析角度切入，以逻辑推理为基本方法来探求民间规范内在本质，试图将民间规范的形成过程解释为

---

* 基金项目：广东省普通高校青年创新人才项目"民间规范参与共建共治共享社会治理格局研究"（批准号2018WQNCX025）；广东省高校社会主义核心价值观传播研究中心2020年课题"法律职业伦理课程中社会主义核心价值观培育研究"。

** 李杰，法学博士，广东外语外贸大学阐释学研究院讲师，广州城市舆情法理与国际形象传播研究中心兼职研究员。黄琦翔，传播学博士，广东外语外贸大学新闻与传播学院讲师、硕士生导师，广州国际城市创新传播研究中心研究人员。

某种客观规律。相比之下，对民间规范修辞层面的相关研究尚不多见。逻辑与修辞在制度发展过程中具有同样重要的地位，二者"呈现出相互影响、彼此补充、相互渗透的趋势，共同促进法律文明的发展"。① 因此，对民间规范的分析不仅要从逻辑分析角度展开，还要从修辞分析角度展开，这样才能对民间规范的本体进行更为全面的认识。

一、修辞是创制民间规范的基本要素

人的思维作用过程是一个将人的主观构想赋予客观对象的过程，相应地，人们创造民间规范的过程是一个"运用想象力将主观情感过渡到客观事物上，使客观事物成为主观情感的载体，从而创造出一个心物融合的主体境界"② 的思维过程。这决定了民间规范的创制需要修辞的参与。

（一）民间规范创制中的拟人修辞

民间规范并不是对社会事实的复写，而是人们对更好公共生活秩序的建构，其中包含人们对秩序、公正、民主等未来公共生活秩序的价值追求。这些价值追求并非是实然的、物理的存在物，而是想象的产物，因此人们必须要运用拟人化的修辞方法将这些价值追求以一般人可以接受、理解的方式表现出来。

在一些民间规范中，人们经常以虚构的故事、传说作为道德文本来构建民间规范的价值观念，将民间规范所追求的价值理想拟人化，将理想的行为规范模板集中到神话传说中的某个贤人身上，将破坏秩序的行为集中到某个反面人物身上，通过拟人的方式体现对贤人的称颂和对违反秩序者的批判来表现民间规范、强化民间规范。一些羌族民间规范就采用拟人化的修辞方式来强化族群民间规范的效力，例如在羌族山林保护民间规范中，巫师"化妆为鬼怪之状，象征破坏林木的人，由众民追打……或者拴一草人置于神庙外花椒树上，众人齐吼'唉戳'（羌语音，意为'打倒'）以示人神共愤，最后用火枪射击草人，象征惩罚违背习惯法的人"③。这种拟人修辞方式构建起来的民间规范具有良好的社会效果，能够有效地引导羌民把对神的虔诚和敬仰转换为对民间规范的遵守，促使羌民对山林保护民间规范就产生更深刻的认识，大家因而自愿共同维护、执行民间规范要求的行为准则。

（二）民间规范创制中的通感修辞

通感修辞是人类感官互通现象的语言表现形式。"通感现象的心理机制在于人类心智

---

① 焦宝乾：《逻辑与修辞：一对法学范式的区分与关联》，载《法制与社会发展》2015年第2期。
② 谢晖：《诗性、修辞与法律价值预设——制度修辞研究之二》，载《现代法学》2012年第5期。
③ 龙大轩：《羌族习惯法述论》，载《现代法学》1996年第2期。

的体验性,构成通感的不同感觉之间具有某种抽象的认知心理共性"①。民间规范的重要内容——殡葬规范——就是通过通感修辞来实现现实世界与死亡世界的交流,营造出祖先崇拜的价值追求,构建出共同的行为规则和公共秩序。

首先,从静态的角度看,民间丧葬规范中的墓葬规范,如埋葬位置、埋葬规格等不仅是行为设计的结果,而且是通感修辞的结果。在民间殡葬规范中,"祖坟"一词,就是将"坟"这一视觉描述与"祖"这一心理认知联系起来,不同墓穴之间的位置关系体现着逝者生前在家族中的尊卑辈分关系,墓穴规格则体现着生者与逝者之间的远近亲疏。于是,"坟"这一视觉认知就将人们与逝者生前交往中的触觉、听觉等感官认知联系起来,让人们对逝者的情感得以寄托,家族中的价值观念、尊卑秩序、亲疏顺序等得以延续,进而使得人们的关系并不因为逝者的离去而混乱。其次,从动态的角度看,民间丧葬规范的各种祭奠仪式也是人们基于通感修辞而设计的行为规则。祭奠时的衣着、排序、祭词等,让祭奠行为具有了特殊的意义。在这些祭奠仪式中,人们可以感受到祖先"没有从世界消失,在年节祭祀仪式中,他仍然回到家里和族人欢聚一堂,享受亲情和美味,……死神的不道德恐吓因家庙供桌上矗立的灵牌而失去了重量,向死而在的残酷人生过程因隆重的迎祖仪式而成为一种生命形式轮转的游戏。庄严的祭祖仪式成为死亡的驱魔仪式,不仅激发了个体的永恒想象,守护者个体灵魂的'在家',也激励这个体的健道达和"②。有了通感修辞的参与,祭奠规范中"颜色似乎有了温度,声音似乎会有形象,冷暖似乎会有重量,气味似乎会有体质"③,也正是这种效果才促使人们自愿地接受着现实生活中的家族秩序和孝道约束。

可见,民间殡葬规范不仅是理性设计的结果,还是通感修辞的结果。这种通感修辞让人们在殡葬仪式活动中,暂时搁置现实生活的苦闷,也让死亡获得短暂的美感。人们能够耐心平和地面对离别与死亡,内心对残缺生活的美感实现修复,在悲痛之中仍然能保持一种积极的精神、健康的心理状态。

(三) 民间规范创制中的比喻修辞

比喻修辞也是民间规范中经常用到的修辞方式。通过比喻的方式让民间规范的内在核心得以形象的表达,进而形成具体的行为规则。这样人们能够更加容易地理解和领会规则的内在精神追求,如果忽视修辞形式,就会无法理解这种民间规范的真实含义,从而造成应对措施的失当。在对藏族赔命价民间规范的治理中,就是忽视了其中的修辞元素,直观地将赔命价看作是"拿钱买命",形成了赔命价规范破坏社会公正的偏见。但是,如果从修辞角度来把握和理解赔命价规范,就可以更深刻更全面地了解其本质而做出更好的应对。

---

① 王宇弘:《通感修辞的心理美学阐释》,载《社会科学辑刊》2008年第5期。
② 高长江:《民间信仰:和谐社会的文化资本》,载《世界宗教研究》2010年第3期。
③ 雷淑娟:《通感修辞与通感隐喻》,载《楚雄师范学院学报》2010年第10期。

藏族赔命价规范的精神根基是佛教"轮回转世"的宗教观念，而这种"轮回转世"的观念正是比喻修辞的结果，通过比拟，将死亡世界与现实世界对应起来，从而实现了对转世轮回的解释。赔命价规范就是以这一比喻修辞为根基构建起来的。根据藏传佛教"生死轮回"观念，被杀者的死亡实际上是一种命运轮回的结果，如果通过偿命的方式来实现惩罚杀人者的目的，非但不能阻止这种轮回，反而是对轮回的亵渎，而且也违反了不得杀生的戒律。赔命价在藏语中称谓是"懂嘉哇"或"拟懂"，含义为"空"，生生死死都是一场空，杀人偿命是没有意义的，通过命价来解决纠纷反倒更能够让群众接受，"发生命案纠纷时，通过财物补偿将仇怨做空，让死者安息，罪人忏悔，使事情回到什么也没发生的状态"①。正是基于这样的原因，生死轮回的比喻修辞让藏族群众能够理解佛教中死亡的本质，藏族群众才普遍接受和认同赔命价的处罚方式。基于修辞感化而非逻辑分析，基于情感塑造而非理性说教，形成了民间规范稳固的价值观念，构成了民间规范坚不可摧的基础。如果忽视了这一点，没有对赔命价修辞层面的认识，就会形成认识的严重偏差，认为赔命价就是"拿钱买命"的意思，将民间规范视为社会秩序的破坏因素而打压，导致应对策略偏离实践。

可见，修辞是民间规范的重要构成要素，是民间规范能够充满生命力，在生活中根深蒂固的根本原因。如果忽视修辞要素，对民间规范的认识与解释就会失真，而以这种失真的认识为基础来作出相应的法治决策与实践，就有可能会偏离良法善治的目的。

二、修辞是民间规范作用于实践的重要方法

修辞不仅是民间规范创制中的重要元素，也是民间规范在社会实践中发挥作用的重要方法，通过各种修辞方式，民间规范被广泛地传播和接受，正是有了这些修辞方式，民间规范才获得了生命力。在民间规范的实践中，修辞通过构建行为规则和解决纠纷两个方面发挥作用。

（一）民间规范以借代、拟人等修辞方式构建行为规则

首先，民间规范通常利用借代修辞来树立偶像、构造秩序，即用某些偶像来代表民间规范的权威，通过偶像的塑造和崇拜而达到形成秩序并要求他人遵循的目的。例如在中国行业民间规范中，人们会借一些历史人物来构造偶像，以某种崇拜形式，如所谓拜关公、鲁班等人物为祖师爷，从而树立权威，确立民间规范的地位，形成稳定秩序，从而实现让其他人遵循的效果。民间规范还会借助一些神灵的符号来表现价值目标，例如东南地区普遍存在的供奉妈祖，将神灵符号视为权威，形成民间规范和秩序。通过这样一种借代修辞来塑造人的精神秩序，不仅是一个行为的指引，提供一个公共交往的模式范本，而是把人

---

① 王林敏：《论藏区赔命价现代化的发生逻辑》，载《原生态民族文化学刊》2017年第2期。

引入了一个意义世界,将平淡无奇的日常生活审美化,吸引人们按照民间规范设定的秩序行动。可见,在民间规范中,通过借代的方法来设定权威是一种重要的修辞方法。在这一过程中,民间规范通过借代修辞方式而获得权威,民众因而自觉按照民间规范的要求行为。可见,民间规范秩序的构建并非逻辑推理的结果,而是修辞征服人心的结果。

其次,民间规范还通过拟人修辞树立偶像的方式促使人们遵守行为规则。例如,河北地区广泛流传的"纸码"崇拜,即在纸上画像代表各种神祇,如山神、谷神、灶神、火神、鹊神等,就是拟人化的方式强化民俗规范的代表。人们用"纸码神仙"来代表着农业生产、环境保护等方面的行为规范,①将这些拟人化的形象贴在各种场所,事实上强化了人们相应的规范意识,构建了稳定的民间社会秩序。这些"神仙"形象无疑是拟人修辞的结果,因为这些神灵并不具有事实的可证实性,不过是人为的虚拟形象。但是通过拟人修辞,这些形象最终使民间规范的内容和价值目标便于表述、传播、实现。可见,民间规范中虚构的传说与故事并非纯粹的捏造,而是具有规范功能的修辞,是民间规范得以传播、发展、遵守的关键原因。如果没有这些传说和神话的修辞力量,民间规范很可能无法构建出社会秩序,发挥良好的适合效应。

(二) 民间规范以对偶、排比等修辞方式解决纠纷

纠纷解决本质上就是一个通过修辞说服他人的过程。在民间纠纷解决中,民间规范更需要修辞方法发挥作用。民间规范的作用方式通常是多种修辞共同作用的结果。民间规范的运用者往往需要随时根据情形的变化,通过重音、节奏、动作等细微方式,结合对偶、排比等修辞方式来说服当事人,实现纠纷解决的良好效果。

苗族村寨运用民间规范进行纠纷解决的过程就是运用修辞的过程。一般纠纷解决的主持者是"苗族理师",理师的说理实际上是对民间规范的重申,这种反复的宣讲通过对偶、排比等修辞工具来表达。"款词多为对偶句,有韵但不严格,以上下句押尾韵为主,抑扬顿挫,起承转合"②,例如在家庭纠纷解决的说理中就有:"兄弟不和睦,脚趾踩手指,邻里不团结,肩臂撞肩臂","你退三丈、我退三丈,莫以角相斗,不用头相碰"③,都是以对偶的修辞方式呈现出来的。理师在一些说理中也经常采取排比的修辞方法,如"拿来当古典讲,拿来当典故说","千年也不断,万年也不丢,不忘古老的话,不丢古老言"④等。同时,在苗族纠纷解决过程中,人们会在族群头人的带领下组织"鼓社活动",其中

---

① 耿涵:《中国民间造神——内丘神码与民间信仰实践》,广西师范大学出版社2016年版,第44-56页。
② 徐晓光:《原生的法——黔东南苗族侗族地区的法人类学调查》,中国政法大学出版社2010年版,第110页。
③ 徐晓光:《原生的法——黔东南苗族侗族地区的法人类学调查》,中国政法大学出版社2010年版,第73-80页。
④ 徐晓光:《原生的法——黔东南苗族侗族地区的法人类学调查》,中国政法大学出版社2010年版,第90-106页。

有"唱鼓"环节，即社主领唱"古规古理"歌，其余人齐声附和，而"古规古理"的内容就是当地的民间规范，歌唱过程采用了反复、设问、押韵等多种修辞方法，"在节奏感强烈的唱腔感染下，当地民众内心的'崇拜'的力量发挥作用，从而早已形成的'古规古理'在民众内心再度烙下印记，以推动苗族习惯规则的实际运行"[①]。这些修辞方式让民众能够更快地接受，因而推动民间规范在纠纷解决中的实际效果。

可见，修辞手法是民间规范在实践中发挥作用的关键，如果没有这一重要的方法，民间规范在社会实践中应用就会失去活力，难以成为富有生命力的规范形式。这也再一次说明认识民间规范的时候必须认真对待和分析民间规范的修辞元素，全面地理解民间规范。

三、从修辞角度推动民间规范融入法治建设

民间规范的修辞元素不仅是分析和理解民间规范的重要途径，也是民间规范融入法治建设的重要方面，正确关注分析和应对民间规范修辞，才能真正实现国家法与民间规范的良性互动，实现法治建设的本土化。

（一）在立法中吸收民间规范的修辞形式

在现有研究中，国家法与民间规范的结合通常是规则层面的结合，立法对民间规范的吸收一般是实体法层面的吸收。但是，通过对民间规范修辞的考察我们可以得出一个结论：立法不仅要注意吸收民间规范的规制内容，也要注意吸收民间规范的修辞。比如，在江浙沿海地区广泛存在的"和会"金融民间规范，"和会"一词中的"和"是通感修辞的典型。通过这一修辞方式，民间规范渲染出"和气""团结"的感觉，形成团结合作的价值观念。因此，立法对这种民间规范的吸收不仅要注意其中的规范模式，还要注意吸收"和会"这种独特的修辞表达。事实上，我国台湾地区已经将"和会"这一修辞形式纳入了正式民事立法中，成为正式金融法的一部分，这是值得我们学习和借鉴的。在少数民族地区的地方立法中，也应当注意这样一些民间规范的修辞形式。例如苗族"罚三个一百"民间规范，即对违反族群行为规范者处罚一百斤肉、一百斤菜、一百斤米的民间规范。通过排比修辞，这一民间规范简洁精炼，便于记忆，获得了广泛传播和遵守。因此，立法不仅要注意和吸收这种独特的民间规范的规则内容，还要注意吸收其修辞方式，通过吸收这一排比修辞来进一步提高地方立法的可接受性，形成地方立法的特色。同样，地方立法还可以适当吸收少数民族民间规范中"请老""论理""度话""反驳""驳理""判案""做料"[②]等语言形式。

总之，民间规范的修辞表达包含着民间规范的精神内涵，包含着民间规范的文化根基

---

① 余地：《论"诗性崇拜"对习惯法形成及运行的推动力》，载《民间法》2014年第2期。
② 徐晓光：《"讲件"与纠纷的解决——瑶族习惯法半口承环境下的程序安排与符号设定》，载《民间法》2015年第2期。

和道义基础。因此,忽视修辞表达也就意味着忽视了民间规范原初的文化根基和道义基础。只有在立法中吸收民间规范修辞形式,才能实现对民间规范文化根基和道义基础的吸收,人们也会更积极地遵守立法规定,这样才能实现立法吸收民间规范的最初目的。

(二)在司法层面,民间规范修辞可以作为说服工具

在民间规范与司法的研究中,研究者多关注民间规范的可接受性以及司法吸收民间规范的法律方法等问题,而没有关注到民间规范中修辞元素在司法中的应用问题。修辞是司法说服当事人,进而形成判决可接受性的重要途径。司法不仅要关注民间规范的实体内容,而且要注意吸收民间规范中的修辞元素,从而实现法律的普遍正义与个案正义、合法性与合理性、形式正义和实质正义之间的平衡。

首先,司法机关可以在正式的司法裁判说理中吸收民间规范的修辞元素。在祭奠权纠纷案"黄呈远诉张孝清特殊侵权纠纷案"中,法官的说理就吸收了民间规范修辞作为依据,"被告张孝清私自转移母亲尸骨的做法是不妥的,但鉴于被告张孝清已将其父母合葬,且父母合葬亦在社会伦理范围之内,在社会道德能够容忍的限度之内,如若再将尸骨强行挖出迁移,同样违背了'入土为安'的风俗习惯,亦是对死者的不敬"①。正是这样的修辞方式实现了说服的效果,如果不采用父母合葬、入土为安的民间规范修辞,就很难作出双方接受的判决。通过民间规范修辞说理,解释相关法律法规的价值目的,说明判决依据,才能达到说服当事人的目的。其次,司法机关也可以在司法调解中充分利用民间规范修辞元素说服双方当事人,实现司法工作社会效果和法律效果结合的目的。司法调解本身是一种侧重双方协商的纠纷解决机制,而民间规范是双方当事人熟悉的、能够接受的日常生活中的行为规则,这就形成了民间规范在司法调解中的天然优势。所以司法调解应当充分运用民间规范中的修辞元素,更快、更好地让双方当事人互相理解对方的诉求,接受法官调解的意见,更快更好地解决纠纷。

(三)在执法层面,民间规范修辞元素能进一步促进执法科学化

"新行政法"范式转型目标在于实现"更加成熟的体系化,更接地气的本土化,超越传统法学局限"②,其核心是从形式法治到实质法治的转型。这种转型在行政执法上的表现就是行政机关充分考虑民间规范,实现正式规则与非正式规则的合理融合。在这一过程中,作为具有本土性和规范性的民间规范必然成为行政法学研究范式转型中不可不重视的规范形式。相应地,民间规范中的修辞元素也应当进入行政法治的视野中。

具体而言,行政机关在行政执法中将民间规范修辞作为说理修辞,可以让人们更快地

---

① 参见:《江苏省徐州市贾汪区人民法院民事判决书(2006)贾民一初字 604 号》。
② 沈岿:《监控者与管理者可否合一:行政法学体系转型的基础问题》,载《中国法学》2016 年第 1 期。

理解行政行为的目的,更有利于人们对行政行为的接受,以此提高行政执法的效率。如前文所述,民间殡葬规范中的通感修辞赋予了民间规范情感的因素。行政执法对待民间殡葬规范就必须考虑这种情感上的意义。如果忽视这种情感意义,用行政强制思维的模式来看待、处理、改造民间殡葬规范,就会导致民众的反对和抵抗。曾经引起广泛关注的"周口平坟事件"之所以最终草草收场,正是因为政府只看到了民间规范行为规则,而没有注意到民间规范中的修辞元素,采取政治施压,经济奖惩等方式来破坏民间殡葬规范,引起了人们对政府行政行为的强烈抵制,最终草草收场,不但没有达到预期的行政目的,还遭到了社会舆论批判和农业农村部的批评。相似地,2018年出现的"江西抢棺事件"中,当地政府将民间殡葬规范视为一种规范事实,没有考虑民间殡葬规范的情感修辞,简单粗暴地运用行政力量强制改革民间殡葬规范。结果正如学者所言,"当这个同质的共同体受到一种异质的、外来的东西如国家制定法侵扰时,就会自动地、本能地、顽强地进行不同形式的反抗,就会使组成这个同质共同体的成员感到紧张、诚惶诚恐、焦躁不安,最终爆发出一股无形的力量去抵抗外来的侵扰"[①],政府试图从行为上直接改变这种民间习惯,反而引起民众的抵触,造成了不良影响,最终不了了之。可见,在行政执法中,执法部门要理解民间规范中的修辞元素及其意义,充分利用这些修辞表达,让行政执法行为更具可接受性,推进行政法治的本土化。

四、结语

民间规范的研究从法文化角度、法社会学、法人类学角度进行了推进,但是事实上,从修辞角度才能真正整全地、深入地理解民间规范,只有充分发挥民间规范修辞的作用,才能在法治建设中充分发挥民间规范的作用。本文对民间规范修辞的分析并非纯粹理论上的思考,而是具有实践意义的研究方向。事实上,修辞是民间规范得以产生和保持运行的重要元素,无论从立法还是执法、司法角度看,民间规范的修辞都有自己的用武之地。如果忽视修辞本质,那么就难以触及民间规范的精神内核,民间规范融入法治体系也就难以取得预期的效果。民间规范与国家法的互动需要从修辞属性角度出发,不仅要看到民间规范的规范类型、规范内容、规范效果,还应当关注民间规范的修辞形式,这样才能实现法治体系真正的本土化,实现国家法治的进一步成熟和完善。

同时,值得注意的是,民间规范修辞的形式丰富,类型多样。本文论证中分析了乡规民约、少数民族地区民间规范中的修辞因素,这是由于在这些领域中民间规范的独特修辞形式较为有特点,被关注较多。实际上,在更多的领域中还有更多修辞内容。例如,行业民间规范中的行业术语修辞形式包含着行业民间规范的文化根基和道义基础。修辞形式的改变意味着对原初的精神基础的否定,对原初的文化根基和道义基础的改变。在相声行业

---

① 张洪涛:《使法治运转起来——大历史视野中的制度命运研究》,法律出版社2010年版,第256页。

中的师徒关系民间规范的修辞表达中包含的文化根基和道义性基础是行业内、熟人共同体的互助精神,对这一民间规范的规制中如果忽视其修辞形式,其文化根基和道义性基础就有可能逐渐演变为一般的以市场经济的私利追求的普通雇佣关系,民间规范独特的精神内涵就会受到影响①。再例如,网络民间规范中的技术性修辞形成了独特的、崇尚自由的"赛博文化(cyber-culture)"②,网络的开放性使得这些技术性修辞被网络群体广泛接受和运用,网络的专业性又使得这些技术性修辞具有内涵、外延上的稳定性,这些修辞方式正在强势地改变着人们的生活,让人们不得不用这些修辞形式来代替原有的修辞形式。这些技术性修辞也是我们研究该领域民间规范时不能忽视的内容,也是正式法体系在应对这一类民间规范时必须重视的部分。

可见,随着民间规范理论的不断推进,有关民间规范修辞的研究广度和研究深度还需要进一步挖掘和研究,推动民间规范在社会治理中释放更多能量,为中国法治建设提供规范资源的同时提供修辞资源。

Rhetorical Interpretation of Folk Norms

Li Jie   Huang Qixiang

Abstract:Folk norms are not only codes of conduct based on economic analysis logic or sociological logic, but also codes of conduct containing various rhetoric. Rhetoric is the basic element of the creation of folk norms. Personified rhetoric, synesthetic rhetoric, figurative rhetoric and other rhetorical ways play a role in the creation of folk norms. At the same time, rhetoric is an important method for folk norms to act on practice. Folk norms construct behavioral rules by rhetorical means, such as borrowing and personification, and solve disputes by rhetorical means such as duality and parallelism. We should recognize the importance of rhetoric elements in folk norms, promote the integration of folk norms into rule of law construction from the perspective of rhetoric, and absorb the rhetoric forms of folk norms in legislation. At the judicial level, folk standard rhetoric can be used as a tool of persuasion. At the level of law enforcement, rhetoric elements in folk norms are used to promote further scientific law enforcement. Only by this way can we truly localize the rule of law system and further mature and perfect the rule of law.

Key Words:Common Law;Rhetoric;Localization of Rule of Law

---

① 刘一泽:《天津相声行业师徒关系习惯变迁》,载《民间法》2019年第1期。
② 姜世波:《网络习惯法:网络社会自治的法律规则体系》,载《民间法》2014年第1期。

当代中国司法回应社会的模式研究

——基于类型化的分析与反思

侯明明[*]

摘　要　当代中国司法回应社会的模式研究，立基于"多重转型"时期的特殊性、新时代社会主要矛盾变化所提出的新要求、当下司法改革的实践动力等现实关照，以及助益于实现司法与社会的良性互动、明确中国司法的自主道路选择等意义关怀。法学界对此提出了相关程度不一的"治理型司法""回应型司法""能动型司法""多边型司法""法民型司法"等模式类型，来处理司法回应社会的问题，但是这些模式类型或多或少地存在值得反思之处。继续挖掘和借鉴国外相关理论资源，尝试走向一种立足于本土的包容性整合模式；认真对待中国司法所嵌入的政法体制，处理好司法的自治性与司法的社会回应性之间的关系；在司法正义与社会正义的互惠中理解司法回应社会的模式；以及视域融合下"诉求—回应"的关系性互动模式可能是未来司法回应社会问题研究的指向。

关键词　司法的自治性；司法的社会回应性；司法模式

一、中国司法回应社会之模式研究的现实关照与意义诠释

首先，"多重转型"时期的特殊性是中国司法回应社会之理论模型得以提炼和实践展开的时代背景。当下中国处于转型时期，不仅社会面临转型，而且司法也处在转型的过程当中，亦即中国司法与社会处于"双转型"的状态。转型，其实就是不断现代化的过程，也是不断将当下以及未来欲求建立的理想化秩序逐步通过各种路径加以落实和不断演进调试的过程。也许针对当下的中国而言，用"转型"一词来加以形容比以往任何时刻都更加

---

[*] 侯明明，法学博士，吉林大学法学院讲师。

贴切。转型时期意味着一种传统、现代与后现代的时间结构的混合，而这种时间结构的混合不仅使得历时性问题共时性解决的司法任务得以凸显，而且展现了司法转型所面对的社会环境的复杂性。换言之，在这样一个兼具"长时段"① 特色的"多重转型"时期，中国社会、法律以及司法都同时面临着法治建设的历时性问题共时性解决的难题。而在这样的大难题之下，中国的社会治理又面临着地方性与普适性、个体性与群体性、情理性与法理性、多发性与疑难性以及结构性与非结构性等不同类型的困境格局与隐性陷阱。② 在如此境遇下，我们必须经验性地审视中国司法的当下与未来，以及与中国社会与司法之间的关系。当社会诉求涌入司法场域时，中国司法之于社会的回应问题不仅是一个基础性问题，而且也是一个亟待从实然上加以实证梳理以厘清其中回应理路的时代使命与重大课题。

其次，新时代社会主要矛盾的变化对司法回应社会提出了新的时代要求，司法亦需要不断提升回应社会新需求的能力。社会转型带来的社会结构的开放，也要求司法增强司法产品的社会效益。在新时代下，人民群众对司法工作提出了一系列新需求和新期待，不仅期待更多地参与司法过程以保障司法民主，也更加关切司法活动中的知情权、表达权和监督权，而且尤其重视司法的实体正义，欲求实体正义的彰显。总之，人民群众对于司法民主、司法公正、司法公开、司法公信力、司法权威的新需求显著增长。新时代人民对于司法的新需求，构成了人民美好生活需要的重要内容，愈益期待司法机关通过高质量的司法实践来有力地回应和满足人民的司法新需求。③ 在中国司法与社会同时但不同步转型的历程当中，司法面临着社会因变迁而不断涌现出的新技术、新情势与新气象，而社会对于司法的诉求也是日益呈现出多元化、多层次的样态。人民日益增长的司法诉求与司法回应能力和回应力度之间的矛盾得以彰显。在此语境下，如果司法欲求与社会的融洽就不得不考量自身对于社会的回应能力与回应力度，承认并尊重社会多元价值的合理性，将自身嵌入社会系统加以审视，接受社会系统的"激扰"④。

最后，当下政法改革、司法改革、司法政策的各项措施也积极助推了司法与社会的互动，成为当代中国司法回应社会的实践动力系统。2019 年 7 月召开的政法领域全面改革推进会将包括司法改革在内的各项政法改革推向了系统性、整体性和重构性的新阶段，为司法与社会的互动奠定了坚实的政治环境基础；⑤《最高人民法院关于深化人民法院司法体制综合配套改革的意见——人民法院第五个五年改革纲要（2019—2023）》（以下简称

---

① 参见［法］费尔南·布罗代尔：《资本主义论丛》，顾良、张慧君译，中央编译局出版社 1997 年版，第 173—204 页。
② 参见侯明明：《转型时期中国社会的司法回应：原因、机理与控制》，载《甘肃政法学院学报》2019 年第 2 期。
③ 参见公丕祥：《新时代中国司法现代化的理论指南》，载《法商研究》2019 年第 1 期；公丕祥：《社会主要矛盾变化：新时代人民司法的高质量发展》，载《浙江大学学报（人文社会科学版）》2019 年第 1 期。
④ 参见陆宇峰：《社会理论法学：定位、功能与前景》，载《清华法学》2017 年第 2 期。
⑤ 参见《谱写政法领域全面深化改革新篇章》，载《法制日报》2019 年 7 月 20 日第 1 版。

《五五纲要》）也提及，不管是积极回应农业供给侧结构性改革、农村土地制度改革中的司法需求，还是诉讼各方对案件法律适用存有争议或者法律含义需要阐明的，法官应当逐项回应法律争议焦点并说明理由，还是进一步强化诉权保护意识，积极回应人民群众合理期待，有力保障当事人依法合理行使诉权等内容，[①] 都在一定程度上处理着司法的自治性与司法的社会回应性、回应能力和回应力度之间的关系问题。而当下的政法改革、司法改革举措以及系列的司法政策无疑都为中国司法回应社会提供了强大的动力机制和现实素材。而这些司法实践动力机制和现实司法改革的成果又在不同程度上助推了司法回应社会之模式研究的必要性和紧迫性。

而且在司法体制改革的背景下，司法体制和工作机制的相对确立，也要求司法学的研究焦点逐步转向司法对社会所产生的各种影响以及司法与社会的各种互动机制与互动效果。[②] 司法改革除却是司法现代化和法治中国建设的需要外，其亦是社会对于司法的诉求，甚至是要求。如果说二十世纪初期清末的司法改革是"冲击—被动"式的回应模式，那么21世纪新时代下的司法改革则是"激扰—主动"式的回应模式。前者是在外力的冲击下不得已而采取的外生型的司法改革，后者则是在政法系统内部根据世情形势的变化而自主作出地主动回应。如果用更加精确的视角审视二者，则会发现在外界环境的"激扰"下通过司法改革对时代的主动回应更加地专业化、职业化和科学化，其背后的政治动力更加强劲、社会需求更加急迫、法治目的更加纯粹。如果从历史流变的视角加以审视，这体现出司法在社会公众生活当中的地位日益凸显，社会大众对于诉讼的观念也发生着与传统观念截然相反的扭转态势，司法正在日益进入到社会体系当中，逐步由诉求的边缘走向核心地带。

总之，当代中国司法回应社会问题的提出，需要我们重新审视和厘清司法与社会二者之间的关系——司法到底为社会可以带来什么，又如何带来，社会在司法场域当中到底居于何种地位，又如何通过价值和规范的双重作用来实现和保持这种地位。一方面，社会的多元诉求需要得到司法的回应；另一方面，司法确实在社会资源配置、利益界分中发挥的作用也越来越大，尤其是在司法改革取得一定成效的情形下。不管是提升司法效率还是输出司法公正的能力，司法都是通过改善社会诉求在司法场域中的总体境遇和行为效益来回应社会的。同时，当代中国司法回应社会的过程也内含了对法治目的的不断追问，亦即，司法回应社会的法治目的是什么，社会为何值得司法回应。透过这一系列问题促使法治目的得以被不断地澄清、理解和深化，进而反之将其作为规范司法回应社会过程的行动指南和范围边界。此外，司法回应社会的过程不免受到社会的评价，正面的社会评价反而会激励司法回应社会的功利性结构。社会对司法行为（核心是司法裁决行为）之合理性的追问，促使司法将社会的诉求作为司法决策的重要衡量因素。司法对社会的回应在一定程度

---

① 参见《最高人民法院关于深化人民法院司法体制综合配套改革的意见——人民法院第五个五年改革纲要（2019—2023）》（法发〔2019〕8号）。

② 参见侯猛：《知识结构的塑造——当代中国司法研究的学术史考察》，载《现代法学》2019年第4期。

上也提升了司法产品或司法行为的公共性,因为其不仅思考了不同受众、不同素材下的差异化诉求,而且这种差异化诉求背后又具有不特定的各类群体支撑,这种群体性力量的支持使得司法产品或司法行为的外部性和公共性大大提升。

基于此,本文以中国司法实践作为思考背景和现实关照,对国内法学界多种典型的司法理论研究进行模式类型的总结以及借鉴式反思,指出学术界现有司法理论模型的缺陷以及未来可能的指向,不仅有利于更加全面、辨证地看待现有的司法理论模型,而且有助于司法实务界更加深化对司法与社会互动关系的理解,从而有效回应社会诉求。同时,为今后政法改革、司法体制综合配套改革以及司法回应能力的提升与回应力度的控制提供智力支持,防止司法正义与社会正义的错位,[1] 防范、规避和化解司法回应社会之策略选择中可能衍生的风险,[2] 有效应对司法机会主义行为,提升司法自主性,实现司法与社会在实践中达到良性互动基础上的融洽相处,树立司法的权威性和公信力。最终明确中国司法的自主道路选择,走好适合中国国情和社情文化的司法实践之路。

二、中国司法回应社会之模式研究的样态及其类型

关于"中国司法回应社会"这一具体论域,国内目前的研究可以分为两大模块:一方面是宏观式地阐释司法如何回应社会;另外一方面是相对微观化地分析司法如何回应民意/社会舆论/公众意见。对于前者而言,研究者较少,有学者运用了"回应""回应性""社会性"等语词作为文章标题的组成部分,简单地谈及了司法对于社会的回应问题,但是或只是就事论事,局限于个别案例与政策式呼吁当中,或并未系统性地展开理论。[3] 其中,虽有一位学者以"论司法的回应性"作为学位论文的标题,[4] 但是其只是对司法与民意、司法与政治、法官能动性等具体问题进行了分析,没有区分司法的回应性和回应型司法,也并未提到司法的社会回应力,而且"回应性"本身的囊括度与其论述的框架内容是否契合也值得商榷。从具体内容上看,也缺乏基本的理论架构,论述的深度也有待强化。

对于司法如何回应民意/社会舆论/公众意见这一问题,学界研究得比较多,[5] 一直以

---

[1] 参见侯明明:《司法正义与社会正义的错位:类型、因素与启示——以热点案例为例证的分析》,载《学术论坛》2017年第6期。
[2] 参见侯明明:《中国司法回应社会的方式、策略及其风险与出路》,载《法商研究》2020年第1期。
[3] 参见杨迪菲:《流动女性溺婴案件的社会关切与司法回应》,载《中国检察官》2016年第18期;郭敬波:《以平民化的方式传播司法回应关切》,载《人民法院报》2015年8月26日第2版;蒋银华:《功能视角下司法规律性与社会性的调和》,载《江西社会科学》2017年第4期;申伟:《政治—社会语境中的司法》,载《理论月刊》2015年第1期;李晟:《回应乡土社会的司法需求》,载《人民法院报》2015年4月3日第5版。
[4] 参见褚皓安:《论我国司法的回应性》,华东政法大学硕士学位论文,2015年。
[5] 参见陈杰:《基于裁判理由的民意判决的正当性探析》,载《河北法学》2018年第4期;周国兴:《审判如何回应民意——基于卢埃林情景感理论的考察》,载《法商研究》2013年第3期;陈林林:《公众意见在裁判结构中的地位》,载《法学研究》2012年第1期;孙笑侠:《公案的民意、主题与信息对称》,载《中国法学》2010年第3期;苏力:《法条主义、民意与难办案件》,载《中外法学》2009年第1期;顾培东:《公众判意的法理理解——对许霆案的衍生思考》,载《中国法学》2008年第4期。

来，法学界对此问题关注的热度也是未曾消减，其对于司法与民意的关系讨论具有很大的启发意义。但是有些学者将民意诉求局限于具体的案件判决当中，将社会诉求化约为了具体案件中的公众判意，从内容上简化了或者遮蔽了社会诉求的复杂性；① 也有学者只是集中于司法回应民意之方法论的探讨和回应模式的分析；② 还有学者只看到了司法回应社会的个别化渠道，比如程序性回应，③ 对于其他回应路径的论述显然不够，缺乏一种宏观系统地阐释思维，而且对于人民陪审制以及法官发挥自由裁量以回应社会的反驳也缺乏力度；还有学者阐释了法理在司法回应民意中的作用，④ 但是其将法理作了一种非常泛化的、求全的理解，并未揭示出法理与情理、常理、法律之间的关系，同时，对于其所提出的"通过修辞来弥补法理的局限性"也是值得商榷的。所以，总体而言，目前的研究虽有一定的细节启发意义和方法论借鉴意义，但是综合两个方面来看，法学界对于"当代中国司法回应社会"这一问题仍然缺乏综合性、系统性、专门性的研究，总体上呈现出以司法回应社会的宏观倡议方案来代替司法回应社会涉及的理论架构、基本原理及其构成要素的局面。

除此之外，司法对于社会的回应问题还以其他相关司法理论模型的面目得以呈现。纵览法学界的学术作品，针对中国社会和司法"双转型"时期的复杂情境，许多中国学者也曾试图而且正在努力构建不同的司法理论模型以希冀能够实现二者之间的契合。概括而言，相关性比较高的司法理论模型如下：

第一，相关性最高，国内分析较多的是"回应型司法"。关于"回应型司法"的研究主要集中于以下五个方面：（1）对回应型司法的理论基础、基本内涵以及基本特征的分析。⑤（2）对中国回应型司法的实践样态进行总结、归纳和提炼。⑥（3）对中国回应型司法的制度建构进行阐释。⑦（4）在回应型司法的理论框架下就某个具体问题进行微观分析，试图阐释出二者之间的关系。⑧（5）少数学者对"回应型司法"或"自治型司法"

---

① 参见郭晓红：《影响性刑事案件中的权利诉求及其实现——以〈南方周末〉评选的78个影响性刑事案件为例》，载《政法论坛》2019年第4期。
② 参见陈洪杰：《民意如何审判：一个方法论上的追问》，载《法律科学》2015年第6期；梁迎修：《论民意的司法考量——基于方法论的分析》，载《法学杂志》2014年第3期。
③ 参见肖仕卫、刁其怀：《刑案民意的回应之道：两大主要方案的反思与未来路径的选择》，载《昆明理工大学学报（社会科学版）》2015年第2期。
④ 参见于晓青：《司法裁判中的法理与民意》，载《法商研究》2012年第5期。
⑤ 参见高志刚：《回应型司法制度的现实演进与理性构建——一个实践合理性的分析》，载《法律科学》2013年第4期。
⑥ 参见肖仕卫：《刑事法治实践中的回应型司法——从中国暂缓起诉、刑事和解实践出发的分析》，载《法制与社会发展》2008年第4期。
⑦ 参见吴建雄：《中国回应型司法的理论逻辑与制度建构》，东南大学博士学位论文，2014年。
⑧ 参见肖建国：《回应型司法下的程序选择与程序分类——民事诉讼程序建构与立法的理论反思》，载《中国人民大学学报》2012年第4期；陈旭：《回应型司法下的巡回审判运行研究》，载《上海政法学院学报（法治论丛）》2012年第3期。

的选择做出了司法模式与法律方法上的反思和检视。①

第二，相关性次高的"司法多边主义"，我们可以将其化约为"多边型司法"。这种"多边型司法"倡议司法对社会各阶层的分化利益诉求以及精细化需求进行总体性权衡式的回应，这时，司法对于正义的供给不再局限于"均码正义"，而是"特殊正义"。其主张对司法的运行机制进行研究，不再只是局限于制度性的解释。其建议通过程序化解可能造成司法碎片化的"结构性利益冲突"，坚持特殊利益保护的渐进立场和因循利导地消化阶层利益冲突，认为裁判所产生的"系统性结果"相对"具体个案后果"的考量权重应有所提高，但是不可逾越司法权作为一种判断权的本质，从而排除任意的权宜。②

第三，相关性较高，国内也有较多学者对此加以阐释的是"能动型司法"。能动型司法是能动司法、司法能动主义等的概括，当然其内部对于能动司法与司法能动主义的理解，也是具有很大的差异性。受到当时中国能动司法政策的推动，学界关于能动型司法的研究多集中于 2010 – 2012 年前后。随着司法政策和时代认知的改变，现在能动型司法的话语几乎趋于平静。总体来看，能动型司法的研究主要集中于以下四个维度：（1）厘清能动型司法的基本内涵和理论定位。③（2）阐释能动型司法的合理性和正当性所在。④（3）探求能动型司法的实践样态和运行边界。⑤（4）质疑和反思能动型司法模式。⑥

第四，具有一定相关性，很多学者也为此提炼出了"通过司法的社会治理"命题，我们可以称呼其为"治理型司法"。"治理型司法"之研究兴盛于党的十八届三中全会提出"全面深化改革的总目标是完善和发展中国特色社会主义制度，推进国家治理体系和治理能力现代化"之际，随着 2019 年 10 月党的十九届四中全会通过《中共中央关于坚持和完善中国特色社会主义制度、推进国家治理体系和治理能力现代化若干重大问题的决定》以及"中国之治"概念的提出，关于司法治理的研究再次得到强化。"治理型司法"将司法的治理功能得以彰显，在一定程度上区分司法治理与行政治理的同时，着重探求制度优势

---

① 参见周海源：《回应型行政审判的方法论指引》，载陈金钊、谢晖主编：《法律方法》（第 22 卷），中国法制出版社 2017 年版，第 321 – 331 页；刘斌：《"自治"与"回应"：中国法院司法风格调整的评估与反思》，载国家法官学院科研部主编：《全国法院第 25 届学术讨论会获奖论文集：公正司法与行政法实施问题研究（上册）》，人民法院出版社 2014 年版，第 34 – 41 页。

② 参见杨力：《司法多边主义——以中国社会阶层化发展趋势为主线》，法律出版社 2010 年版，导论第 1 – 6 页。

③ 参见周祖成、祁娜娜：《能动司法：型构"善政"政治图景的司法哲学——从沃尔夫〈司法能动主义〉的民主与善政谈起》，载《政法论丛》2013 年第 3 期；关俏：《法官视角中的能动司法》，载《法律科学》2012 年第 1 期。

④ 参见杨建军：《重访司法能动主义》，载《比较法研究》2015 年第 2 期；方乐：《能动司法的模式与方法》，载《法学》2011 年第 1 期。

⑤ 参见姚莉、显森：《论能动司法的程序规制》，载《法商研究》2012 年第 2 期；娄正前：《诉求与回应：当今中国能动司法的理论与实践——主要以江苏法院司法实践为例》，法律出版社 2011 年版。

⑥ 参见周永坤：《能动司法有违司法常识》，载《北京日报》2017 年 2 月 27 日第 18 版；张榕：《对地方法院司法创新之初步反思——以"能动司法"为叙事背景》，载《法学评论》2014 年第 4 期；孟欣然：《双重结构化视域下的能动司法与审判独立》，载《求索》2014 年第 12 期。

向治理效能的转化以及其在推进国家治理体系和治理能力现代化中的作用。①

第五,具有相关性,被有关学者命名为"法民关系"研究,我们可以化称其为"法民型司法"。这种司法理论模型将法官与社会民众的关系作为基本的出发点,其中最为核心的就是关于法律解释权的分享程度,也据此将其划分为"消极法民关系"和"积极法民关系",前者分享程度较低,后者较高。在不同的法民关系中,法官法律思维的内容、裁判说理的方式以及法官处理案件的方式等维度都有所差异。其认为在中国处于"积极法民关系"的阶段,必须找寻中国的法治道路,而不是在以美国为代表的英美法系和以德国、法国为代表的大陆法系中寻求未来中国的法治之路。②

三、中国司法回应社会之模式研究类型的反思

应然而言,司法与社会的互动可以从宏观、中观和微观三个维度来进行研究,在宏观层面着重强调司法系统和社会系统的互动,在中观层面重在阐释司法决策和社会诉求的互动,在微观层面着重分析法官在个案审判中的法律解释、法律推理等活动与社会诉求、公众意见、社会情势等之间的关系。就目前的学界研究现状来看,主要集中于中观和微观的研究,缺乏一种相对宏观的视野来对司法系统与社会系统的关系性互动给予详细的关照。具体而言,以上这些司法理论模型体现了学者对中国不同时段的司法实践所进行的不同程度地考察和运行状态的总结,也可以透视出学者试图调和司法与社会之间出现罅隙的智识性努力。但是各个模式本身的侧重点不同,也都具有自身话语的表达语境和特殊含义,而且多是对司法与社会的关系给予了不同的预设和定性。

抛开法学界对于五个理论模型在各自领域内相关内涵界定的差异性不谈,学界关于"回应型司法"理论模型的探讨,对司法回应社会的模式研究其实具有很大的借鉴意义,但是目前的研究多是对"回应型司法"的赞成性研究,缺乏对"回应型司法"的反思式研究。而且对于"回应型司法"的缺陷也少有指出者,从而造成目前司法对于社会回应问题的研究在一定程度上迷失在"回应型司法"的理论模型和司法话语当中,欠缺对于"自治型司法"和"回应型司法"之内涵厘清和理论定位的反省,更导致了对于中国司法实践样态上所欲求的司法模型的考察处于缺位状态。中国当下的司法改革正在推进司法的职业化和专业化固然值得可喜,但是也正是在推进的过程中加剧了社会对改革后司法职业群体的过分期待和依赖,而这一期待和依赖很可能会通过强化职权主义来实现,进而可能

---

① 参见汪庆华:《通过司法的社会治理:信访终结与寻衅滋事》,载《浙江社会科学》2018年第1期;杨建军:《通过司法的社会治理》,载《法学论坛》2014年第2期。
② 参见凌斌:《"法民关系"影响下的法律思维及其完善》,载《法商研究》2015年第5期;凌斌:《当代中国法治实践中的"法民关系"》,载《中国社会科学》2013年第1期;凌斌:《法治的两条道路》,载《中外法学》2007年第1期。

为法官自由裁量留出更多的机会空间以回应社会。这在结构性诉讼①和司法回应社会受到结构性因素制约的情形中体现得尤其明显。

"多边型司法"特别注重了转型时期中国社会各阶层利益诉求的复杂性和多样化,而且开出了"司法多边主义"的药方,对于司法与社会的互动研究具有很大的启发意义。但是其关注点主要集中于最高人民法院,过度聚焦了最高人民法院的规则创制、政策制定、案例指导等功能,却忽视了其他多数法院的审判属性和功能发挥,而且研究者对于其提倡的"综合式权衡下的特殊正义"如何进行整合,如何防止司法制度的碎片化等问题,虽然也试图进行预防和解决,但是通过商谈达成共识与正当性论证的法政策学和法解释学的整合进路是否可以完成这一使命,仍需要进一步阐释和论证。

"能动型司法"和"治理型司法"与司法回应社会的问题虽有一定的关联度,能对本问题的研究有一定的参鉴价值,但是毕竟其局限于强调司法的某个"能动"侧面或者"治理技术"维度,都具有一定话语沉浸式的"工具性迷失",缺乏了法治价值和法治理念的指引和制约,有可能忽视司法本身的内在理念、司法规律和独立价值追求。特别是"能动型司法"的提出更是囿于为政者的时代政策和司法意识形态,甚至有突破司法规律、侵犯立法之嫌,所以其参考价值也具有很大的局限性。

"法民型司法"的研究虽看到了司法对于社会公众诉求的关照,倡议一种主体间的人与人之间的关系,也试图运用情法兼顾的方式协调好二者之间的紧张关系,并且在司法实践的日常运作当中也具有一定的解释力。但是此研究将"法民关系"这一事实性的存在过分地作为了一种不加论证的价值上的正当性,且常常将其作为不可置疑的大前提加以演绎推理,缺乏了对中国当下所呈现出的"法民关系"进行价值上可欲的正当性论证,同时也忽视了法律本身对于社会公众法治观念的塑造意义。此外,这种研究过分聚焦了司法行为和司法产品的生产,忽视了对"法民"关系之"民"诉求的多元考察,进而也就缺乏了对"法"和"民"的平衡式关照,最终导致"法民关系"的分析偏向了一种纯粹逻辑化的阐释,相对脱离了社会诉求的复杂性和多样性,进而在分析的精细化和微观化上有所欠缺。最后,这种"法民型司法"的解释性立场,在一定程度上屏蔽或忽视了政法体制下的政治维度,进而也就缺乏了对于作为"法民关系"之中间介入因素的政法体制的阐释,虽然如此一来的分析更加简约,但是却也在一定程度上脱离了更为真实复杂的中国司法实践。

此外,就多种模式类型整体而言,意识到司法回应社会的必要性并非意味着司法对于

---

① 结构性诉讼由欧文·费斯提出,其表达的是由于社会的结构性问题而提起的诉讼,结构性诉讼的重心不在于传统诉讼中一对一的个人,而在于并非可辨识个体集合的团体,这个团体在完全脱离诉讼的情况下,依然可以在诉讼中通过"代言人"来寻求他们的身份定位,并可能受到侵害。并且,结构性诉讼致力于根除现有的对于宪法价值的威胁,具有较强的公共性,其是在吸收公共理性基础上的面对未来的结构性改革,如果不消解社会结构上的对立就无法彻底解决纠纷。参见[美]欧文·费斯:《如法所能》,师帅译,中国政法大学出版社2008年版,第1-74页。

社会的回应和社会问题的司法化都必须是无限度的，而是要坚持有限原则。法院依法独立行使审判权意味着司法与社会需要适度地隔离，保持对社会非理性诉求的谨慎。不能片面夸大司法的作用，也不能过分渲染社会对于司法的依赖。同时，司法回应社会关涉到司法权的角色扮演以及司法权在社会结构中的延伸边界。指出司法的社会回应力的有限性并非是过度强调其能力有限下的"司法无为"，而是在经过认知识别与理性判断的前提下，认识到司法的局限性以及司法回应社会的"力所不及"与"力所能及"。司法之于社会的回应相较于司法自身的绝对封闭而言，其有时恰恰不是法教义学所批判的随时"超越法律"，而是更加显示出了司法的社会责任承担。但是这种社会责任的承担是有限度的，不是随心所欲的。其要以司法的社会回应力为思考、行动的主线，既要作出尝试性的行动努力，又要清醒地认识到司法自身的结构性缺陷。就此而言，司法对于社会的回应既是一种主动接受，也是一种有选择性地主动放弃。在此基础上才能良好地实现司法的社会回应力之提升和控制，最终达至司法与社会的融洽相处。所以，司法应该有限地回应社会诉求，并非全部回应，也并非不加回应。如果全部回应，司法没有足够的回应能力，而且社会诉求也并非全部合理，需要加以甄别、剔除；如果不加回应，则不能彰显司法之价值及目的，所以，取其中端，是为有限回应理论。这种司法有限主义的原则或理念可以弱化目前司法功能泛化的弊端，有利于集中司法能力回应社会诉求，而不是使得司法能力处于弥散化的状态。

继而接下来的问题则是，如果坚持一种司法有限主义的观念，那么有限司法的边界在哪？对于结构性诉讼，司法只能无动于衷吗？还是要在司法能力范围内，作出尝试性的努力，试图改变不利的结构？[①] 这时，如果非要给予其定位的话，那么我们可以采用区分性地回应策略，分别称呼其为司法的强回应性和司法的弱回应性。在强回应性中，司法要积极地回应社会，即使司法能力不足的情况下，也要不断地持续提升自身的回应能力，而在弱回应性当中，司法要坚持一种有限主义的原则，坚守自身的边界以及认清自身所嵌入的结构性体制，实现司法回应能力和回应力度的匹配。当然，树立一种司法有限主义的观念并非等同于对社会结构性问题的忽视，法院可以通过司法建议等方式，将其本身的社会建设性思考反馈于相关部门，促成社会结构性问题的解决。同时，我们也意识到回应社会正义的最佳途径并非止步于司法正义的个案回应，而是突破个案的内在局限，透视出个案所承载的制度诉求，通过立法、司法、执法、守法等多元化的渠道，解决背后隐藏的结构性、制度性问题。

---

① 富勒和欧文·费斯关于司法的争论焦点也是在此。See Fuller Lon L., *The Forms and Limits of Adjudication*, 92 *Harvard Law Review*, 353~409（1978）. Fiss Owen M., *The Social and Political Foundation of Adjudication*, 6 Law and Human Behavior, 121-128（1982）. Fiss Owen M., *Foreword: The Forms of Justice*, 93 *Harvard Law Review*, 1~58（1979）。

四、中国司法回应社会之模式研究的未来指向

其一,继续挖掘和借鉴国外相关理论资源,在补充国内司法理论资源的基础上,尝试走向一种立足于本土国情和社情文化的包容性整合模式。如果把视野扩展到国外,国外关于法律与社会关系的理论框架建构也是颇多,这些理论从不同的立场和角度出发来审视法律/司法与社会的关系,虽然国外学术界也缺乏对"司法回应社会"这一问题的专门性、系统性研究,而是散见于各种各样的学说当中,但是其对于当代中国司法回应社会之模式研究依然具有较大的理论参鉴价值。

关于此话题,学界比较熟悉的理论资源有:以诺内特、塞尔兹尼克为代表的伯克利学派的"回应型法"理论;① 以弗兰克、卢埃林、霍姆斯为代表的法律现实主义者的"事实怀疑论"和"法律预测论";② 以卡多佐和波斯纳为代表的实用主义者的"社会福利最大化和效益最大化"的司法哲学观;③ 以达玛什卡为代表的司法权力类型学说;④ 以巴拉克法官为代表的处于司法能动主义和司法克制主义之间的中和理论;⑤ 以卢曼、托依布纳为代表的法的社会系统理论。⑥ 除此之外,在 21 世纪借助于经验研究、跨学科研究而蓬勃发展的新法律现实主义也可以提供巨大的理论资源。⑦

国外的这些理论资源可以在某种程度上作为研究当代中国司法回应社会的理论支撑,但是也必须反思式地加以参考,因为这些理论模型除却时空境遇的适应性以外,还要关照到其"片面深刻"的侧面,很可能在当代中国的场域下,其欲求的不是一种纯粹化的逻辑类型存在,而是司法日常现实的共存状态。任何一种单一的理论模型可能都无法为中国司法回应社会提供整全性的图景。当代中国司法回应社会的模式选择并非只钟情于一种单一的理论模型,而是实现博采众长之后的司法与社会的良性互动,但是必须做到司法回应社

---

① See Philippe Nonet and Philip Selznick, *Law and Society in Transition: Toward Responsive Law*, Octagon Books, 1978.

② 参见 [美] 杰罗姆·弗兰克:《初审法院——美国司法中的神话与现实》,赵秉寿译,中国政法大学出版社 2006 年版;Karl. N. Llewellyn, *Jurisprudence: Realism in Theory and Practice*, The University of Chicago Press, 1962. Oliver Wendell Holmes, The Path of the Law, 10 *Harvard Law Review*,(1897)。

③ See Benjamin Cardozo, *The Nature of the Judicial Process*, Dover Publications, 2009. Richard A. Posner. *Overcoming law*. Harvard University Press,1995.

④ 参见 [美] 米尔伊安·R. 达玛什卡:《司法和国家权力的多种面孔——比较视野下的法律程序》,郑戈译,中国政法大学出版社 2015 年版。

⑤ 参见 [以] 巴拉克:《民主国家的法官》,毕洪海译,法律出版社 2011 年版,第 253 – 254 页。

⑥ See Niklas Luhmann, *The Unity of Legal System*, in Gunther Teubner ed., *Autopoietic Law: A New approach to Law and Society*, Walter de Gruyter, 1987, p. 20. Niklas Luhmann, *Social System*, Stanford University Press, 1995, p. 37.

⑦ See Hanoch Dagan, Roy Kreitner. *The New Legal Realism and The Realist View of Law*. 43 *Law & Social Inquiry*,(2018). Victoria Nourse, Gregory Shaffert, *Empiricism, Experimentalism, and Conditional Theory*, 67 *Southern Methodist University Law Review*,(2014). 邓矜婷:《新法律现实主义的最新发展与启示》,载《法学家》2014 年第 4 期。

会理论的生成与中国国情、社情的契合。基于此，就可能要在"自治型司法"和"回应型司法"之间、法律形式主义和法律现实主义之间、司法能动主义和司法克制主义之间以及政策实施型司法与纠纷解决型司法之间进行调适与平衡。

值得关注的是，法的社会系统理论所区分出来的运作封闭性与认知开放性，对于如何处理中国法治建设的运作封闭性（法律的自主性）与认知开放性（法律回应社会变迁的能力）之间的关系，提供了极好的理论借鉴。[1] 进而我们可以把司法的内在结构与外在的社会系统环境进行联结，作为一个完整的视角进行考量，这样一来，或许能够建立"内部变量"和"外部变量"共同变化的整全司法模式。具体而言，运用卢曼系统论"规范上封闭，认知上开放"的基本观点以及图依布纳所提倡的"反思性法"构想，对中国司法的裁判依据和认知信息进行二元的划分，进而可以提出司法裁判依据上的规范封闭和司法场域的适度社会开放。

换言之，卢曼的社会系统理论所区分的运作封闭性与认知开放性以及图依布纳所提倡的反思理性，可以很好地处理中国司法运行的封闭性（司法的自主性）与认知的开放性（司法回应社会诉求的能力）。通过司法场域适度社会开放与程序性互动的结合，以及安排二者各自处于不同权重的运用，社会公众通过平等主体间性的程序性互动进行议论，从而达成某种共识或者准共识，进而形成一种关于司法最大公约数的公共理性，对不同利益诉求和价值判断进行整合与兼容。同时，这种司法的公共理性的形成又对未来案件的裁判形成既定的约束力。如是，就司法对于社会的回应而言，其既避免了司法场域的过度社会开放，又消除了形式法的保守功能弊端；既实现了过程性和交涉性的程序渠道，通过程序实现诉讼参与人规范预期的形成和认知预期的改变，[2] 又在一定程度上达成作为规范原则和作为伦理原则的"重叠共识"。而这两者的合作又可以牢牢地把司法的自治性和符合公共之善的独特使命得以保障。在这种语境下，司法由强调静态结构稳定性的法律体系转向动态与相对灵活的自省有机系统，既关照了法律内部的自律性，又回应了来自社会环境的各种诉求。[3] 从而司法自身也就具有了自主性和回应性。

其二，研究司法回应社会的模式问题，必须要认真对待中国司法所嵌入的政法体制，处理好司法的自治性与司法的社会回应性之间的关系。因为在外部的政治结构限定和司法对自身主观认识的支配下，在结构中运行的司法必须要在自身所嵌入的结构中寻找到适合自身的位置，通过在结构中发挥适应、目标获取、整合和模式维持的功能来证明自身的正

---

[1] 参见泮伟江：《托依布纳法的系统理论评述》，载龙俊主编：《清华法律评论》（第5卷），清华大学出版社2011年版，第89页。

[2] 参见吴泽勇：《从程序本位到程序自治——以卢曼的法律自治理论为基础》，载《法律科学》2004年第4期。

[3] 参见张翠梅、赵若瑜：《卢曼自创生法律系统视阈下的系统与环境》，载《江汉论坛》2019年第4期。

当性。① 转型时期，中国既有的政法体制由于处于"体制性捆绑"②的状态，所以中国司法往往不是过分强调独自、独立运行，而是嵌入到整个政法体制当中进行整体性、协作式的运作。③ 在司法自主性相对不足的环境中，司法与政治往往密切联系，甚至后者决定了前者的广度和深度，从而呈现出一种"政治话语——司法理念——司法行为"之三位一体的模式。④ 进而司法回应社会也就成了司法对政治的一种响应方式，其本质上是政治通过"体制性捆绑"中的司法这一中介装置对社会加以回应。

但是，就目前的政法改革、司法改革倾向而言，其又在一定程度上试图强化"自治型司法"建设。在这种"自治型司法"中，司法行为的合法性不再简单地依赖于内部行政结构的授权或者管理，而逐步转移于其依据上的合法性和运作上的正当性。所以有学者认为，从传统中国到现在司法改革，中国司法经历了"行政结构主义下的融合性诉讼模式"到"政法体制下的从属性诉讼结构模式"，逐步迈向"独立性的诉讼结构模式"，同时，司法的功能由以前的统治型治理功能、从属性多元治理功能，朝向中立型的治理功能方向演变。⑤ 在此背景下，想要提升中国司法在现有政法体制中的自主能力，就需要注重整合法院功能，继续强化"自治型司法"建设，进而提升法官的自主性，发挥法官在法院中的主导作用。

其三，在司法正义与社会正义的互惠中理解司法回应社会的模式。中国司法回应社会的过程可以视为代表司法一方的司法正义与代表社会一方的社会正义互惠（Reciprocity）的过程，互惠的基本特征就是互相有利，而不是单方有利。换言之，司法正义与社会正义的互惠就是在司法剧场中如何处理司法正义与社会正义之间"重叠共识"的边界厘定以达至二者之间的融洽状态。

但是这种互惠不是一种简单地"对价"意义上的利益交换，更不是司法正义单向度地讨好社会正义，一味地屈服于社会诉求或者民意，而是建立在司法规律和社会情势基础之上的整体视角下的理性平衡。由于司法正义和社会正义背后关涉的是两种正义观的价值互惠，所以司法正义与社会正义的互惠又构成了中国司法回应社会的核心价值取向，易言之，中国司法回应社会的核心目的就是不致使法律精英以规范思维所形塑的司法正义观与社会公众以经验思维所塑造的社会正义观处于错位的状态，而是处于相互吸纳、相互理解、相互融合、互相有利的合作式博弈格局。因为作为司法回应社会之过程性实质的社会

---

① 参见〔美〕乔纳森·H. 特纳：《社会学理论的结构》，邱泽奇译，华夏出版社2006年版，第42~45页。
② 参见马长山：《公共领域的兴起与法治变革》，人民出版社2016年版，第342~343页。
③ 参见陆永棣：《从立案审查到立案登记：法院在社会转型中的司法角色》，载《中国法学》2016年第2期。
④ 参见刘斌：《"自治"与"回应"：中国法院司法风格调整的评估与反思》，载国家法官学院科研部编：《全国法院第25届学术讨论会获奖论文集：公正司法与行政法实施问题研究（上册）》，人民法院出版社2014年版，第34~41页。
⑤ 参见赵贵龙：《迈向司法结构主义：以审判为中心诉讼结构的形成》，载《中国应用法学》2019年第3期。

问题司法化的程度,在一定意义上也表征着司法介入公众社会生活的界限,社会问题司法化的程度越高,一方面说明了司法的可接近性增强,另一方面也体现了司法介入公众社会生活的程度越高。所以从终极意义上看,司法裁判的过程就是法官将多元化的价值与规范进行整合,协调其背后所隐藏的各种立场对立和知识矛盾,从而建构起司法裁判的正当性基础。①

其四,"诉求—回应"的关系性互动模式可能是未来研究司法回应社会问题之可尝试的研究进路。法治实践不仅仅局限于法律职业内部,在法律人的世界以外还涉及法律职业者与社会公众共同在场的主体间的"法民关系"问题。就法民关系而言,能否达成主体间的彼此理解和相互协调,恰恰是法律这个"共同世界"能否获得美好意义的关键所在。②在这种关系性视角下的"诉求—回应"互动模式中,当代中国司法之于社会的回应问题考虑到了司法产品和司法行为的受众——社会公众,其不再是纯粹的主体与客体之间的关系,而是在一定程度上变为了主体间的关系。社会诉求在一定程度上成为司法决策的重要考量因素,司法本身的特性也在积极争取得到社会公众的理解。

把社会诉求放到"诉求—回应"的关系视角中加以考察,就会发现,其不是单向的,而是双向互动的。因为司法活动不是一种纯粹的智识活动,其具有高度的社会属性,也必然受到各种社会结构的影响和制约。③来自"生活世界"的社会诉求,必然也是司法行为的重要衡量因素。司法通过社会问题的司法化与社会建立起"诉求—回应"式的联系,从而将司法与社会的关系纳入"诉求—回应"的话语下。这种"诉求—回应"的关系性互动模式追求的是社会诉求和司法回应之间的视域融合,将司法与社会进行视角的互换,在司法对社会的回应中评价司法,在社会对司法的诉求中看待社会。社会需要在认知了司法回应社会现实语境的复杂性以及调节社会秩序的艰难性以后,才可能更好地理解司法;司法在辨识社会诉求以及感知社会公众承受能力的基础上也才能更好地调整回应能力和回应力度之间的关系,甚至是具体情景化的运作方式以及内部结构的调试性再造。在这种互相理解的互动模式下,中国司法之于社会的回应命题虽着重强调了司法对于社会诉求的回应,但是其也是司法和社会互相形塑、双向建构的过程。一方面,社会转型下的现代化进程为司法实践不断提供着崭新的社会环境,迫使现代司法必须在一定程度上不断重塑价值理念并重构制度体系以适应社会关系的新型状况;另一方面,司法实践与司法正义本身对社会制度的引领式发展以及法治观念的形成也具有很大程度的形塑作用,发挥着通过司法的社会制度发展和公众法治观念的塑造功能。

总而言之,未来中国司法回应社会的模式研究,需要从新时代政法体制的格局下,在

---

① 参见方乐:《转型中国司法知识的理论与诠释》,人民出版社 2013 年版,第 321 页。
② 参见凌斌:《当代中国法治实践中的"法民关系"》,载《中国社会科学》2013 年第 1 期。
③ 参见梁迎修:《寻求一种温和的司法能动主义——论疑难案件中法官的司法哲学》,载《河北法学》2008 年第 2 期。

对各种司法理论模型进行反思式评价和开放式思考的基础上,以司法的社会回应性与司法的自治性之关系处理为中心线索,从"诉求—回应"的互动视角来审视中国司法与社会的关系,对中国司法的政法处境、回应能力、回应方式、回应策略、回应效果等内容进行考察和归纳,最终才可能找出既适合中国国情与社情,又符合司法规律的自主式司法道路。

Research on theMode of Contemporary Chinese Judicial Response to Society
——Analysis and reflection based on type

Hou Mingming

Abstract: The research on contemporary Chinese judicial response to society is based on the particularity of the "multiple transformation" period, the new requirements put forward by the changes in major social contradictions, and the current judicial reform practices. It will help realize the benign interaction between justice and society, and clarify the autonomous path of Chinese justice. In this regard, the legal circles have proposed various types of models such as "Governance justice", "Responsive justice", "Active justice", "Multilateral justice", and "Legal - civil justice" to deal with the problem of judicial response to society. But these models are more or less debatable. In the future, continue to explore and learn from related foreign theories, and try to move towards an inclusive integration model based on the local; Take China's political and legal system seriously and handle the relationship between judicial autonomy and judicial social responsiveness; Understand the mode of judicial response to society in the mutual benefit of justice and social justice; And towards the "appeal - response" interactive mode under the integration of horizons.

Key words: the autonomy of justice; judicial social responsiveness; judicial model

三维重塑：走向规范意义的调解
——基于法官、习惯与调解的互动关系分析

童晓宁[*]

> **摘　要**　调解是由中国历史和现实决定的生机勃勃的法律实践。结合法官对于民事习惯司法适用（调解）的观察，基于驱动型、价值导向和结构制约型调解的类型化分析，发现传统调解存在法官专业化培养与调解能力成反比、习惯适用空间缩小与法治发展成反比与调解规范化趋势与社会动员成反比的问题。提出从法官驱动型调解迈向社会参与型调解、从价值导向型调解迈向程序导向型调解、从结构制约性调解迈向良俗塑造型调解的规范化进路。
>
> **关键词**　法官　习惯　调解　三维重塑　规范意义

一、三维互动：问题的提出

在中国，判决与调解是法官通常所见在个案中做出判断、解决纠纷的两个主要途径。但是对调解的价值和效力，人们往往有喜忧参半的感觉。喜的是基于调解的实效性，基于调解往往能化解纠纷，达到法律效果与社会效果统一的效果。忧的是担心调解的规则、方法模糊，有违规则之治。

本文对调解的观察，是结合法官对于民事习惯司法适用（调解）的角度进行的。选择这个角度，是由于在面对习惯这种不好处理的问题时，调解是法官经常采取的方式，选择这个观察点能够比较集中的分析法官、习惯和调解的互动过程，并继而了解其现状及困境，提出规范化的进路。

---

[*] 童晓宁，香港城市大学法学院博士候选人，云南省高级人民法院法官。

二、调解中的三维互动现状

（一）驱动型调解：从法官角度分析习惯与调解

本文作者曾经问过一位被称为"调解能手"的法官以下问题：调解到底是由谁促成的？为什么基层的法官面对习惯的时候好像更加偏爱调解？这位法官的回答也许是有代表性的，他认为："调解这事，全靠当事人自愿肯定是不行的，还是要靠法官主动引导。""在遇到习惯这类的不太好办的案件时，法官的态度一般是能调则调，实在调解不了，才是当判则判。"① 这样的观点在中国广大基层法官中仍然是有共识的。法官主动引导的调解，本文姑且将其称之为中国式的法官驱动型调解。

个案1：得理且饶人的调解②

该案系剑川县马登镇村民李某起诉同村村民杨某相邻关系侵权案。李某诉称，杨某修建自家平房时不留檐水沟，直接在田埂上建盖围墙，导致围墙上的屋檐水滴落到李家田地上。据当地风俗，这种情形不仅是违反了相邻的"滴水让三尺"檐水沟的习惯，也是欺负别家的表现，特请求法院判令被告杨家锯减屋檐，以使杨家的屋檐水不滴入李家田地里。此案的特殊性是李家是村里的长者，平时颇有威望，而杨家是当地的贫困户。案子诉到当地的法庭后，法庭的法官在当地工作多年，对当地的习俗非常熟悉。据法官回忆，当时拿到案件后，他的第一反应就是如果直接判令尊重风俗，判令杨家锯减屋檐，可能判决效果反而不好。

法官考虑还是要加强调解，按他的话说，就是对两边都要做调解工作。一方面，法官邀请了当地的村主任（也是调解员）一起开展调解。另一方面，法官和村主任对双方当事人进行了"背对背"的调解。对杨家，以尊重风俗的理由对杨家的行为予以批评，要求他向原告李家赔礼道歉。对李家，又以如果真令杨家锯减屋檐又会造成新的欺负人的情形，也不利于李家在村里的长者形象。最后，促使李某对杨某的行为予以谅解，不再要求杨家锯减屋檐，并同意杨某的屋檐水滴入李家田地。有趣的细节是调解达成协议后，杨家连诉讼费50元都交不出来，还是李家主动拿出钱垫付诉讼费。而官司过后，两家恢复了友好和睦的状态。

回到争议解决的过程看，李家好像劳神费力打了一个维持原状的官司（诉讼结束后，双方相邻的状态并没有改变），结果不但没有迫使对方让步，反而是以自己让步的方式结束了纠纷，看上去好像吃亏了。实际上，所有的纠纷当事人在解纷过程中优先考虑的依然是自己的利益，从李家的角度讲，他获得了宽容大度的好名声。当然，也实现了两家继续和睦共处的现实利益。但实际上，经过习惯的司法适用，在个人利益实现的基础上，社会

---

① 笔者与LR法官的访谈，2020年1月15日，Y省k市。
② 该案例系本文作者在剑川实地访谈所得。

关系和睦的副产品也实现了。而使李家放弃打官司初衷的其实是习惯和社会认同的关系，法官和调解员基于对这个关系和常识的把握，向李家说明了"按习惯判，又会造成新的欺负人"的情况，实际就是提醒李家对社会认同的重视。

如此的情理法的交织运用，正是中国司法期待培养出的法官的理想行为逻辑。那就是，在具体的纠纷解决中，既要执行法律又要尊重习惯，还不能拘泥于法律或习惯，特别是在具体案件的处理中，往往要按照"解决纠纷"的导向去抉择。那么如此逻辑下的程序选择，当然是调解更能实现对于法官的要求。我们认为，对于法官而言，关于规则之治与纠纷解决并非是完全对立的矛盾体。从以上调解案例看，尽管是面对法律与习惯的冲突，也可看出两者之间亦能达到和合之境。纠纷解决也是规则之治的目标和效果。而纠纷解决的方式和方法经过一定的理性深化，也可能成为规则之治的题中应有之义。

（二）价值导向的调解：从调解的角度分析法官与习惯

范愉在调研过一些基层法院后认为，在很多基层法院（法庭）在法律规定不明确、法律与地方习惯或情理相矛盾，或适用法律处理效果较差的情况下，调解往往可以通过当事人的处分权规避法律的严格适用（例如彩礼、婚龄、同居），以避免法律与社会规范的正面冲突，这不仅可以相对圆满地解决纠纷，也可以减少地方民众对法律的否定和排斥。[①] 据苏力此前主持进行的基层司法研究，这样的调解被称之为"模糊的法律产品"[②]，或"穿行于制定法与习惯法之间"[③] 的纠纷解决过程，苏力教授还从中提炼出关于中国基层司法制度的"送法下乡"这样颇有现实刻画和隐喻意义的概念。[④] 学者们的研究和观点或显或隐地表现出了对基于移植而来的法律系统与传统乡土社会冲突的担忧，所以他们力图通过对调解加以合理化的解释，以证实这种"本土资源"的重要性。

从调解的角度分析，法官几乎是直觉地认识到情理法冲突的存在，这是由司法的特点决定的。司法就是面对纠纷处理的行为，在面对具体案件尤其是婚姻家庭纠纷的审理，绝大多数法官都会引用当地民族的良善习俗进行说理。特别是当法律与习惯有冲突时，如果采取判决方式，可能是非此即彼的关系，难以调和矛盾，这种"舍弃和适用之难"仍然是法官需要面对的问题。但如果采取调解的方式，一些法律和习惯的直接冲突将降低到最小化，因此，对法官来说根据具体案件实际做出判断选择可能是最好的运用手段，以给民众一个既合法理又合情理的"说法"才是法官心目中最佳的现实方案。

---

① 范愉：《民间社会规范在基层司法中的应用》，载《山东大学学报（哲学社会科学版）》2008年第1期。
② 杨柳：《模糊的法律产品》；苏力：《为什么"送法下乡"？》；强世功：《"法律"是如何实践的》，载强世功编：《调解、法制与现代性：中国调解制度研究》，中国法制出版社2001年版。
③ 吴英姿：《乡下锣鼓乡下敲——中国农村基层法官在法与情理之间的沟通策略》，载《南京大学学报》2006年第2期。
④ 苏力：《法治及其本土资源》，中国政法大学出版社1996年版；《送法下乡——中国基层司法制度研究》，中国政法大学出版社2000年版。

个案 2：小儿子负责养老送终①

本案涉及的老夫妻有两个儿子，他们一直与小儿子一家共同生活，小儿子 2016 年在公路施工中触电因公伤亡，按常理老人应当回到大儿子家共同生活，但大儿子不愿意赡养老人，只愿意帮老人从小儿子家拿回赔偿款中应得的份额，遂以继承纠纷诉至法院。事实上，大儿子不是这个继承案件的当事人（按照我国法律规定，他只是第二顺序的继承人）。但实际上，调解的过程主要是大儿子在参与。因为他的参与就是代表着未来他可能有的权利和义务（从小儿子那里转来的对父母的赡养的义务和继承和权利）。

后经法院查明，小儿子生前一直跟老夫妻共同生活，家里的财产均由小儿子管理，小儿子死亡后共获得赔偿金 150 万元。2013 年小儿子家庭在剑川以外的地方以 85 万元购买了一套住房，该房系老夫妻与小儿子一家的家庭共有财产，按份每人 14 万元。小儿子去世后，共留下上述 164 万元的遗产，遗产继承人有原告、被告及被告的子女共 5 人，老夫妻依法可继承 65 万元。在审判的过程中法院还查明，小儿子媳妇用 30 万在老夫妻位于剑川的老家的宅基地上新建了一套房屋。调解时，法院确定老家新建的房屋归老人，同时老人提出只要有养老的钱就行了，小儿子家还有两个小孩在上初中，也正是用钱的时候，就出现调解书中小儿媳给付老夫妻死亡赔偿金分割款 15 万，同时位于城市住房一套归小儿媳所有、位于老家房屋归老夫妻所有的情况。

虽然本案争议的老家房屋不是老夫妻自己的财产，但在当地的风俗中，因为他和小儿子一起生活，所以这个房产也算是和小儿子共有的。据法官的解读，这个习惯也可以用法律语言解读为父母与子女在共同生活期间，以共同的财产和收入购置的房产，也可视为共有财产。所以调解的时候就一并作为财产折算在了应该继承的财产中，最后通过调解，实际老夫妻得到的财产也比老人应当继承的份额略少一些。

这个案例也说明，习俗在诉讼中表现出的作用是复杂的。这个案件是继承纠纷，但其实其症结是赡养的习惯，根子上是利益问题。有时习惯的力量并不作用于案件直接的法律关系上，但它根植在案件的事实和情理里，对习惯的看法有时不是取决于案件双方当事人的态度，而是取决于案外人的态度。比如此案中的大儿子，按照乡土的逻辑，按风俗父母由小儿子养老送终，财产就归小儿子。为什么由小儿子养，因为小儿子通常备受疼爱，从小到大获得就比较多，所以当然要付出，这也体现了权利义务相一致的原则。现在既然小儿子不能养老送终了，那么财产就应该分清楚。现在，由于大儿子不愿赡养，老人只能独自生活，抛开道德的因素不说，其财产的归属是清晰的。那么到有一天大儿子愿意赡养或不得不赡养的时候，老人的财产应该归大儿子，而不是再次启动新一轮的继承。

在另一起继承案中，对外嫁女的继承权是尊重法律给予一定继承份额，还是尊重习惯不保障外嫁女的继承权问题，也给法官提出了难题，而最后案件也是通过调解方式解决的。

---

① 该案由剑川法院提供。

个案3：外嫁女放弃的继承权①

本案中原、被告系同胞兄妹三人，其母去世后遗留位于剑川某小区房产一栋。本来是两兄弟之间的官司，但是作为嫁出去多年的姐姐杨某也来起诉：因有兄妹三人，故要求将房产分为三份。作为被告的弟弟也赞成姐姐分到部分房产。但当地普遍还有外嫁女不应分娘家财产的习俗。当外嫁女提出继承时，法院并未因习俗否定其继承权，而是以其结婚出嫁后，未与父母共同生活，其所尽赡养义务与原告、被告相比较少，根据权利义务一致的原则，可在分割遗产时适当分割。因此，在遗产分配的时候酌情分配了较少部分财产。而实际上，姐姐已经出嫁多年，她回家要求继承房产，也不可能真正回家居住，且农村的老宅也不利于分割出售。那么，即便是姐姐只占较少份额，实际上在案件执行的时候亦很难执行。也就是说，一审判决严格按照法律做出判决后，依然缺少执行力。当然，该案一审判决后也引起了上诉，在二审中，法院重点加强了调解，姐姐将其享有的房产份额赠予弟弟，由弟弟补偿哥哥部分钱款。调解结束后，哥哥当庭将其持有的房产证交给弟弟，并搬出上述房产。

实际上，本案中的外嫁女是用赠与的方式放弃了继承权，也是法官通过调解促成了外嫁女的权利让渡，实际也成全了纠纷的实际解决。有时调解逻辑的确让人有不坚持法律规定而是和稀泥之感，但是往往这样的和稀泥逻辑倒是弥补了习惯与法律的空隙，也是身临其境的乡土中人乐意见到的结果。而面对这样的乡土逻辑，法官也必须抽丝剥茧地找出其中关节点，有时这种以解纷为出发点的调解行为可能越越法律，但从案结事了的角度看，实际与法律追求的价值并无区别。这样的逻辑也许反而更容易得出被双方当事人及案外人所能接受的结果。

（三）结构性制约的调解：从习俗角度分析法官与调解

符合法律的未必都是道德的，符合道德的未必都是合法的。法律与习惯的矛盾，往往存在于双方身后藏着的道德。但是，民事习惯背后道德基础往往是基于已经被制定法所摒弃的传统或某一民族或地域的地方性传统。因此这样的道德判断又往往和制定法确定的法律原则和道德标准交织在一起，因此形成了司法实践中的一个普遍难题，也即民事习惯的司法适用存在着"良俗与恶俗判别之难"②的问题。

基于习俗的特性，分析法官的调解行为，会发现在面对法律和习惯冲突的时候，采取调解的过程其实是磨平法律背后的道德和习惯背后道德的棱角，找到一个双方都能接受的基点，而使得案件的结果更为合理。

---

① 该案由剑川法院提供。
② 江苏省高级人民法院课题组：《民事习惯司法运用的价值及可能性》，载《法律适用》2008年第5期。

个案 4：为习俗拆门案①

大理市上关镇河尾村有"耆老会"的习俗，每年农历二月二日，河尾村村民都会为家中 80 岁以上的老人举办庆典，老人佩戴大红花，坐上花轿，游村过巷，以示长寿喜庆。河尾村有一李姓老人要参加"耆老会"，由于大花轿太大，不能顺利出入与邻居共用的"双扇门"，必须把门拆下才行。邻居一听这事不答应了，因为在白族心目中拆门等于拆福气、拆风水。村里未能有效协调，老人的儿女只能向当地的法庭求助。法庭派出"金花"调解员②到现场劝解："耆老会"是河尾村先辈留下的尊老的习俗，人人都会老，家家有老人，不尊老的行为将会受到同村人的唾弃，今后你家老人或是你老了，也没人搭理你们。入情入理的劝解，顺利促成双方达成了邻居拆除大门、方便花轿通行、事后恢复大门原状的协议，两家人的怨气也得以冰释。

在这个过程中，以"调解促成尊重习惯"和"以调解促成服从法律"两种趋势在法官的实际运作都客观存在。这也体现为基层法院的法官在民事调解中往往会综合使用道德说教、情理感动和判决利益与风险评价或暗示等多重手段，说服当事人依从地方习惯。即使是离婚，也可以通过调解，让双方在子女抚养、财产分割等方面达成妥协。③ 通过调解才能更好解决当事人的满意度、履行程度和社会公众评价和认同程度等问题。

下面要举的这个例子就是这种"以调解促成尊重习惯"调解方式的具体体现：

个案 5：新房子被"歪风水"谁来赔？④

90 年代云南某地一白族老汉盖了新房，还没有搬进去住，村里的一对年轻男女偷偷溜到老汉的新房苟合，此事被老汉知道后，认为新房被"歪风水"了。因为根据当地白族习俗，在主人搬进新房之前一些不干净的东西进入房子，就是不吉利的。按习俗要在房上披红挂彩才能避免灾祸。老汉就找到两青年要求赔偿 1 万元并要求给房子披红挂彩。两青年自知理亏，先是应允了下来，后又觉得老汉要求的赔偿数额过高不愿付钱。双方因此闹到法庭。

对这个案件，法庭认为，关于"风水"损失于法无据不能支持，但是两青年的非婚性行为毕竟不符合当地社会道德准则，也有悖公序良俗，并在客观上给老人心理上造成了一定伤害，理应给予适当补偿。当时审理此案的法官对该民族的习惯比较了解，他认为这样的民事习惯并不违背公序良俗，相反也是当地白族公认的善良风俗，其产生是有历史缘由和道德依据的，在当地民族成员中也得到认同。通过调解，双方达成协议：由两青年购买

---

① 关于该案例的记载详见鲍康、何晋松、周海燕：《双语司法实践与创新——以大理白族自治州法院双语司法实践为视角》，2019 年调研报告，尚未发表。
② "金花"是白族对中青年女性的称呼，"金花"调解员是当地法院在审理家事、相邻纠纷中邀请的善于与当地民众沟通的女性白族调解员。
③ 范愉：《民间社会规范在基层司法中的应用》，载《山东大学学报（哲学社会科学版）》2008 年第 1 期。
④ 有关该案例的记载参见田成有、童晓宁主编：《小庭大爱——云南法官法治故事丛书第一卷》，法律出版社 2013 年版，第 3-8 页。

500元的红布、鞭炮、对联等作为老人的房屋竣工的贺礼。几日后，在老汉入住新房的仪式上，在执行法官监督下，犯事的男青年到现场燃放鞭炮、给新房挂红花、贴对联，纠纷至此圆满解决。

本文作者曾经就此案的涉及的风水习惯问题访谈过审理此案的法官，该法官认为"如果从风水的角度看的确于法无据，但这种现象又涉及民族习惯问题"，因此，法官采取了调解的方式。并且在调解中把握情理法结合的说服办法。"我没有跟他们只讲法律，而是情理法结合。对两青年，我们提出这里的确有这个风俗，不要说你去干这种事，就是一头牛、一头羊跑进了人家的新房子，都是不吉利的。你说要是你家碰到这种情况会怎么想？对老汉，我们则引导他正确看待'歪风水、冲神灵'这种事情是没有科学依据的。只有情理法结合，才能促成双方达成调解。"① 该法官还将处理此类纠纷的经验总结为："除了要运用法律思维来衡量当事人之间的权利义务，还要兼顾道德中的善恶评价，在以案释法的同时，还要以理服人。"②

这种类型的案件在城市里还较多反映在一些所谓的"凶宅案"上。比如，刚买的新房被买主发现是不久前死过人的（非正常死亡），这种事往往对购房人造成极大的心理障碍。就如同这个发生在民族地区的"新房子被歪风水"案，城市居民对"凶宅案"的看法实际也是一种"歪风水"的看法。因此，这类案件诉到法院要求退房或者赔偿的不少。对于这样的案件，本质上仍然是对法律与习俗的看法问题，而如果能够达成调解，这样的冲突就能相对缓和地化解。实际上，调解之所以能成为一种重要的审判方式，正是由于法官以调解的方式传达了多元的价值，在提升裁判的社会认可度的同时也实现了规则之治。

三、传统调解的问题和反思

基于以上驱动型、价值导向和结构制约型调解的类型化分析，对我国多元化纠纷解决机制建设的背景下，反思法官、习惯与调解互动关系，发现仍然存在一些备受诟病的问题：

一是法官专业化培养与调解能力成反比的问题。由于法官的培养更加专业化，运用判决手段解决问题日益成为法官的首选。同时随着执行工作的加强，判决得到执行的情况增加，从效率上看，运用判决的方式有可能比调解更为节约时间和精力。当然年轻一代的法官似乎更愿意通过庭审的方式进行裁判，对传统的以熟谙社情民意的方式进行调解并不擅长，同时对习惯也不了解或者也不愿意去了解，这一由于专业化培养而滋长的"新成见"或许正在成为法官、习惯、调解之间的制约因素。

二是习惯适用空间缩小与法治发展成反比的问题。在司法实践中，习惯的适用空间逐

---

① 笔者与HT法官访谈，2015年1月23日，Y省L市。
② 参见田成有、童晓宁主编：《小庭大爱——云南法官法治故事丛书第一卷》，法律出版社2013年版。

渐缩小是现实，这是当代法治的特点决定的。同时随着现代化的进行，法律的空间越来越严密，当事人的诉讼意识越来越强，在这种情况下，适合开展调解的空间也缩小了。另一方面，习俗与法律的冲突仍然存在，但有些问题仅靠调解仍然是解决不了的。

三是调解规范化趋势与社会动员成反比问题。诚然，调解制度是中国解决纠纷的传统优势。但是，随着经济的发展、法律意识的提高，提起诉讼逐渐成为人们解决纠纷的首选。从社会动员的角度，也表现出调解制度本身的社会动员能力偏弱，纠纷当事人不选择调解的问题突出，如何增强其社会动员能力成为核心方案。同时传统调解制度形式老化、规则化不强的情况较为突出，效率较低、人民调解随意性大、调解达成率低、甚至可能出现借调解之名行虚假诉讼之实等问题仍然存在。

四、调解规范化的进路与前瞻

正如费孝通先生所说，单把法律和法庭推行下乡，那么很有可能的后果是，法治还没有推行，礼治就荡然无存了。① 由此可见，渐进式的法律改革比之疾风骤雨式的"推行下乡"应当更适合于中国的土壤。正在世界范围内兴起的多元化纠纷解决机制（ADR）浪潮也从一个侧面就说明了这个问题。而重新回到调解，重视调解并给予其规则之治下的丰富内涵，恐怕正当其时。

范愉认为：在法院致力于将民间习俗规范化的努力中，也隐含着一种"雄心"，即试图将民俗纳入法律的体系，加以标准化的操作。然而，这种尝试也可能会违背民俗等社会规范生成、作用与发展的规律。② 本文认为这样的担心是多余的，国家司法不可能取代民间社会及自治群体自身的功能，也不可能将民间规范的作用寄托于正式的司法机制。因为，社会生活总是大于法律的实践。而作为社会科学的法学，有时候必须低下规范的头颅，去审视丰富的社会现实。"在纷乱如麻的纠纷困局中，显然不是每一个'线头'都是合适的解决方案，任何随意的扯动都可能加剧困境。"③ 相对柔和的调解、谈判式地解纷方式可能更好地推动问题的解决。为此，本文冒昧提出以下三方面的进路，以求教于方家。

进路一：从法官驱动型调解迈向社会参与型调解

在审判中，法官的角色是裁判者、中立者，但是我国司法独有的法官调解制度，实际也改造了法官的形象，这一形象显然与西方更满足于逻辑推理和自洽的法官形象有着很大的不同。但是在普通民众的眼里，法官的角色仍然是刚性的、代表国家权力的、不好打交道的人。在乡间的司法实践中，法官往往依赖于调解员的作用，某种程度上，这种人际上

---

① 费孝通：《乡土中国》（修订本），上海人民出版社 2013 年版，第 55 页。
② 范愉：《民间社会规范在基层司法中的应用》，载《山东大学学报（哲学社会科学版）》2008 年第 1 期。
③ 童晓宁、张永颖：《多元化纠纷解决机制改革实证研究——以"烂尾楼"纠纷处置为视角》，载《人民司法》2019 年第 10 期。

搭配和程序上的衔接，软化了法官的角色，使得他对于乡间诉讼的介入更加通畅，同时，也为裁判结果得到乡间认同埋下了伏笔。同时，通过近年来我国法院大力开展多元化解和诉讼服务的浪潮，特邀调解员参与调解更加普遍，习惯在民事司法中的作用有得到进一步发挥的趋势。

在前文列举的个案4，也即"金花"调解员化解为"耆老会"要拆除邻居大门的案例中，本文还注意到该案的两个有趣的细节，一是"老人的儿女向喜洲法庭求助"，二是"法庭派金花调解员到现场劝解"。后经本文作者核实，这个案件尽管当事人找上了门，法庭其实并没有立案，但是考虑到邻居之间确实起了争执，应当帮忙解决。该案又与风俗习惯有关，所以派"金花"调解员去调解最合适。为什么法庭不坚持按照诉讼的程序受理和审判呢？法庭的庭长告诉本文作者："实际上，作为一个处于民族地区的法庭，遇到这样的纠纷很多，按照诉讼程序审，老百姓未必接受，纠纷也不易化解。很多纠纷我们都是通过调解在诉讼前就化解了。"

法庭庭长这样的表述也说明了法庭在乡土中的特殊地位和作用，只要是有经验的基层法官都知道，片面地强调程序，往往是不利于解决纠纷的。而看上去不太强调程序的调解，甚至于连调解都算不上的咨询和劝解，特别是由来自本土的调解员进行（不论是诉讼前进行还是诉讼中进行），都往往有利于纠纷解决。而这也是法官乐于见到的结果。而这样的纠纷处理方式，也是中国基层法庭经常采用的方式。这样的处理方式，与来自抗辩式的庭审传统是大相径庭的，在社会已经高度发展的今天，这样的方式仍然在被倡导和深化，并深深根植于民众的共同意识之中。

关于法官和调解员关系定位，在近年来我国法院加强多元化纠纷机制建设以来，得到了进一步增强，并且加大推动了调解的规范化和法治化。以2002年最高人民法院通过司法解释首次认可人民调解协议的效力为标志，随后的一系列措施都是为增强调解的动员能力和规范导向。其目的亦是进一步释放了包括调解在内的一系列非诉讼纠纷解决的改革创新潜力，其尽可以发挥创造力解决纠纷。并将促使传统的以人民调解为中心，由法院担当主力的模式，在新的时代背景下发生根本性的变化：社会力量参与才是我国多元化纠纷解决机制的生命力所在，并提出应当特别重视挖掘和发挥基层社区和行业的社会力量。

进路二：从价值导向型调解迈向程序导向型调解

"程序正义"在当代的法律话语中已被推崇至无以复加的地位。但实际上，制定法所规定的对抗性的程序往往不利于纠纷的解决。法律逻辑所努力追求的"完美"本身可能正是问题所在。很多法官都有这样的体会，那就是程序的软化反而利于当事人合意的达成，甚至于一些法庭外的氛围营造也有可能提高调解的质量。实际上，随着近年来中国法院广泛推进的多元化纠纷解决机制和诉讼服务中心建设，调解的程序软化现象更加突出，并成为中国司法改革的新趋势。从各级法院的积极探索中可以看到，相对于立法和法学界而言，司法机关对社会的回应显得更加主动和积极，这些动向是值得理论界关注和反思的。①

乔恩·威特在其《社会学邀请》中曾做过如下理论推演——现代社会学认为，人在社会交往中，会以他人反应和社会为镜鉴不断调整自我。②但每个人都这样做的结果是：社会就会逐渐脱离人的掌控。反过来，也就意味着社会约束了我们自己。③引用这个理论也许可以说明调解中的情景问题，一些有经验的法院和法官往往会运用情景的营造来推动纠纷的解决。

一些民族地区法院的探索比较有意义，比如提供给离婚诉讼当事人阅读一些调解成功的案例和材料，甚至要求谈一谈读后感等等。清官难断家务事，有的问题真正引发当事人内心自己的反思了，反而容易解决。云南某民族地区基层法院还创新调解文化载体，将以乡土社会中多发婚姻、家庭等类似的纠纷化解拍成法治微电影，在巡回调解的过程中，每到一村在开庭前就要求当事人和村民观看，这一举动看似与审判无关，但对于纠纷的解决每每有所裨益。④

调解场所作为一个调解活动的载体，也给了参与者剧场化的实际体验。以云南法院为例，法院在诉讼服务中心设立调解速裁区等功能区，建立圆桌调解等方式，集中开展立案、接访、调解、速裁、送达、材料录入和转接、诉讼事务办理等工作，切实提升了法院解决纠纷能力水平；在基层乡村建立诉讼服务站，主动延伸服务触角，就地立案、就地调解，将纠纷化解在第一线；在网络上开通诉讼服务网、调解平台，提供线上法律咨询、网上调解。如此三位一体的"一站式"解纷服务，对引导当事人选择调解、促成调解都有一定帮助。

进路三：从结构制约性调解迈向良俗塑造型调解

法律、政策等其他国家性质的规范不能完全足以支撑起社会生活所需要的全部价值、准则和秩序要求，一个团结、富有活力以及具有较高道德水准的社会，从来离不开社会自身对其成员的指导、约束和塑造。对长期受到民族文化、地域文化影响的当事人，引入良风良俗说理更容易使其信服。

个案6：将民族文化及善良风俗引入审判的邓川法庭⑤

邓川法庭以"南北两围墙，东西一走廊"建成法庭文化广场，以"道德感化和法律引领"作为解决纠纷的主要路径。北文化墙设有父子、夫妻、兄弟、邻里、朋友、关联六个篇章，每一个篇章都由"以史为镜、反面案例警示、法官评说、当事人的思考与看法"

---

① 范愉：《民间社会规范在基层司法中的应用》，载《山东大学学报（哲学社会科学版）》2008年第1期。
② 相关观点来自美国社会学家米德、美国库利。
③ 理论来源是社会学著名理论"拟剧论"，提出者为美国社会学家戈夫曼。关于"拟剧论"或美国社会学家米德、美国库利；可参见［美］乔恩·威特：《社会学的邀请》，林聚任译，北京大学出版社2018年版。
④ 参见《云南高院关于多元化解的调研报告》之附件2：《祥云法院的"法治微电影"》。
⑤ 该案例系本文作者在实地访谈中所得。

四项内容构成，从横向上剖析诉讼参与人之间的关系，法官辅之以诉前疏导，引导其正确面对矛盾纠纷。南文化墙由清廉篇、明礼篇、尊老篇、爱幼篇、有德篇等篇章组成，讲述古今道德规范、行为准则和历史故事，引导诉讼参与人通过"照镜子"悟人生。从纵向上尝试用道德正能量来引导诉讼参与人平和理性打官司。

邓川法庭在实践中，还探索出一整套将法庭文化融入审判实践的独特的办案流程。这套流程被定名为邓川法庭"一二三一"工作机制：即第一步是"一个提示"，向当事人发放印有法律规定和道德名言警句的诉讼温馨提示；第二步是"二种学习"，引导当事人学习文化广场相应内容、反馈诉讼教育材料；第三步是"三次疏导"，诉前、诉中、诉后三次对当事人进行心理疏导；第四步"一次回访"，通过案件回访，帮助当事人正确认识诉讼得与失。通常在这样的"四步走"之后，当事人往往自动撤诉或自愿接受调解。①

以云南法院为例，已将民族文化、地域文化、法治文化融入法院现代化诉讼服务体系建设，将文化融入解纷的主要环节——调解的具体过程，并基于诉前辅导发展出调解的前置做法。他们尝试首先实现理念融合。认识到少数民族文化、地域文化在矛盾纠纷化解中的重要作用和潜能，对民族文化、地域文化普遍具备的"无讼""和解"等理念予以充分挖掘文化资源，将民族文化、地域文化与法治文化相结合，共同服务于纠纷化解。其次实现方法融合。法院主动挖掘民间社会定纷止争习惯和矛盾化解机制，构建文化融合、纠纷化解、诉讼保障的矛盾调和机制，将民族文化、地域文化融入诉前辅导、纠纷化解和普法宣传。

五、结语

正如黄宗智所说的那样，我们应当"理直气壮"地说出调解背后的法理。② 本文认为，调解正是由中国历史和现实决定的生机勃勃的法律实践，这一生机勃勃的法律实践正在习惯的田野里茁壮的成长，从嵌入式的法律角度来观察，这一实践也能回馈出丰富的规则意义，不承认这个现实的观察者恐怕也是缺乏眼力的。规则之治就是一定要刚性地表达制定法的态度吗？本文认为也未必。有些判决虽然短期保护了某种的权利，但从长期来看，可能制造了新的矛盾。本文也并不否认判决的规则意义更为明显，但是亦不能无视调解的规范意义正在加强的事实和趋势。特别是调解如能实现从法官驱动型调解迈向社会参与型调解、从价值导向型调解向程序导向型调解、结构制约性调解迈向良俗塑造型调解三个转向，或对调解的规范化更有裨益。

---

① 童晓宁、唐时华、王琴：《特色法庭文化的"三合一"效应——云南省洱源县人民法院邓川法庭文化建设策划与传播纪实》，载东方法眼，2016年1月27日，http://www.dffyw.com/fazhixinwen/sifa/201501/37891.html。

② 黄宗智：《中国正义体系的三大传统与当前的民法典编纂》，载《开放时代》2017年第6期。

Three – dimensional remodeling: Mediation towards normative meaning
——Analysis based on the interaction between judges, habits and mediation

Tong Xiaoning

Abstract: Mediation is a vibrant legal practice determined by Chinese history and reality. Combining judges' observations on the judicial application of civil customs (mediation), based on the typological analysis of driven, value – oriented, and structurally constrained mediations, it is found that the professional training of judges is inversely proportional to the ability of mediation in traditional mediation, the space for customary application is reduced and the rule of law develops It is inversely proportional to the issue of mediation standardization trend and social mobilization. It proposes a standardized approach from judge – driven mediation to social participation mediation, from value – oriented mediation to procedure – oriented mediation, and from structure – constrained mediation to good – morality – shaping mediation.

Keywords: judge, habit, mediation, three – dimensional reconstruction, normative meaning

民族地区刑事和解的实践困境与调适方向[*]

彭 昕[**]

> **摘 要** 在民族性的保留成为学界讨论民族地区刑事司法问题的前提与共识下,民族地区的刑事和解实践却与这一共识背道而驰。当前,民族地区刑事和解的实践呈现出民间权威力量再组织化、和解方式司法化以及民族性流失的新图景,并陷入了内卷化与功能异化的困境。为尊重与保护民族地区文化传统,并在此基础上推进国家治理体系和治理能力现代化,重新定位国家法与民族习惯法之间的关系以及促进刑事和解制度的弹性化设计是当前民族地区刑事和解机制可能的发展方向。
>
> **关键词** 民族地区 刑事和解 再组织化 内卷化 制度弹性

一、研究问题及其背景

在民族地区,刑事和解根植于民族传统与当地习惯法,对处理地区刑事冲突、维持民族地区正常生活秩序起着不容忽视的作用。尽管直到2012年,《刑事诉讼法》才将刑事和解作为一项正式的制度予以确立,但其作为民族地区一项解决刑事纠纷的本土机制事实上早已存在。[①] 就民族地区刑事和解的实践而言,在经历了一系列社会变革以及制度变迁之后,其实践样态是否有所变化?背后的原因以及由此带来的结果又是什么?针对实践现状,是否需要作出一定的调适?

---

[*] 基金项目:国家社会科学基金项目"法律多元主义视角下刑事和解在民族地区实施的特殊性研究"(17CFX017)。

[**] 彭昕,四川大学法学院博士研究生。

① 有关刑事纠纷概念的论述,详见何挺:《刑事纠纷:一个概念的解析》,载《法学论坛》2011年第1期。

从现有文献来看，针对刑事和解在民族地区实施的研究，在2012年之前相对较少，大致遵循了两种路径，第一种路径以研究习惯法和民族法的学者为代表，他们采用人类学、社会学等方法将民族地区刑事和解的实施作为少数民族习惯法与国家制定法互动的样本加以考察研究。① 第二种路径主要从文化社会学的视角出发，运用实证方法对民族地区刑事和解进行了针对性研究，认为刑事和解是实现民族习惯法与国家制定法之间的有效沟通途径，并从国家规范与民间规范关系的角度阐述了民间规范参与刑事和解的必要性与可行性，对未来立法中如何安排民族地区刑事和解进行了初步讨论。② 随着2012年《刑事诉讼法》将刑事和解作为正式制度确立，学者对刑事和解在民族地区的实施问题进行了更为广泛、深入的研究。主要包含以下几种研究进路：其一，调查我国主要的民族地区事和解实施的具体情况，阐释刑事和解在各民族地区实施的特点和成因；③ 其二，从规范层面分析刑事和解在民族地区实施的问题和对策；④ 其三，在民族地区变通施行刑法的视野中，指出刑事和解是民族自治地方变通实施刑法的最佳机制。⑤

上述学者对民族地区刑事和解的实践都展开了较为广泛的研究，但如果将研究视角进一步拉长放远便可以发现，一方面，当前不少关于民族地区刑事和解的研究都是在相对固定的分析模式下进行，研究内容逐渐出现趋同现象，对研究的进一步推进意义有限；另一方面，有关民族地区刑事和解的既有研究缺乏对制度整体以及发展演变的把握，研究内容存在碎片化、滞后性的现象。之所以出现当前的研究现状，笔者认为至少有以下两个因素所致：其一，经验资料较为陈旧，对民族地区刑事和解实践的描述已经无法展现出民族地区刑事和解实践的现有面貌，进而导致对其特征的概括和问题的剖析较为滞后；其二，未能将民族地区刑事和解制度的实践置于中国刑事法治的整体结构中进行考察，也缺乏在刑事法治发展与国家治理现代化的整体背景下对其进行关照，民族地区的刑事和解实践往往被视为一个孤立的政策、制度，失去了其应有的整体性、动态性和能动性。

如何在尊重与保护民族地区文化传统的基础上平衡好冲突解决的有效性与国家法治的有序性是民族地区刑事和解实践亟须认真对待的问题。这也是国家"十三五"规划中

---

① 参见高其才：《论中国少数民族习惯法文化》，载《中国法学》1996年第1期等。
② 参见苏永生：《国家刑事制定法对少数民族刑事习惯法的渗透与整合——以藏族"赔命价"习惯法为视角》，载《法学研究》2007年第6期；苏永生：《中国藏区刑事和解问题研究——以青海藏区为中心的调查分析》，载《法制与社会发展》2011年第6期；雷堂：《刑事法律在少数民族地区实施所应遵循的理念和原则》，载《河北师范大学学报（哲学社会科学版）》2011年第1期；等等。
③ 参见黄彬：《农村民族地区大力推进刑事和解制度的法律研究——以贵州农村苗族地区为例》，载《贵州民族研究》2012年第2期；刘树国：《藏区刑事和解习俗的特点及成因分析——以甘孜藏区为例》，载《四川民族学院学报》2015年第1期；等等。
④ 参见韩宏伟：《困境与出路：民族地区刑事和解的本土化建构》，载《新疆社科论坛》2012年第3期；杨雄：《民族地区刑事和解实施的问题与对策》，载《贵州民族研究》，2015年第11期；等等。
⑤ 参见蔡世鄂、刘玉清：《少数民族地区变通实施刑法视野下的刑事和解》，载《湖北民族学院学报（哲学社会科学版）》，2016年第4期；刘之雄：《我国少数民族地区变通施行刑法之机制研究——以刑事和解为视角的考察》，载《法商研究》2012年第3期；等等。

"完善有机衔接、相互协调的多元化纠纷解决机制"重点工作在司法领域的体现,更是推进国家治理体系和治理能力现代化对民族地区刑事法治建设的要求。有鉴于此,本文尝试在论证民族地区刑事和解独特性及正当性的基础上从民族地区刑事和解的实践出发,指出民族地区刑事和解在当下实践中的新图景与由此带来的现实困境,并在此基础上结合当前中国法制建设的具体语境,就完善当前民族地区刑事和解机制做进一步探讨。

二、民族地区刑事和解的独特性及其正当性

不管是在刑事和解作为正式制度确立之前,还是之后,学者们都普遍认识到,作为民族地区一项解决刑事纠纷的本土机制,民族地区的刑事和解实践与《刑事诉讼法》规立的正式刑事和解制度相比,具有其鲜明的独特性,故对其进行的探讨往往也共享着如下几个重要的前提,本文也不例外:其一,民族地区刑事和解的理念和方式深深根植于传统民族习惯与宗教信仰,是世代相传的关于生存秩序的平衡术,且这种民族习惯与宗教信仰作为一种真实而有力的存在仍深刻影响着民族地区刑事纠纷的解决;其二,我国各个少数民族地区的文化传统中并无刑事案件与民事案件的严格划分,与之相应的是民族习惯法对于违法行为的制裁尽管存在轻重之别,但并无民刑之分,故现代法治视角中的刑事案件在置于民族地区习惯法的视域时,通常就呈现出某种刑事冲突与纠纷的意味,体现为双方当事人之间的一种矛盾及关系的不协调;其三,与案件性质民刑不分紧密相关的是,民族地区刑事冲突的处理程序也就体现为一种纠纷解决的过程,具有明显的私力救济特征;其四,基于相关传统与信仰,民族地区民间权威主体对纠纷解决与秩序的维护起着举足轻重的作用,故民族地区刑事和解的达成往往也更依赖于民间权威主体的居中调和。

毋庸置疑,民族地区因其特殊的历史文化传统致使其在漫长的历史进程中形成了一套民族独有的"地方性知识",基于我国民族地区经济、政治、文化的特殊性,在处理民族地区司法问题时应尊重民族地区的传统习惯,不能僵化地适用制定法这一理念不仅体现在相关法律制度的设计之中,① 也已经成为所有讨论民族地区司法问题的前提共识。这一共识的背后,潜隐的是两个支撑其存续的正当性基础:

一方面,从阐释人类学的角度来看,法律及司法都是一种与地方性知识相关联的制度存在。② 这其中的"地方"至少存在两个层面的划分,其一是基于空间地理区隔形成的物理意义上的地方,其二是基于自我认同差异形成的精神层面的地方。在地理与精神层面合力的基础上,形成了一个本尼迪克特意义上的共同体,在这个共同体内部,成员共享一系列观念和思维,遵循共同的规则与制度,由此造就了一个在一定程度上闭合的秩序圈。在

---

① 如我国《宪法》《民族区域自治法》《立法法》《刑法》等法律都不同程度地赋予了民族自治地方立法变通权。
② [美]克利福德·吉尔兹:《地方性知识——阐释人类学论文集》,王海龙等译,中央编译出版社2000年版,第222页。

这个圈子内，民族地区存续的文化价值、制度规范就体现为民族内部成员对其所在地区文明秩序的理想构造，这种构造因其产生过程的内生性而最终表现为民族地区特定的生活方式。就对待不同生活方式的态度而言，尊重每一个生活方式并赋予其与其他生活方式共存的这种自由，理应成为现代社会共享的基本价值。从现代法治的发展趋势来看，尽管"道路通向城市"是现代化进程不可逆的方向，但如果以韦伯对法律社会学的分析视角下的法作为衡量尺度，[①] 那么民族地区世代存续的一系列不同的关于社会秩序与冲突解决的理想构造，就绝不是"道路通向城市"这一宏大历史叙事中的沧海一粟，而在过去、现在与将来都是国家秩序资源的重要组成部分。

另一方面，与上述理论相关联的，是关于制度合法性机制的制约。合法性机制的基本思想是：社会的法律制度、文化期待、观念制度只有成为被人们广为接受的社会事实，才具有强大的约束力量，规范人们的行为。[②] 即制度的正当性深深嵌入和依赖于制度环境尤其是共同体内成员的认同。从这一理论出发可以发现，制度与制度运行的环境是一对密不可分的概念，制度有约束环境的力量，与此同时环境又是支撑着制度功能的发挥。亦即社会中广为接受的文化期待、观念制度是规范人们行为的重要秩序资源，而要想发挥这些秩序资源的作用，又离不开社会成员对其的认可，这两者之间存在相互依存又相互哺育，构成社会秩序的两位一体。就民族地区而言，刑事和解的实践嵌入在不同于非民族地区的制度环境之中，这突出地表现为民族地区世代相传的习俗与信仰以及生活方式的特性。因此，对不同制度环境的适应决定了民族地区刑事纠纷的解决在不同民族地区的多元实践。详言之，民族地区刑事纠纷解决的方式不仅生存在"现代法制建设"的环境中，同时也生存于并主要生存在于日常民族生活的制度环境中；它不仅需要面对国家法制建设带来的冲击，更为迫切地是需要解决本地冲突确保一方的有序。质言之，如何契合与回应共同体成员的社会共识与期待是民族地区制度正当性的一大基础。从这个意义上来看，民族地区刑事纠纷的解决方式不管是从制度的塑造成形而言，还是从制度取得共同体成员的认同并发挥效用的角度来看，各民族地区的民族传统都是不可或缺的一环。

无论是从刑事纠纷解决的文化背景，还是从"地方性知识"抑或是制度合法性机制的制约等角度来理解民族地区刑事和解的实践，都在一定意义上突破了法律中心主义以及"制定法"与"习惯法"二元对立的局限，为理解民族地区刑事纠纷解决的特殊性提供了不同的视角。然而，要想了解民族地区刑事纠纷解决的最新样态，把握其中所出现的问题，或许还需要立足于实践运行，以便探寻更有针对性的调适路径。

[①] 韦伯关于法律社会学的研究展现出的即是不同社会群里基于其特定社会生活方式而形成的对彼此行为的预期，而这种稳定的预期就构成了社会学意义上的法。参见郑戈：《法律与现代人的命运：马克斯·韦伯法律思想研究导论》，法律出版社2006年版。

[②] 参见周雪光：《组织社会学十讲》，社会科学文献出版社2003年版，第79页。

三、民族地区刑事和解实践的新图景

上述理论不仅从文化形成与制度运行的角度揭示了民族地区刑事和解独特性的原因,更是从生活方式自由的高度为其正当性提供了基础。然而,伴随着国家政权现代化的建设,国家权力的触角不断向下延伸,上述共识却也逐渐面临着挑战。具体到刑事司法领域,现代法治强调的形式理性在程序正义等终极理念的裹挟下正在深刻改变着民族地区刑事纠纷的解决方式。尤其是自2012年刑事诉讼法将刑事和解确立为一项正式的程序后,就更是对民族地区习惯法中的刑事和解机制向国家制定法接轨提出了更加急迫的要求。纵览近年来民族地区的刑事和解实践,其特征相较学术界先前的研究发生了较大变化,主要表现为:民族地区传统习惯的力量在国家法的强势话语和国家"治理技术"的影响下,尽管还存在一定的惯性,但也随着社会结构的变迁和国家权力的不断渗透而日渐式微,民族地区习惯法中的刑事和解机制也逐渐呈现出民间权威力量再组织化、和解方式司法化以及民族性流失的新图景。

(一)民间权威力量的再组织化

就主持刑事和解的主体来看,权威人士、氏族头人、宗教等民间主体都曾是促成传统民族地区刑事和解的主导力量。在民族地区,一方面,人们受到宗教与民族传统的深刻影响,对于纠纷的解决,通常依赖于本民族或当地管理公共事务、调解纠纷矛盾的民间组织或德高望重的个人来解决,典型的例子如恩施土家族地区的"梯玛",三江侗族地区的"乡老",凉山彝族地区的"德古",藏区的佛教首领,回区的伊斯兰首领等等。另一方面,刑事纠纷过程中,民间权威力量因其熟悉少数民族刑事习惯法,了解群众的真实生活,尤其是对本民族的地理人文、民俗礼仪以及本地区的人口交际情况、相关个人在家族、地区的社会地位等各种情况都较为了解,其对纠纷把握与解决的真实性与准确性是任何代表国家权力的公职人员无法比拟的,故民间权威力量在长期的实践中获得了民族地区成员的信任与敬仰,因而构成了民族地区刑事和解实践的重要权威和本土资源。

或许正是基于此,国家在民族地区基层政权建设的深入过程中,始终面临着国家权力向下扩张与基层固有社会权力组织体系的紧张,[1] 而将这些基层权威力量合理有效地纳入刑事和解制度框架中则是国家政权扩张的应有之意,反过来也是对国家政权的巩固与强化。正如在现代社会中,组织是最重要的权力来源,权力的行使通常需要借助组织。[2] 对民族地区刑事和解而言,国家对民间权威力量进行重新组织,通过一系列制度安排将民间传统力量纳入进国家既有或逐渐发展起来的组织网络中,便成了当前国家盘活民族地区的

---

[1] 有关国家政权建设的论述详见[美]杜赞奇:《文化、权力与国家——1900-1942年的华北农村》,王福明译,江苏人民出版社2018年版。

[2] 参见[美]加尔布雷思:《权力的分析》,陶远华等译,河北人民出版社1988年版,第5-6页。

治理资源的重要手段之一。就当下实践来看,将民间力量纳入村委会使其成为村委会的调解员和受司法机关委托成为促成和解的主导者是两种主要的组织化方式。

就将民间权威力量纳入到村民委员会的组织方式而言,村民委员会作为我国农村基层村民自治组织,能直接与村民互动,与村民之间有着十分紧密又复杂的关系,① 其在村民眼里不仅是国家权力的象征,更是日常生活中可以讨个说法的父母官。在民族地区,将促成传统民族地区刑事和解的主导力量纳入其中,无疑契合了组织与个人之间的功能与定位。且随着《中华人民共和国人民调解法》将轻微刑事案件纳入调解范围,更是为民间调解力量纳入调解委员会提供了制度依据和动力。如在凉山彝族地区,曾经作为纠纷解决重要力量的"德古"就在村委会的组织下,大多成了村委会的调解员。据了解,在凉山州彝族人口比例几近最大的昭觉县,每个村都设有村民调解委员会,每个委员会由若干德古和村主任、村支书组成,人数一般为 4 – 9 人。不少德古由于能力突出还热心公益还当上了村主任。由于村主任和村支书往往也是德古,因此村民调解委员会日益成了专门的德古组织。② 在许多藏区,村中德高望重的长者、村主任、部落头人的后裔也被纳入矛盾调解中心的组成人员中。③ 应当说,这些举措不仅利于民族地区纠纷解决者的稳定性与连续性,也方便了政府、司法机关等部门对其进行统一的教育和培训,使其逐渐纳入国家的权力网络之中。

组织化的另一种方式是将民间力量作为协助相关国家机关进行刑事和解的助手。就实践的情况来看,主要是将民间力量吸收到侦查、起诉与审判三个阶段,并利用现行制度的空间将其作为协助办案机关促成和解的主要力量。在侦查阶段主要表现为公安机关邀请当地的民间权威参与案件的和解,如四川省凉山彝族自治州就吸纳"德古"为特邀调解员,甚至授权"德古"主持案件双方的和解工作;在公诉阶段,检察机关利用"检调对接"机制,将人民调解委员会中的民间权威力量纳入相应的和解程序之中,并已在民族地区已积累了一定经验;与上述两阶段相似,在审判阶段,民间权威人士也以人民调解委员会调解员的身份参与到司法机关主导的刑事和解。

(二) 和解方式的司法化

传统民族地区由于受历史、文化与宗教的影响,在其"地方性知识"中,不仅存在一套独有的权利界定与分类体系,在这背后更体现着各民族世代相传的关于生活正当性的构建。这落实到冲突的解决就表现为:不同民族存在不同的冲突化解理念、和解范围以及其

---

① 具体分析参见强世功:《"法律不入之地"的民事调解——一起"依法收贷"案的再分析》,载《比较法研究》1998 年第 3 期。
② 参见瓦其石格:《凉山彝族民间法官德古的历史、现状与未来》,清华大学硕士学位论文,2007 年,第 18 页。
③ 苏永生:《中国藏区刑事和解问题研究——以青海藏区为中心的调查分析》,载《法制与社会发展》2011 年第 6 期。

体程序方法，实践样态可谓百花齐放，丰富多样。如在藏族地区，冲突双方往往在自行协商不下的情况下，请求在当地具有较高威望的人士或者宗教人士来促成和解，其和解的主要依据是和解赔偿习惯法。尤其值得注意的是，当藏族之间发生杀人、伤害致死等案件时，双方当事人为缓解或消除矛盾，通常由加害人主动提出赔偿或被害方要求赔偿，然后再由原部落头人、千百户、宗教人士等出面调解，结合被害人的死因、身份等因素，根据惯例裁定被告人向被害人家属赔偿相当数额的财产，以达到惩罚与恢复社会秩序的效果。① 凉山彝族地区发生的冲突则主要由当事人自行解决或由家支头人调解，在上述办法无法奏效时，通常会由双方各自邀约相等人数的德古进行调解。由德古进行调解的案件没有范围限制，德古几乎可以参与所有纠纷的调解；在程序和方式上，通常依循传统的规定：调解一般采取公开、面对面的方式进行，具体程序通常包含事实和证据调查、双方诉求的倾听，此后由德古根据彝族习惯法和先例提出纠纷解决方案，如果当事人未能当场接受解决方案，德古通常会在当事人之间游走进行辩论和说理，并采取策略说服双方当事人接受。最后，当事人达成和解后还会在德古的带领下举行结案仪式，整个纠纷才算处理完毕。②

然而，随着国家对民族地区基层解纷力量的再组织化，以及"送法下乡"以及基层司法力量的不断强大，尽管传统民间力量在促成刑事和解、恢复地区秩序中仍起着不容忽视的作用，但其用于促成和解的知识却发生了转变。正如上文所述，民族地区权威人士、氏族头人等民间主体被正式的国家机构组织起来，在相关部门的组织下，他们开始了解并学习国家的相关政策以及制定法，相应的，促成和解的过程往往也就成了"在法律阴影下的谈判"，③ 原本为和解主体所依赖的本土化的、民族性的"知识"也逐渐渗透进了国家法的因素，并随着民族地区普法教育等机制的深入，国家法在冲突与纠纷的解决过程中也逐渐从配角的扮演转变成了主角的担当。尤其自2012年刑事诉讼法将刑事和解确立为一项正式的程序后，民族地区的刑事和解实践逐渐向国家制定法靠拢，具体到和解的各个阶段都发生了不小的转变：案件受理方面，传统民间权威可以受理的案件范围在不断缩小、受限，如在凉山彝族地区，德古不再像以前一样，受理任何类型的纠纷；④ 在刑事和解的依据上，也由依照民族地区的习惯法为主，转变为越来越多地运用国家制定法来界定双方权利义务，对案件进行处理。

整体而言，民族地区的刑事和解正逐步从诉讼外的和解朝着诉讼内的和解发展，一些

---

① 参见吕志祥：《藏族习惯法：传统与转型》，民族出版社2007年版，第58－62页。
② 参见冯露、李欣：《凉山彝族地区刑事和解的运作研究》，载《西南民族大学学报（人文社科版）》，2016年第12期。
③ 参见［日］棚濑孝雄：《纠纷的解决与审判制度》，王亚新译，中国政法大学出版社2004年版，第145页。
④ 究其原因一方面是由于德古被纳入人民调解委员会后，需要遵循相关工作条例的规定，另一方面，政府有关部门也明令禁止德古调解某些重大刑事案件，如故意杀人案、毒品案件等。

经济较为发达或与外界交流较为频繁的民族地区的刑事冲突基本都进入了正式司法程序，民族地区曾经传统的刑事和解实践整体逐渐呈现出棚濑孝雄眼中现代社会所特有的"法化"现象。① 整个和解程序愈发法治化、程序化与规范化，其性质也从当事人之间的私力合作逐渐向当事人与司法机关协商性的公力合作倾斜。② 与之相应的，法治化、程序化与规范化一方面意味着行为的统一和整齐划一，另一方面也昭示出散布在不同地区各具特色的民族地区刑事和解实践在向国家法"看齐"的同时，失去了其根植于民族传统的特殊性。

(三) 民族性的流失

诚如上文所指出的，在广大民族地区，各民族依循不同的信仰与文化传统在刑事案件的处理方式上形成了相对稳定并独立的一套规则体系，承认其民族性已经成为所有讨论民族地区司法问题的前提共识。此外，在笔者看来，民族地区的刑事和解实践除了具备刑事诉讼法中刑事和解程序所具备的协商性、恢性等制度本身的理念与功能外，对文化的传承和本民族特征的保留也具有重要的意义。然而近年来，民族地区的刑事和解实践在双重因素的夹击下逐步落入非民族化的窠臼，民族地区刑事和解实践在向国家制定法不断接轨的同时，也正面临着民族性流失带来的挑战。

一方面，和解促成者身份的转变正撼动着民族地区刑事和解实践的民族性根基。尽管从表面上看，民族地区刑事和解的促成主体仍属于民间力量，与传统的权威人士、氏族头人等民间主体对纠纷的和解在实践外观上并无二致，但其实质却已经发生了改变。不管是作为人民调解委员会的调解员还是受办案机关的邀请、委托成为刑事和解的助手，其身份都发生了细微的、不易察觉的但并非不重要的转变，而恰恰是这使人习焉不察的转变，使得和解促成者的主体权威在国家权力的挤压下日益衰弱，民族地区刑事和解实践的民族性根基正在动摇。

民族地区传统的权威人士、氏族头人等民间主体，作为和解的主持与促成者，其权威大多源于民族习惯和传统的惯习，以及其在长期的生产实践中获得的民族地区成员的信任与敬仰，其产生与消亡也是一个自然选择的结果，通常并无特定的选举或罢免仪式；然而，当其作为司法机关的助手或人民调解委员会的调解员甚至作为村主任、村支书主导和解时，其身份就具有了双重性：既是国家权力末端的代理人，又是通晓当地习惯法的民间权威。在这种双重身份的加持下，民间权威的人格魅力被一定程度的淡化，原本作为民间独立力量的一面被作为国家权力代理人的一面不断侵蚀，权威人士、氏族头人等民间主体

---

① 参见 [日] 棚濑孝雄：《纠纷的解决与审判制度》，王亚新译，中国政法大学出版社2004年版，第136页。
② 相关讨论详见陈瑞华：《司法过程中的对抗与合作——一种新的刑事诉讼模式理论》，载《法学研究》2007年第3期。

逐渐披上了行政化的外套。角色的转变使得原本建立在民族习惯、个人权威认同基础上的刑事和解在实践中变得微妙起来。根据角色理论，个体对自我工作角色职责的认知，会对其角色行为产生重要影响。① 故可以合理推测的是，曾经的权威人士、氏族头人等民间主体在被选为人民调解员或成为村主任、村支书后，其所处的位置、所拥有的立场也不可避免地发生了转变，与之相应的是主持和解的视角也由民族化、血缘化、特殊关系化的传统视角转向了基层社会治理的国家视角，进而使民族特有的文化传统以及其蕴含的社会自治功能逐渐弱化。

另一方面，国家还通过一系列制度化、组织化的控制，加剧了对民间力量的改造与型塑。这主要表现为，国家除了将传统的民间力量整编到正式的组织网络中之外，还通过经费的发放、工作条例的制定以及业务培训等制度化方式来逐步实现和解力量的职业化与专业化。从这个意义上来讲，民族地区传统的解纷个人或组织更多地成为国家治理体系的一个部件，而不再是一种具有地方特色的体制外的补充。与上述变化相伴随的，是民间解纷力量对国家的依附性日益增强，而象征着民族传统文化、习俗的民间和解却逐步边缘化。亦即在对民间和解力量组织化的过程中，刑事和解反而离各民族当事人的距离更远了，离国家更近了。因为组织化不仅仅体现为一种"形式"上的外观，它还会制约组织获取资源的方式和途径，从而影响到组织目标和功能的实现。② 事实上，随着国家在少数民族地区基层政权建设的逐步展开与不断加强，少数民族传统社会组织对国家权力的依赖也随之加强，国家权力逐渐成为少数民族地区社会生活中的决定力量，民族地区的刑事和解实践亦逐渐成为国家一体化的而非民族地区独特化的刑事和解。

四、民族地区刑事和解的困境

通过对民间解纷力量的再组织，国家盘活了民族地区基层治理的资源，亦在此基础上不断促使民族地区刑事和解的实践与国家制定法的接轨。这场历时性的、悄无声息的法制叙事使民族地区刑事和解实践产生了全面、深刻的影响。表面上民族地区刑事和解实践逐渐朝着规范化与法治化的方向不断前进，然而民族地区刑事案件的处理也因此严重背离了民族性与本土性因素，陷入了内卷化与功能异化的困境之中。

（一）"内卷化"的民族地区刑事和解机制

"内卷化"这一概念是吉尔兹在研究爪哇的水稻农业时提出的，根据吉尔兹的定义，"内卷化"主要是指一种社会或文化模式在发展阶段达到一种确定的形式后，便停滞不前

---

① 参见周如意、冯兵等：《角色理论视角下自我牺牲型领导对员工组织公民行为的影响》，载《管理学报》2019年第7期。
② 熊易寒：《人民调解的社会化与再组织——对上海市杨柏寿工作室的个案分析》，载《社会》2006年第6期。

或无法转化为另一种高级模式的现象。① 将这一概念运用到中国问题的开创性研究主要源于杜赞奇对华北农村进行的相关研究。他用"国家政权的内卷化"这一概念来说明20世纪前半期中国国家政权不断扩张的过程中，国家机构不是靠提高旧有或新增机构的效益，而是靠复制或扩大旧有的国家与社会关系来扩大其行政职能，由此造成边际效益递减的状况。② 总体而言，"内卷化"主要用于形容一种量的增长与质的停滞并存的状态。

从冲突与纠纷解决效能的视角来看，解纷资源的投放往往与纠纷解决的效果息息相关。资源投放的增加往往伴随着增强制度效果的期望，但相反，如果解纷资源的密集投放带来的是冲突与纠纷解决效果的不彰或效率的下降，就可能形成资源使用效益不足带来的刑事和解"内卷化"的问题。从"成本—收益"模式的角度出发，笔者对刑事和解中的效益做了如下定义：不论采用何种方式，当投入到冲突与纠纷解决中的成本没有增加或没有显著增加，冲突与纠纷的解决效果却变得更好，便可说明是纠纷解决的效益在提高。相反，如果投入更多的资源与成本，冲突与纠纷的解决效果反而没有相应的提高，则说明其效益低下。需要具体说明的是，此处的效益并非经济学意义上可计量的系数，而仅仅是借用相关原理进行的一种宏观分析；此外，上述定义中的成本既包括国家对民族地区司法资源的投入，也涵盖当事人双方为平息冲突而为此付出的时间、金钱等成本。冲突与纠纷解决的效果也包含了多个考量维度，既有被害人与加害人之间关系的恢复情况，也存在冲突与纠纷解决结果的公正与否，还包含国家司法权威在民族地区的可度。如果以上述标准来衡量当前民族地区刑事和解的实践，不管是否进入了正式的司法程序，冲突与纠纷的解决都面临着投入资源增加而解决效果不彰的问题，整个程序的运行呈现出内卷化的趋势。

一方面，在广大民族地区仍有相当数量的刑事纠纷未进入司法程序。相关实地调查表明，在一些民族地区，至今仍有大量冲突都是根据习惯法解决的。③ 与早期研究分析的原因有些许不同之处在于，笔者认为，当前民族地区刑事冲突不进入国家正式司法程序很大程度上已不再是由于国家刑事制定法尚未对边远地区形成有效的渗透。④ 相反，随着国家权力的深入，民族地区刑事冲突的自行解决实则体现的是当事人对国家法律了解后的有意规避。⑤ 一些实证研究也发现，当前实践中，不难看到受害人在案发后不立刻决定是否走

---

① Geertz, Clifford:《Agricultural Involution》, University of California Press, 1963, pp. 47 – 123.
② 参见［美］杜赞奇：《文化、权力与国家——1900－1942年的华北农村》，王福明译，江苏人民出版社2018年版，第53－56页。
③ 参见青海省高级人民法院课题组：《对青海藏族地区赔偿（血）价习惯法情况的统计与分析（之二）》，法制日报，2013年8月14日；相关课题组对果洛藏区进行的调查也发现，当事人是藏族的刑事案件中，在诉前已经根据藏族习惯法进行"赔命价"达成和解协议的案件占当事人是藏族案件比例82.6%，参见来君：《多元化纠纷解决机制在青海藏区的初步实践》，载《攀登》2015年第6期。
④ 相关研究曾指出，由于国家刑事制定法尚未对边远地区形成有效的渗透，因此民族地区有大量的刑事冲突未进入国家司法程序。参见苏永生：《中国藏区刑事和解问题研究——以青海藏区为中心的调查分析》，载《法制与社会发展》2011年第6期。
⑤ 苏力教授曾深刻地指出，对法律的规避并不必定是一种不懂法的表现，而是利用民间法和国家制定法的冲突所作出的一种理性选择。参见苏力：《法律规避和法律多元》，载《中外法学》1993年第6期。

正式的司法程序，而是先咨询了解相关法律规定，权衡正式司法程序与民间习惯法解决冲突所能获得的赔偿高低后，再做决定。而通常当事人都选择不进入正式司法程序，而是私下进行解决。[①] 这背后的原因通常在于国家刑罚往往更多地在于施加人身刑，财产刑则往往属于附加刑居于从属地位，相较于一些民族习惯法对于金钱赔偿的重视与强调，通过正式司法程序被害人能得到的赔偿往往较少，与此同时加害人还面临着人身自由的剥夺甚至是丧失，故冲突双方更愿意根据习惯法来解决。然而这种表面上看似圆满的处理方式，实则是"两败俱伤"。不仅当事人付出了更昂贵的赔偿金，而且国家正式司法程序的"落选"也体现出尽管国家正式司法资源已经向民族地区进行了一定渗透，但远还未达到被充分认可的程度。

另一方面，实践中还存在一定数量的案件，尽管进入了正式的司法程序，却未能完全依照正式的司法程序处理。[②] 事实上，刑事诉讼法规定的刑事和解程序与民族习惯法存在一定的差异，因此，在对民族地区刑事案件适用正式的刑事和解程序时，国家制定法往往会遭到民族习惯法一定程度的挑战，具体就表现为民族习惯法与国家制定法在适用上的博弈。就博弈的结果来看，往往是国家制定法与民族习惯法的互不妥协与"各行其是"。其实在实践中，民族地区的司法机关在依照刑事诉讼法办理案件时，通常都会考虑本民族的传统习惯，尤其在赔偿金额和量刑方面都会作出相应的调整与让步，但这样的调整与让步仍是以法律的相关规定为底线的。对于被害一方来说，赔偿金额的降低意味着正义的减损，尽管被告人同时已受到了国家的处罚，但这也不足以补偿其遭受的损失。这种观念突出地体现在涉及侵害赔偿的案件中，典型的如藏族地区由于存在"赔命价"习俗，一旦发生命案，被害人一方均会向加害人一方索要赔命价，国家对于犯罪人的依法处罚，无论是从重还是从轻，均不能令当事人感到满意，除非获得相应的"命价"。这样一来，实践中就经常出现加害人既要受到国家制定法的惩罚，又要按照习惯法的规定支付相应赔偿金的现象。[③] 因有违"一事不二罚"的原则，这种现象也被学界形象地称为"重复司法"或"双重司法"。毋庸置疑，这种双重惩罚不仅对加害人不公正，同时也是对国家权威的伤害。

从冲突解决效能的角度来看，不管是实践中出现的当事人对正式司法的规避，还是"重复司法"现象的盛行，都无一例外地说明了民族地区刑事冲突的处理正面临耗费的资源在不断增多，而冲突与纠纷的解决效益却未能随之增长的问题；相较之下更为严重的是，国家司法的权威还在这一过程中受到贬损。这种费力不讨好又略显尴尬的状况无疑显明了民族地区的刑事和解机制出现了内卷化现象。

---

① 参见赵天宝：《景颇族习惯规范和国家法的调适》，载《民间法》2010年第00期。
② 相关研究可参见杜宇：《当代刑法实践中的习惯法——一种真实而有力的存在》，载《中外法学》2005年第1期。
③ 相关案例可参见加央卓玛：《藏族"赔命价"在刑事司法中的作用——以果洛藏族自治州为例》，载《青藏高原论坛》2017年第2期。

(二) 功能异化的民族地区刑事和解

刑事和解功能异化主要指刑事和解的过程与结果所具有的正效应没有得到充分有效实现。① 诚如前文所述，民族地区刑事和解的实践立基于各民族传统与信仰，是有关民族地区生活正当性的构建，其不仅有利于恢复一方生存秩序，且依循习惯法的实践本身还是一种对民族文化的传承与延续。因此，从民族地区刑事和解的现实功能来看，刑事和解在于以民族地区传统习惯为纽带，通过一定的方式来达到修复当事人之间的矛盾冲突，恢复地区和谐稳定的效果。而就刑事诉讼法规定的刑事和解制度来看，其具有弥补传统刑事法治不足的重大价值——既有利于刑事诉讼被害人利益的保护以及被害人/加害人主体地位的确立，也有利于社会关系的修复，还有利于刑事诉讼效率的提高，等等。② 质言之，不管是立足于民族地区的实践还是着眼于国家刑事司法的制度构建，刑事和解无疑都体现出了合作性地处理冲突与恢复秩序的基本功能。

从刑事司法的发展模式来看，陈瑞华教授曾根据刑事诉讼中的合作与对抗状态提炼出"对抗性司法"与"合作性司法"两种不同的刑事司法模式，并将刑事和解视为合作程度最高的和解性私力合作，③ 在此基础上陈瑞华教授还指出，刑事和解所追求的最高价值是社会冲突的化解和社会关系的和谐。④ 笔者认为，之所以将刑事和解视为合作性司法中合作程度最高的一种模式，就在于其充分体现了国家、被告人、受害人三者间利益的共赢，不仅能促进被害人与加害人双方利益最大化，还能恢复社会秩序达到冲突处理的最理想结果。然而，当前民族地区刑事和解的实践却与上述良善的初衷背道而驰，呈现出功能异化的趋势，这种异化主要表现在：

其一，和解的纽带异化为讨价还价的砝码。根据冲突解决的原理，当事人能不计前嫌握手言和，其中的核心就在于当事人能对解决方案能达成一定的共识，而共识的背后不仅有利益的权衡更凸显的是当事人对一定秩序规则的共同感知与认可。在民族地区，这种共同感知与认可则突出地体现为对民族信仰、民族习惯的敬畏与遵守。换言之，习惯法在促成民族地区刑事和解的过程中往往发挥着联结与沟通当事人双方的作用。

然而，随着国家制定法的渗透，民族习惯法原本作为民族地区刑事和解中沟通当事人双方的纽带，逐渐褪去了其作为唯一解纷依据的权威色彩，国家制定法亦成为据以解决冲突与纠纷的备选项。但有意思的是，在刑事和解的实际操作中，无论是国家制定法还是民族地区的习惯法，都未能真正成为促成和解的纽带或连接当事人双方的桥梁，而是沦为当

---

① 姚显森：《刑事和解适用中的异化现象及防控对策》，载《法学论坛》2014年第5期。
② 参见肖仕卫：《刑事法治的"第三领域"：中国刑事和解制度的结构定位与功能分析》，载《中外法学》2007年第6期。
③ 参见陈瑞华：《司法过程中的对抗与合作——一种新的刑事诉讼模式理论》，载《法学研究》2007年第3期。
④ 陈瑞华：《刑事诉讼的私力合作模式——刑事和解在中国的兴起》，载《中国法学》2006年第5期。

事人利益博弈的工具。具体而言，当事人往往利用二者之间的差异性规定，就赔偿方案进行讨价还价。实践中常见的情形是，本在习惯法框架下进行协商和解的当事人，若发现国家制定法的赔偿标准更高，往往会要求加害方以国家制定法的标准进行赔偿，否则就以将案件诉至公安机关为由相威胁；而进入正式司法程序中的刑事和解案件在涉及赔偿与达成和解协议时，被害人一方往往也会比照习惯法与制定法之间的差异来提出一些更高的赔偿要求，被害方据此常常能获取超额的赔偿费用。

其二，当促成和解的纽带异化为讨价还价的砝码后，整个刑事和解的性质也异化为了当事人双方立足于自身目的，利用不同规则之间的差异进行算计与博弈的过程。就民族地区刑事和解实践的既有特征来看，尽管民族习惯法中的责任形式往往以金钱赔偿为主，但金钱赔偿的背后仍是对修复当事人双方关系的重视。这可从一系列具有符号意义的仪式中窥见：如在藏区，许多当事人达成的和解协议除了包含金钱赔偿的义务，还有如互送哈达并保证从此以后无论发生什么事情都不能再以此事为借口争执的要求；[①] 又如在彝区，通过德古达成和解的当事人双方会共同请德古和相关人员共进"和谐餐"，当事人双方的家支头人要在"和谐餐"中代表各自的家支成员互相敬酒表达祝福之意，修补因为纠纷受损的彼此关系以便日后和睦相处。在和解协议中的方案执行完毕后，当事人双方还要在各自家支头人带领下进行互访，进一步达到化解积怨和矛盾的目的。[②]

与之形成鲜明对比的是，随着促成和解的纽带逐渐异化为讨价还价的砝码，实践中常常能看到一些案件，由于不满司法机关的处理方案，一些被害人或其家属在被告人刑满释放后到其家里强行索要赔偿，甚至发生械斗闹事等恶性事件；或是加害方在未能真诚悔过的情况下，凭借刑事和解实现实质意义上的"以钱赎罪"。

或许真正值得忧虑的是，当民间力量的权威褪去，象征和解与原谅的仪式性程序逐渐淡出人们的视野，民族习惯法不再是唯一的解纷依据，民族地区的刑事和解实践朝着现代化、规范化的方向大步迈进时，原本立基于民族传统习惯旨在化解积怨与恢复地区秩序的刑事和解还剩下些什么呢？实践给出的答案似乎是，在当事人的讨价还价声中，刑事和解早已背离了冲突解决与秩序恢复的本意，异化为一种基于利益的冰冷博弈，而悔过与谅解这两大关键性要素也早已在实际运作中被抛置脑后。与其说这是一种和解，毋宁是一种交易。

五、民族地区刑事和解的调适方向

上文的分析向我们展示了民族地区的刑事和解实践是如何在经历了一系列社会变革与

[①] 方也媛：《刑事和解在少数民族地区的地方化构建》，载《东北师大学报（哲学社会科学版）》2017年第5期。

[②] 参见冯露、李欣：《凉山彝族地区刑事和解的运作研究》，载《西南民族大学学报（人文社科版）》2016年第12期。

制度变迁之后日渐褪去其固有的民族性特征，从而陷入内卷化与功能异化困境的。在笔者看来，导致当今民族地区刑事和解实践陷入上述困境的原因至少有如下两点：其一，是由于国家法治建设的过程中，过于片面地将法治等同于国家法一元主义，简单地将国家法对民族地区习惯法的改造视为法治现代化的表现，以至于忽视了法治建设的渐进性以及法治赖以存活的文化土壤；其二，在于我国刑事诉讼法规定的刑事和解程序缺乏必要的制度弹性，难以与民族地区习惯法形成良性的互动。① 有鉴于此，对民族地区刑事和解机制进行相应的调适就是当前亟须认真对待的问题，综合上文的分析，笔者认为重新定位国家法与民族习惯法之间的关系以及促进刑事和解制度的弹性化设计是当前民族地区刑事和解机制可能的发展方向。

（一）重新定位国家法与民族习惯法的关系

从国家治理的层面来看，"要实现有效的国家治理，不论是制度设计还是制度实践，都需要就所要面对的社会有全面和准确的认识与判断，其中包括对秩序资源和挑战的把握"。② 就秩序与规范的关系而言，秩序的形成依赖于对规范的遵守，同样，国家治理也有赖于对规范的运用。事实上，社会秩序形成所依赖的规则本身就是多元的，民族地区刑事和解的现状与困境也表明，国家法治建设的深入发展并未将传统习俗完全取代，面对国家制定法的挤压，传统民族习惯法并未消失，而正以一种更复杂的形态存在于实践之中。换言之，就现有秩序资源来看，多元化的规则与冲突解决机制都是一种真实的事实存在。故当国家对民族地区刑事和解实践进行"法治化"改造时，难免会遇到国家刑事法治与民族地区冲突处理方式与需要之间的张力，此时如果不能以恰当的方式纾解这种张力，处理好国家法与民族地区习惯法的关系，反而容易打破地区原有的秩序平衡，产生一系列负面效应。

对于国家法与民族习惯法的关系，就现有趋势来看，不管是实践探索还是理论研究大都在为民族地区的刑事和解实践找寻一个融入国家制定法体系的入口。③ 然而笔者看来，寻求民族习惯法与国家制定法的接轨实际上不过是对国家法一元论的另一种推演而已，这种做法从某种程度上亦支持了国家制定法对民族地区刑事案件处理的垄断。但事实证明，越是将民族地区刑事和解的实践进行制度化的确认，实践就越偏离本土化，失去其原有的特性。因为国家将其部分实践纳入正式制度空间内，看似是对民族地区部分本土化做法的承认与保护，实际上却意味着国家对民族地区刑事纠纷处理的进一步控制。这种"法治

---

① 有关我国刑事诉讼法制度弹性的探讨，参见郭松：《被追诉人的权利处分：基础规范与制度构建》，载《法学研究》2019 年第 1 期。
② 王启梁：《国家治理中的多元规范：资源与挑战》，载《环球法律评论》，2016 年第 2 期。
③ 参见张殿军：《少数民族习惯法的制度空间与"合法化"路径》，载《吉首大学学报（社会科学版）》2012 年第 4 期；杨雄：《民族地区刑事和解实施的问题与对策》，载《贵州民族研究》2015 年第 11 期；等。

化"的改造与接轨其结果最终是事半功倍的,片面强调国家法一元论不仅无法真正解决所有纠纷,反而减损了司法的权威。或许正是认识到上述问题,党中央提出了"共建共治共享"的治理理念,① 这也为我们重新思考国家在民族地区刑事冲突解决机制供给的宏观战略,尤其是国家法与民族习惯法之间的关系提供了新的方向和视角。

从实用主义的角度来看,并不存在一种制度比另一种制度在抽象意义上的更良善,而只存在何种制度更有用、实施起来更便利的问题。与基层纠纷的解决类似,民族地区刑事冲突的解纷者不仅需要洞悉各种纠纷牵系的"在场的"背景性的本土政策,还需要虽"不在场"却又无法摆脱的、细微的、深嵌其中的"在地的"知识。② 这意味着在民族地区,国家制定法与民族地区习惯法都是处理冲突与纠纷、维持社会秩序的重要资源,二者之间没有绝对的优劣之分,只有效用之别。因此,在处理两者之间的关系时,就不能一味地将国家制定法视为标杆,僵硬地对民族习惯法进行改造。换言之,国家制定法与民族习惯法之间并非吸收与被吸收、改造与被改造的关系,两者的存在都有其现实的作用与意义。

(二) 促进制度的弹性化设计

诚如好的制度不是消灭冲突,而是能够容纳冲突和用制度化的方式解决冲突。③ 在认识到国家法与民族地区习惯法同时作为冲突处理与纠纷解决的重要秩序资源后,笔者认为从促进刑事和解制度的弹性化设计着手,能较大限度地将秩序资源的效用发挥到最优。博登海默曾言:"只有那些以某种具体和妥切的方式将刚性与灵活性完美结合在一起的法律制度,才是真正伟大的法律制度"。④ 或许立刻打造出一部伟大的刑事诉讼法在当前阶段存在一定的困难,但是,如何让刑事诉讼法有效地回应社会生活中的冲突——起码不应当阻碍冲突的有效解决——却成了当下之需。如何使刑事诉讼法兼具刚性与灵活性,这既关涉到价值的选择又与制度的设计密不可分。

由于现行刑事诉讼法规定的刑事和解程序相当程度上是国家构建的产物,从内容上来看,刑事诉讼法规定的刑事和解程序与民族地区习惯法中的刑事和解机制存在较大差异,不仅在适用范围上无法涵盖民族地区实践中的多元需求,而且在具体的适用程序上也显得严格刻板。因此,在遇到实际问题时,国家制定法与民族习惯法之间似乎天然地产生了一道分割线,当事人要么选择适用习惯法要么选择适用刑事诉讼法。在这种二选一的制度模

---

① 党的十八届四中全会提出:"要发挥乡规民约等社会规范在社会治理中的积极作用",十八届五中全会提出:"推进社会治理精细化,构建全民共建共享的社会治理格局",党的十九届四中全会更是指出:"要打造共建共治共享的社会治理格局"。
② 参见刘忠:《四级两审制的发生和演化》,载《法学研究》2015年第4期。
③ 孙立平:《重建社会——转型社会的秩序再造》,社会科学文献出版社2009年版,第13页。
④ [美] E. 博登海默:《法理学法律哲学与法律方法》,邓正来译,中国政法大学出版社2004年版,第424页。

式下，刑事诉讼法与民族地区习惯法之间无疑很难形成良性的互动，在冲突与纠纷的解决上也就难以达至促进被害人与加害人双方利益最大化的功能。就国家治理能力现代化建设而言，全面和准确地认识多元秩序规范，在尊重与保护各民族地区传统习惯的前提下调整僵化的制度设计，进而包容并鼓励多元主义的法治来推进自我治理，比一味地强调国家制定法的正当性显得更为重要也更为紧迫。对此，在制度的建构层面确保内容的弹性与包容性意义就尤为明显。一方面，法律固有的确定性特征使得一部再完美的法律都无法包罗社会生活中的万象，面对鲜活的实践弹性化的制度设计不仅是对这一缺陷的弥补也是对社会事实的多元化与实践问题复杂性的积极回应。另一方面，弹性化的制度设计在满足制度参与者不同价值诉求的同时，也为法律的发展与变革预留出了必要的空间。就具体措施来看，可着重从以下两个方面进行调适：

一方面，可充分利用现有的制度资源对刑事和解的外延进行适当拓展。如果仅仅将民族地区的刑事和解视为一个孤立的政策或制度，不仅会失去其应有的整体性与能动性，甚至还会导致制度的僵化从而影响制度效用的发挥。但如果把民族地区刑事和解纳入国家法治建设的整体结构中予以考察便能发现，若能将刑事和解与一些其他的制度资源联系起来，不仅能对刑事和解的外延进行适当拓展，还能激发其应有的能动性。如最高人民法院可以通过司法解释就刑事和解的案件范围、适用程序作出更加包容、具体的规定；尤其值得注意的是，我国《宪法》《民族区域自治法》《立法法》《刑法》等法律都不同程度地赋予了民族自治地方立法变通权，对于包容与引导民族地区习惯法的运用创设了相应的权力；此外，在当前司法改革的背景下，案例指导制度等制度性创新亦是能赋予刑事和解制度弹性可资利用的制度资源。

另一方面，制度的完善还离不开对实践的回应。除了利用上述系列制度资源对刑事和解的外延进行适当拓展，对实践经验进行创造性转换也是促进制度富有弹性并日臻完善的重要动力。但由于习惯法对冲突与纠纷的解决并非是万能的，一些处理方式还可能违背国家的法律规定或有违公序良俗，故需要在符合时代要求、行之有效的前提条件下对民族地区习惯法进行选择性挖掘。就刑事和解而言，对民族习惯法的挖掘既要考虑民族地区的传统习俗，也要兼顾与刑事和解制度内涵的契合。对于符合条件的习惯法可以通过将其纳入乡规民约等方式来更好地赋予民族习惯法能动性，发挥其对民族地区冲突与纠纷的化解作用，以实现刑事和解促进被害人与加害人双方利益最大化的功能。

需要说明的是，本文所提出的促进制度的弹性化设计并非没有限度，不管是对刑事和解的外延进行适当拓展还是就实践经验进行创造性转换，都应保守相应的底线，即不论民族地区刑事和解的实践如何弹性与灵活，最终还是应坚持在最基本的原则问题上坚持国家公权力的保留。

如果说刑事和解程序所回应的是协商化的冲突解决与原有秩序的恢复，那么冲突解决的手段和整个程序的特点也应根据社会结构、冲突的原因以及观念价值等情势的变化而调整。囿于本文主要旨在提出方向性的调适路径,故具体操作性措施和技术细节论证将留待接下来的研究继续讨论。

六、结语

"法律制定者如果对那些促成非正式合作的社会条件缺乏眼力,他们就可能造就一个法律更多但秩序更少的世界。"① 对中国来说,这种促成合作的社会条件在广大民族地区主要体现为各民族世代相传的民族信仰,以及一套完整的与其生活相关的关于生活正当性的法则。有关冲突的解决与秩序的构建一直以来都是学界聚讼不已的话题,国家究竟应当如何利用多元的秩序资源并回应其带来的挑战,也向来没有一个简单和统一的答案。在当下"共建共治共享"理念的引导下,拾捡起民族地区常常被遗忘却值得强调与珍视的本土资源或许是一个值得被认真对待的前进方向。

Practical Dilemma and Adjustment Direction of Criminal Reconciliation in Minority Areas

Peng Xin

Abstract: Under the premise and consensus of the academic discussion on the criminal justice in minority areas, the practice of criminal reconciliation in minority areas runs counter to this consensus. At present, the practice of criminal reconciliation in minority areas presents a new picture of the re–organization of civil authority, the judicialization of reconciliation methods and the loss of national character, and falls into the dilemma of involution and functional alienation. In order to respect and protect the cultural traditions of ethnic regions, and on this basis to promote the modernization of national governance system and governance capacity, it is possible to reorient the relationship between national law and ethnic customary law and to promote the flexible design of criminal reconciliation system.

key words: Minority Areas; Criminal Reconciliation; Re–organization; involution; Institutional flexibility

---

① [美] 罗伯特·C. 埃里克森:《无需法律的秩序——邻人如何解决纠纷》,苏力译,中国政法大学出版社2003年版,第354页。

基层法官参与社会治理的三重叙事

——以"援引民间规范的基层司法裁判文书"为线索[*]

王文玉[**]

摘　要　基层社会纠纷的复杂性以及基层司法的二元属性决定了基层法官在司法裁判中需要回应民众的司法诉求。基层法官通过援引俗语等民间规范，能够使司法裁判更好地贴合民众的实质正义诉求，从而实现基层司法的服务性定位。为了应对回应性叙事所带来的加剧司法定位的模糊性、削弱司法裁判的终局性以及引发"司法裁判"和"民众诉求"双重非法治化等的困境，基层法官应当将对民间规范的运用限定在充盈法律的内涵、弥补法律的空缺、保障案件事实认定的准确性等外部证成之中，从而明确司法裁判"依法司法"的属性。为了缓解自治空转造成的涌入法院的纠纷日益增多以及德治式微造成的纠纷越来越难以化解的困境，基层法官还需要通过援引民间规范在向社会输出正确价值理念的同时，积极引导民众运用多元化的纠纷解决方式化解矛盾，从而发挥基层司法在推动提升基层社会自治和德治水平中的作用。

关键词　基层法官　社会治理　民间规范　回应性　司法性　嵌入性

---

[*] 基金项目：司法部国家法治与法学理论研究课题"民族区域自治与公民国家观研究"（16SFB3009）；重庆市社科项目"重庆市地方性法规（2015 - 2017 年）实施效果实证研究"（2017QNFX43）。

[**] 王文玉，重庆大学法学院博士研究生。

一、问题的提出

司法尤其是基层司法①作为保障法律系统的实施和运行,化解社会矛盾冲突,维护民众合法权益的重要抓手,在推进社会治理法治化转型的进程中扮演着重要角色。为了更加有效地发挥基层司法的社会治理功能,应对各种政治诉求、经济诉求和道德诉求等集中倾轧到司法之中的困境,基层法院法官往往需要借助一些除法律条文之外的审判资源来提升基层司法的治理能力。"民间规范"这一被民众广泛认可和接受的"经验性规则"便成为当前法官增强司法裁判的说服力以及提升司法裁判溢出性效应的重要的"本土资源"。但显然,对习惯、习俗等民间规范运用的混乱性也反映出了基层法官对待"通过民间规范的司法治理"的矛盾态度:既希望通过对民间规范的运用提升司法裁判的合理性,又担心过多地运用民间规范可能有损司法裁判的合法律性;既希望运用民间规范引导民众树立正确的价值观,又担心民间规范的过多运用可能进一步强化民众长期固有的以情代法的理念;既希望运用民间规范有效地调和外来法治秩序和内生礼治秩序之间的冲突,又担心过多的运用民间规范可能强化民众对外来法治秩序的排斥情绪,等等。这些都是当前我国基层法官参与社会治理所不得不面对的具有现实性的难题。本文以基层法官在具体的司法裁判中对民间规范的运用为切口,②探寻基层法官通过司法裁判参与社会治理中所期待达到的目的以及实际达到的效果,进而挖掘当前我国基层司法治理可能面临的一些深层次的结构性困境,从而为提升基层法官参与社会治理的能力,降低基层法官参与社会治理的风险提出一些可行性建议。

二、传统沿革与内在需求:基层法官参与社会治理的回应性叙事

在具体的司法实践中,基层法官援引民间规范的裁判文书的数量往往高于中级和高级人民法院法官。③想要了解民间规范在基层司法治理中扮演着何种角色,我们需要首先探讨为何基层法官在司法裁判中要在制定法之外借助习惯、俗语等民间社会规范来裁断案件?也即和单纯的"依法司法"相比,法官援引民间规范是否能够更好提升司法裁判的可接受性以及基层司法的社会治理效果?我们认为基层法官借助于俗语展开社会治理的发生

---

① 本文所指的基层司法主要是区、县级(县级市)人民法院及其派出法庭所展开的司法活动,从而和中级人民法院、高级人民法院以及最高人民法院的司法活动相区别。
② 本文通过"北大法宝",以"习惯""风俗""俗语""常言""俗话""民谚"等为关键词查询相关案例,并筛选出一部分具有代表性的案例作为文章具体分析的例证素材。
③ 本文以"俗语""风俗""习惯"等为关键词在"北大法宝"对相关的裁判文书展开搜索,发现在搜索结果中,基层人民法院的裁判文书数量要多于中级人民法院、高级人民法院和最高人民法院的裁判文书数量。此外,一些学者的研究也支持这一判断,具体可参见:苏力:《送法下乡—中国基层司法制度研究》,北京大学出版社2011年版;范愉:《民间社会规范在基层司法中的应用》,载《山东大学学报》(社会科学版)2008年第1期;彭中礼:《当前民间法司法适用的整体样态及其发展趋势评估》,载《山东大学学报》(哲学社会科学版)2010年第4期。

逻辑一方面在于基层社会纠纷本身的复杂性,另一方面还受基层司法的二元结构属性影响。

基层司法社会治理功能有效实现的决定性因素既不在于理论界以"技艺理性"为基础的司法技术、司法结构、司法制度等的构造,也不在于政府如何以"政治理性"为依据,将司法恰当地嵌入当前的权力运行结构之中的方式,而在于基层司法如何更好地满足当下符合我国国情的社会治理角色定位,在于其如何通过调和"技艺理性"和"政治理性"之间的张力从而满足国家、公众对其治理功能的期待。当前社会转型时期,虽然在面对基层社会的纠纷时,基层法官越来越注重"依法裁判",当事人也越来越重视"依法支撑自身诉求的正当性"。但由于基层社会纠纷本身的复杂性,现代社会纠纷解决机制过于强调以个人主义为特征的主体间的对抗性,以及公众、国家对司法裁判赋予过多不同的社会治理角色期待等原因,使得纠纷数量并没有因司法裁判明确的法律指向性而得以减少,反而个案纠纷的化解却出现了越来越难以顺利实现的局面。因而基层法官在司法裁判中不得不扩展纠纷处理的方式以及司法裁判的功能,开始更多的借助"法律原则""风俗习惯""社会政策"等资源展开实质性的司法考量,同时还希望通过对"社会关系的协调""社会行为的规范""社会矛盾的化解""社会风险的应对""社会稳定的重视"等方式提升基层司法的治理能力,从而缓解这种"纠纷难以化解"的局面。显然简单的"合法律性"已经无法满足基层司法治理的功能期待,基层法官需要借助更多的有效的社会治理资源来提升司法的社会治理能力。

一方面,基层法院所面对的纠纷不但数量巨大而且涉及的利益诉求十分复杂,正如苏力所言:"基层社会、特别是广大农村社会存在着纷繁复杂的,尚未格式化的因此难以以规则化方式处理的大量纠纷。"① 首先,基层社会的纠纷之中往往不仅仅包含着法律的诉求,道德的、人情的、面子的等非规范性的诉求也时常掺杂其中。民众对待纠纷解决的预期也并不完全是依照法律条文规定展开的,时常会存在法律和情理相互纠缠,甚至情理有时会大过法律的情形。其次,虽然由于人口流动的加快,传统的熟人社会面临着解构,但基层社会乡里乡亲间的"半熟人社会"状态依然会在一定时期内稳定的延续。司法来了终究会走,而以邻里、亲属、朋友等为基础的社会生活仍在继续。在"半熟人社会"的纠纷中,一般而言,民众会既希望拿回属于自己的利益,又不希望完全破坏原有的亲情或邻里关系,因而消除情感的对抗性往往也会成为民众潜在的司法诉求。如在"于某某与胡某某一般人格权纠纷一审民事判决书"中,法官就认识到了这一点,指出"原、被告系邻居关系,多年共同生活在同一片土地上,俗话说远亲不如近邻,邻居之间的和睦相处远比赔偿损失的多少要重要的多。"② 再次,虽然传统的通过乡贤、族长等运用家族、社区内部的

---

① 苏力:《送法下乡——中国基层司法制度研究》,北京大学出版社 2011 年版,第 196 页。
② 江苏省徐州市贾汪区人民法院(2017)苏 0305 民初 718 号民事判决书。

礼治秩序解决基层社会纠纷的方式面临着式微的境地，但纠纷解决方式的式微并不意味着纠纷的消失。基层社会政治、经济、道德等领域的纠纷依然存在，甚至随着社会的发展还出现纠纷的复杂化、多样化和疑难化的新样态。最后，由于基层社会的纠纷往往具有时空上的延续性，因而无论是纠纷的产生、纠纷中的当事人诉求还是纠纷的解决往往会是以一种叠加的方式而不是以简单的模块方式呈现的。这就可能造成以要素化和简化的因果链条为基础的司法裁判难以找到时常处于隐而不彰状态的纠纷的"痛点"。面对着抽象的规则和具体的事实之间时常出现的错位，法官不得不借助传统的礼治等治理资源，努力把握好案件处理的方式和时机，深入发掘当事人的情感和心理需求，落实好"面子的得失"等细小却关系到纠纷是否能够得以顺利解决的关键性问题。正如李浩等指出的，面对着这些具体而复杂的基层纠纷，法官"必须充分运用个人的智慧，以整体的衡平思维以及关注人与人之间的相互关系为出发点，在某些法律规则之外或法律模糊之处展开努力，以期能够以一种稳妥的方式处理案件以及附随于案件上的那些看似琐碎，但却重要的具体问题。"①因而法官在司法裁判中注重对民间规范的引用，有助于使裁判结果符合当地的社情民俗、情理习惯，从而避免简单的依法裁判可能产生的"合法不合理""案结事不了""无法向社会释放正面的价值引导信号"等负面的后果。

另一方面，现代司法既要契合国家权力自上而下展开渗透和治理的要求，又要受基层社会具体纠纷化解逻辑的制约，二者之间存在着一定的冲突和矛盾。国家自上而下的司法改革注重司法的统一适用以及法官的精英化、专业化的培育，而具体的基层司法实践则要求法官能够对当地的风土人情有着深入的体察和认同，才能有效地提升司法裁判的可接受性和社会认同性。这样在功能上，基层司法需要同时具有"国家性"和"地方性"的二元功能属性；在纠纷解决的方式上，基层司法需要同时拥有"强制性"和"说理性"的二元方式属性；在裁判结果的评价上，基层司法裁判需要同时兼具"合法律性"和"合情理性"的二元裁判效果。为了有效调和基层司法二元属性的张力，基层法官在具体案件纠纷的解决中不得不时常采取一些有效的司法策略，这些策略具体包括如确立"诉源治理、诉前分流、诉中调判、诉后回访"的纠纷化解思路；"尝试打破陈规旧矩"，"不再片面注重审案，不再不告不理、坐堂办案、等案上门"，而是采取"提前介入"将纠纷消解于萌芽状态的非司法化方案②；借助于善良风俗、道德习惯等民间法资源以丰富司法的治理资源，等等。

而在不同的司法策略下，基层法官往往需要扮演不同的角色，其不但需要成为"职业法律人"，还要成为"政治权力人""道德宣传人""社会文化人"，等等。在司法的社会效果和法律效果的统一、司法裁判需要合乎情理法的要求、实现实质正义和形式正义之间

---

① 李浩、刘敏、方乐：《论农村纠纷的多元解决机制》，载《清华法学》2007年第3期。
② 汪志球：《贵阳环保法庭频频"亮剑"》，载《人民日报》2013年5月18日。

的融合等一系列富有张力的话语体系下,基层法官不仅仅需要通过司法裁判界定权利的界限,还需要关注如何将法律评价和道德考量统一于司法裁判之中,以提升裁判的可接受性的问题。方乐指出:"法官的角色或职能不仅包括纠纷化解,还包括群众工作。……后者既是一种政治功能,也是一种社会功能,大致可以纳入非制度化运行的形态之中。"① 这种非制度化的、在法治体系之外运作的司法逻辑既需要基层法官更加注重调解等手段的运用以丰富纠纷解决的方式,还需要法官借助除法律条文之外的情理、习惯等社会治理资源,以增强司法裁判的社会认同性,发挥司法裁判的宣教、社会综合治理功能,从而凝聚社会的法治共识,塑造社会的价值认同,等等。于是民间规范这一作为民众日常生活中广泛认同和遵循的行为规则系统便成为基层法官展开社会治理的重要资源之一,进入司法裁判之中。

总之,基层社会纠纷和民众诉求特点的沿革以及基层司法内在角色的多元性决定了基层法官在司法裁判中运用民间规范的必要性。首先,虽然我们当前的法治秩序是移植而来的,其中包括法官的精英化、裁判的技术化、审理流程的模式化、裁判依据的严格法条主义,等等。这些移植而来的法治秩序一定程度上改变了我国落后的司法观念,帮助我国迅速地建构起了现代化的司法裁判系统。但这种主要通过外力来建构的法治秩序和依照传统文化积淀以及团体内部经验而生发的民间社会规范之间不可避免地会出现隔膜甚至冲突。在法治现代化的进程中,我们越来越认识到需要打造符合自身社会发展规律和民众认知的纠纷解决理论,无疑,对以习惯、俗语等为代表的民间规范的重视体现了基层法官注重从社会的内在需求出发,运用更加具有亲和力的方式去解决具有内生性和地方性的法律纠纷,从而努力实现民间法的"软治理"和制定法的"硬治理"之间的协调的努力。其次,法官在司法裁判中引用民间规范符合当前以人民为中心的司法理念的要求,能够有效地提升司法裁判对民众诉求的回应能力。正如凌斌所指出的:"如果当事人讲公理婆理,法官讲法理教义,都是自说自话,都觉得自己是在对牛弹琴,那么司法过程和裁判说理也就失去了意义。中国法官必须能够听懂并且运用当事人接受的说理方式,也就是当事人自己的方式,来说服当事人。"② 法官在司法裁判中引用民众基于日常生活经验而总结出来的民间规范能够有效提升纠纷裁决者的"共情能力",缓解法官抽象化、概括化以及理性化的形式正义思维和民众更加认可的具象的、经验的、非理性化的实质正义思维之间的张力,从而有助于"让人民群众在每一个司法案件中都感受到公平正义"的司法目标的实现。最后,法官在司法裁判中运用民间规范还是一种表明司法自身公正立场以及法官办案的公正态度的重要方式。基层法院法官受上诉率、发回重审率、信访率等考核指标的影响更大,因而其会更加重视裁判文书的可接受性。在做出胜负两分的裁判后,基层法院法官再通过

---

① 方乐:《非制度化因素对法院就地化解纠纷的影响及其意涵——内在视角的考察》,载《法律科学》2019年第5期。
② 凌斌:《法官如何说理:中国经验与普遍原理》,载《中国法学》2015年第5期。

引用具有弹性和地方性的习惯、习俗等对"法律为何如此规定","为何依此规定而不是别的规定",以及"裁判是否合法合理"等问题展开更加详尽的论述能够表明法官是立基于当事人的生活场域,从有利于纠纷解决的角度来看待控辩双方的诉求的。这样有利于提升司法判决的温度,表明法官的公正立场,缓解当事人对法官可能存在偏私、冷漠等的疑虑。

三、现代性与法治化:基层法官参与社会治理的司法性叙事

虽然基层法官在司法裁判中运用民间规范一定程度上既能够回应民众的司法期待,又能够弥补制定法的不足,增强司法裁判的说服力,还有利于提升基层司法的社会治理能力。但同时民间规范的运用也会带来如加剧司法定位的模糊性、削弱司法裁判的终局性以及造成"司法裁判"和"民众诉求"的双重非法治化等困境,如何解决这些问题是我们需要进一步探讨的。

首先,基层法官在司法裁判中过多地引用民间规范来支撑裁判的可接受性可能会模糊基层司法的定位,加剧司法裁判的非法治化困境,不利于基层社会治理的规则化转型。在我们统计的案件中就出现了一些法官并没有首先依法界定法与非法的界限,而是援引民间规范希望平衡双方当事人的利益分配以实现案结事了的目的的情形。如在"邹某某陈某某周某恢复原状纠纷一审民事判决书"中,法官就指出:"针对本案,本院的目的并不限于判决双方孰对孰错,化解矛盾和促进和谐才是最终目的,原被告双方应从公平合理原则及公序良俗原则出发,本院建议判决后双方协商由被告给予原告一定数额的经济补偿,最终化解矛盾。"[①] 本案中法官的目的不只是通过严格的依法司法而界定权利的界限,其还希望通过对相关公序良俗原则的运用以实现案结事了,恢复被破坏的和谐的社会关系的目的。但显然,法官这种和稀泥的态度不但无法向社会释放明确的规则信号,而且还可能助长违法方的心理正当性。正如桑本谦指出的:"以'和谐'为手段的司法是短视的司法,其结果是扭曲法律激励,进而损害法律权威。如果司法仅仅致力于纠纷解决而不再维护法律尊严,那么法院在解决纠纷方面也会越来越力不从心。"[②] 一定程度上司法的"权利救济性"和"法律实施性"的定位之间的冲突还会长期的延续。但我们应当明确的是。司法的形式主义也即依法司法始终是司法权运行的主线和核心[③],具有现代性的规则治理要求法官首先界定法与非法的界限,这是保障司法裁判的权威性和终局性的基础。法官过多地援引民间规范,追求案结事了的目的,可能弱化法律规则在司法裁判中的基础性地位,造成司法裁判非法治化的风险。

其次,基层法官以一种实用主义的方式,选取有益于个案纠纷解决的民间规范作为支

---

① 重庆市北碚区人民法院(2017)渝 0109 民初 6600 号民事判决书。
② 桑本谦、李秀霞:《"向前看":一种真正负责任的司法态度》,载《中国法律评论》2014 年第 3 期。
③ 王国龙、王文玉:《裁量理性与司法公信力》,载《山东警察学院学报》2018 年第 6 期。

撑裁判的理由，还可能会强化民众原有的"法律工具主义思维"。这会造成民众在司法裁判中策略性地采用对自身主张有利的话语系统，从而引发"法官给当事人讲法，当事人给法官讲情"，"法官给当事人讲情，当事人给法官讲法"的话语体系错位的困境，进一步的加剧纠纷的难以化解性。与法官的中立性不同，案件当事人往往会出于个人利益最大化的目的，策略性的选择对自身有利的"裁判规则"。如在"陈某刘某、黄某甲民间借贷纠纷一审民事判决书"中，被告就以"嫁出去的女儿泼出去的水"作为反驳原告要求其承担其已去世父亲的债务的依据。① 与法律的明确性不同，由于民间规范往往具有道德的多元化、经验的具体化、含义的模糊化、表达方式的随意化等特性。这就造成了民众似乎始终能够找到支撑自身诉求的民间规范，虽然这些民间规范并不总是合理的甚至有些还是不合法的。受有限理性以及制度和法律约束的司法显然不能完全满足按照自身利益最大化目的而灵活运用法律、情理、民间习惯等多元化规则的民众的利益期待，这便会削弱司法裁判的终局性。最终可能会使得基层司法沦为纠纷解决的竞技场之一，当当事人的利益诉求得不到满足时，上访、拒绝执行等便会成为纠纷溢出司法之后的第二、第三竞技场。

最后，与法律规则的明确性、体系性和稳定性不同，民间规范本身不具有体系性和明确性，时常会出现不同的民间规范之间相互冲突的情形。如在离婚案件中，法官时常会引用如"宁拆十座庙，不毁一桩婚""少来夫妻老来伴"和"捆绑不成夫妻""强扭的瓜不甜"这样意思相悖的民间俗语。又如关于兄弟之间的纷争也存在着这样的情形："兄弟齐心，其利断金""打虎亲兄弟"和"亲兄弟，明算账"之间的含义显然是有冲突的。在"黄某1与黄某2分家析产纠纷一审民事判决书"中，法官就指出："俗话虽说亲兄弟，明算账，对于原告的合理诉请本院应予支持。但是本院认为，原、被告作为同胞兄弟，血浓于水，理应互相关爱和帮助，尊重父母，不要因为金钱失去了兄弟之情。本院希望原、被告能念及骨肉之情，止争息纷、互帮互助，努力建构和谐、美好的家庭关系。"② 由于这些民间规范之间没有形成层级关系也没有形成解决彼此间冲突的既定标准，因而过多地援引含义模糊或者彼此含义相悖的民间规范，可能会使司法裁判陷入不确定性的漩涡之中，从而危及司法裁判的可预测性以及公正性。

"法院除了发现事实以及督迫服从的角色之外，还担负着对那些在法律的要求问题上存在的未曾解决的争议创造性地作出解决的角色。……法官必然具有创造性角色，但应将其置于法治的控制之下。"③ 因而如何既发挥民间规范在促进纠纷的解决，增强司法裁判的说服力以及提升基层社会司法治理效果中的作用，又能避免过多随意地援引民间规范可能引发的司法裁判和民众诉求的双重非法治化风险是基层法官运用民间规范展开社会治理时需要认真面对的问题。我们认为，基层法官运用民间规范进行社会治理需要遵循严格的

---

① 陕西省汉中市勉县人民法院（2017）陕0725民初764号民事判决书。
② 浙江省绍兴市柯桥区人民法院（2017）浙0603民初8703号民事判决书。
③ ［英］蒂莫西·A.O.恩迪科特：《法律中的模糊性》，程朝阳译，北京大学出版社2010年版，第249页。

法律论证逻辑。"现代司法裁判必须以保证能提供稳定的合法/非法的评价为基本前提，同时又要保证在此前提下，拥有灵活性和适应性。提供判决理由的法律论证就是为了满足这种需要而存在的。"① 法律论证理论既能够为基层司法的策略性治理提供有效的理论支撑，还能够避免不规范的运用习惯、俗语等民间法资源可能危及司法裁判的法律权威性和正当性，降低司法裁判的终局性问题，因而其是以法治化的方式回应民众司法正义诉求的有效路径。

李红海指出："如果司法治理能力的关键是法官通过判决书说理将自己的裁决理性化、正当化的能力，那么判决书说理就成为司法治理能力及法官个人司法能力的关键。"② 从国家治理能力到基层司法治理能力再到基层法官释法说理能力的链条中，法官释法说理能力既是基层司法化解社会矛盾能力的集中体现，也是基层司法保障和推动国家治理法治化转型的重要方式。在"让人民群众在每一个司法案件中都感受到公平正义"的司法目标的引领下，为了有效实现纠纷的解决，同时发挥司法裁判预防纠纷的发生，推进社会治理法治化转型等溢出性效用，除了以司法三段论为基础的内部证成之外，基层法官还需要注重外部证成的运用以提升司法裁判的正当性和可接受性。"法官在法律论证活动中，不仅仅要依靠国家法律来解决论证的逻辑前提问题，而且要不失时机地运用民间规范来解决论证中'法律不足''法律冲突''法律漏洞'和'法律不宜'等问题。"③ 无疑民间规范的运用为法官论证作为"大前提的法律规范和作为小前提的案件事实"的正确性以及可靠性的外部证成提供了重要的支撑。在具体的司法实践中，民间规范在充盈法律规范的内涵、保障案件事实认定的准确性——也即德国学者阿列克西所指称的外部证成中的对实在法规则和经验命题的论证④——方面具有重要作用：

首先，基层法官在司法裁判中可以通过俗语、习惯等民间规范来具化具有抽象性的法律的含义，从而充盈法律的内涵。法律的制定往往具有抽象性、概括性、笼统性和专业性。而司法裁判则是将这些抽象性的法律具体应用的过程，为了使相关法律内容更加明晰，便于当事人理解和认可，基层法官在司法裁判中会援引为公众所熟知并认可的民间俗语来进一步解释法律的内涵。如许多邻里纠纷都涉及《中华人民共和国物权法》第七章"相邻关系"相关条文的适用。由于民众对于相邻关系这一概念可能比较陌生，因而在这些案件中，法官时常会引用"远亲不如近邻""让他三尺又何妨"等俗语来阐释相邻关系相关法律条文背后的法理，将抽象的法律转化为易为民众理解和接受的生活话语，从而增强民众对相关司法裁判的理解和认同。在"郭某某与铜川市祥瑞物业服务有限公司、聂某某排除妨害纠纷一审民事判决书"法官就指出："俗话说'远亲不如近邻''千金买宅，

---

① 泮伟江：《当代中国法治的分析与建构》，中国法制出版社 2017 年版，第 249 页。
② 李红海：《案例指导制度的未来与司法治理能力》，载《中外法学》2018 年第 2 期。
③ 谢晖：《初论民间规范对法律方法的可能贡献》，载《现代法学》2006 年第 5 期。
④ ［德］罗伯特·阿列克西：《法律论证理论》，舒国滢译，中国法制出版社 2002 年版，第 285 - 286 页。

万金买邻'。古往今来邻里之间的摩擦在所难免，关键是要能互相谅解，互相包容、互相尊重，互相关心，互相帮助。不动产的相邻权利人应当按照有利生产、方便生活、团结互助、公平合理的原则，正确处理相邻关系。"① 这样，法官先援引民间规范指出相邻关系相关法律条文背后的法理依据，然后再依法展开裁判，既增强了裁判文书释法说理的能力，也更容易为当事人所接受。

其次，法官还可以从民间规范中推出一些裁判规则，从而弥补法律的空缺，支撑法官裁量的合理性。法官的自由裁量既是能够凸显法官个人法律素养、裁判技巧、生活经验等司法能力的领域，也是容易引发民众对法官裁判的公平公正性以及合理性质疑的领域。因而法官自由裁量的展开往往会充分地借助为民众所认可和遵循的正义理念、行为规则等，从而提升裁量的公正客观性，尽可能减少由裁量而引发的纠纷。司法实践中，法官就时常会在关于彩礼返还的纠纷中依照当地风俗习惯展开相应的裁量。如在"刘某1、刘某2与贾某1、贾某2等婚约财产纠纷一审民事判决书"中，法官就依照风俗习惯对彩礼的数额展开了认定，法官指出："彩礼一般是指基于婚约、按照当地风俗习惯、给付对方数额较大的财物，其目的是为了男女双方缔结婚姻，它以婚约为前提，以当地风俗习惯为基础，以财物的价值较大为必要。双方往来中主动给予对方的衣物、小额礼品或酒席开销等不能认为是彩礼，应认定为赠与。综上，本案彩礼范围应为'干礼'82000元。"② 法官依据当地的风俗习惯则来确定彩礼返还数额，弥补了相关法律规定的不足，同时法官站在尊重生活经验和习俗的立场上展开的裁判也表明了法官秉公断案的态度。

最后，法官还可以运用民间规范对案件事实展开认定，从而提升司法裁判所认定事实的真实性和可靠性。由于法官的认知能力以及司法审判资源等的有限性，一些案件事实往往无法完全地被还原。法官结合民间规范所表明的民众普遍认可的生活经验、常识、常情、常理等对案件事实展开一定推测和认定，有助于最大限度地还原案件事实，从而提升司法裁判的公正性。如在"管保来诉响水县公安局行政处罚"一案中，管保来认为自己扛着死小猪去村书记凡绍林家的行为并无不当，当地公安局不应当对其作出拘留十日并罚款五百元的行政处罚。如若依照一般民众的认知，并不能准确地理解管保来这一行为对凡绍林家人身心所造成的伤害。但法官就结合当地自古以来谚语"猪来穷，狗来富"对这一行为作出了合理认定，指出"本案原告管保来因琐事扛着死小猪强行进入村书记凡绍林家中，当地自古以来就有谚语'猪来穷，狗来富'，给凡绍林家人身心造成极大伤害，引发周围群众围观，造成恶劣影响。凡绍林家人多次督促其离开，其仍扛着死小猪坐在地面上拒绝离开，已构成非法侵入他人住宅。"③ 据此，法官认定当地公安机关的处罚认定事实清楚，适用法律正确，裁量适当，应予维持。本案得以正确裁定的核心正是法官依据当地

---

① 陕西省铜川市耀州区人民法院（2013）铜耀新民初字第00263号民事判决书。
② 甘肃省天水市麦积区人民法院（2019）甘0503民初1623号民事判决书。
③ 江苏省盐城市建湖县人民法院（2018）苏0925行初17号行政判决书。

的谚语对案件事实的定性，如果没有这一背景，仅仅依据法律做出裁判，本案将无法得到满意的解决。

四、有限性与参与性：基层法官参与社会治理的嵌入性叙事

通过上文的分析，如若法官依照法治化的方式合理引用民间规范，那么基层法官通过民间规范展开裁判的治理效果便会自然而然的实现：纠纷将会得以顺利解决，基层社会治理主体的行为将更加规范，基层社会治理法治化转型也会得以顺利展开，等等。但与理论逻辑预设不同的是，在司法实践中，一些案件的法官虽然已经依法做出裁判，但还跳出法律论证之外—即没有针对裁判的法律依据以及案件事实—引用民间规范对案件展开一定的"额外评价"，从而希望引导民众树立正确的价值观念或鼓励民众积极地寻求其他纠纷解决方式化解纠纷。这似乎有违本文的逻辑预设，也有违学界对当前法官为了"逃避舆论、政治风险"或"隐藏说理能力不足的问题"而尽量减少裁判文书的说理内容的批评。① "以规则为基础的司法体系的一个重要结果是，妥协的因素很少受到鼓励。一旦争议提交给法官，他就被期待作出一个决定，而不是作为在两个争议者之间的调解者而行为。"② 基层法官"冒险"追求法律论证之外的社会效果的行为背后又隐含着什么样的目的是需要我们进一步探究的。

一方面，我们发现基层法官在司法裁判中时常会运用民间规范对当事人展开教育引导，从而向当事人和社会传达正确的价值理念，引导社会向善。如在赡养纠纷、邻里纠纷、离婚等案件中，法官往往不仅仅以强制性的法律来维护传统的亲情、邻里之间的伦理秩序，还会在裁判中或裁判后附的法官寄语中引用"百善孝为先""乌鸦反哺，羊羔跪乳""邻居好，赛金宝""一日夫妻百日恩"等俗语，希望从社会道德的角度进一步对当事人展开教育，进而向社会释放出应当赡养父母、珍惜和谐的邻里关系、夫妻间应互重互爱等伦理价值信号。如在"刘某1、刘某2等与张某某排除妨害纠纷一审民事判决书"中，法官就指出："俗话说：'远亲不如近邻'。但随着现代生活节奏的加快，邻里之间情感淡化，关系越来越疏远。由于缺少沟通，哪怕一件鸡毛蒜皮的小事都可能引发一场唇枪舌剑以至于大动干戈。为了避免类似事件的发生，邻里之间应该多交流、多沟通，遇事理

---

① 如黄红利指出：法官往往"在裁判的表达中奉行'宁简勿繁'、'含糊胜于明确的原则'，裁判语言高度概念化、抽象化，怕说多了被人抓住把柄。"黄红利：《民事判决书不说理之原因及其对策》，载《广西社会科学》2004年第3期；张骐简明扼要地指出："说白了，就是怕将判决书写详细以后'露馅儿'！"张骐：《法律推理与法律制度》，山东人民出版社2003年版，第27页；凌斌分析到："老百姓都知道，'说得多，错的多'，'言多必失'，处于风暴中心的法官就更能体会。法官通常都会采取'防守反击'的说理策略。这决定了中国法官裁判书写的基本特征：'简约化说理'。"凌斌：《法官如何说理：中国经验与普遍原理》，载《中国法学》2015年第5期。

② ［英］西蒙·罗伯茨：《秩序与争议——法律人类学导论》，沈伟、张铮译，上海交通大学出版社2012年版，第9页。

性处理，切勿冲动。"① 法官在本案的判决中指出了当前邻里关系淡化的社会问题，并通过对俗语的引用表述了邻里关系和谐的价值意义，从而希望缓解当前社会邻里之间关系日趋紧张的困境。

另一方面，在一些案件中基层法官还会指出单纯通过司法裁判解决纠纷的不足，引导当事人注重对调解、和解等多元化纠纷解决途径的运用，从而希望通过多元主体参与、多种机制共振、多样资源整合的综合治理方式实现矛盾的多层次分流，最终推进基层社会良序善治治理目标的实现。如在"原告王某某与被告马某某、乔某某相邻关系纠纷一案民事裁定书"中，法官就指出："本案经诉前、诉中、开庭后三次调解未果。从法律规定判断，老宅基地拆掉后，原所有人和继承人对宅基地并不当然继续享有管理权，归集体所有、管理。被告在原告脑畔后近距离修建厕所、牛圈，从道德评价上实属不妥，应主动搬迁，恢复如初，处理好相邻关系。原告家庭成员的身体状况令人心生同情，原告本人也要反思处理纠纷时的语言表达和方式、方法，总结不足，消除与对方的间隙。俗话说：没有百年的父子，只有千年的邻居。本次裁判作出后，双方还可以请求村干部、驻村干部继续进行调解，力争和谐化解纠纷，实现安居乐业，过美好生活。"② 本案中的法官认识到单纯作出胜负两分的裁判并不能完全化解双方的矛盾，因而其无论是在诉前、诉中还是开庭后都希望通过调解恢复良好的邻里关系，甚至在调解无果做出裁判后依然不放弃这一努力，希望通过民间规范教育双方当事人认识到邻里关系的长期性和重要性，并引导双方当事人寻求村干部展开进一步的调解工作。

由于法官运用民间规范展开的"额外评价"往往对依照法律界定当事双方权利界限的裁判核心内容并无影响，因而这种"额外评价"属于一种游离于法官的裁判之外的"非法化"的裁判内容。在社会"法化"的进程中，由于权利主张更加的积极化，审判的权利确认、政策的形成等功能日益被社会所依赖，使得审判在社会纠纷的解决中被过于频繁的运用，而审判的效果却随着审判负担的加重日益衰退，因而调停、和解等"非法化"的纠纷解决方式便日益受到重视。无论是美国、德国还是日本等发达国家的法治现代化进程都伴随着纠纷解决的"法化"与"非法化"的不断平衡。日本学者田中成明指出："现代化'法化'过剩前提下解决法体系和司法制度局限性的战略，都逐渐朝着重视法的'程序化'、活用非正式规制或调整手法、司法运营中寻求积极活用或 ADR 的方向强力推进。"③ 因而我们应当以一种功能主义或实用主义的视角审视法官"冒险"运用民间规范展开"额外的评价"所想要达到的司法治理效果。不难看出，法官运用民间规范向社会输出价值理念以及引导民众回到自治机构化解纠纷背后的目的之一便是希望将纠纷的解决引向道德领域和社会自治领域。而想要理解基层法官之所以"冒险"这样做，就需要我们从

---

① 湖北省恩施土家族苗族自治州恩施市人民法院（2017）鄂2801民初2482号民事判决书。
② 陕西省榆林市子洲县人民法院（2018）陕0831民初532号民事判决书。
③ ［日］田中成明：《现代社会与审判》，郝振江译，北京大学出版社2016年版，第22页。

当前我国自治和德治的现状以及其和基层司法治理之间的关系入手展开分析。

自治、德治和法治作为实现我国基层社会治理现代化重要的方式和手段，对于化解基层社会纠纷具有重要的意义。郁建兴、任杰指出："在基层社会治理中，德治是'先发机制'，主要在矛盾尚未出现或萌芽的时候发挥作用，预防矛盾。自治是'常态机制'，在任何基层社会事务治理中都发挥作用。法治是自治和德治的"全程保障机制"。同时德治还作为自治和法治的补充，发挥'润滑作用'。"① 以村委会居委会、基层调解组织、行业自治组织等为主体的基层自治的建设构成了多元化纠纷解决机制的重要方面。强调个人品德、家庭美德、社会美德建设的德治能够有效减少基层社会纠纷的发生，为刚性的司法治理提供更多道德润滑，从而提升司法裁判的终局性。因而基层社会自治和德治的建设能够有效分担司法治理的风险和压力，为提升司法治理水平提供权威支撑和治理资源保障，从而缓解案多人少以及基层社会纠纷越来越难以化解的司法治理困境。

但现今的基层社会治理面临着自治空转和德治式微的困境。伴随着农业税的取消、计划生育政策的松绑以及农村宅基地审批的收口等政策的实施，作为农村自治主体的村委会所掌握的治理资源不断缩减。同时由于市场经济入侵，农村原有的熟人社会体系也逐渐被打破。乡土文化的衰落、公共空间的萎缩、集体行动的困境等使得乡村自治组织的治理难度和成本也开始不断攀升。"缺乏有效的制度供给，处于国家秩序边缘的'自治'成了一种无奈的自治，是边缘化、无序化的无奈选择。"② 由于乡村自治组织治权的式微，"妥协"甚至"不作为"成了基层组织为分散治理风险的选择方案，这使得乡村基层自治陷入空转的困境之中。在城市，完全由陌生人社会构成的基层社区无论是在治理能力和治理认同上无疑都面临着比农村更加困难的局面。在城市基层自治方面，由于经济体制以及社会结构的转型等原因，我国城市社区自治是一种"政府主导型社区自治模式"，这一模式有其历史必然性和合理性，但"基层政府力量的扩张和介入在某种程度上限制了社区居民自治的发展，反过来又加剧了社区居民自治能力不足和自治参与意愿不强的不利局面。"③ 此外由于行业组织、公益组织等城市基层调解组织等都面临着治理的权威性不足，可借助的治理资源匮乏，治理手段单一等问题也呈现出高度的依附性。总之，"被寄予厚望的业委会，NGO 等社会组织并未承担起重建城市市民社会或公民社会的使命，社会自治的理想还很遥远。"④ 这就造成了基层社会自治不得不面对治理风险加剧、治理效果却不断减弱的困境。基层自治组织作为多元化纠纷解决机制的重要组成部分，其纠纷过滤功能的不断衰退也就意味着大量纠纷不得不直接涌向法院，这无疑进一步加剧了司法案多人少的困境。

---

① 郁建兴、任杰：《中国基层社会治理中的自治、法治与德治》，载《学术月刊》2018 年第 12 期。
② 熊烨、凌宁：《乡村治理秩序的困境与重构》，载《重庆社会科学》2014 年第 6 期。
③ 卢学晖：《中国城市社区自治：政府主导的基层社会整合模式》，载《社会主义研究》2015 年第 3 期。
④ 魏程琳：《城乡中国基层治理：经验与逻辑》，社会科学文献出版社 2018 年版，第 19 页。

德治是我国传统基层社会治理的重要方式，其主要依靠道德的教化以实现个人的自我约束，由于"纠纷被视为与个人、群体、社会乃至整个宇宙相联系的自然和谐的扰乱，让步却是个人美德之体现，"① 因而德治作为一种源头治理和长效治理的方式，对于纠纷的预防和化解具有积极意义。随着我国社会不断转型，市场化、工业化、城市化等不断地冲击着我国传统礼治道德体系下的是非观念：权利不断被彰显使得民众不断地被个体化，社会道德的多元化、碎片化取代原有的一元化，原有的宗族、熟人社会下严密的道德舆论监督和惩罚机制也随着核心家庭以及陌生人社会的扩张而逐渐式微，等等。在传统的道德文化体系逐渐的消融解体，新的道德体系尚未完全形成的背景下，基层社会道德秩序的约束能力逐渐下降，价值共识的缺乏使得以主体间的道德共识和道德让步为前提的道德纠纷呈现出越来越难以化解的局面。此外，在更多的"权利"、更多的"自由"，更少的"制约"、更少的"道德控制"的社会发展趋势下，道德分歧造成的基层社会的纠纷还会不断地转轨到基层司法的方向上来，这就造成了基层法官要么需要化身为道德家展开柔性的道德宣教以促使双方达成共识，要么需要化身政治权力人以刚性的司法压缩道德纠纷的弹性空间。显然无论哪种方式都会损害基层司法依法裁判的功能，消解司法的权威形象和政治合法性，从而进一步加剧纠纷难以化解的局面。

通过以上的分析我们便能更加清晰地理解基层法官运用民间规范展开"额外评价"的治理目的：在法官看来，稳定的多元纠纷治理主体结构的形成能够有效通过层级过滤的方式以分散单一基层司法治理的风险，明晰的纠纷分类治理能够针对不同类型的纠纷采取有针对性的治理方式以消除纠纷中的硬性冲突。"或许，司法治理并不是乡村治理的优先选择方式，在社会纠纷的历史延续性和解决社会纠纷必要的妥协性之间下，司法治理也难以有效地回应乡村治理中对实质正义的强烈诉求。"② 因而要实现纠纷的解决，维护社会的和谐稳定，就需要更多地考虑如何有效通过自治、德治、法治相结合的方式实现基层社会纠纷的化解，而不是在司法纠纷解决机制的"形式理性化"与"实质理性化"之间不断纠缠。如若自治、德治能够有效发挥其在基层社会纠纷治理中的功能，那么许多纠纷将自然而然的得以提前化解，许多非法治化的诉求也将得以提前被过滤，基层法官便可以将更多精力投入到纯化后的司法诉求之中。从而法官只需努力地提升自身裁判技术，通过明确界定权利界限的方式向社会传达明晰的规则信号即可实现基层司法预防和化解社会纠纷，保障基层社会治理法治化的治理效果。民间规范一方面与道德教化存在天然联系，另一方面其不但具有鲜明的群体印记性，还能够体现主体间的平等性，因而民间规范也是基层社会自治的重要治理资源。"与在司法诉讼中民间法所扮演的辅助性角色不同，民间法在诉

---

① [美]陆思礼：《毛泽东与调解：共产主义中国的政治和纠纷解决》，载强世功主编：《调解、法制与现代性：中国调解制度研究》，中国法制出版社2001年版，第125页。
② 王国龙：《乡村治理中的司法治理——以一起邻里宅基地纠纷案为分析样本》，载《北大法律评论》2017年第1期。

讼替代性纠纷解决方案和私力救济中的作用逐渐凸显,甚至在私力救济中,民间法的作用成为主导,国家法只是起到辅助作用。"① 法官正是认识到民间规范可以作为基层社会自治、德治和法治三者融合的连接点的功效,才希望通过援引民间规范以发挥司法治理的引领作用,推进基层社会德治和自治的完善,从而以综合治理的方式化解当前基层司法所面对的难题,为基层司法治理效果的实现提供有效的外部环境保障。

当然要推进自治、法治、德治相融合的基层社会治理现代化转型的实现,单靠司法治理的带动是远远不够的,还需要党和国家从全局的角度展开自上而下的顶层设计,毕竟,国家在基层社会治理中始终处于中心的地位。我们看到,自桐乡市率先探索自治、法治、德治相融合的乡村治理体系以来,随着理论探讨和实践探索的不断深入,我国党组织领导下的自治、法治、德治相融合的基层社会治理体系内涵也在不断丰富和完善。2019年党的十九届四中全会通过的《中共中央关于坚持和完善中国特色社会主义制度推进国家治理体系和治理能力现代化若干重大问题的决定》更是明确指出我们要"建构基层社会治理新格局。健全党组织领导的自治、法治、德治结合的城乡基层治理体系。"可以预见,随着党领导的自治、法治、德治的基层社会治理体系建设日益完善,基层司法机关所面临的案多人少矛盾以及纠纷越来越难以化解的困境也将得以缓解,基层司法治理在基层社会治理中的法治保障作用也将更加的明晰和突显。

五、结语

"我国现代社会的治理正从以'权威—依附—服从'为导向的权力机制,到以'商谈—合作—服务'为导向的治理机制,并向以'理念—规则—程序'为导向的法律机制转变。"② 以民众的诉求为起点,朝向回应性治理转型的基层司法治理需要充分地借鉴源自民众日常生活经验智慧的民俗、习惯等,从而将移植而来的法律内化为民众认可并遵循的纠纷解决规则系统。以有效化解矛盾纠纷,推进社会治理的法治化转型为展开,基层法官需要努力地发展精密的司法技术,从而将民间规范恰当的嵌入司法裁判的论证之中,以提升基层司法的规则性治理水平。由于基层社会德治和自治的完善一方面既能够弥补单一的司法治理不得不面对的案多人少以及纠纷越来越难以化解的困境,另一方面也是有效应对现代社会治理风险,推进基层社会治理向以"理念—规则—程序"为导向的法治化转型的有效方式。因而以基层社会治理的现代化转型为目标,基层法官在司法裁判中还应当积极地通过对风俗习惯、俗语等民间规范的运用从而有效发挥司法治理的带动作用,以缓解基层社会治理中自治空转和德治式微的困境。

---

① 谢晖:《论民间法与纠纷解决》,载《法律科学》2011年第6期。
② 栗峥:《国家治理中的司法策略——以转型乡村为背景》,载《中国法学》2012年第1期。

Triple Narration of Grass-roots Judges Participating in Social Governance
——Taking the "Grass-roots Judicial Judgments which Cite the Folk Norms" as A Clue

Wang Wenyu

Abstract: The complexity of grass-roots social disputes and the dual nature of grass-roots justice determine the necessity for grass-roots judges to respond to people's judicial demands in judgment documents. To make the judicial judgments meet people's substantive justice demands properly and realize the service orientation of the grass-roots justice, Grass-roots judges will invoke folk norms such as proverbs in judgment documents. Responsive justice exacerbates the ambiguity of justice, weakens the finality of judicial judgments, and triggers the illegal dilemma between "judicial response" and "social demands", in order to alleviate the dilemma, grass-roots judges should limit the application of folk norms to external justifications such as filling the connotation of the law, making up for the vacancy of the law, and ensuring the accuracy of the fact determination of the case, so as to clarify the judicial function of making sentences according to law. In order to alleviate the dilemma that large numbers of disputes caused by the idle autonomy are pouring into courts, and the disputes caused by the lack of the rule of virtue are becoming more difficult to resolve, grass-roots judges will also use folk norms to export the correct values to the society and to lead the public to use multiplex dispute resolve system to defuse contradictions, thereby giving play to the role of grass-roots justice in promoting the influence of autonomy and the rule of virtue in grass-roots social.

Key Words: Grass-roots Judges; social governance; folk norms; response to society; judicial function; embeddability

社区网格化治理法治化的规范之维

——基于社会内在性视域*

王 琦**

摘 要 网格化治理是促使社区转变为社会治理共同体的关键。社区网格化治理亟待法治化转型,这是法治社会建设寻求变革的突破口,也是实现国家治理体系和能力现代化的有效路径。在治理规范层面,治理规范的制定和实施过程没有认真对待其社会内在性,公众参与度低,大多数社会主体对于网格化治理规范的社会内在性认知缺失,严重制约了治理规范的法治化转型。立足于社会本位,利用社会内在性理论对社区网格化治理规范进行分析,有助于我们在明确其应然状态的同时,揭示其现实困境。基于社会内在性视域,治理规范的法治化应当进一步优化,具体可从四条路径予以实现。一是构建和完善保有社会内在性的多元治理规范体系;二是强化和优化基于社会内在性的政府执法机制;三是强化和优化基于社会内在性的社区普法机制;四是强化和优化基于社会内在性的守法用法机制。

关键词 网格化治理 治理规范 法治化 法律多元 社会内在性

引 言

党的十九大报告对共建共治共享的社会治理格局提出了新要求①,党的十九届四中全

---

* 基金项目:司法部2019年度国家法治与法学理论研究重点项目"内在性视域下法治乡村的建设路径研究"(项目号19SFB1002)。

** 王琦,南京师范大学法学院博士研究生。

① 党的十九大报告经典表述为:"要打造共建共治共享的社会治理格局。加强社会治理制度建设,完善党委领导、政府负责、社会协同、公众参与、法治保障的社会治理体制,提高社会治理社会化、法治化、智能化、专业化水平。加强社区治理体系建设,推动社会治理重心向基层下移,发挥社会组织作用,实现政府治理和社会调节、居民自治良性互动。"

会提出"要建设社会治理共同体",要将社区这个社会生活共同体建设成为社会治理共同体,就需要网格化治理的合理嵌入。学界一般认为,社区网格化治理作为立足于我国实践,经过试点探索而生发出来的现代基层社会治理体系的基本模式,发端于 21 世纪 10 年代中期的北京市、上海市、浙江省等城市基层社区网格化管理的成功经验。在全面依法治国、推进法治社会建设的背景下,社区网格化治理还存在许多亟待解决的问题,例如治理规范的法治化转型问题。基于社会本位的法治观和法律多元主义,社区网格化治理规范应当是多元化的。然而,目前的治理规范存在着国家法律中心主义的现实趋向,在治理实践中运用时还存在着一定程度的管控和强制趋向。因此这意味在社区网格化治理过程中需要正确处理好多元治理规范的问题,这也是推进法治社会建设过程中必须解决的问题。

近年来我国研究法律文化的学者较关注法律多元主义[①],重视社会治理规范的多元化问题,对"软法"(民间法)问题有较为系统深入的研究。学者普遍认为"软法规范主要有四类形态"[②];有学者论证了软法的特征,即"民主性、公开性、普遍性和规范性"[③];有学者进一步论证了软法和硬法的适用原则[④];有学者结合网格化治理论证了重建社会信任机制,搭建平等对话平台;创设维持协商自治的制度公约[⑤];等等。国外尽管没有直接研究网格化治理规范的成果,但有学者提出社区治理的集体效能感(Collective Efficacy)理论,论证了社区居民在社会控制中的共同期望和相互参与作为集体效能,对法律有效实施、控制犯罪、保障社会安全的有效支持[⑥];有学者论证了合法性社会组织和国家法律共同协作可生发的法律环境,包括便利性环境、规制性环境和建构性环境,分别有利于国家法律的实施、国家法律内化为社会组织规则、催生公民及其组织的法律和正义观念[⑦];有学者论证了基于法律和社会规范的非正式社会控制在社区治理中的重要地位[⑧];还有学者强调了法律的有限适用原则,即"法律应根据具体的社会类型采取有限度的适用,法律在

---

① 参见[日]千叶正士:《法律多元》,强世功等译,中国政法大学出版社 1997 年版。
② 法治社会要给社会自治规范、民间规约等软法(soft law)是相对于硬法(hard law)而言的概念,是指那些不能运用国家强制力保证实施的法规范。软法规范主要有四类形态:一是国家立法中的指导性、号召性、激励性、宣示性等非强制性规范,在中国现行法律体系中,此类规范约占 1/5;二是国家机关制定的规范性文件中的法规范,它们通常属于不能运用国家强制力保证实施的非强制性规范;三是政治组织创制的各种自律规范;四是社会共同体创制的各类自治规范。参见罗豪才等:《软法与公共治理》,北京大学出版社 2006 年版。
③ 姜明安:《软法的兴起与软法之治》,载《中国法学》2006 年第 2 期。
④ "留出足够空间,国家的归国家,社会的归社会,国家法律要抓大放小、抓粗放细,让社会有活力和自治空间。"李林:《建设法治社会应推进全民守法》,载《法学杂志》2017 年第 8 期。
⑤ 江荣荣:《从网格化管理到协商自治:社会治理创新背后的作用机理——基于浙江新埭社会治理机制的转型》,载《湖州师范学院学报》2017 年第 7 期。
⑥ See Robert J. Sampson. *Great American City*: *Chicago and the Enduring Neighborhood Effect*. University of Chicago Press,2004.
⑦ See Mark Suchman,Lauren Edelman. *Legal Rational Myths*: *The New Institutionalism and the Law and Society Tradition*. Law & Social Inquiry,1996,21(4):903 – 941.
⑧ See Steven Vago. *Law and Society*. Viking World,2008.

纯粹的'伙伴关系'中并不适用"①；等等。

总体来看，国内外学界已有的相关学术成果对于我国实现基层社会治理体系和能力现代化具有借鉴意义。但对社区网格化治理规范法治化这一理论问题缺乏深层次的理解和深刻把握，缺乏对有针对性的理论成果的借鉴和运用，进行有针对性的机制构建的分析论证少。这又造成，相关研究事实上只能是在提出表面化问题，没有真正认识到治理规范的社会内在性认知缺失问题，导致相关对策也缺乏系统性和针对性。此外，中国特殊的现实国情决定了，不可直接照搬照抄国外的相关制度。因此，为了确保理论研究具备真正的问题意识，符合中国实际国情，就必须深入基层社会去了解和把握实践需求。

一、社区网格化治理规范缺乏社会内在性认知

社区网格化治理所要求的智能化、专业化，主要是治理的技术路径的提升，而其法治化则是根本理念、方式、基本属性的提升或转型。基层治理单元的网格化、信息化、行政执法能力的强化，使行政权力成功下沉，社会管控能力进一步强化，这种管控能力的强化，尽管很大程度上为社会发展所需要，但并不能直接催生社区网格化治理的法治化，甚至会在治理理念、路径、方式、内容等方面对它们形成一定的阻力或对抗。具体来说，实践中大多数社会主体对于治理规范的社会内在性认知缺失，导致网格化治理体制的合法性被质疑，人们不能从内心接受它，并产生了一定的抵触和反感情绪，进而影响了社区网格化治理工作的顺利开展。笔者认为，网格化治理规范的社会内在性认知缺失，主要原因有二：一是治理规范的制定过程中公众参与度低；二是治理规范的实施过程中没有遵循法律的社会内在性理论。

（一）治理规范的制定过程中公众参与度低

党中央用最高文件的形式确立了社区网格化治理体制，但这只是国家政策，不是法律规范。当然，不可避免的是，在社会治理过程中出现的新领域新问题需要及时先行试点，总结经验之后才能出台法律，且法律具有众所周知的滞后性，某些突出紧迫的社会问题只能暂时依靠国家政策予以调节。然而，国家政策在制定的过程中很少征求公众意见，导致网格化治理规范的制定缺少公众参与，公众很难准确理解政策的规范含义。此外，在网格化治理规范的制定过程中，公权主体在较大程度上忽略了由社会公众积极参与并制定的社会规约在治理实践中的重要功能。

首先，国家政策的制定过程中很少征求公众意见，导致网格化治理规范的制定缺少公众参与，公众很难准确理解政策的规范含义。这就在一定程度上造成了人们对于网格化治理规范的内在认同缺失，对网格化治理体制不理解，对其合法性问题存在疑问，并产生了

---

① [英] 彼得·斯坦等：《西方社会的法律价值》，王献平译，中国法制出版社 2004 年版，第 33-37 页。

一定的抵触和反感情绪。笔者在江苏省相关试点地区调研的过程中了解到：许多不清楚社区网格化治理工作的民众就提出过"这不就是古代保甲制度的回归吗？""这个东西侵犯了我的隐私。""网格员没有权力要我的这些个人信息"等质疑。因此，由于作为治理规范的国家政策，在制定过程中公众参与度低，导致大多数社会主体对于治理规范的社会内在性认知缺失，不能很好地从内心深处理解和认同治理规范和治理体制，进而影响网格化治理工作的顺利开展。

其次，网格化治理规范的制定过程中，在较大程度上忽略了由社会公众积极参与并制定的社会规约滋生法治精神的功能。笔者在调研时了解到，目前指导和规范J省网格化治理创新工作开展的，除了中央两办的指导性文件和部分行政规章外，主要依靠的是省委省政府两办、省政法委指导性文件，各市、县市（区）两办、政法委的指导性文件，以及省创新网格化社会治理机制工作领导小组、市级网格管理机构、县市（区）社会综合治理联动指挥中心等机构发布的指导文件。可以看到，以上文件都属于政策范畴，在实践中都是作为网格化治理工作的制度依据，但并不包含由社会公众积极参与并制定的社会规约。

基于国家法律中心主义，公权主体没有意识到、也不可能重视通过社会规约，重述国家法律基本精神、基本原则和重要规范，强化规范社会内在性的功能和作用。他们也没有意识到社会规范的民主产生和运行，对民众规则认同意识的训练和强化。他们在实践中缺乏通过民主化、普遍化和多元化的社会规约建设，强化多元治理规范的社会内在性的举措。但是基于社会本位的法治观，社区自治是法治的重要方面，绝不允许被破坏或消解。有学者认为"担负着社会关系组织化、秩序化主要功能的社区是法治社会发展的中坚力量。"① 社会规约作为社区自治规范，在实践中的充分建设和完善是实现治理规范法治化的基础。

（二）治理规范的实施过程中没有遵循法律的社会内在性理论

网格化治理规范在实施过程中没有很好地遵循法律的社会内在性理论，这是导致治理规范的社会内在性认知缺失的又一重要原因。

首先需要指出的是，法律的社会内在性理论，并非是照搬西方国家学者的理论成果，而是我国相关学者基于当代法治建设的需要，进行创新性思考的理论产物。英国著名法学家H. L. 哈特在他的代表作《法律的概念（The Concept of Law）》中，论及了认知法律规则基本属性的内在视野及其相关属性问题，但一直没有成为人们研究哈特相关法学理论的热点问题。受该理论视角的启发，近年来我国学界开始思考法律的社会内在性理论，提出了一个与法律的国家强制性作为对词的概念。目前较深入地思考这一理论的为菅从进教

---

① 庞正：《法治社会和社会治理：理论定位与关系厘清》，载《江海学刊》2019年第5期。

授,他在《基于法律内在性的法治标准新探》一文中,较系统地论证了法律的社会内在性观点。具体包括论证了法律的社会内在性及其法律基本属性中的根本基础地位①、法律社会内在性是法律作为实际运行规则的存在属性②、法律社会内在性的规制力对于法治建设具有根本意义③等核心观点。

此后的相关成果,又进一步论证了现代法治从本质上讲是多元法律规则和多元主体共治的状态,强调必须重视多元法律规则的社会内在性规制力的具体建设④,并具体考察了这种规制力的表现形式,分析了其与国家强制性规制力的良性互动关系。他提出,社会内在性是包括法律在内的所有规则或规范得以作为规则存在的根本属性。一般社会规则的规制力,归根结底来自规则的社会内在性。即来自规则立基于其上的社会秩序的现实性和社会主体基于规则确立的行为模式的评判性反应态度,以及这种态度所认可的社会调控力量,其具有规则要求或赋予的正当性。法律的社会内在性的功能,不仅仅在于社会主体的内在认同性形成的自觉遵守法律的规制力,而且包括特定秩序的客观性与这种社会认同性共同形成的社会压力的直接规制力。其中,对自觉认同法律规则的社会成员⑤而言,法律的社会内在性形成自觉守法的规制力;对不具有自觉认同性而意图违规的社会成员而言,法律社会内在性的两个方面的内涵,还首先构成了一种具有威慑性功能的社会压力或强制性,形成社会压力威慑守法的规制力;对因不具有自觉认同性和其他情形而违规的社会成员而言,法律社会内在性的两个方面的内涵,还同样可构成具有矫正功能的社会压力或强制性,形成社会压力矫正违法行为的规制力。因此,法律的社会内在性及其功效的充分化,对法治社会的形成更具有基础意义。在一定意义上,法律的国家强制性仅仅是其必不

---

① "法律的社会内在性,体现在法律规则自身具有一定的可认同性,且至少有一部分人充分认同相应法律规则,把它视作自身社会群体的一般性行为标准,而对违反该标准的行为。"参见菅从进:《基于法律内在性的法治标准新探》,载《法学论坛》2016年第6期。

② "法律规则的存在,从根本上讲,不仅仅是法律文本在字面意义上的存在,而主要是在法律制度运行形态意义上的社会存在。作为良法之法律,更应如此。其基本的效力或规范力,以及以此效力作为合法性基础和根本支撑的实际规范社会的效果,即实效,都要立基于其实际运行的规则体系所具有的充分的内在性。参见菅从进:《基于法律内在性的法治标准新探》,载《法学论坛》2016年第6期。

③ "法治作为良法之治,从根本上讲,应是主要依靠或通过法律的内在性而进行的社会治理。没有充分的法律强制性规制能力,固然不可能有法治;而没有充分的法律内在性规制能力,更难有法治。"参见菅从进:《基于法律内在性的法治标准新探》,载《法学论坛》2016年第6期。

④ "现代法治从本质上讲是多元法律规则和多元主体共治的状态,但国家主义法律观的立场,片面凸显了法律的国家强制性及其规制力,遮蔽了法律作为一种复杂社会规则所具有的更基础性的一个基本属性及其规制力,忽略了法律规制力的多层次性,也严重忽略社会成员及其组织在法治建设中不可或缺的社会主体地位,使人们把法治建设的焦点仅局限于立法、执法和司法等国家主体的行为,淡化了对法治建设基础机理的探讨。"菅从进:《法律内在性视域下的法治社区建设探微》,2019年全国"法治现代化视域下的区域社会治理新格局"专题学术研讨会论文集,第135-152页。

⑤ 这种社会成员并不是人格类型化的,而是具体社会情形化的。同一个体,对不同规则的认同通常会是社会情形化的。例如,同一个人可能会无视外部后果如何,而通过认同规则和自责来约束自己对他人的残酷行为;也可能为了避免由税收人员带来的威胁性惩罚,如实申报所得税;同时还可能不顾惩罚性的社会威胁,仍然滥用违禁药物和进行社会禁止的性行为。但在通常情形下,较普遍认同正当规则的社会成员无疑是存在的。

可少的补充。①

笔者尝试将法律的社会内在性理论的基本内涵概括为三点。首先，社会内在性是包括法律在内的所有规则或规范得以作为规则存在的根本属性。其次，应当通过制定真正以民为本、亲民利民的法律规范，通过凸显法律社会正当性的普法教育、法治宣传，强化民众对法律的内在认同性。最后，社会压力机制是法律基于社会内在性具有的规制力的重要机制。尽管法律的社会内在性理论尚未成为学界公认的观点，但其作为一个逻辑自洽的理论模型和知识背景，可以为我国提升网格化治理规范的社会内在性认知，实现国家法律中心主义的法治观向社会本位的法治观转变，提供一种新的理论视野。具体可以分为以下两个方面。

一是该理论有助于强化网格化治理规范的公众参与及社会内在性认知。该理论启发我们，在网格化治理规范的制定过程中，应当尊重公众的社会主体地位，强化公众的参与意识，畅通公众参与制定治理规范的多元化渠道。在治理规范的实践过程中，应当强化以国家法律为主导、以党规党法及社会规约等民间法为必要补充的多元治理规范体系的社会内在性建设。有学者认为"从评判标准上说，国家治理体系好不好，国家治理能力强不强，一切都取决于人民群众的接受度，因为人民群众才是历史的主人。"② 因此，在治理实践中应当有针对性地强化公权主体、社会主体对多元治理规范体系的内在认同，将多元法律规范作为内在认同的行为依据，自觉接受并施行，积极运用社会压力机制进行有效自治和互动性他治，为国家法律的必要、合理和及时的强制实施提供坚实的基础和良好环境。

二是该理论有助于实现国家法律中心主义的法治观向社会本位的法治观转变。社会本位的法治观强调法律多元主义，并不排斥国家法律以外的社会规约对社会治理的规范作用。有学者认为"实用的多元规范融合是提升国家治理能力的规范基础。"③ 当前我国初步形成了国家法律主导的多元规范体系，但村规民约、居民公约等社会规约的建设水平却是参差不齐，因政府主导和包办代替，其内容空泛而缺乏针对性，监督执行机制缺失，或与法律存在冲突。这就从根本上影响了多元治理规范的融合实施问题。更为重要的是，国家法律中心主义的法治观在我国根深蒂固，影响深远。法律的国家强制性，一直被这样的法治观认为是法律的根本属性和力量所在。这客观上会助长一些公权主体和社会主体固化法治即强化管控和强制的片面思维；另一方面，由于我国目前国家法律和地方立法的民主化程度有待提高，公权主体和社会主体对国家法律规则的社会内在性认同并不强。因此，尽管我国的法治建设也重视法律信仰的宣传与教育，强调自觉守法和维护法律秩序，但法

---

① 参见菅从进：《法律内在性视域下的法治社区建设探微》，2019 年全国"法治现代化视域下的区域社会治理新格局"专题学术研讨会论文集，第 135 – 152 页。
② 彭中礼：《智慧法治：国家治理能力现代化的时代宣言》，载《法学论坛》2020 年第 3 期。
③ 彭中礼：《国家治理能力是什么：现代法治理论的框架性回应》，载《东岳论丛》2020 年第 4 期。

律实施的过程，实际上仍是立足于人们"因恐惧而守法""因功利而守法"的基本定位。广大公权主体和社会主体，尚没有真正认知到强化法律的社会内在性在整个法治秩序构建中的核心和基础地位。

因此，立足于社会本位的法治观，基于社会内在性视域，我国的网格化治理规范应当充分借鉴法律的社会内在性理论，强化公众参与和社会内在性认知，从内心深处理解和认同网格化治理规范。我国社区网格化治理体制应当在真正坚持以人民为法治根本主体的法治建设原则的基础上，有效构建以基层社区自治为基础，多元主体协同共治，多元法律规则和社会规则协同规范，形成自上而下的基础性制度建构与自下而上的差异化多元治理机制建构有机结合的基层社会治理新格局。

二、社会内在性视域下治理规范法治化的现实困境

立足于社会本位的法治观，基于社会内在性视域，法治化的网格化治理规范应当是多元化，充分遵循法律的社会内在性理论的。然而，目前的网格化治理规范，在多元化和社会内在性认同上均存在一定程度的缺失和不足，引发了一系列现实困境。

（一）从管理到治理：治理规范的服务性增强但多元化不足

为了厘清网格化治理规范法治化的现实困境，有必要对网格化治理体制的历史发展做一个简单交代。20-21世纪之交的中国，改革开放促进了深刻的社会变革，确立了社会主义市场经济体制，更恰逢第四次工业革命即信息革命的浪潮，经济高速发展，传统的城乡二元体制被整体突破，城镇化快速推进，人口流动快速增加，人民生活水平整体提高，经济和社会交往日益复杂丰富。但社会结构迅速全面的转型和分化，也带来了复杂多变的社会问题。在这个背景下，国家出台了网格化管理的相关政策，但这并不能从根本上解决诸多长期困扰性的问题。例如，管理体系过于条块化；重管理轻服务；过于凸显行政强制的刚性手段而社会主体参与配合不足；政府公共权力与社会权力、群众自治权利之间良性互动不足；事后惩治和救济为主而预防不足；权责不一致；工作流于表面化或效率不高；信息不畅；法治思维和法治方式不强；等等。

在新时代社会治理转型的背景下，管理型的社会治理模式必须尽快实现历史性退位或时代转型，这时服务型社会治理模式就应运而生了，比较典型就是全国普遍推开的社区网格化治理，这与网格化管理存在根本区别。[①] 在一定意义上，这种社区网格化治理模式，

---

① 例如，社区网格化治理坚持系统治理，要加强党委领导，发挥政府主责作用，鼓励和支持社会各方面参与，实现政府治理和社会自我调节、居民自治良性互动；坚持依法治理，要加强法治保障，运用法治思维和法治方式化解社会矛盾；坚持综合治理，要强化道德约束，规范社会行为，调节利益关系，协调社会关系，解决社会问题；坚持源头治理，要标本兼治、重在治本，以网格化管理、社会化服务为方向，健全基层综合服务管理平台，及时反映和协调人民群众各方面各层次利益诉求。

是将现代先进的治理理念和现代发达的信息技术嵌入社会治理领域的结果。现代信息技术，以互联网、地理信息跟踪系统、有线和无线影像技术、通信技术和电子设备等数字化手段为基本支撑，可将无数个信息收集途径汇聚在一个统一的信息技术平台上，运用云计算数据技术便捷地进行信息的整理分拨，发布信息指令并追踪执行情况和及时得到信息反馈。它可以将社会服务对象进行空间上的区划格分，作为信息收集、上传和承受信息指令、影响的基本单元格，并通过统一网络平台进行信息汇集、处理、分拨、指令、追踪和反馈。网格化治理就是将网络技术、数字化手段成功运用于社会治理领域，将社会治理区域进行空间、信息的网格化。一方面，通过全面整合多个政府职能部门的信息资源，调动和协调各职能部门的相应人力物力资源，构建起统一的区域性的数字化城乡管理、社会综合服务的平台系统。另一方面，通过社区共同体的建设，动员社会组织和个人参与社会服务，并通过电话、互联网等现代通信技术平台，向平台系统反应自身的需求、社情民意，对政府部门及其工作人员形成有效监督，同时相互之间也形成必要的社会压力和监督约束。

不可否认，全国各地尤其是笔者调研的J省的社区网格化治理建设，已在很大程度上开启了上述法治化进程，或者形成了开启这种进程的良好基础。一些建设成果丰富或典型的地区，甚至取得了明显的进展和业绩，呈现出让笔者深受启发的、值得赞扬的亮点。但如前所述，社区网格化治理规范面临的困境还是很严峻的，一个重要的体现是：一些网格化治理工作整体上还处在政府主导管控型、维稳性治理优先的地区，在治理规范的制定过程中很少吸纳公众意见，对于社会规约建设也存在一定程度的忽视。在这种情形下，他们却认为自己的治理水平已经达到了法治化的程度，是达致法治状态的典型。但是根据前文所论述，立足于社会本位的法治观，基于社会内在性视域，网格化治理规范应当是多元化的法治状态，充分遵循法律的社会内在性理论。因此，现行的社区网格化治理规范，虽然其服务型意识得到了增强和优化，社会协同共治的局面初步形成，但其多元化规范的融合治理状态也存在一定程度的不足。

（二）从治理到"法治"：治理规范的强制性显著但社会内在性认知不足

笔者必须首先指出的是，这里的"法治"是一些网格工作人员主观认为的法治状态，并不是本文所追求的法治状态。正如前文所说，在治理规范虽然强化了其强制性，但还未实现多元化的情况下，有的地区就错误地认为其治理规范已经实现了法治化。殊不知按照社会本位的法治观，基于社会内在性视域，必须实现公众对多元治理规范的社会内在性认知，达到真正的内心认同，才能算得上本文所追求的法治状态。

笔者认为，有的地区对于治理规范法治化的错误认知，与其传统思想和惯性观念是分不开的。笔者在调研过程中发现一些地方的网格化治理机构和工作人员，仍表现出很强的行政管控思维本位，服务意识和法治意识不足，对构建多元社会力量、共建共治共享的社会治理新格局的认识不到位。例如，有一些地区的领导干部和工作人员还是将社区网格化治理体制作为压制群众合理诉求的工具，对上访群众进行实时监控，反对他们向信访部门表达合理诉求，这又将进一步导致干群关系的紧张化。据笔者观察，有的地区的工作人员尚没有认知到人民群众也是重要用法主体的起码观念，仍然把人民群众当作治理的客体和对象。这又进一步造成，一些管理和工作人员无法理解人民群众的用法行为不仅是维护正当权益的自我能力，也是维护公共利益的社会能力。因此，这些工作人员缺乏对人民依法维护自身权益的应有鼓励和认可，他们的维稳意识压倒保护民众维权意识，对于公民的合理诉求和上访请求不予理睬甚至是压制；更加没有鼓励民众用法形成社会压力机制，有效监督公共权力和不当社会行为的意识，舆情控制意识压倒鼓励人民群众行使监督权意识。

综上所述，网格化治理规范的法治化转型，尽管强调行政权力的下沉，但却不能以行政管控的强化为根本或主要目的。其应当是在强化必要行政管控的同时，更要以强化政府服务性功能、加强对社会组织的培育、强化社会力量参与、增进社会自治性氛围和能力为主要目的，真正形成社会本位的网格化治理规范的法治化。网格化治理规范不仅要落实法治的核心价值，而且相较社会管理规范，其自身更要强调法治化。多元主体协同共治格局的形成，需要得到现代法治的有力保障。因此网格化治理规范的法治化转型，既需要国家法和民间法等多元治理规范的有效协同和良性互动，也需要增强治理规范的社会内在性，强化公众对多元治理规范的社会内在性认知，达到真正的内心认同。

三、社会内在性视域下治理规范法治化的应然状态

立足于社会本位的法治观，基于社会内在性视域，法治化的网格化治理规范应当是多元化的，是充分遵循法律的社会内在性理论的。具体来说，首先，网格化治理规范应当充分保有并发挥其社会内在性，促进人们从内心深处认同并自觉接受治理规范。其次，在治理规范制定的过程中，强化公众参与，重视民间规约的规范作用，制定真正以民为本、亲民利民的治理规范，强化公众对治理规范的内在认同性。最后，治理规范应当充分重视其自身所蕴含的社会压力机制，对网格化治理实践起到有效的规制作用。

（一）治理规范应当实现多元化，并发挥其社会内在性

首先，立足于法律多元主义和社会本位的法治观，社区网格化治理规范要真正实现多元化。有学者认为"多元规范，就是指在国家治理过程当中，法律规范是治理的核心规则，但是并不排斥其他规则在法律允许的范围内，与法律规则一道，针对社会治理发挥有效的规范作用。"[①] 因此，在网格化治理规范实现法治化转型的过程中，既要重视国家法律的强制性规制能力，也要重视社会规约等民间法的社会内在性规制能力，形成两者的良

---

① 彭中礼：《国家治理能力是什么：现代法治理论的框架性回应》，载《东岳论丛》2020年第4期。

性互动。具体来说，国家法律规则要发挥主导规制作用，但必须接地气，既要满足社区网格化治理的需要，又要尊重和接纳村规民约、居民公约等民间规范；后者也必须尊重并重述国家法律的基本精神和原则，同时有效构建起国家法律不能直接规制的社会空间的具体规则，彰显其在社区网格化治理领域中不可替代的作用。

党的十八届四中全会①、十九届四中全会②均强调完善社会规范的问题。笔者认为，社会规范是指，尊重和重述国家法律正义的内生性民间规约，所形成的有机统一的规范体系。在社区网格化治理实践中，社会规范充分利用其社会内在性，可以有效规范社会主体的行为，从而形成国家法律与民间规约有效协同、融合互补的治理规范体系。因此，实现社区网格化治理规范的法治化转型，离不开网格化治理多元法律规范体系的有效建设和运行。

其次，基于社会内在性视域，网格化治理规范要具有丰厚的社会内在性。正如前文所论述，大多数社会主体对于现行网格化治理规范的社会内在性认知缺失，没有从内心深处接受和认同网格化治理规范。更为重要的是，大多数公权主体和社会主体因此没有对法律和法治形成内心的信仰，内心没有认同法律和法治，不愿相信法律和法治，没有将法律作为自觉接受并施行的社会规范，很少运用社会压力机制进行有效自治和他治。美国学者昂格尔认为："人们遵守法律的主要原因在于，集体成员在信念上接受了这些法律，并且能够在行为上体现这些法律所表达的价值观。"③ 当然，因为功利而守法或者因为恐惧而守法均能起到守法的作用，但都是低级的守法状态。可以预想到的是，当出现一个比守法的价值更高的东西，或欲望战胜了恐惧时，这些人还会守法吗？因此，在社区网格化治理规范亟待法治化转型的背景下，促进社会形成法律信仰和法治思维的基础性机制，就是要立足于法律的社会内在性理论，强化公权主体和社会主体对治理规范的社会内在性认知。具体来说，主要包括引导公权主体和社会主体内在地认同法律和法治、相信法律和法治、尊重法律和法治、崇拜法律和法治，从而达到内心自愿、精神认同法律和法治，将法律作为自觉接受并施行的社会规范，进而运用社会压力机制进行有效自治和他治。这样的守法才是更具有可靠性和持续性的，也是我国建设社区网格化治理体制的初衷。

(二) 治理规范应当增强亲民性，强化社会内在性认知

网格化治理体制建设的主要目的是为人民提供有效服务。因此，其治理规范必须接地

---

① "实现立法和改革决策相衔接，做到重大改革于法有据、立法主动适应改革和经济社会发展需要。支持各类社会主体自我约束、自我管理，发挥市民公约、乡规民约、行业规章、团体章程等社会规范在社会治理中的积极作用。"
② "完善群众参与基层社会治理的制度化渠道。健全党组织领导的自治、法治、德治相结合的城乡基层治理体系，健全社区管理和服务机制，推行网格化管理和服务，发挥群团组织、社会组织作用，发挥行业协会商会自律功能，实现政府治理和社会调节、居民自治良性互动，夯实基层社会治理基础。"
③ [美] 昂格尔:《现代社会中的法律》，吴玉章、周汉华译，译林出版社2001年版，第29页。

气，贴近民意，增强亲民性。"以人民为中心"的治理理念要求在社区网格化治理工作过程中坚持保障人民的基本权利，因此网格化治理规范法治化转型的核心目标是保障人民的基本权利。从这一核心目标出发，治理规范更应当增强亲民性，强化社会主体对国家法律和社会规约这一多元治理规范体系的社会内在性认知。

国家法律是网格化多元治理规范体系的一部分，现代法律的社会内在性的丰厚程度，一方面，与法律承载的秩序、自由、公平、正义、效率等社会价值的丰富性以及它们与社会的契合度有关，与立法过程和内容的民主化程度有关。另一方面，取决于法律的基本精神、基本原则和主要规则，为公权主体和社会主体主观内在认同的程度。因此，在强化法律内容的正当性、亲社会性，立法程序的民主性的同时，更应立足于通过强化广大公权主体和社会主体对国家法律的内在认同，强化国家法律的社会内在性认知。对此，法律和法治的观念、信仰宣传教育，法律和法治知识的普及是重要手段。

除了强化公众对国家法律这一治理规范的社会内在性认同，笔者认为，强化治理规范社会内在性认知最有效的途径，还是通过公众直接参与的社会规约建设实践，形成整体强化多元治理规范体系社会内在性的机制。现代高质量的社会规约建设，是社会依靠自身力量，通过民主方式制定社会规则，并基于社会自身构建的权力机制和自发半自发的压力机制实施规则。其不仅可以形成一批高度接地气的，具有丰富社会内在性的社会规约，还可以通过重述国家法律基本精神、基本原则和主要规则，强化其在网格化治理实践中的社会内在性，形成规则意识的强化效应，进一步强化多元治理规范体系的社会内在性。

（三）治理规范应当重视社会压力机制，实现社会内在规制

社会压力机制是国家法律和社会规约基于社会内在性而产生的重要机制，也是国家对法律的强制性形成一定垄断后，仍然不得不由社会保留的压力机制。其类型和种类都很丰富，各自承担着不可替代的作用。目前在社区网格化治理过程中，较缺乏对法律的社会压力机制的鼓励和保护，甚至出现恶果后，也缺乏真正有效的对策。例如重庆公交车坠江案就是一个典型案例。在公交车上，有无礼乘客对司机进行言语骚扰、身体冲撞甚至抢夺方向盘时，司机身负保护全车乘客安全的责任无法及时有效反抗，但是同车的乘客是否可以予以制止呢？有时可以语言劝解，有时可以动手阻止，这都是法律社会压力机制的一种体现。可惜的是，那辆公交车上并没有人这么做，否则悲剧也许不会发生。值得我们思考的是，出现这种现象的原因是什么呢？也许跟我们的执法司法体制缺乏对法律的社会压力机制的鼓励和保护有关。现实中，不少见义勇为行为并没有得到什么好处反而遭遇到麻烦，轻则责怪你多管闲事，重则恶语恶行相加，打击报复。引发新的严重矛盾冲突后，执法和司法机关却和稀泥，让护法者承担不应承担的法律责任。在这样的背景下，谁又愿意去启动这种社会压力机制呢？目前，我们所看到的，是有关部门强化的应对措施，是为司机加防护栏，严厉打击侵犯司机人身安全和抢夺方向盘的行为，并没有见到倡导广大乘客见义

勇为，制止违法行为的倡议。

因此，立足于社会本位的法治观，基于社会内在性视域，网格化治理规范应当强化和优化国家法律和社会规约的社会压力机制。这种社会压力机制，既能保有并彰显网格化治理规范的社会内在性，又能够充分凸显国家法律的强制性及其规制力。这种社会压力机制是我国社区网格化治理规范法治化转型过程中不可或缺的内容。因为真正稳定的法治秩序，必须是内在于社会的。正如有学者指出"市民公约、乡规民约、行业规章、团体章程都可以看作是习惯的成文版本，它直接反映了社会需要，是典型的规范镜像。对这一类别来说，维护社会秩序并不重要，因为，它们本身就是社会秩序。"[①] 广大公权主体和社会主体，应当自觉认同和遵守多元治理规范，在此基础上形成广泛的社会压力机制，相互督促守法遵规，而不是让这种治理规范仅仅成为公权主体用以管束社会主体的手段。

四、社会内在性视域下治理规范法治化的优化路径

立足于社会本位的法治观，基于社会内在性视域，法治化的网格化治理规范应当是多元化的，是充分遵循法律的社会内在性理论的。结合前文所述，公权主体和社会主体对现行治理规范的社会内在性认知缺失，进而阻碍了治理规范的法治化转型。因此为了实现治理规范的法治化的转型，网格化治理规范应当作出进一步的优化。具体可分为以下四条基本路径：一是构建和完善保有社会内在性的治理规范体系；二是强化和优化基于社会内在性的政府执法机制；三是强化和优化基于社会内在性的社区普法机制；四是强化和优化基于社会内在性的守法用法机制。

（一）保有社会内在性的治理规范体系的构建和完善

结合前文论述，网格化治理规范应当是多元化的，并充分保有社会内在性。因此，立足于社会本位的法治观，基于社会内在性视域，网格化治理规范的法治化转型需要构建和完善保有社会内在性的多元治理规范体系。具体来看，应当包括三条实现途径。一是丰富国家法律的社会内在性；二是优化社会规约的社会内在性；三是通过国家法律与社会规约的良性互动，整体强化多元治理规范体系的社会内在性。

首先，应当丰富国家法律的社会内在性，强化其在社区的实效性和可接受性。现代法律的社会内在性的丰厚程度，一方面，与法律承载的秩序、自由、公平、正义、效率等社会价值的丰富性以及它们与社会的契合度有关，与立法过程和内容的民主化程度有关。另一方面，取决于法律的基本精神、基本原则和主要规则为公权主体和社会主体主观内在认同的程度。因此，在强化法律内容的正当性、亲社会性，立法程序的民主性的同时，更应立

[①] 刘振宇：《规范体系的图景》，载谢晖、陈金钊、蒋传光主编：《民间法》（第23卷），厦门大学出版社2019年版。

足于通过强化公权主体和社会主体对国家法律的内在认同,强化国家法律的社会内在性。

其次,应当优化社会规约的社会内在性,强化其在社区的规范性和强制性。在群众自治制度确立为我国的基础性制度后,村规民约、居民公约建设也作为配套的规范建设开始为广大乡村和社区党政组织所重视。但与群众自治制度落实不到位的情况相适应,多数乡村和社区的所谓村规民约和居民公约,一直以来多是在上级党委和政府部门的指导和直接出面下,由乡镇党委政府(街道办事处)人员主导,村(居)两委配合制定,直接或仅仅通过农民(居民)的形式上确认予以公布的,或者是县(区)民政部门统一制定好下发给村(居)委会的。其内容和形式高度统一,许多内容脱离农村(社区)实际,内容和形式上都不接地气,缺乏农民(居民)的真正认同。[①] 此外,随着社会的进一步发展,社会组织的力量也在不断加强,社会组织规约逐渐增多,但是高质量的社会规约仍然少见。因此,要想通过社会规约建设,整体强化多元法律规则体系的社会内在性认知,应当着眼于高质量的社会规约建设。

应当看到,社会规约可以有效提升广大社会主体的规则意识,社会规约将国家法律的基本精神和规范价值内在化于基层社会。因此人们遵守社会规约,也就可以更好地遵守国家法律。在社区网格化治理规范法治化转型的过程中,要不断健全充满活力的基层群众自治制度,引导群众在党组织的领导下,在政府的指导下,依照宪法法律的规定,充分掌握相关知识和技能以后,制定和完善自治章程、村规民约、居民公约等自治规范。此外,我国还应当落实和完善村规民约、居民公约等自治章程草案的审核和备案制度,健全合法有效的村规民约、居民公约的落实执行机制,从而充分彰显村规民约、居民公约等社会规约在社区网格化治理工作中的作用。

最后,应当通过国家法律与社会规约的良性互动,整体强化多元治理规范体系的社会内在性。国家法律与社会规约的良性互动,不仅体现在各自调整规制领域的互补性,更体现为各自规制力的相互支持和保障。其根本原因在于,它们都是社会需要,并在均有丰厚社会内在性的基础上,可以形成良性互动。

国家法律规则并不因为具有国家强制性,就丢掉了其作为广义的社会规则依然具有的社会内在性;相反,其依然必须保留一定的社会内在性及立基于其上的社会压力机制。恰恰相反的是,社会规约只能依靠其自身的社会内在性所生发的规制力,来调整社会。在一定程度上,这正是它的先天优势,于一定的社会空间内还是非常有效的,起到国家法律所不能替代的作用。同时,现代高质量的社会规约,还因其承载了国家法律的基本精神、原则和主要规范,可以强化社会主体的规则意识,进而强化社会主体对国家法律的社会内在性认知,并与后者形成合力,进一步支持国家法律的国家强制性。

[①] 参见刘广登:《新乡贤与乡规民约的良性构建》,载谢晖、蒋传光、陈金钊主编:《民间法》(第17卷),厦门大学出版社2016年版。

综上所述，在社区网格化治理规范法治化的转型过程中，应大力支持和鼓励社区及其他社会组织制定高质量的社会规约。作为民间规范，既凭借社会主体的广泛内在认同，又凭借基层社会依据自身规约形成的社会公共权力的压力机制，和社会自发、半自发的压力机制，维护治理规范的实施和权威，调整和规范社会关系。因为这些高质量的社会规约，在内容和调整对象上与国家法律存在交叉或互补，也就同时强化了国家法律的社会内在性。因此社会规约的社会内在性与国家法律的社会内在性之间，可以形成高度耦合关系。这种高度耦合关系，可以在整体上强化公权主体和社会主体，对网格化治理多元规范体系的社会内在性认知，值得大力追求和积极建设。

（二）基于社会内在性的政府执法机制的强化和优化

社区网格化治理规范颁布并施行后，其生命力在于执行，在这个过程中，最重要的任务就是，强化和优化基于社会内在性的政府执法机制。正如有学者指出"有优秀的制度体系，有和谐的制度结构，但是如果缺乏卓越的执行能力，就会既影响制度运行的实效，也影响人民对制度的认同。"① 立足于社会本位的法治观，基于社会内在性视域，政府需要遵循法律的社会内在性理论，在社会内在性的视域下公正执法，具体就是指政府实行依法行政和服务型政府职能的转变。现代社会关系和事务的复杂性需要社会治理和执法精细化，所谓精细化，就是要强化执法与社会需要的契合性，并准确合理地执法，需要以问题导向校准治理重心，变粗放管理为精细治理。通过问题矛盾的早发现早化解、风险隐患的早排查早处置，变事后处置为事前预防，将更多的社会隐患或不稳定因素化解在萌发阶段，强化政府的预知预测预警能力，减少社会秩序、公共利益和人民生命财产受到破坏的重大事件及其消极影响。

因此，要通过进一步完善行政执法的法律规范、法律程序、法律救济制度，强化政府执法行为的合法性。具体来说，一是执法体制和人员的全面深化改革，执法力量向一线倾斜；二是执法工作的方式方法改革，全面落实科学执法、严格执法的基本目标，学会利用人性执法、柔性执法等先进手段和方法；三是健全执法工作的监督机制，完善内部监督与外部监督，强化人民监督和社会监督的有机结合；四是贯彻落实执法公开制度，加强网格化监管；五是加强内部建设，提高政府及其工作人员的法治素养，强化他们对社区网格化治理规范法治化的内在认同，将国家法律和社会规约作为内心信仰、自觉接受并施行的行为规范。

政府在社区网格化治理工作中，基于内在性视域的执法机制其实就是政府与社会主体进行沟通协作、服务与被服务的动态过程。在政府提供公共服务时，必须秉承内在化执法和法治理念，用法治思维和方式确保社会主体与政府之间的良性关系得以实现。具体来说，政府需要对社会治理事项进行功能化分类、并采取清单式管理，严格控制制约公权力

---

① 彭中礼：《智慧法治：国家治理能力现代化的时代宣言》，载《法学论坛》2020年第3期。

的形式，用制度来保障社会治理公权力的明确边界，合理划分政府的执法权与群众自治权的边界，确保公民依法有效实现其知情权、参与权、表达权、监督权等各项法定的民主权利。从而真正实现国家公权主体和社会主体之间的协同共治，实现权力与权利的平衡、权力与责任的平衡。最终达致良法善治，形成共建共治共享的社会治理新格局。

（三）基于社会内在性的社区普法机制的强化和优化

党和国家已经认识到，提高国民的法治素养，树立全民的法治意识，普及一定的法律知识，对于推进社区网格化治理工作至关重要。立足于社会本位的法治观，基于社会内在性视域，在社区网格化治理规范的法治化转型过程中，应当强化和优化政府推进、社会参与的社区普法机制，加强公众普法宣传教育。根据前文阐述的法律的社会内在性理论，只有人们充分认同了治理规范，内心信服治理规范，将守法、用法作为一种生活上的自觉，才有可能真正实现信仰法治的局面，社区网格化治理规范才能真正实现法治化。

在今后的长期一段时间里，要在全民普法宣传教育方面加强形式的创新，既要充分利用传统媒体例如电视、广播、宣传墙、书刊、报纸等，还要充分利用现代信息技术如网络、现代远程教育系统等媒介，大力宣传《宪法》《村委会组织法》《居委会组织法》等法律中所蕴含的基层民主自治和法治知识。运用多种形式特别是群众喜闻乐见的形式来宣传基层民主法治实践的历史性回顾。采用案例汇编等方式推介宣传群众参与基层民主法治实践的典型事例，做到法治理念和意识不断深入人心，使群众不仅做到对自己的民主权利清楚明白，而且还要学会如何正确地依法行使自己的民主权利，把他们积极参与基层民主法治的实践转变成为建设法治社会的自觉行动。让民众从深层次去理解法治社会建设的核心任务，强化社会主体对网格化治理法治化和法治社会建设的内在认同，将法律作为内心信仰、自觉接受并施行的社会规范，运用社会压力机制进行有效自治和他治。

（四）基于社会内在性的守法用法机制的强化和优化

网格化治理规范需要被社会主体遵守和运用，这样方能实现其生命力。正如有学者指出，"从法治层面来看，国家治理能力的最终实现，就必须是法律规则获得了每个公民的认可和遵守。"① 在片面强压的法律实施氛围下，广大社会成员也可能守法和用法，但那是在因恐惧法律强制性的心理占主导地位的低层次被动守法状态，其用法也主要是自身权益受到严重损害、难以容忍的被动用法。真正对网格化治理法治化建设有重大现实意义的守法和用法，应是积极主动的守法；或者是在具有较好的社会良知的基础上，因为相应社会压力机制的作用就能守法，相应地绝大多数社会主体会因为内在认同法律，会主动守法并维护法律；或者在国家公权主体的支持、倡导下依法化解矛盾纠纷，适时形成社会压

---

① 彭中礼：《国家治理能力是什么：现代法治理论的框架性回应》，载《东岳论丛》2020年第4期。

力,既能形成社会压力的威慑效应,又能及时、有效制止和矫正一些违法行为。这种主动性充分的守法、用法,就是基于社会内在性视域的守法、用法。党的十八届四中全会明确指出,"法律的权威源自人民的内心拥护和真诚信仰"①,就是对这种守法、用法机制的呼唤。社区网格化治理规范的法治化转型,对于促成这种机制的形成,应该可以大有作为。

其一,强化公权主体和社会主体对治理规范的社会内在性认知,丰富国家法律和社会规约的社会内在性。具体来说就是,利用社区网格化治理体制下日益强化的组织、动员社会能力和提供公共产品与服务能力,强化对自觉守法的公权主体和社会主体的鼓励,形成榜样或标兵效应,塑造知法信法尊法守法用法的良好社会氛围。这种做的最大好处在于,其减少意图违法违规者的存在几率,为社区网格化治理法治化建设提供最坚实的基础。一个具有较高社会内在性的多元治理规范体系的存在,就意味着其规范的社会成员,会基于其社会内在性的秩序现实性和主观认同性,自觉地遵守治理规范。

其二,完善社会主体用法施规机制的建设,规范并强化治理规范所蕴含的社会压力机制。治理规范的社会内在性的强化,需要依靠公权主体和社会主体对治理规范的内在认同、自觉遵守和施用它们而呈现出来。这种认同、遵守和施用多元治理规范体系的行为或氛围,对违法犯罪等行为形成直接、及时、有效的社会压力。这种社会压力的有效存在或运行,不仅以社会威慑力的方式,预防或阻止一些违法犯罪和违规的意图,也在很大程度上可以矫正一些违法违规行为,更可以运用多元治理规范体系的融合协同性,化解公权主体无力妥善化解的大量社会纠纷和矛盾。

目前,围绕社会压力机制的建设,至少应该做如下几个方面的工作。一是引导社会压力机制的良性运行。基层社会可以充分发挥基层党组织的引领和基层政府的引导作用,党员干部带头守法守正作用,守法守正典型的示范作用。还可以通过支持社会组织自我管理、自我约束,引导社会用法施规力量的健康发展,促进法律和社会规约的社会压力机制的良性运行。二是充分尊重和保护基于治理规范的社会内在性而形成有效的社会压力机制。基层社会应当使尊法守法、遵规守则的社会主体可以对违法违规意图或行为表现出更大的社会压力,与法律的国家强制性形成更大的合力,产生更大的社会威慑力。三是彰显法治带头人的积极作用。基层社会可以扶植、组织一批真正接地气、守法守正、可主事邻里的城乡社区"法杰""新乡贤"等,发挥他们用法施规的作用。将这些法治带头人与基层司法工作人员、法学界学者、律师、法学教师和其他法律职业共同体人员形成有效对接、配合,从而妥善化解社会纠纷和矛盾。

五、结语

社区网格化治理体制不仅是新形势下国家政策的考量,更是现代社会发展到一定历史

---

① 习近平:《中共中央关于全面推进依法治国若干重大问题的决定》,载《人民日报》2014年10月28日。

阶段的必然产物。大多数社会主体对于现行社区网格化治理规范的社会内在性认知缺失,没有从内心深处接受和认同治理规范,在一定程度上阻碍了治理规范的法治化转型。本文基于社会内在性视域,运用实证研究方法,分析了治理规范的现实困境,论证了治理规范的应然状态,兼及探讨治理规范法治化的优化路径。法律的社会内在性理论尽管没有成为通说,但立足于社会本位的法治观,其对于国家法律中心主义向多元法律主义的转变,有一定的理论借鉴意义。此外,我们关于社区网格化治理规范法治化这类实践问题的研究绝不能闭门造车、坐而论道,想当然地提出对策和建议,必须要深入到基层社会去了解和把握实践需求,更不可直接照搬照抄国外的相关制度,要确保理论研究具备真正的问题意识,符合中国实际国情,充分构建中国特色的基层社会治理理论体系。

The Normative Dimension of Community Grid Governance Rule by Law
——Based on the SocialInternality Perspective

Wang Qi

Abstract: Grid governance is the key to transform community into social governance community. Community grid governance needs to be transformed by law, which is the breakthrough to seek change in the construction of legal society, and also an effective way to realize the modernization of national governance system and ability. At the level of governance norms, the process of making and implementing governance norms does not take their social internality seriously, public participation is low, and most social subjects lack the social intrinsic cognition of grid governance norms. Seriously restricted the governance norms of the transformation of the rule of law. Based on the social standard, using the theory of social internality to analyze the norms of community grid governance is helpful. At the same time, we reveal its realistic predicament. Based on the social internality perspective, the rule of law of governance norms should be further optimized, which can be realized from four paths. The first is to construct and perfect the pluralistic governance standard system which maintains the social internality; the second is to strengthen and optimize the government law enforcement mechanism based on the social internality; and the third is to strengthen and optimize the community law popularization mechanism based on the social internality.

Key Words: grid governance; governance norms; rule of law; legal pluralism; social internality

经验解释

民间法视域下唐代立嗣亲子关系价值取向及其启示

曹薇薇[*]

摘 要 唐代对立嗣制度进行了较为全面的规定,其限制立嗣主体的资格,同时规定嗣子与嗣父母之间关系等同于亲父母子女关系,但嗣子与生父母在服制义务、刑罚方面仍有一定联系,在关系的解除上赋予了嗣子和嗣父母一定条件下的解除权。唐代立嗣制度体现了其维护未成年人和老年人利益、延续宗族、稳定社会的价值取向,而我国《民法典》收养章中的具体制度仍不能很好实现保护未成年人、养老两个价值,我国在完善收养制度过程中可以充分借鉴唐代立嗣制度的有关规定,建立成年人收养制度、增设不完全收养模式以及赋予未成年被收养人解除收养关系请求权。

关键词 立嗣 收养 嗣子 家庭 养老

现代社会很多家庭由于意外、生理等原因,存在没有子女的可能,此时收养作为除生育以外建立亲子关系的方式,对于保护儿童老人权益、维护社会稳定具有重要意义。我国现代收养制度仍有很多不完善之处,有必要从传统法中汲取营养进行完善。一方面中国的法治建设必须利用本土资源,建立与中国现代化相适应的法治。[①] 尤其是婚姻家庭关系不同于一般的合同、物权关系,其本质上具有伦理性,相比于国外对亲属关系的规制重于实现个人自由和价值,中国从古至今对亲属关系的规制要旨都是更注重确保家庭人伦秩序的圆满、实现家庭幸福安宁。因此在我国法制建设过程中,合同、物权立法可较多选择借鉴其他国家法律,亲属法的完善可以更多参考我国古代的相关规定。另一方面我国古代立

---

[*] 曹薇薇,法学博士,湖南大学法学院教授,博士生导师。
[①] 苏力:《法治及其本土资源》,载《中外法学》1995年第5期。

嗣制度与收养制度具有许多共性，唐代对此进行了较为详细的规定，其中大部分规定一直被延续至民国初年，不仅成为后世立法的范本，而且对近邻国家和地区的亲属法立法，产生了深远的影响，可见有其合理之处。因此有必要对唐代立嗣制度进行研究，以期完善我国现代收养制度。

一、唐代立嗣内容

立嗣，也称过继或过房，是封建社会普遍适用的一种宗法制度，指无子或户绝的家庭过继家庭之外的男性为子，以继承家产，充当家庭的身份继承人，肩负宗祧继承责任的制度。[①] 我国历史上的立嗣行为最早产生于何时已无从考证，但最早见于法律是在唐朝，《唐律疏议》对民间的立嗣行为进行了较为全面的规定，其中大部分的法律规定一直被延续至民国初年。其对于立嗣行为的规定主要有四个方面：

（一）立嗣者及嗣子的资格

1. 立嗣者的资格

《唐律疏议·户婚律》规定，"无子者，听养同宗于昭穆相当者。"[②] 立嗣的主要目的就是当一户家庭无子时有人能继承宗祧，因此唐代法律规定立嗣者必须是无子，同时做决定的往往是丈夫。根据"寡妻妾无男者，承夫分。若夫兄弟皆亡，同一子之分。有男者不得别分，谓在夫家守志者。"[③]，当无子家庭的丈夫死亡后，妻子有了财产的支配权，自然也可以决定为丈夫立嗣子，这种由妻子为丈夫立嗣的行为一般称作"立继"。而在夫妻俱亡没有留下继承人时，法律虽未规定，但实践中经常由父母兄弟来安排嗣子，称为"继绝"，如《旧唐书》中记载了唐高祖为早逝的邓王立后。高祖第十七子，邓王元裕"麟德二年薨，无子，以弟江王元祥子广平公灵，嗣。"[④]

2. 嗣子的资格

立嗣者选择的嗣子有一定限制，唐代法律对嗣子做了三方面的限制：

首先必须是"同宗于昭穆相当者"[⑤]，即要选择与自己未能出生的亲子辈分相当的同宗之人为嗣子，且必须是男性。但是当时实际情况并不完全这样，很多人立同宗孙辈，甚至是兄弟或从兄弟为嗣子，如李源本是唐德宗的孙辈，却由唐德宗收养。"文敬太子源，德宗之子，本顺宗子，上爱念之，养为子。"[⑥] 唐高祖的儿子江王元祥也是立孙辈为后。作为礼法代表的王室尚且如此，民间类似情况也是常常发生。

[①] 参见吕宽庆：《清代立嗣继承制度研究》，河南人民出版社2008年版，第77页。
[②] 长孙无忌：《唐律疏议》，中华书局1983年版，第238页。
[③] 长孙无忌：《唐律疏议》，中华书局1983年版，第241页。
[④] 刘昫：《旧唐书》，中华书局1975年版，第2433页。
[⑤] 长孙无忌：《唐律疏议》，中华书局1983年版，第238页。
[⑥] 《唐会要》，中华书局第1975年版，第48页。

其次，禁止立异姓男子为嗣子，除非是三岁以下的孩子，被父母遗弃后性命垂危时可以改姓收为嗣子。"异性之男，本非族类，违法收养，故徒一年违法与者，得答五十。养女者不坐。其小儿年三岁以下，本生父母遗弃，若不听收养，即性命将绝，故虽异姓，仍听收养，即从其姓。"① 之所以禁止立异姓为嗣，源于人们"异性男非族类"的思想，但其也规定了例外，这个例外实际上是出于仁义之道和对生命的重视，实际上是在无社会保障制度的社会中为被弃幼儿寻找一种社会救济制度，意在解决遗弃幼儿的社会问题。

同样实践中也不完全遵守规定，司空图无子"以其甥荷为嗣，荷官至永州刺史……以甥为嗣，尝为御史所弹，昭宗不之责"②，司空图以其异姓外甥为嗣子，其凭司空图的恩荫补官当上刺史，虽然因此被御史弹劾但皇帝并未责备处罚。敦煌发现的唐末宋初的《养男契约格式》中就有专门针对收养外甥的条目，其中"百姓人专甲，先世不种，获果不圆，今生孤独一人，更无子息。忽至老头，无人侍养。所以五亲商量，养外甥甲，以姓名为如……"。通用的格式都以收养外甥为例，可见在当时收养外甥外孙已经不是个别行为。

最后，唐律禁止立不同阶层的人为嗣子。唐律规定"若有百姓养杂户男为子孙者，徒一年半。养女者，杖一百。若养部曲及奴为子孙者，杖一百。各还正之。"中国古代阶级等级制度虽不及古时印度的种姓制度残酷森严，但是还是存在着贵族、平民、部曲的等级划分，各等级之间有着不可逾越的鸿沟，不可通婚、不可结亲交往，不但制度明文规定，且人们一旦跻身上层社会，便都不愿降低身份与下层社会的人们交往或通婚。在立嗣方面，唐律规定如果良人收养贱民为子嗣，则要受到刑罚，可见立嗣者必须收养和自己等级身份相同的嗣子。

（二）嗣子的权利义务

唐律涉及养父母与养子女关系是这样规定的："其嫡、继、慈母，若养者，与亲同。"③ 嫡母、继母、慈母，或收养自己的父母，对自己与亲生者同样对待。接下来则进一步解释："'若养者'，谓无儿，养同宗之子者。慈母以上，但论母；若养者，即并通父。故加'若'字以别之，并与亲同。"即上述嫡、继、慈母，只限于母而言；若无子收养宗族内人的子女的，则养父与自己也等同于亲生者。可见唐律确立了收养的嗣子与嗣父母的关系与亲父母子女关系相同。唐代继承宗祧和爵位采用嫡长子继承制，所立的嗣子通常是嫡子，有权继承宗祧和爵位。比如唐末河中节度使王重容"无子，以其兄重简子珂为后。重荣卒……军中乃以珂重荣子，立之。"④ 王重容养子继承其职位，但也有出现嗣子不能继承爵位的情况，《文苑英华》中载《子侄承袭判》中"武功申将军沛公王伯宜身死

---

① 长孙无忌：《唐律疏议》，中华书局1983年版，第238页。
② 欧阳修等：《新唐书》，中华书局1975年版，第5574页。
③ 长孙无忌：《唐律疏议》，中华书局1983年版，第238页。
④ 《旧五代史》，中华书局1986年版，第1618页。

无子孙，其妻陈氏遂养再从侄承袭事。"① 案例中王伯宜没有子孙，其嗣子也来自"同宗昭穆相当者"，但最后的判词却是"继绝立嫡违法，自有全科，无后国除，宜从甲令。"养子被判无权获得养父的爵位，其原因不仅包括出于维护宗族血亲，还有政治上的种种原因。到了唐末五代时期，嗣子还常常由军将拥立，接替养父的权力。

在继承财产方面唐律进行了明确规定，"诸应分田宅及财物兄弟均分，……，兄弟亡者，子承父分，（继绝亦同）兄弟俱亡，则诸子均分。"夫妻死后收养的嗣子称为"继绝"，继绝亦同即明确表明嗣子与亲子一样有财产继承权，并且如果收养嗣子后还要其他兄弟的话是均分。同时，嗣子也要与亲生子一样履行生养死葬义务。通常嗣子的权利义务会在立嗣文书中明确写明，日本学者仁井田陞先生考证了唐朝中后期的立嗣文书，其中一篇是吴再昌的《立养子文书》，记载到："百姓吴再昌先世不种，获果不圆，今生孤独一身，更无子息，忽至老头，无人侍养。所以五亲商量，养外甥某专甲男姓名为如。自后切须恭勤，孝顺父母，恭敬宗绪，恳苦力作，侍养六亲"② 这篇文书中明确了被收养人的宗祧继承权和赡养义务。

可以看出，唐律确立了收养的嗣子与嗣父母的关系与亲父母子女关系相同，嗣子具有继承宗祧、爵位、财产的权利，同时也有生养死葬义务。而对其本生父母失去了这些权利和义务。但是，在服制义务和一些刑罚规定上，嗣子却会保留与生父母的部分关系。

丧服制度是中国亲属法的亲等制度，礼制将本宗九族内的丧服划为斩衰、齐衰、大功、小功、绍麻五等。古代用丧服的等差来区分亲属关系的亲疏远近。由斩衰至缌麻，丧服的衣料由粗劣渐次到精细，制作也由粗放渐次讲究，穿着的时间也逐渐趋短，与此相应，亲属关系也由近趋远、由亲趋疏。在服制方面，嗣子对嗣父母和本生父母有着双重的亲属关系。"称袒免以上亲者，各依本服论，不以尊压及出降，义服同正服。"③ 对于养父系来说，由于收养关系一经确立，双方就形成拟制自然血亲的权利与义务的关系，养子对于养父、养母及养父系、养母系的服制等同于亲子。而对于生父系来说，嗣子由于身份的变化，亲属的服制等级也要随之变化。"妇女出嫁，若男子外继，皆降本服一等"，④ 表明男子出继给另一家为嗣子时，其与本家亲属间的丧服原则上要下降一等。这在《大唐开元礼》也有所记载，"凡为人后者，本亲降一等，其妻又降夫以等"，并制定了较为详细的表格。

（三）嗣子的有关刑罚规定

1. 缘坐方面

缘坐是基于亲属关系的连带刑事责任制度，唐朝的缘坐主要适用于谋反、谋大逆等罪

---

① 《文苑英华》，中华书局1966年版，第2743页。
② 仁井田陞：《唐宋法律文书的研究》，东方文化学院东京研究所，第511－542页。
③ 长孙无忌：《唐律疏议》（名例律），中华书局1983年版，第238页。
④ 长孙无忌：《唐律疏议》（卷六），中华书局1983年版，第238页。

行，一般不适用其他罪行。《唐律疏议·贼盗律》规定，出养者，从所养家缘坐，不涉本生。……诸谋反及大逆者，皆斩。父子年十六以上皆斩，十五以下及母女、妻妾、子妻妾亦同祖孙、兄弟、姊妹若部曲、资财、田宅并没官，男夫年八十及笃疾、妇人年六十及废疾者并免。伯叔父、兄弟之子，皆流三千里，不限籍之同异，虽与反逆人别籍，得罪皆同。若出继同堂以外，既不合缘坐。又有即虽谋反，词理不能动众，威力不足率人者，亦皆斩。谓结谋真实，而不能为害者若自述休征，假托灵异，妄称兵马，虚说反由，传惑众人而无真状可验者，自从袄法父子、母女、妻妾，并流三千里，资财不在没限。其谋大逆者，绞。①

这表明，嗣子被嗣父母收养后，由于两者之间的关系如同亲生父母子女关系，嗣父母犯了罪行，嗣子都要缘坐。对于生父母，当生父母犯了一般罪行或者谋反大逆未构成危害情况时，嗣子不受本生父母所犯罪行影响；当生父母犯了谋反大罪同时已经构成危害情况，分两种情况：若养父与生父在同堂之内，嗣子与生父构成缘坐，要流放三千里。若养父与生父属于同堂之外，则不构成缘坐。

2. 容隐方面

嗣子在出养他家之后，在容隐方面也仍然留有对其本生之家的关系，"诸告祖父母、父母者，绞。谓非缘坐之罪及谋叛以上而故告者，下条准此。即嫡、继、慈母杀其父，即所养者杀其本生，并听告。按律，子孙告祖父母、父母者，不论所告是否属实，除谋反大逆外，均处绞，祖父母父母则以自首论处。"② 嗣子告嗣父母的处绞刑，只有当所养父母杀其亲生父母，则由于与亲生父母的关系，法律允许他告官。

（四）收养关系的解除

对于立嗣之后收养关系的解除，《唐律疏议·户婚律》规定，"无子者，听养同宗于昭穆相当者。既蒙收养，而辄舍去，徒二年。若所养父母自生子及本生父母无子，欲还本生者，并听。即两家并皆无子，去往亦任其情。若养处自生子及虽无子，不愿留养，欲遣还本生者，任其所养父母"。③ 可见，唐代禁止立嗣关系的随意解除并规定了相应的刑罚，但是又规定了三种例外情况：当嗣父母收养后又生了孩子，同时嗣子的亲生父母无子时，嗣子想要解除收养关系时可以由双方共同商量嗣子的去处；当嗣父母与生父母都无子时，嗣子有权决定是否离开；当嗣父母收养后又生了孩子或者不愿意收养时，立嗣者有权随意解除收养关系。可以看出在收养关系中传统的父家长制仍然占据着主导地位，收养双方的地位是极不平等的。

---

① 长孙无忌：《唐律疏议》（卷十七），中华书局1983年版，第238页。
② 长孙无忌：《唐律疏议》（卷二十四），中华书局1983年版，第238页。
③ 长孙无忌：《唐律疏议》，中华书局1983年版，第238页。

二、唐代立嗣亲子关系的价值取向

（一）保障未成年人成长和老人养老

无论是国家法还是民间法，唐代的立嗣文化很明显地体现了扶幼这一价值追求，一方面国家法虽然禁止收养异姓男子为嗣子，但规定了收养三岁以下性命垂危孩子的例外，同时父母对于未成年嗣子自然也要履行抚养义务，这都体现了对于生命的重视和对儿童利益的维护。另一方面立嗣也赋予了养子一定权利。第一，并未规定嗣子是否可以拒绝被选为嗣子，因此理论上嗣子可以拒绝，尊重了嗣子的自由意志。第二，其赋予了嗣子在一定情况下的解除权。其规定嗣子在生父母无后的情况下，当嗣父母有子时嗣子可以协商解除，当嗣父母无子时嗣子有权解除，给了嗣子去留的自由，这在一定程度上维护了嗣子的利益。可以说，虽然唐代嗣父母在立嗣制度中占据主导地位，但统治者还是考虑并维护了未成年人的利益。

除此之外，立嗣通过拟制亲子关系，也有保障老人养老的价值追求。在古代中国，一方面老人年龄增长逐渐丧失劳动能力，没有收入来源维持生活，另一方面老人存在着行动不便，记性差等问题，同时也有可能由于疾病导致丧失判断能力，存在人身和财产的风险，因此老人需要有人提供经济帮助和进行看护。而唐代虽然规定了养老政策，但社会养老制度尚不完善，家庭养老仍是最主要的养老模式，由于女儿出嫁后要迁至夫家，所以家庭中一般是由儿子对老人履行生养死葬义务，进行生活照料和陪伴，管理财产。当家庭中缺少男性子嗣作为承担养老功能的人时，老人的养老生活难以得到保障。此时通过国家法规定立嗣制度，允许人们立嗣，通过让嗣子履行赡养等义务以保障养老生活。其对于嗣子并未限制年龄，也是考虑到了相比于未成年人，成年人作为嗣子具有更好的照顾能力和经济能力。在民间法中，人们习惯在立嗣文书中写明嗣子的权利义务，其中就包括了赡养义务。当嗣子不履行时，嗣父母可以凭此诉诸官府。另一方面，实践中常常出现人们收养不符合条件的嗣子的情况，这是由于找不到合适的嗣子而又亟需养老，其得到了实际上的认可，这种认可实际上也体现了当时政府对养老的追求。

（二）延续宗族

传统中国社会是一个宗法社会，整个社会以家庭、家族、宗族为基本取向单位，家族由若干具有相近的血缘系的家庭组成，"家族本位"观念深深植入每个普通中国人的价值观里，它是以家族利益至上为出发点的一种思维方式，重群体轻个人，每个家族成员首先要考虑的是对家族权威的服从和对家族应尽的义务。因此延续宗族是每个人的大事。

立嗣对于宗族的延续具有重要作用。古人相信"灵魂不灭"，祖先死后肉体虽消失了，灵魂却在"阴间"仍仍活着，也有饮食的欲望，因此祖先的灵魂必须"血食"，这就需要通过人世的子孙祭祀等形式来供奉。如果死后得不到祭祀，就会变成"厉鬼"祸害人间。

"国之大事,唯祀与戎",整个社会都把祭祀祖先视为头等大事,家族的子孙需要通过祭拜祖先,凝聚宗族,避免家族的分裂。同时又由于封建统治阶级是依靠宗法世袭制来维护统治,强调正统血缘关系。在统治阶级的号召下,家族祭祀只能由于死者有血缘关系的直系男性子孙来主持。缺少男性子嗣祭祀的家族在大众的眼中相当于"绝后",会使祖先血脉断绝,也会导致家庭内部的权力处于不稳定状态,从而对宗族的稳定造成冲击。另一方面,男性子孙也需要继承并管理家庭的财产,避免财产落入外人手中导致家庭衰败。因此家族需要一个男性子嗣来继承宗祧和财产,维持家族的延续。唐代统治阶级规定立嗣制度,允许无子家族收养子嗣实际上是当时宗法制下延续宗族、维护统治的必然要求,同时还限制了嗣子的性别和身份地位,要求是同宗辈分相当的男性,也是为了维护大小宗族血统上的延续性。唐代立嗣制度通过设立嗣子来继承宗祧、财产正是贯彻了其对于延续宗族,稳定家族关系的价值追求。

(三) 维护社会稳定

唐代立嗣为了维护社会稳定,采取的收养模式介于完全收养和不完全收养之间,原则上拟制的养子女与其本生父母及其他近亲属的权利义务关系仍有一定程度的保留,主要是在服制义务、刑罚方面。一方面即使子女已经过继给别人,作为亲父母的儿子生下来这种自然的事实完全没有变动,因此对于生养自己的父母,还是需要履行基础的服制义务,这符合儒家"孝"的观念,使得立嗣不至于打破社会平衡。也在客观上使一些家庭更愿意将自己的孩子过继给他人,使立嗣制度能够继续发展下去。另一方面在刑罚上子女与生父母之间也有缘坐关系,加强了子女与生父母之间的联系,更便于统治者的统治。

同时,家庭是社会的基本单位,在遵循宗法制的古代中国,由若干家庭组成的家族满足着各种社会性需要,因此亲子之间的关系不仅影响家庭,更是会间接影响社会的稳定与发展。同时,只有未成年人得到教育和成长,老人的养老得到保障,社会才能稳定。因此,唐代统治者通过规定立嗣制度规制亲子关系来维护社会的稳定和统治,也在一定程度上实现了这些价值追求。

三、我国现代民法典收养章中的价值取向及其体现

(一) 民法典收养章的背景

收养是指公民依法领养他人子女为自己子女,从而使收养人和被收养人之间建立拟制亲子关系的民事法律行为。[①] 中国的近现代收养制度起源于清末的变法修律,其作为亲属制度的重要组成部分,与立嗣制度具有许多共性。在我国的实践中,收养现象也比较普遍,从民政部近几年的统计数据来看,每年全国办理家庭收养登记的数量基本维持在两万

---

① 陈苇:《婚姻家庭继承法学》,中国政法大学出版社2011年版,第174页。

件左右。2020年5月28日，第十三届全国人民代表大会第三次会议通过了《中华人民共和国民法典》（以下简称《民法典》），自2021年1月1日起施行。基于收养制度与婚姻制度密切的关联性以及民法典的体系性，其在婚姻家庭编下专设第五章规定"收养"，以《中华人民共和国收养法》为蓝本编纂而来的。

这次《民法典》婚姻家庭编充分贯彻社会主义核心价值观，以文明、和谐、自由、平等、法治、友善等社会主义核心价值为导向，构建了新时代多元、文明的婚姻价值理念。第1043条规定了婚姻家庭的倡导性规定，强调家庭文明建设，注重个体的自由和价值，加强对弱势群体的保护，敬老爱幼等。其中收养章就体现了对弱势群体的保护，其又分为保护未成年人利益和保障老人养老这两个价值取向。

（二）保护未成年人利益的价值取向

1989年《儿童权利公约》确立了儿童利益最大化原则，随后包括英国、哥伦比亚等在内的多国在收养制度中确立了该原则，其重视保护儿童权利，维护被收养人的利益诉求，在立法上不仅限制收养人的资格，还让法院介入收养过程中以更好保护儿童利益。而我国收养法中尚未确立儿童利益最大化原则，但保护被收养人利益是我国收养立法的重要指导思想。《民法典》婚姻家庭编中强调家庭成员要敬老爱幼，明确收养应当有利于未成年人的原则，并对收养人的年龄、收养能力、婚姻状况、子女状况都作了详细规定，对收养人的收养条件各方面的限制正是为了确保儿童被收养后能有一个健康快乐的成长环境和生活条件。同时，我国采收养登记主义，进一步强化了国家公权力的介入和监督，也正是坚持有利于未成年人的原则体现。

尽管现行法确立了保护未成年人利益的价值追求，但是该价值并没有很好地落实到在具体制度设计中去。现行法的有些规定没有实现对于被收养人利益保护作用，甚至是抑制了对于未成年被收养人利益的保护。其没有赋予未成年养子女解除收养关系请求权，没有规定在收养过程中进行监督的机构及其职责等等，使得实践中存在大量以收养名义行不法之事的案件，包括以收养名义买卖、奸淫儿童，收养后虐待儿童，等等。这种"收养"不仅没有保护未成年人权益，反而是侵害了他们的利益。

（三）养老的价值取向

随着社会的发展，人们逐渐意识到收养对解决养老问题的重要性，从关注育幼功能向关注养老功能转变。在老龄化的今天，养老也是收养立法的价值取向之一，在国外收养的养老价值体现在两方面，一是成年人收养未成年子女后年老时得到子女的赡养，二是老年人收养成年子女得到赡养。

而我国只规定成年人收养未成年子女形成拟制血亲关系，年老时可以得到赡养。并未规定收养成年人制度，我国存在大量的失独老人、空巢老人，他们年老时日常自理能力衰减，面临许多人身和财产安全问题，此时如果能够收养一个与自己关系密切的成年人作为子女，照顾自己的日常，不仅能够保护这些弱势群体的利益，还能缓解国家的养老压力。但是收养章并未规定收养成年人，使得保障养老这一价值功能不能得到很好的实现。

四、立嗣价值取向对我国收养制度的启示

（一）确立成年人收养

现代立嗣制度已经被废除，但唐代的立嗣制度同现代收养制度在价值取向上都具有维护未成年人利益、保障老人养老两方面内容，只是在具体制度规定上略有不同，收养法作为调整社会收养行为的法律规范，深受社会变迁的影响。可以说，诸种主客观条件的变化对现行收养法也带来了一系列的冲突和挑战，这些缺陷的本质是现行收养法的规定与社会收养需求之间的矛盾，即收养法的滞后性和不适应性。如前文所述，《民法典》收养章中的具体制度在当前不能很好实现保护未成年人、保障养老两个价值。而唐代由国家法和民间法组成的立嗣制度通过规定立嗣主体资格的例外、主体间的权利义务以及赋予解除权，在客观上维护了未成年人和老人的利益，维护了社会的稳定。这些制度规定虽然具有一定的历史局限性，但在一定程度上也符合敬老爱幼的优良家风，符合当代家庭文明建设的要求。民间法形成于人们的日常行为，使得其不仅包含传统内容，也包含着"现代"内容，其一直都是一脉相承，接续传统，也接引未来。因此，现代收养制度的完善可以适当借鉴国家法和民间法规定的立嗣制度。

前文提到，唐代规定立嗣制度是保障老人老年生活的需要。其对于嗣子并未限制年龄，也是考虑到了相比于未成年人，成年人作为嗣子具有更好的照顾能力和经济能力。在现代，这种不限制养子年龄的方式也有利于老人的养老，我国法律早已废除立嗣制度，同时并未规定成年人收养，但收养成年人作为自己的孩子继承财产、赡养自己的行为仍然广泛存在于我国农村地区。这种行为即便不能得到法律层面上的承认和提倡，但在广大农村这种熟人社会中却可以得到承认。这说明成年人收养在民间还是广泛存在着的，其在我国是有着一定的现实需要的。

首先，我国存在大量的失独老人，他们年老时日常自理能力衰减，面临许多人身和财产安全问题，此时如果能够收养一个与自己关系密切的成年人作为子女，照顾自己的日常，不仅能够保护失独老人的利益，还能缓解国家的养老压力。其中收养成年人会比收养未成年人更有利于他们的养老：一方面是由于失独老人曾经的大部分财产都投入到了之前子女的培养当中，而当代养育一个孩子的成本极大，老人的积蓄和退休金难以支撑。另一方面老人也容易溺爱年幼的子女，或者由于年龄差过大出现很多沟通问题。同时成年人相对于未成年人拥有更好的照顾能力、经济能力，能消除失独老人老无所依、老无所养的忧虑，因此他们更希望、更需要得到成年人的照料。

其次，民法的基本精神就是意思自治，如果老人能够找到合适的、自愿的成年人作为自己的养子女照顾自己，且并未违背社会公序良俗，实际上符合民法意思自治的精神。现实生活中也常常有一些收养成年人的新闻，而法院对于特殊收养能否收养成年人看法不一，易导致同案不同判减损法院公信力，不如先行由法律、司法解释等进行明确。

最后，保护未成年被收养人的利益一直是各国收养立法的重心，但在老龄化社会中各国已经纷纷重视收养法的养老功能，规定成年人收养制度，在收养成年人的条件、收养的程序、法律效果、收养的撤销以及终止等都有相关的立法例，我国可以进行相应的借鉴。因此，我国有必要尽快完善法律或出台相应司法解释，规定可以收养成年人。

（二）增设不完全收养模式

前文提到唐代立嗣为了保障养老和维护社会稳定，采取的收养模式介于完全收养和不完全收养之间，这种收养模式在现代仍具有重大意义。我国现代收养法采用的收养模式为完全收养，原因是这种断绝养子女与原家庭之间关系的收养模式可以让未成年被收养人更快更好地适应新的家庭，有利于被收养人与收养家庭建立良好稳定的收养关系。不可否认，完全收养的模式对于维系收养人与被收养人之间的关系具有积极的意义。但随着社会的发展，仅规定完全收养一种收养模式，很难应对社会上新的收养需求以及被收养需求的出现。在收养成年人时，完全收养模式具有以下不足：第一，完全收养成年人未必会让成年人更快适应新家庭。成年人在各个方面的条件已趋成熟，有自己的一套行动规律与行事习惯，即使是断绝与原生家庭的法律关系，也不易完全融入被收养家庭。第二，完全收养成年人易使收养法养老目的落空。对成年人收养实行完全收养，即要求被收养人断绝与生父母之间的父母子女关系，但现实生活中很多家庭都只有一个子女，一方面大多数人不会选择断绝与生父母之间的关系而去照顾其他老人，使得通过收养法来实现"养老"的目的落空。另一方面，即使被收养人接受了该条件，也容易导致在解决了一对老年人的养老问题的同时又增加了一对需要他人赡养的老年人，这无异于是一种拆东墙补西墙的做法，并不能从根本上解决问题。第三，完全收养成年人易导致社会问题。对于那些想要逃避赡养父母义务的子女来说，故意与他人形成收养关系从而断绝与亲生父母之间的关系是一个好办法。同时，保留成年人与生父母之间的部分关系，更符合中国人的文化传统，使收养成年人更能被社会所接受。

由于我国《收养法》中对未成年人收养一直以来都是采取完全收养的模式，这也符合未成年人利益最大化的原则，因此没必要将未成年人收养纳入不完全收养的对象中。不完全收养的对象应为成年人，法律应规定成年人收养适用不完全收养模式，被收养人与收养家庭之间因收养的成立而形成拟制血亲关系，同时还保留与原"家庭"的权利义务关系，即不完全收养中的被收养人同时与收养家庭以及原"家庭"保持亲属关系。通常来讲这种权利义务关系主要包括抚养与赡养、继承两方面的内容。

(三) 赋予被收养人解除收养关系请求权

唐代立嗣制度在一定程度上维护了未成年人养子的利益,最主要的体现之一就是其赋予养子解除收养关系的权利。我国收养法以维护未成年人利益为原则,但在收养关系的解除上,其只赋予了送养人的解除权,并未规定被收养人和收养人的解除权。在养子女成年前,只能由送养人、收养人协商解除,或者是当送养人不履行抚养义务、虐待遗弃被收养人时由送养人主张解除,这实际上对未成年收养人是不利的。一方面,收养成立后,送养人和被收养人实际上已经不再具有法律关系,不能保证送养人能够查看被收养人的生活情况,及时发现被收养人受虐待的情况。另一方面,被收养儿童是收养法律关系的主体,理应享有收养成立的同意权和收养关系解除的请求权。我国《民法总则》规定,八周岁以上的未成年人为限制民事行为能力人,可以独立实施纯获利益的民事法律行为或者与其年龄、智力相适应的民事法律行为。《收养法》第26条款规定,"……养子女年满十周岁以上的,应当征得本人的同意"。由于收养法制定时限制行为能力人年龄还未修改,因此其规定的是十周岁为界限。但足以说明立法已经考虑到了年满十周岁的未成年人具有一定的辨认和控制能力,未成年人的这种辨认能力足以判断自己是否需要继续留在收养家庭。因此,法律可以赋予八周岁以上的被收养人解除权,避免实践中收养人采取家庭冷暴力或者不利于身心成长的方式对待被收养人,侵害被收养人利益的情况。

五、结语

如何对待和利用传统法律文化一直是当前学者研究的热点问题。唐代首次对立嗣制度进行了规定,包括限制嗣子的资格,维持嗣子与生父母的关系,本质上都是为了让合适的嗣子继承宗祧,维护无子家庭和社会的稳定,具有历史的合理性。这些规定在当代仍有许多值得借鉴之处,在建设法治中国的过程中有必要对其进行深入地挖掘,并加以创造性地转化以完善我国现代收养制度。

The Value Orientation and Enlightenment of Parent – Child Relationship in Tang Dynasty from the Perspective of Folk Law

Cao Weiwei

Abstract: In Tang Dynasty, the heir inheriting system was regulated comprehensively. It restricted the qualification of the heir and regulated that the relationship between the heir and his parents was the same as the relationship between parents and children. While there is still a certain connection between the heir and his birth parents in the aspect of clothing obligation and penalty. And it gives heir and his parents the right to terminate the relationship under certain conditions. The heir inheriting system in Tang Dynasty embodied its value orientation of safeguarding the interests of the minors and the elderly, continuing the clan and stabilizing the society. However, adoption chapter of our Civil Code is still not very good at safeguarding the interests of the minors and the elderly. In the process of perfecting the adoption system, we can learn from the relevant provisions of the heir inheriting system of tang Dynasty, establish the adult adoption system, add the incomplete adoption mode and give the minor adoptee the right to ask for the termination of the adoptive relationship.

Key Words: the heir inheriting system; adoption; heir; pension

中西方法律传统中的地理性

孙日华　赵卓越

摘　要　地理因素会影响一个地区与一个时代秩序的形成，并根植于该民族的基因之中。较其他国家而言，复杂的地形在一定程度上造成了中国法律具有较强的稳定性、宗族性与皇权性，而地形破碎的欧洲则具有得天独厚的商品贸易条件，信息交换需求更高，法文化具有多元性强、断裂性强、民主性更强的特点；中国的土壤更易发展农耕经济，商品经济发展有限，从而导致了中国古代刑法的发达与传统私法的式微，而土壤贫瘠的西方人为了生计不得不时刻处于交易之中，传统私法由此得以发展；同样的，在气候影响下，古代中国形成了具有时令特色的法律传统，欧洲的教会法取得了一定发展。地理因素对法律传统的影响是深刻的、潜移默化的，同样也是非常有研究价值的，主要从地形、土壤、气候三方面来讨论地理因素对中西方法律传统产生了怎样的影响，既有理论的乐趣，更有建构现代法治的渊源意义。

关键词　地理环境　地形　土壤　气候　法治

引　言

基于地形、土壤和气候这些地理性的碎片对中西法律文化传统的考察是概率意义的，毕竟无法做具象化的解读，从一种宏观视野观察，发现因为地形因素造成的国别之间的交往成本、风俗习惯等的显性差异，而这种差异足以构造一定社会整体"气候"与习惯，并最终导致制度构造之间的差别。因此，这种分析可能遭受实证主义的质疑，确实"横看成岭侧成峰，远近高低各不同"，但关注"多数人"同时也有降低思维成本的现实价值，

---

* 基金项目：河北省普通高等学校青年拔尖人才项目（编号：BJ2014095）。
** 孙日华，法学博士，河北地质大学法政学院副教授、硕士生导师；赵卓越，河北地质大学法政学院硕士研究生。

整体主义思考可以获得一般意义上的普遍知识，并一定程度知其然也知其所以然。

地理性因素对于法律的影响，孟德斯鸠在《论法的精神》中已有涉及，其分析了欧洲的地理情况，并据此解读了区域差异对于法律形成的天然影响；梅因则从法律的"民族精神"方面对地理影响法律方面做了论述；吉而兹则从"地方性知识"的角度分析了法治的差异性构造。现代西方法社会学者也在一定程度上强调了法治的区域性差异，其地理性因素是原因之一。反观，国内学者，以谢晖教授为首的民间法研究学者，对于广植于中国大地的民间法、习惯法做过多年系统的深刻论述，其中不乏关于地理因素造成了法律的不同形态；张中秋教授则从中西法律文化传统对比的角度阐述了差异的系列要素，其中也不乏地理要素对于不同法律传统的影响。应该说，中西方学界大量关于法律传统的论述，均触及了法治形成的重要质素，也凸显了地理性因素的对比，对于论证法治发展具有重要的历史价值和现代意义。本文将重拾地理要素中的几片美丽枫叶，以点带面，论述因地形、土壤和气候原因，造就了中西方法律传统的差异，以及延伸至今仍然具有重要差异性影响的法治形态。为何选取上述三个方面，可能遭到挂一漏万的质疑，但在传统社会里，这三个因素在以农业为主要生产力的国度里是无法逃避的选择，其决定了一个国家人民的基本生活样态。虽然对于现代智能时代的我们，这些要素似乎没有那么重要，甚至可以通过科技手段予以改变，但从久远的历史出发，一路走来，选取其展开法律传统的论述，其具有脉络传承的重要价值。

新时代，中共中央关于全面推进依法治国，中国特色的社会主义法治体系已经形成。在面对百年未有之大变局，法治对于国家治理以及建构人类命运共同体则具有重要的价值，追根溯源，从地理性因素考察中西法律传统的历史性差异以及现代意蕴，同样能够带来智识上的启发。历史一直在延续，其仍然在影响着一个民族的发展走向，对于历史的考察，依旧能够对于现代法治建设具有启发意义，这将是本文要追求的价值诉求。本文将从法社会学的角度，适当运用经济分析的方法，对中西法律传统中的地理性因素角度做一部分的切片检验，据此得出一些基本结论，并试图为法治的完善提供一点思考的进路。还需要说明的是，本文虽然做的是中西法律传统的对比，但主要是站在欧洲的角度分析，毕竟欧洲是西方法律传统、法律制度的起源。

一、地形：复杂与开放形塑法律思维的差异

（一）复杂的中国地形

1. 稳定性——高昂信息交换成本与信息稳定性的依赖

对比欧洲和阿拉伯半岛几乎一马平川的地形，中国的地形环境显得极为复杂，在我国辽阔的国土之上，有着33%的山地、26%的高原、19%的盆地、10%的丘陵与12%的平原。单从地形条件上来看，想要形成一个以稳定疆域为基础的政治文化共同体是非常困难的，而文化的趋同更是具有很大的难度，时至如今，我国依然保持着璀璨而多样的民族文化，我国之所以能够保留如此之多的民族以及民族文化，我认为更重要的原因并非是它足

够丰富与精彩,而是因为我国许多地区的人民受到了信息交换系统的制约,这一点在我国民族最多的省份云南体现的极为明显,云南省有着51个少数民族,其中除了汉族,人口数量在5000以上的少数民族就有25个,之所以在历史长河中这些民族未被其他民族同化,更多的是因为信息交换成本过高——一个民族与另一个民族进行交流或许要跨过元江谷地,或许要跨过云岭山脉……地形的复杂为民族间的信息交换带来很大的难度。即使是华北平原,也是在大地形的角度来说相对平缓,就小地形而言依然非常复杂,小型山脉不断,众多河流交错,想要进行信息交换活动需要付出非常高的成本。

但是,为何我国先民未选择各个群落独立发展,而是选择通过不断联合扩张逐渐形成了一个具有庞大而稳定疆域的政治文化共同体呢?在我国国土之外的北方地区,受到土壤类型和气候的限制,粮食产量较低但具有发展畜牧业得天独厚的条件,骑马射箭的游牧民族需要争取到更多的生存资源,在此诉求之下频繁侵扰我国先民的群落。若要与具有强大狩猎能力的游牧民族抗衡,群落的联合是极为必要的,与此同时,游牧民族所辖的北方地区幅员辽阔,我国先民要想在与其进行军事对抗中占有有利地位,就要增加战线的纵深,也即连横之策,我国北部地区各族群的联系由此加强。① 另外,英国历史学家汤因比在其著作《历史研究》中曾指出,对于中国而言,人类所需要应对的挑战比两河流域和尼罗河的挑战严重得多②。我们经常说黄河、长江是我国的母亲河,这通常解释为在黄河与长江的滋养下我国形成了富饶的农耕文明,其实我国中部、南部群落之所以有机会进行政治文化上的聚合,也要感谢黄河与长江。对于古代先民来讲,水害是一种非常可怕的自然灾害,可要治理黄河与长江,并非一个族群就能做到,为了抵抗水害,各个群落开始逐渐联合起来一同治理黄河与长江,为了降低组织成本与沟通成本,在这个群落的联合体中产生了"领袖"与"组织"的概念,人们在合作中逐渐产生认同感,"国家"的形态开始萌芽,《老子》中所言的"鸡犬之声相闻,民至老死不相往来"③ 终究不被自然选择,取而代之的是一个具有高合作性的政治文化联合体。

在我国南北方群落的无数次的联合中,"国家"这一概念逐渐产生,一个巨大的政治文化联合体得以形成,但是这个整体的各部分之间需要一个能够加强地区间信任、维持地区秩序稳定、防止背叛发生的调节器,那就是法律。正如上文中所言,在我国进行信息交换是需要高昂成本的,想要增强文化认同则更难,法律作为一种制度文化(甚至观念文化)相较普通的器物文化而言更难进行传播,所以,当我国出现了一部在各地区具有普适性法律之时,它天生便具有了"稳定"的特性。稳定的法律传统随着社会科技的发展,信息交换成本的降低,一直到近现代新中国成立才被打破,但受法律应具有可预测性的制约,仍未在本质上对稳定性造成破坏。

---

① 苏力:《大国宪制》,北京大学出版社2018年版,第15–16页。
② 汤因比:《历史研究》,上海世纪出版集团2010年版,第93页。
③ 朱谦之:《老子校释》,中华书局1984年版,第309页。

2. 宗族性——降低小农经济的组织成本

殷海光先生说："家族是中国传统文化的堡垒。中国文化之所以这样富于韧性和绵延力，原因之一，就是有这么多攻不尽的文化堡垒。"① 我国法律传统有着独特的宗族意味，在我国历史上法律与伦理道德常常是并行的，其中的内在逻辑在于降低小农经济的组织成本，我国信息交换效率受到了复杂地形制约，而对于管理这个庞大国土的领袖而言，凭借一己之力管理好整个国家是非常困难的，也是不效率的，所以宗法制度在我国取得了更好的发展，所以"君君臣臣父父子子"②，所以五服制度开始推行。总而言之，在地形因素制约之下，具有强烈宗族味道的法律逐渐被领导者推广发扬，并形成了我国独具特色的具有强烈宗族性的法律传统。③

在我国法律传统上，提倡"父慈子孝"④，其实可以解释为代际之间的互惠利他⑤。首先"父慈"，很大程度地提升了父辈对于家族新生力量的关怀，甚至从某种意义上讲对宗族新生力量能够安全的得以生存起到更好的保障作用，推动生产力的发展。"子孝"在我国法律传统上显得更为重要（这一点在我国古代刑法"准五服以治刑"中得到了明显的体现），我国传统法律对子孝的要求比父慈提的更高，原因主要有两点，其一为宗族需要一名有着足够生活经验的领导者，普遍来讲父比子更能扮演好这个领导者的角色，"子孝"树立了父辈的权威，降低了宗族进行生产活动之时的组织成本，第二个理由是，"子孝"能够降低社会养老负担，与古代日本贫瘠地理资源下形成的"弃老"传统不同⑥，在我国父辈虽然老去但是仍然能够成为为宗族生产作出贡献的一分子，我国传统法律对"子孝"的弘扬使得社会养老成本降低的同时提高了社会总的生产能力。

我国法律传统上强调"长幼有序"同样是这个原理，嫡长子继承制能够存在如此之长的时期与降低小农经济生产的组织成本、减少宗族内部竞争损耗有着很大的联系。宗族领袖的存在降低了宗族的组织成本，但在一代中难免有多个弟兄，哪一位能够成为这个宗族的领袖就成了一个问题，嫡长子继承制赋予了这一代嫡长子一个稳定的期待权，也使之能够更好地得到家族重视，有更多的机会提升自身的生产知识与决策能力，若非如此，不仅宗族在每一个男子身上"下注"需要多达几倍的支出将使其承受较大的经济负担，同时兄弟之间的相互竞争也非常容易产生生产力的损耗。

强烈的宗法性在我国的法律传统中得以体现，一直到当今家庭伦理道德也是我国道德中最重要的一部分，只是随着科技的发展，机器逐渐取代了人力，男性的力量优势在生产

---

① 殷海光：《中国文化的展望》，三联书店2002年版，第98页。
② 杨伯峻：《论语译注》，中华书局1980年版，第128页。
③ 范忠信：《中华法系的亲伦精神（1999）——以西方法系的市民精神为参照系来认识》，载《法律文化研究》2014年。
④ 李学勤：《十三经注疏·礼记正义》，北京大学出版社1999年版，第1592页。
⑤ 刘汶蓉：《家庭价值的变迁和延续——来自四个维度的经验证据》，载《社会科学》2011年第10期。
⑥ 穆光宗：《孝文化的起源与弃老习俗的关系》，载《社会科学论坛》2010年第12期。

中所占的地位较古代有着比较明显的下降，女性能够驾驭的生产工具逐渐增加，"男尊女卑"逐渐发展为"男女平等"，对于道德的建设使得我国社会更加和谐。

3. 皇权性——无处不在的权威性

我国国土极为辽阔，地形状况复杂，皇权的诞生为我国古代社会经济文化的发展带来了巨大的推动力。对于我国疆域的扩张、经济的发展以及国家的稳定，皇权这种权威力量发挥着不可磨灭的作用。首先，我国先民聚居群落在上文所谈到诸多力量的作用下逐渐形成国家之后，不仅需要一个组织者、沟通者，还需要一种权力去统御这片疆土，使各地区人民能维持稳定的合作、高效的生产，增强合作利益的可期待性而减少背叛的发生。皇权亦可以理解为一种契约，在疆域辽阔、地形复杂、信息传播难度大的古代，皇权起着非常重要的组织和稳定作用。各地区将自身的一部分资源与权利让渡与一名拥有较多生产资料与威望的领导者，这名领导者出于对自己所得利益与预期利益的保护，承担着维持地区稳定的作用，降低了地区背叛的风险。与此同时这名领导者也组建了缜密的官吏体系与强大的军队，承担了组织、监督生产的作用，也承担着"兼听独断"的职责[1]，在官吏之间产生不同主张之时，由权威的皇权作出决策，有效降低了决策成本，也降低了官吏之间由于主张不同利益选择不同而产生内斗，动摇稳定社会秩序的风险。

（二）开放的欧洲地形

1. 多元性——数以千计的城邦与庞大的罗马帝国

在西方，"城市"这一概念可以溯源至古典时期的爱琴海沿岸及大西洋沿岸。在翻译过程中，我们常常将中文的城市一词的英文翻译为"City""Urban"，翻阅古英语字典以及现代英语字典，我们发现"City"的词源其实是拉丁语中的"Civitas""Citatem"以及后来法语的"Cité"，而"Urban"的词源主要来自拉丁语中的"Urbs"以及后期演变的"Urbanus"，而这些词主要来源于古希腊、北意大利、卡斯蒂尔、阿拉贡数以千计的城邦给自己的命名，除此之外，现代城市中常常还保有"xxx堡"之类的命名，"堡"可以理解为城堡，但我更倾向于理解成堡垒，城堡的功能更强调它的生活功能与社会功能，而堡垒主要指城邦边境的军事型城堡建筑，有着浓厚的军事意味与政治意味，宣示着两个城邦的边境，我们知道堡垒的英文为"Bastion"，它的词源主要可以追溯至拉丁语的"Bourg""Boroush""Burgus"，而这些词同样是这些城邦当时给自己的命名。由此我们可以看出，西方古典时期的城邦的概念其实可以理解为现代国家的概念，因为它掌握着军事力量，有着国土的概念，同时也存在着完整的政治体系与经济体系，数以千计的城邦也就相当于数以千计的国家，每一个国家都拥有着自身独特的法律（比起法律，更像是市民契约），具有强烈的多元性色彩。这些城邦没有像古代中国一样形成一个巨大的政治文化综合体，其

---

[1] 梁运华：《管子校注》，中华书局2004年版，第1210页。

内在逻辑也可追溯至其特有的地形环境。爱琴海地区以及大西洋沿岸地区的海岸线蜿蜒曲折，船只能够随时安全地停泊，避免强大的风浪灾害，在此基础上，信息交换的效率和深度是更高的，进行深程度的联合活动是没有必要的，若要进行联合首先要进行政治、军事上的整合，其次要加强地区间的文化认同，尤其是制度层次上的认同，这些活动所要耗费的成本很高，较高的成本与较低的收益使得这部分地区的社会文化最终未能深入结合。虽然雅典人也曾有过自己的"雅典帝国"，波希战争期间，雅典人在海上建立了一个囊括爱琴海和亚得里亚海沿岸众多城邦在内的联盟，该联盟被称为"雅典帝国"，亦被称为"提洛同盟"，但笔者认为严格的来讲，"雅典帝国"并非我们理解上的帝国，"同盟"应为更加确切的表达，因为帝国更深层次的含义在于其为一个具有中心强权与核心决策能力的经济、政治、军事实体，而"雅典帝国"事实上为诸城邦战略意义上的联合，未触及国家权力中心。该地区的城邦受其地形环境影响，未形成一个统一的政治经济综合体，而是形成了众多具有完整的国家体系的小国家，每一个国家都具有自身独特的法律体系，西方的法律传统呈现出具有多样性的特点。

在欧洲历史中，曾有一个强大的政治文化聚合体形成，即我们所说的罗马帝国。罗马发源于意大利半岛中西部第伯河谷下游丘陵地带，位于台伯河东岸的拉丁姆地区。罗马的称霸并非偶然，总体而言，意大利半岛上山多平地少，大河流更少，罗马的自然条件与周边其他地区相比显得优秀得多，与此同时更是处于通达欧、亚、非的要冲之地，这就为罗马帝国的形成铺设了很好的条件。现代学者对罗马帝国的形成逻辑进行了非常多的理论性研究，其中"中心—边缘论"是笔者较为赞同的视角，罗马帝国是出于对自身的保护与对资源的渴求以中心城市为核心向外扩张的，而它之所以能够成为一个强大的政治文化聚合体，其内在逻辑与上文所谈中国之所以有必要实现大一统的逻辑相同，复杂的地形、较大的纵深使得信息交换难度逐步增大，稳步的发展需要集权政治的辅助，而日耳曼蛮族的入侵与维京人的骚扰亦使得该制度的必要性进一步加强，最终形成了较大的经济、政治、军事聚合体。但是在帝国东部，罗马人的统治模式实际上仍然依靠着传统模式而非真正的集权模式，尽管许多希腊城邦承认了罗马帝国的主权，但治权依然掌握在这些城邦的统治者手中[①]。并且在文化层面上，正如徐晓旭教授所言，在罗马统治下的希腊人虽然丧失了政治独立，但并没有像同样被罗马征服的西部地中海世界诸民族一样罗马化，而是仍作为一个"文化民族"将其传统的民族认同一直保持到罗马帝国基督教化前夕为止[②]。笔者认为，罗马东北部与西南部事实上的统治模式的不同是地理对宪政造成影响的又一佐证。

2. 断裂性——历史遗迹的散落

在历史长河中，中国虽然朝代众多，颁布的法律文件众多，但总体法律的核心思想只

---

① 王悦：《由治权到帝国——从拉丁文"帝国"概念的衍生看罗马人的帝国观》，载《古代文明》2016年第2期。

② 徐晓旭：《罗马统治时期希腊人的民族认同》，载《历史研究》2006年第4期。

有着非常有限的变化，唐朝到清朝之间更是如此，中国的传统法律具有鲜明的传承性，相比而言，古代西方法律产生了非常多的断节，我们能够数得上的著名的古代法律多源于古罗马帝国，而其他绝大多数小国家的法律已不可考证，西方法律传统总体而言具有断裂性的特点。

古代西方法律没有能长远地流传下来其内在缘由非常好理解，首先这些古代城邦的规模都非常小，最大不过于雅典，而雅典的面积和中国国土的面积简直没有可比性，雅典这样大型城邦也很勉强的只留下几部可考的法律，其他的小城邦更是人口有限，疆域有限，同样法律适用的范围也十分有限，当一个城邦为了获取特定的交易利益征服了另一个城邦之时，虽然在现代国际法意义上是"A 国 + B 国 = A 国"的关系，但是在实际意义上这两个国家都将死亡——政治、军事资源尚不必大费周章地进行整合，而生产合作与法律认同之间存在着较大的问题，虽然维持过去的生产合作也能够取得很好的发展，但是在同一政治、军事秩序下，整合生产合作活动所需要的成本大幅降低，形成新的生产秩序所得到的收益大于整合成本，修改旧的法律（市民契约）不如创设一个全新的市民契约，所以古代西方的法律想要获得长远的传承是很难的，西方传统法律总体而言呈现出断裂性的特点。

3. 民主性——开放格局的延续

在地形原因影响下，西方各国进行信息交换所需的成本非常低，大部分地区并不存在古代中国所要面临的包括水害治理问题在内的地理难题，城邦居民按照自然规律有序地进行生产，并不需要一个强有力的领导出现来组织这些活动，正如中国古代民谣《击壤歌》中提出的对于国家形成大一统必要性的质疑一般，"日出而作，日入而息；凿井而饮，耕田而食。帝力于我何有哉？"① 皇帝这一制度对于大部分的古代西方国家而言是多余的，也是一种负担，对于时刻处于进行交易与准备交易状态下的城邦市民而言，他们需要的不是生产活动的组织者，而是有效的契约，每个行业甚至每个市民都有着自己的主张，在不断交易中形成了非常多的"商业惯例"，如何将这种商业惯例固定下来，也即将这种契约固定下来，在防范信息不对称所带来的风险同时有效降低沟通成本对于城邦市民而言才是更重要的，所以西方古代法律传统不在皇权而在民主，法律的制定的主要目的不是防止地方分裂或者组织大规模生产，而是为交易行为创造便利，在发展中逐渐形成了与古代中国具有皇权性的法律传统完全不同的具有民主性的法律传统。

二、土壤：富足与贫瘠造就法律制度的区分

（一）多样的中国土壤

1. 传统私法的式微——交易的内部循环

受地形因素影响，中国的法律传统呈现出强烈的宗族性色彩，宗族内通常有着完整的

---

① 沈德潜：《古诗源》，中华书局 1963 年版，第 1 页。

组织架构，而各个代际间也有着不同的分工，除此之外，中国的土壤类型具有显著的多样性，这使得中国成了发展自给自足小农经济的沃土。无论是遍布东三省的暗棕壤、寒棕壤、山东半岛、辽东半岛的棕壤还是北起秦岭南至大巴山和长江一带的黄棕壤，都呈现出较强的兼容性，在能够生产某种粮食作物的同时，也能够很好的生产经济作物、蔬菜作物、果类以及药用作物，充沛的生产条件与良好的宗族秩序使得宗族内可以更好地进行有组织的生产，而交换行为（更贴切地说是一种分配行为）也通常发生在宗族之内，商品交易在生活中占有很小的地位，相对应的交易为人们的生活带来的风险并不大，这便限制了中国传统私法的发展，虽有质剂傅别之说，但也仅停留在非常基本的阶段，始终未形成有规模的体系。

如果说中国传统私法进程在一段时期得到了比较好的发展，那就是在宋朝经济中心开始南移之后，虽然南方地区多鱼米之乡，但其分布多在河流三角洲地区，长江中下游平原以及东南丘陵地区红壤分布面积却很大，我们知道红壤呈现酸性，养分很低，是非常贫瘠的，这些地区的人们在几千年中相比北方先民养成了更成熟的交易习惯且具有先天性的较强的合作能力与组织能力，正是由于身处长江的中下游地区，水害对生活在这里的人们的威胁更大，治理好水害给他们带来的收益更加丰厚，他们的祖先在治理长江水害之时比其他地区的人们都有着更强的动力，更积极地投入其中，信息交换更为频繁而联合性更强，虽经历了岁月变迁，但这种特性始终存在于他们的基因之中，直至现在。南宋时期经济重心南移，南方具有较好的商品交易基础，中国的传统私法在这段时间得到了一定的发展，但是随着帝国的中心重回北方以及全国商品交易水平发展非常不均衡的原因，中国私法在之后并未产生更好的发展，总体而言，中国的传统私法发展式微。①

2. 刑事法律的发达——伦理纲常的迫切需要

结合上文中的分析，我们很清楚地了解到中国古代社会中最主要的风险不在于信息不对称等原因带来的交易风险，而在于宗族秩序乃至社会纲常秩序被破坏带来的风险，同时中国大一统的局面以及皇权的至尊地位，使得公权力在面对个人之时有着压倒性的地位，这使得中国古代刑法有了非常大的发展空间。中国古代刑法所涉及的罪名总体来讲主要有三个类型，危害国家统治的、侵犯他人人身财产利益的以及违反伦理纲常的。

危害国家统治的，首先便为统治者所不容，当地方发生叛乱或者有人进行谋逆活动，直接受到损失的便是皇族与官吏，由于在古代中国皇权在面对个人或者小集团之时有着压倒性的地位，利用刑法来预防这类风险发生既是效率最高的也是最有威慑力的，再进一步而言，中国古代刑罚之所以肉刑占首要地位，自由刑和经济刑退居其次，更是因为肉刑是切肤之痛，具有更为强大的威慑力，这一点在贝卡利亚的《犯罪与刑罚》一书和波斯纳的

---

① 范忠信、黄东海：《传统民事习惯及观念与移植民法的本土化改良》，载《法治现代化研究》2017年第2期。

刑法经济分析理论①中也得到了印证，叛乱谋逆者因其反叛活动将得到很大的收益，中国疆域广阔，人口众多，首先受到古代交通水平的限制，抓捕叛乱谋逆者也需要付出较大的成本，假设成功抓捕叛乱谋逆者的概率恒定，那么想要降低叛乱谋逆行为发生的风险最好的方法就是使得叛乱谋逆者一经抓获，就要付出庞大的代价，其中出现"连坐""株连"制度也比较好理解，在难以预料谋逆者的反叛思想在庞大的宗族到底产生了何等的影响之时，为了大幅降低叛乱再次发生的风险与"宗族中究竟谁还是好人"的识别成本，"株连"成为最有威慑力也最有效率的刑罚方式，同时使得反叛者有很大概率能在宗族内就被处置。

侵犯他人人身财产利益类型的罪名在中西方法律传统中并无较大差异，不再在此赘述，然而古代中国最有特色的，便是维护伦理纲常的法律制度。在上文中我们谈到，在优渥的土壤环境下，中国大部分地区拥有立体的农业生产模式——既能生产粮食作物，也能生产经济作物，在种植果木之时还可以生产药材，形成了自给自足的小农经济，宗族成为一个成熟的生产组织。在此背景之下，破坏宗族秩序带来的风险较交易之中发生的风险来讲更加严重。首先是"父父子子"，子辈要听从父辈的指示与安排，使得父辈组织分配子辈进行生产活动的权力得到了公权力的认同与保障；再者中国人很早便有了"男女同姓，其殖不蕃"的认识②，而《唐律疏议》更是规定"诸同姓为婚者，缌麻以上以奸论"，而古代欧洲近亲结婚的事时有发生，中国人认识到，同姓之婚产生的后代常常是有缺陷的，根本无法投入于宗族的生产活动之中，养育这样的后代所需要的支出也相当之大；除此之外，古代中国人还有着"男女有别""男女授受不亲"的观念，在中国古代，婚姻具有非常强的功能性，所谓"结两姓之好"更倾向于是一种资源的交换，因为认识到在那个精神产品并不丰富的年代，异性之间进行互动之时荷尔蒙的分泌很容易使这对男女失去理智，做出伤害宗族利益的举动，更有甚者选择携带宗族资源私奔而去，虽然"当垆卖酒"在如今成了歌颂爱情与自由的一段佳话，但是在当年私奔为宗族带来的伤害是非常大的，生产资源受到了直接损害的同时，其他宗族对该宗族的信任度也随之降低，二者之间的合作可能性大幅度减小。

土壤条件这一地理环境要素使得古代中国走向了自给自足的小农经济的生产模式，宗族成为最为重要的生产单位，社会风险主要来自家、宗族秩序的破坏而不来自交易时的违约风险，故产生了与此相对应的法律传统——私法式微而刑法较为发达。

（二）贫瘠的欧洲土壤

1. 民商法律的发达——外部交易活动的频繁

与中国的土壤条件相比，欧洲地区的土壤则十分贫瘠，欧洲从北到南的土壤分布为冰

---

① 喻中：《波斯纳法律经济学的理论逻辑》，载《烟台大学学报（哲学社会科学版）》2014年第2期。
② 杨伯峻：《春秋左传注》，中华书局1990年版，第408页。

沼土、灰化土、灰色森林土、黑钙土……荒漠土、红壤、砖红壤，这些土壤养分较小，大部分只适用于生产有限的几种作物，而亚平宁半岛更是被盐碱地所占据，基础农业甚至都难以维系，只有很小一部分内陆河流较多的国家（如当时的法国）综合农业发展相对较好，但是也达不到古代中国那样可以自给自足的水平。这些国家想要开发境内的土地资源需要耗费巨大的成本，且预期获得的成果也十分有限，相比较而言，这些地区通常地势较为平坦，多优良港口，交通条件发达，具有能够高效率进行商品交换的先天性优势，进行商品交换需要耗费的成本比开发土地资源所需要的成本小得多，而事实也是如此，爱琴海地区始终未能实现粮食自给，超过一半甚至3/4粮食要从黑海等地区进口，同时出口本地产品，商业在这些地区得到了非常好的发展，我们在阅读欧洲古代典籍以及观看一些相关视频资料之时也常常会看到各个地区都有着商队与商会的存在，有组织的商人群体们乘着船或是搭着马车去往另一个城市进行农业产品贸易，并订立下一系列的契约。对于古代西方人来说，交易风险是社会的主要风险，所以很早便产生了契约的概念，也是因为这个原因西方的民商法得到了蓬勃的发展，在罗马法中已经出现了现代民法的一些核心原则，比如契约自由原则、私人财产神圣不可侵犯原则等。

2. 刑事法律的缓慢发展——契约的有效约束

刚好与古代中国相反，刑事法律在古代西方国家始终未获得充分的发展。我们在提起中国皇帝具有多大的权力之时，常常会说"普天之下，莫非王土；率土之滨，莫非王臣"，而古代西方小国林立，国王只不过是一国之内最大的封建主而已，有些甚至不是，而其领地更是小得可怜。美国法学家伯尔曼与德国社会学家韦伯都对此问题进行过相应的分析。美国法学家伯尔曼认为，受交易习惯的影响，中世纪国家国王与领主间的关系更倾向于合作与契约的关系，国王的地位更倾向于具有更多资源与经济实力的领主[①]。韦伯更是指出，本土作物类型的局限使得频繁进行商品交易显得更加必要，商业组织的发展以及特许令制度的颁布使得由众多商人、手工业者、农民所聚集的城市社区具备了具体的权利与义务，形成了共同的联合体，它不仅承担着组织与协调交易的职能，与此一并萌发的更是对王权入侵的抵御能力。[②] 王室的领地通常占整个国家领土的10%以内，相对应的其拥有的资源也十分有限，很多时候几个封臣或者大贾联合起来就能够推翻国王，这些封臣或大贾与国王的关系比起君臣关系而言更像是一种合作关系，公权力受到了很大的制约，有些时候国王甚至会投入大量的努力去维持皇权与民权的关系，以祈求在自己的领地之内不发生反叛与骚乱，在这种情况下，刑事法律很难取得较大的发展。

[①] [美] 伯尔曼：《法律与革命——西方法律传统的形成》，贺卫方、高鸿钧等译，法律出版社2008年版，第388页。

[②] [德] 韦伯：《经济与社会（下卷）》，林荣远译，商务印书馆1997年版，第604页。

三、气候：湿冷与温暖引导法律行为的走向

（一）典型的季风气候下的中国

在中国无论是儒家、道家、法家、农家还是阴阳家，都十分重视"天时"对国家的影响，我们的祖先早在易经时期就开始注重天地人的关系，而《礼记·月令》中更是按季度详尽制定了一套司法活动时间表，如"仲春之月……命有司省囹圄……止狱讼……至之日，以大牢祠于高禖"①，之所以中国人非常看重四季这一概念，这与中国独特的气候条件有很大的关系。中国国土的大部分地区都笼罩于季风气候的控制之下，北方地区主要为温带季风气候、南方地区主要为亚热带季风气候。季风气候的典型特点是夏季温度较其他季节有十分明显的增高，冬季气温较低，降水主要集中于七八月份，秋冬季节降水较少，总体而言四季非常分明，且雨热同期，这就使得农业生产活动将特别集中在某几个月份，即农忙季节。因为这段时间需要进行大量的劳动，进行诉讼活动将导致劳动主体不能专心于农业生产，造成生产力的下降，所以从西周开始中国就有了"农忙止讼"的传统，汉元帝曾下诏指责官吏"覆案小罪，征召证案，兴不急之事，以妨百姓，使失一时之作，亡终岁之功……"而到了唐开元二十五年农忙止讼已成为一种诉讼法律制度载于《杂令》之中。② 北宋时期，《宋刑统》规定受理民事诉讼的时间为每年的十月一日至次年的三月三十日③，而南宋时期由于帝都南迁、经济中心南移，所处地区气候较为温暖，春耕时间较早，所以受理民事诉讼的时间也有所调整，《绍兴令》遂修改受理民事诉讼的时间为每年的十月一日至次年的二月一日，以适应农时。

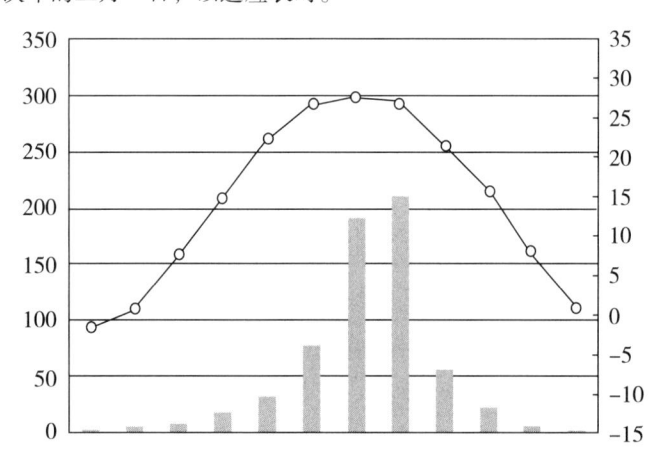

综上所述，雨热同期、四季分明的季风气候对中国农业生产产生了巨大的影响，对于

---

① 王利华：《〈月令〉中的自然节律和社会节奏》，载《中国社会科学》2014 年第 2 期。
② 郑显文：《中国古代农忙止讼制度形成时间考述》，载《法学研究》2005 年第 3 期。
③ 窦仪：《宋刑统》，中华书局 1984 年版，第 21 – 22 页。

季节时令的重视也已经融入中国的法律传统之中。

(二) 典型的温带海洋性气候下的欧洲

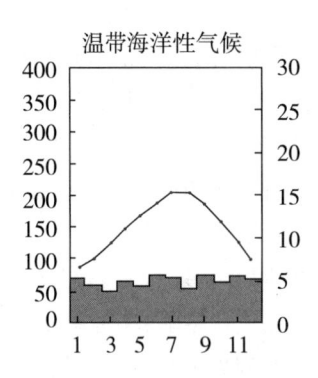

与中国以季风气候为主要气候类型完全不同,欧洲大部分地区为温带海洋性气候,温带海洋性气候的显著特点为全年最低月均温在0摄氏度以上,冬无严寒,夏无酷暑,月均降水量较为平均,气候温和潮湿,适宜生长多汁牧草,具有发展畜牧业的先天优势,但不利于发展传统农业。

传统农业对生产力的需求较畜牧业高很多,所以自古以来中国人便看重婚嫁一事,春秋战国时期便有了由官方设立的"掌媒"之官,《管子》中有了"合独"的记载,即"取鳏寡而合之",解决丧偶男女的婚姻问题并给予物质资助鼓励生育,《魏书》中更是提到,在那个年代若男子的正妻未能生下孩子,那么这个男子就必须要纳妾,否则以犯罪论处。以畜牧业为主业的欧洲对劳动力的需求相对较小,人们的生育观念因此也较为淡薄,同样由于畜牧业为生活的主业的原因,人们的活动范围被大幅拓宽,人口流动性很大,再加上温暖潮湿的气候会加强细菌与病毒的繁殖与扩散,欧洲地区多次因瘟疫发生人口的大减少与大迁徙(如被称为"笼罩在中世纪欧洲人们身上的阴影"的黑死病,它曾使得欧洲的人口数量减少了四分之一,同时人口迁徙率达到了百分之三十),在各个地区不断迁徙的市民希望通过创设一种共同的基本生活价值取向来降低迁徙所带来的不便,这些国家在条件限制下虽未能形成一个统一的大型政治经济聚合体,但教权却在这里得到了非常好的发展,逐渐产生了一套较为完备的教会法,后来虽然随着时代的发展,教权渐渐没落,但是这片地区的联合状态一直维持到现在。

另外,欧洲的地理气候大大限制了全欧的种植业发展,在地中海气候的影响下,欧洲大部分地区一年只能种植一次农作物。该地区的先民同样认识到了气候对人生活的影响,以罗马为例,罗马人一年的时间安排与农作物的生长规律息息相关,仍然对比中国古代的农忙止讼制度,罗马人进行农业劳作的时间较短,在农闲时间有参军的要求,全民皆兵制因此得到了推广。并且,为了维护国家粮食的供应,罗马人对于农业劳动的要求非常严格,就连地位较高的罗马贵族在农业事宜上亦要事必躬亲,其所承担的生产监督任务并不比佃户与农民轻松,并将其视为自身必要的职业道德之一。[①]

四、余论:比较后的法治启示

地理因素会影响着一个地区与一个时代形成的秩序,根植于一个民族的基因之中。群

---

① 杨俊明、尹宁:《共和前期古罗马公民的职业道德》,载《湖南师范大学社会科学学报》2009年第5期。

山纵横、湖泊交错使得古代中国人民的信息交换成本变得十分高昂,对于信息稳定性的需求大幅增长,在一定程度上造成了中国政治、法律传统较其他国家而言,具有稳定性、宗族性、皇权性更强的特点;地形破碎的欧洲则不同,曲折的海岸线为地中海沿岸的欧洲国家提供了生成大量优良港湾的先天条件,使得这些国家拥有了得天独厚的商品贸易资源与高信息交换率,商业文明蓬勃发展,法文化呈现出多元性强、断裂性强、民主性强的特点。中国更具兼容性功能的土壤使得小农经济在此取得深刻的发展,自给自足的生产模式为古代中国私法的发展造成了一定的阻碍,但与此同时为了巩固小农经济生产秩序的刑法却在这片古老土壤上蓬勃发展起来,形成了足具规模性与专业性的成熟的刑法典;欧洲的土壤贫瘠,各地区能够生产的作物品种十分单一,这使得欧洲人被迫处于不断的交易之中,恰好促进了商品交换,推动了欧洲地区民商法律的发展,但由于其始终没有形成一个具有广阔疆土的政治经济聚合体,公权力相对于公民权利而言并不具有明显的优势,刑法在这里的发展便十分有限。中国广泛分布的季风气候使得中国形成了十分具有时令色彩的法律传统,而受温带海洋气候影响,欧洲畜牧业不断发展起来的同时人口流动性不断加大,宗教在这里获得了非常大的发展,使得教会法在古代欧洲法律中占据了重要地位。

但是,需要明晰的是,我们研究地理因素对国家、社会造成的影响,是为了以更加科学合理的方式,通过自身努力创造更加美好的生活。启蒙思想家孟德斯鸠的"地理环境决定论"将不同地区人类复杂社会文化的形成简单归因于地理环境,从理论上而言是较为偏颇的。历史唯物主义的观点认为,地理环境是影响一个地区发展的重要因素,但不是唯一的因素,在此之外人的主观能动性发挥着强大的作用。正如列宁所指出的,"地理环境的特性决定着生产力的发展,而生产力的发展又决定着经济关系的以及随着经济关系后面的所有其他社会关系的发展",物质生产活动与物质生产背后的制度构建是地理环境对国家、社会产生影响的枢纽。在自然的大背景下,人类的主观能动性发挥着至关重要的作用。

研究过去是一件富有滋味的事情,而通过研究过去我们更是能深入地去发现事物发展的规律,用以指导现在与预测未来。2014年李克强总理参观了国家博物馆举办的人居科学研究展,当他看到了一张中国地图上的"胡焕庸线"时,向现场的专家学者抛出了一个重大课题——胡焕庸线该如何破解。胡焕庸线是我国重要的地理分界线之一,又称"黑河——腾冲"线,它直观地展示出东南地狭人稠、西北地广人稀的现实,在这道地理分界线以东地区43.71%的国土面积养育了94.39%的人口;以西地区占国土面积56.29%,而人口仅占5.61%。虽然我国的人口主要集中于这条地理分割线以东,但是我们应当让中西部的人民同样享受到社会进步带来的福利。加强地理环境对法治发展影响的研究,有助于我们今后能够更科学地制定一系列制度与法律去解决这个问题,为推动我国城镇化建设、提升公民幸福感提供法学理论基础。

本文通过地形、土壤和气候的比较,折射了法律思维、法律制度和法律行为的差异选择。最想说的是地理环境因素对于一个国家或地区的影响是非常深刻的,经济基础决定上层建筑，而经济基础的发展受着客观条件的制约，在有限的条件下社会的运行更像是精致的经济学，永远向着效率最大化的方向发展。地理环境对一个国家或地区的影响不是仅仅停留在资源与生产的层面，而是会以一种奇妙的方式改变着这个国家或地区的政治状态与法律传统。而同时我们也需要认识到，正如黑格尔先生在《历史哲学》中所言："爱奥尼亚的明媚的天空固然大大有助于荷马史诗的优美，但这个明媚的天空绝不能单独产生荷马"，在讨论自然、尊重自然的同时，更要认识到人类主观能动性所发挥的重要作用。希望通过不断的研究与探讨，我们能够对地理环境对法治发展产生影响的方式有更加深刻的认识，并以此指导、规划社会生活。从对比中，获取一些思维性的启发，以此在本土资源中逐步完善中国的法律制度，并推进中国法治建设的全面发展。

Geography in Chinese and Western legal traditions

Sun Rihua　Zhao Zhuoyue

Abstract：Geographical factors will influence the formation of a region and an era order, and are rooted in the genes of the nation. Compared with other countries, China's laws are more stable, patriarchal and imperial to some extent because of the complex terrain. Europe, with its fractured terrain, has unique commodity trade conditions, higher demand for information exchange, and legal culture is characterized by strong diversity, fracture and democracy. China's soil is easier to develop agricultural economy, and the development of commodity economy is limited, which leads to the development of ancient Chinese criminal law and the decline of traditional private law. Westerners with poor soil have to trade all the time in order to make a living, thus the development of traditional private law. Similarly, under the influence of climate, ancient China formed a legal tradition with seasonal characteristics, and European Canon law made certain progress. The influence of geographical factors on the legal tradition is profound and subtle, and it is also of great research value. This paper mainly discusses the influence of geographical factors on the Chinese and Western legal traditions from three aspects：terrain, soil and climate. It is not only interesting in theory, but also of great significance in the construction of modern rule of law.

Key words：Geographical environment；Terrain；Soil；Climate；Rule of Law

德昂族习惯规范研究的回眸与前瞻[*]

赵天宝^{**}

摘　要　德昂族是一个历史悠久的古老民族，德昂族习惯规范及其纠纷解决机制至今依然熠熠生辉。研究德昂族习惯规范及其纠纷解决机制，必须了解与之相关的论著，尤其需关注习惯规范相关理论研究方面的成果，因为仅仅注重经验研究难免失之于肤浅，设法实现从经验到理论的跨越才是学术研究的永恒追求。德昂族习惯规范的研究成果尚不系统，且多留在描述层次，缺乏细致深入的文化阐释与法理分析。未来德昂族习惯规范的研究应运用多学科的研究方法，注重场景深描和深度解析，致力于发现德昂族习惯规范与当今法人类学理论的背离之处，然后对之进行深入思考并合理阐释，力争为我国民族法理论的提升增砖加瓦。

关键词　德昂族　习惯规范　综述　前瞻

德昂族是一个具有悠久历史的古老民族，是云南省特有的少数民族，是中华民族大家庭中的56个民族的一员。我国境内的德昂族人口，据2010年第6次全国人口普查统计为20556人[①]，属于人口较少民族。国内德昂族主要居住在云南省德宏州的芒市、陇川县、梁河县、盈江县和瑞丽市，以及临沧市的镇康县、永德县、耿马县；保山市的隆阳区和普洱市的澜沧县也有分布。其中德宏州共有14436人，占全国德昂族总人口的70%以上。国外德昂族主要聚居在中南半岛的几个国家，总人口约88万。尤其是缅甸的密支那、八莫、南坎、腊戌、果敢、景栋等县市与我国德宏、临沧、普洱等地州接壤的一侧最为集中，其

---

* 基金项目：重庆市教委人文社科研究重点项目《德昂族习惯法与国家法的冲突与交融》（批准号20JD012）。
** 赵天宝，法学博士，西南政法大学应用法学院教授、博士生导师；西南民族法文化中心研究员。
① 胡绍华主编：《中国民族百科全书》（15），世界图书出版公司2016年版，第539页。

中缅甸德昂族人口最多，大约有 70 万人；柬埔寨约有 16 万多德昂人居住，其他为数不多的德昂人则散居于泰国、老挝、越南等地。① 缅甸一侧的德昂人多是由于民族间的矛盾和战争而从中国滇西一带迁徙过去的，加上近代英占缅甸时不断蚕食我西南边疆领土，使德昂族成为一个跨境而居的民族，而其跨境人口的特点是"一方人少而分散，一方人多而集中，而人少的一方却是该民族的发源地"②。唯此，研究德昂族习惯规范及其纠纷解决就极具现实意义。

一、德昂族习惯规范研究的意义

毋庸讳言，吾国社会主义法律体系的初步建成是改革开放四十年来法治领域取得的一个丰硕成果，亦即"法典中的法律"已经较为完备，法律人类学所关注的"行动中的法律"③ 却差强人意。深探其本，乃移植西法与吾国传统抵牾所致也！好在二十世纪九十年代中期就有学者对此高度清醒，认为不能"简单地以西方学者的关于法的表述和标准，来否认中国社会中规范人们社会生活的习惯、惯例为法律"④。自此二十余年，国内关于习惯规范的研究不断融通移植西法的水土不服之处，以期尽快实现"科学立法、公正司法、严格执法、全民守法"⑤ 新十六字方针所体现之良法善治的社会治理目标。本文主要对德昂族习惯规范的七十年研究进行梳理评析，弘扬其优点并摒弃其不足，以期进一步推进德昂族法文化的研究。具体言之，德昂族习惯规范的研究意义如下：

第一，可以补充德昂族研究的不足。综观已有研究成果，国内外系统研究德昂族习惯规范及纠纷解决机制的博士论文和专著尚未见到，论文也寥若晨星。其他关于德昂族的研究成果主要是从历史学、民族学、人类学和政治学的视角，以社会调查、民族风情、神话传说、年鉴纪事为主要内容，其中可能涉及一些德昂习惯规范，但极不系统且多止步于描述阶段，缺乏对所描述对象的深入分析与较为宽阔的理论视野，这就为学人的创新留下了一定的空间。德昂族尽管族小人少，偏于我国西南一隅，但"在世界偏僻角落发生的事可能说明有关社会生活的中心问题"⑥，是故研究德昂族习惯规范及其运作模式，不仅可以补充德昂族研究的不足，而且可以拓深少数民族纠纷解决的理论与实践。

第二，可以为少数民族聚居区多元纠纷解决机制的构建提供地方经验和理论支撑。埃利希曾言："法律是国家生活、社会生活和经济生活的秩序，但无论如何不是它们的唯一

---

① 周灿、赵志刚、钟小勇编著：《德昂族民间文化概论》，云南民族出版社 2014 年版，第 20 页。
② 俞茹：《德昂族文化史》，云南民族出版社 1999 年版，第 13 页。
③ 高丙中、章邵增：《以法律多元为基础的民族志研究》，载《中国社会科学》2005 年第 5 期，第 138 页。
④ 苏力：《法治及其本土资源》，中国政法大学出版社 2004 年修订版，第 22 页。
⑤ 习近平：《中共中央关于全面推进依法治国若干重大问题的决定》，载《人民日报》2014 年 10 月 24 日，第 1 版。
⑥ [美] 罗伯特·C. 埃里克森：《无需法律的秩序》——邻人如何解决纠纷》，苏力译，中国政法大学出版社 2003 年版，译者序第 18 页。

秩序，与法律并行的还有许多同等价值的、在某种程度上或许更为有效的秩序。事实上，假如生活只有法律来规制，那么生活必定变成地狱。"① 因此，少数民族地区的习惯规范及纠纷解决"应当避免只靠建构一种纯国家形态的法律秩序或建立一种权威化的法律可能对人们造成的压制，而应当努力保持规范适用的多元性特征。"② 尤其当今世界风云变幻，帝国主义亡我之心不死，千方百计制造民族矛盾，欲将新疆、西藏从祖国怀抱中分裂出去；国内民族内部矛盾及民族之间的矛盾也日渐突出，在民族地区建构多元纠纷解决机制则是符合时势发展的明智之举。而多元纠纷解决机制的构建是一项系统性工程，欲进行更为契合本土化的合理建构，必先对各少数民族具有差异化的解纷方式及其相互关系进行深入细致的研究。唯此，德昂族习惯规范及其纠纷解决机制为我们提供了一个难得的多元规范运作的实例，能够充分展现德昂族习惯规范和国家法各自的优势及不足，可以为我国少数民族地区多元纠纷解决机制的构建提供地方经验和一定的理论支撑。

第三，可以推进德昂族聚居区社会治理法治化的进程。客观地讲，"法治"已成为刻在中国大地上的流行大词，全面推进依法治国亦为大势所趋，但我们必须时刻保持高度清醒："任何法律制度和司法实践的根本目的都不应是为了确立一种威权化的思想，而是为了解决实际问题，调整社会关系，使人们比较协调，达到一种制度上的正义"③。为了实现这种制度正义，我们必须加强少数民族地区的法制建设，因为"社会主义民族法制建设对于我们这样一个多民族国家，同时又是法制建设后发展国家而言是一项极其重要的课题"④。本报告研究的德昂族纠纷解决机制，正是对这一"重要课题"的具体探寻。德昂族聚居区发生的纠纷内蕴着德昂族习惯规范的运行逻辑、纠纷当事人的内心诉求及其与国家法的冲突博弈等问题，与当地的社会治理密切相关。对其进行深入研究并提出可行对策，必然会引起相关部门高度重视，也可为相关政策法规的制定或变通执行提供资料依据和相对客观的民族法文化视角。

第四，可以弘扬并传承德昂族传统文化。不可否认，"文化的传承是一个民族得以长期存在的基础，也是一个民族展示其永恒魅力的载体"⑤。但由于德昂族历史上长期没有文字产生，只有自己的语言，主要是通过本民族的知识精英——佛爷、先生、老艺人等的口述而世代相承，这就大大限制了德昂族文化的传播范围及传播能力。尽管居住在境外缅甸的德昂族于1972年8月创立了属于本民族的文字并在缅甸德昂族聚居推广和使用⑥，随后亦传入国内德昂族聚居区。但由于境内德昂族处于傣族和汉族的包围中，中华人民共和国成立前主要借用傣语，中华人民共和国成立后主要借用汉语，导致至今使用德昂文的人

---

① [奥] 欧根·埃利希：《法社会学原理》，舒国滢译，中国大百科全书出版社2009年版，第61页。
② 田成有：《法律社会学的学理与应用》，中国检察出版社2002年版，第104页。
③ 苏力：《法治及其本土资源》，中国政法大学出版社2004年修订版，第29页。
④ 李鸣：《中国民族法制史论》，九州出版社2010年版，第21页。
⑤ 赵天宝：《景颇族习惯规范研究》，民族出版社2014年版，第30页。
⑥ 《德昂族简史》编写组：《德昂族简史》，民族出版社2008年修订版，第124页。

依然寥寥无几。加之由于通晓德昂族传统文化的安章①和老艺人大多已到耄耋之年，因此抓紧抢救德昂族文化遗产已经迫在眉睫，否则许多德昂族的优良传统就可能随着时间的推移而淹没在历史云烟之中。如笔者利用2017年暑假到三台山德昂族乡进行调研时，欲访谈国家级非物质文化遗产《达古达楞格莱标》的代表性传承人李腊翁，却被告知其已于当年3月份去世，成为调研德昂族的一大憾事。是故笔者进行田野调查的目的就是不断要挖掘德昂族那种近乎原生态的"以传统、习俗、经验、常识、天然情感等自在的因素构成的人的自在的存在方式或活动图式"②，以文化解释论的角度揭示德昂族习惯规范及纠纷解决机制的合理之处，同时将德昂族的优良传统文化传承下去。

第五，有利于维持边疆地区的和谐与稳定。立基现实问题的学术研究可能更有价值。时下吾国的社会主义建设已经进入新时代，新时代的法治建设离不开对社会和谐的关注，这就需要及时有效地化解矛盾及解决纠纷，而探寻纠纷解决的高效方式必须重视基层社会的习惯规范，少数民族地区尤其如此。德昂族地处中缅边境，德昂族聚居区的纠纷解决事关边疆稳定大局，不可不慎！是故德昂族聚居区的纠纷解决必须充分考虑本民族习惯规范，因为"它不是铭刻在大理石上，也不是刻在铜表上，而是铭刻在公民的内心里"③。德昂族纠纷解决机制不仅是定分止争的手段，更是民族文化的传达媒介。通过本民族习惯规范的现实运行，德昂人能够直观地看到自我内心认同的公正实现程度，在长期的反复试错中作出符合自身系统的最优选择。否则不顾及少数民族地区的特殊性而实行同内地一致的简单"一刀切"政策，就很难避免1958年"大跃进"时期和1966年"文革"时期发生的两次德昂人大量出逃缅甸的恶劣事件。④因此，"历史作为遗产，它的价值不是让现代人回到历史中去，而是为现代人开创新的历史提供营养和动力"⑤，德昂族习惯规范及纠纷解决机制依然如此。优良的继承之，陋劣的抛弃之，在国家法的框架下妥善解决德昂族地区的纠纷，必将推动德昂族聚居区的社会和谐，为边疆地区的长期稳定奠定基础。

二、德昂族习惯规范相关研究综述

纵观关于德昂族研究的已有成果，尽管论著不少，但专门研究德昂族习惯规范的成果甚微⑥；德昂族纠纷解决机制的研究更是尚未得见。学术研究必须站在前人研究的肩膀之上，才可能推陈出新从而拓深德昂族的相关研究，这就需要我们首先知晓其国内外的研究

---

① 指还俗的佛爷。
② 衣俊卿：《文化哲学》，云南人民出版社2001年版，第171页。
③ ［法］卢梭：《社会契约论》，何兆武译，商务印书馆1982年版，第73页。
④ 详见李茂琳、董晓梅主编：《当代云南德昂族简史》，云南人民出版社2012年版，第45页、53页。
⑤ 张中秋：《中西法律文化比较研究》，南京大学出版社1991年版，第278页。
⑥ 在《中国知网》上以"德昂族"为关键词搜索，共搜到318篇论文，其中与德昂族法文化相关的论文只有2篇。最后访问日期：2019－5－22。

现状。只有这样,才能为德昂族习惯规范的进一步研究奠定一个坚实的基础。

(一) 国外研究

根据前述,德昂族的人口主体居于缅甸、柬埔寨、泰国、中国和老挝,其中缅甸是德昂族全球第一大聚居地,约占全球德昂人口的70%。是故国外学者关注中国德昂人者甚少,但关注缅甸德昂族人(palanng)的研究较多,如梅纳对缅甸掸邦德昂人的研究[1]、斯科特对缅北和掸邦德昂人的调研[2],以及兴汉纳·理查德对掸邦德昂人的考察[3];也有学人专门对泰国北部清迈的德昂人进行了研究[4]。这几位外国学者主要通过田野调查关注了缅北及泰北德昂人的生活状况和风俗习惯,对德昂族习惯规范及纠纷解决机制几未涉及,但其深入细致的田调方法值得学习借鉴。

缅甸学者对缅甸德昂族的研究成果也少之又少。如缅甸学人 U Min Nating 所写的著作中,认为"帕朗"(德昂)属于缅甸孟高棉语族的一个族群,有约3个不同的支系[5];而缅甸德昂族学者则认为德昂族参与了缅甸王朝的政治建构,体现出对缅甸国家认同的回溯性历史建构[6]。这些看法虽不一定准确,但却可以作为学人进一步研究的参考。

关于习惯规范及纠纷解决机制的研究,国外研究走在前列。日本由于与中国相邻,加上有侵略吾国之历史,又属儒家文化圈的辐射范围之内,故日本学者对纠纷解决的研究成果相对而言更易对接到国内某些领域。如棚赖孝雄、小岛武司、田仁孝、广田尚久、守屋明等人的研究[7]。对此,英美学者也不该落后,如英国的罗伯茨对纠纷解决过程的研究[8]、因尼斯对社会控制及社会秩序的研究[9]。美国学者昂格尔将中国问题与西方法律进行了比

---

[1] Milne L. The Home of an Eastern Clan: *A Study of the palanng of the Shan States. Bang kok*; White Lotus press,[1924] 2004.

[2] Scott J. Bnrma and Beyond. London: Grayson [1932] 1982; Scott J., Hardiman J. P. Gazetter of Upper Burma and the Shan States. Rangoon: Superintendent of Government Printing and Stationary. Part I 1900, Vocci.

[3] Singhanetra - Renard A. *The palnung of Shan State*, EnRoSEAS, paris. France, 2004.

[4] Honlard M., Wattana Pun W. *The palang in Northern Thailand*, Chiang Mai: Silkworm Books, 2001.

[5] 转引自周建新:《和平跨居论——中国南方与大陆东南亚跨国民族"和平跨居"模式研究》,民族出版社2008年版,第42页。

[6] [缅] 德昂族历史编委会:《缅甸德昂族史》(内部资料)1998年印,第2页。

[7] 可参见[日]棚赖孝雄:《纠纷的解决与审判制度》,王亚新译,中国政法大学出版社2004年修订版;[日]小岛武司、伊藤真编:《诉讼外纠纷解决法》,丁捷译,中国政法大学出版社2005年版;[日]高见泽磨:《现代中国的纠纷与法》,何勤华、李秀清、屈阳译,法律出版社2003年版;[日]千叶正式:《法律多元——从日本法律文化迈向一般理论》,强世功、王宇洁、范愉等译,中国政法大学出版社1997年版;[日]田仁孝:《民事纠纷处理理论》,信山社1994年版;[日]广田尚久:《纷争解决学》,信山社2001年修订版;[日]守屋明:《纷争处理与法理论》,悠悠社1995年版;等等。

[8] [英] 西蒙·罗伯茨、彭文浩:《纠纷解决过程:ADR与形成决定的主要形式》,刘哲玮、李佳佳、于春露译,北京大学出版社2011年版。

[9] [英] 马丁·因尼斯:《社会控制——越轨行为、犯罪与社会秩序》,陈天本译,中国人民公安大学出版社2009年版。

较研究①，马默则从语言及法律视角探讨了惯习的性质及种类②。最应当关注的是美国几位人类学家对于纠纷解决的研究，如吉尔兹、梅莉、穆尔、内德尔的成果。③ 此外英国的格卢克曼与美国的博安南对非洲地方习惯规范与西方法律的关系是共性大于个性还是相反的争论也值得参考④。这些国外学者的研究成果，为学界同仁研究德昂族习惯规范及纠纷解决机制提供了理论基础和研究方法，值得学界重视。

（二）国内研究

我国台湾地区的黄宛瑜女士于 2003 年完成的硕士论文主要以云南德昂族的布列支系为研究对象，探讨了该支系的宗教信仰与服饰文化的德昂族人与人之间，支系与支系之间的社会交往的影响，其中涉及一些德昂族习惯规范，但由于其着重于人类学的基点，对德昂族纠纷解决机制未有涉及。

国内大陆学人是研究德昂族的主力军，尽管至今尚无习惯规范的专门论著，但涉及德昂族习惯规范及纠纷解决的研究成果亦有不少，特分述如下以利进一步深入推进。

1. 史志资料

学术研究无法离开资料的支撑，其中来自正史和地方志的资料较为可靠，对于少小民族而言，田野调查资料虽不及史志资料之信度，但也可作为重要参考。是故研究德昂族习惯规范及其解纷机制，无法脱离与德昂族相关的史料奠基，因为通过这些史料可以探寻德昂族习惯规范的源流及功用。由于德昂族族小人少，加上历史上属无文字民族，故关于德昂族的正史史料较少，主要见于二十四史中的《汉书》《三国志》《新唐书》《元史》《明史》和《清史稿》里，其中关于西南少数民族的记载更为重要。正史记载德昂族较少就凸显了专门记载西南地区史志资料的珍贵，如《华阳国志》《蛮书校注》《云南志校释》《云南志略》《腾越州志》《永昌府志》均涉及德昂族的族源变迁及些许零星记载德昂族的习惯规范，可以作为追溯德昂族文明变迁时参考。新中国成立后，为了进行民族识别并了解国内少数民族的社会经济和文化状况，党和政府在全国开展了大规模的少数民族社会历史调查工作，其中对德昂族聚居区进行全面细致调查的代表是桑耀华与杨毓骧，通过调查

---

① ［美］R. M. 昂格尔：《现代社会中的法律》，吴玉章、周汉华译，译林出版社 2001 年版。
② ［美］安德瑞·马默：《社会惯习：从语言到法律》，程朝阳译，中国政法大学出版社 2013 年版。
③ ［美］克利福德·吉尔兹：《地方性知识：阐释人类学文集》，王海龙、张家瑄译，中央编译出版社 2004 年版；［美］莎莉·安格尔·梅菊：《诉讼的话语：生活在美国社会底层人的法律意识》，郭星华、王晓蓓、王平译，北京大学出版社 2007 年版；Sally Falk Moore. *Law as process：An Anthropological Approach*，Routledge & Kegan Paul Books，1978；Nader·Laara Harry. F·Todd·Jred. *The Disputing process；Law in Ten Societies*，New York：Columbia University press，1978，等等。
④ Max Gluckman. *The Judicial process among the Barotse of Northern Rhodesia*. Manchester University Press，1955；Paul Bohannan. *Justice and Judgement among the Tiv*. Oxford University press，1957；王伟臣：《法律人类学的困境——格卢克曼与博安南之争》，商务印书馆 2013 年版。

形成了新中国成立后最早的两本史志成果①:《崩龙族简史简志合编》和《云南省崩龙族社会历史调查报告》。由于历史的原因，这两本调查报告所形成的几本著作到20世纪80年代才得以正式出版②，这是新中国成立后首次德昂族大调查的结晶，为后人对德昂族进行深入研究留下了一批珍贵的田野调查资料。其中《德昂族社会历史调查》和《德昂族简史》尤其值得关注，是目前研究德昂族的权威引用资料。前者虽然只有1本，相对较大民族的社会历史调查而言数量着实太少③，但它对德宏州潞西县（主要是三台山）、盈江县和陇川县，保山地区保山县、临沧地区镇康县、耿马县和澜沧县的德昂族聚居区进行了蹲点村寨调查，对其政治组织、经济状况、婚丧习俗、宗教信仰、文化艺术等进行全方位的调查，目的是为当时中央实施正确的民族政策提供依据，但其中涉及的德昂族习惯规范可作为重要参考。后者虽着重于德昂族历史的梳理，但却专设一节"政治制度与法律"和"传统习俗"一章④，内含较多的德昂族习惯规范，其余两章"德昂族的宗教信仰"与"德昂族的家庭与婚姻"也涉及不少习惯规范，尽管其只是描述性的呈现，缺乏具体的案例分析。这个时期出版的还有桑耀华的《德昂族》⑤一书和《崩龙族文学简史》⑥亦可作为上述调查资料的补充。值得一提的是，德宏史志编委会历经十多年编辑了18本《德宏史志资料》（内部发行或出版），其中第19集为德昂族、阿昌族与傈僳族的专辑，对德昂族的历史源流、历史调查、遗址拾零进行了详述⑦，后收入《德宏历史资料》（少数民族卷）⑧中，值得参考。《德昂族史略》注重德昂族的古代史研究⑨，而《当代云南德昂族简史》则梳理了德昂簇从1950年到2007年的历史变迁⑩，二者恰好相得益彰地展现了德昂族从古至今的发展变化。另德宏州史志办公室还相继编写下《德宏州志》，含政法卷、社会卷、文化卷、综合卷与经济卷，其中社会卷专设一章德昂族，尤其是第四节"风俗"卷分十二个部分予以阐述，第十二部分为"习惯法"⑪，更让人如获至宝，尽管这部分仅有2页内容。《潞西县志》也专设了一节"德昂族"，其中的"德昂族原始习惯法"与

---

① 中国科学院民族研究所云南民族调查组，云南省民族研究所编:《崩龙族简史简志合编》（内部资料），1962年印;《云南省崩龙族社会历史调查报告》（内部资料），1963年印。
② 《民族问题五种丛书》云南省编辑委员会编:《崩龙族社会历史调查》，云南民族出版社1981年版;《德昂族社会历史调查》，云南民族出版社1987年版;《德昂族简史》编写组:《德昂族简史》，云南民族出版社1986年版;陈相木等:《德昂语简志》，民族出版社1986年版。
③ 比如景颇族有4本，傣族有10本。
④ 《德昂族简史》编写组:《德昂族简史》，民族出版社2008年修订版，第76—79页，第147—163页。
⑤ 桑耀华:《德昂族》，民族出版社1986年版。
⑥ 德宏州文联编:《崩龙族文学简史》，德宏民族出版社1983年版。
⑦ 德宏史志编委会办公室编:《德宏史志资料》（第19集），德文新出准98第028号印，第1—162页。
⑧ 德宏史志编委会办公室编:《德宏历史资料》（少数民族卷），德宏民族出版社2012年版，第288—417页。
⑨ 桑耀华:《德昂族史略》，云南人民出版社2015年版。
⑩ 李茂琳、董晓梅主编:《当代云南德昂族简史》，云南人民出版社2012年版。
⑪ 德宏州史志办编纂:《德宏州志》（社会卷），德宏民族出版社2015年版，第41—53页。

"德昂族禁忌"被分别列出①，亦很珍贵。另德宏州政协文史委编写的《德宏州文史资料选辑》（1—10集），德宏州史志办编纂的《德宏年鉴》（2016—2018）、芒市史志办编写的《芒市年鉴》（2016—2018），镇康县史志办编写的《镇康年鉴》（2016—2018），尽管有的只是内部印刷且涉及的德昂族习惯规范的内容较为分散，但亦可作为参考资料，毕竟这些新近出版或印刷的文献有可能对之前研究的不足予以补正。除了这些专门研究德昂族的史志资料外，方慧教授编写的《中国历代民族法律典籍》②和其专著《云南法制史》③、尤中教授编写的《云南民族史》④、江应樑的《中国民族史》⑤（上、下卷）均有关于德昂族的历史论述，有益于加深对德昂族习惯规范形成的环境的认识。尽管这些史志文献多为史料辑成，缺乏系统论述甚或只是描述性地呈现，但我们不能苛求先辈学人，学者完全可以以此为基础，挖掘其背后的德昂族习惯规范，结合亲身的田野调查资料，力争将德昂族纠纷解决机制客观地展示出来，有利于进一步拓深德昂族习惯规范的研究。

2. 学术专著

客观而言，关于德昂族的研究著作在20世纪90年代之前，主要以调查整理德昂簇史志资料为主。自90年代中期以后，德昂簇的研究开始兴起，至今依然颇为兴隆。目前笔者查到的最早的一本专著1995年版的《腰箍套不住的女人》⑥，接着黄光成老师的《德昂族文学简史》⑦和《腰箍的情结：德昂族》⑧相继出版。这三本书隶属于德昂族文学研究领域，但由于爱情是文学的一个永恒主题，文学也是一个民族奋斗的史诗，因此其中涉及的德昂族婚姻习惯规范可以作为本研究的重要参考。尽管文学所载虽非史实，但却来源于生活，正如中国先秦的《诗经》一样，可以作为探寻德昂族文明史的一个重要佐证。《德昂族创世史诗：达古达楞格莱标》⑨、德昂族神话传说⑩和德昂族民歌⑪就生动再现了德昂族的族源和一些生产生活习惯规范，可以对学人的田野调查及一些文献记载作一点佐证。其他如《新时期中国少数民族文学作品选集》（德昂族卷）⑫及《水鼓禅音》⑬亦可作为参考。

---

① 云南省潞西县编纂委员会编：《潞西县志》，云南教育出版社1993年版，第431—437页。
② 方慧主编：《中国历代民族法律典籍》，民族出版社2004年版。
③ 方慧主编：《云南法制史》，中国社会科学出版社2005年版。
④ 尤中：《云南民族史》，云南大学出版社1994年版。
⑤ 江应樑主编：《中国民族史》，民族出版社1990年版。
⑥ 周鸣琦：《腰箍套不住的女人》，云南教育出版社1995年版。
⑦ 黄光成：《德昂族文学简史》，云南民族出版社2002年版。
⑧ 黄光成：《腰箍的情结：德昂族》，云南人民出版社2003年版。
⑨ 德宏州图书馆编：《德昂族创世史诗：达古达楞格莱标》，德宏民族出版社2012年版；芒市非物质文化遗产保护中心编：《达古达楞格莱标》，德宏民族出版社2016年版。
⑩ 姚宝瑄主编：《中国各民族神话：佤族、阿昌族、纳西族、普米族、德昂族》，书海出版社2014年版。
⑪ 德宏傣族景颇族自治州文化局编：《民歌集成：德昂族、阿昌族民歌卷》，德宏民族出版社2006年版。
⑫ 中国作家协会编：《新时期中国少数民族文学作品选集》（德昂族卷），作家出版社2015年版。
⑬ 艾倮木诺：《水鼓禅音》，德宏民族出版社2013年版。

与德昂族文学研究涉及德昂簇习惯规范很少相对，德昂族传统文化的研究领域涵盖了一些习惯规范及纠纷解决的内容，并在二十世纪末二十一世纪初出现了德昂族研究的第一个高峰，较有代表性的是如下几本著作：《德昂族文化大观》中的"宗教信仰""习俗习尚""伦理道德""政治与军事"等章节论及不少习惯规范[1]；《德昂族文化史》中的"宗教信仰""婚姻家庭和伦理道德""生活习俗和风俗习惯"中描述德昂族各种各样的风俗习惯非常细致[2]；《德昂族传统文化与现代文明》中的"综论"与"德昂族传统婚俗观念的更新"两章涉及习惯规范较多[3]，且与前两本主要以德宏州德昂族为参照不同的是，本书主要以临沧镇康县德昂族为参照。这三本著作内容翔实，几乎涉及德昂族习惯规范的各个方面，但主要停留在静态描述的层面，缺乏通过案例对习惯规范的解读与系统的理论总结，但作为当时的代表性研究专著，可以作为后来者的重要参考。继承老一辈民族工作者进行民族实地调查的优良传统，二十一世纪初出现了两本较有力度的专著：一本是《德昂族——潞西三台山乡勐丹村》[4]，另一本是《德昂族——南桑村调查》[5]，两者虽均是以一个德昂簇村寨为研究对象，但后者侧重经济调查，前者则是全景式扫描，尤其是前书的第七章"法律"与习惯规范的研究最为密切，加之调研时间较早，习惯规范的真实性更强，故具有重要的参考价值。不仅如此，这两本书所采用的田野调查方法也值得认真学习。

2010年前后，又掀起了一个研究德昂族文化的一个热潮，尤其是本地学者和本民族学者的参与更是其中一个亮点。继续关注德昂族文化研究的有丁菊英、周灿、赵家祥、姜科等同仁。《德昂族的传统文化》中的"德昂族的家庭与婚姻""德昂族的宗教文化""德昂族的民俗文化"三章中涉及习惯规范较多[6]；本民族学者撰写的《德昂族历史文化研究》专设一编7章来写"德昂族民间习俗"[7]，《德昂族民间文化概论》中的"德昂族传统民俗文化"与"德昂族的宗教文化"两章中涉及一些习惯规范[8]；《德昂族文化与社会变迁》中的"宗教信仰""风俗习惯""婚姻家庭与道德规范"三章中论及不少德昂族习惯规范[9]。总体来看，这4本书的作者由于具备地理或民族语言的优势，对习惯规范的描述可能更为准确，但既无具体案例纠纷解决的支撑，亦缺乏系统的总结概括，本质上未超越前段所述5本书的研究水平，但其积累的资料则必须认真对待。这一阶段比较深入的研究是几篇博士论文成书的专著。《德昂族经济发展和社会变迁》虽然主要着眼于德昂族的经济

---

[1] 桑耀华主编：《德昂族文化大观》，云南民族出版社1999年版，第43页及以下。
[2] 俞茹：《德昂族文化史》，云南民族出版社1999年版，第69页及以下。
[3] 李家英：《德昂族传统文化与现代文明》，云南民族出版社2000年版，第9页及以下。
[4] 汤芝兰、李韬编：《德昂族——潞西三台山乡勐丹村》，云南大学出版社2001年版。
[5] 党秀云、周晓丽主编：《德昂族——南桑村调查》，中国经济出版社2010年版。
[6] 丁菊英：《德昂族的传统文化》，云南大学出版社2012年版。
[7] 赵家祥：《德昂族历史文化研究》，德宏民族出版社2008年版，第46–85页。
[8] 周灿、钟小勇、赵志刚：《德昂族民间文化概论》，云南民族出版社2015年版。
[9] 姜科编：《德昂文化与社会变迁》，社会科学文献出版社2017年版，第43页及以下。

发展，但以社会变迁的角度用三章篇幅阐述了"乡村政治""婚姻家庭""文化变迁"①，具有一定新意。值得一提的是李全敏博士对德昂族茶文化的研究，一是揭示了在德昂人生活中，茶是比金钱更为重要的东西，能够促进和谐德昂关系民族认同的重要功能②；二是透视了德昂族传统生态文明与区域可持续发展的关系，创新性地提出了"文化秩序体"的概念③，虽然两书涉及德昂族习惯规范较少，更多地侧重人类学思维，但其田野调查方法以及从经验到理论的提升路径应当成为学人的一个追求目标。魏国彬博士则利用邻近保山德昂族聚居区的优势，从"汉化""腰箍""舞蹈""民歌""生态"五个方面去阐释德昂族文化艺术的珍贵，呼吁国家应重视民族艺术的保护。④ 该书尽管涉及德昂族习惯规范内容不多，但其篇章结构的安排、注重揭示德昂族艺术的象征意义值得学习，因为通过本体的象征意义可以更深入地揭示德昂人的内在心理特征，从而才能更为深入地挖掘德昂族传统文化。《古老的茶农》主要研究德昂族的社会变迁，在"习俗趣闻"编涉及一些德昂族习惯规范⑤；《衮思哎·玛腊嘎》主要研究德昂族的图腾信仰——龙阳文化⑥，这两本书可为后研者的研究提供资料基础。

此外，还有研究德昂族的综合类著作会涉及德昂族习惯规范的内容，尽管其主要是为本课题的研究提供资料积累或背景知识，但亦值得关注。《德昂族概览》中的"宗教信仰""婚姻家庭伦理道德观""生活习俗"三章中涉及习惯规范的内容较多，尤其是最后一章中单列一节"原始习惯法和禁忌"尤其需要重视⑦。《德昂族——云南特有民族百年实录》以58万字的篇幅详细介绍了德昂族的历史及风情，其中"思想文化"与"民族风情"两部分涉及一些宗教信仰和生产生活方面的习惯规范⑧，由于此书系由多人之论文或调查报告组成，难免失之于零散，逻辑性不够，但可作为德昂族研究的参考资料。《中国德昂族》中的"德昂族的社会文化"与"德昂族的信仰文化"两章与德昂族习惯规范联系较为紧密。⑨ 李秋萍著的《德昂族》中的"德昂族传统民俗与禁忌"⑩，李青华编著的《德昂族》中的第六部分"富有特色的婚丧习俗"⑪，郭宇波写的《德昂族》中的"德昂

---

① 王铁志：《德昂族经济发展与社会变迁》，民族出版社2007年版，第86页及以下。
② 李全敏：《认同、关系与不同：中缅边境一个孟高棉语群有关茶叶的社会生活》，云南大学出版社2011年版，第167页及以下。
③ 李全敏：《秩序与调适：德昂族传统生态文明与区域可持续发展研究》，社会科学文献出版社2017年版，第47页及以下。
④ 魏国彬：《德昂族艺术的文化阐释——以保山市潞江坝的寨为例》，云南大学出版社2014年版，第27页及以下。
⑤ 腾二召：《古老的茶农——中国德昂族社会发展变迁史》，云南民族出版社2006年版，第161—190页。
⑥ 杨五青、李茂林、董晓梅等：《衮思哎·玛腊嘎——中国德昂族龙阳文化》，德宏民族出版社2014年版。
⑦ 赵纯善、杨毓骧：《德昂族概览》，云南大学出版社2006年版，第67页及以下。
⑧ 全国政协文史和学习委员会暨云南省政协文史委员会编：《德昂族：云南特有民族百年实录》，中国文史出版社2010年版，第133页及以下。
⑨ 唐洁编著：《中国德昂族》，宁夏人民出版社2012年版，第142页及以下。
⑩ 李秋萍主编：《德昂族》，新疆美术摄影出版社2009年版，第100-105页。
⑪ 李青华编著：《德昂族》，吉林文史出版社2010年版，第87-100页。

族的道德观念与节庆习俗"①分别介绍了德昂族禁忌习惯规范、婚姻习惯规范和丧葬习惯规范,这几本著作对德昂族习惯规范的研究尚处于描述阶段。其余仍有两本著作的内容主要是介绍德昂族的由来与风情②,其中也包含了一些德昂族习惯规范值得参考。总体上讲,这些关于德昂族的综合研究没有前述专门研究德昂族文化的著作描述的细致入微,但可以相互印证比较,以利得出更为准确地认知。

为了更深入地了解德昂族习惯规范及其纠纷解决的生成环境及与邻近民族习惯规范的差异,我们亦须了解一些关于德宏少数民族的研究成果及云南少数民族研究的成果。前者如《德宏宗教》③《德宏民族文化艺术论》④《德宏概览》⑤《德宏世居少数民族简史》⑥均涉及相关德昂族的专章或专篇内容,便于与德宏其他少数民族习惯规范比较;后者如《云南少数民族概览》⑦《云南民族文化概要》⑧《云南少数民族传统文化研究》⑨《传统文化与道德教育研究》⑩《"嵌入式"传承与精品化发展》⑪《云南民族迁徙文化研究》⑫《论口承文化:云南无文字民族古风研究》⑬这些著作作为德昂族习惯规范研究的上位宏观研究,涉及传统文化的多个方面,尽管涉猎民族习惯规范不多,但却可以启发笔者的思维,开阔本课题研究的视野,激发笔者从宏观与微观等多个角度云探究德昂族习惯规范及其纠纷解决机制的静态表达与动态运行,力争揭示德昂族纠纷解决的一般模式,在一定程度上实现从经验到理论的跳跃。

3. 学术论文

以"德昂族"为关键词在中国知网上进行搜索,可搜到文献近500条⑭。相比专著而言,论文对德昂族习惯规范的某一方面研究得更为深入。总起来看,与德昂族习惯规范密切相关的论文主要集中在德昂族的历史与文化研究领域,其他如经济、人口、教育、民族关系等领域的研究也涉及少许德昂族习惯规范,以下分述之:

---

① 郭宇波编:《德昂族》,外语教学与研究出版社2011年版,第45-70页。
② 李德洙、胡绍华主编:《中国民族百科全书》(第15卷)[傣族、佤族、景颇族、布朗族、阿昌族、德昂族、基诺族卷],世界图书出版公司2016年版,第539页及以下;黄光成:《德昂族》,中国民族摄影艺术出版社2007年版。
③ 张建章主编:《德宏宗教——德宏傣族景颇族自治州宗教志》,德宏民族出版社1992年版。
④ 马向东:《德宏民族文化艺术论》,德宏民族出版社2006年版。
⑤ 德宏年鉴编辑部编撰:《德宏概览》,德宏民族出版社2006年版。
⑥ 张建云、张钟主编:《德宏世居少数民族简史》,云南大学出版社2012年版。
⑦ 郭净、段玉明、杨福泉主编:《云南少数民族概览》,云南人民出版社1999年版。
⑧ 王四代、王子华主编:《云南民族文化概要》,四川大学出版社2006年版。
⑨ 杨志等:《云南少数民族传统文化研究》,人民出版社2009年版。
⑩ 王飞、杨玲:《传统文化与道德教育研究》,云南大学出版社2009年版。
⑪ 高朋、雷兵:《"嵌入式"传承与精品化发展:少数民族文化传承与发展的再思考》,云南大学出版社2014年版。
⑫ 苍铭:《云南民族迁徙文化研究》,云南民族出版社1997年版。
⑬ 王亚南:《论口承文化:云南无文字民族古风研究》,云南教育出版社1997年版。
⑭ 以德昂族为主题在中国知网上搜索,可搜到文献492篇。最后访问日期2019-5-24。

一是关于德昂族综述的研究。此类成果虽然很少，但却有助于我们迅速把握当前研究对象的研究动态，帮助我们更为便捷地查询相关资料，必须予以高度重视。目前查到三篇关于德昂族的综述研究，即周芳对新中国成立40年来的德昂族发展变迁史的梳理①，胡阳全对二十世纪八九十年代德昂族研究的全面概述②，以及李发荣对二十一世纪头10年的德昂族研究的阐述③。以上三位学人对德昂族研究的综述大致包括了新中国成立后至2009年这60年间学界关于德昂族研究的概况，可以作为以后研究的重要参考。尽管近十年的研究综述尚未见到，但恰可作为研究德昂族的一个努力方向。

二是关于德昂族历史记忆的研究。探寻德昂族的族称、族源及变迁是此方面研究的主流。桑耀华认为德昂族（崩龙族）历史上属茫施蛮并与金齿族密切相关④，是直接研究德昂族族源的较早著作。江应樑、刘稚、张增祺、申旭、吴永章的研究也与德昂族的族源有一定关系⑤，方慧老师则对德昂族的族源考证得最为透彻，认为德昂族是于清初从德宏境内的蒲人分化出来而形成⑥。马向东则通过德昂族史诗《达古达楞格莱标》的研究，认为德昂族起源于茶树及其图腾崇拜为茶叶⑦；毛益民则从德宏州的实地遗存云探寻德昂族的历史足迹与迁徙原因⑧；李淳信则通过考古遗址去寻找德昂族史前文化，以呈现德昂族的发展轨迹⑨。王燕则在总结德昂族历史的叙述特征后，探讨德昂族以金齿国为支撑的历史建构及其动因；并深入研究了德昂族是如何通过符号确认与利益把握达到其选择与归属目的的⑩。以上学人对德昂族历史源流、史诗传说及遗址记忆的翔实研究，虽只是静态描述，缺乏具体的解纷案例，但可作为笔者探寻德昂族习惯规范及纠纷解决机制的生境时参考。

三是关于德昂族文化及其变迁的研究。从广义上来讲，习惯规范属于法文化的一部分，当然隶属于文化的范畴，因此关于德昂族文化的研究成果，尤其是关于婚姻文化和宗教文化研究与习惯规范联系更为密切。从宏观着眼研究德昂族文化的成果主要有3篇论

---

① 周芳：《建国以来德昂族史研究概述》，载《思想战线》1990年第4期。
② 胡阳全：《近20年国内德昂族研究综述》，载《云南民族学院学报》2001年第4期。
③ 李发荣：《近十年国内德昂族研究综述》，载《学理论》2009年第10期。
④ 桑耀华：《茫施蛮并非傣族先民——崩龙族是茫施蛮的后裔》，载《研究集刊》第3辑，云南省历史研究所1979年印；《茫施蛮和金齿族属试论》，载《云南社会科学》1983年第3期。
⑤ 江应樑：《说"濮"》，载《思想战线》1980年第1期；刘稚：《浅谈茫蛮部落的族属》，载《思想战线》1985年第2期；张增祺："哀牢"族源新议》，载《云南民族学院学报》1985年第3期；申旭：《乌蛮白蛮和金齿茫蛮习俗的对比研究》，载《东南亚》1989年第1期；吴永章：《凿齿与黑齿、金齿、银齿考述》，载《贵州民族学院学报》1990年第2期。
⑥ 方慧：《明代云南广邑州建置考——蒲人历史新探之一》，载《民族研究》1985年第4期。
⑦ 马向东：《德昂族神话史诗达古达楞格莱标》，载《云南民族学院学报》1991年第3期。
⑧ 毛益民：《触摸云南德昂族文化遗存》，载《美与时代》2008年第4期。
⑨ 李淳信：《德宏与保山德昂族史前文化遗址》，载《德宏师范高等专科学校学报》2015年第3期；《云南临沧地区德昂族史前文化》，载《德宏师范高等专科学校学报》2016年第2期。
⑩ 王燕：《选择与归属——口述史视野下德昂族的历史文化研究》，云南大学硕士论文2013年5月；《传统历史叙事视下的民族历史与民族建构以德昂族为例》，载《西南边疆民族研究》2015年第1期。

文；黄光成发现许多德昂族传统文化正趋于式微，并总结了文化传承中的困境并提出开展德昂族文化抢救工作的建议①；王铁志则从德昂族民居、服饰、饮食等生活习俗入手，反思了德昂族生活习俗变迁的原因及特点②；赵金萍则以户弄村为例，展示了德昂族节日文化、婚姻文化和丧葬文化的变迁。③ 单独研究德昂族某一方面文化的成果则更为丰富。其中有关于德昂族婚俗文化的研究。如杨忠德和杨民康对婚歌情歌的研究成果④，耿德铭和魏国彬对保山地区潞江坝德昂族聚居区的婚恋仪式进行了较为深入的研究⑤，也有对德宏地区德昂族婚俗的研究⑥，还有对德昂族婚俗变迁进行的研究⑦。这些包含德昂族婚姻习惯规范的研究，多停留在风俗描述阶段，缺乏细致入微地分析，也缺乏实际案例的材料支撑，仅可作为本研究的对比材料使用。再看关于德昂族宗教文化的研究，无论是原始宗教还是南传上座部佛教，都深刻影响着德昂人的生产生活，对分析德昂人对习惯规范及其纠纷解决机制的认同颇为重要。关于德昂族原始宗教信仰研究的成果，如陈瑞琪对德昂族龙文化的研究⑧，李旭对德昂族龙阳文化的研究，⑨ 杨毓骧和管房波对德昂族谷魂信仰的研究⑩，以及对德昂族丧葬文化的研究⑪。关于德昂族佛教信仰的研究，主要集中在德昂族浇花节的仪式、功能与文化内涵上⑫，再就是焦丹对德昂族"上奘"仪式与"出洼"仪式的研究较为深入⑬。奠定在德昂族宗教信仰基础之上的生态习惯规范亦值得关注。如对德

---

① 黄光成：《德昂族文化传承中的困境》，载《民族艺术研究》2004年第6期。
② 王铁志：《德昂族生活习俗的变迁》，载《西北民族研究》2005年第4期。
③ 赵金萍：《陇川县户弄村德昂族文化变迁》，载《云南民族大学学报》2010年第5期。
④ 杨忠德：《迎亲歌》，载《华夏地理》1990年第5期；《哭婚歌》，载《华夏地理》1991年第3期。杨民康：《德昂族情歌"阿坡翁"当代发展变异状况的考察与研究》，载《民族艺术研究》2011年第1期。
⑤ 耿德铭：《潞江坝德昂族婚俗研究》，载《云南教育学院学报》1990年第4期；魏国彬：《文化传承：德昂民歌与婚恋仪式——以云南保山市潞江坝德昂族为例》，载《新疆艺术学院学报》2012年第2期。
⑥ 黄彩文、黄昕莹：《芒市三台山德昂族哭嫁婚俗研究》，载《思想战线》2016年第2期；许文舟：《德昂族的婚俗》，载《云南农业》2003年第7期。
⑦ 王铁志：《德昂族婚恋习俗的变迁》，载《今日民族》2006年第7期；朱进彬、张炜华：《藤篾腰箍的魔力——以德昂族神话史诗看查原婚人类婚姻形态的演进》，载《保山师专学报》2009年第1期。
⑧ 陈瑞琪：《德昂族龙文化的变迁及原因探析》，载《云南社会科学》2014年第6期。
⑨ 李旭：《德昂族传统龙阳文化的传承与保护》，载《玉溪师范学院学报》2014年第5期；林庆、李旭：《德昂族龙阳崇拜文化与民族国家认同》，载《云南民族大学学报》2013年第5期。
⑩ 杨毓骧：《中国云南少数民族的稻谷祭祀》，载《宗教学研究》1993年第E1期；管房波：《谷魂信仰：稻作民最普遍的信仰形式——以云南少数民族为例》，载《贵州民族研究》2005年第3期。
⑪ 周灿、梁爱文：《德昂族丧葬礼仪的宗教文化内涵探析》，载《经济研究导刊》2014年第19期。
⑫ 王燕、李如海、蒋天天：《德昂族浇花节的仪式及功能流变的口述史研究》，载《四川民族学院学报》2013年第1期；王燕：《德昂族浇花节的仪式与经文》，载《今日民族》2012年第8期；刘文田：《德昂族的"浇花节"》，载《今日民族》2005年第2期；丁菊英：《德昂族浇花节文化内涵探析》，载《红河学院学报》2012年第3期；李晓斌、段红云、王燕：《节日建构与民族身份表达》，载《中南民族大学学报》2012年第4期。
⑬ 焦丹：《德昂族"上奘"仪式研究》，云南大学硕士学位论文2009年10月；《出洼的叙事与解读——德昂族村寨宗教仪式考察》，载《思茅师范高等专科学校学报》2010年第2期；《德昂族上奘仪式的文化内涵》，载《今日民族》2012年第2期。

昂族竹文化的研究①，对德昂族水文化的研究②，对德昂族山地文化的研究③，最集中的是对德昂族生态文化的研究④。德昂人最崇拜的茶文化中既包含原始宗教信仰的成分，在德昂人的日常生产生活交往中具有重要的社会功能⑤，又具有保护生态环境的文化功能⑥近年来又出现了一些关于德昂族非物质文化遗产保护的成果，目的是更好地保护和传承即将消失的德昂族优良传统文化⑦，前述众位学人对德昂族习惯规范的研究虽然深度尚须挖掘，但可以作为研究德昂族习惯规范及纠纷解决机制的生成环境时参考，能够拓深学人对研究对象的认知。

四是关于德昂族其他方面的研究。尽管此类研究成果与德昂族习惯规范的联系不如德昂族历史与文化领域的研究来得直接，但对全面认识德昂族习惯规范及纠纷解决机制亦有帮助。此类研究以对德昂族经济发展关注得最多，如王铁志对德昂族如何实现现代化的研究⑧，李晓斌对德昂族政策实践与文化调适的研究⑨，杨东萱对德昂族如何脱贫的

---

① 蒲筱梅：《德昂族竹文化的人类学考察》，载《思想战线》2009年专辑，第35卷。

② 陈瑞琪：《论生态文明视野中的德昂族水文化及其社区功能》，载《云南行政学院学报》2014年第6期；蔡红燕、李梅：《地上的水天上的水——保山潞江坝中大中寨德昂族水文化小议》，载《保山师专学报》2008年第3期。

③ 谷家荣、蒲跃：《迎合西南地缘特征的山地文化生成逻辑——以滇缅边境地区的德昂族为例》，载《学术探索》2014年第9期。

④ 古开弼：《我国各民族祭拜习俗的生态文化透视》，《古今农业》1997年第1期；杨明艳：《德昂族宗教信仰中的生态文化探析——以镇康德昂族为例》，载《怀化学院学报》2011年第10期；廖春华：《云南彝族、佤族、德昂族传统文化习俗与森林资源关系的调查研究》，载《北京林业大学学报》2006年第2期；刘荣昆、朱红、杨春梅：《德昂族传统生态文化及其现代意义》，载《凯里学院学报》2013年第1期；李韬、李蔬君：《德昂族的传统生态情结》，载《今日民族》2001年第8期。

⑤ 李全敏：《德昂族仪式性茶消费：物质消费边界的跨越》，载《云南师范大学学报》2015年第5期国；《礼物之灵与德昂族仪式活动中的茶叶与草烟》，载《云南社会科学》2012年第3期。丁菊英：《云南德昂族茶俗的社会功能》，载《前沿》2012年第5期；沙平：《德昂族的"茶文化"》，载《广东茶业》2011年第5期；周灿、赵燕梅：《达古研究室楞格莱标的茶文化内涵》，载《学术探索》2013年第8期；凯亚：《茶颂之歌——达古达楞格莱标》，载《东南文化》1991年第1期。

⑥ 李全敏：《滴水仪式、功能储备与德昂族保护环境资源的地方性知识》，载《云南民族大学学报》2012年第5期；丁菊英、蚌小云：《德昂族茶俗文化中的传统生态意识》，载《楚雄师范学院学报》2012年第1期；丁菊英：《宗教视域下的德昂族茶俗文化研究》，载《云南民族大学学报》2012年第3期。

⑦ 海日：《德昂族非物质文化遗产的保护》，载《四川教育学院学报》2009年第11期；周灿：《多元文化视野中人口较少民族非物质文化遗产的保护与传承——以德昂族水鼓舞为个案》，载《学术探索》2015年第4期；陈瑞琪：《从德昂族宗教信仰看民族文化艺术的传承》，载《云南艺术学院学报》2008年第2期；张兰仙：《德宏德昂族民间传说研究》，载《贵州大学学报》2013年第4期；周灿：《德昂族口传文学"达古达楞格莱标"的形成探源》，载《中国民族博览》2015年第9期；赵燕梅：《德昂族创世史诗"达古达楞格莱标"文化内涵探析》，云南大学硕士学位论文2009年11月。

⑧ 王铁志：《人口较少民族的现代化——以德昂族经济和社会发展为例》，载《黑龙江民族丛刊》2005年第6期；《人口较少民族发展的结构性差异——以德昂族经济和社会发展为例》，载《黑龙江民族丛刊》2006年第1期。

⑨ 李晓斌、王燕、周世新：《异地搬迁与文化调适——以德昂族三台山乡初冬瓜和邦外为例》，载《西南民族大学学报》2009年第1期；李晓斌、杨晓兰：《人口较少民族的经济发展与民族关系调适——以德昂族为例》，载《贵州民族研究》2010年第5期；李晓斌、杨晓兰：《扶持人口较少民族政策实践的效果及存在的问题——以云南德昂为例》，载《中南民族大学学报》2010年第6期。

研究①，周灿对德昂族旅游发展以及脱贫的研究②，以及其他学人对德昂族经济发展的研究③，也有关于德昂族人口状况的研究④，还有关于德昂族教育状况的研究⑤。总的来讲，此类研究成果对于研究德昂族的生计习惯规范有所帮助，但由于多属于对策研究，深度尚须挖掘，可以作为习惯规范研究的背景性资料予以参考。

五是国内学人对中缅跨境德昂族的研究。如李茂琳、董晓梅等学人利用居住德宏州的地理优势，通过中国德昂研究会与缅甸崩龙族研究会的交流，加上对缅甸德昂族聚居区的实地寻访与个案调查，加深了对跨境德昂族的认识。⑥ 又如黄光成则从促进跨界民族的文化交流的视角，认为中缅德昂族具有相同的亲缘、地缘、业缘、物缘、神缘、语缘⑦，但也存在复杂的对应关系，厘清这些关系对我们研究民族对应关系及国家认同均有积极意义⑧。云南大学李晓斌教授则从中缅甸崩龙族与中国德昂族的不同主观历史建构，敏锐地觉察到各自意欲强化与所在国的历史联系的态势警示我们要加深对跨境民族认同的历史根基进行研究与宣传，⑨ 才会更有利于跨境民族的长期稳定。陈海珠则对此进行了初步尝试，以中缅德昂族均具有共同的神话传说、共同的宗教信仰、共同的丧葬习俗、共同的婚

---

① 杨东萱：《德昂族脱贫面临的问题及对策》，载《昆明大学学报》2005年第2期；《文化视角下的德昂族脱贫路径》，载《思想战线》2009年第4期；《边境少数民族地区外援式发展探微——以云南德宏州德昂族为例》，载《现代商业》2011年第1期。

② 周灿、梁爱云：《人口较少民族生态移民的变迁探讨——以三台山德昂族乡允欠村为例》，载《云南地理环境研究》2013年第3期；周灿、钟小勇：《旅游视野下德昂族宗教文化与民族民间音乐的传承与保护》，载《华中师范大学学报》2013年第4期；周灿：《民族旅游语境中德昂族地方性知识的发掘与利用》，载《黑龙江民族丛刊》2015年第1期。

③ 张淑芬：《改变云南边境地区少数民族村寨贫困现状的思考——以德宏州潞西市三台山乡邦外村的调查为例》，载《思想战线》2008年专辑（第34卷）；李宏：《德昂族地区农村发展状况研究——以三台山德昂族乡为例》，载《云南农业大学学报》2009年第4期；莫伟、刘许瑞：《浅析云南少数民族宗教节日的开发——以傣族和德昂族为例》，载《网络财富》2010年第8期；李昶罕、秦莹：《德昂族酸茶的科技人类学考察》，载《云南农业大学学报》2015年第1期；毕彩华：《云南省扶持潞西市三台山德昂族乡脱贫发展政策研究》，云南大学硕士学位论文2011年5月。

④ 周怀聪：《镇康县德昂族人口状况分析》，载《云南教育学院学报》1988年第3期；王鑫：《德昂族人口发展调查研究——现状、问题与思考》，载《红河学院学报》2007年第4期。

⑤ 李军：德昂族受教育程度的现状、问题与对策研究——以潞西市三台山德昂族乡为个案研究》，云南师范大学硕士学位论文2007年7月；周文娟：《德昂族独龙族聚居区义务教育生师比调控的比较》，中央民族大学硕士学位论文2011年5月；罗吉华：《中国德昂族比调控的比较教育研究述评》，载《当代教育文化》2010年第3期；陈艳松、杨玉秀：《云南省德宏州德昂族传统体系与高校校本课程开发研究》，载《当代体育科技》2013年第14期。

⑥ 李茂琳、王素琴、董晓梅等：《山水相连情相依——跨境德昂民族历史文化研究》，德宏民族出版社2014年版；李茂琳、董晓梅等：《德昂族跨境调查随笔》，载《德宏师专学报》2009年第4期；《德昂族跨境调查随笔》，载《德宏师专学报》2010年第1期。

⑦ 黄光成：《跨界民族的文化异同与互动——以中国和缅甸的德昂族为例》，载《世界民族》1999年第1期，第25页。

⑧ 黄光成：《从中缅德昂（崩龙）族看跨界民族及其研究中的一些问题》，载《东南亚南亚研究》，2012年第2期。

⑨ 李晓斌、段红云、王燕：《缅甸崩龙族历史发展的特点及其历史建构》，载《思想战线》2012年第5期；李晓斌、段红云、周灿：《中缅德昂族历史叙述差异比较分析》，载《广西民族大学学报》2014年第2期。

姻习俗、共同的饮食习俗和共通的语言文字六种共通文化符号的意义空间，从而促进德昂族的民族认同并加强二者之间的跨界交流。① 尽管以上几位学人的成果涉及缅甸德昂族的习惯规范甚少，但可以为我们提供了难得的境外德昂族的一些法文化资料，以利在分析德昂族习惯规范的变迁或与国内德昂族比较时进行参考。

4. 习惯规范及其纠纷解决机制的理论研究现状

研究德昂族习惯规范及其纠纷解决机制，必须了解与习惯规范和纠纷解决机制相关的论著，尤其要关注习惯规范相关理论研究方面的成果，因为仅注重经验研究难免失之于肤浅，设法实现从经验到理论的跨越是学术研究的永恒追求。依笔者浅见，关于习惯规范及纠纷解决机制的研究成果，国内主要集中在民族法学、法社会学、法史学及纠纷解决四个领域，国外则主要集中在法人类学领域。

在民族法研究领域，高其才和徐晓光两位学者的研究必须予以高度关注，因为二人从二十世纪九十年代前后就开始关注民族法研究，至今依然在民族法这片沃土上不辞劳苦地坚持耕耘。高其才的《中国习惯法论》是国内首部系统研究国内习惯规范的专著，其篇章结构的设计对后继的民族习惯规范著作的影响极大②；后又专攻瑶族习惯法，有系列成果问世③，拓深了民族习惯法的研究视野。为了探寻民族习惯法的理念支撑，高老师又主编"中国司法研究书系""习惯法论丛""乡土法杰"丛书，先后对习惯法的变迁、认可以及与社会发展的关系进行了较为深入地研究④，尽管有学者认为高其才"一直耕耘在民间习惯法研究领域，其研究虽有平面扩展，但理论上的纵深推进却不够"⑤，但笔者以为这亦是为向习惯法理论纵深推进的尝试与努力。徐晓光长期在贵州工作，利用"近水楼台先得

---

① 陈海珠、李茂琳、姜加旺：《中缅德昂族跨境交流的共同意义空间》，载《德宏师范高等专科学校学报》2015年第1期。

② 高其才：《中国习惯法论》，湖南出版社1995年版。

③ 高其才：《中国少数民族习惯法研究》，清华大学出版社2003年版；《瑶族习惯法》，清华大学出版社2008年版；《国家政权对瑶族的法律治理研究》，中国政法大学出版社2011年版；《桂瑶头人盘振武》，中国政法大学出版社2013年版；《习惯法的当代传承与弘扬——来自广西金秀的田野调查报告》，载《法商研究》2017年第5期；《当今瑶山的神判习惯法——以广西金秀六巷和田一起烧香诅咒堵路纠纷为考察对象》，载《法制与社会发展》2016年第1期；《乡土法杰与习惯法的当代传承——以广西金秀六巷下古陈盘振武为对象的考察》，载《清华法学》2015年第3期；《尊重与吸纳：民族自治地方立法中的固有习惯法——以〈大瑶山团结公约〉订立为考察对象》，载《清华法学》2012年第2期；《瑶族调解和审判习惯法初探》，载《清华法学》2007年第4期；《瑶族习惯法特点初探》，载《比较法研究》2006年第3期；《现代化进程中的瑶族"做社"活动——以广西金秀郎庞为例》，载《民族研究》2007年第2期；《中国少数民族习惯法论纲》，载《中南民族学院学报》1994年第3期；《世界性宗教习惯法初探》，载《现代法学》1993年第3期；《论中国少数民族习惯法文化》，载《中国法学》1996年第1期，等等。

④ 高其才：《瑶族经济社会发展中的法律问题研究》，中央民族大学出版社2008年版；《当代中国法律对习惯的认可研究》，法律出版社2013年版；《乡土法学探索》，法律出版社2015年版；《习惯法的当代传承与弘扬——来自广西金秀的田野考察报告》，中国人民大学出版社2015年版；《变迁中的当代中国习惯法》，中国政法大学出版社2017年版；《法理学》，北京：清华大学出版社2015年第3版等。

⑤ 陈柏峰：《法律实证研究的兴起与分化》，载《中国法学》2018年第3期。

月"的优势,对藏族、苗族进行了细致深入地研究①,龙其是其《原生的法》一书②凸显了从田调资料提炼其背后的法理规律的努力。其他如张冠梓、李鸣、张晓辉、王学辉的研究也体现出对习惯法理论的较深探索③。关于单个民族习惯规范的研究,尽管其理论贡献可能不及前述一些著作,但其结构安排及分析逻辑依然值得研究德昂族习惯规范参考。如陈金全对西南民族的研究④,俞荣根和龙大轩、李鸣对羌族的研究⑤,曾代伟和蓝寿荣对土家族的研究⑥,周世中对瑶族的研究⑦,周相卿对苗族和布依族的研究⑧,赵天宝对景颇族的研究⑨,吕志祥对藏族的研究⑩,杨经德对回族的研究⑪,李剑对彝族的研究⑫,陈秋云和韩立收对黎族的研究⑬,雷伟红对畲族的研究⑭,等等。

在法社会学研究领域,苏力、谢晖与陈柏峰的研究值得学界关注。二十世纪九十年代中期,苏力明确提出重视吾国法治的本土资源这一观点⑮,在学界掀起了实证研究的高潮;继而他又深入湖北基层法院调研,得出了政府需要"送法下乡"的结论⑯;并且发表

---

① 徐晓光:《藏族法制史》,法律出版社2001年版;《苗族习惯法研究》,华夏文化艺术出版社2000年版;《苗族习惯法的遗留、传承及其现代转型研究》,贵州人民出版社2005年版;《黔湘桂边区山地民族习惯法的民间文学表达》,广西师范大学出版社2016年版;《中国少数民族法制史》,贵州民族出版社2002年版。

② 徐晓光:《原生的法:黔东南苗族侗族地区的法人类调查》,中国政法大学出版社2010年版。

③ 张冠梓:《论法的成长——来自中国南方山地法律民族志的诠释》,社会科学文献出版社2000年版;李鸣:《碉楼与议话坪》,中国法制出版社2008年版;张晓辉:《中国法律在少数民族地区的实施》,云南大学出版社1994年版;王学辉:《从禁忌习惯到法起源运动》,法律出版社1998年版。

④ 陈金全:《西南少数民族习惯法研究》,法律出版社2008年版;《彝族、仫佬族、毛南族习惯法研究》,贵州民族出版社2008年版等。

⑤ 俞荣根主编:《羌族习惯法》,重庆出版社2000年版;龙大轩:《乡土秩序与民间法律——羌族习惯法探析》,中国政法大学出版社2010年版;李鸣:《羌族法制的历程》,中国政法大学出版社1999年版。

⑥ 曾代伟:《巴楚民族文化圈研究》,法律出版社2008年版;冉春桃、蓝寿荣:《土家习惯法研究》,民族出版社2003年版。

⑦ 周世中:《广西瑶族习惯法和瑶族聚居地和谐社会建设》,广西师范大学出版社2013年版;《西南少数民族民间法的变迁与现实作用——黔桂瑶族、侗族、苗族民间法为例》,法律出版社2010年版。

⑧ 周相卿:《黔东南雷山县三村苗族习惯法研究》,贵州人民出版社2007年版;《者述村布依族习惯法研究》,北京:民族出版社2011年版。

⑨ 赵天宝:《景颇族纠纷解决机制研究》,法律出版社2013年版;《景颇族习惯规范研究》,民族出版社2014年版。

⑩ 吕志祥:《藏族习惯法:传统与转型》,民族出版社2007年版;《藏族习惯法与其转型研究》,中央民族大学出版社2014年版。

⑪ 杨经德:《回族伊斯兰习惯法研究》,宁夏人民出版社2006年版。

⑫ 李剑:《凉山彝族纠纷解决方式研究》,民族出版社2011年版。

⑬ 陈秋云等:《黎族传统社会习惯法研究》,法律出版社2011年版;韩立收:《查禁与除禁:黎族"禁"习惯法研究》,上海大学出版社2012年版。

⑭ 雷伟红:《畲族习惯法研究——以新农村建设为视野》,浙江大学出版社2016年版。

⑮ 苏力:《法治及其本土资源》,中国政法大学出版社1996年版。

⑯ 苏力:《送法下乡——中国基层司法制度研究》,中国政法大学出版社2000年版。

多篇关于国家法与习惯法关系的论著作为上述结论的支撑①。谢晖则提出"民间法"的概念，并自2002年起主编《民间法》年刊，至今已出版25卷，在聚集学界同仁深入研究习惯规范方面功不可没。同时，谢晖尝试通过对国家法这个大传统与民间法小传统的关系探讨，力图实现民间法理论的相关突破②。尽管此种理论追求仍在路途之中，但其率领自己的博士团队却一直坚定前行，值得学习。陈柏峰作为一名80后的年轻学者，注重对乡村的实证调研，依托华中村治学派的平台，在掌握大量实证材料的基础上，试图提炼出乡土社会秩序的某类特征③，从而为新时代的乡村治理提供参考借鉴。其他如田成有、于语和、王启梁、李可等人的研究也值得参考④。客观而言，这类研究克服了民族习惯法或法人类学研究重于描述而轻于逻辑推理的不足，但由于过度着眼于社会实际，难免因功利性的追求而忽视习惯规范所承载的文化及符号意义。但其注重实地调查的方法与重视逻辑推理的研究进路可以为习惯规范的研究提供一定的指导。

在法史学研究领域，梁治平、黄宗智与胡兴东的研究成果应予重视。梁治平主张"用法律去阐明文化，用文化去阐明法律"⑤，试图探讨习惯法背后的文化结构，并以清代的史料及部分司法档案为基础，力图展现国家与社会的互动秩序，从而探寻其中的和谐之道⑥，以唤起当代学仁对于本土传统习惯规范的重视。黄宗智则从海量的清代司法档案入手，力图展现出清代的法律规定与法律实践的不同样态，并提出国家、社会及"第三领域"的三元分析结构，意欲说明法律的静态表达与动态实践互相联系又互相背离，最终在相互的博弈中得出一个各方均可接受的裁判。⑦ 胡兴东作为一名青年学者，由于身处西南，对西南少数民族的法制演变史及纠纷解决史颇有研究，力图通过对少数民族的历史回

---

① 苏力：《制度是如何形成的》，北京大学出版社2007年增订版；《当代中国法律中的习惯——一个制定法的透视》，《法学评论》2001年第3期；《中国当代法律中的习惯——从司法个案透视》，《中国社会科学》2000年第3期；《乡土社会中的法律人》，载《法制与社会发展》2001年第2期；《为什么研究中国基层司法制度——〈送法下乡〉导论》，载《法商研究》2000年第3期；《纠缠于事实与法律之中》，载《法律科学》2000年第3期；《农村基层法院的纠纷解决与规则之治》，载《北大法律评论》1999年第1辑，等等。

② 谢晖：《大小传统的沟通理性》，北京：中国政法大学出版社2011年版；《民间法的视野》，北京：法律出版社2016年版。

③ 陈柏峰：《乡村江湖：两湖平原"混混"研究》，中国政法大学出版社2011年版；《暴力与秩序：鄂南陈村的法律民族志》，中国社会科学出版社2011年版；《乡村司法》，陕西人民出版社2012年版；《半熟人社会：转型期乡村社会性质深描》，社会科学文献出版社2019年版等等。

④ 田成有：《乡土社会中的民间法》，法律出版社2005年版；于语和主编：《民间法》，复旦大学出版社2008年版；《寻根：民间法絮言》，清华大学出版社2012年版；王启梁：《迈向深嵌在社会与文化中的法律》，中国法制出版社2010年版；李可：《习惯法理论与方法论》，法律出版社2017年版等。

⑤ 梁治平：《法辨——中国法的过去、现在和未来》，中国政法大学出版社2002年版，自序第1页。

⑥ 梁治平：《清代习惯法研究：社会与国家》，中国政法大学出版社1996年版；《寻求自然秩序中的和谐》，北京：中国政法大学出版社2002年版。

⑦ 黄宗智：《清代的法律、社会与文化：民法的表达与实践》，上海书店出版社2007年版；《经验与理论——中国社会、经济与法律的实践历史研究》，中国人民大学出版社2007年版；《实践与理论——中国社会、经济与法律的历史与现实研究》，法律出版社2015年版。

溯，说明少数民族习惯规范在少数民族的纠纷解决中起着重要作用。① 其他如方慧、李鸣和尤中的研究成果也可作为参考②。这类研究成果的历史学意义更为突出，而法学价值则比前述法社会学的研究成果而言则有所欠缺，因为其关注当代法律的具体运行不够，但可作为究德昂族文明史与德昂族习惯规范的来源时参考。

在纠纷解决机制研究领域，范愉的研究最为值得关注。范愉在中国人民大学成立多元纠纷解决机制研究中心，聚集了一批优秀学仁，本人又是留日博士，对日本的纠纷解决论著有独到认识，试图通过诉讼与非诉讼方式的解纷效果对比，在展现各类解纷方式优势及不足的同时，构建当代中国多元化的纠纷解决机制。③ 其中范教授关于调解解纷与民间社会规范的研究与习惯规范的联系最为密切，可以作为研究德昂族纠纷解决的理论支点之一。社会学学者郭星华的研究也须高度关注，郭教授以社会控制的视角对纠纷解决进行了卓有成效的研究，尤其是采用社会学的一些基本理论去阐释发生在中国大地上的纠纷，用社会学的样本分析与统计法去分析纠纷解决方式的优劣，均给人耳目一新的感觉。④ 左卫民从法学视角看待现实生活中的纠纷，立足于社会转型这个时代特征，带领所属团队对派出所、司法所、自治性组织及和解、仲裁、诉讼进行非常系统的实证研究，意图探寻出契合刻下转型中国的纠纷解决机制。⑤ 这两位学者采用的研究方法是德昂族习惯规范研究的

---

① 胡兴东：《中国少数民族法律史纲要》，中国社会科学文献出版社 2015 年版；《治理与认同：民族国家语境下社会秩序形成问题研究》，知识产权出版社 2013 年版；《西南民族地区纠纷解决机制研究》，社会科学文献出版社 2013 年版；《西南少数民族地区纠纷解决机制史》，中国社会科学出版社 2014 年版。

② 方慧主编：《云南法制史》，中国社会科学出版社 2005 年版；李鸣：《中国民族法制史论》，中央民族大学出版社 2008 年版；尤中：《云南民族史》，云南大学出版社 1994 年版。

③ 范愉：《非诉纠纷解决机制研究》，中国人民大学出版社 2000 年版；《多元化纠纷解决机制》，厦门大学出版社 2005 年版；《纠纷解决的理论与实践》，清华大学出版社 2007 年版；《多元化纠纷解决机制与和谐社会的构建》，经济科学出版社 2011 年版；《非诉讼程序 ADR 教程》，中国人民大学出版社 2016 年第 3 版；《诉讼社会与无讼社会的辨析和启示——纠纷解决机制中的国家与社会》，载《法学家》2013 年第 1 期；《浅谈当代"非诉讼纠纷解决"的发展及趋势》，载《比较法研究》2003 年第 4 期；《民间社会规范在基层司法中的应用》，载《山东大学学报》2008 年第 1 期；《诉讼调解：审判经验与法学原理》，载《中国法学》2009 年第 6 期；《当代世界多元化纠纷解决机制的发展与启示》，载《中国应用法学》2017 年第 3 期。

④ 郭星华主编：《法社会学教程》，中国人民大学出版社 2011 年版；《社会转型中的纠纷解决》，中国人民大学出版社 2004 年版；《纠纷解决机制的变迁与法治中国的转型》，载《探索与争鸣》2016 年第 5 期；《当代中国纠纷解决机制的转型》，载《中国人民大学学报》2016 年第 5 期；《基层纠纷社会治理的探索》，载《山东社会科学》2015 年第 1 期；《全息：传统纠纷解决机制的现代启示》，载《江苏社会科学》2014 年第 4 期；《纠纷解决机制的失落与重建——从舅权在传统社会纠纷解决所起作用中引发的思考》，载《广西民族大学学报》2014 年第 4 期；《无讼、厌讼与抑讼——对中国传统诉讼文化的法社会学分析》，载《学术月刊》2015 年第 5 期；《法律的在场与不在场——对一起赡养纠纷调解事件的法社会学分析》，载《中国农业大学学报》2007 年第 5 期；《中国农村的纠纷与解决途径——关于中国农村法律意识与法律行为的实证研究》，载《江海学刊》2003 年第 1 期。

⑤ 左卫民等：《变革时代的纠纷解决》，北京大学出版社 2007 年版。

重要参考。其他学者如赵旭东、何兵、强世功、徐昕等人的研究亦各有特色。① 这些研究成果关于纠纷解决的理论构建尚不完美,但其深入实地的调研,独到的实证方法,对现实问题敏锐的洞察,对相关理论的有力把握均值得研究德昂族习惯规范及纠纷解决时参考。

三、德昂族习惯规范研究的前瞻

综观前述国内外研究现状,可以发现截至目前专门研究关于德昂族习惯规范的专著尚未见到,一些专著或论文只是论及德昂族习惯规范的某个侧面,且多停留在介绍或描述层面,缺乏文化与法理的深入阐释,这就为学人进一步弥补德昂族习惯规范及其解纷机制的不足留下了一定的空间。当然,对于前述习惯规范的理论研究视野,后研者也应尽量扬其优势而弃其不足,在厘清德昂族习惯规范本身的基础上,力争对其做出较为系统的理论解释。笔者以为,未来对于德昂族习惯规范的研究应当在以下几个方面着力:

第一,注重运用多学科的研究方法,从不同视角去透视德昂族习惯规范的多重面向。恰当的研究方法是做好学术研究的前提。对于少数民族习惯规范及其纠纷解决机制的研究,由于涉及的内容甚为广泛,需要运用多学科的研究方法,将人类学、历史学、社会学、民族学和法学等学科的研究方法结合起来交叉运用,目的是全方位、多角度地阐释研究对象,以期对其有更为清晰且深刻的认知。如田野调查法对于一个无文字民族的研究尤为重要,应当秉持"礼失而求诸野"② 的田调原则,置身于德昂人的日常生产生活之中,去感受德昂人的解纷智慧与文化符号意义,在获取德昂人纠纷解决第一手资料的同时,加深对德昂族习惯规范的渊源及变迁之认识。又如个案分析法和扩展案例法的合理运用,在展示德昂族纠纷解决机制运行状况及合理性的同时,试图探索德昂人解纷的内在逻辑。这就需要跳出个案,通过个案扩展去研究发生在德昂族聚居区的"案例束",旨在从一束束独特的个案中抽取纠纷解决的一般逻辑,从微观逐步走向宏观。客观而言,个案扩展法"跳出了个案研究的狭小天地,解决了宏观与微观如何结合的问题。同时经由理论重构,它实现了其理论上的追求,也体现了这种研究方法的价值"③。再如实证研究法更能展示德昂族习惯规范的合理性及实用价值,而且还可为地方民族自治立法提供一定程度的借鉴,目的是探寻德昂族乃至少数民族地区的解纷模式,在提高解纷效率与公正的同时,推动德昂族聚居区社会治理法治化的进程。因此,运用多学科的研究方法,能够系统地透视

---

① 赵旭东:《权力与公正——乡社会的纠纷解决与权威多元》,天津古籍出版社2003年版;《法律与文化:法律人类学研究的中国经验》,北京大学出版社2011年版。何兵:《现代社会的纠纷》,法律出版社2003年版;强世功主编:《调解、法制与现代化:中国调解制度研究》,中国法制出版社2005年版;徐昕:《论私力救济》,中国政法大学出版社2005年版;周星:《乡土生活的逻辑——人类学视野中的民俗研究》,北京大学出版社2011年版;等等。
② [东汉]班固:《汉书》卷三十《艺文志》,中华书局2007年版,第339页。
③ 卢晖临、李雪:《如何走出个案:从个案研究到扩展个案研究》,载《中国社会科学》2007年第1期,第129页。

德昂族习惯规范的各个方面，从而便于吸取其精华、剔除其糟粕，挖掘德昂族习惯规范的背后的良法善治规律，维护德昂族聚居区的长期稳定。

第二，注重研究的广度和细度，探究德昂族习惯规范的合理性并力争对其进行文化阐释。从前文文献综述来看，大多数关于德昂族的论著还停留在风俗文化的描述阶段，象方慧老师对德昂族族源的考证，桑耀华对德昂族变迁史的梳理论证及李全敏对德昂族茶文化的功能阐释等这样的力作还少之又少，这说明学人对德昂族研究的细度还很不够。即使是个案的村寨调查，不仅选点不够，往往只选择一个村寨，而且也只是停留在德昂寨的政治管理、经济发展及文化改善的一些数据上，所提相应对策还较为肤浅，缺乏对其背后的文化意义予以揭示，从而很难激发德昂人对本民族发展认同的内在动力。因此，下一步我们对德昂族法文化的研究，一是要尽可能多选几个有代表性的调研点，可以经济发展程度不同的富裕、中等、贫困为标准划分，也可以保持德昂族文化程度不同的浓厚、一般、较少为标准划分，并以德昂族纠纷解决为主要研究对象，联合当地德昂族学人，以国内和缅北德昂族聚居区的田野调查资料为基础，将静态的德昂族习惯规范与动态的纠纷解决过程结合起来，在展示德昂人解纷智慧的同时，注重对其背后的文化符号意义进行阐释，激发德昂人对本民族文化的内心认同与国家法的逐步认同渐趋融合，为我国少数民族地区的纠纷解决和社会治理提供借鉴与参考。

第三，注重研究的深度和精度，力争发现德昂族习惯规范与已有的法人类学理论相异之处。对于民族法研究而言，材料有余而提升不足是围绕刻下吾国民族法同仁的一个瓶颈。仅仅留恋于民族习惯规范的描述层次只是西方法人类学认为研究的初级阶段，用西方法人类学理论去解释民族法存在及运行的合理性可以认为是对初级阶段的提升阶段，而发现吾国民族法的表达及运行与西方法人类学理论的背离之处，并给予其合理解释并千方百计提炼出自身的民族法理论才可视为法人类学研究的高级阶段。一言以蔽之，学术创新才是学术研究永葆青春的不竭源泉。不可否认，前述关于德昂族研究的综述中也存在不少重复研究现象，未列入研究综述的德昂族文献更不必提。如新中国成立已七十年有余，仍有不少学人研究德昂族还大量引用二十世纪五十年代的田调资料，不是说不可以引用，至少大大影响了其研究的深度和精度，毕竟德昂族习惯规范也在不断地发展变迁。因此未来的德昂族习惯规范研究，要像嘉日姆几对彝族"依次拉巴"仪式一样，从中发现其中蕴含的"反福柯路径"①，从而对福柯的符号监狱理论提出挑战。这就需要后研者深入调研、深度观察、精细描述德昂族聚居区所发生的具有规范意义的事件，力争从中发现与当今法人类学理论的不同之处，然后对之进行深入思考并合理阐释，力争为我国民族法理论的提升增砖加瓦。

---

① 嘉日姆几：《"依次拉巴"仪式的反福柯路径——关于凉山彝族监狱想象、仪式及行动的民族志》，载周尚君、尚海明主编《法学研究中的定量与定性》，北京大学出版社2017年版，第34-48页。

Review and prospect on the study of De'ang Nationality's customary norm

Zhao Tianbao

Abstract: Deang nationality is an ancient nationality with a long history. Its custom norms and dispute resolution mechanism are still shining up to now. In order to study Deang's customary norms and dispute settlement mechanism, we must understand the relevant works. Especially, we should pay attention to the relevant theoretical research results of customary norms, because it will inevitably be superficial only focusing on empirical research. Trying to realize the leap from experience to theory is the eternal pursuit of academic research. The research results of Deang's customary norms are not systematic, and most of them remain at the level of description, which lack detailed and in – depth cultural interpretation and legal analysis. In the future, the study of Deang's customary norms should adopt a multi – disciplinary research method, pay attention to the deep description and deep analysis of the scene, and try to find the deviation between De'ang customary norms and the theory of legal anthropology. Then, the Scholars should think deeply and explains it reasonably to improve the theory of national law in our country.

Key words: Deang Nationality; customary norms; review; prospect

家规在中国传统基层社会治理中现代转化^{*}

刘志松^{**}

摘　要　中国传统社会由一家一姓到一乡一社，再扩展到整个国家，其中家国一体、家国天下的文化内核是千百年来中国传统农耕文明所孕育的社会治理智慧结晶。作为中国传统基层社会治理过程中不可或缺的规范体系，家规在传统乡村社会生活中发挥着经济保障、秩序生成、道德培育、文化形塑等诸多不可替代的作用。在现代化浪潮冲击之下的乡村，传统自治格局被打破，新的社会治理模式尚未形成，新家风如何在传承与蜕变中实现创造性转化、创新性发展，不断赋予时代内涵，重新焕发生机，是当前创新乡村基层社会治理的一个重要课题。

关键词　家规　家国同构　基层社会治理　现代转化

自先秦三代，中国便逐渐形成了家国同构的政治统治模式和社会治理模式，国家之制的精髓就是家制，中国传统的基层社会治理本身就是按照家的形式构建起来的。那些或劝谕或强制的宗族规范成为地方基层社会治理的第一层规范网络，几乎将基层社会所有的内容网罗其中，成为地方法治体系中重要的组成部分。为了基层社会治理的成功与有效，国家与地方官不得不承认并依赖其效力，这使得家法族规有时甚至能优先于国家法律而在社会控制与社会治理中发挥实际作用。

一、从家到国：中国传统基层社会的生存样态

家规作为一个家庭的生活方式、文化氛围、生活态度、精神情趣、道德修养、教育学

---

* 基金项目：国家社科基金青年项目"基层社会治理法治化与纠纷解决机制多元化的场域融合研究"。
** 刘志松，法学博士，天津社会科学院法学研究所研究员。

习等因素所构成的一种场域,这种场域本身是无形的,但又是具有规范力的,家庭成员身处其中,精神与行为就会自然而然要符合这个场域的规范,这就是家规的力量。而就古代而言,家的范围要远远超出家庭,而可以扩展到整个宗族、乡里,乃至整个国家。中国传统的社会结构、社会组织形式和价值主体与西方国家最大的不同就在于对"家"的理解。现代西方社会是以个体作为权利主体的来组织社会的,而古代中国则是以"家"作为最基本的权利主体来组织社会的。所以家的观念无论是在中国人的情感中还是行为中,都是无可替代的。家族,无论是历代世家大族,还是普普通通的平民家族,都会在一辈又一辈人对生存的不断探寻中积累起代代沿袭的家规,这就是传统。一个国家、一个民族、一个家庭都会有自己的传统。我们可以更深入地把它理解为是围绕家庭成员的不同活动领域而形成的代代相传的行事方式,是一种具有规范作用和道德感召力的文化力量。它无形中具有一种规范的作用,并且这种"规范"是被人们信仰的。家规就是一种储存,储存就是这样积累起来的,过去世世代代的知识传到现在这一代,经过某种程度的修改再传给后代,它实际上就是知识,更确切地说就是观念的流传,这种流传是通过符号、语言、形象与概念,通过学习、传授、交感、模仿与启示等活动发生并完成的。它的内容便是储存在语言、风俗、民间传说、制度和工具中的观念。它一旦形成,便具有了支配各种精神和行为的力量。所以说家规是一种力量,一种被信仰的力量,它支配着家族成员的思维模式和行为模式。

对于人类社会发展历史而言,以血缘为纽带而形成的系统是一种最古老的社会聚合形态,这一系统以血缘贯穿其历史的发展过程。在漫长的人类社会史中,血缘的力量逐渐显现出淡化的趋势,这标志着作为个体的人日益独立,个体的存在逐渐受到关注,而日渐脱离出这种"神秘力量"的束缚。但在中国,这一淡化的过程似乎要慢了许多,尤其是在乡土社会中,家族的存在仍是最终的要的社会整合力量。以致公权力的组织也建立在血缘的基础之上,形成了家国同构的"宗法制"传统。国是放大了的家,家是缩小了的国。中国传统的社会结构、社会组织形式和价值主体与西方国家最大的不同就在于对"家"的理解。可以说,国家本身就是按照家的形式构建起来的。现代西方社会是以个体作为权利主体的来组织社会的,而传统中国则是以"家"最为基本的权利主体来组织社会的。所以家的观念无论是在中国人的情感中还是行为中,都是无可替代的。

自夏禹"家天下"始就确立了古代家族统治的传统,特别是西周宗法制的确立,使得贵族统治权成为家族世袭的核心内容。这种情形一直延续到东晋南北朝时期,门阀氏族制度的消亡使原来的上流家族感到了前所未有的危机,它们面临的是一个全新的可以自由流动的社会。特别是科举制度的实施,使得原来的底层宗族通过努力,可以跻身上流社会,进入政治权力层,而原来的上流宗族如果不能有效维系,也可能迅速衰落。这就造成了一种局面,无论是上流宗族还是底层宗族都必须加强宗族的凝聚力和影响力。

再者,血缘作为一种社会群体纽带总是在不断淡化的,家族自身的聚合力也是随着旁支的扩大，其关系也逐渐疏远，五服之外，不复为亲。就像费孝通所讲湖面抛个石子一样，随着水波一圈一圈的荡漾开去，波纹也会越来越浅，越来越淡，最终消失。那么，家族靠什么来笼络这一渐去渐远的宗族聚合力呢？时代赋予家族的要求与血缘本身的特点都呼唤了一种家族机制的形成。这其中，族产、祠堂与家规发挥了巨大的作用。族产从经济上把族众聚合起来，祠堂以共同的祖先崇拜把族众聚合起来，而宗族规范则以共同的行为规范把族众聚合起来。

二、从国到家：中国传统基层社会的治理经验

从家规的历史文献来看，虽然汉代以降便有记载，但宋以前，宗族组织对于内部社会关系的调整一般还仍停留在以习惯与礼为准则的阶段。虽然某些宗族已开始制定宗族法，其内容也极不完备，多为原则性规定，缺少对社会生活各个方面的具体的系统规定，在形式上也缺乏法律特征，而以伦理性说教和习惯为主。隋初，颜之推作《颜氏家训》，历来受到推崇，陈振孙《直斋书录解题》誉之为"古今家训，以此为祖"。至宋代，家法族规有了进一步发展，主要有司马光的《书仪》和《家范》、范仲淹《义庄规矩》与朱熹《家礼》，他们成为古代家法族规规范化、系统化、庶民化的奠基之作。

宋元以降，地方宗族的组织管理几乎成为基层社会治理的主要内容，任何地方官吏都不能忽略或无视宗族组织的存在。宗族组织为了维系自身的"福泽永葆"，相继制定了宗族内部规范，这些或劝谕或强制的宗族规范成为地方基层社会治理的第一层规范网络，几乎将基层社会所有的内容网罗其中。家法族规成为地方法治体系中重要的组成部分，为了基层社会治理的成功与有效，国家与地方官不得不承认并依赖其效力，这使得家法族规有时甚至能优先于国家法律而在社会控制与社会治理中发挥实际作用。

纵览历朝历代的家法族规。其内容无非教导族众及其子孙以应有的生活态度，以及治家处世等事项，用以调整本家族内部关系及家族之间的行为规范。正是通过制定家法族规对社会治理个方面内容加以规范来实现宗族乃至整个基层社会的秩序与和谐的。有学者指出，中国宋代以后的家族把注意力转到家族和社区内部的建设……他们不再执着地强调恢复"宦族"地位，而是更倾向于把其家族的生存环境作为一个社区来整治和管理。所以，家法族规的约束力总是会从一家一族辐射至一乡一县，乃至全国。

北宋熙宁九年，由京兆府蓝田儒士吕大钧首先提出在本乡推行一种新型的地方组织形式，即乡约，并在陕西蓝田的局部地区付诸实行。他与其兄弟根据自家《家规》制定了乡约规范，称为《吕氏乡约》，也称《蓝田乡约》。为后世树立了一个共同道德和共同礼俗的标准。吕氏师大儒张载称"张载秦俗之化，和叔（即吕大钧）有力"，北宋虽不久即亡，但《吕氏乡约》奠定了乡约组织规范的基础，后世多沿袭之。百年之后，南宋大儒朱熹重新发现了这一《乡约》，对其极为赞许，并进行了修订和阐释，撰为《增损蓝田吕氏乡约》。经过朱熹修订后的乡约，明显地加重了礼仪的成分，在教化方面体现了更为强烈的

感化原则，使其开始得到更为广泛的传播。但综合来看，无论是《吕氏乡约》还是《增损蓝田吕氏乡约》，都是一种政府督促的乡村组织规范，属半官方规范。乡约的发展在元代受到了阻碍，至明代，乡约得以复兴和繁盛。乡约的发展受到皇帝的重视，乡约逐渐形成了一套相当完备的制度，将基层社会的治理纳入进来。

明正德十三年，王阳明以为"民虽格面，未知格心，乃举乡约告谕父老子弟，使相警戒"，遂制定《南赣乡约》，以约法教养民众，表现出了一种乡约规范的不同发展趋势。朱熹更强调自上而下的教化民众，要求"孝顺父母，恭敬长上，和睦宗姻，周恤乡里，各依本分，勿为奸盗"，这显然与后来朱元璋的《六谕》如出一辙，自为源流，均是以官府为立场，以自上而下的姿态来行乡约。而王阳明虽然也是地方官，但其显然是从民众自身出发，强调自下而上的规范，让民众发挥他们的道德性。这是乡约发展的一种正确方向，充分体现出了"民治"的色彩。从而发展成乡约、保甲、社学、社仓四者合一的乡治系统。杨开道在《中国乡约制度》甚至推断，如果没有清代乡约的褪化，"假以时日，整个乡治或者可以立定基础，成为中国民治张本"。

乡约成为一种重要的地方规范形式，成为地方社会治理过程中不可或缺的规范体系。正是这样一个个相对独立的家族的和谐才构成了基层社会的法治，家法族规的精神与内涵以一种波纹式的作用模式辐射到全部社会生活中去，从而影响整个国家的社会治理。

三、自发与建构：社会的秩序的生成模式

社会秩序模式分为两类：生成的和建构的，前者指"自发的秩序"，后者指"建构的秩序"，学界将这种理论观点称作"社会秩序规则二元论"。其中，自发秩序是一种自我生成的或源于内部的秩序，有别于由通过把一系列要素各置其位且指导或控制其运行的方式而确立起来的秩序；建构秩序则是一种源于外部的秩序或安排，亦可被称为一个组织。人类社会中"自发秩序"与"建构秩序"的对立和发展构成了社会秩序二元观。两种秩序与规则既相互冲突的，又存在一定条件下达成某种一致性。"自发秩序"认为由于世界的多样性及各要素互相作用的复杂性，没有任何一个人（如政治领袖）或一群人（政治领导集体或经济当权者集体）能够有足够的理性预设出人类社会的维系制度和规则，人类社会秩序的创设从来都是由在某种具体情境中的无数没有足够的理性的人在互相追求自己的利益时默契的达成的一些约定俗称的习俗或非正式规则演化而来，并经由这种演化路径而将制度的创立无限制地扩展开来。

在现实生活中，常常存在着已有的"建构秩序"同现有的"自发秩序"之间的冲突，在一个社会里，究竟哪种秩序能真正被显性化，取决于两种秩序对立的激烈程度，对社会影响的大小及政府当局政策的价值取向等方面。具体到我国，在两种社会秩序的冲突与博弈中，由于我国目前的法治秩序建构很大程度上是由国家和政府主导的，缺少从社会中寻求资源的活力与动力，这种短期内构建起来的法治秩序虽然促进法律的迅速成长和发展，

但从长远来看，却可能使法律陷入十分尴尬的悖论中。新中国成立以来，在我们国家与政府话语主导下建立起来的法治秩序很快在社会中占据了主要地位，我们的法律制度和法律体系是在法律移植的基础上迅速建立的。但是，反思作为我们移植供体的法治进程却发现两种秩序存在特定的逻辑关系：在理念上，法律发端于社会，西方法治理念的"理性"与"经验"两块基石都发端于社会；在制度上，个人与群体在寻求他们自身利益时能独立于国家的控制结构而相互作用；在司法实践中，法律在资产阶级革命的推动下，一次次接受司法实践的检验，法治运作像一个系统深深植根于社会，获得了民众的信赖和认同。可见，西方的法治理念和法律制度始终立足于社会，而无法无视社会的变化和发展。法律应该来源于社会，而不仅仅是传播国家意识的工具。

在我国，传统的一元秩序观曾长期居于主流地位，它只承认国家指定的法律为唯一合法的秩序资源，将从供体移植来的法律完全灌输于社会，在一定程度上忽视了社会需求，失去社会认同的法律及于其基础上构建的一元秩序的实效性着实令人质疑。随着社会的发展，社会关系愈加纷繁复杂，传统的一元秩序观念在当今迅速发展的社会中屡屡碰壁，一种以"法律多元"为特征的，适应社会需求的新的秩序观念应运而生并逐渐确立——"社会秩序二元观"。其实，这一新秩序观的生成正是"建构秩序"同现有的"自发秩序"之间的冲突博弈后协调共生的产物，因为实际上由国家所主导的建构秩序同由社会所衍生的自发的秩序是具有同一性的。从根本上来说，国家与社会实际是统一的，社会既非完全地听命于国家，也非完全地独立于国家之外，"而是通过共同秩序观念而与国家体制连接起来的连续体"，社会秩序与国家秩序存在同一性。具体到我国，特别是在广大乡土社会，礼治传统源远流长，传统文化、宗族、宗法人伦观念根深蒂固，多元秩序并存。因此，采用一种更具弹性和包容力的"社会秩序观"就显得尤为重要。

四、移植与继承：中国基层社会治理的路径选择

清末，中国这个最早发明火药的国家却在敌国的炮火声中开始了百余年的屈辱史，中国开始了以"师夷长技以制夷"为肇端，由自然科学的学习到政治制度与文化的借鉴的变法求新之路。自清末沈家本、伍廷芳主持法制变革，使西方的法制理念渗入我国的法律制度之中，历经近百年的辗转承流，使我国的法制体系几近"一循乎西法"，中国传统法制精神已无"些许可见者"。梁启超认为西人之所以以我为"三等野番"，是因西方自希腊、罗马始，法律便日益发达，而中国自秦汉以降，法律却日渐衰摧，梁氏以救国扶弊之心疾呼"法治主义，为今日救时唯一之主义"，"立法事业，为今日存国最急之事业"，"自今以往，实我国法系一大革新时代也"①。自此，中国逐渐走上西方式法治化的道路。

今以西方法治化进程为参照标准来评价我国的法治现状，无疑是取得了巨大的进步，

---

① 梁启超：《饮冰室合集·文集之十五》，中华书局1989年版，第43页。

然从中国社会纵向的历史状况来考量，国家法律无疑遭遇了空前的困境，尤其是在受传统社会协调机制深刻影响农村。职是之故，近些年来，越来越多的学者开始反思中国百余年的法治发展理路是否真的适合中国的社会发展状况，一方面对中国与西方在文化与社会基础上的差别进行研究，从而分析西方式法治进程是否对中国社会具有普适性，另一方面，一些学者开始对民间（特别是农村）传统的协调机制——以家规乡约为代表的民间规范进行着日益深入的研究，使之逐渐成为法学界和社会学界的研究热点。

任何法律制度就其本质而言，都是文化的产物，都是与特定的民族语言、历史、习俗等密切相关的既有普遍性，又有特殊性的文明体系。如新黑格尔派的领袖柯勒所认为的："一个民族的法律制度是由其文化决定的，要了解一个民族的法律制度，必须就其文化的整体观察。人类文化因时因地而不同，各民族的法律制度亦随之而有异，法律的任务，即在于促进文化，维持文化，但亦为过去文化的产物"[1]。可见，文化与法律之间的关系也并未那样泾渭分明，法律制度作为一时代文化的一部分也在维持和改变着文化。正像人们无法选择自己的族裔，在一定意义上，人们也无法选择自己的文化，而只能在沿承中谋求发展，法律制度既然为一时代文化的一部分，自然人们也不能随心所欲地选择和设计，而只能在人生实践中徐图发展。

西方近代法制理论在中国曾一路高歌猛进，但现实的困境使我们不得不看到人类社会的复杂性和多样性，法律文化的地域性与多元化，西方法治思想不是什么"万灵药"或"百宝箱"，更不是超越国家、民族和地区语境的自然法，如欲推动一国法制秩序趋于良善、和谐以及效率，即应尊重一时一地之现实与文化。福柯指出，"我们不应该将现代性仅仅看作是日历上处于前现代和后现代之间的那个时代，而更应将现代性视为一种态度，一种与今日现实相关的态度，它是一些人的自愿选择，一种思考和感受的方式，一种活动和行为的方式"[2]。不同的国家和民族基于其不同的历史发展路径，总是有着不同的法律概念、法律制度和实践。人们不仅在空间上生活在不同的地域，而且也往往并非所有的人都生活在同样的现在，进而表现出了观念差距和行为差距极大的问题。中国的乡土社会的固有文化就存在这样一个问题，它与现时国家倡导的法制文化存在观念差距和行为差距，其社会秩序的形成模式亦不相同，费孝通先生把中国的社会秩序归结为礼治秩序，"礼是社会公认合式的行为规范。合于礼的就是说这些行为是做得对的，对是合式的意思。如果单从行为规范一点说，本和法律无异，法律也是一种行为规范。礼和法不相同的地方是维持规范的力量。法律是靠国家的权力来推行的。国家是指政治的权力，在现代国家没有形成前，部落也是政治权力。而礼却不需要这有形的权力机构来维持。维持礼这种规范的是

---

[1] 转引自王伯琦：《近代法律思潮与中国固有文化》，清华大学出版社2005年版，第45页。
[2] ［法］福柯：《什么是启蒙》，转引自苏力：《后现代思潮与中国法学和法制——兼与季卫东先生商榷》，载《法学》1997年第3期。

传统"①，姑且不论费孝通用"礼"来概括乡治是否准确和完整，但从传统社会与民间法的相互关系来说则是一语中的，也正因为如此才使在乡土社会固有文化的存续使法制化的效用多不及民间规则。《淮南子》言："法生于义，义生于众适，众适合于人心，此政之要也"②。可见法要合于人心，合于社会文化，中国经过数千年的独立发展，其文化传统早已内化为人的内在品格，积淀成为一种独特的文化心理，在现代化的过程中，这种文化心理更多地存续于乡土社会民众的心中，以家规乡约为代表的民间规则的存在，适应或满足了乡土社会对规范机制的要求，自有其合理的价值和生存的空间。传统的中国乡土社会自经济而至政治领域，一切无不为伦理本位的展延与扩张，"举整个社会各种关系而一概家庭化之，务使其情益亲，其义益重"③，即以家庭恩义推准于其他各方面。"时则彼此顾恤，互相保障；时则彼此礼让，力求相安"的"本乎人情""反身自求"的伦理取向与礼治秩序④，在这种社会格局中，人与人之间的关系要依乎情理，正如梁漱溟先生所言："此其分际关系自有伸缩，全在情理二字上取决，但不决定于法律"，或者说"此时无需用其法治，抑且非法所能治"⑤。民间法正是从"礼俗"这一与传统中国乡土社会极相熨帖的人生规则中凝练出来。

除了乡土社会的文化传统与礼俗秩序的因素，民间规则作为乡土社会自发秩序的规则系统，作为传统或地方性知识同时也是经由不断试验、日益积累而艰难获致的结果，是人们以往经验的总结，是长期演进的产物。赛登认为："这些规则尽管从来没有被设计过，但保留它对每个人都有利"⑥。正如费孝通先生所描述的那样，乡土社会是一个不流动的社会，任何两个成员之间都可以扯上关系，人们彼此相当熟悉，乡土社会是以没有陌生人的社会。这种熟人社会最容易建立人与人之间的信任，而且这种信任的根据就是生存经验，费孝通先生称之为"规矩"，认为"在一个熟悉的社会中，我们会得到从心所欲而不逾规矩的自由。这和法律所保障的自由不同"⑦。所谓的规矩大致与我们所谈的民间法不差一二，如哈耶克所讲的"我们几乎不能被认为是选择了它们；毋宁说，是这些约束选择了我们。它们使我们得以生存"⑧，一语道破了是生存经验的积累赋予了民间规则在基层社会秩序生成中的权威。

五、家规乡约在基层社会治理中的现代转化

随着我国农村城市化进程的加快，乡土社会也必然要向城市社会转化，"有农业无农

---

① 费孝通：《乡土中国 生育制度》，北京大学出版社1998年版，第50页。
② 《淮南子·主术训》。
③ 梁漱溟：《中国文化要义》，上海世纪出版集团2005，第70页。
④ 许章润：《说法 活法 立法》，清华大学出版社2004年版，第69页。
⑤ 梁漱溟：《乡村建设理论》，上海人民出版社2005年版，第31页。
⑥ Robert Sugden, *The Economics of Rights Cooperation and Welfare Oxford Blackw*, 1986, P54.
⑦ 费孝通：《乡土中国 生育制度》，北京大学出版社1998年版，第10页。
⑧ [奥地利]哈耶克：《不幸的观念》，刘戟锋、张来举译，东方出版社1991年版，第12—13页。

村，有社区无农民"的社会状态是农村的发展前景，这一转化的速度无论是快还是慢，在这一过程中传统的"熟人"社会将变为陌生人的社会，人与人不再无目的地生活在一起，而总是出于某种利益的考虑才选择组成团体，这样权利义务的观念就会强烈起来。既然法治化的道路是我们必然的方向，那我们就必须的思索如何沟通法治理念与现实的人心。所谓法治理念就是指法治思想深入人心灵深处而形成的对法治的认同感与依赖感，就现实而言它具有理想性，但它却是真正的法律，"这种法律既不是铭刻在大理石上，也不是铭刻在铜表上，而是铭刻在公民们的内心里；它形成了国家的真正宪法，它每天都在获得新的力量；当其他的法律衰老或消亡的时候，它可以复活那些法律或代替那些法律，它可以保持一个民族的创制精神，而且可以不知不觉地以习惯的力量代替权威的力量"[1]；所谓现实人心指的是人们此刻心中的精神的诉求和生存经验，具有现实性，我们必须承认在乡土社会中，人们心目中的法理秩序观、现代法治观并没有真正形成，人们存在的礼法观念和民间秩序仍是支配其行为的主体，体现着乡村生活秩序的本质。

中国法治化的进程必以法治观念的形成为基础，而将法治观念引入现实人心，促进家规乡约等民间规范的现代转化不失为一条必然的通路。随着生活方式的变更，民间规范作为一种"逐渐累积形成的地方性生活智慧"，新的法律规则将成为新的中国人世生活的重要组成部分，而构成新的人间秩序的重要基础；而此法律规则与法制秩序的达成，将是以生活方式的渐次变更为核心的诸"事实"的结果，而非前提。而生活方式的变更又以现实人心的变更为前提，如许章润先生所言："检视和认取中国固有、深蕴于每个中国人心灵深处关于人世生活与人间秩序的最高价值与终极理想，乃是经由营建新的法制规则而达致新的中国人理想的人世生活与人间秩序的并非充分，但却是必要的条件"[2]。

通过以上的探讨，我们得出这样一个结论，即中国的法治化关键在于人的法治化，在于人的法治观念的形成。法治的发展从根本上讲是人自身的发展，是人自身的解放过程。离开人的观念与行为，法治的建构就只能是纸上谈兵。法治作为现代社会的标志，是与人的发展密切相关的。没有人的发展的法治只能是法治的片面化，或者说异化为单纯的形式合理性。只有在人的发展的前提下，人们才能自觉地遵守法律，出于对法律的真诚信仰，接受法律对其生活的调节与安排，才能实现真正的法治秩序。"法治秩序的生成，不是制定了完备的法律制度，起草实施了多少部法典就万事大吉，顺利完成的事情。关键还得要看这些法律规范是否物化为民众与国家之间、民众与民众之间的一种现实的社会关系。因而，法治秩序的形成是一个异常复杂的过程，它伴随和交织着自发性和自觉性、自愿性和强制性等多重特性"[3]。从根本上讲，在社会自治机制下形成的社会秩序是人们的一种生活样法，是一种文化存在形式。作为生活样法，它不可能离开人，不可能离开人的生活而

---

[1] [法] 卢梭：《社会契约论》，何兆武译，商务印书馆1987年版，第73页。
[2] 许章润：《说法 活法 立法》，清华大学出版社2004年版，第87—88页。
[3] 王人博，程燎原：《法治论》，山东人民出版社1989年版，第227页。

独立存在，民间规范是对现实生活的最为直接的规范性诉求，法治亦是对现实的人的生活最为直接、最为全面的规范性关怀，因此，只有从人的现实生活之中寻求法律存在与发展的原因与动力，从人的生活实践之中探究法治安身立命之本，才有可能在现实的人的具体生活场景之中培育起人们对法律、对法治的制度性信任情感与心理依赖，并通过这种情感和心理依赖在他们彼此之间建立起相互的依赖，从而孕育出法治的精神意蕴，并使之长期有效地渗透于现实的人的生活之中，并给予法治的制度性物质设施以强大而坚固的观念支撑①。

现代法治观念普遍的表现为现实的国家法，而欲使国家法深入人心就必得使国家法首先成为民间规范和民间习惯，如果你想改造它，那么首先你必须成为它。民间规范正是人们现实人心的一扇门，只有将国家法及其理念化而成为民间规范表现出来，才可以顺利地深入人心。伯尔曼曾说"法律既是从整个社会的结构和习惯自下而上发展而来，又是从社会的统治者们的政策和价值中自上而下移动。法律有助于以上这两者的整合"②。国家法在基层社会的困境就是由人们意识上的自然抵拒而造成的，"我们可以发现近代意义上的法律制度在下乡的过程中由于稚嫩而终究难免被乡土社会习俗上的知识传统重新解读，并在被解读的过程中不得不去回应后者而使其本身逐渐向乡间的社会记忆同质化"③，可见国家法律的实施运行是个复杂的内化过程，仅有法典是不能产生功能和效率的，强行推行法律往往也只能适得其反，勒内·达维德也反复说过"为了使法律家喻户晓，常常需要习惯作为补充，因为立法者所用的概念要求借助习惯予以阐明"④。民间规范之所以具有如此的效用，因为民间规范之所以能在农村存在，其根本点是以民间规范能有效地应付社会生活为前提的，如果民间规范无法保障这一点，其自然淘汰就是必然的。在基层社会，靠民间法规范所建构出来的规范秩序是大家都愿意服从的约束性义务，如果村（居）民服从了这样的规定，他可以从中受惠；如果谁冒犯了这些规定，他就会受到惩罚。显然，民间规范建构的这种简单而又有效的规范秩序实际上已经构成了基层社会结构的基础。正因为如此，我们不能忽视民间规范的成长土壤与社会功能，不能忽视民间规范曾经有效地调整着社会关系的事实。

我们不能把国家法与民间规范进行地理上的疆界划分，强调两者在价值上和功能上的平起平坐，各自为政；也不能把国家法简单地向基层社会进行无限扩展或单向控制，我们分析了国家法与民间规范各自的前途，就不难做出选择，国家法在乡土社会向民间规范的转化，并通过这种形式促进法治观念的形成。正像苏力先生所说的国家法的强行介入有可能"破坏了这个社区中人们之间的默契与预期"，使它施展威力的范围失去了合理的限制，

---

① 姚建宗：《法治的生态环境》，山东人民出版社2003年版，第33页。
② [美] 伯尔曼：《法律与革命——西方法律传统的形成》，中国大百科全书出版社1996年版，第664页。
③ 尤陈俊：《法治的困惑：从两个社会文本开始解读》，载《法学》2002年第5期
④ [法] 勒内·达维德：《当代主要法律体系》，漆竹生译，上海译文出版社1984年版，第487页。

既无效也在一般人心目中失去了威信。在此情况下，国家法保持退隐的姿态，发挥制导和教育的功能，通过树立国家法的权威和尊严，使外在控制慢慢地转变为内在的控制，使心灵的控制慢慢转变为行为的控制，使农民慢慢地通过他自己的感受来习惯和服从国家法，就很有必要和重要。显然，在国家权力向下延伸时，我们不考虑到基层社会结构中活生生有效的民间规范，不管乡民的承受能力，强制推行国家法，有可能造成国家法的危机①。国家法向民间规范的转化实际就是国家法从形式向实质的转化，通过这一转化来成为人们观念和行为的指导与内核。国家法与民间规范的贯通使这一理想成为可能，正如许章润先生在论述中国古代法时所谈到的：所谓"出于礼则入于刑"，不是中国法的失败处，实实在在，此乃中国法，甚至整个中国式治道的绝大成功处，原因就在于它成功地回应了这种天人交贯的情境，而在法律所涉及的各方形成各有所妥协的，既不是什么"个体本位"或"集体本位"，也不是什么"权利本位"或"义务本位"的微妙牵扯，特别是由此而彻底规定了法律的有限性。费孝通先生也曾说过：生活方面，人和人的关系，都有着一定的规则。行为者对于这些规则从小就熟悉，不问理由而认为是当然的。长期的教育已把外在的规则化成了内在的习惯。维持礼俗的力量不在身外的权力，而是在身内的良心。所以这种秩序注重修身，注重克己。理想的礼治是每个人都自动地守规矩，不必有外在的监督。但是理想的礼治秩序并不是常有的。于是，必然向现代社会、法治社会转变。任何正式制度的设计和安排，都不能不考虑这些非正式的制度。如果没有内生于社会生活的自发秩序，没有这些非正式制度的支撑和配合，国家的正式制度也就缺乏坚实的基础，甚至难以形成合理的、得到普遍和长期认可的正当秩序。虽然国家可以通过立法来建立某种秩序，但这种秩序只能建立在国家强制力的基础上，与社会缺乏内在的亲和性，无法形成和发展为人们偏好的、有效的秩序，也缺乏自我再生产、扩展和自我调整的强大动力。

再把视野放大一些，从国家治理模式来看，以家规乡约为代表的民间规范作为"逐渐累积形成的地方性生活智慧"，因而它必将深入现实人心，从而成为人世生活的重要组成部分，也成为人间秩序的重要基础。而此民间规则与基层秩序的达成，将是以生活方式的渐次积累为核心的诸"事实"的结果，而绝非前提。而生活方式的积累又以现实人心的信仰为前提，如许章润所言："检视和认取中国固有、深蕴于每个中国人心灵深处关于人世生活与人间秩序的最高价值与终极理想，乃是经由营建新的法制规则而达致新的中国人理想的人世生活与人间秩序的并非充分，但却是必要的条件"。②

国家法所设定的规范欲被依循，国家法所设定的理想秩序欲得实现，则关键在于人的国家法化，在于人的国家法观念的形成。秩序的生成从根本上讲是人自身的发展，是人自身的解放过程。苏力先生说："法制不是法学家的产物，而是人民的社会生活的产物"③，

---

① 田成有：《乡土社会中的国家法与民间法》，载《云南大学学报》2001年第5期。
② 许章润：《说法 活法 立法》，清华大学出版社2004年版，第88页。
③ 苏力：《法治及其本土资源》，中国政法大学出版社1996年版，第289页。

说明了国家法秩序必以人及其社会实践活动为本源。欲实现这一理想,家规乡约等民间规范不失为一条必然的通路。所谓"立法必须在原有的民德中寻找立足点",我们不难设想,当国家法理深入人心,乡土社会的秩序便与国家法秩序并无二致了。

The Modern Transformation of Family Rules in China's Traditional Grass – roots Social Governance

Liu Zhisong

Abstract: Traditional Society in China has changed from a family or clan to a township or community, and even extended to the whole country. The cultural core of the combination of family and country, is rooted in the cultivation culture in China, continuing the thousand – years' wisdom of social governance. As an indispensable normative system in the process of Chinese traditional grass – roots social governance, family rules have played an irreplaceable role in the traditional rural social life, such as economic security, order generation, moral cultivation and cultural shaping. However, the traditional pattern of autonomy has been broken under the impact of modernization. And the new social governance model has not been formed yet. The creative transformation and innovative development of the family rules is quite an important topic of grass – roots social governance at present.

Key Words: family rules; combination of family and country; grass – roots social governance; modern transformation

博弈视角下的清代乡村失序现象研究
——以徐士林《守皖谳词》及《续》为范本

李悦田*

> **摘　要**　通过徐士林《守皖谳词》及《续》为范本展开分析，可以发现虽然在礼法教化机制控制之下的中国古代乡村有其自生秩序，借助宗族和士绅的力量，地方官府能够较好地维持乡村的稳定，但是失序现象依然产生，各群体之间矛盾和利益斗争频繁出现。以清代作为研究的历史截面，从博弈视角来看，乡村失序的原因和表现在于，乡村社会中由于认为道德成本过高影响实际利益，从而降低道德成本投入，会导致"负和博弈"产生；弱势群体进行"懦夫"博弈通常是非理性的，因为他们不在乎博弈造成的损失；讼师对博弈均衡能产生一定影响，但是官府不能完全限制讼师的存在；官府面对博弈困境处理失能，会导致失序的持续和恶化；乡村职役在博弈中的边缘化，使他们不能在博弈中发挥作用。
>
> **关键词**　乡村　失序　博弈　守皖谳词　清代

《守皖谳词》及《续》[①]是清代名吏徐士林在安庆府任知府时的行政、司法案件记录，当中详细记录了很多乡村诉讼的案件，这些民间争端当中蕴含很多社会内涵，展现了清中期乡村中各方利益斗争的状况。安庆府是明清时期江南地区重要城市，历史悠久，乡村社会具有完整的内部矛盾消解机制，保甲、乡约等乡村组织同宗族势力的结合也非常紧密。地方官府也尽力促使宗族和士绅势力能够在乡村正常发挥作用。但是从《守皖谳词》及《续》的内容看，乡村同时也给官府制造很多麻烦，乡村社会频繁地引发各种矛盾，乡村失序现象间隔性不断出现。

---

* 李悦田，法学博士，天津社会科学院法学研究所、社会治理研究中心助理研究员。
① ［清］徐士林：《徐公谳词——清代名吏徐士林判案手记》，齐鲁书社2001年版。

统治者希望民众在以儒家纲常伦理为中心的政治教化的"调教"之下平和顺从,"皇权不下县"是统治者仁政的体现,也显示了礼法教化控制机制在乡村所具有的有效控制力。但乡间博弈的不断重复,甚至行为出格,给乡村社会稳定造成影响,明显不符合统治者对"民顺"的要求。徐士林任安庆府知府期间是从雍正五年至十年,正是"摊丁入亩"等赋税制度改革大力推行时期,在乡村社会对土地资源的占有使用发生了一些改变,大中土地资源拥有者的实力被削弱了,单一强族控制乡村的情况减少,利益纠纷开始变得复杂。通常官府和地方官员所具有的政治权威可以避免过多地使用刑法,采取讲情说理的方式解决问题,"息讼"和"止讼"仍然是官方处理问题的指导原则。乡村民众对于官府衙门保持着畏惧感,对于"官司"保持着回避态度和羞耻之心。但是在乡村存在着意外的秩序扭曲,本来应该维护秩序的士绅阶层变成了秩序的破坏者;最害怕官司缠身的村民在教唆下刁讼缠讼,乡村社会对于官府权威的态度出现了微妙的变化。

乡间博弈中很多行为都是对纲常伦理底线的挑战,并且同样的罪行一再频繁地出现,这种小动作式的试探性行为考验着政权的神经和忍耐度,法律的疏阔和道德伦理机制乏力造成地方治理的疲态。清朝统治者认识到这是一种政治的亚健康状态,康熙登基后发现,"风俗日敝,人心不古,嚣凌成习,僭滥多端。狙诈之术日工,狱讼之兴靡已。或豪富凌轹孤寒,或劣绅武断乡曲,或恶衿出入衙署,或蠹棍诈害善良"。① 雍正六年谕内阁:"盖地方之害,莫大于贪官蠹役之朘削,强绅劣衿之欺凌,地棍土豪之暴横"。② 本来利用政治教化等软性控制就可以在乡村构筑一套等级秩序和自生规则实现乡村生活的平静运转,然而间隔性失序状况的出现影响了乡村的稳定,地方官员的失能则加剧了这一状况。

一、道德成本投入低导致的"负和博弈"

一般认为,中国古代乡村社会,即使其中有博弈存在,那也一定是双方力量对比悬殊,博弈结果毫无悬念。因为在传统中国乡村社会,士绅和宗族势力无疑是博弈中强势力量拥有者。乡村的宗族一般都士绅化了,宗族结构呈金字塔的状态,士绅占据顶层的位置,使他们在利益博弈中占据主动。不过在乡村社会博弈中一个非常重要的因素是"名声",甚至可以比财富更能影响乡村的权力结构平衡。对于名誉的维护影响了士绅在博弈中的主动性,他们惧怕被冠以"强绅劣衿"的名头。但是名声的影响力不是固定的,斯科特(James C. Scott)在其所著的《弱者的武器》中写道,"坏名声的代价的大小直接取决于对坏名声的人施加的社会和经济制裁的轻重"。③

实际在乡村中普遍存在的是下层士绅群体,《守皖谳词》及《续》中涉及的士绅都是

---

① 《清实录康熙实录》卷34,康熙九年十月,中华书局1985年版,第四册,第461页。
② 《清实录雍正实录》卷70,雍正六年六月,中华书局1985年版,第七册,第1053页。
③ [美]詹姆斯·C. 斯科特:《弱者的武器:农民反抗的日常形式》,郑广怀等译,译林出版社2007年版,第28页。

监生、贡生、廪生等，没有关于上层士大夫的案例。下层士绅固然享有特权，官府也对他们在乡村的势力十分重视，不过这些人对于如何保证生命财产安全还是会处于不安和防范状态。在乡村社会好名声的维护需要付出时间、金钱和精力投入，这种投入可以称之为道德成本。从长远看，道德成本带来的"好名声"会有很高的回报。它能"使几乎全部穷人在大多数方面选择遵从村庄精英界定并强加给他们的适宜行为"①，这样乡村的秩序得以确立，人们在限定的范围内活动，安详和平的表面氛围遮蔽了矛盾，地主士绅拥有的财产不会被觊觎，人身也不会受到攻击。

然而对利益和资源的争夺不可避免，人们为了尽可能多地获取眼前的利益，有时会放弃道德成本的投入和对名声的维护。借用西方经济学的机会成本（Opportunity Cost）原理分析，当人们被迫对稀缺资源作出选择的时候，必须要付出机会成本，要得到某些东西就必须失去另一些东西的价值。假设完全考虑道德和名声的情况下获得的利益可以估值为 P，完全不考虑道德和名声的情况下获得的利益可以估值为 P_1，两者之间的差值 $P - P_1 = K$ 就是道德成本投入所能获得的利益补偿。K 值不是一个恒定数，只要能保持 $K > 0$ 就有助于维系乡村秩序的理想状态。当 $K = 0$ 的时候，利益博弈会呈现白热化的状态，一旦 $K < 0$ 的情况出现，人们可能会变得为了利益不择手段。

《守皖谳词》及《续守皖谳词》共计 70 份记录，涉及士绅（及其宗族）的诉讼大致有 26 起，占记录总数的 34.4%。涉及士绅与平民间的利益矛盾 17 起，士绅与士绅之间的 6 起，族产、家产矛盾 4 起。绅民纠纷中可以发现，下级士绅会为了蝇头小利，做出与身份非常不符的行为，如《曹炳如强卖洲柴》②一案中曹炳如依仗自己是武秀才，伙同曹姓诸人勾结县差何某把林恒新的洲柴强行变卖。县官出于偏袒审查不清，导致案件判错，审结不清。徐士林重新甄办这起纠纷之后，曹姓诸人受到的惩罚，曹炳如和曹佩霖被行文上报革掉了功名。

士绅之间的博弈比起绅民博弈要更加激烈，因为双方地位对等，都掌握着一定经济实力和话语权，士绅之间的博弈是力量均势的博弈，均势未必能带来均衡。比如《谢鸿等互控建闸》③是一件利益斗争至白热化的案件，起因是姚家河支流东高西低，东部谢张两姓田地需要河水灌溉，而西部李姚两姓田地却要防止河水倒灌的危害。谢李两家一个是生员一个是监生，两姓都不为对方考虑，一方强要扒堤一方强要堵河，最后闹至聚众斗殴。

这些案例都是典型的"负和博弈（Negative sum game）"，冲突和斗争的结果是彼此两败俱伤。博弈最好的结果首先是实现均衡，其次是一方损失一方收益形成零和，最糟糕的就是双方都无收益只损失的造成负和。博弈形成均衡的前提是博弈各方能够理性地表达

---

① ［美］詹姆斯·C. 斯科特：《弱者的武器：农民反抗的日常形式》，郑广怀等译，译林出版社 2007 年版，第 28 页。
② ［清］徐士林：《徐公谳词——清代名吏徐士林判案手记》，齐鲁书社 2001 版，第 234—239 页。
③ ［清］徐士林：《徐公谳词——清代名吏徐士林判案手记》，齐鲁书社 2001 版，第 299—304 页。

利益诉求，道德成本的投入本身就是对人类理性的维持。真正符合士绅利益的是费孝通在《乡土中国》中写到的乡村礼治和无讼，也就是维持 $P - P_1$ 的 K 值大于零，让长老制和道德形成的威望尽量发挥作用。但清代乡村社会由于对于实际物质利益的重视，导致了博弈无法规避，K 值失效的可能性大大提高了。

二、弱势群体"懦夫"博弈的非理性

中国古代社会乡村博弈中处于最弱一方的当然是乡村平民，他们在一定条件下有极强的抗压能力，对生存环境有极高的容忍度。一般情况下人们还是会回避无法掌控的状况以及和力量强势方的正面冲突，个体趋利避害心理在博弈中会产生很大影响。不过一旦事态发展突破了乡村平民的忍耐底线，他们的反抗就可能是最激烈的。有时他们也会利用弱势的身份设计博弈策略，甚至由此获得不当利益。

例如《守皖谳词》中《张三照架词争婚》①一案，张三照的母亲给程家女儿做乳母三年，程家主母曾经有过将该女送给张家做媳妇的戏言。后来女儿长大无须哺乳，程家明确拒绝了张家约定婚姻的要求，此后两家再无瓜葛。然而张三照成年后，受人唆使诉讼，硬要当程家的女婿。经过县令召集，程张两家族人出面调停，程家表示婚姻之说不奏效，但是可以补偿哺育之恩，拿出三十二两银子，让张三照另行娶妻。可是张三照并不想就此罢休，正好县中进行节妇孝子入祠仪式，全县有声望的监生、贡生都要参加，张三照利用这个机会在仪式上哭诉程家嫌贫爱富悔婚。这些人听信了张三照的诉说，不禁义愤填膺，帮忙逼着程家把女儿嫁给他。程家被当成因为实力贪财而破坏婚姻制度的"坏人"，受到了舆论的攻击和遣责。

这是典型的"懦夫博弈"，如果有一方根本不在乎破坏性行为造成的影响，而另一方有顾虑，有顾虑一方必然选择妥协。如同过独木桥，如果甲不在乎横冲直撞掉入水中，那么乙就只能选择避让。并且如果甲坚持冒犯不停止的话，乙方无法单独从博弈中退出，要么退缩，要么共同掉入水中。

乙＼甲	前进	后退
前进	（-2，-2）	（1，-1）
后退	（-1，1）	（-1，-1）

图 1 博弈矩阵图示

该案例中，张三照是博弈中的甲，如果假定收益为 1 的话，张三照在博弈中执意不退，程家针锋相对，张程两家的损失为负 2。如果程家退缩，张三照就会获得好处。但是

---

① ［清］徐士林：《徐公谳词——清代名吏徐士林判案手记》，齐鲁书社 2001 年版，第 128—136 页。

如果张三照退让，承认自己的行为无理，程家这时据理力争，那么最终只有张三照承担损失。张三照其实明白很大可能程家无论如何都不会把女儿嫁给他，他诬陷的手段已经触犯条例，还拖了一堆士绅"下水"，造成的烂摊子他自己是无法解决的，但张三照对此显然毫不在乎。程家作为乙方卷入荒唐的诉讼之中，无法很好脱身，作为受害者名誉却遭受极大损失。

像张三照这样的底层平民会比预想的更加强硬和坚持，也无所顾忌。对于他们来说道德成本带来的 K 值，没有太多意义和价值，他们很可能直接选择倾向 P1，而根本不用考虑其他问题。张三照是一个乡村文盲，以放牛维生，他的认知能力很低，对于信息掌握度几乎为零。博弈中并非信息掌握越多就越好，极致条件下无知者无畏，会对博弈结果产生意想不到的作用。对于张三照来说，他不会在意由于鲁莽造成的负和损失，因为无论怎样他都没有能力赔偿，也就变相相当于没有任何损失。如果官府对他进行严厉的肉体惩罚，人们出于"罗宾汉"情结，也会对他同情，并且在他摆出一副无知者姿态讨饶之后，惩罚的意义也不大了。所以官府通常并不希望乡村的文盲率和贫困程度过高，而是希望村民能够知礼守法而薄有家财，这样才能增加底层平民对名声和利益损失的顾虑。

但并不是所有的"懦夫"博弈都会带来这样的结果，在《万子霞诬告拐掠》①一案中，春米工万二因看上监生程周勋家的婢女，自愿卖身程家为奴，并表示自己无父无母，由此得以同婢女婚配。此后万二携妻逃跑，被程家追回，把万二夫妇作为女儿的陪嫁又转到了张家。万二又拐了张家的驴企图逃跑，程家把万二的妻子卖到了霍县作为惩罚。万二去霍县控告，霍县县令让程家原价赎回，令夫妻完聚。程家又将其卖到了陆家，而后陆家也认为万二不好摆弄，又将其卖到了曹家。在曹家六年后，万二又私自出逃。之后，有名叫万子霞的人称自己是万二的父亲，以违反国法、掳掠良民为由向程家等各家提出控告，结果被判定诬告，父子均受到惩罚。在清代的人身依附制度之下，万二无法同婢女自由恋爱而结婚，只能用"自愿卖身为奴"的欺骗方式成婚，用诬告的手段获得自由。奴婢不被作为正常人来尊重，他们可以被随意买卖、送人，即便是夫妻也会被任意拆散转卖。马克思和恩格斯在《德意志意识形态》中指出，"犯罪——孤立的个人反对统治关系的斗争。和法一样，也不是随心所欲地产生的。相反地，犯罪和现行的统治都产生于相同的条件。同样也是那些把法和法律看作是某些独立自在的一般意志的幻想家才会把犯罪看成单纯是对法和法律的破坏"。②

官府对于不同弱势群体采取了不同的态度，张三照虽然赤贫，但身份是农，程家虽然有理，但身份是商。安庆地区商业十分发达，与朝廷一直秉承的重农抑商政策明显存在偏差。商人在传统上被定论为重利忘义之徒，在教化控制中属于被抑制的一方，妨碍其得到

---

① ［清］徐士林：《徐公谳词——清代名吏徐士林判案手记》，齐鲁书社2001年版，第112~119页。
② 中央编译局：《马克思恩格斯全集（第三卷）》，人民出版社1988年版，第379页。

裁决机构的公正对待。因此张三照能够鼓动士绅为其助力，最后还得到了地方长官的同情。而《万子霞诬告拐掠》一案中对万二的处罚则非常严格，所谓主仆有别伦常有道，万二身为奴仆妄图逃跑，还伙同其父诬告主人，严重违逆了阶级统治的秩序和教化的要求。即便如何弱势，统治集团都不会对他们有什么怜悯之心。所以张三照同程家之间可以形成"懦夫博弈"，但是万家父子挑战的则是奴婢制度，威胁的是上位者的根本利益，他们连博弈的资格都不允许存在。对张三照官府可以宽宥，对万二父子则处以非常重的肉体刑罚。

三、讼师群体对博弈均衡的影响

清代安庆府科举十分发达，读书风气流行，是全安徽地区的文化代表。大量读书人云集此地，同时也造成了一个问题，由于人才竞争十分激烈，一些人没有办法依照正常通道实现人生目标，于是很多读书人去充当讼师。古代中国乡村的识字率依旧十分低下，安庆府即便读书风气盛行也不例外，凭借稀缺法律知识资源掌握和文笔加持，这些人可以谋得一定收入。官府和正统人士认为他们是破坏地方社会风气的渣滓败类，使他们获得很差的社会风评。他们不属于博弈中的任何一方，但是能打破博弈的平衡，成为乡村博弈中的不稳定因素。

清代名幕汪辉祖曾经说道："唆讼者最讼师，害民者最地棍"①。徐士林在《守皖谳词》中从未用过讼师的称谓，都是直接斥为讼棍。讼师能保持很高胜率的原因除了其具有娴熟的法律技巧和丰富的法律知识外，确实与他们大多不在乎行为底线和道德规范有很大关系。《胡阿万听唆妄告》②一案中，一件很普通的溺水事件，在刀笔恶棍的挑唆之下成了人命官司。《田氏被抢自戕身死》③案中，明明是恶棍张方德强行发嫁守寡的侄媳妇田氏，导致田氏不肯受辱自戕而亡。高尔等人为了给张方德脱罪，撰写状词诬陷田氏与他人私诱苟合。《黎宰衡捏照冒祖》④一案中，黎宰衡企图侵占汪性祖坟，还捏造假证据诬陷汪家盗葬自己家的墓地。徐士林翻阅黎宰衡的证词，发觉他"咬文嚼字，乃半酸半辣讼棍也"。徐士林斥责，几年来安徽地区捏造证据"败露者难以指数"，而黎"尚敢呈其惯技，以身试法"。

官府为了防止讼师的不良影响，也会提供官方的司法帮助。在清代官方的司法实践中有官代书制度的存在，代书需要过官方考试录取，由官府颁发印章作为凭证。官代书的主要工作就是为人撰写或抄写状纸，早在康熙年间就明确了该职位的官方性。但是人们在诉讼中依然选择倚仗讼师，哪怕收费高昂，或可能要面对讼师的狡诈欺诳。博弈中最难解决的就是信任问题，尤其在信息不对称条件下，博弈双方都对对方的实力充满怀疑和揣测。"官代书"相当于民众对官府无条件出让信任感，放弃利用讼师的技巧增加实力的做法。

---

① [清] 汪辉祖：《学治臆说》，辽宁教育出版社1998年版，第62页。
② [清] 徐士林：《徐公谳词——清代名吏徐士林判案手记》，齐鲁书社2001年版，第71—78页。
③ [清] 徐士林：《徐公谳词——清代名吏徐士林判案手记》，齐鲁书社2001年版，第120—127页。
④ [清] 徐士林：《徐公谳词——清代名吏徐士林判案手记》，齐鲁书社2001年版，第184—187页。

但是，官府并不能完全保证公平公正，使民众能够有信心做到对官府完全信服。徐士林是比较公正贤明的官员，但无法保证所有官员都如徐士林一样。

如果用贝叶斯法则推断官代书和讼师在诉讼中的影响，假设人们发现无论案情如何，使用官代书赢得诉讼最多只有 20% 的胜算，而聘用讼师赢得诉讼却有 80% 的胜算。如果官府指定使用官代书，同时提高自身公平公正的程度，保证在证据合理、论证充分的情况下有 70% 的案件能够得到公正结案（包括自写诉状，不用官代书也不用讼师的情况）。那么根据贝叶斯方程，设定人们使用官代书赢得诉讼为事件 A，在诉讼中获得公正结果为事件 B，诉讼内容合理的概率为 P（B | A），则人们被迫使用官代书而获得公正结果并胜诉的概率为：

$$P(A|B) = \frac{P(B|A)P(A)}{P(B)}$$

在使用官代书实现最高胜率为 0.2，完全排除刁讼和证据严重不足的情况，也就是 P（B | A）为 1 时，那么人们使用官代书也能胜诉的概率也不到 30%。其中最主要的原因就是，官代书只能为当事人写状纸，只限于陈述当事人叙述的事实，而不能够提供有效的法律依据以及在大堂上辩论的技巧和方法。所以官府根据证据作出判断的公正程度，有时并不能确保给当事人带来真正公正的诉讼结果。如果官府无法利用强制手段确保诉讼两方都只能使用官代书，那么无疑聘用讼师的一方胜诉率会远远高于使用官代书的一方。

有这样故意施以破坏的因素存在，乡村秩序难以通过正常博弈实现平衡。在这种情况下官府采取的手段是加大对讼师群体的打击力度。《守皖谳词》中涉及讼师案件大都从严从重处罚，《黎宰衡捏照冒祖》一案中惩罚黎宰衡批枷一个月示众，并且还要重重施以杖刑。《张三照架词争婚》一案中张三照受到了官府的宽待，挑唆他控告并为他写状词的汪宜章却被施以重杖。但是，在无法广泛实现有效公平正义的情况下，讼师不可能由于酷刑的震慑而杜绝。人们都想通过讼师的存在化解博弈中的力量对比不平衡，即便在这一过程中讼师可能游移于各方来牟利，但是人们对于讼师的信任还是大于对官府的信任。民众在讼师问题上表现出了一种风险厌恶（Risk aversion），从而默许了讼师为自己赢得胜利时采用的不道德手段，因为讼师使他们相信如果自己不采用，那么对方也可能采用，而没人愿意承担失败的风险。讼师的真正衰落是在清末民初司法制度改革之后，在政治浪潮的冲击之下，讼师存在的社会土壤逐渐消失，更正式更具有专业性的律师取代了讼师行业。

四、地方官府对博弈困境的失能

地方官府理应是作为博弈的协调者和平息者出现，然而由于乡村利益博弈情况的复杂和琐碎，一些官员难免会产生"懒政"的行为，姑息、纵容闹讼和健讼。《计汝懋等互争州地》[①] 一案体现了官员不作为与制度缺漏共同作用之下，无赖连年缠讼，导致问题积重

---

① ［清］徐士林：《徐公谳词——清代名吏徐士林判案手记》，齐鲁书社 2001 年版，第 79—86 页。

难返形成恶性循环。彭泽县民周辅臣垂涎河对岸望江县民计家的田产，捏造证据图谋霸占。望江县的县令，不仔细审查档案，就稀里糊涂断案，导致后来周故技重施又想霸占别人家的田地。计家和其他受害县民不服上诉，这件事情由县里告到省里，时任总督傅大人为了了结此案，委派官员实地勘测，做出了公正裁决。但是周辅臣藐视总督判决，过了一段时间改名换姓重新挑起诉讼。而九江知府朱大人偏私袒护，导致案情结果又生事端。时任总督阿大人，根据勘察结果和以前卷宗，发现这是不法分子在横行不轨，重新作出公正判决。然而又过了一段时间，周又借其他理由挑起诉讼，时任总督邵大人命令九江府等地方官府协助审查，但是各县互相推诿，事件搁置二十余年不能解决。可以看出这个事件之中有一个明显的规律就是基层地方官府和上级总督之间处理结果总是产生分歧，上级指示和下级处置形成相互推拉的局面。

这种反复拉锯情况的出现严重消磨民众在利益博弈中的自控能力。博弈中的一方发现，一旦在地方官府方面有漏洞可乘，就能够获得不正当得利，那么人们都会拼命寻找这个漏洞。"对于预期利益的判断，取决于做判断时的环境，特别是取决于做判断的人的知识"，[①] 人们天然会寻找一种利己的逻辑去解决在现实中的判断问题，并形成一种原则的结构支持直觉的选择。"在我们没有信念，或者有很弱的信念，或者有相互冲突的信念的情况之下，这个原则的结构必须提供一个指导"[②]。当民众发现官府灌输的指导规范与官府的实际行动不符合的时候，只能根据自己的直觉去选择最可能给自己带来好处的方式。官府一直都教导民众息讼止讼做一个驯良的顺民，然而导致诉讼不止的正是官府的不负责任。谨遵教化并没有获得官府的保护，而缠讼闹讼之人也没有受到真正的惩罚，官府关于"息讼"的宣教自然就失去了应有的作用。

从这个案件看，总督一级的官员似乎是在极力避免由于下级官府行为偏差造成的坏影响，可是一件简单的案子还是拖了二十年都没有什么结果。这一争地案件，没有宗族矛盾在里面，也不涉及士绅势力，就一个周姓刁民企图霸占他人地产反复刁讼诬告，细细追究让人疑问为什么会拖延到如此地步。其中的主要原因在于，产生纠纷的双方分属于两个不同的县管辖。周是彭泽县民，欲霸占的田地在望江县。两县官员对于审查推诿观望，争执不绝，都在规避处理中的责任问题，而对这种情况又没有明确法律条文规定怎样解决。徐士林亲自勘查审理之后，两县官员依旧对结果模棱两可，质疑不断。徐也只好将详细过程再次报告上级，再请裁夺。究竟此件争地纠纷怎么解决的，也没有具体的后续记载。

徐士林在上报材料中写道，"倘执偏徇之意见，长豪占之刁风，翻历年之成案，紊两省之版图，苟且一时，贻害将来，卑府所兢兢不敢者也"。整起案件就是由官府自己制造

[①] [美] 罗纳德·德沃金：《认真对待权利》，信春鹰等译，中国大百科全书出版社2002年版，第206页。
[②] 同上。

的老大难题，周辅臣越来越恶劣的行为都是一系列不作为之下产生的后果。河两岸包括计家在内的居民和两县大小官员被卷进一场没有结果的博弈死循环当中，而民众最惧怕的就是陷入漫长的诉讼，汪辉祖在《佐治药言》中说到，诉讼"若无故更改，则两造守候一日多一日费用，荡财旷事，民怨必腾"①。这样的案件会让人们心生恐惧，谁都会害怕如果有一天不小心陷入这种无可摆脱的境地怎么办。为了趋避这种风险，一般人难免会为了早日赢得官司不择手段，结果进一步促进了讼师业务的繁荣和诬告捏造频繁发生，结果导致了更加恶性的循环不断，使地方官府无法在"息讼"方面有实际的作为。

五、乡村组织在博弈中的边缘化

保甲、乡约等乡村组织在《守皖谳词》七十个案件当中存在感极其微弱。太湖县民蔡方来占了蔡永的祖坟坟茔地，蔡永"鸣乡保地邻理论"，不过没有什么实质结果，所以最后只得控诉县里。②《何玉铉冒祖坛坟》案中乡约谢洪涛不但没协助解决纠纷，反而徇私作伪证，还带头聚众闹事，做恶人的帮凶，而后被撤销职务，并且不允许再任。③ 从这些乡村组织人员的表现来看，他们在博弈中呈现一种消极的状态，偶尔积极参与造成的还是负面影响。乡约地保起的作用逐步被边缘化，而按照统治者原有意图，他们应该是秩序平衡的守护者，对于乡村教化状况的稳定承担一定职责，但从现实表现来看好像并没有起到这些作用。

不但如此，有时候他们还会无端卷入博弈之中，成为受害者。婺源县有人命官司，张家控诉俞兆进张三女家将其颈部拿铁链锁住，张家妇女前去拉扯，以致张三女跌下台阶身亡。张家人见状把俞兆锁在屋里，张三女的儿子把乡约张一炆叫来，将他和尸体以及俞兆锁在一起。徐士林复审案件，俞兆解释他是奉县官命令传唤张三女到案的，因为张家和姚家争坟地，按照判定张家强占坟山，应该起坟。结果俞兆到了张家，张家人就将张三女的尸体和他锁了起来，还叫来了乡约张一炆一同锁住。之后张家控告俞兆锁死了人，还借机将张三女尸首埋进姚家的坟山。乡约张一炆简直就是无辜受累，张家为了拉他做见证，直接把他和死人锁住，不知其心理是否会产生阴影。④

清朝的乡里制度比较复杂，为了达到以乡村治乡村，实现乡村内部矛盾自我消解和民众自我管理，所以地方都很重视乡约保甲。《福惠全书·保甲部总论》里阐述"夫诘奸不出于其家，防护不出于其村，御侮不出于其里，是一家一村一里之民，各自为卫也"。⑤《于清端公政书·武昌书》中，于成龙提出解决武昌地区民生不安、匪患猖獗问题还是应

---

① ［清］汪辉祖：《佐治药言》，辽宁教育出版社1998年版，第6页。
② ［清］徐士林：《徐公谳词——清代名吏徐士林判案手记》，齐鲁书社2001年版，第49—54页。
③ ［清］徐士林：《徐公谳词——清代名吏徐士林判案手记》，齐鲁书社2001年版，第261—270页。
④ ［清］徐士林：《徐公谳词——清代名吏徐士林判案手记》，齐鲁书社2001年版，第145—151页。
⑤ ［清］黄六鸿：《福惠全书》，卷21，日本早稻田大学馆藏古籍，第12册，第3—4页。

该完善乡里制度,"照得东山已靖,应宜安插,为抚良善后之计。兹本府沿堡清理,设立户长,教训子弟,编择甲长,稽查烟民,各安生理,毋纵为非"。① 清代是乡官逐渐职役化的一个时期,官府的控制力度逐渐增强,在企图通过乡村治理乡村的同时又不希望把权力完全下移给乡村,由此清朝统治者对于如何控制乡村在制度设计上出现了矛盾。乡里之职依靠声望辅助教化排解纠纷的能力逐渐减弱,逐渐转向差役成为被官府驱使的在乡间代理人,却减弱了他们作为乡间领袖的气质和地位。

统治者希望以稳定的宗族结构维护乡村秩序,却又在乡村组织役职任用资格方面企图把乡村士绅排斥在外,在某种意义上讲也是把宗族的实际控制者排除在外。按规定"凡绅衿之家,与齐民一体,编次听保甲长稽查,违者照脱户律治罪。地方官徇情不详报者交部照例议处,至充保长甲长并轮值支更看栅等役,绅衿免派,齐民内老疾寡妇之家子孙尚未成丁者,亦俱免役"。② 在表面看来这样的安排是一种优待,让绅衿免除了劳役,但实际上是把他们排斥于外。但这种排斥并没有减弱绅衿在实际上拥有的对于里正、保甲和乡约人选的把控力量,他们利用手中影响力就可以让自己希望的人选进入各个岗位。所以乡村职役面对各方势力的博弈情况,只能采取观望或者不得不偏袒一方的态度。

清初统治者也想过利用乡村士绅的影响力提高统治效率,例如顺治十六年朝廷议准设立乡约,"其乡约正、副,不应以土豪、仆隶、奸胥、蠹役充数,应会合乡人,公举六十以上、业经告给衣顶、行履无过、德业素著之生员统摄"。③ 不过,清朝时中央集权逐步缩紧到极致的最后一个封建王朝,清政权不希望乡村实现自治之后过游离而同中央权力脱节,清朝中后期开始越来越强调乡村组织人员"役"的身份,乡村组织开始向职役化方向发展,受官督而办差,越来越远离乡里领袖的精神要求,被简单视为官府之爪牙。这些役职人员在乡村的身份变得十分尴尬,他们好像拥有官府赋予的正式权威,却又触及不了乡村权力结构真正的顶层,只是相对于普通百姓有一些身份上的影响力。而就乡村地缘关系来说,方圆之内皆是乡党亲戚,他们完全站在官府立场可能会让自己的家族无法在乡村社会立足。所以,乡村组织职役化后,上有宗族士绅的压制,下则没有底层群众的拥戴,自身还要规避风险,难免在复杂的乡村博弈中处于被边缘化的地位。

六、结论

古代统治者希望普通民众能保持对皇权的崇敬、畏惧与膜拜,又同时企图打造出"爱民如子"的亲切感,这是一种悖论式的家长制政治。实际上,普通民众对于皇权的感觉相

---

① [清]于成龙:《于清端公政书》,卷1,近代中国史料丛刊第二辑,云海出版社1976年版,第198页。
② 张荣铮等点校:《大清律例·户律·户役》,天津古籍出版社1993年版,第198页。
③ 《钦定大清会典事例·礼部·风教·讲约一》,卷397,上海古籍出版社2002年版,第314页。

对疏离，对官员"爱民如子"也要求不高。乡村中的各方更执着于自己的生存空间和切实的财富积累，对于统治者宣传的"大义"和"道德"口中诺诺，实则不怎么放在心上。而地方官府对这种情况，一方面想要改善，一方面又默认了民众的封闭和愚昧。如果所有底层民众的眼界都宽阔到去企图探寻统治领域的秘密显然是危险的，但是又不能放任民众完全脱离于"圣化"之外。官府就想要找到一种平衡，让乡村处于一种恰到好处的稳定状态，民众只关注于自己的生活，又不给朝廷添麻烦，但是最后发现给朝廷添麻烦的原因就在于民众想要过好自己的生活。

所以乡村必然产生间隔性失序，统治压迫的层层传导使乡村不自觉进入一种博弈状态。理想乡村的礼教和权力秩序有着固定的交流等级，乡村下级士绅应该不过分攀附于上位者，也不让其他人攀附自己形成势力。他们应同官府保持着适当的关系，同时成为乡民心目中可以依赖的地方政治精英和道德典范，官府只需要约束个别行为出格的士绅成员即可。官府希望士绅阶层可以作为官府和民众之间的"缓冲区"，成为中介者和调停人。但实际上士绅经常投入利益博弈中去，不顾及自己的身份，并且在博弈中明显表现出对官府的不信任，试图依靠自己在地方上的势力解决问题。

古代民众往往是示弱的，即便是刁讼缠讼，诉状中的内容也不是蛮横霸道之词，反而经常是在诉说对方如何无理，自己如何冤屈难伸，对自己受"欺辱"的情况极尽夸张之笔墨，以哀求的姿态希望官府能够尽快究问对方责任，为自己申诉冤情。所谓"天大的冤屈"，其实申诉的核心真正事关生死利害的并不多，乡村博弈中的小农心态是显而易见的，多数是重具体利益而不重权利，要求琐碎而无体系。所以从传统来讲，官府对于乡村过分讲究规则是"苛酷"的，真正用规则达到博弈均衡很难做到，而这种对规则的漠视反而给善于玩弄规则的人可乘之机。化解博弈困境依赖于地方官员"体问风俗"的本领，由此造成了极大的工作压力，官府对于处理繁琐的矛盾纠纷难免产生消极的态度，造成了程序性对策能力的乏力与缺失，使得失序状况解决困难。而乡村组织作为官府在乡村的代理人，他们既无法完全依附于官方势力，又无法摆脱小农意识，从而由"中间人"退变成了"夹缝人"，发挥不出应有的作用。

古代乡村社会内部博弈造成的失序，在统治势力较为强大、政权比较稳固的情况下，地方官府还是有一定的控制能力和手段予以威压和厘正。《守皖谳词》反应的是清中期的状况，国力尚为强大，能应对民众基本生存需求。各级官府能行使有效的行政手段处理地方矛盾，虽有个别失能的情况存在，大体上稳固掌控乡村社会不成问题。但是在统治式微之时，各级官府的行政能力大幅衰减，在乡村生存环境恶化的情况之下，利益争夺的白热化将导致人们更少考虑博弈的负和损失，更关注博弈的收益获取，届时博弈激化使乡村失序扩大造成社会不稳，政权动荡将不可避免产生。

Research on the Rural Disorderin Qing Dynasty from the Perspective of the Game Theory
——Taking Xu Shilin's *Book of the First Instance* and *Continuation* as an Example

Li Yuetian

Abstract: Based on the analysis of Xu Shilin's *Book of the First Instance* and *Continuation* as an example, it can be found that disorder still occurs in ancient Chinese rural areas in addition to the frequent occurrence of contradiction and strife for interests among various groups despite the local government's ability to well maintain their stability by taking advantage of the power of the clans and the gentry due to their spontaneous order under the control of the etiquette law system and the enlightenment mechanism. Taking Qing Dynasty as a historical juncture for the research, the cause and manifestation of the rural disorder from the perspective of the Game Theory rested with the occurrence of the "negative – sum game" as a result of moral cost reduction due to the rural society's belief in the moral cost being too high to benefit the actual interests. Moreover, it was also found that the "chicken" game of the disadvantaged groups was usually irrational due to their indifference to the loss caused by the game. Meanwhile, the existence of the law practitioners could not be completely eliminated by the government in spite of their influence on the game equilibrium. Moreover, the government's inability to deal with the dilemma of the game had also led to the extension and deterioration of disorder. Lastly, the marginalization of the rural officials of the feudal *yamen* in the game prevented them from playing their roles.

Keywords: rural areas; disorder; game; Book of the First Instance; Qing dynasty

民事纠纷解决中的国家法与民间法的互动

——基于紫阳正堂司法档案的考察[*]

金 怡[**]

摘 要 紫阳司法档案有300多卷，包含晚清陕南紫阳县各种各样的土地纠纷案件，这些案件记录了晚清基层司法的实态，通过整理和研究，可以对晚清在土地纠纷案件处理过程中，国家法和民间法的互动有客观的认识。首先，这种互动带有"此消彼长"的特点；其次，这种互动的也应是良性的，有显著效用的，主要是由于——民间纠纷的解决是在"国家的审判"和"民间的调停"二者之中互动完成的。司法档案里记录的案件，在审理的形式要件上有严格的格式化的要求，体现了国家法的强制性。案件实质性的审理过程中，国家法的角色又非常特殊，它会正面引导积极而为，保证诉讼程序的正常开展，但由于它在某些场合的低效，它也会隐退、消极和中立，从而让位于人们在长期生活过程中形成的伦理、习惯、风俗、人情等民间法来解决，例如调解，息诉等多元化的纠纷解决机制。这种行之有效发挥补正功能的规则，连同国家法一起建立并维护了民间秩序的正常开展，并形成合理的、得到普遍和长期认可的正常程序。

关键词 紫阳档案 土地纠纷 国家法 民间法

一、研究的缘起及价值

司法档案对于法学的深入客观研究，具有重要意义。"我国学者对法律的研究大多从诠释法典入手，进而从事法理的探讨，用审判记录作为素材的情形很少，偶尔用到也只是

---

[*] 国家社科基金重点项目"古代法官箴言及其传承与创新研究"（19AFX003），西北师范大学"2014年度青年教师科研能力提升计划项目"。

[**] 金怡：吉林大学法学院法律史专业博士研究生，西北师范大学法学院讲师。

作为诠释条文的注脚而已。"① 司法档案的关键在于，关注的是司法制度在实践中如何运作，也关注具体案件的实证研究，对案件的发生、发展及结果进行总结和梳理。因此，在具体的案件及司法活动过程中（这里主要依据的是民事案件），来理解和考察国家法和民间法的关系，是司法档案的价值彰显。

紫阳档案即清代陕西"紫阳县正堂档案"，现存于陕西省档案馆，300多卷宗，包含有1000多个案件。起于同治二年，终于宣统三年（1863－1911）。大多为田土纠纷案件，具体涉及买卖、租佃、典当等等土地转让性质案件，只有少量的债权债务案件，包含了当事人的诉状、差票、批语判语等大量诉讼文书。和诸多学者对《南部档案》《黄岩档案》《冕宁档案》展开研究取得丰富成果一样，深入研究紫阳司法档案可以极大丰富和推动对于清代民事诉讼的研究，尤其是在民事纠纷解决的多元化机制方面，有翔实的资料可以印证，同时也可以在清代州县司法档案中研究占有一定的地位。本文以紫阳司法档案（2－1－18，2－1－20，2－1－21，2－1－24，2－1－25，2－1－26，2－1－27，2－1－28）所记载72例案件为依托，考察晚清民事诉讼的形式要件，纠纷解决过程中的国家法与民间法的实质互动和相互补充。

二、民事纠纷案件受理的核心问题

司法档案中的正状是由官府保存备案，副状则是结案后送达当事人。紫阳司法档案里，保存的大都为正状，副状不多。正状包含的各个事项，完整展现了一个民事纠纷案件的整个诉讼进程。

（一）书状

清代司法实践中，当事人递交诉状是必须而且常见的起诉形式。紫阳档案中的民事纠纷案件，也是从当事人书写的一份书状开始。书状形式和种类繁多，紫阳档案中常见的如告状、诉状、禀状、请状、恳状等等。一般情况下，民事诉讼由原告的文书——告状提起，而被告反驳的陈词称为诉状。② 原告携带书状，递交于紫阳县衙，县衙收取书状称之为收呈，代表一桩民事诉讼的开启。以同治四年十一月土地买卖纠纷的一起案件为例。

首先是原告谢履祥、谢开祥和谢履庸的告状：

---

① 张维仁编著：《清代法制研究："中央研究院"历史语言研究所现存内阁大库原藏清代法制档案选辑附注及相关之论述辑》，台北，"中央研究院"历史语言研究所，1983年版，第61页。"一件完整的诉讼档案记录了从开始到结束的整个过程，在这个过程中，我们能看到当事人的年龄、住地、家庭人员、邻居、经济状态、社会组成等众多信息，也能看到县官、衙役、代书、讼师、家族、乡约、保甲等各种力量对案件的态度。不仅如此，由于普通百姓所告大多为琐事，通过档案我们大致能了解乡村社会百姓的日常生活。"参见吴佩林：《利用州县档案拓展法制史研究》，载《光明日报》2013年6月1日。

② "禀状在具体使用时，往往原告所呈状纸又称为"告状"，被告为申诉所具者，则又多称为"诉状"。无论告状还是诉状，其文字均较为简单，多用白话书就。"参见雷荣广、姚乐野：《清代文书纲要》，四川大学出版社1990年版，第131页。

"新告　谢履祥，三十四岁，谢开祥，二十六

为奸串蓦买事。缘小的胞兄谢履庸，因欠杨金元息租及借欠粮食讵。杨金元因窥谢履庸无力还债，起意谋产。今十月初间杨金元串通奸中朱成文邹文绪，将谢履庸唤至杨宅，强立一百八十串，买卖估勒，将谢履庸土地立契买得。小的等并不知情，今始查悉，莫不骇异，况谢庸是产乃与小的谢履祥屋门前连界，即卖亦应小的等承买。而异姓何得蓦串勒买，其理何容，只得叩乞大老爷案下卖赏唤究断施行。

署紫阳县正堂加五级纪录十次孔批：现据谢履庸具呈已，批示唤讯矣尔等毋得扛讼。"①

"新告 谢履庸，三十六

为串中勒买事。缘去三月小的借用杨金元银三十两，每两合铜钱一串四百五十文，每串勒离息谷九升，讵杨金元奸诈已极，起意谋产至小的，所借银本去冬业已还清，惟欠息租及包谷黄豆稻谷共合铜钱六十余串，有账可验，今秋以来屡逼无偿拒。杨金无暗串奸中朱成文、邹文绪，十月初七日将小的唤至杨金元家，勒小的出约卖产。小的喝叫卖价铜钱三百五十串，伊等并不资议，强立铜钱一百八十串，卖契一纸，小的理阻竟遭朱成文与该买主立逼小的要账，刻不容缓凌辱不堪，其价小的分文未领，但是地小的现有亲房数家，岂容杨金元蓦串勒买，只得叩乞大老爷案下赏准唤究施行。

署紫阳县正堂加五级纪录十次孔批：如有串勒，情弊何肯，立契成交显系有意图翻捏情妄，控姑候唤案讯夺如虚惩妄。"②

针对原告的"告状"，被告杨金元提起了"诉状"：

"旧复状人　杨金元

为恳添杜累事情。谢复庸以串中勒买，控小的在案。蒙准案唤讯，小的以卖后唆夺具控。沐批现据谢履庸具呈已批示，唤讯矣候，集案讯断，理宜恪遵，曷敢再渎。但谢履庸出售产业先请小的与朱成文等为中，均无人受始，着小的承买业经买后，而谢履祥谢开科唐文彪薛仲诗即令谢履庸翻异捏控，其中扛帮唆夺，希图陷害显然。兹小的若不恳添，谢履祥谢开科唐文彪薛仲诗等到案讯结，恐伊等狼狈为奸，复行滋讼后累靡已，为再恳乞大老爷案下赏准添唤杜累施行。

署紫阳县正堂加五级纪录十次孔批：静候集讯毋庸多渎。"

此案是双方因买卖田土价钱引起的纠纷。原告谢履庸在诉状认为被告串通中人，"蓦串勒买"，而另一原告谢履祥认为自己享有"先尽户族承买之例"。面对原告的诉求，被告杨金元也不示弱，出具诉状"以卖后唆夺具控"为自己辩解。

紫阳司法档案民事纠纷案卷中还经常可见恳状和禀状，有观点认为，恳状是为了进一

---

① 《紫阳正堂司法档案》，全宗号2目录号1案卷顺序号26。
② 《紫阳正堂司法档案》，全宗号2目录号1案卷顺序号26。

步说明案情或者请求知县加快审理而递交的托词。但本人并不这么认为，恳状和告状是一类性质的诉状，同样是原告为了提起自己的诉求递交的书状。以下面恳状为例：

"新恳　陈源江　二十六

骗连案无奈怨究事情。小的父陈顺行育小的弟兄有三，长兄源寿小的居次，三弟源和。於咸丰八年小的父命弟兄将原置六百六十串钱地一契踩作两股以一股提作，父膳以一股给小的，弟兄三分管受不期，小的弟兄均因急需，於同治二年九月扬中觅王拟将分产出售，笑遭小的族叔祖陈凤兰，涎贪斯土串中陈正木章茂鳌等，笼勒小的弟兄将承分之地合卖于伊，比小的瞰伊行事刻薄坚执不允，岂伊即商陈正木百计劝说许给小的背手钱二十串，陈正木言要分的背手二串其钱，俟立约后交付。奈小的愚蠢被笼听从，遂将地订作价钱一百四十串卖伊，殊料立契后，伊竟恃係族长昧良挟制将许小的背手钱硬骗为有。小的畏恐父兄，知觉不依只得血忍。迨至去五月，无如陈正木亦仗尊辈向小的索讨议分背手钱二串，小的已赔给钱六百文，下少钱一串四百。婉求免较，讵今正月陈正木又向小的凶索不已。至三月小的遂奔呈控適遇堂兄陈源富及徐作进，挽小的回归。劝陈凤兰将原许之钱交出以免兴讼。而陈凤兰分离不奥。兹陈正木始终追索，違则称要，将小的手足殴断，现王守魁可证。此行为若不叩究，难防×褐，无奈叩乞。大老爷案下赏准究断施行。

署紫阳县正堂加五级纪录十次孔批：候唤究。①

这是一例典型的涉及刑律的民事案件，即在田土纠纷中发生了互殴、重伤、殒命等触犯刑律的行为。和前述原告告状一样，此案中原告陈源江认为自己的人身权益和财产权益均遭到侵害，通过呈递恳状来陈述侵害内容。根据原告对此案的描述，或可以认为恳状是带有冤屈意义的告状。紫阳档案的书状还可见数量非常多的禀状。关于禀状的性质，争论很多，现以一份紫阳档案里所存书状为例。

"具禀，竹黄溪乡约张东阳，为蒇谕抗公覆恳究追事，缘本境充当乡约，办公使费甚繁，曾经绅粮公议成规，遇有买卖产业，每两中人钱三分，酌于三分拨付乡约一分，历年遵办无异讵去岁，小的当乡约查有唐自让，买业价值五百余串，奸中唐自和独吞又贡生唐化醇买业三千余串，奸中李占魁唐义盛强抗不与奥，小的无奈以违例吞公等具禀在案，沐批尔禀，自应率由旧章李占魁欲如此沾润，人人可以效尤侯，谕饬保长钟能桂查明公议禀覆，核夺理应静候，曷敢再渎，奈保长八十有余昏昧不理，其子钟华荣听从中证等，贿唆埋藏谕帖，因限过三月之久，渺无着落屡催不耳，致使公项难收，倍累甚苦，且有往岁乡约康鸿儒黄远泰等曾收讫此项殊，今伊等自买业中反霸亦把持不给，违灭成规，情难甘服为此覆乞。

大老爷案下赏准唤讯究追施行。"②

禀状同为书状，滋贺秀三认为，是有一定身份和地位的人才可以使用禀。而在属于民

---

① 《紫阳正堂司法档案》，全宗号2目录号1案件顺序号20。
② 《紫阳正堂司法档案》，全宗号2目录号1案卷顺序号18。

间细故的田土案件中，使用"禀"的人基本都是基层社会的管理者，如乡约、保长等。例如本案中，提起禀状的是乡约张东阳。而吴欣在《清代民事诉讼与社会秩序》中认为，告状是原告提起的书状，属于诉讼开始之时。但如果案情变化或者请求知县受理或者请求知县加快审理进程，在诉讼进行中提起的书状应为"禀状"。但无论是告状、诉状、禀状、恳状，从侧面反映了清代民事诉讼呈状的形式灵活多样，而且各种书状对于整个民事诉讼活动的进程非常重要。

（二）告状不准事项

紫阳司法档案中，统一发行的状纸上印制有"告状不准条例"，一般情况可见在状式的状尾部分。当事人必须遵守这些条款，否则告状不准。

以同治四年五月十九日状尾所附为例：

"一已在前任告准审断有案不行叙明作何断结者不准；

一将赦前及逾年旧事翻新告理者不准；

一年七十以上及有×疾并妇女生监无抱告者不准；

一被呈五人以上干证三人以上及无故牵连妇女者不准；

一生监作干证者不准；

一词内只许将冤抑情节确实书如粘连××者不准。"①

结合告状不准条例，可以总结出民事案件受理中，有几种情形不予受理：

第一，对于告状内容的限制。即对已经结案且不能说明结案理由的重新提起告状则不准。第二，对于诉讼权利的限制，主要有妇女老人生监等，这和大清律例的规定一致。从年龄性别角度，《大清律例》规定："其年八十以上十岁以下，及笃疾者，若妇人，除谋反、叛逆、子孙不孝，或已身及同居之内为人盗、诈、侵夺财产之类听告，余并不得告。"条例进一步规定："年老及笃疾之人，除告谋反叛逆，及子孙不孝，听自赴官陈告外；其余公事，许令同居亲属通知所告事理的实之人代告"。② 老人和妇女的抱告者多为其子或者其亲属，甚至有时乡约保长也可代为他们抱告。从身份角度，《大清律例》规定："凡官吏有争论婚姻、钱债、田土等事，听令家人告官对理，不许公文行移，违者笞四十。"③ 这里的官吏，即瞿同祖所指的士绅群体，包括现任官、致仕官，还包括举人、贡生、进士以及监生等。④ 上述"告状不准条款"生监的范围比较宽泛，即仍然指一定带有身份的人，其参加诉讼必须由报告代理。第三，对于案件涉及人及诉讼举证人的限制。《大清律

---

① 《紫阳正堂司法档案》，全宗号2目录号1案卷顺序号20。
② 田涛、郑秦点校：《大清律例》卷30，《刑律·诉讼·见禁囚不得告举他事》，法律出版社1999年版，第489页。
③ 田涛、郑秦点校：《大清律例》卷30，《刑律·诉讼·官吏词讼家人诉》，法律出版社1999年版，第493页。
④ 瞿同祖编著，范忠信等编译：《清代地方政府》，法律出版社2003年版，第282-290页。

例》规定："凡词状止许一告一诉，告实犯实证，不许波及无辜，及陆续投词，牵连原状内无名之人。如有牵连妇女，另具投词。倘波及无辜者，一概不准。仍从重治罪。"① 限制人数的做法，主要是为了避免牵连无辜者。紫阳档案限制干证不能超过三人，冕宁县清代档案记载干证很少多于四人。而且告状牵连妇女者也不准。"凡词讼牵连妇女者，于吏呈票稿内即除其名，勿勾到案。"②

（三）批语

紫阳档案中的县衙判语，主要是针对当事人提起民事案件是否受理，或者当事人民事诉讼程序请求的裁决。批语中最常见是针对原告或被告民事诉讼请求的批示，一般以书面形式作出。批语的署名基本都是知县，例如紫阳司法档案，"署紫阳县正堂加五级纪录十次孔批"，"特用分府补授紫阳县正堂加五级纪录十次唐批"，"候补分府署紫阳县正堂加五级纠纷十次吴批"。

批语对整个民事案件的承上启下发挥重要作用。原告（新告）递交告状开始民事诉讼程序，若告状被受理，批语用极为精炼简短的一两句话作为回复。以紫阳档案中民事案例一分析。全宗号2目录号1案卷顺序号24中，"蔡玉林告何明仁田地买卖纠纷一案"，原告蔡玉林侄媳与被告何明仁在田地买卖过程中，因为价钱有争议产生纠纷，蔡玉林提起告状，在书状呈词之后，知县做了批语"候饬差协同原中查明妥理复夺"，明确批示县衙差役与中人前去查究案情之后再做定夺。对于被告来讲，原告对其提起民事诉讼之后，通常也以诉状递交知县作申辩，其诉状申诉事实反驳案情，结尾处知县也会用短小精悍简短的语言表明官方的诉讼态度。全宗号2目录号1案卷顺序号16、17中"庞泰年、陈甲桂告龚礼和佃租田地纠纷一案"，对于陈甲桂对龚礼和"瞒税延骗"的指控，被告龚礼和提起诉状，知县的批语如下"候质讯被告人证前案有名如庸添唤"。批语可以直接影响整个诉讼活动的进程，如果写的恰到好处，一定程度上可以使双方劝息止争，反之则亦然。"善听者只能剖辨是非于讼成之后，善批者可以解释诬妄于讼起之初，果其事势不得已，必须审断而始结，虽驱小民跋涉亦难惜也。如其事真伪显然，不过纸上片言可以折断，而亦差传候讯，即情虚者受其责罚而被告之货财已遭浪费矣。"③ 虽然在清代官箴书中，都提到州县诉讼活动以"劝民息诉""使民无讼"为价值目标，但在紫阳档案批语的内容，官方对当事人诉讼活动还是报以一种非常积极的态度，肯定其诉讼请求，为下一步诉讼程序的开展做准备。例如"候唤究清单各据随堂呈验。""如有串勒清弊何肯立契成交显系有意

---

① 田涛、郑秦点校：《大清律例》卷30，《刑律·诉讼·诬告》，法律出版社1999年版，第481页。
② ［清］袁守定：《听讼》，官箴书集成编纂委员会编，《官箴书集成》，黄山书社1997年版，第五册第383页。
③ ［清］王又槐：《论批呈词》，官箴书集成编纂委员会编，《官咸书集成》，黄山书社1997年版，第四册第397页。

图翻捏情妄控姑候唤案讯夺如虚惩妄。"案已另票唤讯,据尔具诉到案厚集讯核断。""现据谢履庸具呈已示,唤讯矣尔等毋得扛讼。"

(四) 判语

紫阳司法档案的判语,顾名思义就是县衙审理之后发布的审判结果。那思陆《清代州县衙门审判制度》一书对于审理之后的审判结果,对上称之为"堂断",对下称之为"堂谕"。黄六鸿《福惠全书》中则称为"审语"。"所谓审语,乃本县自准告词,因情判狱,叙其两造之是非,而断以意者。夫不曰看语而曰审语,以主惟在我,直决之以为定案,而更书其判狱之词以昭示之也。"①

紫阳司法档案判语的组成,大都包含了以下几个方面内容,诉讼的缘起、诉讼的过程,最后的裁判意见等等。文体总体非常精练简短,多则百十余,少则二三十字左右。

"审得:吉明瑛具控王如魁等一案,缘先年吉明瑛之父吉光贵、吉光富弟兄分炊各立合同分图一纸。光富分得买价钱九十二串文,光贵分得当价钱九十二串文,比时言明,日后当主赎取不敷买价着。光富资补出钱十千文,适至去岁十一月内光富物故,其子吉明奇因葬费无出,央请堂叔吉光才等作中将山地一分,作价钱一百七十千文出卖与王如魁为业。吉光贵之子明瑛欲将明奇卖地内除阴地二穴,买主不允以致吉明瑛具控到案。讯悉前情查告明奇既将地×供稞,愿将明家河已分所买山地提出阴地二穴嗣后胞叔××夫妇物故,准其安葬并无不合。查王如魁新阅卷久内以未批明,××××当堂涂销以免辗辘,是地仍断归王如魁管业二比允服,各具遵依附卷此判。"②

从中可以看出,紫阳司法档判语远非编纂的一些判例判牍中华丽押韵的词语,其表达朴素无华贴近事实,而最后的裁断意见也能显现出努力平衡双方利益。没有太多的"情""理"说教内容,具体问题具体分析,将案情事实经过,审断理由与结果写入判语。如果认定有民事纠纷双方一方有过错,也会在判语中给予责罚。

三、纠纷解决过程中国家法与民间法的互动

(一) 国家法的主导

1. 积极应对纠纷

对同治四年紫阳司法档案的整理可以看出,民事纠纷都有一个相对完整的诉讼程序。当事人呈告的诉状(需符合状式格式的书写规定),官府出具批语与差票(积极调查情况以及当事人参与堂审),官府的判语(当事人出具甘结或者上控)。紫阳司法档案记载,

---

① [清]黄六鸿:《福惠全书》,官箴书集成编纂委员会编,《官茂书集成》,黄山书社1997年版,第三册第347页。

② 《紫阳正堂司法档案》,全宗号2目录号1案卷顺序号27。

很多当事人都住在远离县城几十里甚至上百里之外。为了解决纠纷得到一个已愿理想的判决，他们跋山涉水花费大量的时间精力到县衙参与一场民事诉讼。和很多场合语调讲到的民间厌诉息诉的声音相比，紫阳档案里的记载更加生动真实的反映了晚晴末年官方为代表的民事司法生态。

表1是随机抽取紫阳正堂司法档案2-1-18案卷中的9例案件。通过比较可以看出：案卷最早日期，一般是知县受理诉状的日期，批语大体都为"准唤讯""候讯""准拘讯""准讯究""候讯"等字样表明准予受理的态度。有"准结"字样的代表则代表结此案已了解。除去档案里记载的结案方式和结案时间不明的，明确记载有起止时间的下面6例土地纠纷案件周期一般维持在100天左右。

"户婚田土钱债偷窃等案，自衙门内视之，皆细故也。自百姓视之，则利害切己，故并不细。即是细故，而一州一县之中，重案少，细故多。必待命盗重案而始经心，一年能有几起命盗耶？"① 户婚田土钱债等纠纷，虽然在危害社会稳定和国家安全上不能和刑事案件相提并论，但是这些"细故"确是和百姓的生活息息相关，整个社会中对待民事纠纷的态度并不能简单地用"息讼""厌诉"一概之至。相反，从紫阳诉讼档案来看，到县衙呈告的田土纠纷的案件，知县仍然是非常积极的应对，如果格式规范，受理即发布批语，如果事实清楚证据中人完备，无论采取何种方式，官府的结案也是非常迅速。

表1

序列	档案出处：2-1-18	案卷最早日期	批语日期	准结日期	起止时间	结案方式
1	"张鹏霄告唐化高"	同治三年十二月十七日	同治三年十二月十七日	同治四年四月初九	四个半月	"甘结"
2	"储万端告王魏氏"	同治四年二月十九日	同治四年二月十九日			
3	"贺廷瑞告林永富"	同治四年三月二十二日	同治四年三月二十二日	同治四年五月十四日	2个月	"如恳准息销"
4	"庞交仁告吉照明"	同治四年二月十二日	同治四年三月初十			
5	"宋定国告杨远富"	同治四年正月二十六日	同治四年正月二十六日			
6	"张冬阳禀李占魁"	同治四年三月初四	同治四年三月	同治四年四月初七日	1个月	"遵照示谕"

---

① ［清］方大湜：《平平言》，官箴书集成编纂委员会编，《官箴书集成》，黄山书社1997年版，第七册第675页。

续表

序列	档案出处：2-1-18	案卷最早日期	批语日期	准结日期	起止时间	结案方式
7	"庞泰年告龚礼和"	同治三年十一月二十九日	同治三年十二月初二日	同治四年三月二十四日	4个月	"具遵结"
8	"江正信告张瑞凤"	同治四年正月二十九		同治四年三月十二日	3个月	"审断遵依"
9	"程永发告龚甫章"	同治四年正月二十八日	同治四年七月十六日	同治四年八月二十八日	7个月	"具甘结"

2. 平衡双方利益

对于中国古代的司法，首次引入"衡平概念"的，是顾元的"衡平裁判"。在其著作《衡平司法与中国法律秩序——以清代诉讼案例为主要素材兼与英国法相比较》中，提出古代的司法审判实际是一种衡平裁判，在遵循情、理、法的基础之上，使纠纷得到妥善解决。而从对于紫阳司法档案的研究可以看书，民事诉讼衡平裁判的确存在，它是寻找一种非常现实的衡平方法圆满解决当事人之间的诉讼纠纷，这种方法的核心和重点就是对于双方利益的平衡与兼顾，力求两全其美。以紫阳司法档案五件民事案件判语为例（见表2）：

表2

序列号	紫阳知县判决	判决出处
1	"审得陈源江具控陈凤兰等一案。缘同治二年九月间，陈源江凭中陈正木等，将山地一分议价钱一百四十千文卖与陈凤兰为业，旋陈源江信听陈源富唆使，向陈凤兰需索背手钱文未遂，以致陈源江控案。讯悉前情，查陈凤兰是契明价足，并无背手钱文，陈源江不应听唆妄控，希图拖累。着将陈源江、陈源富分别戒另，断令陈源江等嗣后再不得妄为滋事，取具各结。附卷此判。"	全宗号：2 目录号：1 案卷顺序号：20 同治四年六月初十
2	"审得谢履庸具控杨金元等一案。缘今年十月内，谢履庸将山地一分央朱成文等，作中议价钱一百八十串文，卖给杨金元为业。不意谢开科持户族承买之势，刁咬谢履庸具控，同到案争买。讯悉前情，谢履庸售地之先，谢开科并不出名承受讵，杨金元买业之后，谢开科复又争买致典，讼端查买卖田地，并无先尽户族承买之例，谢履庸所欠杨金元借项钱文，断令谢履庸仅还杨金元钱三十千文，下欠钱文一概让免。杨金元应找谢履庸地价铜钱一百五十千文，所有唐文彪之当价着，谢履庸赎取不与杨金元，相涉再谢开科捏控争买，殊属不合本应掌责姑，今俯首认罪，从宽免究取，具各遵结。附卷此判。"	全宗号：2 目录号：1 案卷顺序号：26 同治四年十一月二十日

续表

序列号	紫阳知县判决	判决出处
3	"审得江正信告张瑞凤等一案，查江正信于咸丰六年，出扯手铜钱十二千文，佃种张瑞凤之地，年完麦稞五斗豌豆稞五斗包谷黄豆稞共三石三斗，近因岁歉兼被贼扰。同治二年，欠稞一石五斗。三年，欠稞五斗。张瑞凤即勒江正信离庄殊属，不合姑从宽断令。张瑞凤将同治二年欠稞，概让三年欠稞五斗着江正信。今年秋收楚，给地仍归江正信佃耕，已后再不得短少租稞取结。附卷此判。"	全宗号：2 目录号：1 案卷顺序号：26 同治四年三月十二日
4	"审得汪从礼汪陶然告汪元江一案。缘道光十二年，汪元江等故祖，将地一分作钱四十三串当与丁姓，三十年，汪元江备价赎回。兹汪从礼汪陶然窥×公业，要赎是产，意款均分。讯翻前情此地三人均各有分，断令汪元江给汪从礼汪陶然各钱十千文，汪从礼汪陶然各与汪元江书立并约，均毋庸争论取结。附卷此判。"	全宗号：2 目录号：1 案卷顺序号：28 同治四年十二月二十日
5	"审得邢得傅等具控王德元等一案。缘邢得傅之堂叔邢云凤，孤身一人，系侄孙邢文禄时常经理，×邢云凤物故，又是文禄经管葬埋文禄。因邢云凤在日所欠外债甚重，同户族邢得孝等商议，将云凤遗业一分凭中，除增隆等议价钱一百二十千文，卖与庞交贵为业，契明价足。厥后庞交贵将是地照原价卖与王德元，管业不意，邢得傅藉讹未遂，邀同邢文禄等捏情妄控，讯悉前情，将邢得傅从重戒责，断令王德元念邢文禄贫苦，资补钱十千，即行交给与邢得傅无干取具各结。附卷此判。"	全宗号：2 目录号：1 案卷顺序号：28 同治四年十二月十二日

案例一，陈源江陈凤兰土地买卖纠纷一案。经过仔细查情，原告陈源江受他人唆使诬告陈凤兰，但虽然明确指出系陈源江过错，但对他也没有任何惩罚措施。只是以后不得"妄为滋事"，"取具各结"完结此案。

案例二，谢履庸杨金元钱财及土地买卖纠纷一案。本案案情比上一案稍微复杂，土地买卖过程夹杂着曾经谢履庸和杨金元的钱财纠纷，而后两人的土地买卖过程中，又出现了第三人谢履庸的胞兄谢开科，他以"持户族承买之势……同到案争买"。后经讯查明讯悉，明确了谢履庸杨金元在纠纷中的权利义务关系，同时对于明显过错的谢开科一方，因"俯首认罪"而"从宽免究取"。

案例三，江正信张瑞凤田地佃租纠纷一案。江正信是张瑞凤的佃户，因为灾害和贼扰收成欠缺，未及时缴纳佃租。遂张瑞凤不再佃地给江正信，后审结"给地仍归江正信佃耕"，但江正信得将"同治二年欠稞，概让三年欠稞五斗"归还张瑞凤。平衡了双方利益，定纷止争。

案例四，汪从礼汪陶然告汪元江土地纠纷一案。案情缘起在于汪元江将土地曾经当于丁姓，而后赎回。但汪从礼和汪陶然认为该地属于"公业"，要求均分。后裁断由汪元江付给二人各钱十千文,并订立书约土地归汪元江所有。在这件案件中,土地权属利益的确定是解决的关键。因此根据各方证据,一方面,土地所有归于汪元江。另一方面,对于汪从礼和汪陶然的权利诉求也给予一定的赔偿。妥善解决纠纷,实现了均衡利益的目的。

案例五,王德元邢得傅产业纠纷一案。邢得傅堂叔邢云风晚年由侄孙邢文禄照顾,其病逝后将他的产业卖与庞交贵,所得价款用于归还外债,庞交贵后又卖与王德元。但邢得傅"藉讹未遂,邀同邢文禄等捏情妄控。"明显是邢得傅无事生非,滋事诉讼。审得之后,"从重戒责"邢得傅,并由王德元"资补钱十千"给予邢文禄。"利益"是纠纷的核心,恢复利益关系平衡是纠纷解决的核心。在民事纠纷的解决中,为了达到利益平衡,即使有明显过错的一方,仅仅也是指出但也不会重处。

田土是古代百姓主要的经济来源,也是百姓生活的唯一依靠。到了清代,田土仍然是社会里最重要的生产资料,百姓的衣食住行皆来源于此。因此田土诉讼是中国古代常见的民事诉讼。案例一、二、四、五属于田地买卖纠纷。在田地买卖立法方面,《大清律例》有"盗卖田宅"的条款,"凡盗他人田宅卖、将已不堪田宅换易,及冒认他人田宅作自己者,或虚写价钱实立文契典买,及侵占他人田宅者,田一亩、屋一间以下,笞五十。每田五亩、屋三间,加一等,罪止杖八十、徒两年。系官田宅者,各加二等。若强占官民山场、湖泊、茶园、芦荡及金、银、铜、铁冶者,不计亩数杖一百,流三千里。若将互争不明及他人田产妄作己业,朦胧投献官豪势要之人,予者受者,各杖一百,徒三千里。"立法精神在于用刑罚的手段恢复"倒卖田宅"而被侵害的权益。同时,清政府也强调和保护买卖田宅应遵循双方意愿和自由,即"契约神圣",注意防范危害当事人利益的行为。例如,乾隆二十三年(1758 年)《休宁县汪尔征卖地红契》中明书"此系两愿,并无准折。"乾隆二十八年(1763 年)《休宁县赵尔坚等卖地红契》中,"此系两厢情愿,并无威逼等情。"光绪七年(1881 年)《新都县邓益润兄弟等杜卖水田青苗红契》中,也是全面保证:"此系二家情甘意愿,无有贷债准折勒逼等情。"① 这是成文的律例及契约里关于田宅转让买卖的一些法律规定。从法律原则来讲,"盗卖田宅"的条款在于保护所有者的权益,"卖地红契"则强调双方合意。这四个案例的审理和裁断过程中,都充分体现了这些精神。案例二是一例田地佃租纠纷,民间俗语有称"卖田不卖佃""倒东不倒佃"。乾隆九年(1744 年)十月十五日张德兴所立过佃契中,写到"今情愿(将所有当差地一段)过与李泰名下永为耕户耕种,不准李姓另种另典……准其客辞主,勿许主辞客。立字之后,如有另人争论,有取租张姓一面承管,不与佃户相干。"② 可见,在清代法律租佃关系中,田主所有人不得随便自行转租,佃租人交租,田主所有人收取地租,佃租人可以世代承耕。这也就是清代法律里确认的永佃权。案例三里县衙的裁断也体现了对于佃户永佃权的切实

---

① 张晋藩主编:《清代民法综论》,中国政法大学出版社 1998 年版,第 138 页。
② 同上注,第 151 页。

维护。

这五个案例充分体现了清律里民事法规的基本内容和精神，但是在民事法律如何发挥作用如何调整，采用怎样的方法和手段上，并没有太多涉及。但从知县的判语中可以看出，在如何处理民事"细故"的司法实践中，上充分重视和平衡了诉讼的核心问题——双方的利益，从而灵活裁断案件，使纠纷圆满得到解决。

（二）民间法的补充（多元化纠纷解决机制）

1. 家族或乡保的调节

虽然清代法律中并无关于调解的法律规定，但紫阳档案常见民事案件的诉讼调解。民事诉讼调节的介入，并不拘泥于某个特定阶段，相反非常灵活机动。或始于诉讼开始之前，或始于诉讼开始之后，或在某一个诉讼过程中参与调节。紫阳档案所见的民事调节的主体，有乡约、保长，也有家族长者亲属等等。这些调节的主导者，有的基于官府的委派，有的来自当事人的委托，更有基于自己的身份而主动参与调处。如紫阳司法档案五月十四日所记载一例由保长主动参与调节而销案的案例：

"具禀。请息盘厢。河保长河文绍约正公议和，为调处妥协，禀恳息销事。缘贺廷瑞前以屡讹不休，具控林永富等一案。赏准唤讯，理应候审岂敢恳息但保等，查得咸丰七年，林自明将地土一分作价钱八十，串卖与贺廷瑞为业契已投，印迨后其，侄林永富诚恐买价之中，有愚弄伊叔，情事不无，查究两相角口，以致成讼。兹保等念在农忙，不忍坐视，终讼从中劝息，兴其两造，将该价钱资算明，概行清楚永断。葛藤各愿具结息讼，嗣后不致再滋事，端只得禀恳伏乞。如恳准息销。"①

这是一例参与调节而有效销案的案例。此案中调解的依据，是在查明事实的基础上进行的，核心的调解原因即"兹保等念在农忙"，即时值农忙，恳息销案。而调解的方法，不在于对某一方的权利进行明确的主张和确认，仅仅是用一些概括性的指示如"情事不无，查究两相角口，以致成讼"，使双方当事人"遵依结状""遵命和息"即可，而能否实现在于当事人的自觉履行和自我努力了。②

紫阳司法档案中也有知县指定当事人前去调处的情况。例如：

"具禀。王家湾乡约王义合为禀明事情。蔡玉林以豪奸坑贫告何明仁等一案，沐伤差役张鳌协同小的，及原中徐启福、舒开榜、余希凤等理质，小的等遵奉质明。缘因何明仁於同治二年承买蔡玉林之侄媳宋氏地土，一分议价五百三十串，比经卖主提除阴地一股短价一百九十串。今蔡玉林要将该阴地依旧卖与何明仁，求其仍照原议价值，找补所短之数，而何明仁不允致有斯讼。兹经小的等理处劝买。伊亦坚不允，承莫可如何惟有禀明。

---

① 《紫阳正堂司法档案》，全宗号2目录号1案卷顺序号18。
② ［日］寺田浩明：《权利与冤狱——清代听讼和民众的民事法秩序》，载［日］滋贺秀三等主编，王亚新、梁治平编著，王亚新等编译：《明清时期的民事审判与民间契约》，法律出版社1998年版，第234页。

大老爷案下作主唤断施行。既难理处候唤案讯断。"①

此案中"沐饬差役协同小的",和很多现存清代档案中见到的"饬差确查妥处""着乡保传于安分"一样,即官府接到诉状之后,如果认为情节轻微或者争议的内容有关于家庭亲族伦理关系,则会批令衙役协助乡约、族长、保长等进行调处。召集两造进行调节的结果,如若调节不成,则上报官府说明调节不成的原因,交由官府处理。如案中官府对调节不成的处理,"既难理处候唤案讯断",调节不成再进行下一步审理。但如果调节能够成功,需上报呈明案件的事实和自理的意见,同时最重要的是请求官府销案。比如下面这个案例:

"具请息。和人渔溪河团总陈开宗、甲长唐元解、户族陶荫谅、戚聆汪敦渭汪敦溥等,为恳赏息销,均沾洪慈事情。前月内陶荫琦等具控陶荫礼,藉当造吞等由,一案复后陶荫礼即以诉明原委情事。沐恩差唤小的等查确,其情念在一脉无伤弟兄之情,从中解释不忍终讼。目今农忙之际,小的等再回劝,免陶荫琦陶荫礼等均悦从,以及陶昌贵买明陶昌校之地,土照契管业。小的等凭中从场,理质明白,两造允服甘愿息结。仍敕旧好再不生非,恳祈仁宪。小的等沾感恩泽不浅为此恳乞。大老爷案下赏准息销均沾洪慈施行。如恳准销现届农忙如再生端滋累。"②

经过甲长族亲众人的调节,"两造允服甘愿息结",因此上报"大老爷案下赏准息销均沾洪慈施行",官府批示"如恳准销现届农忙如再生端滋累"。

调解产生的原因,有深刻的社会历史背景,也来自百姓的注重和睦相处、以和为贵的乡土观念。张伟仁先生认为:"人情万变,法条有穷,搁置现有的固定规则,依据'法理'另寻妥善的解决之道是中西司法中的共同现象。"③ 在清代州县司法早期研究学者郑秦看来"为了防止民间细故酿成命盗大案,调处息讼是实现理想的社会价值观念的有力的、行之有效的一种司法制度。掌握专制权力的统治者提倡调处息讼,被统治的人民一般来说也乐于接受它(或者说无更好的选择)。调处息讼与其存在的社会是相适应的,通过它来保持社会安定进而实行法制,有利于这个社会在既定制度内的发展,尽管它所维护的秩序未必是合理的。"④

2. 自愿和息销案

申请和息销案和上面提到"调处"密切相关,和息销案的申请者,有当事人自愿申请销案的,大部分也可见经由调处者调处后申请销案。无论由谁提起,依据紫阳司法档案资料所见,最后都得到了批准。当事人申请销案的案件,例如同治四年三月二十四日庞泰年具遵结:

---

① 《紫阳正堂司法档案》,全宗号2目录号1案卷顺序号21。
② 《紫阳正堂司法档案》,全宗号2目录号1案卷顺序号26。
③ 张伟仁:《中国传统的司法和法学》,载《现代法学》2006年第5期。
④ 郑秦:《清代司法审判制度研究》,湖南教育出版社1988年版,第225页。

"具遵结　依庞泰年　龚礼和

今遵到大老爷案下情。蚁告龚礼和一案，蒙恩讯明。道光十三年，伊（他）出扯手铜钱九十千文伊佃耕蚁地，议每年完包谷稞三石。二十八年蚁借伊铜钱三十六千文，议每年完包谷利三石，即将伊应完，蚁包谷稞三石，抵除咸丰五年伊遗失毙蚁马一匹，作铜钱二十二千文，借转长年，一分利分文未偿，伊舆佈茶蔴竹木修造房屋，并将地土培植肥腴，蚁不合强，无钱求让当借，并用对搭钱取赎，沐断伊仍种是地如蚁取赎，湏还铜钱并补付做屋奥，佈茶蔴竹木土本再不得妄控，兹事拖累，蚁心允服遵依是实。准结"①

道光十三年间，被告龚礼和出九十千文佃耕原告庞泰年的田地，商议每年付包谷稞三石作为佃资。后由道光二十八年庞泰年借龚礼和铜钱三十六千文开始，双方就利息多少，佃租关系是否延续争讼不休。庞泰年提出"兹事拖累，蚁心允服遵依是实"。请求销案，随后得到县衙的批准，"准结"。此案销案的最终原因，是原告所提到的诉累。《戒讼说》中提到关于诉累的弊端："一入公门，便难自主。歇家保户诈伪多端，累月经年资斧莫继。兼之青吏把持、差役勒索，迨得质讯，己费多少花销。"② 诉累在清代诉讼中是个普遍存在的现象，由于诉累而带来的当事人对于诉讼的厌恶甚至畏惧，也可详见于司法档案和各种资料。

由乡约、保长、甚至是家族亲友的调处，其中夹杂了来自县衙的愿望和调处者所做的努力，在调处中对于双方各自利益的维护，一些当事人则达成销案的意愿，申请和息销案。

如，"河保长河文绍约正公议和，为调处妥协，禀恳息销事……如恳准息销。"这是上面已经提到的经保长调处一案，由调处者提出销案的请状。

再比如："具禀请息。戚文员、龙文光何可与胡国瑞为调处两服，禀请息销均感德化事情。何隆斗以薯夺难甘，并何曹氏以逆子告何隆满等，在案应唤讯，宪法曷敢请息但生等兴。两造俱属戚友，不忍讼，邀质劝和。缘先年何隆斗何隆满弟兄七股，均祖业地一分业内，原有祖堵分于长兄何隆斗地内，至道光十八年，何隆斗将伊分业作价五十五串，买与李姓。今月李姓请中出售斯中等以业内有伊何姓，堵劝着何隆满承买比议价值，以该业前系荒山。兹经开报咸熟内，培有茶山敢扒并一切树木因照稞石议价三百零四串，买与何隆满。但买斯业理家何隆斗拢场奈李姓不肯请以致买后，而何隆斗因母曹氏不服竟有斯控，其实并无薯夺吞膳等情。兹生等从中婉劝，念何隆斗同母曹氏难着何隆满，帮补何隆斗钱十二串，以作兄度荒之费。另给母曹氏五串，以便母零用之资。尔造恍服，均原息诉为此禀。请大老爷案下赏准息销施行驶。"③

---

① 《紫阳正堂司法档案》，全宗号2目录号1案卷顺序号18。
② ［清］裕谦：《戒讼说》，载徐栋《牧令书》卷17《刑名上》，官箴书集成编纂委员会编：《官箴书集成》，第七册第293页。
③ 《紫阳正堂司法档案》，全宗号2目录号1案卷顺序号20。

"具禀请息。戚蓝生、陈增伦、刘德凤为禀恳息结,均感德化事情。文童乡滁训,以奸串谋买告杨焕然等一案,前沐讯断。汉发已卖兴××然之地,仍会杨唤然承买结案。奈郑滁训飞翔未不连以致翻控,生等与两造系属,戚友不忍视。其终诚是以集词处,其地照原价四百一十串为买,兴张断刚管业以释妇,恳永断葛藤所有杨焕花费。税契酒酌谢中线文着断刚资补钱六十串,至那滁训亦花。有些缴线文着张断继刚与补钱十串,张巴欣身以解此,怼再歇滁训。在地种有谷俟秋冯状获兴,张文业不致期翻兴。尔均已永报,甘愿具结,销案嗣后再不致滋生事端。第案天唤记考等,不敢擅专为此禀,大老爷案下赏准农忙。焦息销案施行。即据查处清楚,两造均愿讼怒禀销案,以再翻控滋。"①

调处申请和息销案,并不是肆意而为,遵循一定的步骤和两个关键因素。其一,调处者和息恳销的缘起。从上两个案例可以看出,"两造俱属戚友,不忍事讼,邀质劝和。""生等与两造系属,戚友不忍视。"调处者本身与两造都为亲友,不忍看到两造诉讼纠缠不息而伤了和气。其二,恳销息案的重要因素,是在于对于双方权益的维护。当事人不辞辛苦千里奔波告状就是为了维护自己的利益,因此调处恳息状上最多的内容也是规范两造双方的利益。如此案中"帮补何隆斗钱十二串,以作兄度荒之费。另给母曹氏五串,以便母零用之资。""其地照原价四百一十串为买,兴张断刚管业以释妇,恳永断葛藤所有杨焕花费。"

两造经调处自愿和息销案的基础,是保持双方利益均衡地得到了满足。因此时常所称清代调处被称为"情理式调处"②,但和"法"的规范明确不同,"情""理"本身就是高度概括抽象的概念,落实到每一个具体案件上,调处者需要结合案情灵活认知和判定。案情如何变化,虽然"情理"是明清诉讼最常谈的诉讼理念,比如滋贺秀三所提的情理是"最普遍的审判标准",但万变不离其宗纠纷的主张仍然是两造的利益,因此调处者也充分认识到这一点,情理调处过程中均衡双方的利益,这也是能让诉讼继续下去的最重要的动力,甚至当事人接受销案诉讼结果的最重要原则。

(三)民事审理实践中国家法的缺失

1. 司法档案的表达

通过对紫阳司法档案 2-1-18, 2-1-20, 2-1-21, 2-1-24,, 2-1-26, 2-1-27, 2-1-28 案卷中 88 处批语和 7 处判语的整理,涉及"律"字眼的几乎没有,而判语中涉及"例"的仅有 1 处。邓建鹏在《纠纷、诉讼与裁判——黄岩、徽州及陕西的民诉案研究》一文中,针对黄宗智的研究做出了总结,表达了下述观点,称"在 78 份黄岩诉讼

---

① 《紫阳正堂司法档案》,全宗号 2 目录号 1 案卷顺序号 20。
② [日]滋贺秀三:《清代诉讼制度之民事法源的概括性考察——情理法》,载[日]滋贺秀三等编著,王亚新、梁治平主编,王亚新等编译《明清时期的民事审判与民间契约》,法律出版社 1998 年版,第 234 页。

档案中，知县明确援引律例的仅出现一次。"① "在《陶甓公牍》中的53份判牍中，有5份判牍知府明确或暗示可能参照了律例，只占总数的9.4%。在《樊山政书》中的57份判牍，有5份判牍樊增祥明确或暗示可能参照了律例，只占总数的8.8%，直接依据律例作出裁判的案例则更少。"② 里赞依据南部档案光绪年间54件有明确判词的案件，得出结论"已统计的54件有明确判词的案件中，严格依律而断的只有3件，占总数的5%，余下的案件都非严格依律而断。"③ 从而对"断必依律"提出质疑。魏顺光查阅巴县档案110件坟产争讼的案件，认为"参照《大清律例》的原则性规定对案件进行审断的案件有23件，占总数的21%左右……有47件案例虽然经过了官府的审断，但是官府并非严格依照《大清律例》进行裁断，此类案例占案件总数的43%左右……剩下的26件坟产争讼案例虽然经过了官府的堂断，但是官府并非严格依照《大清律例》进行裁断，官府反而更多地使用了情理、习俗以及对《大清律例》予以变通来对案件作出裁决。如果排除21件没有最终审断结果的案件，官府参照大清律例审断的23件案子也只占官府审断70件案子中的32%左右。"④ 同时，各个地方档案所见的判语，寥寥数语中几乎不引用律例作为裁断依据，而且文字的表达朴实无华，没有一些广为翻阅的判牍所见骈文散文字字珠玑那样华彩的章法，更没有运用情理法进行逻辑推理和论证。判语内容上也没有对裁断做出详细的说理，更似一种基于个人主观直觉的臆断。

2. 清代民法"法源"之争

律例是清代民事案件断案优先适用的依据，但是以《大清律例》为代表的清代律例——国家法，包含民事细故的法律却非常有限，这也是长久以来对于以"民法"为代表的清代国家法有无的论争。⑤ 在激烈的讨论中，核心代表人物是黄宗智和滋贺秀三。从法源上来讲，黄宗智认为，"清代具有民法，早已是国内同仁的共识。"⑥ 清代有独立的"民

---

① 邓建鹏：《纠纷、诉讼与裁判——黄岩、徽州及陕西的民诉案研究》（1874——1911），北京大学2004年博士研究生学位论文，第171页。
② 同上注。
③ 里赞：《晚清州县诉讼中的审断问题：侧重四川南部县的实践》，法律出版社2010年版，第12页。
④ 魏顺光：《清代的民事法源问题再探析——以巴县档案中的坟产讼案为中心》，载《湖南警察学院学报》，2013年6月。
⑤ 对于中国古代民法的论争的回顾，参见俞江：《关于"古代中国有无民法"问题的再思考》，载《现代法学》2001年第6期。对此所持的观点有。肯定说：1. 中国古代民法存在于国家律典的户婚、杂律及某些令、例当中。理由：（1）以调整对象为划分标准，或谓民法有"实质民法"与"形式民法"之区分。（通说）（2）国家律典中的原则对民事审判有着指导或参照的意义。（黄宗智）2. 中国古代民法存在于礼制当中。（陈顾远等）理由：（1）礼的原则具有指导立法司法的意义。（2）礼本身调整的关系中包括民事关系。否定说：1. 针对古代民法存在于国家律典或令、例中的论点，认为，无论是律典还是令、例都是表现公权力与人民的关系，是公法关系，所持依据是法律关系的性质。（王伯琦）2. 区分民法的目的和性质，认为民法应以意志自由和地位平等为原则，以保护市民之私权为目的，中国古代的律典或令、例不具备这样的性质和目的。（王伯琦、戒能通孝等）。3. 针对肯定说的三种观点。认为应该区分规则与民事关系，通过古代民事案例分析，指出无论是国家律典还是礼俗习惯都没有成为规则在民事审判中引用（滋贺秀三）。
⑥ 黄宗智：《清代的法律、社会与文化：民法的表达与实践》，上海书店出版社2007年版，第9页。

法"系统,清代民事审判的依据——清律"主要是用'户律'中的律和例来处理这类事务的,并将其分为七章,其中包括'田宅'、'婚姻'、'钱债';继承则归入'户役'之下。虽然按照官方的表达,'户律'一章大都谈的是细事,但它却占了1740年清律四百三十六条律文中的八十二条,占了1900年左右薛允升所编律的一千九百零七例中的三百例。这些律和例构成了清代民法的主体。"① 得出这样的结论,主要是因为黄宗智在他的研究过程中"对民法这一概念的相对宽泛的运用使得我们从表达和实践这两个从层面上来观察中国法律如何处理民事纠纷。""法律制度中实践与表达之间最终表现出来的相互背离……"② 即他把清代的民事法律体系如何处理纠纷有正式和非正式之分,官方依据的就是《大清律例》,而在实践中则依据的是各种民间规则。日本学者滋贺秀三则认识清代审判所依据的是"情""理""法"。③

从紫阳档案及黄岩档案考察可以看出,清代国家法在纠纷解决过程中失位的情况。而又从学者对于"法源"的争论可以看出,即使黄宗智认为清代民事审判有据而依,但是他有花了大量的精力去研究表达和实践之外的"第三领域",也就是在国家法之外寻找另一种解决途径。④

3. 纠纷解决过程中知县的角色

"天下事莫不起于州县,州县理则天下无不理。"⑤"掌一县之政令,平赋役,听治讼,兴教化,励风俗,凡养老、祀神、贡士、读法,皆躬亲厥职而勤理之。"⑥ 州县之内,事无大小均属知县的权限范围,司法是其最主要的职责,因此实践中知县官深受"诉累"的困扰。这些客观因素的结果,就是"近无司法"的知县的裁断并无繁杂的推理论证,而更多是来自于主观直觉的直接裁判。还有一种现象必须考虑,即以《大清律例》为代表的国家法,在知县的司法裁断过程中,也仅仅只是起到象征性的作用。这种想象背后的原因,也在于《大清律例》为代表的国家法的立法技术上,无论是律还是例,具体性内容居多而概括性条款较少,律例多见逐一罗列的方式,但社会的复杂性总是不可预测的。因此,立法本身的特点,也是知县难以做到每件民事纠纷都可以严格依律而断。

知县在一地治理过程中扮演重要角色,司法事务中如何裁断是要客观面对的重要问

---

① 黄宗智:《清代的法律、社会与文化:民法的表达与实践》,上海书店出版社2007年版,第12页。
② 黄宗智:《清代的法律、社会与文化:民法的表达与实践》,上海书店出版社2007年版,第9页。
③ [日]滋贺秀三:《清代诉讼制度之民事法源的概括性考察——情理法》,载[日]滋贺秀三等编著,王亚新、梁治平主编,王亚新等编译《明清时期的民事审判与民间契约》,法律出版社1998年版,第19页。
④ "为了揭示清代民事纠纷处理的实际过程,我们不仅要考察社族邻的非正式调解,以及州县衙门的正式性审判,还要进一步了解介于这两者之间的第三领域,正是在此一领域,民间调解与官方审判发生交接、互动。有大批争端,虽然随着呈递告状,而进入官方审理过程,但在正式堂审之前,都获得了解决。在此中间阶段,正式制度与非正式制度发生某种对话,并有其既定程式,故而形成一个半官半民的纠纷处理地带。"参见黄宗智:《清代的法律、社会与文化:民法的表达与实践》,上海书店出版社2007年版,第91页。
⑤ [清]徐栋辑:《牧令书》,官箴书集成编纂委员会编:《官箴书集成》,黄山书社1997年版,第七册第6页。
⑥ [清]刘墉等:《清通典》卷三四,商务印书馆1937年版第1版,第2211页。

题。裁断的依据是什么，裁断的结果能否为民众所接受，同时，民众对于裁断结果的接受程度，是考察社会治理的重要因素。因此，国家法之外的以习俗人情为主要代表的民间法因素，对纠纷的裁断会有重要影响。官府表现出来的重民，亲民的态度，表达出对于他们一直以来对某种习惯的认可，会大大提高裁断纠纷的认可程度。以最为经济有效的方式裁断纠纷，从而维护地方秩序的和谐，是知县处理司法事务最重要的职责。

对待传统的民事司法活动，要立足于本身，立足于本土化。西方特有的法律概念，法律规范不足以解决我们自己的民事审判问题。"移植西方的法律概念与法学理论用来解读以及重构传统中国法律的学术体系，将会产生怎样的后果。概括地说，原本'井然有序'的传中国法律的知识秩序，经由作为'异质'文化类型的西方法律概念和法学理论的解读以及重构，终于割裂了传统中国法律的知识秩序，也遮蔽了我们对传统中国法律知识秩序的认知。""我们确实应当用'中西法律文化的相互照明'的姿态来重建中国法律史。也就是说，我们不仅要用'内在视角'来考察中国法律史，而且运用'外在视角'来照亮中国法律史。"① 中国传统的社会背景和文化土壤，决定了我们的民事活动有自己"本土化"的特点，国家法和民间法互动过程中多元化的纠纷解决方式才能真正认识民事司法活动的某些问题。

四、结语

综上所述，州县官面对民事土地纠纷案件，从国家法的层面来讲，可依据的律例十分有限，很少依律而断，则州县官在审理上有很大的自由裁量空间，民间法起到了补充的作用。紫阳司法档案同治四年大约有72例案卷，有判语经州县裁断的超不过10%，同时以其他结案方式准结的也无明确比例。在纠纷的受理过程中，通过分析我们可以发现官府的态度始终是十分积极，但是在裁断过程，"准结"的方式却是多种多样。这样的诉讼活动，从司法上来讲是纠纷的解决过程，但也更多体现的是国家法与民间法的良性互动，这种互动的根本是为了民间秩序的重塑。不仅包含着当事人对于自己诉讼利益孜孜不倦的维护与追求，也更体现着州县面对众多民事纠纷所持有的复杂心态——以何种方式定息止争提高司法效率。作为民间法主要组成部分的自治规章、村规民约、宗教戒律、少数民族习惯法、行会法，都可以一定的方式介入到纠纷解决中来，甚至是司法互动当中。② "在某个案件中，究竟哪种方法居于支配地位，这有时也许取决于对便利性和适当性的直觉，这些直觉过于微妙而无法系统阐述，过于精细无法估量，过于易变而无法定位，甚至无法完

---

① 徐忠明：《中国法律史研究的可能背景：超越西方，回归本土？》，载《政法论坛》2006年第1期。
② 于语和：《民间法》，复旦大学出版社2008年第1版，第9页。

全理解。"①

英国法学家约瑟夫·拉兹认为，法（国家制定法）的直接主要功能有四种，即（1）防止不利行为和保障有利行为。（2）为个人间的私人安排提供便利。（3）提供服务和福利分配。（4）解决法无规定的争议。② 在法的社会功能作用方面，国家法和民间法的目标是一致的。民间法通过自身多元化的手段，来影响和调整社会关系和个体行为。由此形成的既与国家法紧密相连，又自成一个体系。形成了国家法与民间法互相依存又并行不悖的二元法律体系。"社会中的习惯、惯例、风俗等社会规范从来都是一个社会的秩序和制度的一部分，因此也是其法治的构成性部分，并且是不可缺少的部分。它们之所以长期存在，绝不可能仅仅是人们盲目崇拜传统的产物，而没有什么实际的社会功能。作为内生于社会的制度，它们可以说凝结了有关特定社会的环境特征、人的自然禀赋和人与人冲突及其解决的信息，是人们在复返博弈后形成的日常生活必须遵循的定式。如果没有内生于社会生活的这种自发秩序，没有这些非正式制度的支撑与配合，国家正式的制度也就缺乏坚实的基础，缺乏制度的配套。不仅谈不上真正有根基的制度化，甚至难以形成合理的、得到普遍和长期认可的正当程序。"③

The Interaction Between National Law And Folk Law In The Settlement Of Civil Disputes
—Based on the Survey of Judicialarchives in Ziyang

Jin Yi

Abstract: There are more than 300 volumes of Ziyang judicial archives, including various land dispute cases in Ziyang County, southern Shaanxi Province in the late Qing Dynasty, which recorded the reality of grassroots justice in the late Qing Dynasty. Through sorting out and studying, we can have an objective understanding of the interaction between national law and folk law in the process of land dispute cases in the late Qing Dynasty. First of all, this kind of interaction has the characteristics of "lost – gain"; Secondly, this interaction should be benign and effective, which is mainly due to the interaction between "national trial" and "civil mediation". Cases re-

---

① ［美］本杰明·卡多佐主编：《法律的成长·法律科学的悖论》，董炯等编译，中国法制出版社2002年版，第129页。"在裁判案件时，有时就是在逼人的直觉引领和推动下，寻找并逐步形成明晰的思路，最终下定裁判的决心，并顺藤摸瓜地找到了法律依据和支撑理由，直觉毕竟是直觉，它虽然不可避免，但绝不能夸大其作用，更不能被感觉误入歧途，而必须给它插上理性的翅膀。"

② ［英］约瑟夫·拉兹主编：《法律的权威——法律与道德论文集》，朱峰等编译，法律出版社2005年版，第148页。

③ 苏力主编：《道路通向城市——转型中国的法治》，法律出版社2004年版，第26页。

corded in judicial archives have strict formatting requirements in the formal elements of trial, which reflects the mandatory nature of national laws. In the substantive trial of cases, the role of national law is very special. On the one hand, it will ensure the normal development of litigation procedures through positive guidance; On the other hand, due to its inefficient application in some occasions, it will also be retired, passive and neutral, thus giving way to the folk laws such as ethics, habits, customs and human feelings formed in people's long – term life, such as mediation, interest litigation and other diversified dispute resolution mechanisms. This effective rule, together with the national law, established and maintained the normal development of civil order, and formed a reasonable, universally and long – term recognized normal procedure.

Key Words: judicial documents in Ziyang; land dispute; national Law; folk law

家礼与族规：家国谱系的制度逻辑

林树煌[*]

摘　要　在中国历史上，统治者之所以对家礼与族规倾力支持，是因为家礼与族规在家国谱系中所发挥的重要作用。包括通、冠、婚、丧、祭礼在内的家礼，与具有规范性的族规相结合，通过"规训"与"惩罚"的机制作用于传统中国的家国谱系，这是一套权力的微观物理学，构筑起了家国谱系的制度基础。这一制度背后的深层逻辑包括两个方面：一是以情法之间的相通相成为基础，借助孝道的扩展，实现伦理与政治的双向互构和渗透；二是以名实之间的互为贯通为条件，通过仪式竭力促进观念一体化进程，实现象征性权力与实质性权力的相互连接与转换。由此，家礼与族规搭建起家国沟通的桥梁，成为家国谱系重要的制度支撑。

关键词　家礼　族规　家国谱系　制度逻辑

一、研究问题：家礼、族规与家国谱系

法国学者布律尔（H. L. Bruhl）在《法律社会学》一书中写道："只要对社会生活简单地观察一下就可使我们相信，除了由政权强加的法律规则外，还存在着某些法律规定，或至少具有法律效力的规定。"[①] 这一说法启示我们突破国家法与法律一元论的藩篱，将视线投射到民间法的身上。[②] 家礼与族规，无疑是民间法的重要组成部分。[③] 宋代以来，

---

[*] 林树煌，中山大学法学院博士研究生。
① ［法］亨利·莱维·布律尔：《法律社会学》，许钧译，上海人民出版社1987年版，第22页。
② 谢晖教授就指出，一个国家或一个时代的秩序体系，并非单独由正式制度、大传统或正式法律调整而成，同时也由非正式制度、小传统或民间法所调整。参见谢晖：《论民间法结构于正式秩序的方式》，载《政法论坛》2016年第1期。
③ 此外，民间法还包括乡约、行约以及宗教性的规章。

伴随着"宗法伦理庶民化"①的脚步，家礼与族规在统治者的支持下不断发展完善，至明清时期趋于成熟。②统治者之所以对家礼与族规倾力支持，与家礼、族规在家国谱系中的重要作用不无关系。所谓"家国谱系"，是指家与国的同质序列。在《清代习惯法：社会与国家》一书中，梁治平教授指出，把家与国安排在一个同质的序列当中，是帝制中国的政治哲学。③这一政治哲学说明，我们对传统中国的理解，不能脱离对家国关系的思考。此后，梁治平教授在《文汇报》上发表的一系列文章，详细地阐述家国谱系的核心特征与演变过程，可视为对家国关系的深入思考与阐释。④

在家国关系上，家礼与族规扮演着重要的角色。长久以来，学界对家礼、族规的研究兴趣有增无减，这些研究对家礼与族规的渊源、演变、传播、内容、结构、功能和意义等方面进行了详细的讨论。⑤遗憾的是，对于家礼、族规在家国谱系中的作用机制，却鲜有研究进行深入细致的阐释。家礼、族规是如何在家与国的同质序列中发挥作用的？对这一问题的考察不仅有利于我们明晰家礼、族规是如何在家与国之间搭建起桥梁的，而且有利于我们自下而上地理解家国谱系一以贯之的制度逻辑。有鉴于此，笔者将围绕这个问题展开本文的论述。

二、规训与惩罚：权力的微观物理学

传统中国虽然是一个巨型官僚帝国，⑥但国家基础能力却十分有限，这导致了朝廷在

---

① 郑振满：《明清福建家族组织与社会变迁》，中国人民大学出版社2009年版，第172页。
② 家礼、族规的渊源可以追溯到隋唐以前，东汉郑玄的《诫子书》、东汉班昭的《女诫》、南北朝颜之推的《颜氏家训》都是经典之作。参见于语和、秦启迪：《族规与村治——以〈白鹿原〉为例》，载《江苏社会科学》2019年第2期。
③ 参见梁治平：《清代习惯法：社会与国家》，中国政法大学出版社1996年版，"导言"第7页。
④ 参见梁治平：《"家国"的谱系：政治的伦理性》，载《文汇报》2015年4月17日；梁治平：《"家国"的谱系：孝道与公私》，载《文汇报》2015年4月24日；梁治平：《"家国"的谱系：家国的终结》，载《文汇报》，2015年5月8日。
⑤ 相关的著作包括：李晓东：《中国封建家礼》，陕西人民出版社1986年版；朱勇：《清代宗族法研究》，湖南教育出版社1987年版；费成康编：《中国的家法族规》，上海社会科学院出版社1998年版；瞿同祖：《中国法律与中国社会》，中华书局2003年版；[日]滋贺秀三：《中国家族法原理》，张建国、李力译，法律出版社2003年版；费成康：《中国家族传统礼仪（图文本）》，上海社会科学院出版社2003年版；桂齐逊：《国法与家礼之间：唐律有关家族伦理的立法规范》，龙文出版社股份有限公司2007年版；高明士：《东亚传统家礼、教育与国法》，华东师范大学出版社2008年版；原美林：《中国传统家族司法研究》，法律出版社2017年版。相关的论文包括：刘广安：《论明清的家法族规》，载《中国法学》1988年第1期；刘广安：《家法族规与封建民事法律》，载《法律学习与研究》1988年第2期；李雪梅：《碑刻史料中的宗法族规》，载《中西法律传统》2003年第3期；张中秋：《家礼与国法的关系、原理、意义》，载《法学》2005年第5期；冯尔康：《国法、家法、教化——以清朝为例》，载《南京大学法律评论》2006年第2期；蒋传光：《中国古代家法族规及其社会功能——民间法的视角下的历史考察》，载谢晖、陈金钊主编：《民间法》（第7卷），山东人民出版社2008年版，第204-219页；赵克生：《修书、刻图与观礼：明代地方社会的家礼传播》，载《中国史研究》2010年第1期；苏洁：《宋代家法族规与基层社会治理》，载《现代法学》2013年第3期。
⑥ 对于清代中国属于巨型官僚帝国的说法，参见贺卫方、苏彦新、徐忠明、任强：《法治及其西方资源》，载《中山大学法律评论》2011年第1期。国家基础能力有限的说法，参见徐忠明：《社会与政法：在语境中理解明清契约》，载《吉林大学社会科学学报》2018年第3期。

基层社会的"双重薄弱"。一方面,因为朝廷的基础能力无法支撑其严格地执行婚姻、田土、钱债以及社会治理方面的法律,所以朝廷对这些方面的律例典章疏于制定,由此造成了"法律薄弱"。① 另一方面,皇权之正式权力止于州县,作为"一人政府"的州县衙门囿于交通不便、经费匮乏以及人手不足等情况,难以渗透到基层社会与私人空间。为了防止法律成为"一纸空文",朝廷采取了"省俭治理"与"抓大放小"的司法架构——对命盗犯罪严格管控,对田土细故则相对放任——由此造成了"管控薄弱"。② "双重薄弱"的存在,不仅意味着朝廷在基层社会的权力退却,而且意味着朝廷给家族腾出了不少的自治空间。为了更好地实现家族自治,建构并维持稳定的家族秩序,家礼与族规应运而生。

"家礼"是指包括通、冠、婚、丧、祭等礼在内的礼仪文本与实践。③ 与此不同,"族规"指的是具有约束性的家族自治规范,包括家训、谱例、家法等规章制度。④ 尽管家礼与族规的实际涵义有所差异,但二者具有密切的关联:在属性上,家礼与族规都属于家族自治的重要工具;在载体上,很多家族的家礼与族规处于同一文本中;⑤ 在实践上,家礼与族规往往并同实施。⑥ 由于二者的紧密关联,家礼与族规经常并同出现在家族的自治脉络中。它们不仅在维持家族秩序上扮演着重要的角色,更在家国谱系中发挥着重要的作用。这些作用包括:其一,稳定基层社会经济秩序。例如族规对族田的保护、⑦ 对完粮纳税的要求,⑧ 就有利于经济秩序的稳定。其二,巩固君主的统治基础。家礼、族规按照血缘、官品与财富三重标准对族员进行尊卑区分,⑨ 契合社会分层与统治理念,就对巩固君

---

① 参见徐忠明:《"国有律例,民有私约"》,载《北京日报》2018年9月10日。
② "省俭治理"与"抓大放小"的司法架构,参见徐忠明:《明清司法的构造、理念与机制:一个论纲》,载何勤华主编:《外国法制史研究》(第18卷),法律出版社2016年版,第446页。
③ 家礼源于《周礼》,经《孔子家语》和《颜氏家训》的发展,定型于司马光的《书仪》《家范》和朱熹的《朱子家礼》。其中,《朱子家礼》尤具典型性,是中国宋元明清及民国时期传统家礼的经典范本。参见张中秋:《家礼与国法的关系、原理、意义》,载《法学》2005年第5期。
④ "家训"是指劝诫性的文字教诲,"谱例"是指编入族谱中的约束性规定,"家法"是指具有独立性以及强制性的家族规范。(参见苏洁:《宋代家法族规与基层社会治理》,载《现代法学》2013年第3期)当然,有的学者强调了家法与族规的区别,认为家法的生效范围为家族,族规的生效范围为宗族。(参见费成康:《论家法与族规的分野》,载《政治与法律》1998年第4期)但鉴于家庭包括在家族、宗族的范围内,以及行文简洁的考虑,本文不对二者加以严格区分。
⑤ 例如《颜氏家训》名义上为族规(家训),但其中的"教子""兄弟""后娶""治家""终制"等篇章亦涉及相关的家礼内容。此外,如陈崇的《家法》、赵鼎的《家训笔录》、许如霖的《德兴堂家订》、郑太和的《郑氏规范》等族规文献,都是既强调家训规诫,又重视礼仪规范的族规文本。当然,有的家族为了方便,也会将家礼或族规的内容置于家谱之中,例如湖南湘潭《易氏支谱》的"家礼引言"中提及:"日用饮食之节仪,固详而难书,而冠婚丧祭之要略,亦当用刊便览。"陈建华、王鹤鸣:《中国家谱资料选编·礼仪风俗卷》,上海古籍出版社2013版,第5页。
⑥ 根据王鹤鸣教授的研究,许多家族在祭礼开始前,都会由族长宣读族规,使族人明晰家族的制度规范。参见王鹤鸣:《中国家谱通论》,上海古籍出版社2010年版,第323-326页。
⑦ 族规通过保护字据、防治侵害等方式来保护族田。参见王志龙:《近代安徽宗族对族田的保护——对乡俗、族规和国法的灵活充分利用》,载《中国经济史研究》2007年第4期。
⑧ 《袁氏世范》有言:"凡有家产,必有税赋,须是先截留输纳之资,欲将赢馀分给日用,岁入或薄,只得省用,不可侵支输纳之资。"参见(宋)袁采:《袁氏世范》,中华书局1985年版,第64页。
⑨ 参见刘华:《论家法族规的法律整合作用》,载《社会科学》1994年第6期。

主的统治基础形成促进作用。其三，维持基层社会治安秩序。族规对贫困老弱的救济，①对"无讼"观念的强调，②对家族成员赌博、宿娼、欺诈、吸毒、偷窃、抢劫等行为的禁止，都对社会治安的维持发挥了重要的作用。③

家礼与族规是如何在家与国的同质序列中发挥作用的？在《规训与惩罚：监狱的诞生》一书中，法国思想家福柯（Michel Foucault）对监狱的历史以及监狱对肉体的政治干预做了精彩的分析。④ 他在分析过程中所提出来的"规训"与"惩罚"的概念，与本文的主题尤为契合，笔者将借用这两个概念搭建分析框架，阐释家礼与族规在家国谱系中的作用机制。

在笔者看来，家礼对族人的言行举止提出了严格的要求，属于对族人的行为规训；族规确定了各种规范性措施，族人一旦违反就必须接受惩罚。在这个意义上，家礼与族规的结合，正是规训与惩罚的结合，二者生动地诠释了福柯所谓的"权力的微观物理学"⑤。

家礼的规训实质，深刻地体现在家礼的一系列细节性要求：

其一，动作与神情。家礼的惯常性动作包括：跪、拱、揖、拜、叩首、执手、交手、附手、鞠躬等，这些动作都对身体部位提出了细致的要求。此外，不同场合有不同要求，如吃饭时应遵守"食不言，寝不语"的礼仪要求，"四时祭"对族人斋戒、沐浴、更衣、不饮酒过量、不茹荤、不吊丧、不问病、不听乐的严格要求。⑥ 神情上，家礼的要求是"肃"，即要求族人不仅要外貌恭敬，更须内心肃敬。⑦ 当然，不同的场合亦对表情神态提出了不同要求："临丧则必有哀色，执绋不笑，临乐不叹，介胄则有不可犯之色"，以达到"君子戒慎，不失色于人"的境界。⑧ 诚如法国哲学家德勒滋（Gilles Louis Rene Deleuze）所言："身体是力和力之间关系。"⑨ 一种是身体自然之力，另一种是制度之力，这两种力

---

① 《济阳义庄规条》（道光二十一年）称："义庄原为族之贫乏无依而设，凡鳏寡孤独废疾，皆所宜矜。"王国平等：《明清以来苏州社会史碑刻集》，苏州大学出版社1998年版，第258页。

② 《盘谷高氏新七公家训·戒争讼》载："聚族而居，偶有嫌隙，即当禀白族正，公辨是非。勿得蓄怒构怨，健讼公庭。若因人有隙，从中唆使，是为小人之尤。违者，重惩不贷。"（转引自费成康编：《中国的家法族规》，上海社会科学院出版社1998年版，第250页）对家法族规中"无讼"观念的研究，参见尤陈俊：《儒家道德观对传统中国诉讼文化的影响》，载《法学》2018年第3期；于语和、秦启迪：《家法族规中的"无讼"法律传统》，载《江苏社会科学》2018年第3期。

③ 家礼、族规对家国谱系的重要作用，学者们已有非常丰富的论述，故笔者没有展开系统的阐释。相关论述可见苏洁：《宋代家法族规与基层社会治理》，载《现代法学》2013年第3期；李雪梅：《碑刻史料中的宗法族规》，载《中西法律传统》2003年第3期；于语和、秦启迪：《家法族规中的"无讼"法律传统》，载《江苏社会科学》2018年第3期。

④ 参见[法]福柯：《规训与惩罚：监狱的诞生》，刘北成、杨远婴译，生活·读书·新知三联书店1999年版。

⑤ [法]福柯：《规训与惩罚：监狱的诞生》，刘北成、杨远婴译，生活·读书·新知三联书店1999年版，第28页。

⑥ 参见费成康：《中国家族传统礼仪（图文本）》，上海社会科学院出版社2003年版，第17页。

⑦ 参见张国刚：《从礼容到礼教：中国中古士族家法的社会变迁》，载《河北学刊》2011年第3期。

⑧ [清]孙希旦：《礼记集解（上）》，沈啸寰、王星贤点校，中华书局1989年版，第81页。

⑨ 转引自冯珠娣、汪民安：《日常生活、身体、政治》，载《社会学研究》2004年第1期。

发生关系，身体才得以形成。在这个意义上，身体不仅具有可塑性，更具有社会性与政治性。因为可塑性，家礼得以反复地作用于身体之上；因为社会性与政治性，家礼得以通过身体调整家族秩序，展现政治功效。

其二，服饰。家礼对服饰有严格的要求，例如"晨谒"礼、冠礼、婚礼、祭礼，都要求族人身穿相应的礼服，丧礼更根据族人与死者的亲疏关系确定了斩衰、齐衰、大功、小功与缌麻五种孝服。家礼对服饰的重视体现了服饰的重要性。作为一种身体符号，服饰具有"障"与"彰"的双重作用：一是障蔽遮羞，① 二是彰显性情与身份。② 族人身着相应的服饰参加家礼，不仅有利于明确身份地位，而且有利于表达诚敬之感。

其三，时间与空间。时间方面，家礼从不含糊。例如合家须到祠堂参拜的日期为每年的正旦、冬至以及每月的朔日、望日。③ 家礼的举行要招时辰，什么时候开始，什么时候结束，都必须严格进行。除了时间要求，空间方面也有要求。例如《朱子家礼》有"妇人无故不窥中门"的要求，即按照礼制，女性的活动空间应以中门（即仪门）为界，如果无故越过中门，便是违背妇道之举。④ 家礼时族人的方位有明确规定：婚礼时，父亲坐东向西，母亲坐西向东，诸亲属以次东西序立，新娘则北向站立；祭礼时按资排辈，族长、房长等尊长站于中间显要位置，科考获得功名者可以越次站在尊长的位置。⑤

由上述分析可知，家礼对细节的要求极为严格，甚至达到了吹毛求疵的地步。这种注重细枝末节的家礼，其背后正是精细的规训技术。可以说，家礼不仅是一套"对人体进行具体政治干预的模式"，更是一套有关细节的"政治解剖学"。这体现在以下层面：在控制范围上，家礼对人体进行零碎化处理，从态度、姿势、运动、速度等方面施加微妙的控制，这是一种对活动人体予以支配的微分权力。在控制对象上，家礼着眼于运动的内在组织、运动效能以及机制，对人体的运作及力量施以精心的操控。在控制模式上，家礼根据严密划分时间、空间和活动的编码进行，对人体施加一种持续的、不间断的强制。⑥ 因此，与其说家礼监督的是结果，不如说它监督的是过程。

这种精心计算的、持续的运作机制，其实是一种有效的控制方式。首先，这种施加于身体的家礼，其实质是一种被行使的权力，而不是占有权与所有权，它的支配效应归因于

---

① 这与羞耻观念密切联系，如"去衣受刑"的惩罚方式所利用的正是这种羞耻观念。黄六鸿曾言："奸妇去衣受刑，以其不知耻而耻之也；娼妇留杖受刑，以其无耻而不屑耻之也。"官箴书集成纂委员会：《官箴书集成（第3册）》，黄山书社1997年版，第429页。
② 服饰具有的"障"与"彰"的双重作用，参见徐忠明：《建筑与仪式：明清司法理念的另一种表达》，载中国政法大学法律古籍整理研究所主编：《中国古代法律文献研究》（第11辑），社会科学文献出版社2017年版，第354页。
③ 参见费成康：《中国家族传统礼仪（图文本）》，上海社会科学院出版社2003年版，第12页。
④ 时亮编：《朱子家训·朱子家礼》，中国人民大学出版社2016年版，第68页。
⑤ 参见费成康：《中国家族传统礼仪（图文本）》，上海社会科学院出版社2003年版，第35、85页。
⑥ 参见［法］福柯：《规训与惩罚：监狱的诞生》，刘北成、杨远婴译，生活·读书·新知三联书店1999年版，第155-157页。

策略、计谋、调度、技术与运作。其次，家礼实施过程的背后，隐含着一个永远处于活动之中和紧张状态的关系网络，其模式在于永恒的状态，而非一次性的征服与控制。最后，家礼在干预族人时，伦理观念得到了传播与普及，在个人、肉体、行为举止的层面复制出了国家与法律的形式，从而使权力关系深入到了基层社会。不言而喻，家礼是一门强调细节的艺术。正是细节，给家礼提供了获取权力的支点。它把人体视为一组物质因素和技术，通过对"政治肉体"的干预与引导，使其成为权力和知识关系的传达路径和支持手段。由此，我们便可理解权力的运作机制：通过对族人行为、姿势的精心操纵，制造出按照一定的规范行动的被驯服的肉体。对姿态、神情、声音的调整看似无关紧要，但它却监督着族人的身份、言行以及日常活动，应付着家族中复杂的人际关系及力量。它既精细又周密，通过繁杂的礼仪要求，对族人施以微妙的控制。

这种控制促使家族成员形成一种习惯性礼仪。福柯一语中的："恶劣的情欲只能用良好的习惯来克服。"① 以古代男女之礼为例，女性无故不得出中门、男性不得随意踏入女性闺房、女性看病时大夫隔帘问诊等礼仪，其目的不仅在于阻断和减少男女接触的可能，而且在于让男女形成自动回避异性的习惯。《红楼梦》中有一个十分有趣的描写。第十三回中，当宝玉向贾珍推荐凤姐来协理宁国府时，贾珍喜不自禁，急忙拉着宝玉辞了众人，往"上房"里来。此时上房里面是几位近亲堂客，邢夫人、王夫人、凤姐并合族中的内眷陪坐，闻人报："大爷进来了"，众婆娘"嗯的一声，往后藏之不迭"。② 众婆娘为何反应如此巨大？这是因为，内外有分、男女有别向来是男女之礼的重要原则，贾珍贸然地闯入女性空间，显然是违背家礼的行为。众婆娘"嗯的一声，往后藏之不迭"，其实正是规训所形成的条件性反射。可见，家礼通过向族人的头脑反复灌输符码，使得人体形成习惯性动作，这不仅促使权力的触角伸及家族活动的每个节点，也确保了权力运作的普遍性与有效性。

从体现"纪纲人道之始终"的冠、婚、丧、祭诸礼，到"有家日用之常礼"的"通礼"，家礼建构起了一套完整的家族礼仪规制体系。③ 这套体系渗透于家族的日常生活以及重要节日，对族人的规训达到了"不可以一日不修"的地步。如果说这是一套竭力塑造族人日常生活的权力策略，那么族规则是这套权力策略的重要武器。

之所以这么说，是因为族人一旦不遵守家礼的要求，便可能面临族规的严厉惩罚。对此，学者们称为"惩处""执罚"或者"家族司法"。④ 无论何种称谓，其实质都是对族人行为的否定性评价。族规中的惩罚方式繁杂多样，学者将其分为警戒类、羞辱类、财产

---

① 参见［法］福柯：《规训与惩罚：监狱的诞生》，刘北成、杨远婴译，生活·读书·新知三联书店1999年版，第120页。
② 参见曹雪芹、无名氏：《红楼梦》，程伟元、高鹗整理，人民文学出版社2008年版，第176页。
③ 参见王美华：《家礼与国礼之间：〈朱子家礼〉的时代意义探析》，载《史学集刊》2015年第1期。
④ 参见费成康编：《中国的家法族规》，上海社会科学院出版社1998年版，第98－145页；李交发：《论古代中国家族司法》，载《法商研究》2002年第4期；原美林：《中国传统家族司法研究》，法律出版社2017年版。

类、身体类、自由类、生命类多种类别,① 可谓名目繁多,不一而足。尽管家族采取的惩罚措施如此多样,但这些存在差异的惩罚其实都可以指向权力。福柯对"公开处决"的意义有过精彩的论述,他认为,法律是统治者意志的体现,法律的效力是君主权威的反映,犯罪所侵犯的,并不单单是直接受害者的人身或财产权益,更包括对统治者的冒犯。因此,公开处决不仅具有司法功能,更具有政治效益,这是一种重建君权、彰显威严的仪式。就此而言,这种惩罚仪式强调的是权威,它用罪犯的肉体来宣扬君权的至高无上。易言之,公开处决不仅仅是为了宣扬正义,更在于重振权力,这是一种通过"恐怖"来展示权力的庆典仪式。②

与公开处决异曲同工,家族对违规者的惩罚很多都不是秘密进行的,而是在祠堂公开进行。③ 古人认为,祠堂乃祖先灵魂栖息之所,于祠堂中进行犹如祖先在堂上听审与惩处,相关的裁断是祖先意志的体现。④ 这一切具有舒国滢教授所谓的"司法的剧场化"⑤效果,在此剧场上演的各种剧情均具有非同寻常的意义。一方面,族中尊长于祠堂内讯问嫌疑人,以查明事实,作出裁断。这本质上是一种调查仪式,提供了揭露真相的场面。另一方面,于祠堂公开惩罚族人具有一种司法与政治的双重功能,尽管其匆促而普通,但确实是一种力量悬殊的演示仪式。仪式的展示性特别明显:无论是将违规者"执赴家庙""公同审问",或是"告于祖宗""重加责治",还是"通族共擯""鸣鼓共攻""众共辱之",这一切都带有点大张旗鼓的意味。⑥ 但为了强调族规的严肃性,掩饰似乎没有任何必要,因为不管是违规者还是其他族人,他们都将从这些仪式中获得刻骨铭心的记忆。

惩罚从违规者的利益入手,向他们证明:如若违反家规,他们将丧失任意支配自己的时间、财产、名誉或者人身自由的权利。而通过惩罚程度的差异,亦可以彰显违规行为的严重程度,从而凸显对某种价值观的重视。对于忤逆、打骂父母等不孝的行为,家族的惩罚一般都集"体罚""经济制裁"和"精神惩罚"于一身,比其他罪责的处罚程度明显偏重。⑦ 例如,陕西汉中《谭氏族规碑》光绪十九年规定:"族间有忤逆不孝抵触父母者,

---

① 警戒类包括:叱责、警告、立誓、罚祭、记过;羞辱类包括:请罪、贬抑、标示、押游、共攻;财产类包括罚钱、罚物、赔偿、充公、拆屋;身体类包括:罚跪、打手、掌嘴、杖责、枷号、碓锁;资格类包括:斥革、革胙、罚停、革谱、出族、驱逐;自由类包括:拘禁、工役、兵役;生命类包括:自尽、勒毙、打死、溺毙、活埋、丢井。参见费成康编:《中国的家法族规》,上海社会科学院出版社1998年版,第98-109页。
② 参见[法]福柯:《规训与惩罚:监狱的诞生》,刘北成、杨远婴译,生活·读书·新知三联书店1999年版,第53页。
③ 当然,执罚的场所还包括家中、祖宗墓地、过失者所到之地、僻远之处以及江河、深潭等处,但建有祠堂的家族,通常都是在祠堂中执行惩罚。参见费成康编:《中国的家法族规》,上海社会科学院出版社1998年版,第143-144页。
④ 参见费成康编:《中国的家法族规》,上海社会科学院出版社1998年版,第129页。
⑤ "司法的剧场化"是指在以"剧场"为符号意象的人造建筑空间内进行的司法活动类型。参见舒国滢:《从司法的广场化到司法的剧场化——一个符号学的视角》,载《政法论坛》1999年第3期。
⑥ 参见费成康编:《中国的家法族规》,上海社会科学院出版社1998年版,第123-145页。
⑦ 参见李雪梅:《碑刻史料中的宗法族规》,载《中西法律传统》2003年第3期。

杖五百，罚香火钱贰仟文；族间有乖外人伦、尊卑倒置者，逐出不准入庙；族间有毁骂尊长、以下犯上者，量力责罚。"① 这说明，家族通过对不孝行为更加严厉的惩罚，从而凸显对"孝道"的重视。通过这种方式，族规构成了"稳定而易懂的符号"，以"利益经济学"和"情欲动力学"的机理作用于族人。②

族人在受刑时的呻吟与哀号，并非"令人难堪的副作用"，而恰恰是"伸张正义的仪式"。这一仪式标明受刑者，隐含着一整套"权力经济学"：通过较低的成本，使所有族人意识到族权的无处不在。在公开惩罚的仪式中，族人是重要角色。他们不仅是这场仪式的参观者，更是不可或缺的参与者。他们在给予善良同情或无情斥责的同时，亦接受着"程序和秩序的陶冶"，并通过自己的言行将程序与秩序的理念传播开来。③ 一切的惩罚并非与他们无关，一旦违规，下一个受惩者就将是他们。在见证了惩罚之后，他们终究会明白：族规不仅仅是一种限制，更会通过惩罚"报复"对其权威的蔑视。因此，这种仪式的本质目的，不仅是为了整肃家族秩序，而且是为了彰显族权。在这个意义上，公开的惩罚仪式使族权获得了操作性与可视性，因为所有族人都将看到，那种使族长能实施族规的权力关系。

当然，福柯也指出，违规者受刑时的呻吟，并不能帮助其收回其所做之事，因此必须从防止其重演的角度来施以惩罚。着眼于未来的混乱，惩罚的效果应该是使违规者不重犯，而且也不再有效仿者。因此，"惩罚应该是一种制造效果的艺术。"④ 这种效果体现在族规所秉持的"寓教于罚"的理念。常熟《邹氏隆志堂义庄规条》规定：凡"不孝不悌、赌博、健讼、酗酒、无赖并僧道、屠户、壮年游惰、荡费祖基及为不可言事、自取困穷者，概不准给"月米，"后或改革，族人公保，一体支给。"⑤ 这种改过自新即取消惩罚的做法，不仅是怜悯与仁慈之情的表达，更是"惩罚权力经济学"⑥ 的生动体现。它着眼的不仅是过去的违规行为，更在于未来的家族秩序。惩罚人道化的目的，与其说是为了消除违规行为，不如说是为了防止违规的重演，惩罚措施的教育意义及艺术效果由此展现。

《唐律疏议》的开篇《名例》有言："德礼为政教之本，刑罚为政教之用，两者犹昏晓阳秋相须而成者也。"⑦ 这句话说明了德礼与刑罚之间的关系：德礼乃政教的根本，刑

---

① 陈显远：《汉中碑石》，三秦出版社1990年版，第86页。
② 参见[法]福柯：《规训与惩罚：监狱的诞生》，刘北成、杨远婴译，生活·读书·新知三联书店1999年版，第120页。
③ 参见舒国滢：《从司法的广场化到司法的剧场化——一个符号学的视角》，载《政法论坛》1999年第3期。
④ [法]福柯：《规训与惩罚：监狱的诞生》，刘北成、杨远婴译，生活·读书·新知三联书店1999年版，第103页。
⑤ 王国平等：《明清以来苏州社会史碑刻集》，苏州大学出版社1998年版，第232页。
⑥ [法]福柯：《规训与惩罚：监狱的诞生》，刘北成、杨远婴译，生活·读书·新知三联书店1999年版，第111页。
⑦ [唐]长孙无忌等：《唐律疏议》，刘俊文点校，中华书局1983年版，第1页。

罚是政教的辅用，这二者正如黄昏和早晨、春天和秋天的关系一样，而只有两者的结合，才能构成统一的整体。换言之，德礼与刑罚构成了政教的重要两翼。在家族场域，"家礼"实为"德礼"之表现，"族规"实乃"刑罚"之依据，家礼与族规并同实施，确保了政治教化（"政教"）的成功落实。借由此二者，家族以微观物理学的方式将权力作用于成员的思想与人身，保证了家族伦理的顺利执行。

三、情法之间：伦理与政治的互构渗透

上一节的论述指出，包括通、冠、婚、丧、祭礼在内的家礼，与具有规范性的族规相结合，通过"规训"与"惩罚"的机制作用于传统中国的家国谱系，从而构筑起了家国谱系的制度基础。那么，这一制度背后的深层逻辑何在？

蒋传光教授指出："由于家法族规是在血缘关系外衣的掩护之下，在亲亲长长、孝悌贞顺、敬宗收族的训导之下实施的，所以它比封建国家制定法更易于为家庭成员所接受。"[①] 这一说法所指向的家法族规与血缘伦理的关系，值得我们深思。笔者认为，作为家族礼法的主要表现，家礼与族规之所以更容易被家族成员所接受，其实根源于以血缘伦理关系为基础的情感认同。

家族作为情感的孕育基地，滋养着关心、慈爱、同情等人类最朴实的心理感受。社会学家认为，心理功能是家族的重要功能：由于在情感上的相互理解、依赖与支持，家人得以满足彼此心理上的需要。在这个意义上，家族提供了其他社会组织所不能提供的情感需要。由于家族情感传递的双向性以及多向性，族人在情感的互动过程中获得精神支持，产生情感认同，这不仅是族人身心健康发展的必要条件，而且也是维系家族关系和谐的重要纽带。[②] 因此，有学者提出，"真正的对话"始于家庭。不管是夫妻之情，还是父母子女之情，它们不仅不受市场交易规则所左右，更超越了抽象意义的普遍之爱。家庭世界的情感，使人成为"真正意义上的人"。[③] 因而，家族礼法倡明："上不负祖宗，下不欺比幽独，相爱相敬，风斯古也""亲族之间，休戚漠不动念"。[④] 在这个意义上，情感构筑了家庭礼法秩序的基石，成为家礼、族规的重要依据。这体现了"缘情制礼"的过程：以人的自然情感为依据，制定一套用来彰显内心真情实感的外在的礼仪规范。[⑤]

"缘情制礼"的关键，乃在于"情法相通"。质言之，情与法的相通性体现在"理"

---

① 蒋传光：《中国古代家法族规及其社会功能——民间法的视角下的历史考察》，载谢晖、陈金钊主编：《民间法》（第 7 卷），山东人民出版社 2008 年版，第 217 页。
② 参见张瑞强：《家庭社会学新论》，河北人民出版社 2014 年版，第 65 页。
③ 参见张再林等：《身体、两性、家庭及其符号》，西安交通大学出版社 2010 年版，第 192 页。
④ 参见徐寒编：《中华百家姓秘典：姓氏千年大寻踪（第 3 版）》，延边大学出版社 1999 年版，第 1764 页。
⑤ 参见陈延斌、王伟：《传统家礼文化：载体、地位与价值》，载《道德与文明》2020 年第 1 期。

的层面。"理"的本义乃玉的纹路,指的是事物的内在秩序、本质、条理和规律等。① 沿纹路而通顺,"理"的核心涵义为"通"。如果将情与法的相通性比喻为"双蛇衔尾闭环"(即乌洛波罗斯的隐喻,两条衔尾蛇互为首尾),那么理正是两蛇的首尾相接处,处于连通的节点。有不少学者对"情理法"做了系统的研究,② 在这三个字的次序上,"理"居其中,似乎隐喻着"理"对"情"与"法"的桥梁作用。因此,在"理"的层面,情与法是相通的,表现为"情理"与"法理"相通。

在"相通"的基础上,情法得以"相成"。具体而言,情与法的相成性体现在以下几点:在性质上,情是法的实质内容,法是情的外在形式;在进路上,情是法的发展动力,法是情的必由之路;在价值上,情是法的评价标准,法是情的应然要求;在实践上,情是法的优化之基,法是情的实现之道。③ 瞿同祖、梁治平等学者都曾论述过的"法律的道德化"与"道德的法律化",④ 归根结底不外乎是"法律的情感化"与"情感的法律化"。张晋藩教授曾说:"法合人情则兴,法逆人情则竭。"⑤ 礼法若融入情感、顺乎人情,便能促使其与伦理的结合,法之僵硬被情之柔性所冲淡,自然更容易被人们心悦诚服地接受。如果说家族自治归源于以情感为核心的伦理,那么国家治理则归源于以法律为手段的政治。"政治法律化"是政治文明的重要标志,其形成原因正是在于法律对于政治的重要作用。法律以其规范化、权威化以及统一性的标准化表达着政治诉求,不仅为政治权力的配置与运行提供方式支撑,而且为政治共同体的利益提供制度保障。⑥ 因此统治者无不重视法律的作用。从本质上讲,家礼、族规内在以"情"为基础,外在则通过"法"的形式为政治共同体服务。情法之间的相通与相成,为伦理与政治的双向互构以及彼此渗透奠定基础,从而为家国谱系搭建起基本骨架。

传统中国的伦理具有两点重要特征:一是宗法性,即父系男性血统在家族关系脉络中的主导地位。日本学者滋贺秀三运用"父子至亲,分形同气"进行阐释中国的家族法原理,形象地说明了宗法血缘性在建构与维系家族秩序过程中所扮演的重要角色。⑦ 二是差

---

① 《说文解字》:"理,治玉也。"((汉)许慎:《说文解字》,中华书局1963年版,第12页)《韩非子》:"理者,成物之文也。"陈秉才译注:《韩非子》,中华书局2007年版,第106页。
② 相关研究包括:范忠信、郑定、詹学农:《情理法与中国人》,北京大学出版社2011版;霍存福:《中国传统法文化的文化性状与文化追寻——情理法的发生、发展及其命运》,载《法制与社会发展》2001年第3期;邓勇:《论中国古代法律生活中的"情理场"——从〈名公书判清明集〉出发》,载《法制与社会发展》2004年第5期;崔明石:《事实与规范之间:情理法的再认识——以〈名公书判清明集〉为考察依据》,载《当代法学》2010年第6期。
③ 参见汪习根、王康敏:《论情理法关系的理性定位》,载《河南社会科学》2012年第2期。
④ 参见瞿同祖:《中国法律与中国社会》,中华书局2003年版,第328–346页;梁治平:《寻求自然秩序中的和谐——中国传统法律文化研究》,商务印书馆1991年版,第232–305页。
⑤ 张晋藩:《中国法律的传统与近代转型究》,法律出版社1997年版,第52–53页。
⑥ 参见姚建宗:《法律的政治逻辑阐释》,载《政治学研究》2010年第2期。
⑦ 滋贺秀三写道:"父与子从现象上来看是两个个体(分形),而在两者之中生存着的生命则是同一的(同气),即在观念上,子无非是父之生命的延长。"参见[日]滋贺秀三:《中国家族法原理》,张建国、李力译,法律出版社2003年版,第29页。

序性,即以自己为原点而形成的上下、尊卑有序的关系特点。费孝通先生提出的"差序格局",即强调了这种次序性在传统中国社会的重要地位。① 这两点特征,在家礼、族规中都有深刻的表现。一方面,"冠、婚、丧、祭,莫不以宗法行其间",以冠、婚、丧、祭四礼为主要内容的家礼,实际上围绕着男性的生命历程展开,其目的在于血脉的传承与宗族的延续。② 另一方面,家礼的实践仪式,实际上遵循着辈分有分、男女有别、内外有异、主仆有差的差序原则,而家族成员一旦有违背此等原则的言行举动,族规即以严厉的惩罚予以必要的告诫。

从社会学的角度来讲,作为"初级群体"的家族对人们的影响十分深远,因为人们不仅通过在家族中养成的行为方式来应对社会,更通过对家族关系的感知来认识其所处的社会关系。③ 在这个意义上,家族构成了社会学意义上公共生活空间的出发点,④ 社会关系体现为家族关系的拟制及扩展。在乡邻之间,相差一辈的以叔侄相称,同辈的以兄弟相称;在朋友之间,盛行着"四海之内,皆兄弟也"的说法;在师生之间,遵循着"一日为师,终身为父"的原则;伙计与雇主之间的关系,同样亦是家族关系的拟制。可见,这些社会关系都依靠伦理来维持。⑤ 不仅社会关系如此,政治关系亦如此,张中秋教授就指出:"伦理即合理的人际关系脉络,是人之为之人的纲,人类行为的元原则,当然是政治的原理。"⑥ 这一说法指向了政治与伦理的互构性与渗透性。

政治与伦理要实现互构与渗透,需要依赖一定的途径,这一途径乃是"孝道"。以孝为核心的道德体系,植根于人的自然情感,并演化为人的道德情感。⑦ 在家国谱系的制度架构下,家族的道德也演化成为国家的政治道德。因此历代家族礼法无不强调孝道。北齐颜之推所撰的《颜氏家训》有云:"孝为百行之首。"⑧ 唐代柳玭所撰的《柳氏家训》曰:

---

① 费孝通举了一个生动的例子来阐释"差序格局":"好像把一块石头丢在水面上所发生的一圈圈推出去的波纹。每个人都是他社会影响所推出去的圈子的中心。被圈子的波纹所推及的就发生联系。每个人在某一个时间某一个地点所动用的圈子是不一定相同的。"费孝通:《乡土中国》,上海人民出版社2013年版,第25页。
② 参见张中秋:《家礼与国法的关系、原理、意义》,载《法学》2005年第5期。
③ 参见翟学伟:《中国人社会行动的结构——个人主义和集体主义的终结》,载《南京大学学报》1998年第1期。
④ 参见丁社教:《家规的社会教化功能及其实现:基于公共生活空间的视角》,载《浙江社会科学》2017年第6期。
⑤ 参见徐忠明:《传统中国乡民的法律意识与诉讼心态——以谚语为范围的文化史考察》,载《中国法学》2006年第6期。
⑥ 张中秋:《家礼与国法的关系、原理、意义》,载《法学》2005年第5期。
⑦ "喜、怒、哀、惧、爱、恶、欲","七者弗学而能",这是人与生俱来的情感,学者称之为"自然情感";"道德情感"与"自然情感"相区别,即《孟子·公孙丑上》中所谓的"恻隐、羞恶、辞让、是非"。(参见李明辉:《四端与七情:关于道德情感的比较哲学探讨》,华东师范大学出版社2008年版,第7页)此外,"自然情感"与"道德情感"的划分同样见于康德的著作中,他说:"感性的状况(内感官受刺激的状况)要么是一种病理学的情感,要么是一种道德的情感。——前者是一种先行于法则的表象的情感,而后者则只能是继法则的表象而起的情感。"参见[德]伊曼努尔·康德:《康德著作全集(第6卷)》,李秋零译,中国人民大学出版社2007年版,第411页。
⑧ [北齐]颜之推:《颜氏家训》,岳麓书社1999年版,第101页。

"立身以孝悌为基。"① 显然，家族礼法之所以如此推崇孝道，乃是着眼于孝道对政治教化的重要作用。②《孝经·圣治章》有言："父子之道，天性也，君臣之义也。"③ 父子之道是人的天生本性，体现了君臣之义，因此它是为政之本。所谓"移孝作忠"，其目的正是力图实现"父子"价值行为模式向"君臣"价值行为模式的转换。④ 在这个意义上，"孝"是"忠"之基础，"忠"乃"孝"之延伸。在"忠"与"孝"的联结上，国家与家族构成了一体两面的共存结构。

因此，在家族的空间中，孝道构成了"礼之始"以及"文之本"，⑤ 由此承载了重要的政治意义。移孝于忠，国家建立起了伦理般的政治。在宗法性上，国家的宗庙陵寝制度和家礼中的祠堂制度极为相似，历来是国家政治制度中不可或缺的组成部分；⑥ 在差序性上，国家建立起金字塔般严密的科层管理体制，君王、官员、平民、奴仆从上到下，尊卑有别，不容僭越。政治世界的原理，实际上正是家内秩序原理的同构型延伸。⑦

综上而论，作为家族礼法秩序的重要支撑，家礼、族规立足于血缘性的情感认同，巩固和发展了家族伦理。由于情法之间的相通、相成，以法律为手段的政治，与以情感为核心的伦理实现了互构与渗透。在伦理——政治的贯通路线中，孝道发挥了重要的纽带作用，而家礼、族规正是通过对孝道的强调，顺理成章地成为伦理与政治之间的连接点，从而在家国谱系中发挥重要作用。

四、名实之间：象征性权力与实质性权力的仪式性连接

对于一个巨型帝国而言，要建构起强有力的家国谱系，在实践上至少面临着两大严峻挑战：一是庞大的帝国规模不仅意味着家族的多元性和异质性，而且意味着国家渗透家族的艰巨性；二是在交通、通信技术有限，国家基础能力不足的情况下，帝国整合家族组织的高昂成本。因此，如何在降低成本的情况下对家族进行有效整合，便成为巨型帝国应该考虑的首要问题。在这个问题上，家礼与族规通过仪式的方式，自下而上缓解着家国谱系

---

① 翟博：《中国家训经典》，海南出版社2002年版，第335页。
② 即《孝经·开宗明义章》所言："夫孝，德之本也，教之所由生也。"喻涵、湘子译注：《孝经·二十四孝图》，岳麓书社2006年版，第3页。
③ 喻涵、湘子译注：《孝经·二十四孝图》，岳麓书社2006年版，第12页。
④ 参见邓小南：《"正家之法"与赵宋的"祖宗家法"》，载《北京大学学报（哲学社会科学版）》2000年第4期。
⑤ "孝，礼之始也。"（〈春秋〉左丘明：《左传》，蒋冀骋标点，岳麓书社1988年版，第96页）"孝，文之本也。"（〈战国〉左丘明：《国语》，上海古籍出版社2015年版，第63页）
⑥ 以唐代为例，宗庙陵寝制度在律、令、诏、典、礼等各种法律形式中都有规定。《唐律疏议》在"卫禁""职制""贼盗"诸篇中，对侵犯宗庙陵寝制度者均处以严刑。如《唐律疏议·卫禁》："诸阑入太庙门，及山陵、兆域门者，徒二年。"又《职制》："诸大祀不预申期，及不颁所司者，杖六十。以故废事者，徒二年。"又《贼盗》："诸盗大祀神御之物者，流二千五百里。"曹漫之编：《唐律疏议译注》，吉林人民出版社1989年版，第298、374、657页。
⑦ 参见高明士编：《东亚传统家礼、教育与国法》，华东师范大学出版社2008年版，第213－262页。

内在的紧张状态。

在家国谱系的脉络中,家族与国家的利益在某种程度上息息相关。一方面,国家唯有得到家族的支持,才能获得政治上的长治久安;另一方面,家族只有得到国家的庇护,才能实现家族秩序的稳定和谐。正因为如此,才有了科大卫教授所说的"共谋"现象:"地方社会与王朝共谋,把宗族作为建立社会秩序的基础。"① 这一"共谋"现象揭示了家族礼仪对家国谱系的纽带作用。因为家族礼仪集中体现了国家的理学主张,所以国家对家族礼仪的鼓励与提倡,其实也是理学自上而下的渗透过程。而家族则需要通过仪式来表达自身对儒家伦理的认同,以此来获得国家的权力支持与政治庇护。

在国家与家族博弈与妥协的过程中,双方的利益都是必须予以关注的因素。政权对族权的承认必须满足一定条件:家族只有对儒家伦理予以不遗余力地执行,国家才会接受并肯定家族的自治空间。而仪式,正是体现家族政治觉悟的重要工具。明清时期家族的发展,与士大夫获得功名后的回乡办学活动不无关系。在正统观念的影响下,他们广泛地推行置族田、修祠堂、编族谱、定族规、制家法等活动。这一系列活动不仅为家族礼仪提供了物质条件与制度基础,更将宋明理学整合进了家族的文化脉络中。他们这么做的目的,当然不仅仅是为了建立起一个符合儒家伦理的家族,更在于为家族活动提供合法性基础,从而推动家族的崛起。由此我们可以看到,家族礼仪不仅是国家与家族表达、争取自身利益的工具,更是自下而上将家与国的同质序列联系起来的重要纽带。

在此,我们看到了皇权之"名"与家族之"实"之间的结合与贯通。在家礼与族规的纽带作用下,家族之"实"成就了皇权之"名"。当然,名与实的关系并非一成不变,而是随着时间与空间的变化而变化。例如,皇权在赋税领域的攫取能力之"实",离不开家族之"名"的协助与配合。② 但无论何种关系,当名实之间的贯通不成问题,象征性权力与实质性权力的相互连接、转换也就成为可能。在这两种权力的连接、转换过程中,仪式确实扮演着重要的角色。

在人类学家看来,仪式具有非同寻常的意义,他们从不同的角度来理解仪式:其一,仪式作为具有功利性的表演行为和活动程式。所有经验的、制度性文化现象的表演,实际上都具有功利性的理由。③ 仪式所呈现出来的各种文化现象,其实都是为了满足人类的需要。其二,仪式作为有边界范围的关系结构与状态。至少有两个概念与仪式相关:一是"社群",即介于历史的、具体的、特质的个体间的关系,这指向了仪式的族群性与社区性;二是"社会结构中的状态",指社会关系建构起来的稳定状态,这一模式与官方、政

---

① 科大卫:《皇帝与祖宗:华南的国家与宗族》,江苏人民出版社2009年版,第13页。
② 参见周雪光:《黄仁宇悖论与帝国逻辑——以科举制为线索》,载《社会》2019年第2期。
③ 英国学者马林诺夫斯基(Bronislaw Malinowski)正是从"功能主义"的视角来看待仪式。参见史宗编:《20世纪西方宗教人类学文选》,金泽等译,上海三联书店1995年版,第91页。

治、公理、地位与角色相连带。① 其三，仪式作为象征符号与社会价值的话语系统。在英国学者布朗（Alfred Radcliffe-Brown）看来，仪式是社会组织的描述和社会总体结构中的象征性叙事。② 它通过"隐喻"完成意义的传达，因此具有交流功能。作为交流的媒介，仪式传达着身份、情感、道德、礼法以及权力。③

不管是家礼的规训实践，还是族规的惩罚实施，它们的本质都是仪式，因此上述仪式理论也适用于对家礼、族规的分析。首先，家族与国家之所以重视家礼、族规，本质上是由于它们在建构家族礼法秩序、推进国家有序治理以及巩固家国谱系方面所发挥的关键功能。其次，从"社群"的角度来看，家礼、族规具有族群性与地方性，不同地方、不同家族所采用的家礼、族规可能会有所差异。从"社会结构中的状态"的角度来看，家礼、族规的独特性又无法冲破其相似性，因为它们由政权支持，与国家统一的意识形态密不可分。最后，作为一种象征符号，家礼、族规承载着话语与权力，它们不仅是情感叙事，更是伦理叙事，其叙事语言与国家的身份结构以及等级观念密切相关。正是家礼、族规的仪式性特征，为象征性权力与实质性权力的连接与转换提供了可能。

这种连接与转换何以可能？"观念一体化"的概念给予笔者重要启发。针对"黄仁宇悖论"④，周雪光教授指出，中华帝国之所以能在组织松散的情况下实现国家秩序的坚韧稳定，其核心在于"观念一体化"的制度安排。与欧洲社会"政教分离"的特征不同，中国社会形成了"政教合一"的一统观念，这种观念弥漫于传统中国的不同层次、不同领域。这种一体化的文化观念不仅造就了松散关联的官僚体制，更为正式制度与非正式制度、为名与实之间的关系提供了稳定的制度基础。⑤ 这种观点不无道理，我们可从以下两点获得感知：

一方面，观念一体化与制度同构化互为推动。作为非正式制度的家礼、族规，与作为正式制度的国法具有同构性，即它们都是网状的等级结构。在这个等级结构中，家长、国君身居最顶端，而奴仆则位于最底层。由顶端到底层，不同的位置意味着不同的身份地位，以及大不相同的权利义务。⑥ 这种制度的同构化离不开观念一体化的推动。阎步克教授指出："从君臣尊卑贵贱之政治秩序，到黎庶'饮食嫁娶丧祭'之日常生活，并不被视

---

① 这两个概念参见美国人类学家特纳（Turner, V. W.）对仪式的分析。See Turner, V. W., *The Ritual Process*, Harmondsworth: Penguin Books, 1974, p. 166。
② 参见史宗编：《20世纪西方宗教人类学文选》，金泽等译，上海三联书店1995年版，第107－110页。
③ 参见彭兆荣：《人类学仪式研究评述》，载《民族研究》2002年第2期。
④ 黄仁宇的一系列作品描述了一个看来颇为矛盾费解的现象：在中华帝国历史上，一方面，社会内部缺乏强有力的组织力量，"中国传统社会晚期的结构，有如今日美国的'潜水艇三明治'（submarine sandwich），上面是一块长面包，大而无当，此乃文官集团；下面也是一块长面包，也没有有效的组织，此乃成千上万的农民……"。另一方面，帝国表现出超乎寻常的稳定性，皇权世代沿袭，数百年一脉相承。周雪光将这种组织形态松散关联而国家秩序坚韧稳定的国家治理特色，称为"黄仁宇悖论"。参见黄仁宇：《万历十五年》，中华书局2006年版；周雪光：《黄仁宇悖论与帝国逻辑——以科举制为线索》，载《社会》2019年第2期。
⑤ 参见周雪光：《黄仁宇悖论与帝国逻辑——以科举制为线索》，载《社会》2019年第2期。
⑥ 参见张中秋：《家礼与国法的关系、原理、意义》，载《法学》2005年第5期。

为遵循着不同法则的不同社会领域;相反,当它们都被视之为'礼'的时候,至少就在观念上具有了同等的意义与性质。"① 在阎步克教授看来,无论是强调尊卑贵贱的法度政制,还是饮食、冠、婚、丧、祭等传统家礼,它们在观念上是一体的。确实,家族成员对家礼、族规的仪式执行,反映在意识深处,即是对国家身份等级结构的认可与接受。

另一方面,观念一体化降低了管治成本。一方面,虽然士大夫在家与国中的身份有所不同,在家中为一家之长,在官场中为国君之臣,但由于家、族、国之间的高度同构性以及家礼、族规、国法之间的一体化观念,士大夫进退于官场内外的交易成本颇低;另一方面,观念的一体化降低了国家整合家族组织的治理成本。家族成员一经出生,便须浸润于强调儒家伦理的家礼、族规中,当国家宣扬上下尊卑有别等体制要求时,他们早因习以为常而不加抵制。在这个意义上,作为制度设施的家礼与族规,以仪式的方式塑造人们的思维及行为方式,不仅提高了国家的治理效率,同时也降低了国家的治理成本。

"最坚固的帝国的不可动摇的基础就建立在大脑的软纤维组织上。"② 帝国的稳固不仅仅依靠外在的制度设施,更依靠内在的理智与观念。家礼、族规的仪式性,以可观、可视、可感觉的形式影响族人的理智,导引族人的观念方向,从而为象征性权力与实质性权力提供了连接点与转换点。美国学者吉尔伯特·罗兹曼(Gilbert Rozman)早就留意到:"中国的政治思想从公元前5世纪,就一直在讨论用伦理规范(特点为通过仪式化的社会习俗来运用这些规范)而非法律手段来控制社会的优越性。"③ 这一说法与德国学者韦伯(Max Weber)所谓的"疏放式管理"异曲同工。在中华帝国的统一方面,韦伯强调了"文化的统一性",他认为礼仪的统一性是帝制中国大一统的重要基础。"帝国的君主同时也是最高祭司","皇帝的卡理斯玛形象"通过仪式与伦理制度化。④ 由此可见,仪式对于权力的建构与运作,确实具有非同寻常的政治意义。⑤ 一方面,仪式让抽象、晦涩的"理"具体化、通俗化,使"理"具备操作性与实践性,即便文化水平有限的族人亦可以

---

① 阎步克:《士大夫政治演生史稿》,北京大学出版社1996年版,第78页。
② [法]福柯:《规训与惩罚:监狱的诞生》,刘北成、杨远婴译,生活·读书·新知三联书店1999年版,第113页。
③ [美]吉尔伯特·罗兹曼编:《中国的现代化》,国家社会科学基金"比较现代化"课题组译,江苏人民出版社2005年版,第6页。
④ 参见[德]韦伯:《中国的宗教:宗教与世界(韦伯作品集V)》,广西师范大学出版社2004年版,第83、95页。
⑤ 因此国家也十分重视仪式的作用,黄仁宇先生写道:"从皇帝到臣僚都彼此心照,朝廷上的政事千头万绪,而其要点则不出于礼仪和人事两项。仅以礼仪而言,它体现了尊卑等级并维护了国家体制。我们的帝国,以文人管理为数至千万、万万的农民,如果对全部实际问题都要在朝廷上和盘托出,拿来检讨分析,自然是办不到的。所以,我们的祖先就抓住了礼仪这个要点,要求大小官员按部就班,上下有序,以此作为全国的榜样。"(黄仁宇:《万历十五年》,中华书局2006年版,第3页)此外,关于仪式的政治意义,亦可见于格尔茨、科泽、王海洲等学者的著述。详见[美]克利福德·格尔茨:《文化的解释》,韩莉译,译林出版社2008年版;[美]大卫·科泽:《仪式、政治与权力》,王海洲译,江苏人民出版社2015年版;王海洲:《政治仪式——权力生产和再生产的政治文化分析》,江苏人民出版社2016年版。

参与仪式的进程,感受仪式的内涵;① 另一方面,仪式化的"理"通向儒家之"道",其实践亦是儒家观念的传播过程,这不仅展现了族权的强大力量,更隐喻着皇权的无处不在,从而使松散关联的国家组织形态内含着坚韧稳定的秩序纽带,为家国谱系的框架提供必不可少的联结。

仪式的本质最终指向人。具有仪式性质的家礼、族规,其推动以及实施都离不开人。诚如日本学者棚懒孝雄所指出的,我们必须从社会规范体系转向个人行动层次,"把规定着他们行动的种种具体因素仔细地剖析出来"。② 家礼、族规等仪式实践的背后,其实是人们的思想观念、社会关系以及利益所在。它们都是影响家国谱系的深层因素,但是却通过仪式表现出来。综上而论,国家与家族都重视仪式的作用,国家欲通过仪式普及身份等级观念,家族则想通过仪式获取政治庇护。在共同利益的驱动下,家礼、族规的仪式性特质被充分发挥。仪式的实施进程,其实正是观念一体化的推动进程,这一进程促进制度同构化,降低管治成本,有力地缓解了家国谱系内在的矛盾与紧张状态,为家国谱系的稳固提供了重要的保障作用。

五、结语

葛兆光教授指出:"家是国的基础,家族的秩序和原则放大了,就是国家的秩序和原则。"③ 这一说法揭示了家国谱系的本质特征。在家国谱系中,家礼与族规作为地方性自治制度发挥了重要的作用。本文的宗旨正是在于详细地透析家礼与族规在家国谱系中的作用机制,从而理解家国谱系一以贯之的制度逻辑。由于血缘关系与情感认同,族人很自然地承认家礼、族规的合理性,接受家族仪式的规训与惩罚。这些仪式在住宅、祠堂的剧场中不断上演,谱写着一场又一场展现家族伦理的深刻剧情。贯穿于其中的权力,以微观物理学的方式作用于族人的身体、财产、名誉与自由,其精微达于每位族人的毛细血管,其周密通于整个家族的网络系统。因此,家礼、族规以最微小、细致的方式,将家族编织进帝国的庞大脉络中,构筑起家国谱系稳定而重要的制度基础。这一制度背后的深层逻辑包括两个方面:一是以情法之间的相通相成为基础,借助孝道的扩展,实现伦理与政治的双向互构和渗透;二是以名实之间的互为贯通为条件,通过具有实操性、展示性的仪式促进观念一体化进程,实现象征性权力与实质性权力的相互连接与转换。由此,家礼与族规搭建起家国沟通的桥梁,成为家国谱系不可或缺的制度支撑。

---

① 参见周天庆:《政、道、教一体视野中的〈朱子家礼〉》,载《厦门大学学报(哲学社会科学版)》2018年第4期。
② [日]棚濑孝雄:《纠纷的解决与审判制度》,王亚新译,中国政法大学出版社2002年版,第5页。
③ 葛兆光:《古代中国文化讲义》,复旦大学出版社2006年版,第34页。

Family Ritual and Clan Rule: The Institutional Logic of Family – Country Pedigree

Lin Shuhuang

Abstract: In Chinese history, the reason why ruler support family ritual and clan rule is because of their important role on the Family – Country pedigree. Family ritual including usual ritual, cap ritual, marriage, funeral, sacrificial ritual and normative clan rule play a role on Family – Country Pedigree through the mechanism of discipline and punishment. This is the microphysics of power that forms the institutional basis of the Family – Country pedigree. The deep logic behind the institution includes two aspects. Firstly, based on the connection between emotion and law, the expansion of filial piety is used to realize the two – way mutual construction and penetration of ethics and politics. Secondly, On the interrelationship between name and reality, ritual is used to promote the process of conceptual integration and realize the interconnection and conversion of symbolic power and substantive power. As a result, family ritual and clan rule built a bridge between family and country, which become an important institutional support for Family – Country pedigree.

Key Words: family ritual; clan rule; Family – Country pedigree; institutional logic

武定团碑苗族土地使用权习惯法的演进及其社会功能探析*

徐建平**

> **摘　要**　武定团碑村的苗族，对家庭承包经营的土地和公用土地的利用及土地权属的定纷止争等习惯，既体现了民族传统习惯法的特点，也显现了区域主流文化的众多元素。这是多元文化相互影响、融合、调适与扬弃的结果，也是适应生活环境和经济条件的一种选择。通过分析其土地使用权习惯的内容与特点，总结其社会功能，吸收其中的有益成分，对于推进该地区的社会发展及社会治理，不无裨益。
>
> **关键词**　土地使用权　民族习惯法　社会功能　苗族

引　言

云南省武定县万德镇的苗族，为苗族的花苗支系，系由湖南、贵州等省迁入滇东北地区后逐渐迁入万德定居的。据史书记载，苗族原聚居于湘西黔东，后散及贵州全境，元朝时期，云南境内只有滇东南一代有苗族，到明朝，滇东北地区也有苗族。① 直到清初，武定境内尚无苗族的记载。而据现有的苗族传说，认为其祖先是清朝中期从贵州迁入的。② 可见，苗族迁入武定境内的时间，最早应不超过明朝，同时迁入的人数不多，且居住分散。而武定的万德地区，是彝族的传统聚居区，历史上，在经济、文化上彝族一直居于主导地位。即使经过明清时期的多次"改土归流"后，万德地区仍保留了土司制度，清朝咸

---

* 教育部社科基金项目"集体土地制度改革背景下少数民族地区用地习惯与国家法的调适研究"（项目号：18XJA850003）。
** 徐建平，法学硕士，云南大学（法学院）副研究员，硕士生导师。
① 尤中：《云南民族史》，云南大学出版社1994年版，第405页。
② 王文光、薛群慧、田婉婷编著：《云南的民族与民族文化》，云南教育出版社2000年版，第279页。

丰年间在此设立了茂连乡，由当地彝族土司管辖，即使1923年时改乡设区，1940年又改区设乡①，但万德、己衣等地区实际上仍属彝族那氏土司管辖。直至新中国成立，土司制度才彻底终结。故而，万德苗族的土地利用习惯及其他方面的习惯，既受其民族传统习惯的影响，也深受彝族习惯的影响。其土地利用习惯，正是在这种多元经济、文化的碰撞、挤压、交流与借鉴的过程中，延续与发展的。

一、万德团碑苗族村寨概况

武定县万德镇地处武定北部金沙江畔，距县城107公里。东南与发窝乡相连，西邻东坡傣族乡，北连己衣乡，西北与元谋县江驿乡隔江相望。"万德"系彝语"放猪的坝子"之义，传说这里曾经是彝族土司放猪的地方。万德镇下辖八个村民委员会（万德、支卧、胜德、自乌、团碑、马德坪、以安拉、岩脚），近150个自然村和村民组。境内居住汉、彝、苗、傈僳、傣五个民族，少数民族占全乡总人口的52%。万德乡范围内居住的苗族主要属于花苗支系，集中居住在团碑村委会。团碑村，距万德镇镇政府所在地11公里，东邻发窝乡，南、北、西三面分别与万德镇的自乌村、马德平、胜德三个村相邻，辖有34个自然村和村民小组，3100多人。全村国土面积约58平方公里，海拔2284米，年平均气温14.8℃，年降水量800毫米，适合种植玉米、烤烟等农作物。全村有耕地总面积3400多亩，（其中：水田400余亩，地山3000多亩），主要种植粮食、烟叶等作物；拥有林地71000多亩，其中经济林果地1000多亩，主要种植核桃、苹果等经济林果。②

按传统习惯，苗族一般不与其他民族杂居，而且往往以小村落聚居的形式居住，故万德镇的苗族主要居住于团碑村所属的大梨园、干海子、农纳咪、松包园、干坝塘等大小自然村落，总人口2千多人，人均耕地在1亩左右，山林地则较宽阔。苗族人民对土地资源、森林资源非常重视，当作他们生活的重要来源，"农纳咪"，即"非常茂密的森林"之意，先辈们以此给村寨命名，足见对土地和森林的珍爱。不过也折射出这样的事实：团碑地区的苗族人主要集中生活在山坡地区，耕种的主要是山坡地。他们的生活环境相对闭塞，交通不便，与外界接触很少，也很少有其他民族或者外乡人会涉足他们的生活区域。因此，团碑的苗族人也形成了相对自我封闭的民族性格。

农村集体经济组织按国家法律和政策分配给每户家庭承包经营的土地，就是团碑苗族家庭中最珍贵的财产，承载着一个家庭的生存保障、发展与延续的重任。根据"三十年不变"的土地承包经营政策，每户家庭承包经营的土地面积基本上是固定的，而随着婚姻嫁娶，大家庭也会分化出小家庭，同时伴随着人口的自然繁衍及更替，家庭人口会有增减变化，因而家庭内部的土地分配方式就显得尤为重要，关系到几个家庭甚至几代人的生存

---

① 武定县地方志编纂委员会编：《武定县志（1978—2005）》，云南人民出版社2013年版，第45页。
② 笔者根据县统计年鉴和镇、村委会统计数据，结合调查情况整理而得。

问题。

笔者通过对团碑地区苗寨的实地调查，通过与苗族村民们的交流采访，了解苗族家庭承包土地的分配及利用习惯；到当地政府部门了解、查阅材料，从而多角度的了解团碑村苗族土地使用权分配和利用的民族习惯法。

二、万德团碑苗族土地使用权习惯的历史特点

(一) 民族迁徙性对土地使用权习惯的影响

万德地区的苗族，虽然大致是在明清时期移入的，但在当地世居民族的眼中，是"搬来民族"，被称为"趱家人"①，这其实正是历史上苗族的一个显著特点，即迁徙性。相较于早已在当地定居的彝、傈僳、傣等耕织民族，苗族则是迁徙民族和半牧半耕民族。所以即使万德地区的苗族早在明清时期即已从滇东北等地逐步移入，但其具体的居住地点，则是具有较大的流动性，一旦自然环境和社会环境有所不适，苗族即会选择另觅新址搬迁，故在相当长的时期内，当地的苗族其实都是在团碑周边广阔的各个山头上不停地变换居住点和开荒耕种地点的。而真正固定居住于目前的村寨不再搬迁，形成彻底的定居格局，是得益于新中国成立后国家的扶持政策。故当地民众都说，他们的苗族村落还没有超过百年。而历史上每次搬迁后，都需要另行租地开荒种地和建房，因而，从租地成本考虑，自然只能选择廉价的半山、山坡这类的空地居住和耕种。

另外，因土司制度的延续，万德等地直至新中国成立前，土地、山林等一切自然资源都属彝族土司所有。因而，外地迁来的苗族，不论在万德团碑的哪座山上建房和开荒，都要经过土司允许，并要缴纳地租。而当地有限的坝子、平地，土司显然是不会租给苗族使用的。因而苗族也只能获得在闭塞和贫瘠的山地山坡上居住和耕种的土地使用权。

正是这样的生活习性，万德团碑苗族的利观念中，对土地的权利意识主要是一种"临时性"使用权的习惯，"长久性"的土地使用权的意识并不浓，土地"所有权"意识更是淡薄。基于这样的历史传统和习惯，因而并没有形成家族墓地、祖宗坟山这样的土地权属观念。而且，每户房屋的修建也是紧挨着，耕种地也紧连着，这既有尽可能节约修房成本的考虑；也是其迁徙的生活习惯，让人们无意花费更多的钱财投入不久的将来即会迁徙而抛弃的房屋上。同时，这也是因为人们对土地权利只是一种"暂时性"土地使用权的认识，认为土地使用权并非长久属于自己，所以彼此不计较房前屋后和田间地角这类的土地，因为一旦迁徙，土地和房屋都是要抛弃的。而随着社会发展和迁徙性生活习惯的改变，土地的权利意识也在逐渐变化，故当前现实生活中，房前屋后和田间地角这类紧挨着的地块，也会产生相邻关系的纠纷。

同时，因其历史上迁徙性生活习惯，而且在万德团碑地区的人口数量不多，所以没有

---

① 当地方言将搬家称为"趱家"，故世居户将搬迁来的人家，被称为"趱家人"。

形成严密的宗族习惯。加之作为人数较少的"外来者"角色，故在外部纠纷的处理上，更多选择了服从于当地主导势力的方式，这也是与湖南、贵州等苗族传统的主要聚居地区的差异。因为在湖南、贵州等苗族传统聚居区，因苗族是世居民族，且人数多，居住区域相对集中和连片，故这一区域的苗族传统习惯及其社会组织受外界的影响较小，保留较为完整。

相比云南其他地区的苗族而言，万德团碑地区的苗族也因对区域内主流文化的吸收而引起传统习惯的较多变迁。在滇东南苗族聚居区，苗族迁入的时间较悠久，人数较集中，占了云南苗族的大部分，同时因自然条件相对较好，经济上也具有一定的独立性，故其传统习惯及社会组织也保留相对完整。而武定等滇北地区的苗族，因迁入的时间较晚且经多次辗转才迁入当地定居，人数少且分散，经济水平和社会发展水平也更为低下[1]，故受当地主流文化和经济的影响和制约也较多。

（二）平均与互济思想对土地使用权习惯的影响

在万德团碑苗族地区，因历史上社会经济发展水平落后，人数较少，个体是渺小的，只能依靠团体的力量，才能适应自然和社会生存环境，这就需要对维系生存的资源实行平均分配并需要相互之间的互助互济，故形成了平均主义的财产观念和互助互济的习惯。这样的传统一直延续下来，当每户家庭遇有婚丧、建房修屋等大事时，在择定的期日内，全村都会义务帮忙。每户村民和远近亲戚都会携带鸡、羊等家畜和粮食、蔬菜前来赞助，事主家一般不需要为待客的酒席专门准备物资而耗费财力，而只需集中财力物力办理婚丧嫁娶等事宜即可。但有个约定俗成的习惯，即亲戚们带来的家畜必须在酒宴的期日内全部宰杀殆尽，粮食和蔬菜也必须煮吃完毕，不得余留。酒席的最后一顿，则将剩余的食品全部煮熟，吃不了的则由客人们分光带走，这即"客吃客带来，吃光才散席"的习俗。这种古老的习惯，一直在苗族社会中流传。

这种平均与互济思想，对人们的所有权意识和观念产生重要影响。一方面，尽管苗族历史上存在迁徙性和临时定居的特点，但人们仍然具有个体所有权的意识，即私人的财产权属界限，这一财产权利，是相互尊重的，其传统上土地使用权的"先占"取得方式，正是这一权利观念的体现；另一方面，在生产较为落后的状况下，为了个体家庭和族群的生存，应适当限制个体家庭的权利，需要相对平均的分配资源，并且互济互助，这也是维系个人与家庭，家庭与家庭，家庭与族群集体之间关系的需要。团碑苗族家庭的财产权利中，土地权利是最重要和最基本的，故这种平均与互济思想影响下的所有权意识，必然影响着土地的权利观念和意识，比如对他人土地及其土地上出产物的利用规则，建房取料、放牧或墓葬使用他人土地等习俗，无疑都充分体现出群体之间的互助互济的土地使用权习惯。

---

[1] 韩军学：《基督教与云南少数民族》，云南人民出版社2000年版，第7－12页。

三、万德团碑苗族的土地使用权习惯

(一) 土地的计量方式

万德团碑苗族对土地面积的计算,受到当地彝族的影响,因而民间对土地面积的计量,并不是按国家规定的"亩"和"分"的计量单位,而是根据每块地需要的种子量来计算的,故其土地面积是按"斗"和"升"两种计量标准计量的。对应标准是,每"一斗",等于一亩,每"一升"即为一分。

在分配给农户承包土地的时候,尽管每户分配的基数是根据土地和人口总量按国家标准的"亩"和"分"来进行确定的,但土地的划分和每块土地面积的确定标准,仍然是按传统的"斗"和"升"计算后转换成"亩"和"分"的。在苗族居住的山区,土地的形状非常不规则,每一片(一宗)土地往往是由大大小小若干块形状各异的土地组成,因而要进行测量是很困难的,而根据撒种数量的方法来衡量土地面积的方法则简单易行。当然,这种计量方法与实际测量相比,略显粗略,与实际面积也会略有出入,但在土地并不紧张的民族地区而言,这种轻微的差异没有太大的影响。

(二) 土地"先占"制的变迁

1. 土地"先占"制的演变

先占在许多少数民族的习惯法中具有一定的普遍性,苗族对土地所有权的先占存在"结草为记"的习惯,即对准备开垦的(无主)荒地,只要用一把野草结成一个草结(俗称"草标")放在上面,便说明(该荒地)已有归属,其他人未经允许是不会去触动的。[①]这种对无主地的先占习惯,也随着苗族的迁徙,而带到了万德地区苗族社会中。

历史上,万德团碑地区苗族社会对土地的确权与分配习惯规则是:在整片山地获得当地彝族土司的许可使用后,在其迁徙而来的整个群体(部落)内部,对于土地的具体分配则采用先占的方式。从而形成了较有特色的苗族村寨土地权利制度:彝族土司的最终所有权制和苗族家族的"次所有权(有限所有权)"制的二元土地权利制度。

而随着社会的变迁,新中国成立后,随着集体土地所有权制度的确立,所有的耕地都归集体经济组织所有,苗族村寨传统的"二元土地制度"彻底瓦解。在实行农村土地家庭承包经营制改革后,每户农户按国家土地承包相关法律制度进行承包而获得土地的使用权。因而,对耕地的"先占"习惯,只适用于田间地脚、坡脚河边等零散的小片土地使用权。而对于宅基地,传统的先占制形成的习惯一直延续并得到大家的默认,因而尽管宅基地的土地所有权属于集体经济组织所有,但并未进行过建设规划和每户宅基地使用权范围的准确界分,所以农民在自家房旁空地、村里荒山等处建房,流行的习惯是谁先建即归谁

---

① 徐晓光:《苗族法制史》,远方出版社2009年版,第155页。

所有的"先占"习惯。这既源于其先占的用地历史传统习惯，也与苗寨地阔人稀，可供建房的地方众多，宅基地并非稀缺资源有关。

2. "先占"习惯影响下对他人土地的利用习惯

受传统的土地"先占"观念的影响，在万德团碑苗族村寨，对他人土地的利用也体现了"先占"思想的痕迹：如对于分配给一家一户承包的林山林地，任何村民都可以自由放牧、砍伐枯死树木、捡拾干树枝、割茅草。① 如果修建房屋需要木料，可在村里任何一片山上去寻找合适的木料，找到后，只要和山林的物权人（即承包该山的村民）说一声即可，而该山林的物权人一般也不会反对。② 对于他人的耕地，在农作物收割后，任何人可以放牧。当然，这些对他人土地的利用习惯，也体现了团碑苗族传统的互助习惯。

（三）对他人土地上天然出产物的收取规则

对于他人承包的耕地和林山林地上长出的野菜、猪草、野生菌、野生草药、野果等土地的天然孳息，任何人都可以收取，也就是谁先收取就归谁，而并非土地的物权人所专有，这其实也是一种"先占"制度的规则。对他人土地上的无机物如沙、石、土等天然孳息，也采用先占规则，因建房需要，可自主在他人山上取土、采沙石。而民法对天然孳息的归属，有其规则。我国《物权法》第116条（《民法典》第321条）规定，土地上生长的天然孳息，其所有权一般归土地的所有权人，如果存在所有权人和用益物权人的情形下，如果双方当事人对天然孳息的归属没有约定，则归用益物权人。因而如果按民法的原则，上述土地上生长出的天然孳息，应当归耕地和山林的土地承包人这一用益物权人所有，并由其收取，并不适用"先占"规则。但这种谁先收取即归谁的先占习俗，显然更被当地的人们所认可。

对于活动于他人林山林地上的马蜂、山蜜蜂、野兔、野鸡、鸟等野生动物③，也是按照谁先发现和捕获，即归谁所有的先占规则。这类无主物，采用先占规则，与传统民法上无主物允许先占的规则具有相通性。

这类对他人土地上天然出产物的先占规则，是苗族传统的"见者有份"的平均主义观念的反映，也是其互助互济思想的体现。

（四）公用地的利用习惯

在团碑村各苗寨，除了分配给一家一户承包经营的土地之外，还保留有一定的公共用

---

① 茅草曾是盖房的重要材料，起到瓦的作用。随着经济的发展，住房已全部翻建为瓦房或砖房，茅草主要用于建盖牲畜圈。

② 在前几年，不需要告知山的承包人即可自主采伐使用，近年因权利意识的变化，才需要告知一下。但按习惯，承包者一般也不会拒绝，否则会被村民指责和鄙视。

③ 经过政府多年的宣传和教育，如果属于国家保护的野生动物，苗族群众也不会随意捕捉。

地，主要包括以下一些：

1. 水源地

团碑村苗族的每个村寨都有公共的水源地，作为村民的饮用水和农田灌溉用水的来源，分为两类：

一类是龙潭，龙潭即天然出水的沟、洞、水潭等地方，这是作为饮用水的水源地。这一地方在村民心目中具有极强的神秘感，因而这水源地的山、石、地、一草一木都不允许随意采挖，这既是维护公共用水的需要，也和苗民传统的万物有灵观念相关。

另一类是坝塘，这是新中国成立后，在国家扶持下，人工修筑的，是农地灌溉的主要水源。团碑村有众多大小坝塘，坝塘及其附近的土地属于村集体所有，由村委会负责管理。在不影响灌溉的前提下，村民也可以对坝塘进行承包经营，用于渔业发展。

2. 宗教活动和公共活动场地

团碑村的苗族，普遍存在民族传统的原始的宗教信仰与崇拜。原始的宗教信仰中，各苗寨都有一些山、树木、石、河、沟、箐、山洞等等作为信仰的崇拜对象，这些地方作为全寨公共地，任何人不得随意利用。基督教传入后，当地苗族群众中有近半数人信仰基督教，在当地建有教堂一个，约300平方米，作为当地苗族、彝族、汉族等信教群众共同使用。教堂及其周围一定范围内的土地，所有权属于团碑村集体组织，按国家的宗教政策和法规，由经政府批准设立的基督教教会组织依法管理和使用。

同时，苗族人民是善歌善舞并喜爱体育运动的民族，因而每个村寨一般都会保留一块相对宽阔平坦的土地作为公共活动场地，有些建有简易的篮球架和秋千架，晚上饭后，村民都会到这里来进行打歌、对歌、打陀螺、投篮、打秋千等活动；每逢"山花节""火把节"等民族传统节日，则作为斗牛、打歌、体育竞技的活动场所。

3. 放牧地

团碑村苗族的经济生活，一直是半农半牧。大牲畜的养殖，主要是牛和山羊，牛主要养殖黄牛，极少养殖水牛，主要原因在于水牛主要是用于耕地尤其是水田的，一般不作为食用牛，而黄牛则既可用于耕犁山地，也可售与他人宰杀食用，偶尔也自己宰杀食用。除放牧牛、羊外，习惯上猪也是和牛羊一起赶上山放养的。按照"靠山吃山，靠林吃林"的朴素自然观念，人们认为，这广阔连绵的大山，正是大自然供给苗民的重要生活资源，因而利用大山放牧是人们的生计之一。

同时，尽管绝大部分的山林及其土地使用权已经划分给每家每户，但因对他人土地的传统利用习惯，团碑村苗族放牧并不受山林分配的太多束缚，而是遵循着放牧自由的传统习俗。当然，林地产权的划分和归属规则，人们是遵循的；而且，林木其实是当地苗族人民的重要经济来源，木材可售予附近和外地农民作建房材料，是一项可观的收入。因而山林确权后，林木即归各片林地的权利人所有，所有权人可采伐合适林木出售。村民自家建房时，如果在自家林山上确实找不到合适的木料时，按互济互助的思想，自可在其他人的林山上找寻采用,但仅限于自用,不得采伐他人林山上的木料出售获利,故各片林山其实也是有"权属"、有"界限"的。但在放牧的时候,人们又是把广阔的山林地当作全寨公共用地来进行利用的,此时,山林地又是无"界限"的。因而实践中就形成了这样一种山林地的权利模式:"集体所有权——家庭承包经营权——公共放牧利用权"。我们可以将对他人的山林地的公共放牧利用模式称之为一种"次生的放牧用益物权"。这种现象的产生,与团碑村苗族对他人土地利用的传统习惯密切相关。

(五)坟地

在团碑村苗族中,有部分群众信仰基督教。按照基督教的教规,其丧葬有一整套的教规与制度,而且宗教往往具有较强的排他性,故对其信众的丧葬习俗有极强的约束和影响。但丧葬仪式其实是民族文化的重要内容,每个民族的传统文化对生与死都有自己的理解,也都有自己的传统习俗,而且这是根植于民族文化基因中的,影响着人们的认识。而且,"丧葬礼仪又是民族文化中最具保守性的部分之一"。[①] 故团碑村苗族中,信仰基督教的群众,尽管其丧葬习惯上受基督教教规的一些影响,但是民族文化的影响仍然具有根本的决定性意义。

笔者在调研中发现,在团碑地区的苗族人群中,在殡葬制度改革前,无论是否信仰基督教,去世后一律都实行土葬,都要占用一定的土地砌坟墓并竖立墓碑。[②] 教徒与非信教者的主要差异体现为:不信教者,其墓碑往往需专门制作,一般是向专营墓碑业务的经营者订购,墓碑阳面需刻字表明死者身份并简叙死者简历,其墓碑和坟墓的形制受当地彝族文化影响较大,故与当地彝、汉民族无太大差异,而且也有每年给逝者献坟扫墓的习俗。而信基督教者,其坟墓的形制无特别处,只是其墓碑仅选一小块平整光滑的石板即可,碑面不刻字,安葬后也不再献坟扫墓。在丧葬仪式上也有一些差异,即不信基督教的死者,其葬礼是按苗族传统习俗并受当地彝族文化习俗的影响,较为隆重,并需要摆酒席招待远近来客;而教徒的葬礼,因更多的受基督教教规的影响,主要以宗教仪式进行。李昕曾调查过邻近武定地区的苗族基督徒的葬礼全程,分析了信仰基督教的苗族人的葬礼受基督教文化、传统苗族文化、其他民族文化多重文化的影响,葬礼中多元文化和谐地融入。[③] 而团碑地区传统上是彝族文化居主流的地区,故团碑的苗族丧葬习俗,无论是基督教信仰者,还是非信教群众,都不可避免地受彝文化的影响。

在云南一些少数民族村庄,传统上都存在家族的公共坟地。经历时代的变迁后,家族

---

① 郭于华:《死的困扰与生的执著——中国民间丧葬仪礼与传统生死观》,中国人民大学出版社1992年版,第19页。
② 自2019年底开始,政府推行殡葬制度改革后,建有统一的公墓,要求一律火化后到公墓安葬。
③ 李昕:《丧葬仪式中的多重文化表征与社会整合——以一位苗族基督徒的葬礼为例》,载何明主编:《西南边疆民族研究》(第12辑),云南大学出版社2013年6月版,第109—114页。

坟地慢慢地淡化，而产生了村寨的公共坟地，即经全村人共同协商确定，划出一片集体所有的土地，作为全村的公共坟地，供全村各家安葬去世的亲人。而团碑村苗族村寨，因历史上其土地都属于当地彝族土司所有，任何一片荒地都需要经土司同意才可以作为坟地安葬逝者，故无法形成家族公共坟地。新中国成立后，苗族村寨才获得了土地的所有权，为节约土地，一般都选择一片荒山、荒地作为全村共用的坟地，以安葬逝者。在集体土地实行家庭承包后，除耕地的土地承包经营权分到每户家庭外，村寨集体所有的山林及荒山、荒地，除水源地、宗教活动和公共活动场地外，其实也都是划分到每户的。故苗民们逐渐在自家承包的山林地上，选择不太适宜种粮食的山坡、荒坡作为家族坟地。但是，在选择逝者安埋地点时，居于传统习惯中对风水、地势等的考虑，如果自家承包的土地上没有合适的地点，则可在村寨其他家庭承包的荒山荒地上选择合适的地点作为坟地，然后以自家相当的一片地与对方进行交换，而被交换该土地使用权的村民也鲜见提出异议者。这一方面是苗族传统的互济互助互利思想的体现，另一方面也是体现了"不与死者争地"的传统习惯。

(六) 家庭内部对承包地的权属分配规则

1. 多子家庭的"留小不留大"分配规则

在团碑地区的苗族家庭中，在子女成年后，即面临对家庭承包经营的土地的分配。按苗族传统的继承习惯，女子对父母的财产没有继承权。[①] 每个家庭包括土地在内的所有的家产都由儿子继承，按此继承原则，出嫁的女儿，自然不能分配到父母家庭所承包的土地。

在财产的分配上，按传统习惯，采用的是"留小不留大"的规则，故土地和财产并不是平均分配，而是由幼子继承大部分，并负责父母的养老送终；而其他儿子只分得一份财产和土地，同时也不负责父母的生活和养老送终。故成年的儿子结婚后，按习惯即由父母分配其一份财产和土地，分家另立门户，不与父母和弟妹们居住，最终家庭中剩余的大部分财产和土地都由幼子继承。据周相卿先生的调研，苗族家庭财产继承中幼子对父母财产继承上享有优越地位的习惯，在黔东南雷公山地区的核心地带的苗族家庭，无论是长裙苗族、短裙苗族或中裙苗族中的家庭财产继承中都存在。[②] 可见，"少子权"是苗族的传统习俗，团碑地区的苗族，尽管辗转迁徙，并受其他文化的影响和冲击，但这一"留小不留大"的习俗却保留了下来。当然，在云南的其他少数民族中，多存在"护幼"的传统，而且，"少子权"的习俗，世界其他一些民族中也存在，故团碑苗族"留小不留大"的继承规则，与其他少数民族的"护幼"习俗有异曲同工的内涵。

---

① 周相卿：《雷公山地区苗族习惯法研究》，法律出版社2016年版，第228页。
② 周相卿：《雷公山地区苗族习惯法研究》，法律出版社2016年版，第228页。

如果家庭只有一个独生子，则家庭承包经营的全部土地都归儿子所有。只是按苗族的传统习惯，儿子成婚后，父母与儿子儿媳一般不直接在一起生活，故独子成家后也是与父母分家另立门户，家庭承包的土地都归儿子所有，父母则根据自己的体力，选择耕种一部分以解决日常生计，待年老无力耕种时，再将土地全部交给儿子使用，由儿子提供所需粮食。

2. 有女无子家庭的招赘继承规则

在团碑地区苗族家庭中，如果家中有多个女儿①，但是没有儿子，则采用招赘女婿的方式予以处理。苗族男子到女方家入赘（俗称"上门"），按规矩，所生子女须随妻姓，而不能随夫姓，民间俗称"卖马者，须将马笼头交给买主"。入赘者放弃了其后代对自家家族姓氏的延续而采用女方家族的姓氏的规则，其实质是由入赘的上门女婿承担起妻方的家庭生计和家族的香火延续。只有一个独生女儿的家庭，也采用招一名女婿入赘的方式来赡养父母和延续家族香火。这样一种入赘子女的随妻姓习俗，也可称为"领姓习俗"。这一招赘习惯的来源，我们试通过以下比较来作简要探析。

在当地彝族地区，有女无子的家庭，传统上即是采用招赘女婿的方式来延续家族香火的，而且入赘者的子女，须随妻姓。受彝族文化影响的武定汉族地区，也曾经有此习俗。②历史上，当地彝族的丧夫妇女也可招赘，方志《农部琐录》中的《种人志》，记述了罗婺部③彝族的民族习俗："其婚姻犹诸夷，兄死妻嫂……。妇拥夫赀，不欲他嫁。则招夫，谓上门郎，能专制，所有亲族不得过问。"④可见，招赘是武定彝族的一种悠久的传统习俗。万德作为历史上彝族传统居住区，该习俗的影响自然是较为久远的。

参考其他学者的调研，在传统的苗族居住地如黔东南地区，女子基本上都不享有娘家财产的继承权。⑤这种须由儿子继承祖产的习惯，对苗族社会的影响是深远的，而其负面作用也显而易见，正如有学者根据调研数据所分析的那样："在掌坳村，重男轻妇的传统观念相当严重，生男孩以继承家族香火的想法深深植根于村民的心里，直到现在村里还是男童多，可以说这种失衡没有得到根本的解决。"⑥那有女而无子的农户，其家庭承包的

---

① 在云南省的计划生育政策中，农村地区一直都是允许一对夫妻生育两个孩子的。据笔者调研，而在当地苗族地区，政府对计划生育政策的执行也是较为缓和并且较为注重工作方式的，并不是简单的一刀切，一直以宣传教育为主，奖励少生优生。所以苗族群众对计划生育政策的理解与遵行其实也是一个渐进的过程，故前些年受传统文化及宗教习惯的影响，存在一个家庭超过两个子女的现象。而近年则绝大多数群众都已经能自觉遵守计划生育政策，超过两个子女的家庭已极其罕见。

② 据笔者调研，在受彝文化影响的武定农村汉族地区，入赘者所生子女须用妻家姓氏的习俗在大多数农村地区一直延续下来。只是按规则，到孙辈时允许恢复使用入赘者的姓氏，俗称"三辈人归宗"。

③ 罗婺部主要区域为现武定地区。

④ 参见何耀华：《武定凤氏本末笺证》，云南民族出版社1986年版，第5页。

⑤ 周相卿：《雷公山地区苗族习惯法研究》，法律出版社2016年版，第227—228页。

⑥ 刘永佶，于池：《掌坳村调查（苗族）》，中国经济出版社2010年版，第9页。

土地,作为家庭中的重要财产,当父母去世后,如何处理呢?① 周相卿调查过黔东南雷公山地区苗族村寨无子户承包地的处理规则,就女儿是否有继承权的问题,总结了两种情形:一类是在部分村寨,女儿不得继承,由村民小组重新分配;另一类是部分村寨,继承权归女儿。② 李向玉通过司法实例,分析了苗族继承习惯法的一些规则:"无子无继承权""无子(儿子)户财产由亲兄弟或近亲叔伯家族继承"。③ 从学者们对黔东南苗族聚居区无子(儿子)户土地等财产的继承习惯的分析来看,不论无子户的土地等财产由家族继承,或村组收回另行分配,还是某些村寨允许女儿继承,但都没谈到招赘女婿延续家庭关系而继承的问题。同时,也鲜有学者论及其他传统苗族聚居区的无子家庭的招赘继承制习俗。可见,在黔东南等苗族传统聚居区,其文化因受外界影响相对较小而保留较完整,故其继承制度有其特色,尽管苗族这种传统的继承习俗与国家继承法存在冲突。

而由此可,武定团碑地区苗族的招赘习惯,应主要是受当地彝文化影响的结果,这也是长期以来,当地彝文化居于主导地位发生的辐射作用所致。那么,究竟由哪一个女儿最终占有和管理家中承包经营的土地,就是个重要的问题。按苗族的继承原则,采用的是"留小不留大"的幼子继承规则,但该规则是针对有多子的情形,在有女而无子的情形,则对该规则进行了调整,一般采用长女招赘的方式,其他女儿则长大后依次出嫁,不能分得承包的土地。

事实上,因团碑及武定其他农村地区的苗族,一直坚持族内婚,一般不与外族通婚,为防止遗传方面的不利影响,其民族传统习惯要求男女青年择偶时,需要到较遥远的外地去找寻,不允许邻近或相隔少于一定距离的苗寨之间通婚。所以夫家和妻家往往相隔数十上百公里以外,甚至跨了县和地州市。所以已出嫁到外地的女儿,往往距离娘家较远,故即使允许外嫁女继承娘家土地,其实也是无法实际使用的。

3. 无子女家庭的过继规则

在团碑地区,因子女早逝或者终身未育等种种原因而无子女的苗族家庭,则采用过继儿子的方式,由继子负责财产和承包地的管理和经营,并承担继父母的养老送终责任。

按苗族的习惯法,根据家族继承的原则,无子女的家庭,夫妻去世后,其家庭财产由叔伯或家族继承。如果男性一直未婚,一旦去世,则由其兄弟家庭或本家族继承其遗产。④ 故武定团碑苗族地区无子女家庭的过继继子以继承家产及家族香火的习俗,也应该

---

① 按照我国农村土地承包法的规定,耕地是以家庭为单位进行承包的,故只要家庭尚有成员,则承包关系不变,不存在承包耕地的继承问题。以家庭成员的有无,作为某个家庭土地承包关系的存续或终止的立法本意,在民族地区的民间习惯中,则是按照继承的规则来理解的和适用的。故本文所言承包土地的"继承",其背后的实质问题是探讨有女无子的苗族家庭中,其家庭关系的延续习惯,如果家庭延续,则土地承包关系不变。招赘自是一种有效的延续方式,而如无招赘习俗,则无子家庭终将消失,以家庭方式承包的土地承包关系也会终止。

② 周相卿:《雷公山地区苗族习惯法研究》,法律出版社 2016 年版,第 224 页。

③ 李向玉:《冲突与整合——黔东南地区苗族继承习惯法司法个案分析》,载《湖南警察学院学报》2012年第 1 期。

④ 徐晓光:《苗族法制史》,远方出版社 2009 年版,第 193 页。

是深受当地彝族文化的影响。在武定县万德彝族地区,按旧的传统习惯,如果是黑彝(即"诺")的家庭无子女,即是以过继继子的方式来继承财产并延续家族香火的。而无子女的"白彝"支系和"红彝"支系家庭,因其传统上,该两支系的所有人员都是属于黑彝族的奴仆的,其财产应归黑彝族"主人"继承,俗称"吃绝户",故一般不得过继继承。其他地区的彝族中,也存在过续继承的习俗:"诺和土诺无子嗣,可招亲兄弟之子为养子继承其财产。"① 新中国成立后,打碎了民族中的不平等,所有的无子女的彝族家庭都可通过过继的方式来实现家族的延续。

团碑苗族当地受彝族习惯的影响,也有过继继子的习俗。其做法是,一般根据亲疏关系,从自家兄弟姐妹或表姐表哥家的儿子中过继。按习惯,过继的实质要件是,只要经过家族长辈们同意即可,不需要支付费用,有生下来就过继的,也有长大以后才过继的。近年,随着法律意识的提升,按民族习惯过继后,还要到相关部门办理法律手续。当然,办理了法律过继手续后,被过继的家庭,按计划生育政策,还可以再生育一个孩子。

4. 小结

团碑地区苗族人家庭承包的土地的分配利用习惯法与家庭亲属身份关系高度结合,凸显了较为浓重的伦理色彩,具有较强的封闭性。一方面,继受了传统的儿子继承、女儿没有继承权原则和幼子继承上的优越权这样的古老传统习俗;另一方面,又受区域主流文化的影响,对女儿无继承权的传统习俗作了某些变通和修正,借鉴了"招赘继承"制度,使无儿子的家庭由女儿来继承财产和传续香火,这其实也是对为了传递香火而想方设法生儿子的传统习惯的某种程度的纠正,对人口性别失衡和超生现象能起到一定的扼制作用;同时,对于无子无女家庭的"过继继承"制的引入,既解决了财产继承,也延续了家族香火。这些传统习惯的变迁,是苗族人生活方式简单,善于适应生存环境的体现。

(七)土地利用过程中的纠纷调解机制

土地利用中的纠纷解决机制,是苗族社会纠纷解决机制的重要内容。万德团碑苗族,历史上因系外来群体且人数较少,故外部纠纷的处理上,选择了服从于当地土司的方式,这一方式历经时代变迁和延续,当地成立了人民政府后,外部土地纠纷的解决,就由乡镇一级的人民政府处理。而村寨内部,尽管大家都遵循古老的民族习惯对土地进行分配和利用,但邻里之间,因房前屋后和田间地角这类紧挨着的地块之间,在权属上也难免会产生纠纷。其内部的土地权利纠纷,传统上由各寨子里的寨老裁断。随着社会的发展,现在,当发生土地权利纠纷时,最常用的纠纷解决方式是由村干部进行调解。村干部是由村民选举产生的,需要处事公道、懂国家政策和基本的法律规定的人才会得到大家的拥护而当选,故传统的寨老的职能,已经由村干部承担。因而村民间发生土地权利纠纷的,会请村

---

① 参见方慧主编:《云南法制史》,中国社会科学出版社2005年版,第502页。

干部处理。而这类纠纷，在村干部调解下，一般都能妥善处理。未发生过村民间因土地利用纠纷而找乡镇政府或法院处理的情形。

四、万德团碑苗族土地使用权习惯的性质与社会功能

（一）团碑苗族土地使用权习惯的性质

谢晖先生认为，法律不仅是地方性知识，而且是族群性知识。① 这一见解，对我们认识和理解万德团碑苗族土地使用权习惯，有积极意义。团碑苗族的土地使用权习惯，属于物权法的范畴，是其民族习惯法的核心内容，对其婚姻家庭、继承等习惯都有重要影响。而且，就历史角度考察，当地苗族系迁徙而来，作为迁徙民族，无论牧或耕，其最重要的依托在于能在迁入地获得一片土地的使用，哪怕是暂时的、短期使用。因而，苗族自传统祖居地辗转迁入团碑地区并获得了一定土地的使用权后，其土地使用权习惯发生了一定的变化，这其实正是适应当地的社会治理现状而作的自我调适。从中也看出土地使用权习惯在其民族习惯法中重要性。该土地使用权习惯，不同于制定法，也不能与一般的传统习惯相等同，正如高其才先生所认为的那样："习惯法是独立于国家制定法之外，依据某种社权威和社会组织，具有一定的强制性的行为规范的总和"。② 万德团碑苗族土地使用权习惯，就其发展演变的历程考察，是有强制力保障并且要求全体成员共同遵守的习惯法。

而且，团碑苗族的习惯法，也是其传统民族文化的重要组成部分；其土地使用权习惯，自然也是其传统民族文化的内容。作为民族文化，其根植于当地的社会经济发展水平和特点，同时又反过来影响着当地社会经济的发展。当代社会，随着时代的变迁和社会发展，当地苗族的生活发生了质的变化，土地的重要性更是不言而喻。而其传统的某些土地使用权习惯仍然延续下来，说明其土地使用权习惯已经深深融入了其传统民族文化中，成为其民族文化的重要组成部分，发挥着有形或无形的影响力。这也正反映出其土地使用权习惯在其民族习惯法中的意义。

（二）团碑苗族土地使用权习惯的功能

团碑苗族土地使用权习惯其实也是民族文化的重要内容，因而在理解其社会功能时，借鉴文化的社会功能研究，是有意义和启示的。英国学者布朗认为，功能是指局部活动对整体活动所作的贡献，一个社会习俗的功能，是指它在整个社会体系运转时对整个社会活

---

① 谢晖：《族群—地方性知识、区域自治与国家统一——从法律的"普适性知识"和"地方性知识"说起》，载《思想战线》2016年第6期。
② 高其才：《中国习惯法论》，社会科学文献出版社2018年版，第3页。

动所作的贡献。① 同时，英国学者马林诺夫斯基指出，对不同文化的理解的关键在于，理解者对被理解的客体应持有"文化持有者的内部眼界"。② 此外，法国比较法学家内勒·达维德认为，习惯只是有助于发现公正的解决办法的诸因素之一，而非基本的、首要的因素，在现代社会里远没有立法那样重要，但也并非微不足道。③ 这些见解，对我们认识和分析民族习惯的社会功能，有借鉴价值。

结合历史和现实考察发现，团碑苗族的土地使用权习惯，是一种地域性文化和弱文化。④ 影响着苗族人民的生活和意识，发挥着独特的社会功能。主要表现为：

1. 维护族群生存与发展的功能

团碑苗族传统上形成的土地权利规则与习惯，以及对他人土地、公用地、放牧地等互助互济的土地使用权习惯，体现历史上作为弱小的外来迁徙民族，在不利的生存状态下，适应社会环境，维系整个族群的共同生存和发展的功能。而随着时代变迁，现在，这一互助互济的土地使用权习惯，体现了相互帮扶和共同富裕的时代内涵。

2. 维持社会秩序的功能

首先，土地是团碑苗族村寨最基本的财产，维系着整个族群的生存。其土地使用权习惯，确立了村寨的土地使用的基本规则，规制了族群内部的土地权利及其使用规范，也就确立了族群内部基本的财产获取和保护规则。这些规则，在族群内部发挥着规范产权关系的作用，指引人们合理取得土地的使用，并取得土地的出产物；同时，对于不遵守土地使用权习惯规则的村民，进行相应的舆论谴责与惩罚。⑤ 从而，其土地使用权习惯，发挥了维持族群内部的社会稳定和社会秩序的功能。

其次，对每个家庭而言，土地是最重要的财产。其土地使用权习惯确立了家庭内部的土地权利及其继承规则，也就确保了家庭关系的稳定与和谐。

3. 土地纠纷解决方式具有矛盾化解功能

土地权利是大多数农村家庭的最主要的财产权利，对土地权利纠纷的处理方式及其效果，对当事人双方有重要影响。以司法裁判模式处理土地权利纠纷，尽管比较客观和公正，并有国家强制力为后盾，但往往容易使相关当事人彻底对立，甚至积怨积仇，引发家族间的矛盾对立，而且往往判决之后却面临执行的困难；同时，司法裁判的周期长，成本高，程序复杂，对邻里纠纷的处理也未必是最理想的方式。李向玉以黔东南苗族村寨因宅

---

① ［英］A. R. 拉德克利夫—布朗：《原始社会的结构与功能》，潘蛟等译，中央民族大学出版社1999年版，第203页。
② 参见［美］克福德·吉尔兹：《地方性知识：阐释人类学论文集》，王海龙译，中央编译出版社2000年版，"导读一"第5页。
③ ［法］勒内·达维德：《当代主要法律体系》，漆竹生译，上海译文出版社1984年版，第121页。
④ 正如前文历史发展的梳理，在团碑地区，主流文化是彝文化，亚文化是汉文化等；苗族作为迁徙民族而且人数较少，故其文化在当地其实是一种弱文化。
⑤ 在民族村寨内部，舆论的谴责是具有极强的威慑力的，被谴责的个人或家庭往往被孤立。而一旦被群体所孤立，则往往在村寨举步维艰。

基地土地权利引发的司法案例为例，分析了其宅基地权利纠纷司法裁判的情况和存在的问题。① 可见，在一些地方的苗族村寨中，因土地权利引发的诉讼并不少见；而司法裁判也面临一些实际的问题。

万德团碑苗族村寨土地利用过程中的纠纷解决机制经历了发展变迁的过程：村寨之间的外部纠纷，由历史上的服从土司处理，发展到现在的尊重当地政府的处理；村寨内部的纠纷，则由尊重寨老的裁断，发展到现在的尊重村干部调解。团碑苗族村寨内部的土地权利纠纷，无论是耕地、林地，还是宅基地，往往都尊重村干部调解而解决，鲜有因土地权利纠纷而引发诉讼的。可见，民间权威作为调解主体，仍然起着主导作用，发挥着积极的影响力。这样的处理模式，通过双方当事人心平气和的协商纠纷的处理，尽可能地化解双方的矛盾，协调村寨内部的人际关系。在团碑这样的小村落和小区域，人们世代生于斯、长于斯，抬头不见低头见，这样典型的熟人社会，最重要的就是人与人之间的和谐相处，将矛盾化解于无形，从而避免撕破脸皮而僵持对立。否则仇怨淤积，即使经过司法裁判，但隔阂和仇恨可能会更深，甚至成为家族间的世仇而代代相传。故而，团碑苗族村寨土地纠纷解决的模式，较为符合当地的乡土正义观，对矛盾的化解起着不可替代的作用。

4. 对国家法的补充功能

国家的正式的法律是制定法，体现的是国家的意志，也是具有国家强制力保障的具有最高权威性和效力的法律规范。但是，在民事生活这一私人领域和空间，在国家法律的基本规则和框架下，并不排斥习惯法的存在，正如有学者所言："即使是在当代最发达的国家，国家法也不是唯一的法律，在所谓正式的法律之外还存在大量的非正式法律"。② 我国的民事法律，按《民法总则》第 10 条的规定，处理民事纠纷，应当依照法律；法律没有规定的，可以适用习惯，但是不得违背公序良俗。可见，我国民法也是将习惯作为民法的法源，承认其效力的。

事实上，国家法律具有高度的抽象性，因而，由当地大家共同遵守的具体习惯来弥补国家民事法律的抽象性规则，这是处理纷繁复杂的民事生活的需要。而在团碑苗族村寨中，其土地使用权习惯是非常具体的，而且具有其历史传统性和高度的群体认同性，因而在协调村寨内部个体与群体关系、相邻关系、家庭关系等方面，有其积极意义。按我国《物权法》第 85 条（《民法典》第 289 条）的规定，法律、法规对处理相邻关系有规定的，依照其规定；法律、法规没有规定的，可以按照当地习惯。土地权利作为团碑苗族社会生活中最重要的财产，参照其习惯来处理土地权利的关系，既符合实际，也符合法律的精神。故参照其土地使用权习惯来处理土地权利纠纷，既体现了其土地使用权习惯对国家

---

① 李向玉：《现代司法境遇下的习惯法——以黔东南苗族宅基地习惯法司法个案为例》，载何明主编：《西南边疆民族研究》（第 13 辑），云南大学出版社 2013 年 9 月版，第 65—73 页。

② 参见梁治平：《清代习惯法》，广西师范大学出版社 2015 年版，第 33 页。

法的尊重，也体现其对国家法律的补充作用。

5. 互助的用地习惯起到促进区域社会发展的功能

万德地区是远离县城的山区，总体发展水平不高，而团碑苗族村寨因多系住于邻山地区，属于万德经济区的边缘地带，自然条件更为恶劣，社会发展水平更为滞后。对于团碑苗族村寨的脱贫与发展，一方面需要外力的助推，这有赖于国家的各项政策措施的推动和外部的帮扶；另一方面，则需要村民的自力更生，而且这其实也是长期持续发展的一个基础性和根本性条件。在村寨的自我发展中，村民之间的互助和互济，是实现共同发展，达到共同目标所必不可缺的。而这种互助互济，如果单纯依靠宣传和倡导，或是依靠行政手段来推动，其效果都较为局限，也难有持续性。而在团碑苗族中，互助互济的传统习惯，已经耕植于人们的思想意识。而且这种意识，其实体现于整个族群的传统习惯法与文化之中，历经社会变迁而延续下来，成为人们的一种自觉意识，无须宣传动员，更无须行政强制。在土地使用权领域体现出来的互济互助习惯，是其民族习惯中互助互济习惯的反映。由于土地资源的重要性和对社会发展的不可替代性，因而土地使用权上的互助互济习惯，对于该区域社会经济的发展起着积极的促进作用。

6. 传统文化的传承功能

随着时代的发展，团碑苗族的土地使用权习惯已经不再是一种正式的制度；但作为民族传统文化，仍然在人们的社会生活中起着作用，发挥着有形或无形的影响。而由土地使用权习惯所影响的社会生活领域，又不仅仅局限于土地，往往涉及村寨群体生活，村寨人际交往，邻里关系，家庭关系，婚姻与继承等等，几乎涉及社会生活的方方面面。因而，其土地使用权习惯，其实也是民族文化发展与传承的重要体现。

五、小结

武定万德团碑苗族在世代农耕生活中，土地是家庭最重要的生活来源和财富，与每一位家庭成员息息相关，因此在历史过程中，团碑苗族人形成了与家庭亲属身份关系高度融合的具有一定人身依附关系的土地利用习惯法，成为其物权习惯法的重要组成部分。土地权利观念及土地权利制度的演进，区域文化的交融与整合，影响着用地习惯法的形式及其变迁，也影响着土地价值和土地功能的发挥。通过对其土地使用权习惯的深入调查，分析其特点与功能，吸收其有益成分，对于推进该地区的社会发展及社会治理，可以对法律和政策起到积极的补充作用。

On the evolution and social function of the customary law of the Land tenure of the Miao nationality in Wuding group

Xu Jianping

Abstract: The Miao nationality in the village of Wudingtuan tablet in Jinqiao, which is free of charge, has made use of land contracted by families and public land and settled disputes over land ownership, which both embody the characteristics of the traditional national customary law, it also reveals many elements of the regional mainstream culture. This is the result of multi-cultural interaction, integration, adjustment and sublation, and also a choice to adapt to the living environment and economic conditions. By analyzing the content and characteristics of its Land tenure habits, summarizing its social functions and absorbing its beneficial elements, it will be of great benefit to promoting social development and social governance in the region.

Key words: Land Tenure; National Customary Law; Social Function; Miao

制度分析

民族地区乡村治理的习惯规则之维[*]
——基于新制度主义的分析

廖 艳　吴承超[**]

摘　要　习惯规则作为一种非正式制度，对民族地区乡村社会的治理具有一定的积极成效。习惯规则具有规范、规制及文化认知三大功能，在其运行主体的互动中，型塑出民族地区内源式乡村治理机制。随着国家权力的下沉，习惯规则与国家正式制度之间发生了碰撞与冲突，习惯规则的运行空间遭受了"挤压"，习惯规则也遭遇了"合法性"挑战。要想更好地治理民族地区乡村社会，必须要促进国家正式制度和习惯规则之间的融合，最终形成嵌入式乡村共治机制。

关键词　民族地区　乡村治理　习惯规则

一、问题的提出

我国所实施的发展方针政策具有极强的城市倾向性。这种以城市为导向的经济发展模式，使得我国部分乡村出现衰败迹象。为解决这一难题，党的十九大提出了乡村振兴战略。振兴何以可能，乡村治理首当其冲。我国是一个多民族国家，民族地区乡村社会因其历史文化、地理位置、社会习俗的不同，其治理困境具有一定的特殊性。为了破解民族地区乡村治理之困境，有必要深入挖掘民族地区的本土资源——习惯规则的治理功能及其作用机制，进一步健全民族地区自治、法治、德治相结合的乡村治理体系。

事实上，我国许多学者早已将习惯规则融入乡村建设和乡村治理的宏大叙事理论之

---

[*] 贵州省教育厅高校人文社会科学研究项目"乡村振兴战略下民族习惯规则的治理作用机制研究"（2019dxs023）。
[**] 廖艳，法学博士，贵州大学公共管理学院教授、硕士研究生导师；吴承超，贵州大学公共管理学院社会学硕士研究生。

中。如晏阳初在河北开展的"乡村建设"运动、陶行知在江苏提倡的"乡村教育"项目以及梁漱溟在山东提出的"乡村建设",随后费孝通(2003)、① 吴大华(2005)、② 徐晓光和杜晋黔(2015)、③ 石佑启和谈萧(2018)④ 等学者都对习惯规则的乡村治理作用开展过相关研究。在他们看来,在乡村治理中,习惯规则作为一种非正式制度,与正式制度之间始终存在着一定张力,但是极少有人去深入论及两者存在张力的背后,习惯规则的运行机制如何演变以及如何应对变化。新制度主义者们认为,习惯规则作为一种非正式制度,具备制度的三大基础要素,即规范要素、规制要素以及文化认知要素。在实践中,这些要素外化为相应功能,⑤ 从而为民族地区的乡村治理提供可能。尽管如此,随着国家权力的不断下沉,国家正式制度和习惯规则必然会发生碰撞与冲突,习惯规则又将如何发挥其治理功能。基于此,本文将以贵州省从江县占里侗寨为研究样本,从新制度主义入手来分析习惯规则与民族地区乡村治理的契合之处,探究新双轨制度下习惯规则运行面临的挑战与未来,以图能为民族地区乡村治理提供有效的经验借鉴。

二、习惯规则与民族地区乡村治理的契合机理

占里侗寨是贵州省黔东南苗族侗族自治州从江县高增乡的一个自然村,至今仍保存着浓郁的民族风情。占里侗寨几乎都为吴姓,由共同的祖先繁衍生息至今。全村共158户侗族人家,人口总数一直控制在700人上下,人口自然增长几乎为零。占里侗寨每户只生两个小孩,几乎没有一户超生,被誉为"中国人口文化第一村"。占里侗寨保留着较为完整的习惯规则,这些规则涉及村民生产生活的方方面面,通过盟誓、侗族大歌以及习俗仪式等形式得以世代相传,时至今日仍然在一定程度上规范和指引着村民的行为。⑥ 正如布莱克斯通所说,"我们之所以自由,是因为治理我们的法律是我们自己的……我们的自由不是因为我们拥有它,支配它,有权使其为我所用,而是我们感觉完全与之融汇在一起,它成为我们内在生活的一部分,我们完全参与了它"。⑦ 习惯规则作为占里侗寨的民间法律,与村民深深地融合在一起,成为其内生文化的重要组成部分,为占里侗寨的治理提供内在契合。

---

① 费孝通:《民族社会学调查的尝试》,载《中央民族学院学报》1982年第2期。
② 吴大华:《论民族习惯法的渊源、价值与传承——以苗族、侗族习惯法为例》,载《民族研究》2005年第6期。
③ 徐晓光、杜晋黔:《华寨的'自治合约'与'劝和惯习'》,载《原生态民族文化学刊》2015年第2期。
④ 石佑启、谈萧:《论民间规范与地方立法的融合发展》,载《中外法学》2018年第5期。
⑤ [美] W. 理查德·斯科特:《制度与组织——思想观念与物质利益》,中国人民大学出版社2010年版,第56页。
⑥ 占里侗寨保持得较为完好的习惯规则包括:全体村民开展的盟誓节日;"郎不外娶,女不外嫁"的寨内婚俗(但三代之内是禁止结婚的);农历十二月二十六日至二十八日举行的集体婚礼;生育习俗以及丧葬规则等等。现如今,许多的习惯规则已经被融入《村规民约》之中。
⑦ 萧然:《法律下的自由何以可能——对哈耶克法律理论特别是其'普通法'研究的一个批判性阅读》,http://www.Aisixiang.com/data/8968.html,访问日期:2020年1月4日。

(一) 规范价值之契合

正如埃里克森在《无需法律的秩序》中所言："交织紧密的群体会形成一些社会规则，会形成无需法律的秩序。"① 世世代代的占里人民在"熟悉人"场域里密切地生活与交往，自发形成了各种习惯规则。这些规则是占里人民有关伦理道德及其社会价值理念之思考结晶。这些规则中所蕴含的规范要求和价值观念被村民深深认同并内化于心，成为自我管理之准则，保障占里侗寨的有序运行。

在占里侗寨，每年农历二月初一与八月初一之时，不论是在外务工还是求学的村民，都须赶回占里进行"盟誓"。他们穿上自家制作的"盛装"，精心装饰自己来参与这一活动。"盟誓"的内容主要是信守诺言、遵守寨内习惯规则，意在强化村民对习惯规则之内心认同，形成意识与行为上的趋同模式，谨守这些规范。在盟誓仪式上，由鬼师宣读《村规民约》（未制定〈村规民约〉之前宣读的是'六规'），② 村民进行发誓，承诺如有违反则需承担后果。"盟誓"仪式一年举行两次，加强其"合法性"地位,③ 增进村民对规则的认可。此外，占里人民常常运用自己的智慧，将一些重要的习惯规则编入一曲曲耳熟能详的侗歌之中，以便村民更好地掌握和理解这些规则，使习惯规则和道德价值观念更加贴近村民的生活。比如，《劝世歌》中唱道，"祖祖辈辈住山坡，没有坝子没有河。种好田地多植树，少生儿女多快活。一株树上一窝雀，多了一窝就挨饿。告知子孙听我说，不要违反我规约"，生动形象地告诫村民一定要维持人口规模与自然环境之间的平衡关系。

(二) 规制手段之契合

占里侗寨的习惯规则与乡村治理还具有规制手段的契合性。按照规制性制度要素理论学者的观点，惩戒性才是制度存在的根本，具有规制性的制度才是有效而稳定的制度，才可能形成一种内在的"法律"约束。④ 占里侗寨的许多习惯规则都是规制性条款，对于涉及危害他人、损害集体利益的事件以及冒犯祖先和萨等行为都会予以相应的惩治，威慑和预防了潜在的违反习惯规则的行为的发生，维护了村寨的和谐与安定。

---

① 参见 [美] 罗伯特·埃里克森：《无需法律的秩序》，苏力译，中国政法大学出版社2016年版，第297—300页。
② "六规"指："一、不准多生。夫妻只生两个娃，多生者不娶其女作媳，不嫁其子为妻，使其男孤女单，自感羞耻。严重多生驱出寨门。二、不准乱砍滥伐。乱伐者罚银五十二两并杀耕牛全寨分享以警示村民。三、安全用火。失火者杀耕牛并驱出寨门三年，回来罚五十二两作为买寨钱，但是只能住寨边。四、不准偷盗。偷盗者罚银五十二两并退还偷盗的东西。五、禁止赌、毒。吸毒赌博者要处罚银两，屡教不改者，并杀其耕牛全寨分享，没收财产，驱出寨门。六、杜绝受贿。寨老断事要公正，不能收受他人财物颠倒是非，否则将其财务全寨分享并取消寨老资格。重者还杀其耕牛全寨分享以警示全寨村民。"
③ 本文的"合法性"不能简单地理解为一种合乎国家统治或者政治秩序的正式法律规范，而是从文化人类学的视野将其理解为一种合乎广大民众的社会规范、生产秩序和治理实践，其合法性来自民众的认可。
④ 周家明、刘祖云：《村规民约的内在作用机制研究——基于要素-作用机制的分析框架》，载《农业经济问题》2014年第4期。

我们从占里侗寨新修订的《村规民约》可见一斑。《村规民约》规定,"一、有下列行为者,按'三个120'（即120斤猪肉、120斤大米、120斤米酒）承担违约责任：（1）一对夫妻生育超过两个孩子；（2）盗窃、毁坏他人财物500元以上……二、有下列行为者,按'三个66'承担违约责任：（9）盗窃、毁坏他人财物500元以下；（10）引发森林火灾10亩以上……三、有下列行为者,按'三个33'承担违约责任：（14）邻里之间打架斗殴；（15）电鱼、毒鱼、炸鱼……四、有下列行为者,按'三个12'承担违约责任：（27）计划外生育；（28）早婚早育……"。《村规民约》还明确规定规约监督执行的机构是村"两委"和村老年协会。《村规民约》现以文字的形式镌刻在鼓楼的石碑之上,避免了口头承诺的弊端,让惩处有根可寻,有据可查。

（三）文化认知之契合

占里侗寨的习惯规则作为一种内生性的本土文化,倡导一种良好的社会风尚和价值观念,与乡村治理在文化认知上具有内在一致性。从文化人类学的视角来看,本土文化并非传统文化,它是本民族的生活习惯和思维方式沉淀的结果,是该地域人民重新阐释过的文化,具有独特性与纯粹性,是本土独创的一种文化形式。村民作为一个社会人和道德人,在成长过程中不断被其社会化,汲取着占里先民在长期生活中传承下来的文化基因和精神底蕴。从文化的角度讲,社会化就是一个文化传递和延续的过程,社会化的实质是社会文化（核心是价值标准）的内化。① 对于从小出生于占里侗寨的村民来说,其在这一场域中成长,耳闻目染占里侗寨的习惯规则,在社会化的过程中不断地将蕴含于这些规则中有关诚信做人、勤俭持家和和睦兴业的传统道德价值观念进行内化,最终指引其行为。这些习惯规则与乡村治理在价值取向与情感支持上具有极大的共性,是民族地区乡村治理重要的精神命脉和文化根基。

三、新双轨制度下民族地区乡村治理中习惯规则运行机制的变化及其挑战

上文已经从制度要素的角度论证了习惯规则与民族地区乡村治理在规范价值、规制手段以及文化认知上存在着契合性,进而证实习惯规则是民族地区乡村治理的重要因素。然而,随着国家治理目标与任务的不断推进,习惯规则在民族地区乡村治理的实际成效如何呢？现有的研究成果和调查资料显示,新双轨制度下习惯规则对民族地区乡村治理具有一定积极促进作用的同时,② 也遭遇到了国家正式制度的"挤压"。③ 在被"挤压"的过程

---

① 郑杭生：《社会学概论新修（第三版）》,中国人民大学出版社2003年版,第82页。
② 本文的新双轨制度作为乡村治理的制度背景,是指国家正式制度与民族地区的习惯规则这一双轨力量共同作用于民族地区的乡村社会。在这一制度背景下,民族地区的治理主体角色发生了重叠,治理机制发生了演变,并呈现出"别样"的双轨治理样态。
③ 参见陈寒非、高其才：《乡规民约在乡村治理中的积极作用实证研究》,载《清华法学》2018年第1期。

中，习惯规则的运行机制发生了变化，其实践空间和制度权威遭受了挑战。

（一）习惯规则运行机制之演变

不论是正式制度还是非正式制度，其作为一种制度，作用于社会结构时往往需要权威者、代理者以及践行者三类行动者来维持一种较为稳定的运行机制。在国家正式制度下沉之前，占里侗寨的村民大会以民主集中、少数服从多数的原则，以习惯规则为议事依据，成为占里侗寨的最高权威，扮演村寨的权威者角色。寨老因其德高望重、熟知历史以及在村寨内外拥有良好的社会关系成为乡村治理的代理者。村民以村民大会的决议为行事指引，是习惯规则的遵守者和维护者，扮演着践行者的角色。在这一实践行动中，村民大会负责权威规则的制定，寨老运用习惯规则实施乡村治理，村民则合意遵守这些规则。"村民大会—寨老—村民"三方主体各司其职，最终形成了内源式乡村治理机制（如图1）。

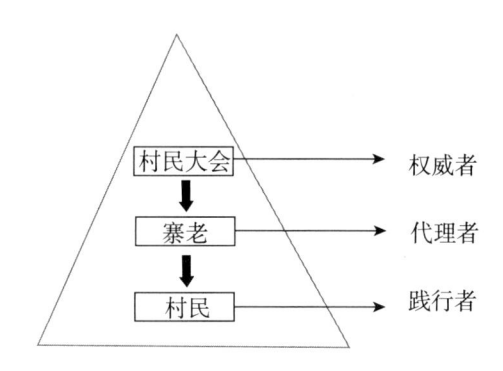

图1 占里侗寨的内源式治理机制

当国家正式制度深度沉入民族地区形成新双轨制度之后，占里侗寨内源式治理机制发生了演变。基层政府作为国家权力下沉的末端机构，其以国家正式制度为治理依据，作为权威者角色与村民大会并驾齐驱。基层干部作为基层政府参与乡村治理的代理人，成为代理者与寨老角色出现重叠。村民依然扮演着践行者的角色，只是其行动路径发生了变化，一部分村民打破传统规约，走上正式制度的路向；而另一部分村民深受血缘共同体、区位以及传统文化等因素的束缚，依然是习惯规则的忠诚拥护者。占里侗寨村民在"'基层政府—村民大会'和'基层干部—寨老'"的双重角色结构下行动，形成了乡村共治格局（如图2）。

"制度并不是一个绝对客观的物，而是冲突的社会事实相博弈、矛盾的主体需求相权衡、对立的利益主张相妥协的结果……它自身蕴含着多元冲突社会中不同主体之多元的意义期待。"[①] 在占里侗寨共治进程中，各方行动主体为了维护自己的利益也在"各显神

---

① 谢晖：《法律意义的追问——诠释学视野中的法哲学》，商务印书馆2004年版，第7页。

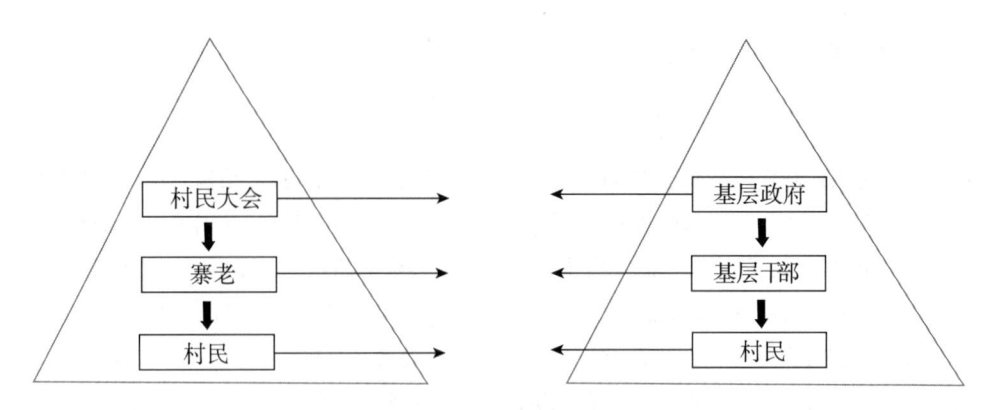

图 2　新双轨制度下占里侗寨的共治机制

通"。基层政府对上级政府负责,村民大会对占里村民负责。作为基层政府权威代理者的基层干部,其并非是无私的国家机器,而是带有其群体或个人利益诉求的行动者;而作为村寨权威代理者角色的寨老,以占里的未来发展与村民利益为第一要务,其对十国家正式制度的下沉及其实施效果极为敏感。作为践行者角色的占里村民,面对双重规则的制约,其行动路径常常会出现两难的抉择。

(二) 习惯规则运行机制面临的挑战

在占里侗寨共治实践中,习惯规则受到了国家正式制度的强势规制和诱导,再加上习惯规则本身所固有的某些缺陷,其生存空间和"合法性"地位受到挑战。①

1. 习惯规则生存空间的压缩

在占里侗寨由内源式治理机制向共治机制转变过程中,习惯规则的生存空间逐步被挤压,主要表现为运行主体与实践场域被挤压。

首先,习惯规则的运行主体被挤压。在内源式乡村治理机制中,村民大会、寨老以及村民是占里侗寨习惯规则的行动者,三者在治理实践场域中各自行使职责,维护着村寨秩序的正常运转。当国家正式制度下沉之后,占里侗寨形成了共治机制,村民大会和基层政府、寨老与基层干部的角色出现了重叠。在这样的运行机制中,一方面习惯规则运行主体的效用场域被限定在占里侗寨,一旦"脱域"将失去其治理功能;另一方面代表国家意志的正式制度的运行主体因其制度上的明显优势,在乡村共治的过程中掌握着主导权和话语权,从而导致内源式治理运行主体角色的边缘化。此外,内源式治理机制的运行主体不仅需要遵循国家正式制度的相关规定,还需要以习惯规则为行事准则,其行动更显束手束脚。

其次,习惯规则的实践场域逐渐收缩。传统中国习惯规则生存的环境是以乡土本色、

---

① 石佑启、王振标:《民间规范的生存空间及其受国家法的规制与改造——基于博弈论与新制度经济学的视角》,载《江苏社会科学》2018 年第 6 期。

差序格局、礼治秩序、血缘和地缘等为基本特征的乡土社会。① 但是，随着国家正式制度下沉后所带来的社会结构和经济形态的巨大变化，习惯规则在适应国家诱导的制度变迁上频频失灵。② 在习惯规则适应失灵的过程中，运行主体的生存空间不断被挤压的同时，习惯规则的实践场域空间也在逐渐收缩。比如，前文已经提及的占里侗寨的互助规则就是如此。在内源式治理时期，如果某户需要修建房屋，只需要去寨内挨家挨户讨活儿即可。助人者与被助者不存在任何经济上的关系，只需要被助者在助人者需要劳务帮助时给予返还即可。这样的互助模式，在差序格局的情理社会中，不仅能增进村民间的凝聚力，形成包容互惠的乡土气息，而且能提高办事效率。但当国家正式制度下沉之后，由于新技术和新观念的逐渐渗入，占里村民修建房屋时不再需要讨活儿，要么以支付报酬的方式请村寨或者外村的人进行修建，要么直接用外包的形式将房屋承包给村寨或者外村的人来完成。互助规则逐渐丢失了其部分生存空间，进而会在一定程度上影响优良风俗和良好道德观念的传承。在占里侗寨，类似于互助规则实践场域被挤压的现象还有许许多多，如古老的六规，寨内婚俗，等等。

2. 习惯规则的"合法性"危机

习惯规则在占里侗寨的治理中不能完全发挥其应有的功能，除了因为在国家正式制度"挤压"下其生存空间遭到了限制和压缩外，制度本身也遭遇了"合法性"危机。

首先，习惯规则的规制手段出现了"合法性"危机。在内源式治理时期，占里侗寨的习惯规则合乎村民的意志，其具有极强的规制作用。就拿占里侗寨的"郎不外娶、女不外嫁"的寨内婚姻规则来说，该规则一直规制着村民的男女婚配行为。占里的男孩只能迎娶村中的女孩为妻，女孩也只能嫁于村中的男孩为夫。如有不遵循者，外嫁女将失去姑娘田、山岭土地以及其他嫁妆，其父母也认为其不孝顺。而外嫁的女儿想回家看望父母，必须取得其父母和村民的允许，否则不能回娘家看望父母。占里侗寨几乎没有外嫁女和外娶郎，其父辈和亲戚都极力反对寨外通婚行为。当《婚姻法》下沉到占里侗寨后，其寨内婚姻规则的规制手段的"合法性"受到了极大挑战。当村民了解《婚姻法》之后，婚姻自主意识开始觉醒，占里侗寨陆续出现了外嫁女和外娶郎现象。尽管这一现象在占里侗寨并非主流，也常常受到他人的非议，甚至还会被记录在案，但并不妨碍其正常的生活。久而久之，新成长起来的占里青年逐渐打破了"郎不外娶、女不外嫁"的寨内婚俗观念，一些较为年长的村民也慢慢默认了外嫁和外娶的现象。从寨内婚俗观念的变化可知，民族地区习惯规则的规制手段的"合法性"地位开始动摇，受到了一定的挑战。

其次，习惯规则的文化认知出现了"合法性"危机。随着社会经济的快速发展以及信息技术的飞速推进，外来文化和制度不断冲击着民族地区的本土文化和传统规则。村民在

---

① 费孝通：《乡土中国 生育制度》，北京大学出版社1998年版，第48页。
② 石佑启、谈萧：《论民间规范与地方立法的融合发展》，载《中外法学》2018年第5期。

适应和接受外来文化和制度的同时，也逐渐对本土文化产生了质疑。笔者在占里侗寨开展实地调查时，得知有外商打算投放巨资来打造占里。对于这一事件，笔者访谈后得知，中老年人不同意外商入驻村寨，青年群体则同意外商入驻。[①] 中老年村民担忧一旦外商进入占里侗寨，外界社会的规则会大肆侵入村寨，致使本土规则的主导权和话语权丧失，最终导致其本土民族文化的瓦解，并失去归属感。而青年村民却认为，外商入驻会让占里侗寨焕然一新，不仅可以改善村寨的基础设施，村民们也可以通过开客栈、做餐饮等方式来改善目前的生活境况。在占里青年人看来，改变现有贫穷落后的局面才是最为重要的，那些所谓的习惯规则和民族文化阻碍了村寨的进步与发展，依靠外界的力量来改变占里的社会经济现状才是最为有效和最正确的方式。调查中还发现，青年人并不愿意继承占里侗寨的民族文化和传统手艺。青年村民对本土文化质疑与摒弃的行为，意味着占里侗寨本土文化认知的"合法性"地位遭受了危机。

四、嵌入式发展：民族地区乡村治理中国家正式制度与习惯规则之融合

上文从制度嵌入的视角分析了民族地区乡村治理中习惯规则运行机制发生的变化及其面临的挑战。就我国民族地区的乡村治理而言，国家正式制度固然重要，但也缺少不了习惯规则的内在支撑。习惯规则与国家正式制度有各自的优缺点，二者的关系不应是一方完全替代另一方，理想状态应该是相互支撑、互相补充的互养关系，[②] 有时甚至需要国家正式制度的合理收缩。[③] 因此，我们必须合理利用民族地区习惯规则这一本土资源，形成习惯规则和国家正式制度的治理合力，让习惯规则和国家正式制度在互嵌过程中实现其融合发展。

（一）诱导性变迁与自发秩序的生成：路径依赖与内在嵌入

国家正式制度与习惯规则在乡村共治的过程中尽管可能发生碰撞和冲突，但习惯规则在民族地区乡村治理中的积极作用是毋庸置疑的。苏力早年也曾深入论证过中国乡村法治建设需要借重本土资源，诸如传统规约里起房造屋、纠纷处理、白喜酒等"地方性知识"。[④] 事实上，要想充分发挥习惯规则在民族地区乡村治理中的积极功能，我们需要对现有的习惯规则进行当代转型，使其不仅保留有利于乡村治理的优秀本土资源，而且能与国家正式制度相契合。因为不可否认的是，有时某些习惯规则反倒成为妨碍深入讨论治理问题的障碍。比如上文所提及的占里寨内婚姻习惯规则，其不仅有悖于国家正式制度的

---

① 笔者通过入户的形式开展了半结构式访谈，一共走访了 15 户家庭，访谈主题就是"您如何看待外商打算投放巨资打造占里侗寨这一事情"。每户家庭中的年长者几乎都持反对意见，而青年人则持支持意见。
② 谢晖：《大、小传统的沟通难题与人权基点的沟通》，载《甘肃社会科学》2011 年第 4 期。
③ 江必新、王红霞：《法治社会建设论纲》，载《中国社会科学》2014 年第 1 期。
④ 参见苏力：《法治及其本土资源》，中国政法大学出版社 2004 年版，第 3 - 23 页。

有关规定，而且不利于人的全面发展和社会的进步，因此在民族地区乡村治理中要坚决摒弃这类习惯规则。总而言之，在习惯规则的当代转型中，应以国家正式制度为指导，倚靠民族习惯规则内在的治理动力和文化基因，比如村民之间的信任关系、血缘共同体意识和区位等等治理资源，让国家正式制度和习惯规则相互接纳和嵌入，致使两者发生诱导性变迁，实现国家意志与地方性知识的互通，使"下乡"的国家正式制度真正扎根于民族地区的农村社会，最终促进新的自发秩序的生成。

（二）村规民约对习惯规则的合理吸收：本土供给与程序保障

在民族地区乡村治理实践中，除了通过制度的互嵌融合为习惯规则的运行主体和实践场域寻求合理的生存空间外，我们还需强化习惯规则的"合法性"地位。当前来看，以习惯规则作为主要规范来源的村规民约可以实现这一功能。根据《村民委员会组织法》第27条的规定，村民会议可以制定和修改村规民约，并报乡、民族乡、镇的人民政府备案。村规民约作为国家法律授权制定的旨在驱动村民自治内因的制度载体，既需要严格遵守国家的法律和政策，同时必须基于村民的同意，体现了国家意志和村民道德文化认知的内在一致性。因此，我们有必要进一步规范民族地区村规民约的制定，内容上不断优化，形式上合法规范，使村规民约真正成为民族地区乡村治理的重要行为准则。

首先，优化村规民约的内容。村规民约作为村民自己的"小宪法"，是指导和约束全体村民的"公约"，应该在乡村社会的秩序维护和村民行为的指引上发挥重要的作用，因此村规民约内容的"在地性"就显得尤为重要。从根本上来说，"乡村内生性的非正式制度在理论上应该就是村规民约的构成主体"。[①] 这就要求我们在制定村规民约时要以习惯规则为规范来源，在不违背国家法律和政策的基础上，吸收习惯规则的积极成分，制定适合本地发展的村规民约，避免村规民约的"水土不服"，让村民在熟悉的文化土壤中有序的生活。占里侗寨的《村规民约》的具体条款大都就是围绕古老的"六规"的内容修改的，体现了村规民约的本土性供给。比如，关于人口发展以及非法乱建的条款就是在习惯规则的基础上制定的。

其次，规范村规民约的制定程序。严格规范村规民约的制定程序，确实保障村民的民主决策权利，是确保全体村民依照村规民约共信共行的根本前提。根据《村民委员会组织法》第22条的规定，村规民约的制定应当获得多数人的同意，确保村规民约是村民合意的结果，这也是村规民约效力的根本来源。基于村民同意制定出来的村规民约应当受到全体村民的共同遵守，使之能够"内化于心，外化于行"。此外，村规民约作为法意味其产生之时，某种"权力"（该权力来自《村民委员会组织法》第27条的授权）即"在场"。[②] 因

---

① 周申倡、戴玉琴：《论新时代深化村民自治的'双向制度'供给——基于村民自治制度与乡村非正式制度融合的视角》，载《学海》2019年第3期。
② 罗鹏：《王明成. 村规民约的内涵、性质与效力研究》，载《社会科学研究》2019年第3期。

此，规范的制定程序是村规民约的践行力以及规制力的重要保障。当然，根据《村民委员会组织法》的决定，村规民约的制定需要多数人的同意，而非每个人的同意，但村民组织不得剥夺任何一个村民发表意见的权利。占里侗寨在制定《村规民约》时就严格遵守了法定的程序。占里侗寨《村规民约》的拟定是由村领导会议决定给出方案，经由村民大会通过并公示一个月。在这一过程中，村民有质疑或者不清楚的地方可以随时提出，并进行相应的调整，直至最终通过为止。随后将村民大会通过的《村规民约》报乡镇基层政府备案，再报县政法委审批通过。之后选定日期开展《村民规约》的立碑仪式，并当场刻下承守人名字，按占里侗寨习俗进行庆祝。

五、结语

在城镇化发展不断推进、人口流动极其频繁的当今时代，我国部分民族地区的乡村社会出现了原子化和空壳化现象，民族地区的治理样态也由内源式治理向新双轨制度下的共治格局转变。在乡村共治机制中国家正式制度和习惯规则存在张力，导致习惯规则的生存空间不断被压缩，"合法性"地位也遭遇了危机，民族地区的乡村治理依然困难重重。想要化解这一难题，提升民族地区乡村治理之成效，需在国家正式制度的引导之下，挖掘习惯规则的本土治理资源，提升习惯规则的"合法性"地位，引导村规民约的规范制定，实现国家正式制度和习惯规则的互嵌融通发展，促就新的内生秩序的生成。

On the Customary Rules of Rural Governance in Ethnic Areas
——Analysis based on neo – institutionalism

Liao Yan Wu Chengchao

Abstract: As an informal system, customary rules have certain effects on the governance of rural society in ethnic areas. Customary rules have three major functions of standardization, regulation and cultural cognition, and in the interaction of their operating subjects, they shape the endogenous rural governance mechanism in ethnic regions. With the decline of government authority, there has been a collision and conflict between customary rules and the state's formal system. The operating space of customary rules has been "squeezed", and customary rules have also encountered a crisis of "legality". To better manage the rural society in ethnic areas, it is necessary to promote the integration between the state's formal system and customary rules, and eventually form an embedded rural co – governance mechanism.

Keywords: ethnic regions; rural governance; customary rules

民事审判中习惯适用的规范化问题研究
——以 Z 市基层法院 292 份民事判决书为样本

于志洁* 李 宁**

> **摘 要** 《民法总则》第 10 条规定明确习惯可以作为法律渊源。通过对 Z 市基层法院 292 份民事判决书统计分析，发现习惯在民事审判中存在适用单一化、片面化、模糊化等问题。习惯的不确定性、地域性、多样性决定了习惯在民事审判中适用的不确定性、不统一性，一定程度上影响了司法公信力。因此，民事审判中必须规范化适用习惯，其前提是习惯必须是合法的且是合正当性的。另外，习惯的适用最终还是回归于具体民事审判之中，这需要一套完整的适用方法，其具体实现路径主要有法律发现、综合衡量、适用导入等三步。
>
> **关键词** 习惯 民事审判 司法适用 规范化

道格拉斯·诺思认为，"制度是一个社会的博弈规则，而正式规则只是型塑人们社会选择的约束的很小一部分，'习惯'等普遍存在的非正式约束则在规范行为等方面作用巨大。"作为处理民事关系的行为准则和价值取向，习惯在我国现有制定法中扮演着不同的角色，在协助解决民事纠纷的同时，偶尔也扮演法律规则的角色。关于习惯在民事法律体系中法源地位，则是在 2017 年我国《民法总则》第 10 条之规定"处理民事纠纷，应当依

---

* 于志洁，潍坊市委党校政法教研部副教授。
** 李宁，山东法官培训学院副教授，山东省高级人民法院研究室法官助理。

照法律；法律没有规定的，可以适用习惯①，但是不得违背公序良俗。"该条规定明确了习惯作为民法渊源，但通过对 S 省 Z 市基层法院部分民事判决书统计分析发现，习惯在具体的民事审判中却面临着认定标准不明确、适用方法不规范等问题，因习惯具有一定的地域性，本文分析虽不能全面反映习惯适用中的问题，但反映出习惯区域性适用问题，并以此对民事审判中习惯适用应加以规范。

一、习惯在民事审判中的适用现状

（一）习惯适用的现实图景：基于 292 件案例的统计分析

笔者通过在中国裁判文书网，基于 S 省 Z 市基层法院 2017 年 10 月 1 日至 2020 年上半年公布的民事判决书，以"民事案由""习惯"②为关键词进行搜索，对涉及习惯的案列进行统计，共计 367 件，其中，只涉及习惯两字，与案件事实或法律规则认定无关的有 75 件，为充分体现习惯在民事审判中的作用，故剔除无关的 75 件裁判文书，对剩余 292 件民事裁判文书进行了分析，发现以下特点：

（1）习惯适用的集中性。292 件案例中，涉及合同纠纷案件 153 件，占比 52.40%（其中涉及买卖合同 105 件，占合同纠纷案件 68.63%）③；民间借贷纠纷 102 件，占 34.93%；婚姻家庭纠纷 20 件，占比 6.85%；相邻关系纠纷案件 3 件，占比 1.03%；侵权责任纠纷案件 11 件，占比 3.77%；其他纠纷 3 件，占比 1.03%。

（2）习惯适用的类型化。292 件案例中，习惯在不同的民事纠纷中呈现不同的习惯内容，其中，包括交易习惯、婚姻习惯、当地的风俗习惯（如相邻关系中，房屋之间的间距等）、双方当事人日常生活中形成的习惯等，分别所占比为 68.49%、6.85%、4.11%、20.55%。

（3）习惯适用的差异性。292 件案件中，习惯适用主要在事实认定、法律规范运用及

---

① 这里的习惯内涵存有歧义，对习惯的理解，通说认为是习惯法，即习惯法概念上的习惯含义，意味着将某些陈规陋习，不符合民法精神的习惯予以排除。其构成要件：一是，一定范围内的群体在生产生活实践中长期形成并被普遍遵守；二是，具有一定的约束力，违反会受到制裁；三是，不违背公序良俗。关于法源习惯与事实习惯，其共性是某个群体所普遍遵守的行为模式，其不同之处主要在于：前者的行为模式达到了法律之确信程度，具有法的确信，后者仍处于一种行为惯性，不具有法的确信；前者不需要法律授权即可适用，后者需要法律授权才可适用；前者能够填补法律漏洞，后者用以辅助事实认定，不能填补法律漏洞；前者法官可以职权直接适用，后者需当事人主张适用。事实上，法源习惯与事实习惯是相同的，当事实习惯被赋有约束力后，便是法源习惯，如婚姻法中关于彩礼的规定，彩礼本是一种习惯，但婚姻法解释二将关于彩礼规定的上升为法源；社会的发展，习惯在不断变化发展，某些法源习惯或随着习惯的变化也将成为过去的一种的事实习惯不在适用，这也是制定法滞后性的体现。本文关于习惯的界定，如无特殊说明，指的是一定范围内的群体在生产生活实践中长期形成并被普遍遵守一种行为惯性。

② 在《民法总则》实施前，关于习惯具体适用并没有明确的规定，只能通过文义上对习惯适用进行分析，从广义上就事实习惯和法源习惯进行了搜索统计分析。

③ 合同类行案件除买卖合同之外，还有居间合同、委托合同、运输合同、建筑施工合同及未定性的合同纠纷，占比较小。

说理运用三方面。其中，涉及事实认定的主要分布在合同纠纷、民间借贷纠纷中，共计 263 件，占比 90.07%；法律规范的运用多体现是在对《合同法》第 60 条关于履行原则的运用、《物权法》第 85 条关于处理相邻关系依据的运用，共计 180 件，占比 61.64%；说理运用较为广泛，其中有 270 件在运用习惯进行说理，占比 92.47%。

（二）习惯运用的瓶颈检视：基于 292 件案例的实证分析

笔者通过对上述 292 份判决书分析，因样本限于某一方地区，加之习惯具有地域性特征，所以可能不能全面反映习惯在司法适用情况，但发现在民事审判中运用习惯尚存在一些问题：

（1）提出主体的单一化。习惯多是当事人提出，法官只有在特定的条件下主动提出适用。292 份判决书中，当事人提出习惯适用的有 259 件案件，占比 88.70%，法官提出适用习惯的有 33 件，占比 11.30%。当事人对习惯的提出主要在起诉和诉讼中适用。在基层法院，有部分当事人在起诉时并不知道受到损害的是何种具体法益，仅是认为自身权益受到了伤害，便诉求法官予以保护。如在（2016）X0306 民初 2016 号案件，吕某成与吕某忠排除妨害纠纷一案中，吕某成认为，吕某忠放置其家门口的砖、沙石料、影响了其进出，吕某忠在吕某成家门口的污水下水道及粪池，常年散发恶臭，不利于生活要求将其迁走。当事人在诉讼中，用习惯来证明或辅助证明案件事实，如以交易习惯中利息的认定、借贷纠纷中借款事实等，拟证实案件的事实与裁判结果有因果联系等。法官主动提出适用习惯案件较少，主要是因为法官中立地位及"不告不理"原则。

（2）习惯适用的片面化。292 件案例中，习惯作为行为规范适用时存在相对性，特别是在事实认定不清的情况下，通常适用习惯作为支持其诉讼主张的依据，但这种习惯却不是某一人群或是特定区域一直使用的，而是双方的特殊习惯，如在（2016）X0306 民初 1818 号案件中法院对事实认定，"双方的结算习惯为原告为被告施工完毕后，由原告为被告开具包含施工项目及金额的单据，由被告处负责基建的工作人员董某新在原告开具的单据背面对施工项目和金额签字确认，被告向原告支付安装费后，原告将相应单据交付被告。"这种习惯是否为承揽合同当事人普遍适用，还是仅仅是个案适用？是否符合我们所说的习惯？此外，法官在适用习惯认定事实时是概括性认定，并没有说明其所依据的习惯进行释明。例如在（2015）X 商初字第 1109 号案件中，"比较原告提交的上述证据及被告的辩解意见，原告提交的上述证据与其证明的事实存在具有高度可能性，更符合逻辑及交易习惯。"

（3）援引适用的模糊化。292 件案例中，将直接将习惯作为判决依据的裁判文书有 45 件，占比 15.41%，习惯在判决依据所占比例较小，且主要援引的是《合同法》和《物权法》相关规定。在援引习惯过程中，存在论证不清晰、判决结果与事实无关联等问题。如在（2015）X 民初字第 1090 号案件中，直接适用了《合同法》第 92 条的规定，"合同的权利义务终止后，当事人应当遵循诚实信用原则，根据交易习惯履行通知、协助、保密等义务。"但是纵观整个案件的事实认定过程及说理过程，并没有使用到习惯，使用的是"协助义务"，习惯只是论述说理的一个陪衬。再如（2016）X030X 民初 4747 号判决中，"根据双方在《协议书》中的表述以及交易习惯，李某刚的解释说法较为合理，本院予以采信。"该出的交易习惯在文中并未体现，在论述的过程中也未指出交易习惯是什么。

（三）习惯适用问题背后的原因反思

（1）法律依据不足。一方面，《民法总则》实行之前，关于习惯的规定零星分布于《民法通则》《合同法》《物权法》等个别条款中，作为大陆法系传统的国家，法官职责就是严格依照法律裁判案件，找不到合适的成文法时缺乏足够自由裁量权，即便适用制定法可能会出现非实质公正的社会效果，法官也不敢冒职业风险直接或间接运用民俗习惯来裁断案件。另一方面，规则程序的缺乏，在民事审判中尤其是基层人民法院一审民事审判中，当事人往往不重视证据的收集和保存，在《民事诉讼法》遵循"谁主张，谁举证"的原则下，对于法治意识相对薄弱的当事人而言，要求证明事实上的习惯尚有困难。另外，现行法缺乏关于法官依依职权主动调查习惯、主动适用习惯的相关规定。这是民事审判中习惯适用甚少的原因之一。

（2）标准不统一。一方面体现在法官对习惯认识的不统一。通过对 292 件案例分析，大多数法官对习惯的适用停留在经验层面，将习惯作为解决纠纷的辅助性手段和方式，大部分法官持谨慎态度，以缺乏法律依据为由，排除习惯适用，却忽视"从理念王国进入现实王国的门径，则是熟谙世俗生活关系的法官。正是在法官那里，法才道成肉身。"另一方面，习惯自身的不统一。时间上，习惯是自发产生、长期沉淀形成的，带有保守性和变迁性。"社会需要和社会的意见常常是或多或少走在'法律'的前面的。"① 习惯与社会发展之矛盾同样如此，为适应现实社会而努力，随社会的发展，习惯会逐渐变得过时、陈旧，不再真实地反映社会现实。② 因跟不上现实生活发展需要，部分双方当事人之间往往会在"旧习惯"基础之上，形成"新习惯"，但这种习惯在为其他人接受之前而不具有普遍性，仅约束彼此。空间上看，习惯具有地域性，致使习惯不具有普适性，若当事人来自不同区域，按照各自认为的某一种习惯发生了法律关系，理解和运用上的偏差将成为纠纷产生的主因，法院对此也难以认定，若倾向于一方的习惯，则有损公平。

（3）适用方法混乱。即便确定了习惯的法源地位，习惯也只能约束某一特定行为，当时间、空间存有差异时，如何认定习惯，由谁举证证明特定习惯的存在，法院是否应依职权调查取证等问题都将影响着习惯的适用，进而决定了裁判结果的走向。因现行法没有关

---

① ［英］梅因：《古代法》沈景一译，商务印书馆 2010 年版，第 17 页。
② 李宁：《人格财产及其保护的经济学解读》，载《制度经济学研究》2017 年第 2 期。

于适用习惯的统一方法,实践中,法官往往凭借经验适用习惯做出判决,一般进路是基于自由裁量权而变通习惯。这种进路实则是法官在习惯地位不明的情况下,为规避适用习惯的风险,通过内心确定寻找相关法律法规做出判决的结果。但是,"法院不只是做判决而已,他们还必须解释其判决,解释的目的是在说明判决的正确理由如何……以证明它不是武断的看法,能使当事人心服口服于法官的权威或威信,因为法官的判决是一个合理的陈述,它有充分的理由,而且显示出判决理由的相关的或逻辑的结构。"①

二、可适用于民事审判的习惯:检验标准

习惯是人民日常生活中经反复实践的交往规则,习惯具有不确定性、地域性,民事审判中如何适用习惯还需回归到具体案件中展开,不同类型的习惯亦是决定习惯能否适用、如何适用的因素,因此,为统一规范习惯之适用规范,一是需要对习惯过滤、鉴别,二是明确习惯的具体适用方法。

(一) 形式上的检验标准:合法性

《民法总则》明确了习惯在民法中的法律渊源地位,为习惯在民事审判中的适用提供了法律依据。除明确习惯的法源地位外,还需从机制上予以完善。

(1) 立法上预设习惯适用空间。萨维尼认为,"一切法律本来是从风俗与舆论而不是从法理学形成的;也就是说,从不知不觉的活动力量而不是从立法者的武断意志形成的。"② 法律源于习惯,但在成文法至上的国家,习惯在化解民事纠纷易受到挤压,得不到认可或尊重,其适用也难以保证其权威性和有效性。所以,在确定习惯作为民法渊源的同时,还应强化习惯与法律的衔接,为习惯适用预设空间。主要体现在:一方面,增加关于适用习惯的法律规定。《民法总则》明确习惯的法源地位,但是缺乏具体的操作程序,相对于抽象性的总则而言,具体规则更易为法官所驾驭。目前,《物权法》《合同法》对习惯的适用做出了一些规定,但还不足以满足司法实践需要,应将习惯的适用拓展到婚姻家庭法、侵权法等相关领域,增加相关具体法律条文,以扩大习惯在该领域的运用。另一方面,加强地方立法,挖掘并发展习惯资源。地方立法是法律体系中不可或缺的贯彻补充中央立法精神的法律法规,但在实践中其内容却脱离实际,与当地的实际情况并不吻合,特别是在少数民族聚居较多的地方,应该通过实际调查,完善健全相关公众参与机制,建立因地适宜的地方法律,充分发挥地方法律法规的积极作用,确保习惯在司法中的灵活适用。

(2) 调整习惯在审判程序中适用的实效性。完善实体法的基础上,良好的程序设计也

---

① 王利明:《司法改革研究》,法律出版社2000年版,第58页。
② 刘洪展:《司法过程中的民间法》,山东大学2006年硕士论文。

是至关重要的。一是拓宽习惯适用的路径,"除了规定可由法院依职权主动采用外,还应当允许当事人双方以自愿申请的方式引入习惯处理纠纷。"① 二是适当调整证据规则,对于当事人对习惯之时间和空间上存在争议时,在确保当事人充分辩论的前提下,赋予法院依职权调查的权力,以追求客观的真实;同时,也要灵活运用好证据规则。三是重视法官的释明义务,法官释明虽然加重了法官的责任与风险,但在习惯更有效化解纠纷当事人却未提出的时候,法官的释明一方面可以提升质效,另一方面在做出裁判时也便于民众对裁判合理性的理解。

(3)符合公序良俗。"习惯具有多面相,有良习,有恶习,还有中性的,对于不同的风俗习惯要区别对待。法律认可的习惯只能是善良习惯,绝对不能把恶习拿来作为一种裁决依据,"② 正如《民法总则》所规定的,"法律没有规定的,可以适用习惯,但是不得违背公序良俗"。公序良俗的价值体现在对公共秩序、善良风俗的维护,习惯作为维护公序良俗的一种手段,自身也不能违背公序良俗,因此将习惯法律化、标准化的前提是习惯首先不悖于道德,这也是为什么《民法总则》强调习惯"不得违反公序良俗"的原因。另外,习惯是多样的,对习惯的利用不可能全部法律化,"因为习惯本身具有自己的生存空间,且法律并不面面俱到地调整一切的社会关系,有些社会关系制定法无能为力,只能留待像道德、习惯等这样的社会规范用以规范,"③ 为了防止"恶习"对行为规范的影响,必须确保习惯符合公序良俗原则。

(二)实质上的检验标准:正当性

合法性是习惯在民事审判中适用的前提和基础。正如上文所述,"静"的法律与"动"的社会发展可能会存在矛盾,当习惯适应动的社会发展而法律滞后之时,还需要衡平习惯与法律之间的价值,用习惯的正当性弥补依法裁判的不足。

(1)普遍性,即习惯要符合普遍性的认同。一方面体现在人们内心的认同,"主体的认同是习惯合法性的最为重要的尺度。凡是得到主体认同的习惯一般而言都是具有正当性的。习惯是一定区域、行业内的成员的基本共识,这种共识外化于人们的行为,即表现为一定社区内的人们行为的相似性、重复性。社区共识是一种当下的状态,是一种现实,这是社区习惯合法性的最根本的渊源。"④ 另一方面,体现在相对的普遍性认同。一是习惯作用于一个村、一个镇、一个社区,当地立法按照一定的标准将部分习惯经过筛选被吸收进法律时,也仅具有表面上的普遍性,不具备法律的普遍性特征。二是习惯在不同领域内

---

① 熊性玉:《论民事习惯的司法适用》,西南政法大学2010年硕士论文。
② 刘作翔:《在民法典中应确立法律、政策、习惯三位阶规范渊源结构》,载《人民法院报》2016年9月30日第7版。
③ 李佳子:《民事习惯法律化的标准研究》,浙江财经大学2015年硕士论文。
④ 王林敏:《论习惯的合法性检验标准》,载《山东大学学报(哲学社会科学版)》2009年第5期。

具有普遍性。习惯的产生是基于人们日常中模式化的行为，不同领域的人、不同范围的人也就会产生不同的习惯，如，交易习惯、嫁娶风俗等，衍生成特殊的习惯，但随着社会经济的发展，人口的流动，这种特殊习惯通行范围的冲突和融合也愈加明显，随着人们的入乡随俗，也具有了相对的普遍性。

（2）合理性，即习惯不能违背正义的观念。习惯引入司法审判，其中一个毫无争议的标准是习惯本身没有争议，即习惯首先是"良俗"。姜堰市人民法院曾出台有关指导意见，"有下列情形之一的，不得确认为善良风俗：（1）危害国家安全、国家利益的；（2）妨害社会公共利益的；（3）侵犯他人合法权益的；（4）不符合社会主义道德规范的"。① 法官在辨别习惯时，一方面体现在合乎历史性，习惯具有明显的传承性，受知识、阅历等方面的影响，法官在认定习惯时，易忽视从历史的角度考量是否符合"良俗"。另一方面，要考量到习惯具有流变性，即经济、社会的变化致使习惯面临着一种新熟人社会的解构，当习惯不再局限于一定的社会群体时，新的习惯也将产生，对于新熟人社会的结构中形成的习惯，良俗是必要之标准。这要求法官在认定习惯是否合理时，一是要考虑该习惯是否具有合理性，习惯是否满足了民众的正当诉求，是否有益于某种社会关系的长久发展；二是要考虑习惯是否具有相对的普遍性，习惯能否被法律化，作为法源化解民事纠纷。

（3）强效性，即习惯自身要有强制力和实效性。习惯的合法性、合理性都要求习惯自身需有强制力，这种强制力体现在习惯应具有明确的权利义务配置。"从习惯中抽象出具体规则，是一个归纳的过程，也是一个描述的过程。如果一项习惯过于粗糙、过于概括而无法抽象出确定的规则，或者能够描述出来而没有明确的权利义务配置，则其进入司法成为裁判规范就没有实际意义。也就是说，这样的习惯没有司法适用性。这是由习惯进入司法的实用主义目的决定的。因为习惯进入司法的目的之一就是要弥补制定法规范的不足，从而作为裁判规范解决当事人之间的纠纷。"② 另外，习惯普遍性和合理性要求习惯具有时效性，体现在相互冲突习惯的排除。习惯的冲突有相对冲突和绝对冲突。相对冲突主要是体现在习惯自身在不同时间、不同领域内的不同，习惯若是符合社会主流价值，也符合上述的形式和实质标准，则其在各自的范围内均具有效力，发生纠纷时，通过区别不同的民族、不同的地域进行分别采纳。绝对的冲突体现在习惯与法律规范的冲突，恶习或有悖法律精神的习惯，在这种情况下，直接排除习惯适用。

习惯的统一适用，首先要具有统一的标准，习惯既要合法，又要合正当性。合法性与合理性是相互融合、相互影响的，合法性的前提要求习惯必选是合正当性的，合正当性的归属又是合法性。只有两个标准同时具备，习惯才能为"习惯"，才能在司法中适用。

---

① 刘作翔：《传统的延续：习惯在现代中国法制中的地位和作用》，载《法学研究》2011年第1期。
② 刘作翔：《传统的延续：习惯在现代中国法制中的地位和作用》，载《法学研究》2011年第1期。

三、习惯在民事审判中"三步法"适用

统一习惯适用的标准,最终是为了习惯在具体民事审判中的适用,也是解决习惯适用方法不明确的有效路径。当明确了习惯适用的合法性和合正当性的前提,采用兼顾合法律性和合正当性的裁判路径,力求在"坚守合法性约束的基础上,再从法律外部(社会)寻找合理性、正当性论证资源",[①] 以此实现法律效果与社会效果的统一,其具体实现路径主要有法律发现、综合衡量、适用导入等三步方法。

(一)法律发现

"法官和律师在处理个案时,并没有与个案完全吻合的现成法律,成文法中不可能直接规定解决案件纠纷的详细的法律。共性的法律与个案的结合,必须由法官等主动性、能动性的发挥,没有法官等的谨慎思维,反映事物共性的法律不可能与案件自动结合。法官等处理案件,在弄清事实的基础上,必须进行针对个案的法律发现,哪怕只进行简单的部门法的识别、法规的识别,其实也是进行法律发现的过程。"[②] 法律发现实则是司法过程中寻求法律的过程,被发现的可能是制定法,也可能是其他法源,因此,法律发现是司法适用的第一步。同样,在适用习惯时,第一步也应是法律发现。习惯的法律发现实现于归入法,通过对请求权基础分析,套入到确定法律规范的大前提中,分析具体个别案件。法律发现结果有两种:一是当事人的请求权基础对应的恰好是制定法中关于对习惯的具体行为规范,那么,法官依照传统的裁判路径"大前提+小前提=结论"依法作出裁判是最佳的;二是没有对应的具体行为规范,那么,法官此时应当兼顾合法性和合正当性的裁判路径。这种情况下,法官应跳出传统的思维模式,不再局限于演绎推理,可采用类比推理,通过归纳和演绎,提炼出原则,以应用于个案中。这可以通过两种路径实现:一是通过指导性案例,二是通过相关案例的实证研究。

关于指导性案例,我国最高人民法院出台了《〈关于案例指导工作的规定〉实施细则》,明确了指导性案例参照适用,尽管目前发布的指导案例中,尚未有关依据习惯作出的判决,但随着指导性案例持续输出,习惯也必将成为案例指导的内容,并将普遍施行。关于通过对相关案例的实证研究,则需要通过丰富的案例样本进行总结归纳,案例样本的来源可在中国裁判文书网或是司法案例研究网中查询。首先,要确定请求权基础规范,确定请求权的类型、诉讼类型,这是检索相关案件的前提,若当事人的请求权不明确,法官予以释明,协助当事人明确请求权。其次,发现抗辩权规范,为防止抗辩方适用习惯予以抗辩,为了辨明习惯抗辩合法性、正当性,需要对相关抗辩权进行检索,发现适用的规

---

① 韦志明:《民俗习惯对法官思维方式的影响及裁判路径》,载《北方法学》2010年第4期。
② 池海平:《法律发现——司法过程中使用的一种法律方法》,载《政法论丛》2009年第3期。

律。再次，整理争议焦点，通过总结双方的争议焦点，查明习惯是否存在、是否合理，是否冲突。最后，总结相关案件中习惯适用的基础规范，并引用。此时的法律发现，即法律检索，是一项复杂的基础工程，要求法官要耐心的通过对案列的检索，提炼习惯在案例适用的共性，实现"对于基本属性相同者，必须给予相同对待。"①

（二）综合衡量

在处理具体个案中，法官在寻找法律时，若没有明确的法律规定，法官则需要依据具体案情，综合考量各种利益的价值，确保依习惯作出裁判结果的正当性。

（1）利益衡量，指"那种在具体案件的背景下，比较权衡没有绝对位序高低的利益及背后的规范理由乃至价值基础，由此得出裁判结论的过程或方法"②，其追求的是各方利益的价值倾向。在具体个案中利益涉及多方面的，习惯适用的前提不违反公序良俗，所以此处的利益衡量是对当事人之间的利益衡量。利益衡量的方法较多，法官在利益衡量的过程中，可遵从以下几个步骤③：

```
┌─────────────────────────┐
│   确定案件所涉当事人利益    │
└─────────────────────────┘
            ↓
┌─────────────────────────┐
│   冲突利益是否同属一法律关系  │
└─────────────────────────┘
            ↓
┌─────────────────────────┐
│   冲突利益是否均正当合法    │
└─────────────────────────┘
            ↓
┌─────────────────────────┐
│   法律对冲突处理是否规定    │
└─────────────────────────┘
            ↓
┌───────────────────────────────────────┐
│ 在法律对冲突处理未作规定，或者虽有规定但相互冲突或 │
│ 适用后无法得出公正结果的前提下，进行利益权衡      │
└───────────────────────────────────────┘
            ↓
┌───────────────────────────────────────┐
│   权衡结果是否根本或不合理侵害不利一方的利益      │
└───────────────────────────────────────┘
            ↓
┌─────────────────────────┐
│   权衡结果是否侵犯社会公共利益  │
└─────────────────────────┘
            ↓
┌─────────────────────────┐
│   权衡结果是否侵犯制度利益    │
└─────────────────────────┘
            ↓
┌─────────────────────────┐
│      寻找法律规范         │
└─────────────────────────┘
```

---

① 房文翠：《司法责任制语境下的法律统一适用标准》，载《社会科学辑刊》2017年第2期。
② 余净植：《"利益衡量"理论发展源流及其对中国法律适用的启示》，载《河北法学》2011年第6期。
③ 陈毅群、李赏识：《司法裁判中利益衡量方法运用之规范进路——以民事疑难案件的处理为思考维度》，载《海峡法学》2016年第2期。

（2）价值衡量，即法的基本价值，如公平、正义、自由、民主、效率等，相较于利益衡量，价值衡量强调的是法官在具体个案中依据自己的理解对同一性质、同一层次的法律所必须保护的利益进行合理的裁量。法官对价值衡量，应遵守价值衡量的一般法则，"人的生命、健康的法益大于财产的法益；紧急法益大于一般法益；大额财产的法益大于小额财产的法益；精神法益大于物质法益；公共法益大于私人法益。"① 对于价值的衡量，法官在遵循法律原则和精神的基础上：一可采依据法益大小，衡量应当保护的权益；二可采取优先保护紧急维护的利益，哪怕是份量小的；三可在辨别是非的前提下，最大限度的实现当事人权益，对不予保护的权益损害降到最低。

（三）适用导入

在经过上述两个步骤后，下一步考虑的是如何将习惯引入到具体的案件中，完成习惯在民事审判中的全部步骤。（如下图）

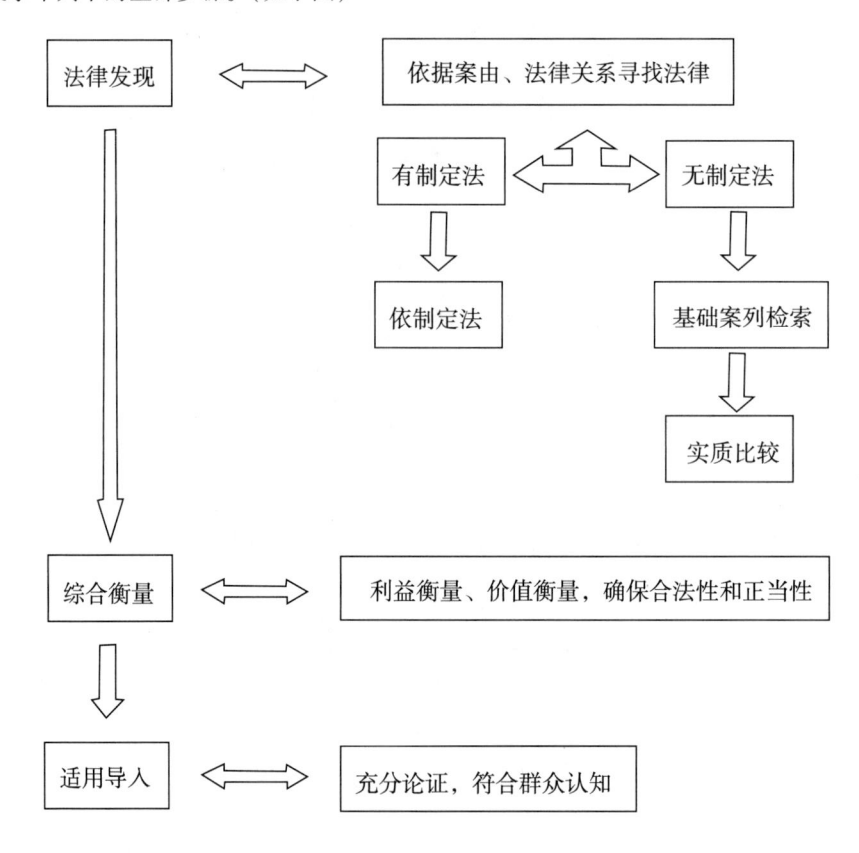

```
法律发现 ⇔ 依据案由、法律关系寻找法律
                    ↓
            有制定法 ⇔ 无制定法
               ↓              ↓
            依制定法       基础案列检索
                              ↓
                          实质比较
   ↓
综合衡量 ⇔ 利益衡量、价值衡量，确保合法性和正当性
   ↓
适用导入 ⇔ 充分论证，符合群众认知
```

---

① 田庆丰：《民俗习惯的司法适用研究——以民事诉讼为视角》，西南政法大学2011年博士论文。

在导入适用的时候，需要说明的是，法官无论是依据习惯进行事实认定还是依据相应的法律进行裁决，均要注重对裁判文书的说理，充分反映出判决结果与案件事实之间合理论证过程。其思路包括：首先，在裁判文书中写明当事人提出适用习惯予以证实其诉讼主张；其次，援引相关法律法规，说明习惯适用的空间；再次，在作出结论前，要阐述将查明的习惯路径及习惯内容；最后，作出裁判，有法律以法律，没有法律，要表明适用习惯的自由心正过程，说明习惯对弥补法律漏洞，填充规则的作用。

四、结语

实现习惯在民事审判中的规范化化适用，除立法层面外，还需在司法实践中积极稳妥的引入，在依法审判的前提下，尊重习惯并充分发挥习惯的作用。习惯的适用应是规范的、系统的，应以规范的制度引导，科学的程序予以规范，实现习惯服务群众的需求，进而推进社会的良性发展。

Research on the Standardization of Customary Application in Civil Trials
——Take 292 civil judgments of the grassroots court in Z City as a sample

Yu Zhijie, LiNing

Abstract: Article 10 of the "General Principles of Civil Law" stipulates that custom can be used as a source of law. Through the statistical analysis of 292 civil judgments of the grassroots courts in Z City, it is found that there are problems of simplification, one-sidedness, and ambiguity in the application of custom in civil trials. The uncertainty, regionality, and diversity of custom determine the uncertainty and inconsistency of custom application in civil trials, and affect judicial credibility to a certain extent. Therefore, the application of custom in civil trials must be standardized, and the premise is that the custom must be legal and legitimate. In addition, the application of custom will eventually return to the specific civil trial, which requires a complete set of application methods. The specific realization path mainly includes three steps: legal discovery, comprehensive evaluation, and application introduction.

Key words: Custom; civil trial; judicial application; standardization

论我国民法典中习惯要素的设置及其司法实效

宋 菲[*]

摘 要 我国民法典的现实效果不仅取决于所采用立法技术的科学性及立法内容的创新性,还和是否基于中国传统习惯并反映社会现实需求紧密相关,在此意义上习惯就构成我国民法典的基本要素。体现在民法典文本中,该习惯要素主要通过以下三方面予以设置:第一,编纂理念上重视传统习惯的地位与作用;第二,编纂内容上多角度进行"习惯的法典化";第三,编纂技术上为习惯融入立法留有空间。设置和考量习惯要素的最终目的是服务于司法裁判,该作用主要表现在三方面:一是借助"习惯法典化"将道德要素考量引入法律的规范性评价体系,摒弃裁判者进行价值判断时的主观恣意;二是为法典实施提供实质性漏洞填补依据,协调法律的确定性与妥当性关系;三是为裁断具体案件提供法律论证规则,使得疑难案件的讲法说理"有据可循"。

关键词 民法典 习惯法 "习惯法典化" 法律论证

从法学研究还是司法实践看,当下我国民法典颁行均具有划时代意义。借助法典的规范实施,我们可以有效化解社会纠纷、保障公民私权,从而赋予法典以现时有效性。然而从司法适用角度来看,该现实有效性除了以先进的立法内容和科学的立法技术作为保障外,还必须符合中国国情及社会传统。也即,习惯应成为民法典的基础要素,并作为评价其"质量"的重要标准。而且客观地讲,相对刑法和行政法等公法领域,传统习惯和习惯法也确实在民事裁判中发挥了重要作用。此时,如何厘清我国民法典中所蕴含的习惯要素,并借助恰当的裁判理念与方法,探究这些习惯要素作用的条件、方式及实效,将是

---

[*] 宋菲,法学博士,聊城大学讲师。

"后民法典时代"理论法及民事法领域研究的一个重要课题。

一、民事立法考量习惯要素的价值意义

在整个法体系中,民商事立法最早进行了习惯考量。甚至有观点认为,整个罗马法都可视为是习惯的结晶。[①] 作为社会生活中的重要部分,一般认为,人与人的重复交往行为中抽象出的行为规则即为习惯。如经济往来中的交易习惯、商事活动中的商事习惯、不同民族区域的风俗习惯以及国家交往中的国际习惯等。具体到习惯与法律的关系方面,从法的演进历程来看,由习惯到习惯法再到成文法已成为一种共识,"习惯往往是法律诞生的基础";[②] 而且,习惯与制定法的关系也一直作为学者们重点讨论的内容之一。从制定法对习惯的具体处置来看,当下主要存在以下几种模式:排斥处置,末位处置,次位处置,平权处置和优位处置。受我国司法体制及所采取的大陆法传统影响,无论在法的静态体系还是动态运行中,习惯一直处于"次选"和"末选"地位。[③] 但该次优地位并不意味着习惯或习惯法问题在中国立法中不受关注。

相对于其他部门法律规范,民法是人们日常生活的准则,而传统习惯中又恰恰包含这些为民众世代相传的生活准则,并具有一定程度的稳定性与深入性,这就建立起二者之间的现实勾连。然而,受新中国成立后我们所采取的苏联立法模式,以及亟待建构和完善社会主义法律体系之现实的影响,很长一段时间内我国民事立法中的制度和政策要素不断增强,而习惯要素逐渐削弱。具体而言,相比国外立法,先后颁行的《民法通则》《物权法》《合同法》及《侵权责任法》均对习惯要素规定不足,这也催生出司法实践中一类特定的民事疑难案件——即依照某"传统"或"习惯",可以很好地实现裁判的公正效率要求,但却因现行法律不具有相应规范内容,而迫使裁判者限于两难境地或致使案件久拖不决,典型的如"北雁云依案"等。[④] 此时,已有立法之习惯要素规定不足也就成为民法典出台的背景之一。好在的是,当下该问题已引起充分重视。体现在已编纂完成的民法典文本中,无意或刻意摒弃习惯的做法已开始缓解,习惯法在民法典中的基础作用得以强调,其中最具典型的意义的就是《民法总则》第10条对"习惯可以作为法源"的直接规定。从世界来看,两大法系融合已成为一种趋势,特别是在民商事私法领域尤为明显。此时,在民法典编纂中,探索常识和考量习惯并将之法典化的行为也符合时代潮流。

也即是说,在当下民法典时代,挖掘习惯要素在民事立法及裁判中的价值意义已恰逢其时。而如何更高质量地进行"习惯的法典化",并在具体裁判中,通过恰当途径将立法

[①] 参见周枏:《罗马法原理(上)》,商务印书馆2014年版,第3-5页。
[②] 彭中礼:《交易习惯在民事司法中运用的调查报告——基于裁判文书的整理与分析》,载《甘肃政法学院学报》2016年第4期。
[③] 参见李可:《习惯如何进入国法——对当代中国习惯处置理念之追问》,载《清华法学》2012年第2期。
[④] 济南市历下区人民法院(2010)历行初字第4号行政判决书。

时所考量的"目的"合理展现,也成为衡量法治现代化水平的一个重要标准。秉持此研究目的,本文首先以民法典文本为对象,从编纂理念、编纂内容和编纂技术三方面进行习惯要素的挖掘,明确民法典中习惯要素的基础性地位;继而回归司法实践,借助裁判理念与方法指引,探究这些习惯要素的司法效用,助力民法典成为现实生活中的"活法典"。

二、习惯要素在我国民法典条文中的具体体现

民法典中习惯的基础性作用首先体现在法典条文中。既在具体编纂时,法官"直接"或"间接"地进行着习惯要素之考量,进而完成"习惯的法典化"。结合立法过程以及习惯法与制定法的关联,我们可以从立法理念、立法内容和立法技术三方面对我国民法典中的习惯要素予以整理。

(一)编纂理念上重视传统习惯的地位与作用

从我国近十几年来的立法趋势看,立法对习惯要素尤其是民事习惯持有越来越尊重和认可的态度。具体到编纂完成的民法典,"为生活而立法"的理念尤为凸显。自新中国成立以来,我国民法典编纂议案先后被提起四次,但都以失败告终,反对者的核心观点就是编纂时机尚不成熟。在社会主义中国的法治建设中,出台民法典必须要摆脱对《法国民法典》和《德国民法典》的纯粹模仿,突出理论和实践上的原创性。因为民法典作为私法的集大成者,除了受法治发展水平影响外,还和一国特定的政治、经济、文化甚至民族情感因素紧密相关。[①]其实,近些年民法领域有关该内容的研究也印证了此问题。尽管其中诸多成果都是从微观编纂技术层面展开分析,忽略了法典编纂的观念基础以及"传统化"实现路径。[②]恰恰在此编纂理念及实现路径方面,当下民法典相对之前单行立法取得了重大突破,将考量传统伦理和风俗习惯明文写入法典。在确定裁判依据的大前提时,总则第10条通过法源地位之确定为习惯进入司法设置了"绿色通道";在厘清民事裁判的基本原则时,总则第8条通过明确"公序良俗"概念,凸显公序良俗在民事活动中的基本原则地位和法律拘束力。除此之外,具体条文中对农村土地的三权分置、有关见义勇为的免责规定以及对作为用益物权之居住权的设置等,也都秉持一种中国化的法典编纂理念,使得该民法典不再是国外已有法典的翻版,而具有了特定意义上的"本土特色"。

在此编纂理念方面,习惯要素之基础作用的最直观展现就是其法源地位界定。这不仅只是一个法条的修改,从长远来看是试图确立习惯法在民事活动中的规范性地位,其理论宣示意义明显大于现实裁判意义。在概念上,法律渊源主要指的是法的来源,是"解决纠纷时法官在多样性的规则(如法律、习惯等、判例等)中寻找具有法律效力的正当依据的

[①] 参见易继明:《民法典的不朽——兼论我国民法典制定面临的时代挑战》,载《中国法学》2004年第5期。

[②] 参见魏磊杰:《历史与国际比较视野下的中国民法典编纂》,载《文化纵横》2016年第5期。

来源。"① 相对于一直以来的立法界定，该法律渊源的司法理解具有更完整的现实裁判意义。"法律都是社会需要的产物，其体系也是基于特定社会需要和文化历史传统而形成。"② 作为社会基本规范之一，习惯要素应该为案件裁判提供行为参考，并且可能成为"有说服力的论据"。也即从属性上来看，习惯本身就具有成为法源的潜在可能性。只不过受制于中国大陆法传统以及长期以来的司法模式，我们一直未予以认可。之前立法中，由于《民法通则》在宏观层面直接界定"民事活动必须遵守法律，法律没有规定的，应当遵守国家政策"。尽管《物权法》《合同法》等单行法具体条文中规定了一些习惯性内容，但法官在具体裁判时要么刻意规避，要么过于谨慎。正是为了回应该现象，2017年10月1日既已施行的《民法总则》就旗帜鲜明地指出"民事立法及裁判要重视习惯"。在第10条法律依据条款中，明确了习惯的法源地位——在不违背公序良俗的前提下，习惯"可以作为裁判依据"。基于此明确规定，习惯要素"顺理成章"地在之后的整个民法典编纂中贯穿始终。尽管对于其适用，当下理论和实务界仍存在"如何辨别习惯""习惯转化为裁判依据的标准"以及"运用习惯裁决的限制"等诸多质疑，但毫无疑问，我们已迎来民事裁判"习惯法典化"的最好时机。

（二）编纂内容上多角度进行习惯的法典化转化

如果说，如上编纂理念从宏观方面强调了习惯要素的作用，那么将习惯要素写进民法典则是"习惯法典化"的直观展现，这也是民法典中习惯要素彰显的主要方面。结合国外立法经验及我国立法实践看，已有"习惯法典化"的类型主要有：采取授权性条款认可习惯、采取概括条款（一般条款）处置习惯、采取概括条款处理辖区内原有习惯的效力以及采取具体条款（特指立法）处置民间习惯。③ 以此为指引，我们可将我国民法典中习惯的法典化转化归纳为直接和间接两种。

1. 直接转化

习惯法典化的直接方式是指将反映习惯要素的内容在民法典条文中直接予以规定，并以之作为对应案件的裁判规则。除了最典型的第10条外，民法典中还有很多类似规定。以条文为对象，直接出现"习惯"二字的就有第140条、第142条、第289条、第321条、第480条、第484条、第509条、第510条、第515条、第558条、第599条、第622条、第680条、第814条、第888条、第891条以及第1015条。此外，带有"公序良俗""当地"等标志性语词的法条如第8条、第10条、第143条、第153条、第979条、第1012条以及第1026条，也涉及很多民事习惯要素。这些内容有些直接来源于《民法通

---

① 彭中礼：《论习惯的法律渊源地位》，载《甘肃政法学院学报》2012年第1期。
② 梁慧星、王利明、孙宪忠、徐国栋：《中国民法典编纂：历史重任与时代力举》，载《中国法律评论》2015年第4期。
③ 参见高其才：《尊重生活、承续传统：民法典编纂与民事习惯》，载《法学杂志》2016年第4期。

则》《合同法》《侵权责任法》等单行立法，有些则是对原有规范所进行的调整，并可进一步分为"肯定式"和"否定式"两种具体方式。

前者"肯定式"是明文列定习惯要素以肯定风俗习惯之适用。具体包括：第一，鼓励优良习惯运用于司法实践，在条文中确立"良法+良俗"模式。如第10条以概括式条款肯定了"不违背公序良俗"的习惯具有民法法源地位；第289条规定"法律、法规对处理相邻关系有规定的，依据其规定；法律、法规没有规定的，可以按照当地习惯。"第二，积极运用习惯弥补法律或规定某些特定习惯优先于法律考量。如合同编中有关承诺方式的规定。第480条明文指出"承诺应当以通知的方式作出；但是，根据交易习惯或者要约表明可以通过行为作出承诺的除外。"以及第814条有关客合同成立的规定，第888有关保管合同的规定，第891条有关保管合同中保管人交付保管凭证的规定，都用"但书"形式确定习惯可以优先法律考量。第三，以习惯确认法律事实。如第142条有关意思表示的解释；第509条对合同履行时当事人义务的确定；以及第510条和第680条诉诸交易习惯对合同内容约定不明和借款利息约定不明的厘定等。相比之下，后者"否定式"是借助"公序良俗"以反向背书形式排除违背习惯行为之适用。如上第10条虽然明确了习惯的法源地位，但也规定并非所有习惯都可用于解决民事纠纷。"对于一些与国家治理理念和法制原则存在较大的冲突的'陋俗'，需要进行'过滤'"，① 即"不得违背公序良俗"。尽管当下理论和实务界对何为"公序良俗"仍未形成一致见解，但从民法典中有关"公序良俗"的多处规定看，该界定问题并不影响其在司法中的运用。如第8条"民事主体从事民事活动，不得违反法律，不得违背公序良俗。"以"法律+公序良俗"共同构建人们基本行为规范；第143条规定民事法律行为的有效条件时，将"不违反法律、行政法规的强制性规定，不违背公序良俗"作为要件之一；第153条在确定法律行为效力以及第1012条明确自然人选取姓氏自由时，则是将公序良俗作为了兜底准则。他们背后的逻辑是，习惯要想运用到司法实践中，除了要满足"合法性"要求，即习惯规范要得到法律原则、立法精神的肯定和认可外，还必须要经过法律与伦理的审查。此要求一方面限定了习惯的适用范围——法律未明确规定的情形；另一方面又对所适用的习惯规范进行规制，即接受立法精神检验并满足"道德理性"审查。

2. 间接转化

相比如上直接将传统习惯或公序良俗内容转化为成文法规定，"习惯法典化"的间接方式是指不在法条中出现"习惯""风俗"字样，而是根据传统习惯或习惯法思想增设新法条或调整旧法条，通过将民事习惯抽象化、学理化和体系化，在其他制度规定或法条设定中进行有效"融入"。结合整个民法典规范，代表性条文主要有，第184条"好人条

---

① 广东省高级人民法院民一庭、中山大学法学院：《民俗习惯在我国审判中运用的调查报告》，载《法律适用》2008年第5期。

款"、第1025条为维护公共利益报道免责条款；第1129条丧偶儿媳、女婿继承权条款；第1043条婚姻家庭道德规范条款；以及第1009条医学活动伦理条款和第366条居住权条款等。这些民事法律规范并未直接规定"习惯""风俗"等内容，但是这些法条的立法目的及可能适用的裁判规则却和社会传统习俗与伦理道德直接相关。

对此我们可以物权编中的居住权创设以及继承编中的继承顺位调整为例。对于居住权利，民法典第366条明文规定，居住权人有权按照合同约定，对他人的住宅享有占有、使用的用益物权，以满足生活居住的需要。相对私法主要规定的财产性权利，居住权属于"人役法"，是典型的"人情条款"。受中国的住所安定和人情观念影响，住有所居免受颠沛流离不仅是一种美德，且已上升为基本人权量度。① 但由于我国在立法中一直未明文规定此项法益，具体裁判中法官虽有意对无房的父母、无房离婚女性等弱势群体进行倾向性保护，但往往因缺乏裁判依据而不能有效顾及。设立居住权，不仅因为它是一种恩惠行为，体现着人与人之间互帮互助的传统美德；更重要的是设立该制度可以有效地回应习惯对人们日常生活秩序的调整现实。无论从立法内容还是立法目的看，居住权制度落地都构成习惯法典化的重要典型。只不过相对于直接将习惯要素展现在法条中，该条款选择的是一种"隐性"方式。对于继承规则，一直是作为《继承法》的核心内容，此次民法典继承编同样考量习惯要素做出了相应调整。第1128条在原有代位制度基础之上进一步扩大被代位继承人的范围，即被继承人的兄弟姐妹也可被作为被代位继承人，在其先于继承人死亡时，其子女可以代位继承。此被继承人兄弟姐妹的子女即被继承人的侄、甥可作为代位继承人继承的规定，不仅符合遗产流转规律，而且与我国传统的继承习惯、继承传统相符合。再如第1125条规定了恢复继承权的"宽宥制度"。此恢复规定一方面是为了尊重被继承人的真实意思，符合民法意思自治原则；② 另一方面，则是考量了传统家庭观念。在中国传统家庭中，通常是父到子、一代到另一代、子女（或晚辈）从父母处（或长辈）继承财产和家族地位，丧失继承权也往往就意味丧失家族身份。考虑到此传统家族观念，民法典就自然地将继承权的丧失设定为"当然绝对丧失"和"当然相对丧失"。③ 继承人有故意杀害被继承人或为争夺遗产而杀害其他继承人的情形时，该继承人绝对丧失继承权；除此之外，继承人因第1125条规定的第三项至第五项行为而丧失继承权，在满足"宽宥制度"条件时可恢复继承权。此修改"有助于整肃继承秩序，维护公平正义；有助于维护被继承人、继承人的人身权益和财产权益，彰显人伦风范与诚信理念。"④

---

① 参见熊惠平：《论穷人的居住权：基于人权的基本视角》，载《武汉科技大学学报（社会科学版）》2008年第2期。
② 参见杨立新：《民法典继承编草案修改要点》，载《中国法律评论》2019年第1期。
③ 参见翟云岭、刘耀东：《论继承权丧失制度——以我国〈继承法〉第7条的修改为中心》，载《北方法学》2012年第5期。
④ 王歌雅：《〈民法典·继承篇〉：制度补益与规范精进》，载《求是学刊》2020年第1期。

（三）编纂技术上为习惯要素融入立法提供空间

除立法理念和立法内容外，习惯要素对民法典的影响还体现在立法技术方面。作为一项法律内容，立法技术不仅只是特定的技巧规范，其背后往往折射出特定的立法意图。① 立法的模式选择、条款设置、语言表达及分类结构等，都传递着特定的价值理念。在民法典中，出于内容特殊性或立法局限性，诸多的习惯要素未能或不便直接呈现在具体条文中，而只是借助立法技术"隐性"地在法典结构或条文陈述中发挥作用。对此我们可以从"体例设置"和"条款编纂"两方面进行论述。

第一，体例设置方面。在所有立法技术中，立法结构设置是习惯要素的最直观展现。民法典不是凭空产生，而是在认真梳理和科学总结社会主义法治建设经验与运行规律基础上，对现行民事立法进行整理而成。整个大陆法民法编纂体例主要有两种模式，一种是"法国模式"，一种是"德国模式"。我国当下民法典基本采用的是"德国模式"，即分为总则、债、物权、亲属、继承五编。但是，我们也在此基础上进行了调整，如基于传统"物权优先"效力调整物权和债权的位置；基于中国特色和司法习惯，将人格权和侵权独立成编进行特定化的条款设定。而在立法内容编排上，除了在分编中对习惯运用的具体情形进行规定外，还在总编部分以一般性概括条款对习惯的法源地位加以明确。此种安排使得法官在处理具体民事纠纷时，可以在"无法可依"的情形下，增强其考量习惯要素的"底气"，有效发挥习惯解决纠纷、化解矛盾的功能。

第二，条款编纂方面。在此方面，考量习惯要素主要依靠的就是民法典的开放性。在制定民法典时，江平教授曾提出，"中国最好制定一部开放性的民法。"② 相对之前各民事单行法，此次民法典在立法技术上的一大特色就是加大了定义条款和抽象条款比例，设置了一些具有较大弹性和解释空间的授权性条款、不确定概念条款以及概括性条款。这些特殊条款主要集中于人格权编，并确立以一般规定和具体规定来设置人格权保护框架的立法模式。从性质看，"人格权的类型和内容具有法定性，人格权的体系具有开放性，人格权的法定性与开放性之间并不冲突。"③ 如第 990 条第一款规定民事主体所享有的具体人格权等权利之后，在第二款明确说明"除前款规定的人格权外，自然人享有基于人身自由、人格尊严产生的其他人格权益。"此规定目的就是将一般人格权作为兜底条款，进而为人格权体系提供开放性空间，为扩大保护人格权范围留白。当发生法律规则未规定的人格权纠纷时，裁判者就能以一般人格权进行裁判。除此开放性外，人格权编的具体人格权条款中也存有大量弹性条款，如第 1017 条对姓名与名称拓展保护的规定；第 1018 条对肖像权

---

① 参见刘晓林：《唐律中的"罪止"：通过立法技术表现的慎刑与官吏控制》，载《法律科学》2020 年第 4 期。
② 《江平对谈王泽鉴：中国民法典怎么立？》，载《南方周末》2017 年 4 月 27 日。
③ 王利明：《论人格权的法定性与开放性》，载《经贸法律评论》2018 年第 1 期。

及肖像的定义；第1024条对名誉权与名誉的定义；第1032条对隐私权及隐私的定义等。除人格权编外，其他编中同样存在此类"开放性法条"。如合同编第464条规定的合同定义准用规则，有关身份关系的协议可参照适用对合同的规定；第467条规定的无名合同准用规则，"本法或者其他法律没有明文规定的合同，适用本编通则的规定，并可以参照适用本编或者其他法律最相类似合同的规定。"以及第471条对订立合同的方式进行开放性规定。"当事人订立合同，可以采取要约、承诺方式或者其他方式。"对这些法律尚未规定的非典型合同发生的纠纷，裁判者可以依照实际生活方式、交往习惯并参照相类似合同的规定进行裁断。这些条款设置，得以让民法典以开放的姿态考量和吸纳各种风俗习惯和道德伦理要素，赋予民法典来源于生活并服务于生活的"活法典"特性。

三、设置习惯要素的预期司法实效

立法的最终目的是为裁判提供可予适用的规范前提，民法典中的习惯要素设置同样如此。在完成对文本的清晰梳理后，我们的一个重要任务就是探究这些习惯要素如何在现实裁判中发挥作用，也即习惯要素设置的司法实效。理论上，只要习惯上升为习惯法，普通习惯就有了作为裁判大前提的规范作用。然而在当下裁判现实中，完全的"习惯法典化"只是一种愿景，更多时候我们还是要依靠特定的裁判理念与方法，把习惯从社会关系中的行为规则转化为法律关系中的裁判规则，进而为裁判者提供参考性指引。在此意义上，"后民法典时代"就注定是"法解释的时代"。[1]"习惯法典化"也就不应认为是"历史的倒退"，而是通过考量习惯、道德等要素，弥补成文法裁判规则之不足的必要举措。

（一）将道德要素考量引入法律的规范性评价体系

"唯习惯需经国家承认时方为习惯法。"[2] 尽管习惯要素作为我国民法典的重要基础，但由于习惯法多属于道德调整范畴，并非正式法源，它必须要以国家法的形式来呈现，才能具有现实实践意义。因此在具体司法操作中，习惯要素的一个重要效用就是通过其所引发的社会公众与立法者的共同关注，实现道德思维与法律思维的充分有效融合。尤其是将道德思维引入法律思维的规范评价体系，使得民法典既具有学术理论色彩，又因关注中国现实具有裁判价值。从立法看，一部好的法典既要包含基于国家意识形态、以规范性知识为内容，并沿着自上而下轨道形成的"外部规则"；又要包含源自社会内部结构和大众意识形态，以社会中的事实性知识为基础，遵循自下而上轨道产生的"内部规则"。尽管之前我们多次尝试制定民法典，但都因当时的立法水平处于"去中国化"的脱轨状态而失败。对于法律是否应当且可以接纳道德的问题，很大程度上也因国家基本情况的不同而不

---

[1] 姚辉：《当理想照进现实：从立法论迈向解释论》，载《清华法学》2020年第3期。
[2] 梁慧星：《民法总论》（第三版），法律出版社2007年版，第24页。

同。一般地,"当人口较少、地域较小及其社会复杂性较低,立法者面临的时间成本和立法信息成本较低时,立法对道德化/意识形态化的节约机制功能的依赖就越低;反之则较强。"① 中国作为一个历史悠久、民族众多、社会繁杂的传统国家,"法律道德化/意识形态化无疑将是中国现代立法者应对立法成本高昂的基本手段。"② 因此,区别于之前立法,此次所出台的民法典,无论在编纂理念、编纂内容还是编纂技术方面,都刻意强调传统习惯在民事裁判中的作用。尽管从法的演进来看,"从习惯到习惯法再到成文法"被认定为是法律发展的客观规律,③ 在最先进的民法典中大量规定习惯要素看似是立法的"倒退"。但是当从司法操作来考量,我们就会发现此行为的意义:在尊重中国本土特色基础上,将道德等来自社会生活的内部规则规范化地引入法律中,避免赤裸裸的道德评判或舆论干预。这无疑是法治的重大进步。

此习惯要素所实现的"导入"主要通过以下两种方式:第一,直接规定"良法+良俗"治理模式。《民法总则》作为编纂民法典的宗旨,其第8条明确以"良法+良俗"的治理模式作为民事行为主体的行为规范。此条款相对于《民法通则》中"民事活动必须遵守法律,法律没有规定的,应当遵守国家政策"具有较大改变。后者仅是设置了良法治理模式,并未充分考量良俗在社会治理中的重要作用。此时,在社会治理过程中,具有浓厚本土化、地域性的风俗习惯就经过了"规范性转化"和"事实性审查",④ 纳入法律治理模式中。民法典也在原有良法治理基础上吸纳了良俗之治,实现法治与德治的有机结合。第二,以开放性姿态实现习惯由"立法治理模式"向"司法治理模式"转换。立法治理模式主要存在于民法法系,意思是指"习惯理论上只能通过立法环节制度化地进入法律运行过程中",⑤ 强调在立法环节中通过法律制定程序将习惯规则一次性地接受到法律体系中或排斥在法律体系之外。该模式期待将法律与习惯、习俗的紧张甚至对立关系通过事先目标制定、理念设计上在立法环节一次性解决,强调习惯的法定化、制度化。而司法治理模式主要指"习惯理论上只能通过司法环节制度化地进入法律运行过程中"。⑥ 该模式以司法环节为核心,面对法律与习惯的冲突时,通过化解具体纠纷来吸纳或排除习惯要素之适用。此种观点也得到了司法机关的积极回应。如最高人民法院院长周强就在2016年召开的"民族法制文化与司法实践研讨会"上提出,要"认真研究少数民族习惯对司法审判的影响,通过研究和传播民族法制文化,将少数民族习惯中的一些基本道德规范转

---

① 张洪涛:《近代中国的"以法入礼"及其补正》,载《比较法研究》2016年第2期。
② 张洪涛:《近代中国的"以法入礼"及其补正》,载《比较法研究》2016年第2期。
③ 参见葛洪义:《法理学》,中国政法大学出版社1999年版,第174页。
④ 参见宋菲、宋保振:《援引交易习惯裁决的方法论审视》,载谢晖、蒋传光、陈金钊主编:《民间法》(第22卷),厦门大学出版社2019年版,第254页。
⑤ 张洪涛:《我国习惯的法律治理模式之反思——一种大历史的内在视角》,载《山东大学学报(哲学社会科学版)》2009年第5期。
⑥ 张洪涛:《我国习惯的法律治理模式之反思——一种大历史的内在视角》,载《山东大学学报(哲学社会科学版)》2009年第5期。

化为法律规范、司法解释、司法政策、裁判规则"。① 自清末以来，由于我国民事立法一直采取的都是立法治理模式，法与习惯严格分离，这必然导致《民法通则》《物权法》《合同法》等诸多民事单行法中习惯要素式微。考虑到中国现实中存在的文化观念、意识形态、民族风俗、当地习惯、生活模式等差异，民法典最终选择了一种相对具有弹性的"司法治理模式"以作为习惯要素融入民事裁判的路径。即"凭借法律自身对社会生活变化的反应机制实现法律生长，将规则因素与人的因素结合起来，兼顾确定与灵活，使法律在一般情况下保持着渐进的发展，以求与社会生活相协调。"②

(二) 为法典实施提供实质性漏洞填补依据

从社会实践来看，法律规范的作用主要有两方面：其一为法官提供裁判规则；其二为大众提供行为规范，前者是规范作用，后者为社会作用。由此可知，民法典首先就需要承担裁判者提供裁判依据的使命；作为其映射，还要发挥为民事主体从事民事活动提供行为指引的功能，且后者更为普遍。③ 但是从我国当下的民法研究来看，二者却呈现出相悖现状：如立法论研究多于解释论，比较法研究多于本土资源挖掘，对策性研究多于基础理论研究等。④ 因此，如何从司法角度入手，借助裁判的理念与方法，充分探究民法典中设置习惯要素的效用，将具有重大现实意义。结合司法裁判中主要运用的法律解释和法律论证方法，我们就可将习惯所提供的行为规范界定为指引解释或论证活动的裁判规则。且因习惯要素的非规范性，这些规则多属于实质性规则范畴。

然而，基于我国当下司法体制，习惯并不具有直接作为"裁判依据"的正当性，其最大的作用场域是裁判者对特定法条、不确定性概念的理解和解释过程。法律理应源自人们的日常生活，或者至少不能背离人们的日常生活。此时，如何协调法律的"确定性"与"妥当性"之关系，就成为我们必须面对的现实问题。尤其是在地域广大、历史悠久、文化多元的成文法国家更为典型。从此角度看，裁判中的习惯适用就应着重从解释论层面来探讨，而其中最主要的就是在基本的"文义射程"之外，为理解和解释概念提供漏洞填补依据。自从人们追求法律逻辑自足、规范无缝的幻想破灭后，就开始为法律漏洞寻找弥补方式。由于习惯具有沉淀、确信、权威及可诉等特点，故运用习惯救济法律漏洞就具有必然性。⑤ 对此问题，代表性学者谢晖教授在分析习惯填补法律漏洞的作用时，就将法律漏洞分为概念漏洞、规则漏洞及原则漏洞，而将习惯填补的方式细化为当然补充、连带补充

---

① 罗书臻：《周强：不断提高民族地区审判工作水平》，载《人民法院报》2016年8月25日。
② 徐国栋：《民法基本原则解释》，中国政法大学出版社1992年版，第203页。
③ 参见王轶、关淑芳：《民法典编纂需要协调好的六个关系》，载《法学杂志》2017年第1期。
④ 参见王利明、周友军：《民法典创作中的中国民法学》，载《中国法学》2008年第1期。
⑤ 参见谢晖：《论民间法对法律合法性缺陷外部救济之范围》，载《西北民族大学学报》2020年第4期。

和造法补充。① 从立法策略看，立法文本中的习惯要素设定可视为是在实定法之外，立法者为司法者故意留下的"解释空间"。该"解释空间"的存在，使得法官在面对疑难案件时，能够通过合理的司法手段化解纠纷，实现裁判法律效果与社会效果有机统一。具体到所运用的方法上，该"解释空间"中的法官并非仅依靠文义解释、体系解释、目的解释等各种解释方法进行"释法"，而且还包括依靠漏洞填补方法进行"造法"。前者的功能是借助习惯要素明确不确定性概念的法律含义，如对"意思表示""商业秘密""近亲属"等外延的界定；后者的功能是在缺乏裁判规则或已有裁判规则不具有可接受性时，根据具体语境将特定的公众价值倾向或传统行为标准融入裁判大前提，从而使得法官的解释不再只从"法律内"发现规则，也开始超越法律寻找标准。

具体实践中，习惯要素主要就是依靠后一种情形，既超越法律来填补可能存在的漏洞。在方法论上，这种"超越法律"并非是对解释的背离，从一脉相承的思考过程来看，漏洞填补毋宁说也是解释的赓续。② 面对法律规则本身含义模糊或阙如，只要司法适用过程运用到习惯，习惯要素就自然起到对法律规范的填补作用，进而为化解案件纠纷提供实质性的裁判规则。如以民法典第 1018 条有关肖像的界定为例，新修订民法典规定肖像的确定标准是"可被识别"，而不再以传统理论中的"面部特征"为标准。其目的就是，当涉及相应案件裁判时，我们就可以扩大肖像的保护范围，将面部以外的其他可识别性身体特征、外部形象纳入肖像权保护体系。而至于如何理解、确定自然人的外部形象是否具有"可识别性"，就需要在司法实践中结合习惯、风俗等进行判定。而在现实裁判中，运用习惯要素进行漏洞填补的案例也有很多，并主要集中于婚姻财产纠纷、赡养纠纷、共有物分割纠纷、特殊地区和特殊标的物交易纠纷等裁判领域。面对此类案件，通过将规范要素和习惯要素相融合，以达至法律效果和社会效果的统一。

（三）为具体案件裁判提供法律论证规则

由于习惯无法直接作为裁判依据，因此当运用习惯要素在司法裁判中进行法律续造或漏洞填补时，我们就必须对此过程进行充分说理，借助可接受的"裁判理由"，赋予习惯要素以司法适用正当性。然而，作为释法说理的结果，"裁判理由"并不能主动地呈现在当事人面前，其正当性及相干性必须经过充分的法律论证，法官必须充分论证其所做的个案裁判是否遵循了"制定法用尽原则和规则稳定性、体系融贯性、社会一致性等方法论标准"，③ 进而才能达至符合法律规范、遵从规则要求并最终说服听众的目的。作为一种重

---

① 参见谢晖：《论司法对法律漏洞的习惯救济——以"可以适用习惯"为基础》，载《中南大学学报（社会科学版）》2020 年第 1 期。
② 参见［德］卡尔·拉伦茨：《法学方法论》，陈爱娥译，商务印书馆 2003 年版，第 246 - 247 页。
③ 姜福东：《法官如何对待民间规范？——"顶盆过继案"的法理解读》，载《甘肃政法学院学报》2007 年第 4 期。

要法律方法，一个完整的法律论证过程包括主体、听众和共识多项要素，是针对一个案件中两个或两个以上的不同主张及其逻辑推理，为了事实认定和法律适用的目的，根据给定的程序和条件参与论辩、阐述理由、公平竞争，以获取说理优势，最终追求妥协共识的活动。也就是说，法律论证并非法官们随意进行的主观说理，而是在理想的言谈情境下，人们以理性的力量、逻辑的思维参与司法中的法律论辩活动，且在此过程中遵循特定的论证或论辩规则，以取得论证有效性。①

习惯要素的一个重要作用正是为裁断具体案件提供了诸多实质性的论证或论辩规则。结合法律论证的逻辑、修辞和论辩三条进路，一个完整的法律论证规则体系既包括逻辑进路提供的形式性论证规则，也包括修辞和论辩进路提供的实质性论证规则。② 前者目的是实现论证的合法性，保证论证过程符合基本的逻辑规则要求；后者目的是实现论证的可接受性，通过特定价值关注和利益衡量促进个案公正。例如，诸多学者对"泸州遗赠案"裁判的质疑，很大程度上就是和裁判者未能有效运用习惯要素进行法律论证直接相关。一般而言，"情妇"是一种身份，尽管和道德要素相关联，但并不能以民法中的"公序良俗"为掩饰，将此道德评价偷换为法律评价。从民间习惯法意义上来看，认定情妇不能取得财产的最根本原因是"以性换取财产是违背公序良俗的"，而不是因为某人只要具有情妇的身份，就必然将被剥夺取得财产的权利，这也是经由习惯要素所提供的法律论证规则。在该案中，张某虽具有"情妇"身份，但和黄某二人情投意合、相互扶持，更没有"以性换取财产"的主观目的，此时道德意义上的"特殊主体身份"不能推翻《继承法》中有关遗嘱继承的明文法律规则，该"违背公序良俗"也就自然不能构成法律论证中舍弃法律规则而适用法律原则的"更强理由"。然而遗憾的是，受制于习惯的非法源地位以及当下法治发展阶段影响，当面对某些道德和法律交织的疑难案件时，裁判者还很难挖掘那些民间法或习惯法为法律论证活动所提供的实质性论证规则，并结合"基于听众、达成共识"的论证目的，通过常识推理与习惯裁断、生活论辩与妥协共识发挥作用。③ 虽然对此观点，法社会学和法经济学研究者嗤之以鼻。他们认为法律论证本身就是一个虚构的神话，对价值判断进行标准化考量更是一种"规则的自负"。但是这种实用主义哲学导向的不可知论并不适用于司法裁判。作为一项规范性活动，一般性、保守性和可预测性仍应该是整个法律活动的基本准则。即使作为现实主义法学代表的卡多佐也认为，"我们寻求习惯，至少很多时候不是为了创造新规则，而是为了找到一些检验标准，以便确定应如何适用一些既定的规则。"④ 也即，如何在裁判说理过程中为司法者提供实证性的法律论证规则，将是除填补法律漏洞外，习惯要素所具有的另一重要裁判效用。

---

① 参见［德］罗伯特·阿列克西：《法律论证理论》，舒国滢译，中国法制出版社2002年版，第233－235页。
② 参见焦宝乾：《法律论证导论》，山东人民出版社2006年版，第299－301页。
③ 参见谢晖：《论民间法对法律合法性缺陷外部救济之范围》，载《西北民族大学学报》2020年第4期。
④ ［美］本杰明·卡多佐：《司法过程的性质》，苏力译，商务印书馆1998年版，第36页。

四、结语

无论从世界民法典编纂历史、条文法典化的习惯法基础以及社会纠纷化解中习惯的作用来看,当下我国民法典对习惯要素的关注均具有重要时代意义。一方面,它可以成就一部较为完整的、反映社会现实需求的民法典;另一方面,经由习惯要素所实现的裁判理念与裁判规则指引,我们也更加趋向现代化司法的目标。加之以中国的特殊国情,如国家意识形态所包含的社会之社会存在决定论,政府理念所主张的人民主体性,社会治理所强调之规范多元观点等,① 今后法律体系中的习惯要素及其作用将会愈加强化。不过我们仍要看到,相比成文法律规范,传统习惯不仅缺乏规范性、较为分散和保守,甚至有些习惯还明显带有时代滞后性,与当下"统一法律适用"的司法目标并不契合。且受制于我国大陆法立法传统,"习惯法典化"的道路还不是很顺畅,民法典对习惯法的接纳也较为保守。在认可习惯要素的效用之后,我们将如何推进"习惯的法典化",以及秉持何种姿态接受习惯法,则极有可能成为今后民事法律领域重点讨论的内容。

Establishment and Judicial effect of Custom Elements in China's Civil Code

Song fei

Abstract: The practical effect of civil code not only depends on the scientific nature of legislation technology and the innovation nature of legislation content, but also related to whether it is based on Chinese traditional habits and reflects the social reality demand. In this way, custom elements constitute the basic elements of China's civil code. In the text, custom elements are mainly setting in the following three aspects: firstly, attach importance to the status and role of traditional; Secondly, realize the codification of custom from multiple angles; Thirdly, leaves room for habits to be incorporated into legislation. The ultimate purpose of setting and considering habit elements is to serve justice, which manifested in three aspects: first, introduce moral elements into normative evaluation system by "custom codification" to abandon the subjective arbitrariness of judge's; second, provide substantial loophole filling basis for the code implementation, in order coordinating the certainty and appropriateness of law; and third, providing legal argumentation rules so as to ensure that judges have "evidence to follow" when facing hard cases.

Key words: Civil code; Common law; "Custom codification"; Legal arguments

---

① 参见厉尽国:《中国〈民法典〉编纂中的习惯法问题》,载《交大法学》2017年第3期。

从分散到统一

——论地方权益性假期的立法乱象及克服路径*

林立成^{**} **王志勇**^{***}

摘 要 近年来，地方权益性假期引起公共传媒的密切关注。地方权益性假期在立法上表现出突出权利保护、配套措施缺位、欠缺保障手段、横向口径不一等四大特征，同时也暴露出合法性存疑与实操性不足这两个主要问题。地方权益性假期的出现实质上是地方立法机关在制造权利，不审慎的权利设定不仅不会实现立法目的，反倒有可能激化权利冲突，加剧国家与社会之间的摩擦。地方权益性假期意图保护的各项权益完全能够在现行假期制度框架内加以实现，应在着力完善已有假期制度的基础上保障劳动者真实地享有休息休假的权利，而不是不断推出一个又一个难以兑现的"画饼"式假期。

关键词 地方权益性假期；地方立法；地方立法机关；权利设定；假期制度

一、问题缘起：一类有待研究的热门立法现象

近年来，地方权益性假期已然成为极具话题性的公共舆论热点。地方权益性假期是指地方立法机关为突出保障特定权利，在工休、公休以及年假等传统假期制度之外，单独为劳动者创设的休假制度。初步统计显示，国内报纸公开谈及地方权益性假期的报道共计292篇，其中2015年之后的计有246篇（占比达84%），这意味着近6年来，平均每年有多达41篇的报道反复关注同一话题，如果再加上网络新闻、小视频浏览等新媒体播报，

---

* 基金项目：广西教育厅课题《新型城镇化背景下广西民族地区社会治理创新研究》（项目号2018KY0060）；广西文科中心课题《民族区域自治制度效能转化与珠江—西江经济带社会治理创新研究》（项目号 ZX2020019）；广西地方法治与地方治理研究中心课题《广西民族地区治理体系与治理能力研究》（项目号：GXDFFZ201702）。
** 林立成，法学博士，滁州学院马克思主义学院讲师。
*** 王志勇，广西师范大学校长办公室秘书，助理研究员。

有关地方权益性假期的讨论更是连篇累牍。① 虽然地方权益性假期最近几年在新闻媒体上获得极高的曝光度,但这绝非前所未闻的新兴立法现象。早在 20 世纪 80 年代末 90 年代初,便有部分地区在地方立法中对男性陪产假、女职工月经假作出规定,迄福建省于 1989 年 1 月率先实施相关规定至今,涉及权益性假期的地方立法文本(含生效中、已修改、被废止)共计 237 件(见图 1),除针对老年人权益保障的子女护理假是 2017 年以后方才出现的外,现行地方权益性假期立法中有关陪产假、月经假的规定基本都是在对原有立法文件反复修改完善的基础上逐步形成的。地方权益性假期始终都是地方立法中的一大热点。

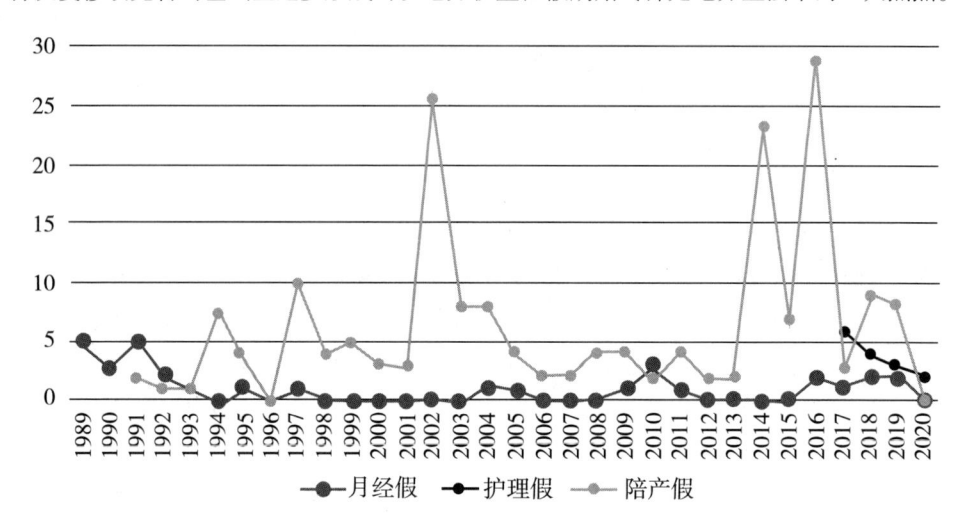

图 1 地方权益性假期历年立法数量

与新闻媒体的密切关注形成强烈反差的是,地方权益性假期并未引起学界的足够重视。学界对地方权益性假期的忽视表现在两个方面:一方面,当前尚不存在有关地方权益性假期的总体性研究,何谓地方权益性假期、地方权益性假期在整个国家假期制度中处于何种位置、立法过程中所表现出的基本特征与暴露出的主要问题、如何看待这一立法现象等一系列基本问题仍有待回答;另一方面,单就某一类型的地方权益性假期开展的专门性研究也不多见,目前为数不多的已有研究成果的分布概况是聚焦于陪产假、少量提及护理假、基本不涉及月经假。有关陪产假的研究,以 2015 年国家全面放开二胎政策为分水岭,在此之前的研究多从顺应国际立法趋势、促进家庭幸福和谐的角度主张应当增设陪产假②,

---

① 如无特别交代,本文文中及图表内所使用的数据皆源自笔者自行搜集整理,数据统计时间截至 2020 年 8 月 20 日。

② 参见唐芳:《从奖励到权利——生育护理假的正当性论证》,载《中华女子学院学报》2012 年第 1 期。邱玉梅、田蒙蒙.“陪产假”制度研究,载《时代法学》2014 年第 3 期。2015 年后,也有学者从这一角度论述陪产假的合理性,如郝君富、郭锐欣. 生育保障制度的国际改革趋势与启示,《兰州学刊》2019 年第 6 期。

而在此之后的研究则多将陪产假作为提高育龄人群生育意愿的辅助政策①；有关护理假的研究，林嘉、陈靖远认为护理假的设定存在宪法依据，制度构建的关键问题在于如何在国家、单位与个人之间妥善分配成本，并结合世界发展趋势，认为"由雇主、雇员共同缴费并配合一般性财政支出的混合性融资模式是最具有可持续性的成本分担制度"。除了数量不足之外，虽然已有研究成果或多或少都会触及地方权益性假期的制度必要性，但无论是从宪法依据、立法趋势、家庭和睦抑或是激励生育等视角，至多只能表明确实存在相关的立法需求，并不能够直接证成地方立法机关是权益性假期的适格立法主体，从权益性假期到地方权益性假期的转化，必须要通过立法权限的检验。地方权益性假期作为一类研究对象，在研究广度与研究深度这两个层面，都确实存在一系列值得思考的问题。

有鉴于此，本文尝试对地方权益性假期展开总体性研究。本文紧密依托《立法法》有关立法权限的规定，搜集整理曾涉及权益性假期的所有地方立法文件，在此基础上对规定内容进行纵向与横向的比较分析。本文认为地方权益性假期立法在合法性上有越权立法的嫌疑，而条文规定本身欠缺可操作性又使立法目的很难真正得以实现。地方权益性假期实质上是地方立法机关在生造权利，不审慎的权利设定不仅有可能导致权利之间相互冲突，也有可能加剧国家与社会的摩擦。劳动者的各项权益绝大部分都能够在现行假期制度框架内得以实现，本文主张应在完善现行假期制度的基础上，保障劳动者能够真实地享有休息休假的权利，而不是以地方权益性假期的形式增设一个又一个难以兑现的"画饼"式假期。

二、地方权益性假期的立法现状

只有在对"地方"加以限定的基础上，方能准确理解地方权益性假期的概念。"地方"是一个频频出现于各式法律法规、政治决策、会议纪要，却又始终未能得到官方权威定义的概念②。在法学领域中，"地方"常被用来指称我国中央以下的各级行政区域。在中央与地方的关系问题上，《宪法》第 30 条、第 31 条共同确立了我国"一体多元"的制度特征。"一体"既指在《宪法》序言中宣示的"统一多民族国家"，也指虽未在条文中明确表述，但始终贯穿国家制度实践的单一制组织形式。而"多元"则指向同时并存的多种地方制度：最为常见的省（直辖市）、市、县、乡（镇、民族乡）等一般地方建制；民

---

① 参见李西霞：《生育产假制度发展的国外经验及其启示意义》，载《北京联合大学学报（人文社会科学版）》，2016 年第 1 期。周宝妹：《"全面二孩"政策背景下的生育假期制度重塑》，载《山东警察学院学报》2017 年第 5 期。谢增毅：《二孩政策与社会法及其制度的完善》，载《北京工业大学学报（社会科学版）》2019 年第 1 期。杨菊华：《生育支持与生育支持政策：基本意涵与未来取向》，载《山东社会科学》2019 年第 10 期。祁静、茅倬彦：《生命历程视角下的生育支持政策研究》，载《福建师范大学学报》2020 年第 2 期。

② 如，《宪法》第 3 条第 4 款规定："中央和地方的国家机构职权的划分，遵循在中央的统一领导下，充分发挥地方的主动性、积极性的原则"，《宪法》第 4 条第 3 款规定："各少数民族聚居的地方实行区域自治，设立自治机关，行使自治权"。两处有关"地方"的使用，在外延上显然不完全相同。

族区域自治制度下的自治区、自治州、自治县；适用于香港、澳门的特别行政区制度。基于不同的地方制度实践，依照立法自主性的强弱，可以将我国的地方立法分为三类：严格遵循不抵触原则的一般地方立法，即地方性法规与地方政府规章；可变通执行法律、行政法规的自治条例、单行条例；高度自治下的特别行政区立法①。与一般地方立法相比，后两类地方立法在适用条件与空间范围上较为特殊；此外，已有涉及地方权益性假期的规范文件绝大多数为一般地方立法，极少量的自治条例、单行条例也是在省级地方性法规基础上形成的变通规定。本文更为关心地方作为一级主体如何在中央有关立法权限的常态化安排下统一行使立法权，故本文将一般地方立法中有关地方权益性假期的规定作为研究对象，地方权益性假期概念中的"地方立法机关"指的是省（自治区、直辖市）、设区的市（自治州）的人大、人大常委会与人民政府，规范性文件在外部形式上表现为地方性法规与地方政府规章。

从立法所欲保护的权利类型看，可以将地方权益性假期分为护理假、陪产假与月经假三类②。护理假是当劳动者的父母住院治疗时，用人单位应当给予其一定期限用于照料病患；陪产假是符合法律、法规规定生育子女的夫妻，在女方产假期间，给予男方一定时间照顾对方；月经假是对处于经期的女职工给予放假休息的特殊保护。无论是何种类型的地方权益性假期，都不会减损劳动者在休假期间的工资福利待遇。

当前生效中的涉及地方权益性假期的地方立法合计 61 件，在立法形式上以省级地方性法规为主（计有 41 件，占比达 67%），而在立法类别上则以陪产假居多（计有 36 件，占比达 59%）。地方权益性假期具体的立法分布情况为：月经假 10 件，均为地方政府规章；护理假 15 件，其中地方政府规章 2 件、省级地方性法规 11 件、设区的市的地方性法规 2 件；陪产假 36 件，其中地方政府规章 4 件、省级地方性法规 30 件、设区的市的地方性法规 2 件（见图 2）。

由于正在生效的地方权益性假期多是在反复修改旧有立法文本的基础上形成的，从发展脉络上看，不同历史时期的立法文本之间存在连续性，又因各地规定在调整对象、调整方式上高度关联，这便为我们进行纵向与横向的比对分析创造了可能，比对之后发现地方权益性假期立法呈现出以下 4 个特征：

第一，突出权利保护。这表现在以下几个方面：①增设新型假期，2017 年后，在有着长期地方立法传统的陪产假与月经假之外，又新设第三类地方权益性假期——护理假；②延长假期时间，各地有关陪产假的平均放假时间在 2000 年时为 7.75 天，这一时长在 2010

---

① 经济特区立法当然也属于地方立法，不过经济特区立法在立法权限上并不稳定，多表现为一种临时性的授权，故没有将其与以上三类地方立法并列。

② 不同地方立法中有关陪产假的称呼并不统一，除了陪产假这一称呼外，还有护理假、照顾假、看护假三种用法，其中以护理假使用频次最多。虽然名称不尽相同，但指向的同是生育权利，本文选取陪产假这一用法既是为了统一名称，也是为了与旨在保障老年人养老权利的护理假相区别。

```
   40
   35
   30
   25
   20
   15
   10
    5
    0
          月经假            护理假            陪产假
      ■ 地方政府规章  ■ 省级地方性法规  ■ 设区的市的地方性法规
```

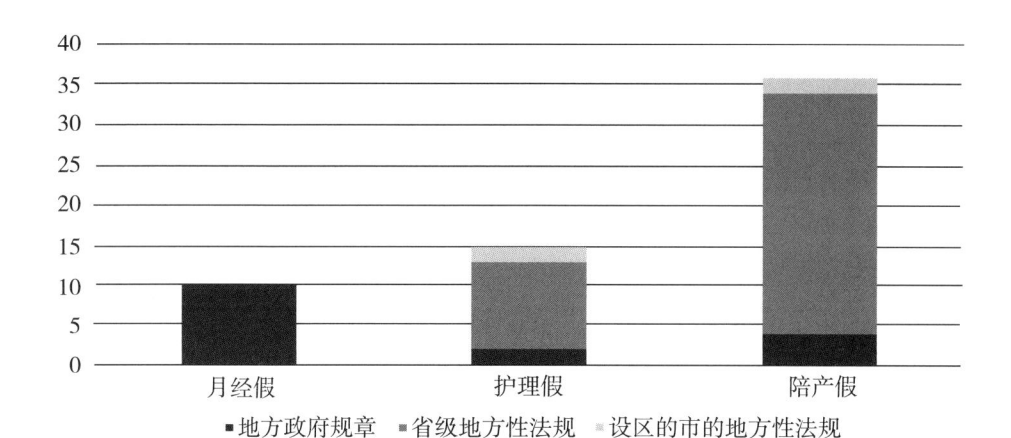

图 2 现行地方权益性假期立法分布

年时已增加至 11.25 天，及至 2020 年，更是达到了 18.05 天，陪产假平均放假时长在 20 年间增长了 2.3 倍；③放宽适用条件，陪产假在创设之初带有极强的工具色彩，旨在通过为男性创设额外奖励假期以进一步贯彻计划生育政策，在适用条件上往往要求晚育、领取《独生子女父母光荣证》甚至是接受绝育手术，当前规定已经完全取消了上述限制，只要是依法办理结婚登记的夫妻，男方便可在女方生产时享有这一权利。

第二，配套措施缺位。马克思曾言："没有无义务的权利，也没有无权利的义务"，权利与义务在法律上始终是相对应而存在的，权利的实现需要义务的履行。虽然地方权益性假期的最终受益人与权利人有时是分离的，不过至少从表面上看，劳动者与用人单位仍分别是直接的权利主体与义务主体。这一法律关系的形成并非劳资双方合意的产物，而是地方立法机关基于特定目的介入的结果，即便承认这一介入行为确有其合理性，但也不意味着在制度落实层面需要由用人单位承担全部成本。是否能够通过减税、补贴等经济手段在地方、个人与单位三者之间实现政策成本的合理负担？颇为遗憾的是，目前尚未在地方权益性假期立法中看到类似举措。

第三，欠缺保障手段。法首先是政治共同体用来安排、调整和形成（或重构）人类共同生活的必要组织和统治工具，通过行为模式与法律后果的连接，立法者能够向民众有效传达如何安排社会生活的构想。也只有当存在法律后果时，待解决的客观事实方能在涵摄之后得出在具体个案中所欲实现的法定价值判断，这同时也是调用国家强制力保障法律实施的基本前提。地方权益性假期目前普遍缺少法律后果的设定，当用人单位违反相关规定拒不放假或兑现经济待遇时，劳动者何以维护自己的正当权利？一旦长期放任违反法律规范的行为不予制裁，不仅会侵蚀法的实效使之沦为具文，也会动摇人们对法治国家的信念。

第四，横向口径不一。当代立法法治原则的一项重要内容便是协调性，它以实现法律体系内部的和谐统一为主要价值追求，不仅要求下位法不得与上位法相抵触，也要求同位阶的法之间要互相衔接、彼此协调。然而在比较不同地区的地方权益性假期立法时，却鲜少能够发现对这一原则的贯彻,即便是同一类型的假期,在具体的规定内容上也有可能相差甚远:同为陪产假,山东、天津的放假时长仅为 7 天,而云南、河南、甘肃等地则可长达 1 个月;各地规定在月经假的适用是否要以医疗机构出具证明为前提条件、非独生子女是否也可以享有护理假等问题上也不尽相同。横向尺度不一放大了立法机关在自由裁量权上的差异,外加缺少必要的解释说明,难免给人留下随意立法的不良印象,无怪乎部分媒体讥嘲地方权益性假期立法是在"锯木头"——因需而设、厚薄自便①。

三、地方权益性假期立法存在的主要问题

(一) 合法性存疑

在我国这样一个单一制的政治体制下,包括立法权在内的地方所能拥有的一切权力都源于中央授权,能够在上位法中找到依据是地方立法权行使的基本前提。单一制的理论要旨在于,权力的统一对于法律的统一,进而对于整个国家的和平稳定被视作是必需的,这意味着政府的单一与统治权的垄断,也意味着中央集权的政治安排。具体到我国中央与地方的立法关系问题上,虽然从最终目的来看,地方立法权的意义在于确保地方立法机关能够对某些事项拥有不受任意干预、独立自主的立法权能——不然立法权的配置目标必将落空,但地方能够就哪些事项进行立法、对可立法事项能够规定到何种程度等事关立法权运行的基本问题,则是由中央预先在宪法法律中加以规定的。宪法法律的规定构成地方立法效力的直接来源,地方立法权的行使必须遵守上位法设定的限制条件,否则必然会在合法性上遭到质疑。

很难为地方权益性假期立法在宪法法律上找到明确的效力依据,无论何种形式的地方权益性假期立法或多或少都面临着一定的合法性争议。按其功能不同,可将地方立法分为实施性立法、自主性立法与创制性立法三大类,宪法法律从未明确提及地方权益性假期,也不大可能将地方权益性假期立法意图调整的事项划入纯粹的地方性事务之内,因此,只能将之归入创制性立法的范畴。由于不同层级、不同性质的地方立法机关在创制性立法上的自主性存在差异,地方权益性假期的合法性之疑在具体形式上便也呈现出不同样态:

第一,省级地方性法规与"不抵触"原则。省级地方性法规在立法事项上并不会受到实质限制,按照《立法法》第 73 条第 3 款的规定,即便是法律、行政法规未做规定的事项,省级地方性法规也可以先行先试,但必须恪守"不抵触"原则这条底线。由于多年来宪法、法律都未对地方性法规的立法权限作出确切界定,因此,对于"不抵触"的认定标准无论是在学界还是立法实践中都存在着较大分歧。对"不抵触"的认定大致可以分为从宽说、适中说与从严说三种。从宽说将不抵触认定为不违背上位法的立法精神与基本原

---

① 参见房清江:《假期立法不宜政出多门》,载《新华每日电讯》2017 年 6 月 8 日第 6 版。木须虫:《权益性假期立法不宜政出多门》,载《人民法院报》2019 年 3 月 27 日第 2 版。

则；适中说认为地方立法既不得违背上位法的立法精神与立法原则（间接抵触），也不得与上位法的具体规定相龃龉（直接抵触）；从严说的标准则颇为严苛，将不抵触理解为地方立法必须要有上位法作依据，如李林教授主张"在中央未予立法的事项上，地方立法不得先行涉足。因为'不抵触'隐含着要有中央法律作为地方依据的前提，在这个前提下，地方立法不得先于中央"。显然，如果适用从严说的标准，任一类型的地方权益性假期立法都必然无法通过"不抵触"原则的检视。即便当前对"不抵触"的认定以适中说较为流行，但各种分歧观点的存在，至少足以表明在正式的权威解释出台前，有一部分人并不认同地方权益性假期的合法性，在合法性这一问题上仍有可进一步商榷的余地。

第二，设区的市的地方性法规与立法事项。设区的市的人大及其常委会同样可以进行创制性立法，但仅限于城乡建设与管理、环境保护、历史文化保护这三个方面。不大可能将地方权益性假期所规定的女职工劳动保护、老年人权益保障、男性职工生育权利归入环境保护与历史文化保护这两个方面，那么是否可以将之纳入"城乡建设与管理"项下？从《立法法》修改过程中有关设区的市的立法事项具体内涵的讨论过程来看，这一想法也不大可行。修法过程中对设区的市的立法事项曾经有过四种不同看法，其中第二种意见认为"将设区的市的立法权限限定在'城市建设与管理、环境保护、历史文化保护等方面的事项'，范围太窄，应当根据设区的市的实际需求，将立法权限的范围扩大到公共服务、社会管理、民生保障以及教育、卫生、社会保障等"，由此可见，前面三类立法事项与后面提及的若干事项并非种属关系而是并列关系，从立法内容上看，将地方权益性假期调整的事项归入后者似乎更为合适。虽然学界不乏有为设区的市摇旗呐喊之士，主张在三类立法事项具体内涵的理解上应当宽容以待，不过就在《立法法》修改后不久，时任全国人大法工委主任的李适时曾在一次正式讲话中指出，三类立法事项的限制"充分考虑了设区的市的现实状况，体现了积极稳妥推进的思路，目的是防止一些地方不顾自身实际搞立法上的'大跃进''一刀切''一哄而上'，导致立法权滥用，立法质量难以保证"，要以"等内等"的方式去解读紧跟在三类立法事项后的"等"字。在进一步的法律解释未曾出台前，对设区的市的立法事项仍应从严把握，在"城乡建设与管理"与社会民生保障之间进行慎重区分，否则难免有架空《立法法》规定之嫌，设区的市的地方性法规就地方权益性假期展开立法颇为不妥。

第三，地方政府规章与"根据"原则。《立法法》第82条第1款规定，"省、自治区、直辖市和设区的市、自治州的人民政府，可以根据法律、行政法规和本省、自治区、直辖市的地方性法规，制定规章"，仅从文义来看，"根据"一词便将地方政府规章定位于功能上的"贯彻实施"，紧随其后的第2款进一步对此加以明确，"地方政府规章可以就下列事项作出规定：（一）为执行法律、行政法规、地方性法规的规定需要制定规章的事项；（二）属于本行政区域的具体行政管理事项"。"根据"原则大幅压缩了地方政府规章的自主立法空间，在缺少上位法明确规定的情况下，地方政府规章有关地方权益性假期的规定背离了"根据"原则的要求。兹以地方政府规章对月经假的规定为例，在其声称的上位法依据——由国务院出台的行政法规——《女职工劳动保护特别规定》中，仅仅是在附录中列出女职工经期禁忌从事的劳动范围，月经假的创设纯属地方政府规章的"无中生有"。当然，《立法法》并没有完全剥夺地方政府规章的创造性，第82条第5款规定应当制定地方性法规但条件尚不成熟的，因行政管理的迫切需要，可以先制定地方政府规章，如需继续实施的，需于两年后提请本级人大及其常委会制定地方性法规，但从现有资料来看，已经超期实施地方权益性假期的地方政府规章都没有履行这一程序，有的甚至超期实施长达10年之久。总之，在当前有关立法权分配的体系中，地方政府规章并不具有设立地方权益性假期的权限①。

（二）实操性不足

1. 定假标准不明

休假制度的功能是多元的，但多元制度价值取向间存在冲突可能，这突出表现为社会价值与经济价值的对立。合理配置的劳动时间不仅能够回复劳动者在作业过程中损耗的劳动力、缓和因持续工作而生的精神压力，也能够让劳动者有闲暇进行情感交流，在与家庭成员频频增进的日常互动间实现赡养义务与抚养义务，这是社会凝聚力的重要来源。不过时间本身也是一种宝贵的经济资源，恩格斯曾指出："一切存在的基本形式是空间和时间，时间以外的存在像空间以外的存在一样，是非常荒诞的事情"。作为一种特殊物质生产过程的经济活动，是不可能脱离时间而单独存在的，时间又因其无可替代性与非再生性而愈发显得弥足珍贵。依据马克思的经济理论，作为经济现象的时间除了自然存在这一客观事实外，往往伴随劳动的投入，经济时间由生产时间与流通时间两部分构成。生产时间可进一步细分为劳动时间与非劳动时间，前者是实现价值及剩余价值的主要过程，后者则不产生任何价值（甚至有可能对价值的创造形成某种消极限制），劳动时间由必要劳动时间与剩余劳动时间共同组成，必要劳动时间涉及劳动力再生产所需时间，剩余劳动时间则是生产剩余价值的时间。在必要劳动时间与剩余劳动时间中存在对立统一关系，在给定工作时长及劳动生产率的情况下，二者呈此消彼长的样态，因此，雇主总是试图找到破解这一内在矛盾的方法，以期在最大范围内实现资本增殖的可能。对休假制度社会价值的过分强调必然会损及其经济功能的实现。

为达成休假制度社会功能与经济功能的平衡，有必要在假期设定上遵循合理标准。我国当前主要节假制度在设定上皆有章可循：①工休制度。在通行的8小时工作制基础上，《劳动法》兼顾特种行业经营的灵活性，对调休、总工作时长及限制加班做出规定，要求

---

① 可引为旁证的是，曾经有12个地方政府对月经假出台过规定，但后来统统失效不再有新的规定，这一数量甚至比正在生效的数量（10件）还要多。

用人单位至少保证劳动者每周休息一天①。②节日制度。《全国年节及纪念日放假办法》对全体公民放假的节日及部分公民放假的节日做出统一规定，节假日制度的确立一方面是为弘扬民族传统文化、促进民族文化发展，使更多公民在节日中感受传统文化的魅力，避免出现"有日无节""有节无假"的尴尬；另一方面，在政治性较强的节日放假能够深化公民对革命历程、国家建设的认识，在重温历史的过程中突出个人的担当意识，在厚重历史与时代精神的双重激荡下催人奋起，具有较强的政治价值。③年假制度。我国的带薪年假制度经历了依行政级别定假向依工龄定假的转变，劳动者因累计工作年限的不同，分别可享有5天、10天或15天的假期②。虽然与发达国家相较，我国节假日制度的设定标准有待改良，不过标准的存在本身便足以表明假期立法并非恣意的，不同社会经济发展阶段偏好不同价值，标准不仅构成当下讨论的起点，也标示了日后的完善可能。

地方权益性假期在内容设定上缺乏明确标准，立法的严肃性难以得到有效保证。法律、行政法规在权益性假期的设定上总是有迹可考，往往能够看出立法者内在的取舍权衡：产假的休假期限及休假方式能够得到医学病理研究的佐证，探亲假在设定上则综合考虑了职工婚姻情况、探望对象以及在途时间。地方权益性假期的规定则较为简单，全部内容往往只体现在单独一条甚至是一款中，仅从文本本身无法探明立法者在创制时的取舍标准，两相对照，地方的立法操作颇显随意。以护理假为例，各地在立法上的随意性突出表现为对于放假安排的协调性不足，假期规定大相径庭，详如下表：

表1 各地在"护理假"规定上的差异

序号	地区	时长（天）	权利主体	序号	地区	时长（天）	权利主体
1	福建	≤10	独生子女	9	宁夏	≤15（独生） ≤7（非独）	—
2	广西	≤15	独生子女	10	内蒙古	≤20	独生子女
3	海南	≤15	独生子女	11	山西	≤15	—
4	湖北	≤15（独生） ≤10（非独）	—	12	重庆	≤10	独生子女
5	黑龙江	20（独生） 10（非独）	—	13	广州	≤15	独生子女
6	四川	≤15（独生） ≤7（非独）	—	14	淮安	≥5	独生子女
7	河北	—	—	15	长春	≤15	独生子女
8	河南	≤20	独生子女				

---

① 《中华人民共和国劳动法》第36条、第38条、第41条。
② 《职工带薪年休假条例》第3条：职工累计工作已满1年不满10年的，年休假5天；已满10年不满20年的，年休假10天；已满20年的，年休假15天。

由上表可见，各地在"护理假"的权利享有者、义务承担者及权利履行方式的规定上皆不尽相同，但"相同权利不同对待"这一差别本身无法得到妥当安置，不存在贯穿相异规定背后的合理逻辑。

2. 法律责任缺失

从构造上看，地方权益性假期属于欠缺法律后果的不完整规范。法律规范在逻辑上由行为模式与法律后果两部分组成：在行为模式部分，立法者通过权利义务的设定确立起统一的行为标准，根据具体要求的不同，可以分为授权性规范、包含积极作为义务的命令性规范以及消极不作为义务的禁止性规范；在法律后果部分，立法者为不同行为确立不同结果，进而引导人们按行为模式行动，法律后果包括对合法行为的认可、保护乃至奖励等肯定性法律后果，也包括对违法行为的否定、撤销、制裁等法律责任。地方权益性假期的规定属于命令性规范，苛以用人单位在符合特定条件时给予劳动者一定假期的义务，但立法文本并未规定与之对应的法律后果，用人单位违反该义务所需承担的法律责任仍旧是谜。

法律责任对于地方权益性假期不可或缺。"法律责任的概念是与法律义务相关联的概念，一个人在法律上对一定行为负责或者他在此承担法律责任，意思就是，如果做相反的行为，他应受制裁。"这一制裁行为由国家强制力保证实施，是否具有强制性往往成为区分法与其他社会规范的重要标准。虽然法律的主要目的不在于惩罚或压制，而是为人类有组织的公共生活提供规范性安排；并且从终极维度看，秩序的稳定生命力源自成员的内心认同，强制制裁愈少，愈能表明法律实现其维持社会总体秩序的目的。因此，有理由认为过分依赖政府强制在某种程度上表征着特定法律制度的失效，不过只要社会上仍然存在违法者，法律就不得不以强制执行措施作为保证其运作实效的最后手段。规定制裁的主要目的在于确保法律命令得到遵守与执行，就在于强迫行为与已经确立的秩序相符。劳动法上常见的法律责任皆未能在地方权益性假期立法中得以体现，地方权益性假期立法欠缺制度化保障措施。

法谚云："无救济则无权利"，无法诉诸法律保护的地方权益性假期始终停留在规范权利层面。因权力滥用与权利冲突的介入，规范权利体系的表面和谐终难维持，救济程序的设置在于通过对冲突的遏制与纠纷的解决，使权利实现或义务履行成为可能。权利大小与其实有力量呈正比，在为发生纠葛的实体权利提供解纷过程的同时，救济程序也是权利由静态步向动态的过程，促成规范权利向现实权利转化，避免无法寻求救济的规范权利沦为纸上的伪善。权利自始便与救济相连，《人权宣言》的警句言犹在耳，"凡权利无保障和分权未确立的社会，就没有宪法"。列宁在对比资本主义与社会主义民主时也曾指出权利实现的重要性，"（资本主义民主）把重心放在冠冕堂皇地宣布各种自由和权利上，而实际上却不让大多数居民即工人和农民稍微充分地享受这些自由和权利，相反地，无产阶级的或苏维埃的民主则不是把重心放在宣布全体人民的权利和自由上，而是实际保证那些曾受资本压迫和剥削的劳动群众能实际参与国家管理"。地方在设定权益性假期的同时,也当提供权利实现的渠道。

四、反思地方权益性假期的立法必要性

从本质上看,地方权益性假期立法是在制造权利,这在一定程度上满足了当下对于权利的部分功能期待。处于社会转型期的我国,虽然历经数十年法治建设,目前已经基本建立起一套完备的法制体系,但不得不承认的是,在国家、社会与个人这三大主体间尚不存在清晰明确的范围界分,经济活动与个人生活在反感公权力挑逗其神经的同时,也不时慑服于后者在运作中施展的魅力。在复杂经济社会实践样态下,权利被叠加赋予限制权力与激励权力这对存在紧张关系的制度功能:一方面,权利被设定为防止公权力侵害的庇护所,权力的触手止于权利的边界;另一方面,权利又被设想为公共福利的助推器,呼吁并敦促权力要在经济福祉与人民幸福上积极作为。从这一层面观察,地方权益性假期的出现并非空穴来风。

不过将利益诉求权利化并不是一个纯粹的政治问题,也不是所有权利诉求都能够被法律接纳并作为权利加以保障。诚然,权利包含资格、自由、可能性等内容,但这不意味反面推论也能成立,仅有资格、利益、自由等不一定便能构成权利。从发生学角度而言,多数权利的初始样态都仅是一种事实或利益,在人们反复呼吁乃至斗争后方为法律所接受,在这一历程中,道德扮演了初审者的角色,而法律则是最终的裁定者。权利生长的内在逻辑多少足以表明某种利益诉求绝非任意便被接纳为权利,在此之前往往要经过法律化认证。在谈及虚假的权利时,美国法哲学家威尔曼认为应当从主体资格、权利内容、权利依据、适用范围以及权利正当性能否为其他抽象权利所消减这五个方面加以综合判断,即便满足以上所有条件,作为义务理由的真正权利也绝非无法被超越,它会受到冲突权利、紧急避险以及重要利益的限制。地方权益性假期的涌现表征新兴权利诉求的兴起,然而权利并非利益确认的结果,纯粹的利益也无法构成权利。

利益的权利化必须以一种体系化思维在现行法的框架内进行,若不考虑既有体系对这种新权利的兼容性,不仅无益反而可能有害:

第一,权利设置上的不审慎有加剧权利冲突之虞。权利的增设绝非简单的条文变动,需要辅之以一套权利形成、配置、实践以及反馈的具体方法,实践及救济成本决定了权利并非廉价的。美国学者霍姆斯与孙斯坦的研究表明,在需要私人资源投入的同时,权利也需要社会及财政支出的保障,并会以非直接成本或补偿支出的形式在直接成本之外对公共财政造成额外负担,稀缺公共资源在保护何种权利以及谁之权利的问题上需要慎重。权利冲突的根源在于有限的社会资源以及不公的分配方式,在给定资源的条件下,人的需求愈多,发生冲突的可能性愈大;而在需求不变的情况下,可供分配的资源愈多,冲突的发生概率势必愈小。如何最大限度地创造资源以从根源上消弭权利冲突,这已不是一个法律所

能回应的问题，不过法律有能力也必须去解决因资源分配不公而产生的权利冲突，这包括不恰当的权利设定、倾斜性保护等。不严谨的权利设定助长一般意义及规范层面上的权利冲突，不仅导致立法愈多秩序愈少的悖谬，也会在权利设置的目标与实效、不同类别的权利、国家与社会、法律与道德等多维度间造成冲突，由此形成所谓权利的"乌龙"效应。透过地方权益性假期立法，只能看到对权利"可欲性"的关心，而缺乏对"可行性"的考量，甚至某些不适宜法律调整的领域也被设置了权利。

第二，权利超额设定必然伴随权力扩张与社会自组织能力下降，一涨一落间有增加国家与社会摩擦的可能。权利与权力间存在共生关系，缺少政府的组织动员，个人将很难或甚少享受到文本中规定的权利，私领域中的权利越多，公民对政府的依赖就越大。不过国家非万能，并不是所有社会公共管理工作都宜于由国家承担。这不仅是因为权力存在为恶的倾向，也是由于在科层制架构下的国家治理体系中，社会公共管理工作只能倚重包括法律、政策在内的各类抽象制度，然而管理对象本身却是普遍且不特定的，对比认识的广阔性，实际事态往往呈现出更大甚至无限的范围，认识有限与事态无限之间的距离很难克服。相较于国家的抽象性与形式性，社会则具有更多的实质性与特殊性，社会中的具体实践更加侧重在双边偶然选择处境中自我的选择方式与他人动机结构之间的互动。因此，现代治理理论方才主张，政府并非唯一的治理权威，要与社会、公民谋求在治理方式上的合作，在国家与社会关系上应遵循辅助性原则，简言之便是，个人能做的社会不做，社会能做的国家不做，只有当社会无力解决时方才求助于国家。社会自组织能力构成法治重要前设，新权利的创生只会要求授予政府更多而不是更少的权力，引发权力对社会生活的更深介入，势必导致社会自治领域被不断侵占。隐身于地方权益性假期立法背后的各种利益，并非一定要由法律加以确认，或许交由公共道德、行业习惯、内部章程这类社会规则会更为妥帖。

五、建构统一完善的中国假期制度

实际上，地方权益性假期所意图保护的各项权益，完全能够在现行假期制度框架内得到安放，最为突出的问题还是在于如何实现由规范权利向现实权利的转化。早在十多年前便有学者统计得出，我国节假日时间总和已经达到114天，约占全年时间三分之一，基本与发达国家持平。不过由中央电视台、国家统计局、北京大学国家发展研究院等十多家单位联合组织的《中国经济生活大调查（2017-2018）》显示，中国人在2017年的日均休闲时间为2.27小时，较三年前的2.55小时有所减少，其中有三成的受访者表示自己每天的休闲时间不足2小时，而美、德、英等国居民每天的休闲时间都在5小时以上，国人现阶段的休闲时间尚且不及发达国家的一半。无可否认的是，我国劳动者在权利享有与权利实有间存在巨大落差，与其在现行制度外增设各种"画饼"式假期，不如认真思考如何有效保障劳动者目前已有的权利。

从长远来看，我国还是需要顶层设计一部统一的劳动基准法对休息休假制度做出统筹规定。目前关于工时、休假的规定散见于《劳动法》《全国年节及纪念日放假办法》《职工带薪年休假条例》《女职工劳动保护特别规定》《国务院关于职工探亲待遇的规定》等法律、行政法规中，由此导致的显著后果是体系化不强、矛盾规定频现。如，《劳动法》关于标准工时的规定为每周不超过44小时，《国务院关于职工工作时间的规定》则规定每周工作时长40小时，虽然二者的冲突对稍懂法理的人不构成困难，但难免会对用人单位与普通劳动者造成困惑；又如，对于延长工时，原劳动部规定用人单位可以采取支付工资报酬或补休这两种办法，而原人事部则规定只能给予职工相应补休①。从全局出发进行统一立法大致可以分为两种体例：一是制定专门用于保障劳动基本条件的独立基准法，如美国公平劳动基准法以及我国台湾地区的劳动基准法等；二是建立综合性劳动法典，并将有关工时、休假的规定囊括其中，如《法国劳动法典》。虽然国情决定以上两种体例暂且不适宜我国当下复杂实践②，不过尽快体系化出台有关工时、工资方面的基准立法仍有必要。

鉴于仓促之间难以制定出台统一的劳动基准法，短期内的工作重心应当围绕已有假期制度的完善，大致可以朝着以下几个方向努力：

第一，限制加班与保障工休。关于程序员群体"996"工作制的讨论一度沸沸扬扬，这之所以能够成为一个万众瞩目的热门话题，归根结底还是因为相较于普通劳动者，程序员群体无论是在经济收入还是学历教育上都占据更大优势，从而在公共领域拥有更强的话语权。不过互联网领域的超时工作绝非个案，加班加点长期普遍存在于私人用工单位，餐饮、酒店、建筑等行业从业者早已是见惯不怪。在我国劳动力市场供大于求以及不具备集体谈判组织的背景下，处于强势地位的用人单位出于逐利需要，往往对于超时用工缺少内部约束机制，目前只有通过国家干预方能抑制用人单位的恣意：（1）提高处罚标准。劳动保障行政部门对于非法延长劳动者工作时间的用人单位，在给予警告的同时可处以罚款，标准为受侵害的劳动者每人100元以上500元以下③。较低的处罚标准本不足以震慑用人单位，而制裁的威慑力又因欠缺诸如按次处罚、按时长处罚这类更加具体的操作细则而进一步损耗，相较于违法加班可能获取的潜在收益，用人单位往往无惧所需承担的法律风

---

① 劳动部关于颁发《〈国务院关于职工工作时间的规定〉的实施办法》的通知（劳部发〔1995〕143号）第8条：根据本办法第6条、第7条延长工作时间的，企业应当按照《中华人民共和国劳动法》第44条的规定，给职工支付工资报酬或安排补休。人事部关于印发《国家机关、事业单位贯彻〈国务院关于职工工作时间的规定〉的实施办法》的通知（人薪发〔1995〕32号）第7条：根据本办法第6条延长职工工作时间的，应给职工安排相应的补休。

② 关于我国劳动领域统一立法的复杂性研究，参见王文珍、黄昆：《劳动基准立法面临的任务和对策》，载《中国劳动》2012年第5期。涂永前：《我国劳动基准立法的现状与进路》，载《社会科学》2014年第3期。

③ 《劳动保障监察条例》第25条：用人单位违反劳动保障法律、法规或者规章延长劳动者工作时间的，由劳动保障行政部门给予警告，责令限期改正，并可以按照受侵害的劳动者每人100元以上500元以下的标准计算，处以罚款。

险，在提高处罚标准的同时，有必要进一步明确处罚方式。（2）梯度加班工资。目前《劳动法》在加班补偿上只是笼统规定用人单位在一般情况下安排劳动者加班的，不得支付低于工资百分之一百五十的报酬，加班制度不具备梯度功能。而我国台湾地区在这方面便进行制度优化以提高雇主安排加班所需承受的经济成本，如加班第二小时要比第一小时报酬高，而第三小时则更高。梯度设计的加班工资在一定程度上能够通过经济手段消减雇主组织加班的动力，使雇主更加珍惜使用劳力，实现加班时间合理化。

第二，探亲假的退出与带薪年假的延长。出台于二十世纪八十年代初的探亲假是一项颇具人性化的制度，它赋予夫妻长期两地分居及响应国家号召远离父母到边远地区工作的劳动者二十或三十天的假期，这对家庭重聚深化亲情具有重要意义。不过也要意识到，探亲制度的设计一方面实是受限于当时落后的通信技术及不发达的交通水平，另一方面也是计划经济体制下僵化用工分配模式人为制造分居的补救措施。在即时通信、飞机高铁常态化的当下，基本能够在公休假期实现家庭团圆，而户籍制度的松动与全面推行的自主择业也使得劳动者能够通过买房或租房共同生活，即便遭逢突发变故也可以通过单位内部的请假制度应急解决，探亲假的制度基础已不存在，目前处境十分尴尬。实际上探亲假的制度功能完全可以在带薪年假中得以体现，通过对二者的整合以适度延长带薪年假，不仅能够缓解后者长期面临的假期过短问题①，也能够使劳动者灵活制定出行计划，在出行时间安排上得享更大自主权，有助于推动我国目前全民度假由粗放集中型向多元分散型转换。

第三，带薪年假制度的完善。为了充分保障劳动者的休息权，除了规定年假时长外，多数国家也会立法保证年假的连续性，并限制年假折抵。如，《德国联邦年休假法》第7条第2款规定，年假当连续享有，如需分段，则至少有一段不得少于12天，若雇主违反规定将年假拆分零碎化，则视为劳动者未曾享受休假；《俄罗斯联邦劳动法典》第125条规定，分段休假时至少有一段假期不少于14个日历日，第126条则明确只有当28天之外的假期方允许适用金钱补偿。我国年假制度在这方面则较为薄弱，《职工带薪年休假条例》未曾提及连续休假，而在支付职工日工资百分之三百的报酬后，雇主可以与劳动者协议取消年假。年假制度在设计上高估了在资方强势背景下，劳动者所能拥有的话语力量，据中国社科院旅游研究中心开展的全国调查，只有31.3%的受访者表示"有带薪年假，可以休，且可自主安排"，余下受访者则或多或少受困于各种问题。在加强执法力度，建立系统监督机制确保每个劳动者得享年假的同时，也应在休假方式及休假取消上做出更为细致的规定。

六、结语

现代社会有赖于个体劳动，在将劳动转变为个体基本权利与义务的同时，也根据个人

---

① 美国美世咨询公司在对全球64个经济体调查后，结论认为中国当前带薪年假在休假时间上位于末流。（参见《中国经济周刊》采制中心：《全球假期排行榜》，载《中国经济周刊》2015年第32期。第9页。）

表现而授予其各种荣誉、福利、保障等，从而使劳动成为个体最具价值的人生选择。不过社会化劳动所具有的高度不确定性，已远远超出个人努力可能达至的预期范围：虽然每个人都具备劳动能力，但这种能力并不一定为竞争白炽化的市场所需要；个人待遇取决于他在工作岗位上为单位创造的价值，但工作单位的处境受制于社会总的生产条件；个人职务升迁直接与业务能力、劳动贡献相关，但却也深受处于社会评价体系与组织管理体制中的人际关系影响。劳动的不确定性与个体对确定性的期待呈现为一组悖论，健全的劳动福利体系能够在一定程度上减少二者的冲突，这一体系包括知识技能培训、劳动社会保障及劳动权益保护，这在提升个体本体安全基础上增强劳动者对抗日常生活风险的能力。从这一维度看，地方权益性假期的出现无异于锦上添花，不过对于目前还远不能算作健全的我国劳动福利体系而言，这只是一种奢谈。

From Dispersion to Unity
——On the Legislative Chaos of Local Rights Vacation and the Ways to Overcome

Lin LiCheng Wang ZhiYong

Abstract: In recent years, local rights vacation have attracted close attention from the public media. In the legislation of local rights vacation, it has emerged four characteristics: prominent rights protection, the absence of supporting measures, lack of guarantee means and disunited horizontal caliber. It also exposes doubtful legality and lack of practical operation these two main problems. In fact, the emergence of local rights vacation is the creation of local legislatures. The imprudent setting of rights will not achieve the legislative purpose, but may intensify the conflict of rights and the friction between the state and the society. The rights and interests which local rights vacation intended to protect can be fully achieved in the frame of present vacation system. It should focus on modifying the existing vacation system to make sure that most labors may have the real right to rest and vacation, truly not roll out one after another empty promises.

Key Words: Local rights vacation; Local legislation; Local legislatures; Setting of rights; Vacation system

作为公司（Companhia）母体的合伙（Sociedade）制度历史梳理

——以澳门民商法为视角

王 华[*]

摘 要 合伙制度与现代公司在我国内地看似截然不同，即使是商事合伙也属于非法人组织。但在我国澳门特区的民商法中，所有的公司类型几乎都被整合在商事合伙制度中，至少在民商法典中公司与合伙在葡文法律中使用同一个词（sociedade），而包括民事合伙在内的合伙制度都被整合在法人制度之下，究其原因，主要还是理论渊源的差异。回溯澳门特区的合伙（Sociedade）制度，从葡萄牙民商法到罗马法，其实际上来源于罗马法的合伙（Societas），后来与大航海时代乃至中世纪以来的海上贸易活动之实际需要出现的不同类型的商业活动主体，如特指股份有限公司的Companhia，于法典化时代发生了制度上的融合，成为近代法国、葡萄牙等国的所有公司类型的母体。梳理这一历史，有助于提升对合伙与公司制度的理论分类的理解。

关键词 合伙（Sociedade）制度 公司类型 澳门民商法 葡萄牙民商法

一、问题的提出

我国《民法典各分编（草案）》（以下简称草案）中，将合伙合同纳入了合同篇。总计条文12条，对合伙合同的概念，合伙的出资方式、合伙事务的执行、权利义务的分配，合伙期限进行了相当的规定。这一规定，弥补了我国的民事合伙的规范体系之漏洞[①]，也

---

[*] 王华，法学博士，中山大学博士后，广东工业大学政法学院讲师。
[①] 李永军：《民事合伙组织性质疑——兼评〈民法总则〉及〈民法典各分编（草案）〉相关规定》，载于《法商研究》2019年第2期，第123-134页。

夯实了商事合伙不能成立时的发起协议之规范基础，可见我国合伙规范体系发展越来越为完善。在我国的民商法理论、法律规范和实践中，无论是合伙企业还是民事合伙，都与有限责任公司、股份有限公司等法人类型泾渭分明，但实际上，现代的绝大部分公司的类型，都从合伙发展而来。无独有偶，我国澳门特区《民法典》中对于合伙（Sociedade）①的规定，也经历了一个有趣的发展过程，从中还可窥见合伙与公司的规范联系。从历史追溯，澳门现行民商法典到其蓝本1966年《葡萄牙民法典》，再到其1867年的版本以及同时代的《商法典》，以至于到接受了罗马法的律令时期②，都可寻觅到合伙（Sociedade）的身影，而民商事活动的日益多元化之需求，是形成、分化成今日诸多纷繁类型的驱动力。

二、澳门民商法典中的Sociedade

（一）现行澳门民商法典中的sociedade

表1与表2为澳门现行的民法典与商法典的民商事合伙的中文与葡文体系。

表1 《澳门民法典》中的Sociedade

LIVRO I PARTE GERAL	第一卷 总论
TÍTULO II – Das relações jurídicas	第二篇 法律关系
SUBTÍTULO I – Das pessoas	第一分编 人
CAPÍTULO II – Pessoas colectivas	第二章 法人
SECÇÃO II – Sociedades	第二节 合营组织
Artigo 184.°. 2. As sociedades são civis ou comerciais.	第184条第二款 合营组织分为合伙及公司

表2 《澳门商法典》Sociedade分类

LIVRO II DO EXERCÍCIO DA EMPRESA COLECTIVA E DA COOPERAÇÃO NO EXERCÍCIO DA EMPRESA 第二卷 合营企业之经营及企业经营之合作	
TÍTULO I – Das sociedades comerciais	第一篇 公司
CAPÍTULO I – Parte geral	第一节 总则
CAPÍTULO II – Sociedades em nome colectivo	第二节 无限公司
CAPÍTULO III – Sociedades em comandita	第三节 两合公司

---

① 见本文表1与表2。
② 王华：《〈菲利普律令〉在澳门早期的适用》，载陈景良、郑祝君主编：《中西法律传统（第12卷）》，中国政法大学出版社2016年版，第87至104页。

续表

LIVRO II DO EXERCÍCIO DA EMPRESA COLECTIVA E DA COOPERAÇÃO NO EXERCÍCIO DA EMPRESA 第二卷　合营企业之经营及企业经营之合作	
CAPÍTULO IV – Sociedades por quotas	第四节　有限公司
CAPÍTULO V – Sociedades anónimas	第五节　股份有限公司
TÍTULO IV – Do contrato de associação em participação	第四篇　隐名合伙

不难发现，澳门民法典中的公司（sociedades comerciais）源于《澳门民法典》中法人分类中除社团与财团另一法人形式——合营组织（sociedade），根据民法典第185条规定，公司之制度由特别法载明。根据民法典中第184条第二款的规定，合营组织分为合伙及公司，回到对应的葡文中合伙与公司对应的词分别是 sociedades civis 与 sociedades comerciais。其实，如果直译的话，sociedade（合营组织）就是合伙，合伙分为民事合伙与商事合伙。在澳门民法典中，其第184条规定，合营组织（sociedade）为以人为基础的法人。无论是商事合伙还是民事合伙都被纳入了法人当中。在内地民法典草案中，主要的商事合伙类型——合伙企业在第102条中被归类为非法人组织，但并非所有的商事合伙都可以成为非法人组织，而需要符合相关条件。① 而民事合伙具有法人人格是一个争议很大的问题，在我国的民法典草案合同编中，民事合伙连一个非法人组织都不算②，更遑论具有法人人格了。

澳门大学 Augusto Teixeira Garcia 教授在概括性地提到了整个商法体系是如何从罗马法到共同法再到法典化时代及最后流转到澳门这片土壤时③，提到现在的《澳门民法典》的立法者出于一人公司的情况而将其纳入法人范围（见表1）。④ 而唐晓晴教授则认为，将民事合伙纳入法人规范体系更利于监管，更利于合伙的商业行为的规范化。仔细观察条文，可以发现澳门民法典其实对于民事合伙的法人人格是作出了限制适用的，在第185条第二款规定，对民事合伙（sociedades civis）适用为无限公司所定之制度，但制度中与合伙之非商业性质之目的有抵触之部分或制度中以商业企业主资格之存在作为适用前提之部分除外。也就是说，民事合伙的非商业性质会造成适用该无限公司法人人格相关规定之限制，另外无限公司中的某些权能需要以商业企业主资格之存在作为适用前提时法人人格也会受到限制。也就是说，民事合伙即使具有法人的性质，但在具体情况下，某些法人权能是受

---

① 王利明：《论民法典对合伙协议与合伙组织体的规范》，载《甘肃社会科学》2019年第3期，第30页。
② 李永军：《民事合伙组织性质疑——兼评〈民法总则〉及〈民法典各分编（草案）〉相关规定》，载《法商研究》2019年第2期，第123–134页。
③ Augusto Teixeira Garcia：*The Commercial Law from a Written Law Perspective*, in Report on Macau Law (Ed) Manuel Trigo, University of Macau, Macau, 2014, pp. 564–567.
④ Augusto Teixeira Garcia：*Commercial Companies*, in Report on Macau Law (Ed) Manuel Trigo, University of Macau, Macau, 2014, pp. 579–600.

到限制的。而同样具有拉丁特色的《智利民法典》,也赋予了其法人资格。①

综上,第一,澳门和内地目前关于合伙的中文使用存在体系上的差异,在澳门,商事合伙指的是公司,其属于绝对的法人类型,而在内地,商事合伙与公司无关,更非法人,一般属于非法人组织;第二,民事合伙在澳门属于限制型的法人类型,而在内地连非法人组织都不算。至于民事合伙的法人人格具有的争议,下文将进一步回到其蓝本葡萄牙民法典进行说明。

(二) 1966 葡萄牙民商法典中的 sociedade

1966 年《民法典》回归之前适用于澳门,他可以被视为德意志法系与拉丁法系结合的一次大胆尝试。② Augusto Teixeira Garcia 教授提到该法典将合营组织(Sociedade)作为合同进行规定,③ 并在合同编设立了合伙合同一章,共计四十一个条文,与我国草案相似,均规定了合伙的概念等规定,但多出了合伙与第三人之关系以及合伙及股份的清算的规定。可以说其规范体系更为完整。但是在该法典中,包括民事合伙在内的合营组织(Sociedade)并未被纳入法人体系中。那包括公司在内的商事合伙就不是法人了吗?显然不是,在该法典的法人专章中第一条法人的适用范围中,即第 157 条规定,本章之规定适用于非以社员的经济利益为宗旨的社团和社会利益财团,且在应作类似(analogia)处理之情况下,亦适用于合营组织(Sociedade)。这与《阿根廷民法典》第 1720 条的合伙"准用"法人一章的规定有相似之处。④ 这种暧昧的规定其实说明,不管是民事合伙还是商事合伙,其究竟适不适用法人的规定,而这种类似是"普遍"类似还是"具体"类似,需要通过复杂的法律解释来达成。

时至今日,葡萄牙学者仍然对此充满争论,有学者指出,问题的焦点集中在民事合伙究竟具不具有法人人格,而商事合伙的法人人格则是毫无疑问的。⑤ 其中有观点认为,第一,民事合伙的适当诉讼人格(personnalidade judiciária)同时是一种一般法人人格的表示,第二,民事合伙具有的诉讼人格,在法庭可作为当事人承担作为实体的实质权利义务,所以具有法人人格,另外其组织的性质也值得探讨。当然,这种争论也与当时的德意志法中的共同共有(Gesansthand)有莫大关系。⑥ 我国草案中第 753 条规定民事合伙的财产由全体合伙人共有,李永军教授认为,民事合伙的各合伙人的连带责任并非源于其组织性和主体性,而是源于这种共同共有关系。⑦

---

① 参见徐涤宇译注:《智利民法典》,北京大学出版社 2014 年版,第 327 页。
② 唐晓晴等译:《葡萄牙民法典》,北京大学出版社 2009 年版,见简介页。
③ Augusto Teixeira Garcia: *The Commercial Law from a Written Law Perspective*, in Report on Macau Law (Ed) Manuel Trigo, University of Macau, Macau, 2014, pp. 564–567.
④ 参见徐涤宇译注:《最新阿根廷共和国民法典》,法律出版社 2007 年版,第 384 页。
⑤ Raúl ventura: *Apontamentos sobre Sociedades Civis* Almedina, Coimbra, 2006. pp. 26–27.
⑥ Raúl ventura: *Apontamentos sobre Sociedades Civis* Almedina, Coimbra, 2006. pp. 28–32.
⑦ 李永军:《民事合伙组织性质疑——兼评〈民法总则〉及〈民法典各分编(草案)〉相关规定》,载《法商研究》2019 年第 2 期,第 123–134 页。

另外，对于商事合伙，虽然 1966 年的民法典未将其纳入，但当时适用的 1888 年的《葡萄牙商法典》对其进行了特别规定，其类型历经数次得以修改完善，最终形成了今日澳门商法中的商事合伙类型。现行的《澳门民法典》并未完全抄袭其前身，而是结合实际情况，不但在民法典中取消了合伙合同的规定，还采取了更积极的方式将民事合伙纳入了法人范畴，减少了对复杂法律解释的依赖，给商主体提供便利的同时也并未使得商业风险监管的力度降低。综合来看，我国内地民法典的合伙合同的设置，是一个从无到有的过程，而澳门的情况，除了 1966 年的民法典，还可以继续追溯到 1833 年的《葡萄牙商法典》与 1867 年的《葡萄牙民法典》。

三、近代葡萄牙民商法中的 Sociedade

（一）1833 年葡萄牙商法典中 Sociedade 具体规定

葡萄牙的 1833 年的商法典是其法典化运动开始的标志，由费雷拉（Ferreira Borges）制定该法典的草案，其参考了《法国商法典》、《意大利民法典草案》以及《西班牙商法典》①。其商事合伙部分是具有最多缺陷的章节，如股份（直译为隐名）有限公司（Sociedades anónimas/Sociedades por acções）是通过 1867 年的单行法另行规定的。② 1833 年《葡萄牙商法典》③ 从 526 条开始就是关于公司部分的规定，与今天的公司统归于 Sociedade 不同的是，该第十二题的题名为商事公司、商事合伙与商事合股（DAS COMPANHIAS, SOCIEDADES E PARCERIAS COMMERCIAES），在此处，可知此时的公司（COMPANHIAS）与 SOCIEDADE 是分开的，那两者究竟有何不同呢？

从第 526 条到 537 条是关于公司的总则，其中第 526 条规定，该三类主体是无论在其股东之间或是与第三人之间权利和义务方面均不同的商业组织（associações），该三类组织仅具有共同的总则性规定。在分则中，该题下第一节（第 538 条至 546 条）为商业公司（Das companhias de commercio），其中有一些重要的规定，如第 538 条规定，公司是一个根据其企业宗旨所指定认可的，且由暂时性的、可撤销的、股东或非股东的、授薪或无偿的代理人管理的，无公司（股东）名称的股东组织。④ 其第 541 条规定，该公司的董事或主席（directores）对于第三人负连带责任……。第 542 条规定其董事管理代理人仅对其所接受的代理所执行事务负责。其不对涉及公司协议的任何债务承担个人或连带责任。第 544 条提到该公司的资金分为股份（acções）。其最后一条第 546 条规定为该公司仅能通过

---

① ［葡］Mário Júlio de Almeida Costa：《葡萄牙法律史》，唐晓晴译，澳门大学法学院 2004 年版，第 308 页。
② ［葡］Mário Júlio de Almeida Costa：《葡萄牙法律史》，唐晓晴译，澳门大学法学院 2004 年版，第 309 页。相应的葡文单词与本书的葡文版相对照。
③ Codigo Commercial Portuguez, *Coimbra*, Imprensa Da Universidade, 1879, p. 83.
④ Art. 538. Companhia é uma associação de accionistas sem firma social, qualificada pela designação do objecto da sua emprezam e administrada por mandatarios temporarios, revogaveis, accionistas ou não accionistas, assalariados ou gratuitos.

政府特别授权建立且批准其设立。根据以上规定，可知 Companhia 特指股份有限公司。

第二节（第 547 条至 556 条）为有名合伙①（Das sociedades com firma）。第 547 条规定，合伙（sociedade）一般来说是一种合同，由两人或多于两人之间所订立，并共同投入财产或劳务……。第 548 条规定，当股东（socios）约定在一个名称（firma）下进行商业运作，这就将其包括（abrace）在一个有名称的集体（colleção）中，这种合伙就称为一般合伙，或有集体性名称的合伙（em nome collectivo）……。见表 2 中无限公司的葡文。第 549 条规定，所有且每一该名下的合伙的股东对于所有任一合伙之协议承担连带责任……。

第三节为资本和劳务合伙（Da sociedade de capital e industria），第 557 条规定，该种合伙是由一个或以上的人为一方，为一项一般商业交易或某一特别商事经营提供资金与由作为另一方的一人或以上的个人，以其劳务进入该组织之间订立合同。另外，根据后面的条文规定，资本股东和劳务股东一般情况下分别承担连带责任和有限责任，相关权利也有区别。其后 563 条规定，如果该合伙在一个公司名称下组成，则适用第二节的规定。

第四节，为隐名合伙（Da sociedade tacita），其中第 566 条规定，那些所有的不公示其股东（socio）姓名的为隐名股东（socio tacito）……。该节第 569 条又详细列举了那些可法律上推定为隐名合伙。

第五节 571 条至 576 条为以出资记账的组织（Da associação em conta de participação）.

第六节 577 条至 585 条为商业合股（Da parceria mercantil），其中第 577 条为其定义，在一般上，为没有所有结社意图（animo de sociedade）的商人共同的联合组织。值得重视的是第 580 条，当由两人或多于两人的各方当事人协定合股，且将其责任限制在所有当事方或者一方相对于其入伙所分配的范围，表明将不对除此之外负责。在这个意义上，称为资金提供方的 Sociedades em commandita——见图表 2 的两合公司所对应的葡文，当劳务股东仅执行其劳务，则资本与劳务合伙（第三节所指）都为合股人，而不是商人合伙。另外在其第 582 条规定，合股人——托管（em commandita）资金提供者②，不得实施指导行为

---

① 笔者在此翻译为合伙的原因在于与前文的 companhia——即公司相区别，但是通过后文的类型化之后，其实也可发现此处应当也是公司。

② 注意，在今天的澳门商法典的第 349 条，该条第一款是为数不多对于 comandita 一词采用直译为托管的条文。以下条文对照：Artigo 349. o（Características）。

1. Na sociedade em comandita são elementos distintos a sociedade em nome colectivo, que compreende os sócios comanditados, e a comandita de fundos。

2. Cada um dos sócios comanditários responde apenas pela realização da sua participação de capital, não podendo contribuir com indústria, e os sócios comanditados respondem pelas obrigações sociais nos termos previstos para os sócios da sociedade em nome colectivo。

3. Uma sociedade por quotas ou uma sociedade anónima podem ser sócios comanditados。

第三百四十九条（特征）

一、两合公司由无限责任股东构成之无限公司部分及托管资本部分组成。

二、有限责任股东仅对其所缴付之出资额负责，并不得以劳务为出资；无限责任股东须根据为无限公司股东而定之规定对公司债务负责。

三、有限公司或股份有限公司，均得为无限责任股东。

及承担合股公司的经营……。

最后一类为第三方代表股东的组织（Da associação de terceiro á parte d'um socio），该类组织是否与现在澳门商法典中的隐名合伙存在相关性我们暂时不讨论。

（二）1833年葡萄牙商法典中 Sociedade 类型古今考

通过以上的内容，可发现1833年的葡萄牙商法典的起草者采用了较为繁琐的定义方式进行了规定。尽管大多数内容在今天的《澳门商法典》有了不同，但是公司的类型化已见端倪。例如，对于股份有限公司（Sociedades anónimas / Sociedades por acções），可以在1833年的商法典中的538条至546条的商业公司（Das companhias de commercio）中找到痕迹，除了定义中对于 anónimas 的直接解释之外，对于股份（acções）这样一个今天也只用在股份有限公司（Sociedades anónimas/ Sociedades por acções）的词汇之沿用都是明证。另外，从该类公司的设立发展变化进程中也可见一斑，如在1867年确立股份有限公司（Sociedades anónimas / Sociedades por acções）总计59条的单行法中，在其第二节公司的设立——即单行法第二条中规定，隐名公司依据股东意愿而设立，无须事前的行政批准及对其章程的批准，并且受到本法所规制——与1833年的规定设立需批准的条文的语句结构几乎相同。之后的附款又规定，本条的规定不适用那些以取得不动产为目的的公司……该类公司的设立需要立法和行政当局根据生效法律的特别批准。① 在此，可看到该类公司的特征随着社会经济现实需要而变化，批准设立到登记设立的趋势跃然纸上。

对于两合公司（Sociedades em comandita），可对应第六节577条至585条的商业合股。该类公司其实在韦伯的著作中已经讲得很清楚，这并非某一个欧洲国家的独创，而是共同法时代从海商法中进入了法典化的表现，就如笔者曾经提到的风险合同融入进了同时期包括1833年的《葡萄牙商法典》在内的其他欧陆国家的法典体系一样②，该类型在葡萄牙商法中的出现，不过是一种在法典化时代中的确认而已。在今天的《澳门商法典》中，关于两合公司中的大部分汉译并非完全采取直译的方式，而是采用的是该词汇一贯以来的意译，这在上文的第349条的条文对照就可以看出来——sócios comanditários 和 sócios comanditados 分别为有限责任股东和无限责任股东。而在现在常用的葡汉词典上③也可看出来采用的是意译，至少从汉译上来说，第349条中关于两合公司的特征是很难看出其历史痕迹的。因此需要回到葡文的词源上探究。

该词的词源为 commenda，这一用语本来具有"委托"（commendare）的意思，它是

---

① COLLECÇÃO OFFICIAL DA LEGISLAÇÃO PORTUGUEZA, ANNO DE 1867, LISBOA, IMPRENSA NACIONAL, p. 174.

② 王华：《法律史视角下的澳门仁慈堂》，载《澳门法学》，澳门大学高级法律研究所2016年版，第153—154页。

③ 陈用仪 主编；李均报……［等］编：《葡汉词典》，商务印书馆2001年版，第239页。如 comanditário 翻译为有限责任股东；投资者。

指某些"提供资本者"将资本委托给资力不足的"贫穷"商人,以使他们经营一些"候鸟式①"的海上企业。提供资金者被称为"commendator",而受委托的商人则被称为"tractator"、"portator"或"commendatarius",在有所损失时,借款者必须无限地负担责任,提供贷款者不能要求前者归还他的委托出资,而不得不予以放弃。就是说,贷款者担负了以出资为限度的有限责任。② 在图表3中可知道commendam等于法文的commandite一词,而又与图表2的comandita相对应。而在《澳门商法典》的条文中,受委托的商人承担无限责任——对应的是sócios comanditados无限责任股东,委托者即出资人仅以其出资承担有限责任——sócios comanditários有限责任股东。可以认为,十五六世纪在意大利的这种制度的影响下,"commenda"在欧洲各重要的地方大体上已经确立下来。而且这种有限责任制,至少在十六七世纪的欧洲已经成为商人的常识。不仅如此,众所周知,它还被用来掩饰对抗教会法有关禁止利息的规定的付息贷款。③

关于commenda,特别是意大利西海岸和西班牙沿海贸易的城市,是一种包括贩运和销售商品的商业活动——commenda的故乡。④ 而在该处,韦伯的注释援引自《西哥特法典》(Visigothic Code)。在其后,韦伯又说道,在该法典中最初使用委托管理(commendare)和使用借贷(commodare)来表示可返还的任何投资,而不论其形式或类别,包括从财产委托到贸易贷款,以及后来表示以盈利为目的而投入的所有资产,而不考虑罗马法将其形式归于哪个类别中。⑤ 无独有偶,该法典亦是葡萄牙独立之初整个十二世纪的法律渊源。⑥ 另外,commenda在最初亦被称为societas⑦。尽管韦伯的从功能性论证得出的结论是早期的类型,但对于这类公司,可以说葡萄牙的商法应当是具有自身的历史痕迹的。至于commenda与societas结合,最后演变成为合股公司即两合公司这种客观的法制形式,即,Sociedades em comandita,包括soietas本身的无限责任制度与commenda的有限责任形式的结合,乃至后者融入societas的独立法规体系中,与societas本身从全财产到部分财产

---

① 形容前期商品交易的原始阶段——便利而又间歇性的交易形式。在商品交换的发展初期,是以所谓"云游性(wandernd)""随意性",乃至临时性(gelegentlich)的方式表现出来。换言之,这种两极间的媒介活动是缺乏"持续性(dauer)"的。这种形态在海上商业中和陆上商业中都有表现,但它更多地属于初期还是商业的特征。它完全属于"候鸟式"交易。其值得注意的是,由于其危险性大,它成为最早产生企业职能与出资相分离的领域。见[日]大冢久雄:《股份公司发展史论》,胡企林……[等]译,朱绍文校,中国人民大学出版社2002年版,第22页。
② [日]大冢久雄:《股份公司发展史论》,胡企林……[等]译,中国人民大学出版社2002年版,第92页。
③ 参见前引书第95至96页。
④ Max Weber, Translated and Introduced by Lutz Kaelber, *The History of Commercial Partnerships in the Middle Ages*, Rowman & Littlefield Publishers, 2003, p.63.
⑤ 参见前引书第64页。
⑥ [葡] Mário Júlio de Almeida Costa,《葡萄牙法律史》,唐晓晴译,澳门大学法学院,2004年版,第147页。
⑦ Max Weber, Translated and Introduced by Lutz Kaelber, *The History of Commercial Partnerships in the Middle Ages*, Rowman & Littlefield Publishers, 2003, p.67.

到后来的取得商号（firma）的演化一样，这都是一个漫长的过程。

另外，在《中世纪商业合伙》中，韦伯的主要论点是海上合伙（societas maris）——或称为双边 commenda 发展成为有限合伙，而地方家族共同体与手工业共同体则发展成为普通合伙——笔者认为，这里所说的有限和普通应当分别指的是商业合伙中的有限责任和无限责任合伙，并非民事合伙和商事合伙的区分。而对于后者，有三个特征是合伙运作的基础，其中第二个特征为有共同的名字（joint name or firm）[1]，对此，韦伯为了论述现代商事合伙并非由罗马法的 societas 发展而来，其由共同家户到共同商铺再到商业企业，最后以集体的名字（collective name or firm[2]）——以此推断加入其中并且订立契约的人们承担连带责任，作为签署契约的合伙这一整体——亦是一种人格化的体现。[3] 在这里，可对照 1833 年《葡萄牙商法典》中第二节关于有名合伙关于集体名称（em nome collectivo）的规定，那么对于无限公司（Sociedades em nome colectivo）也可大致能看清其源流了。但是笔者不得不指出的是，由于韦伯将家户作为这类商事合伙的来源，用以反驳其与罗马法中 societas 的联系。所以需要在在下一部分深入探讨律令时代的 sociedade 的时候才可能更为清晰一点。

之后的葡萄牙 1888 年《商法典》明确地承袭《拿破仑商法典》的商事立法路线[4]，1888 年的《商法典》的公司总则中的第一节规定公司的类型时则仅主要规定了第 105 条的以下三种商业合伙及公司类型 Sociedades em nome colectivo、Sociedades em comandita、Sociedades anónimas[5]，此处 Companhia 不再用以指代股份有限公司，而用 Sociedades anónimas，Sociedade 规范体系在此完成了大致的整合。而后来的有限公司法（Sociedade por quotas）则是于 1901 年由德国引进。[6] 这就构成了整个今日《澳门商法典》的蓝本的公司（Sociedade）法体系，而以上就是关于这几种主要的公司类型及源流的简介。

至于民事合伙，则在几十年后才编纂的 1867 年《葡萄牙民法典》中的第 1240 至 1297 条[7]中设置了合伙合同专章，其合伙类型分为以下几类：

Sociedade universal

Sociedade particular

---

[1] 参见前引书第 23 页。

[2] firm 在葡文中对应的词为 firma，可参考《澳门商法典》第二篇，商业名称（Da firma）。

[3] Max Weber, Translated and Introduced by Lutz Kaelber, *The History of Commercial Partnerships in the Middle Ages*, Rowman & Littlefield Publishers, 2003, p176.

[4] ［葡］Mário Júlio de Almeida Costa：《葡萄牙法律史》，唐晓晴译，澳门大学法学院 2004 年版，第 309 页。相应的葡文单词与葡文版相对照。

[5] DIARIO DO GOVERNO, 1888 ANNO, 6 de setembro, Numero 203.

[6] ［葡］Mário Júlio de Almeida Costa：《葡萄牙法律史》，唐晓晴译，澳门大学法学院 2004 年版，第 310 页。

[7] CODIGO CIVIL PORTUGUEZ, Segunda edição official, LISBOA IMPRENSA NACIONAL, 1868. pp. 216 – 226.

Sociedade familiar

这就构成了整个葡萄牙近代的合伙制度，其从法国合伙制度进行模仿的痕迹十分明显，这在波蒂埃的《合伙合同法论》中就可一览无遗。

(三) 1833 年葡萄牙商法典中 Sociedade 类型的法国元素

1833 年的葡萄牙商法典并没有完全照抄法国商法典的方式，但是在 1888 年的则完成了这一整合，参考 1807 年的《法国商法典》①，其第一篇商法总则的第三题第 18 条规定，合伙的合同由民法规定，第 19 条规定，法律承认三类（商事合伙）公司：

La société en nom collectif，

La société encommandite，

La société anonyme.

可见这三类的用词都是一模一样的。但法国的公司类型也并非一蹴而就，波提埃的《合伙合同法》对此产生重大影响，甚至可追溯到 13 世纪汇集了许多中世纪海商法的《奥列隆法典》(Roles D'Oleron)。②

法典化时代前夜的著名法国法学家 Robert Joseph Pothier (1694 – 1772) 的著作《合伙合同法论》(Treatise on the Contract of Partnership)，其相应法文的名称为 Traité du contrat de société，关于 Partnership 实际上就是 société，而法文 société 与葡文 sociedade 是同义同源词，都来自拉丁词 societas。从 Pothier 的这本著述中，我们从其对合伙的分类中又找到了一些证据，在此亦用表 3 来进行说明：

表 3 《合伙合同法论》中合伙 société 的分类③

Universal Partnerships	Particular Partnerships
societas universorum bonorum societas universorum quae ex quaestu veniunt	Partnership in certain Things Partnership for the Exercise of a Profession Partnership for Commerce (or Trade)
	Partnership en nom collectif, or under a collective name Partnership en commandite, on incommendam Anonymous and unknown partmerships

从表 3 的分类中可知特别合伙中包括三类，其中的第三类商事合伙分为 Partnership en

---

① CODE DE COMMERCE, TOME PREMIER CHE FIRMIN DIDOT, LIBRAIRE, ET FONDEUR. EN CARACTERES D'IMPRIMERIE, RUE DE THIONVILLE, n° 10. 1807, p. 9.

② 魏振瀛、徐学鹿主编：《北大法学百科全书：民法学、商法学》，北京大学出版社 2004 年版，第 210—212 页。

③ Robert Joseph Pothier, Owen Davies Tudor, *A Treatise on the Contract of Partnership*：By Pothier；with the Civil Code and Code of Commerce. T. & J. W. Johnson, 1854, pp. 27 – 41 nom collectif, or under a collective name、Partnership en commandite, on in commendam、Anonymous and unknown partnerships，那么将其与表 2 的公司分类进行比较，除了有限公司（Sociedades por quotas）外，其实际上分别与 Sociedades em nome colectivo、Sociedades em comandit 以及 Sociedades anónimas 在名称上是相一致的。在阐释该三种分类中，该著作又写道，Jacques Savary 在其 Parfait Négociant 中提到了商事合伙中的这三种类别。① 而 Pothier 著作中的注释者 Owen Davies Tudor 又补充说这三种分类都为后来的《法国商法典》所承认，分别是《法国商法典》第 20 条，"Partnership en nom collectif 是两个或更多人的合同，并且是以公司为形式以商业为目的。"这种合伙少许不同于普通的商事合伙。② 而 Partnership en commandite 则规定在第 23 条，"是由一个或更多的共同和连带（jointly and severally）责任合伙人缔结合同，并且一个或以上的合伙人仅为资本持有人，其被称为 commanditaries 或 partners en commandite，在合伙名下得以维系，一个或更多的共同或连带责任合伙人为必须。"③ 第三种 Anonymous partmerships 规定于第 29 条，"该类合伙不存在于一个合伙名称之下，且不为任意一个合伙人的名称所指定"。亚当. 斯密的《国富论》中提到，该类合伙与我们（英国）的普通股份有限公司（joint - stock companies）和其他非法人组织（unincorporated associations）相似。且不同于以上三种合伙分类，法律还承认 commercial associations in participation。④ 如此，companies 特指股份有限公司确证无疑，由 1833 年葡萄牙商法典的公司（COMPANHIAS）与合伙（SOCIEDADES）的用法并存的状况，可认为公司（COMPANHIAS）还另有源头。

那么，至此大致知悉了澳门民法典及商法典中公司的核心词汇（sociedade）类型源头，并且至少可以引出另外一个推断，葡萄牙商法上的公司制度与法国民商法对于合伙的分类有相关性，当然随着制度的演变，现在的公司制度早已经不同了。但作为罗马法系共同体的葡萄牙本身的制度坚持在哪呢？那就需要继续追问 sociedade。

四、《菲利普律令》时期的 sociedade 及其源流

（一）《菲利普律令》时期的 sociedade

《菲律普律令》从 1603 年 11 月 11 日生效适用并于 19 世纪后期全部废止，其在几乎同时适用于澳门的葡萄牙族群，是为葡人居澳时中华法为主的"二元法制"中的一元⑤，在其前身《阿丰索律令》和《曼努埃律令》长期的生效中，尚不存在哪怕是最少关于 So-

---

① Robert Joseph Pothier, Owen Davies Tudor, *A Treatise on the Contract of Partnership*: *By Pothier*; *with the Civil Code and Code of Commerce*. T. & J. W. Johnson, 1854, p. 38.
② 同上引。
③ 参见前引书第 39 页。
④ 参见前引书第 40 页，注释 61。
⑤ 王华：《〈菲利普律令〉在澳门早期的适用》，载陈景良、郑祝君主编：《中西法律传统（第 12 卷）》，中国政法大学出版社 2016 年版，第 87—104 页。

ciedade 的法律的框架。就此来说在十七世纪初使得罗马法生效之前，该规范领域是一块可怕的荒漠。《菲律普律令》第四篇第 44 题则在最大范围内推动了对罗马法的接受。①

在以下的论述之前，不得不说的是，众所周知，现代的股份有限公司的雏形主要是荷兰东印度公司和英国的东印度公司，但在这两种法制形式为法典化时代的现代股份有限公司定型之前，西欧各国都有自己的股份有限公司雏形，这对于葡萄牙也不例外。

例如，《菲律普律令》第四篇第 44 题中，② 题名为合伙和公司合同（Contrato de Sociedade e Companhia）——这也与法国后来的民法典乃至澳门回归前适用的民法典中对于合伙合同的规定有着共同法时代的异曲同工之妙，在此，除了题首一段——无标号的文字，其他的内容被分为了十一点，笔者在此尝试将其翻译：

题首：公司（companhia）③ 是两人或多于两人之间缔结的合同；该合同结合（当事人的）财产或财产之一部分，（目的）为方便经营并获取更大利润。

而有时公司有一定的时限，有时则没有这样的限制；或尽管没有时限，但是任何成员（companheiros）一旦死亡，则立即终结该公司合同，并不能为其继承人继承，即使合同表明可继承之；除非该公司是由一些人联合从人民或国家（Republica）取得一些收入而组成；在此情形下，即使一些成员死亡，如果在合同中有所表明，且继承人对维护公司（存续）具有勤勉之品质，则这些收入可以传给其继承人。

（1）如果公司由若干以其全部财产投入者们设立，则财产的所有权（senhorio）和占有将立即在成员中相互转让，而无须就每一个所涉及的财产的所有权与占有，作出任何形体上（corporal 注释解释为默示）的授受或任何行为上的转手而取得所有权或占有。并且任意之成员，在以其所有财产设立该公司后，以任何之名义（titulo）所取得之所有，将与所有财产作出融通，并且将其所有权（dominio）和占有转移给该所有成员。

（2）当公司的合同不是由成员的所有财产设立，而是由这些成员部分财产设立，例如特定的买卖或交易中的财产，则对于该财产，仅涉及该买卖或交易中每一成员凭借其工作或劳务而来的财产方会融通；而就每一位成员在公司之外以其他形式通过相关公司之人，或为特殊的获益，而从某人处取得，例如遗产，或遗赠、赠与或其他类似事项，则无须融通之。

（3）如果若干人以不合法或应当受到谴责之物设立公司合同，如抢劫及类似所得，则该合同为无效，且不会产生任何效果和效力。若任何合法公司的成员通过不合法行为取得收益，其他成员并不被限制给予他们所得之部分。但是，如果为不合法行为之人自愿给予

---

① Rui Manuel Figueiredo Marcos，AS COMPANHIAS POMBALINAS – Contributo para a História das Sociedades por Acções em Portugal，Livraria Almedina – COIMBRA，1997，p. 330.
② ORDENAÇÕES FILIPINAS LIVROS IV e V，Cândido Mendes de Almeida，Rio da Janeiro，1870，Edição da Fundação Galouste Gulbenkian，pp. 827 – 830.
③ 之后用词为 companhia 处均译为公司。

且之后被判罚非法所得，则前述所得诸成员将有义务归还该所得。但不负义务支付不合法行为人所被判之处罚，除非这些成员对以不合法方式获利知情，且意欲取得该部分利益，则需要为该处罚进行偿付。

（4）公司合同由于任一成员的自然死亡而终止。至于其他在世成员，也将终止该合同，除非所有成员一开始就协定，该公司之合同仍在剩余成员之间存续。

（5）同样当某成员自己或通过授权人向其他成员宣告退出，不愿再为其成员，并且此时公司合同也未约定过存续时间，则公司合同终止。

（6）但是，当该成员，在宣告退出的情况下，是以欺骗而为之，则不会因此解除对公司的义务。

例如，当在一个（成员的）全产公司①，某一成员因获得一遗产或遗赠，以脱离该公司，或者如果在一个由某物获得收入而作为财产设立的公司中，某成员以将该收入据为己有之意图表示不愿再作为其中一员。在这每一个情形下，即使退出，每一位该成员负义务给予超过该物收入的部分，但无须就在被通知退出公司后因新原因之取得物作出给付。

（7）同样的，当退出有损于公司利益或公司仍在存续时，不得退出。

并且在以上情况下，该成员负义务偿付因该种退出所导致的公司的损失，并且与任何这些成员取得的收益相融通，或者当该成员未退出时，由公司为之；并且由此在作出该退出的时间之后而产生的损害，将仅由该成员承担。

（8）由于在公司存续之终止时间之前，任何成员均不得被排除在公司之外，然而在以下特定情况下可以为之：

例如，如果某成员处于较为艰难的条件下，失去联络：

或其被人民所差遣或为国家所派遣从事某项业务；

或其未履行进入公司时所承诺某些条件；

或他被夺取或限制从事公司之业务。

（9）未在公司合同中约定每位成员之获利与亏损，则理解为每一位所得与所失按相等份额分派。

但不得阻碍公司成员们在订立合同之时可以其他方式分派获利与亏损；因为将有很多情况下某些成员的努力及知识，对于其他人投入资本（cabedal）的公司来说，更有价值及配得上得利更多，而这样更多的获利更少的亏损是公平的。但不能够诸成员达成某约定或条件，由一位成员取得所有收益，且不承担损失，对于这样的合同，为非法且不被承认。②

（10）公司和合伙所欠之债务，由于存续期已经结束，则需要由其进行偿还。

同样，可从公司取回对其物所造成的损失或损害或者由于该公司的原因发生对任一成

---

① 实际上就是指条款 1 的制度。
② 该类合同称为狮子（leonino）条款合同，见该条文的注释。ORDENAÇÕES FILIPINAS LIVROS IV e V, Cândido Mendes de Almeida, Rio da Janeiro, 1870, Edição da Fundação Galouste Gulbenkian, p. 830。

员自身之物的损失或损害。

例如，如委托某人从事涉及公司的某项交易，路遇盗抢或其所用之马匹或携带的奴隶被杀死。

（11）同样，对于以公司利益所付出的之所有费用，应当予以清偿。

但是，公司某成员在公司之外之花费，即使是在某些情况下源于公司之场合，也不得取回，亦不得清偿之。

例如，某一成员带领着被装载的公司的奴隶们，若由于欲阻止其逃亡而被其中某一位所伤害；由于在该情况下的治疗所需费用，将不会由公司负担，而由其私人进行支付。

值得指出的是在该法典的评注版中，分别对各条进行了重要的评注，评注者为Cândido Mendes de Almeida，也是本文所引用的律令的版本的编著者，该版本为其第十四版，为巴西的第一版，但此时在葡萄牙本土律令已经被废止①，包括在澳门亦是有明确法律作出废除之规定②，在结合当时的法律思想和当时的《巴西商法典》进行的评析，那么对其中一些与本文论述相关的，笔者也试图将其摘录了下来。

首先是对于题名的评注，关于Sociedade和Companhia，评注者强调，这两个词在有些场合是同义词的时候，特别指出的是后者仅为sociedades anonimas。我们便知如果根据前文的图二，指的是股份有限公司。接着，在本书的评注中引述了Ferreira Borges的作品Jurisprudencia do contracto mercantil de Sociedade 的注释：

古代的公司（companhia）对我们来说是sociedade的同义词，而律令中的本题所有规定都为公司。今天虽然可以说compahia por sociedade，companheiro por socio，但是，严格地说，今天，根据所有商业国家的规定，companhia应该理解为由诏令（carta）或准照（alvara）③ 设立的合营组织（associação incorporada）；例如印度商业公司（Companhia do commercio da India），其在1628年8月26日有个法章（Regimento）：—由1649年5月10日的准照设立的巴西商业公司……；澳门和几内（de Guiné e Macao）商业公司：1755年6月7日的Companhia geral do Grão Pará e Maranhão……。

不得不说，该注释的诠释确与上文所说的1833年的《葡萄牙商法典》538条至546条第一节关于商业公司（Das companhias de commercio）的设立方式相一致。

涉及本律令的合伙（Sociedade）公司（companhia）完全为民事的。

---

① ［葡］Mário Júlio de Almeida Costa：《葡萄牙法律史》，唐晓晴译，澳门大学法学院2004年版，第221页。关于巴葡两国的律令适用情况，请参见王华，《〈菲利普律令〉在澳门早期的适用》，载陈景良、郑祝君主编：《中西法律传统（第12卷）》，中国政法大学出版社2016年版，第87—104页。

② 该日发出的命令为两条，在后面一条命令中第8条规定将之前的相关立法废除，并在其中的b款对澳门地区的华人的习惯和风俗作出了保留规定。见Collecção de Legislação Novíssima do Ultramar, VII Volume, 1868e1869. 2. a Edição, Lisboa, Imprensa Nacional, 1896, p. 336.

③ 见王华：《〈菲利普律令〉在澳门早期的适用》，载陈景良、郑祝君主编：《中西法律传统（第12卷）》，中国政法大学出版社2016年版，第87—104页。

那么，我们目光来到对题首处的评注，此处对于题首的第一句，律令的注释者提出：

该合伙（sociedade）推定为在生活在同一个家户（mesma casa）且共同的委员会（meza commum）的朋友或兄弟之间，实践合伙行为（actos sociaes）。未成年人除外。

对此评注，如果回到上文韦伯对于家户与有集体名字的普通合伙的联系上的解释，则可能较为能够说清楚葡萄牙律令时代的 siocededa 与 Sociedades em nome colectivo 的联系，亦有观点说，该类公司直接来源于中世纪兄弟合伙（fraternae compagniae）的演变①，而兄弟合伙恰恰也是韦伯在分析家户共同体中的一种类型——源自威尼斯。② 当然评注也只是一种观点，罗马法的家户与韦伯谈到的家户并不一致，然而，当罗马法在复兴后进入葡萄牙并且成为自有法一部分时，谁又能保证其不能发生变化呢？

而接下来对于第一点关于 sociedade 的分类的第一种，评注者说：

该 sociedade universal，今天很少再被用到，但在依据王国习惯而结婚的除外。

Sociedade universal 总是民事的。而商事的则相反，总是为（sociedade）particulares。

在 sociedades universaes 中，可认为有两种类型，全部财产的 sociedade，收益的 sociedade universal。

显然评注者也十分了解当时法国民法典中对于 sociedade universal 的分类。Pothier 在其论述该类合伙（见表3）时，说到，这是罗马法对 sociedade 的分类。在法国法中，除了这两类，由夫妻缔结的或由鳏寡之人与另一方的继承人存续的婚姻共同体（community），为一种不同的 sociedade universal，并由特殊的原则所支配……；在《法国民法典》的1835条和1836条分别就是合伙的总分类及 sociedade universal 的分类。③ 则又与律令的评注者的著述相一致。

我们似乎可以总结，律令的 sociedade，在这里可以称之为罗马法上的合伙，与后来的法国民法典的一般（民事）合伙是相一致的，这也是共同法时代的法律遗产，而对于特殊（商事）的合伙，《澳门民法典》的前身葡萄牙法中的公司分类几乎与法国民法典的商事合伙相一致。

（二）Sociedade 对罗马法的接受

尽管 Sociedade 一词来源于拉丁语 Societas，近代以来对于法典化时代后的现代公司与罗马法上的 Societas 联系的讨论也争议很多，然而，对于法典化时代之前的 Societas，毫无疑问几乎大部分从罗马法上继受而来。当然，罗马法对于伊比里亚半岛的渗透也绝非仅此

---

① Guillermo Jiménez Sánchez（coord.），*DERECHO MERCANTIL*，Ariel S. A.，Editorial，6a Edición，2000，p. 189.

② Max Weber，Translated and Introduced by Lutz Kaelber，*The History of Commercial Partnerships in the Middle Ages*，Rowman & Littlefield Publishers，2003，p. 104.

③ Robert Joseph Pothier，Owen Davies Tudor，*A Treatise on the Contract of Partnership：By Pothier；with the Civil Code and Code of Commerce*. T. & J. W. Johnson，1854，p. 27.

而已，对于古典罗马法的影响我们暂不去追溯，以下讨论的范围仅限于从十三世纪开始优士丁尼罗马法在欧洲传播的一种结果，而关于 Sociedade 在律令中的规定，也恰恰只是该方面在立法上的一个体现。

我们将上文的 Sociedade 与优士丁尼《法学阶梯》进行一番比较，就可见其一斑。

优士丁尼《法学阶梯》文本 I. 3, 25 pr. 的规定如下：

我们通常或把全部财产联合于合伙中——希腊人专门把它叫作"共有合伙"；或者联合于某一个交易中，例如买卖奴隶或油、酒和小麦。

那么再来看看徐国栋教授对该片段的评注：

本段讲合伙的种类：有共产合伙或全产合伙以及特业合伙两种，前者针对合伙人全部的现有和将来有的财产……后者中的合伙人只投资于特定的交易……。①

那我们了解到优士丁尼罗马法的合伙分类两类，第一类全产合伙，就是前文律令的第一点的规定类型，而对于特业合伙，其实就是该片段的第二类合伙，几乎与律令的第 2 点一致，只是律令规定得更为具体。从律令的这两点规定的结构来看，还包括了对于融通财产的规定，即对于全产合伙，将来财产也将纳入合伙财产中，而在第二点规定中，还明确了具体的将来财产将不纳入合伙财产中。

接下来是优士丁尼《法学阶梯》文本 I. 3, 25, 5 的规定：

此外，合伙人也因合伙人的死亡解散，因为缔结合伙者把他考虑为自己选择与之联合的人。但即使合伙因多数人的合意联合而成，也因一个合伙人的死亡解散，尽管多数人仍生存，在合伙的缔结中另有约定的除外。

而徐国栋教授的评注除了对该合伙的人合性进行总结，另外还援引《萨宾评注》中乌尔比安的意见谈及了对继承人继承合伙地位的否定态度。② 那么，在律令中相对应的就是题首与第 4 点关于成员死亡合伙解散以及例外的情况以及在题首中对于继承人的态度，似乎在题首中也仅仅指出继承人可以继承的是合伙的收入，而非成员的地位。

优士丁尼《法学阶梯》的片段 I. 3, 25, 4，由于段落较长，笔者仅作出总结，即某人宣告退伙，整个合伙解散，及在欺诈性退伙中，举例全产合伙中如某人被指定为继承人时为单独获得遗产利益作出退伙宣告，则该利益强制归为共有。但是不经寻求得到的利益和被通知退伙的合伙人在对于宣告后的取得则允许。另外，徐国栋教授的评注中还提到，但他通过继承以外的途径取得的财产，例如发现埋藏物，归他自己所有。③ 实际上，这就与律令中的第 5 和第 6 点基本一致，都是讲到了合伙因人合性特征，因某一成员的退出而解散，以及欺诈性退伙的后果，及例外。

而对于损益分派问题，优士丁尼《法学阶梯》的片段 I. 3, 25, 1 对应的是律令的第 9

---

① 徐国栋：《优士丁尼〈法学阶梯〉评注》，北京大学出版社 2011 年版，第 464 页。
② 参见前引书第 466 页。
③ 参见前引书第 466 页。

点大部分。

I. 3, 25, 1 如果确实就利润和亏损的分派未达成任何明示的协议,不消说,不论是利润还是亏损,都按均等的份额分派。但如果规定了份额,必须遵守之。……①

而律令第 9 点前面大部分恰恰说的就是未约定情况下损益相等分派的问题以及例外。

但要说明的是第 9 点最后一句并未被该片段涵盖,那么就涉及这里要提到的最后一个片段 I. 3, 25, 2 所述,该片段根据徐国栋教授的评注,主要是对上个片段 I. 3, 25, 1 非均衡分派的延续。而在对非均衡分派方式被允许这一上文的例外之延续的解释上,徐国栋教授引用了共和国晚期罗马法学家的学术争论语句"某些人的劳务对合伙常常是如此珍贵",而这恰恰在律令上的反映似乎就完全变成了理论到立法规范的抄袭。

另外,在段末还涉及一个重要情形,即约定某人只享有利润份额、不对亏损承担责任。而片段里规定罗马法学家赛尔维尤斯对此是认可的。评注中提出这是所谓的狮子合伙(前文第 9 点的注释也已经提到狮子合伙),是合法的,且提到了 2002 年的《巴西新民法典》的 1008 条的对此的排除作为例外之一。同时,我们也发现律令的第 9 点的末段也恰恰是对狮子条款排斥的规定。

在此,笔者提出进一步解释,由于该《菲利普律令》的民事部分在巴西持续适用到 1916 年②,但此律令对于狮子条款持否定的规定,也对巴西之后的立法产生了影响,因此除了徐教授的评注所指,还可追溯到 1916 年《巴西民法典》,同样的条文规定在第 1372 条③,而更早的条文可追溯到当时的《巴西商法典》第 288 条及 1860 年的一个法令。④

---

① 参见前引书第 464 页。

② 《菲利普律令》与巴西现代法律的关系:律令体系与澳门的关系并非突兀之孤证。在其他适用过的地区,如早在 1822 年就取得独立的巴西,实际上沿用《菲利普律令》的时间比葡萄牙本国更长,但是其适用并非全然与普遍的。公法部门较为集中的律令的第一和第二篇实际上在巴西独立之后也就失去了适用的理由,独立之后律令的有一些部分也随着 1832 年《巴西刑事诉讼法典》、1850 年《巴西商法典》等法律的颁布而废除,而实际上影响最大的是律令的第四篇,该部分集中的民事方面的规定一直持续适用到 1916 年该国的民法典的颁布。在律令体系被完全废除后,其与现代巴西的法律体系的联系依然得到了延续。如有研究者指出在租赁制度中,《菲利普律令》第四篇第 23 题及以下规定了诸如房主的同意和未得房主同意不得逗留或居住在房屋内的禁止结果等基础规定,而第 24 题就强制迁出的几种情形进行了规定,如承租人未支付租金;承租人恶意使用房屋以及损毁房屋;房主需对房屋必要之布置翻新或修理而不便于承租人在内居住;房主面临某些突然到访则需要占用房屋用以居住或其子女,兄弟姐妹的到访等必要之情形下需要承租人迁出。而在巴西 1916 年的民法典第 1200 条及以下以及 1991 年 10 月 18 日的第 8245 号法律关于城市不动产租赁的规定则受到了律令的一些影响,例如在后者的第 47 条第三款规定出于配偶或伴侣之自用,或对于不得处分该不动产的尊亲属或卑亲属的居住之用,在特定条件下出租人可以请求解除占有。又如继承人代位制度,《菲利普律令》第四篇第 87 题规定了四种代位种类方式,一般代位,互相代位,未成年人代位,示例代位以及简单代位。1916 年与 2002 年的巴西民法典中采用了除未成年人以及类未成年人代位之外的其他模式,还引进了信托代位。见王华:《〈菲利普律令〉在澳门早期的适用》,载陈景良、郑祝君主编:《中西法律传统(第 12 卷)》,中国政法大学出版社 2016 年版,第 100—102 页。

③ Art. 1372 (Seção I – Disposições Gerais) Énula a cláusula, que atribua todos os lucros a um dos sócios a um dos sócios, ou subtraia o quinhão social de algum deles à compartição nos prejuízos. Código Civil Quadro Comparativo 1916/2002, Brasília: Senado Federal, 2003, pp. 248 - 249.

④ 同样见律令第 9 点的注释出处。

可见，律令的 Sociedade 对于罗马法的继受可以说是一般化继受与特殊化处理的结合，至于其特殊的处理出于何目的，亦非本文任务。

五、总结

综上，从三个角度对本文进行总结：

（1）从词源上的考量，Sociedade 更多的是一个复合含义的词汇，从具体的源流发展来看，应当是代表有团体含义的词汇。从现在看来，Sociedade 整合了民事合伙与公司制度（即商事合伙），成为公司法律制度的母体。虽然韦伯认为罗马法上的词源 societas 并不是现代意义的商事合伙——即公司的来源，且罗马法上的合伙与今日之合伙发生了分野。但作为代表不同意义的词汇，重要的是其引领的不同具体制度下的规定，在某些与其他词或具体制度结合的情况下，可翻译为合伙，在另外一些情况下，则为公司，在此，Sociedade（societas）更具有了一种功能上的意义。而韦伯则也更加认为，就像在罗马法中那样，"societas"这一术语在中世纪意大利文献中，并非是指某种单独构建起来的法律关系，而是指各种关系构成的总的范畴。① 这个解释在今天看起来也没有过时。罗马法的 societas 概念有一个十分显著的特征，即并不为其不同的表现形式提供不同的法律原则，而是提供一个可能适用的基本框架。② 那么如图表1《澳门民法典》中的译名——合营组织似乎也无不妥。韦伯还说，societas 来源于地中海国家的贸易中，特别是意大利，后来它的基本现代特征在贸易实践中发展而逐渐在被各国在贸易中被采用。③ 但更重要的是概念到体系的发展过程。

（2）从我国澳门特区的现行民商法入手，回溯到葡萄牙的民商法，可以看到在大航海时代到近代的很长一段时间公司（Companhia）与合伙（sociedade）并存，两者有时是混用的，但到了后期逐渐特指股份有限公司。前者由于大航海时代商业活动的需要在包括葡萄牙的西欧各国大量出现，甚至在澳门也出现了。最早的葡萄牙商业公司可回溯到大概在1444年大航海时代开始时的 Companhia de Lagos，其由许多参与者促进而产生，其中必不可少的是后来称为"航海王"的葡萄牙的恩里克王子（Infante D. Henrique）。文献显示该公司涉及葡萄牙殖民初期的非洲地区衍生持续征服中的不同利益者处理奴隶和俘虏问题。④ 1587年，菲利普二世开创了一个特许公司（sociedade privilegiada）——东印度葡萄牙公司，专营具前景之商贸。之后的1624年的12月10日的王室诏令，葡萄牙的菲利普三

---

① Max Weber, Translated and Introduced by Lutz Kaelber, *The History of Commercial Partnerships in the Middle Ages*, Rowman & Littlefield Publishers, 2003, p. 60.
② 参见前引书第53页。
③ 参见前引书第51页。
④ Rui Manuel Figueiredo Marcos, *AS COMPANHIAS POMBALINAS – Contributo para a História das Sociedades por Acções em Portugal*, Livraria Almedina – COIMBRA, 1997, pp. 114 – 117.

世表明创建一种荷兰和英国模式的公司的决定。① 在 1698 年 2 月 28 日的王室诏令中，开放澳门成为王室的印度公司的一环。于是在 1710 年，在 Confraria do Espírito Santo da Pedreira 的推动下，成立了澳门公司，该公司将生意人聚集起来，其行政管理依附于 Mesa do Espirito santo de Pedreira，Mesa 即前面的 Pedreira 圣灵弟兄会的值理会，根据 1710 年 1 月 31 日的准照（alvara），规定了澳门公司的条件和十年期限。② 若昂五世的时代（1706 - 1750）也是股份特许公司开始传播（sociedades privilegiadas por acções）并开始逐步发展成型的时期。1741 年 1 月 3 日，（Companhia da Fábrica Real Das Sedas）皇家生丝制造公司（于 1732 年在里斯本建立）的（directores 经理们）向若昂五世申请成立对华贸易公司（Companhia de Comércio para a China），在同一天，通过王室法令（decreto régio）就授权该公司设立了对华商业公司。③ 在法典化时代前夜，随着公司类型的愈为多元化，例如诸如 commenda 的繁荣，根据实际需要，相关国家的诸如此类的公司制度法律规范开始慢慢合流，最后所有的公司类型都整合于商事合伙（sociedade）规范体系中。

（3）最后，不管是合伙（sociedade）或公司（Companhia）的概念还是其类型，又或是诸如其合同的具体规定，其在民商法体系中的设置从来不是一蹴而就的，而是经历了漫长的演变，不厘清其发展的历史脉络，会产生很多误解，如李永军教授所言，"在我国的民商法理论、法律规范和实践中，'非法人组织''商事合伙''民事合伙'在'非法人组织'的大框中，几乎是一锅烂粥"，④ 也会导致体系的混乱。本文厘清了现行澳门民商事法律中商事合伙制度中各类公司的基本源头。而我国内地民商法理论基本同源于大陆法系，但公司制度与合伙制度实际规定就使人看上去毫无关系，而实际上在欧陆，两者由分到合这一过程十分重要。倒不是对自我特色的否定，而是需要综合考虑商业活动和监管的需要以及理论体系的完善性。就澳门民商法中的合伙及合伙合同来说，其从最初的合伙合同的设置到取消，以至于最终被法人规范体系纳入，正如唐晓晴教授所言，与其由法律解释来对合伙的法人资格适用性进行解释，不如将其纳入法人规范体系，使其的监管更为稳定。

---

① Rui Manuel Figueiredo Marcos, *AS COMPANHIAS POMBALINAS – Contributo para a História das Sociedades por Acções em Portugal*, Livraria Almedina – COIMBRA, 1997, p. 126.
② Rui Manuel Figueiredo Marcos, *AS COMPANHIAS POMBALINAS – Contributo para a História das Sociedades por Acções em Portugal*, Livraria Almedina – COIMBRA, 1997, pp. 189 – 190 e nota 573.
③ Rui Manuel Figueiredo Marcos, *AS COMPANHIAS POMBALINAS – Contributo para a História das Sociedades por Acções em Portugal*, Livraria Almedina – COIMBRA, 1997, pp. 200 – 201 e nota 604.
④ 李永军：《民事合伙组织性质疑——兼评〈民法总则〉及〈民法典各分编（草案）〉相关规定》，载《法商研究》2019 年第 2 期，第 123 – 134 页。

A historical review of the partnership (Sociedade) system as the parent of the company (Companhia)
——From the perspective of the Civil and Commercial Law of Macau

Wang Hua

Abstrct: The partnership system and modern companies seem to be completely different in our mainland. Even a commercial partnership is an unincorporated organization. However, in the Civil and Commercial Law of my country's Macao Special Administrative Region, almost all types of companies are integrated in the commercial partnership system. At least in the Civil and Commercial Code, company and partnership use the same word (sociedade) in Portuguese law, and civil partnership is included in The internal partnership system has been integrated under the legal person system. The main reason is the difference in theoretical origin. Looking back at the partnership (Sociedade) system of the Macao Special Administrative Region, from Portuguese civil and commercial law to Roman law, it actually originated from Roman law partnerships (Societas), which was later different from the actual needs of maritime trade activities in the maritime era and even since the Middle Ages. The main body of commercial activities, such as Companhia, which specifically refers to a company limited by shares, has undergone institutional integration in the era of codification and has become the matrix of all types of companies in modern France, Portugal and other countries. Combing this history will help improve the understanding of the theoretical classification of partnership and company systems.

Key words: Partnership (Sociedade) System; Company Type; Macau Civil and Commercial Law; Portuguese Civil and Commercial Law

论我国仲裁机构社会服务机构法人地位

刘君之[*]

摘 要 仲裁机构的法人定位应为公益性社会服务机构法人。仲裁机构不应为事业单位及二级机构，而应完全独立于行政机关，并不受任何行政机关、社会团体和个人的干涉。应进一步明确仲裁机构的所有权、改革仲裁机构"收支两条线"财务管理体制、推进仲裁机构人事制度完善，规范仲裁机构的登记主体，从根本上缓解仲裁机构的行政化。解决我国仲裁机构法人地位的定位模糊问题，全面加快我国仲裁机构改革步伐。

关键词 仲裁机构 法律地位 公益性 社会服务机构法人

仲裁是指双方当事人产生争议时，由第三方机构针对双方当事人存在的纠纷做出的有约束力和公信力的解决方式。根据《仲裁法》，由仲裁机构负责受理平等主体间产生的合同及其他财产权益纠纷。然而长期以来，仲裁机构作为"从事仲裁活动的机构"法律地位和属性的问题一直并没有定论。法律地位是仲裁机构法律上的"人格"，是在法律层面对仲裁机构法律关系所处位置的规定，法律地位常用来表示权利与义务的相应程度。[①] 仲裁机构的法律地位，是法律根据仲裁机构这种社会组织的目的、任务和特点，而赋予其的一种同自然人类似的"人格"，这种"人格"是仲裁机构在与其他法律主体关系中的地位所在。基于仲裁机构法律定位不清，导致了一系列问题，这些问题主要表现为：一是仲裁机构与政府的关系一定模糊不清；二是仲裁机构内部治理与外部体制理顺不清；三是仲裁机构与行政和事业单位的边界确立，这些方面的问题一直没有得到有效的解决，其重要后果导致仲裁机构的法人地位不明确。不仅违背了《仲裁法》的立法初衷，也限制了仲裁机构在所发挥的作用。实践中，仲裁机构作为人民法院解决纠纷的附属机构即是该种观点的反

---

[*] 刘君之，湖南大学法学院博士研究生。
[①] 王红松：《仲裁体制改革与完善》，法律出版社2019年版，第86页。

映。可谓说，仲裁机构改革与法律地位确立是所有改革的关键，也是回应党的十八届四中全会提出"完善仲裁制度，提高仲裁公信力"的改革任务的牛鼻子。

本文认为，当前我国仲裁机构改革步伐不断加快，对仲裁机构在尊重当事人意思自治和便捷、高效解决纠纷等方面的作用，以及依法独立开展工作、治理结构优化、仲裁制度改革创新提出了更高的要求，更加强调仲裁机构的法律服务社会服务机构法人法律地位，这是仲裁机构设置的基础。本文之所以选择我国仲裁机构法人地位作为研究主题，主要原因在于，虽然目前学术界关于仲裁机构的法律定位有诸如事业单位、社会团体、民间组织、中介机构、非营利等学说，但有的以偏概全，有的表述不够完整，有的对法律实践中具体操作没有确定的指导意义，不具有实践可操作性，特别是这些学说没有明确仲裁机构应为何种类型的法人。本文认为，我国仲裁机构的法人化应该朝着"公益性社会服务机构法人"方向发展，逐步实现与政府脱钩，政府对仲裁机构应加强引导和指导，而非领导。本文的研究成果，将对明确仲裁机构法人地位、深化仲裁机构改革、理顺仲裁机构与政府的关系具有重要的意义。

一、当前仲裁机构法律地位模糊

要研究仲裁机构的法人地位，首先要判别的就是仲裁机构是否具有法人资格。法人作为适合成为交易的社会实体，是基于法律价值判断而成为一种权利与义务之集合的非自然人。根据《民法通则》，法人成立的条件有四个：（1）依法成立；（2）有必要的财产或者经费；（3）有自己的名称、组织机构和场所；（4）能够独立承担民事责任。而按照《仲裁法》的要求，仲裁机构的成立应当具备"有自己的名称、住所和章程；有必要的财产；有该委员会的组成人员；有聘任的仲裁员"等条件。仲裁机构符合法人成立的条件，因此其在法理上具有法人的属性和特征。本文认为，首先，仲裁机构作为一个争议的解决机构，必须是独立的组织。仲裁机构的民主主体资格应与组成仲裁机构的自然人民事主体资源是相互独立的。其次，仲裁机构必须拥有财产的独立性。仲裁机构的财产独立性是其公开、公正开展仲裁业务的必然。第三，仲裁机构必须能够独立的承担责任。独立的承担民事责任是法人具有独立的组织和独立财产的必然结果，其意义在于法人本身的财产不足清偿债务时，法人出资者可以不必承担责任，也是仲裁的本质要求所决定的。由以上方面可以进行推断，仲裁机构的法律定位应先将其定位为"法人"。但对仲裁机构属于何种类型的法人，法律并不明确。

就《仲裁法》的规定而言，存在理论争议与实践不一致的问题。一方面，法律明确仲裁委员会不属于行政机构。根据《仲裁法》第十条的规定，"仲裁委员会由前款规定的市的人民政府组织有关部门和商会统一组建。"根据我国《仲裁法》第十四条"仲裁委员会独立于行政机关，与行政机关没有隶属关系。仲裁委员会之间也没有隶属关系。"另一方面，在实践当中，仲裁委员会的主任均由政府机构法制办主任担任。[①] 导致仲裁机构的重

---

① 陈福勇：《未竟的转型：中国仲裁机构现状与发展趋势实证研究》，法律出版社2010年版，第36页。

要活动、人事、财政等受到行政干预较为突出，影响了仲裁机构的独立性。仲裁机构的行政化色彩较为严重，行政权力在一定程度上影响着仲裁的独立性。

二、理论界对仲裁机构法人地位的观点争议

对于仲裁机构的法人地位，在法律层面并没有明确的规定。当前国内关于仲裁机构法人地位具有以下几种观点：

（一）事业单位法人说

关于事业单位法人说，主要依据于1995年国务院办公厅印发的《重新组建仲裁机构方案》中"在仲裁委员会设立初期，应参照有关事业单位的规定"。强调了仲裁机构的成立应由政府主导，由政府解决其资金问题，并将仲裁机构的支出和收入纳入政府的财政预算，由政府进行统一的资金统筹和下拨。但是实际执行过程中，仲裁机构往往忽视了《方案》中所强调的"设立初期"和"参照"两个"关键词"，而是一直以来长期的按"事业单位"执行，把"参照"当作了"按照"，将仲裁机构的参照事业单位等同于完全照搬于事业单位管理。① 仲裁机构的公益性与国务院《事业单位登记管理暂行条例》中对事业单位的定义相吻合，并与《关于事业单位分类试点的意见》中"公益三类"，"服务具有公益属性，可在国家政策支持下基本实现由市场进行资源配置的单位"要求相一致。持这一观点的学者认为，仲裁机构的服务具有公益属性，且其仲裁活动可基本实现由市场进行资源配置。因此，将仲裁机构作为"公益三类"法人也是目前我国仲裁机构的一种走向。作为"公益三类"的事业单位实行经费自理、人事自主，其开展公益服务和相关经营活动取得的收入，属政府非税收入的纳入财政管理。如：根据《深圳仲裁委员会管理办法》，将深圳仲裁委员会定位为"不以盈利为目的的事业单位"，是深圳市人民政府依照《仲裁法》组建的法定民商事争议解决机构。将深圳仲裁委员会明确定位为依照《仲裁法》成立并规范的法定机构，在国内属首创。深圳仲裁委员会自主制定薪酬制度，权力层连任或不超两届，依法自主管理人财物。深圳仲裁委员会决策机构设理事长1人；执行机构设主任1人、副主任若干人，主任与理事长不得兼任。除执行机构主任、副主任由市政府聘任外，其他岗位均自主招聘、自主管理。

（二）社会团体法人说

社会团体法人说的依据在于以下两点：一方面，仲裁机构的存在价值在于市场需求，仲裁机构只有更好地适应市场需求，才能够获得生存和发展。虽然仲裁机构由政府辅助组建，但是不应由政府全权托管，而应实行自主管理。将仲裁机构定位为社会团体法人，有

---

① 涂卫：《仲裁机构监管与治理机制研究》，法律出版社2013年版，第50页。

助于发挥仲裁机构的自主性,在市场需求的带动下,使得社会力量进入,提高仲裁机构自身素质,获得长足的发展,增强仲裁机构的竞争力。另一方面,社会团体性质的法人与单纯的民间组织相比,又具有行业的人才和技术力量作为支撑,有助于仲裁职能的行使。仲裁机构的成立不是建立在"会员制"和"会员利益和意愿"基础上的,因此也不应定位为社会团体法人。中国仲裁协会是社会团体的法人,而仲裁委员会是其会员,仲裁协会是仲裁委员会的自律性组织。

(三)民间组织法人说

学者们在对国外仲裁机构法人地位进行借鉴基础上形成了这一观点。伦敦国际仲裁院(LCIA)、瑞典斯德哥尔摩商会仲裁院(SCC)、美国仲裁协会(AAA)等都是以企业、商会等形式成立的,其具有较强的独立性,与立法、行政和司法机关没有任何依附关系。[①] 仲裁机构的民间组织性质包括但不限于社会团体和民办企业、基金会。将仲裁机构定位为民间组织法人,有助于体现仲裁机构的公益性、非营利性和独立性,实现仲裁行为的独立和公正,有助于仲裁机构自主发展和自主完善。而目前由于作为除党政机关、企事业单位以外社会中介性组织的民间组织在我国发育较为缓慢,缺少制度基础,法律缺位、效力过低等问题的存在使得将仲裁机构定位为民间组织法人广泛推行困难较大。

(四)非营利法人说

根据《非盈利组织国际分类法 ICNPO 细表》,非营利性组织可为当事人提供公益性的法律服务和协助。持该观点学者们的主要理由是:仲裁机构作为一种为当事人提供仲裁的组织,其既非事业单位法人,又非企业法人,不像企业具有营利性,作为提供公益性法律服务的机构,仲裁机构定位为非营利机构较为适合。非营利机构的"非营利性"表现为三重含义:一是不以营利为目标,是以在一定范围内实现社会服务为目的;二是不能够将收入分配给股权人,而应用来维持机构的发展和运营;三是非营利法人的资产不能以任何形式变更为私人财产。非营利机构所强调的是仲裁机构不能够追求利润的最大化,并且其利润不能分配,但是却不禁止仲裁机构获得收益。目前仲裁机构的独立性和去行政化已纳入我国对外贸易的承诺中,仲裁机构其产品的商品属性和机构的公益属性,决定了其必须符合市场规律。[②] 因此,仲裁机构的法律地位可归类于非营利性法人。根据当前我国仲裁机构对政府的依赖严重的问题,将仲裁机构的法律定位为非营利性法人,既可以解决好民间组织法律地位不明确的问题,又可以缓解仲裁的行政化,增强仲裁的独立性。

---

① 姜丽丽:《论我国仲裁机构的法律属性及其改革方向》,载《比较法研究》2019 年第 3 期。
② 米晓鸣:《我国仲裁机构民间化分析——以北京仲裁委为例》,载《法制博览》2017 第 19 期。

（五）市场中介组织说

市场中介组织也是仲裁机构的重要学说。在1993年11月14日第十四届中央委员会第三次全体会议发布的《中共中央关于建立社会主义市场经济体制若干问题的决定》中，提出大力发展"仲裁机构"等市场中介组织。本文认为，仲裁机构定位为市场中介组织并不妥当。主要由于市场中介组织是用于衔接政府与企业、企业间、个人与单位间的联系，为各类主体提供协调、评价、评估、检验等服务的社会组织机构。市场中介组织的营利性，决定了仲裁机构不应作为市场中介组织。

三、仲裁机构法人地位应为公益性社会服务机构

（一）不应为企业、社会团体、捐助法人

按照我国《民法通则》中对法人的划分"企业法人、机关法人、事业单位法人、社会团体法人、捐助法人"。目前仲裁机构不符合以"会员制"和"会员利益和意愿"为设立基础的社会团体法人，且社会团体法人采取严格的登记制度和审查制度，不利于仲裁机构的发展和推广。同时，仲裁机构也不符合以捐助行为为主要存在基础的捐助法人。我国的仲裁机构更不是"以取得利润并分配给股东等出资人为目的成立的法人，即营利法人"。综上，仲裁机构只能是事业单位法人或者是社会服务机构法人。

（二）不应为民间组织

民间组织是指独立于政府与市场主体外的其他社会公共领域的组织机构，仲裁机构的法律定位作为民间组织的提法主要是借鉴于国外的惯例。民间组织定位的提出，主要目的在于强调仲裁机构的"民间性"。但是关于"民间性"并非一个严格的法律概念和规范性法律用语，"民间组织"在不同国家的概念界定也各异，我国民间组织发展缓慢，现有的民间组织凤毛麟角，如果当前将仲裁机构定位为民间组织，将涉及民法、民间组织法、仲裁法等系列法律的修订，历程将较长，因此，当前不应将仲裁机构界定为"民间组织"。

（三）不应为事业单位法人

我国仲裁制度的发展历程表明，为推进适应市场经济发展需要的仲裁制度的建立，政府的参与度极高，具体表现在：多数仲裁机构的主任由地方现任领导或者市司法局、法制办领导担任；行政机关成员以及事业单位成员在仲裁委员会委员中占有相当高的比例；多数仲裁委员会办公地点就设立在市政府；仲裁委员会秘书处或者办公室作为市政府事业单位，有的直接登记其为法人，代替了仲裁委员会而成了仲裁机构的主要决策机构而并非单

纯的执行机构。①《仲裁法》出台后，要求仲裁机构应独立于行政机关，将仲裁权与行政管理权相分离，强调仲裁机构的独立性和不受干涉性。但是现有的《仲裁法》中，并没有明确仲裁机构是否属于事业单位。在《仲裁法》立法前的讨论稿中，有关于仲裁机构的定位"非营利性的事业单位法人"表述，但是在立法出台的专家讨论过程中，删除了该定位描述。仲裁立法对于仲裁机构的定位呈现"限制否定性"的特点，从而使得仲裁机构的法律属性模糊。②根据原国务院法制办于 2017 年进行的全国范围内 250 余家仲裁机构的情况调研，在调研反馈的 231 家仲裁机构中，属于事业单位的 187 个，占 81%；其他如社会团体、中介组织性质的 9 个，占 3.9%；未确定性质的 35 个，占 15.15%。③将仲裁机构作为事业机构，是我国当前各地仲裁机构的常态。随着事业单位改革步伐的加快，仲裁机构作为"保留部分承担公益服务的少量公益性事业单位"参与了改革，但是其与政府的隶属和依附关系仍然存在，并受到政府在机构组建、人事任免、财政拨款等方面的管理和干预，多为人民政府组建的二级事业单位机构，属于事业单位性质的法人。如：深圳国际仲裁院，深圳市政府法制办是其登记管理机关，仲裁院的秘书处是注册登记的法人，根据深圳市政府颁布实施的《深圳国际仲裁院管理规定（试行）》，深圳国际仲裁院是不以营利为目的的法定机构，在其在事业单位改革中，实行独立的法人运作模式，但是对于仲裁机构的事业单位法人属性在法律上尚没有相应的支撑。

仲裁机构的独立性是其行使权力的重要保障。按照《仲裁法》的要求，仲裁机构应完全独立于行政机关，并不受任何行政机关、社会团体和个人的干涉。但从现状看，我国的许多仲裁机构法人地位为行政性事业单位和事业单位，或作为政府部门的二级机构，采取全额或差额的拨款的方式。《仲裁法》第 10 条规定："仲裁委员会可以在直辖市和省、自治区人民政府所在地的市设立，也可以根据需要在其他设区的市设立，不按行政区划层层设立。仲裁委员会由前款规定的市的人民政府组织有关部门和商会统一组建"。政府组建仲裁机构，并不意味着政府将仲裁委员会纳入本身体系作为一个新成立的职能部门。仲裁的本质决定仲裁委员会是一种提供公益性社会服务的机构，若将仲裁机构纳入政府体系无疑是违背仲裁基本属性的行为。政府与仲裁机构之间的关系并不是上下级部门之间的领导关系，而是指导关系。政府有权力也有义务对于仲裁机构进行监督，以确保仲裁结果的公正性，为仲裁公信力保驾护航。这种机构法人定位的缺乏独立性和行政化色彩，不但与《仲裁法》的要求相违背，而且将导致仲裁机构在权力行使中难免受到行政干扰，影响到仲裁的公正性。

---

① 陈福勇：《新时代中国仲裁发展问题与研究——新时代的融合：中国仲裁的国际化与国际仲裁的中国化》，载《人民法治》2018 年第 3 期。
② 杨源哲：《对商事仲裁机构负责人监管缺失的原因及对策》，载《人民论坛》2019 年第 23 期。
③ 陈惊天：《新时代中国仲裁事业发展的六个维度》，载《人民法治》2018 年第 3 期。

国际商事纠纷大多依赖于民间组织性质的仲裁机构来解决。① 仲裁机构的民间性已成为国际共识，德国的《民事诉讼法典》、日本的《民事诉讼法》、美国的《仲裁法典》均对仲裁机构的民间组织性质进行了阐述和规定，国外仲裁机构的民间性质体现在其仲裁权、人权、事权的独立性，当事人选择仲裁机构、仲裁员、仲裁程序的自主性等方面。当前随着国球经济一体化发展，越来越多的国际仲裁入驻我国。随着国际商会仲裁院、新加坡国际仲裁中心、香港国际仲裁中心等境外仲裁机构在我国设立办事处，域外仲裁机构在我国内地进行仲裁并以内地作为仲裁地的仲裁裁决大量产生。② 我国也于2018年7月1日建立了国际商事法庭，并不断探索市场化的仲裁机制，旨在实现仲裁与国际化的接轨。因此，现有仲裁机构事业单位化的现状亟待改变。

事业单位是经济社会发展中提供公益服务的主要载体，包括教育、科技、文化、卫生等诸多领域的单位。国务院办公厅《重新组建仲裁机构方案的通知》仅是规定"仲裁委员会在设置初期"，参照有关事业单位的规定，解决其编制、经费、用房等，并没有将仲裁机构直接定性为事业单位。在我国仲裁事业发展到今天，为有效落实《中央完善仲裁制度意见》，需要根据仲裁机构的本身工作特征来定位其法人性质。在当前事业单位分类改革不断加快的形势下，判断仲裁机构可否作为事业单位，主要有两个标准：一是判断该领域是否关系全民的公益性利益，是否是全社会的公益性需求；二是判断该领域是否能够通过市场的作用实现资源配置、解决需求。仲裁机构虽然具有公益性功能，但是却非全民和全社会的共同需求，并且仲裁机构的职能也可以通过市场的手段来实施仲裁活动。因此，仲裁机构不应在事业单位类别之中。

按照《关于完善仲裁制度提高仲裁公信力的若干意见》的要求，仲裁机构应独立于行政机关，与行政机关没有隶属关系，不得将仲裁委员会作为任何部门的内设机构或者下属单位。因此，仲裁机构也不应作为政府的二级机构存在。目前，在仲裁机构的事业单位向非营利法人的转变方面，中国（上海）自由贸易试验区仲裁院、海南国际仲裁院等走在前列，均将自己定位为社会公益性法定商事机构，并作为非营利法人独立运作。相对于我国当前存在的大部分省级和地市一级的仲裁机构，以秘书处或者机构办公室名义挂靠在市政府或司法局下面，作为二级事业单位存在，其"去事业单位化"成为一种必然的趋势。

（四）应为公益性社会服务机构法人

根据我国《仲裁法》的规定，仲裁是解决"平等主体的公民、法人和其他组织之间发生的合同纠纷和其他财产权益纠纷"的方式，"当事人采用仲裁方式解决纠纷，应当双

---

① Henriques D G. *The role of good faith in arbitration：are arbitrators and arbitral institutions bound to act in good faith* [J]. Asa Bulletin，2014，33（2）：135 – 136.
② Wolaver E S. *The Historical Background of Commercial Arbitration* [J]. University of Pennsylvania Law Review and American Law Register，2014，83（2）：132 – 146.

方自愿，达成仲裁协议"，即仲裁机构是为"平等主体的公民、法人和其他组织"提供"纠纷解决"公益性服务的。仲裁机构依托于自己的信誉获得当事人的信任，从而在当事人一致同意的基础上，提供仲裁程序管理服务，组建仲裁庭，提供相应的资源，决定或授权仲裁庭决定案件的管辖争议，选任符合条件的仲裁员，保证仲裁的公平、公正、效率，从而解决争议。这是典型的提供公益性社会服务的行为。同时，《关于完善仲裁制度提高仲裁公信力的若干意见》要求，"仲裁委员会是政府依据仲裁法组织有关部门和商会组建，为解决合同纠纷和其他财产权益纠纷提供公益性服务的非营利法人。"因此，仲裁机构法人不应定位为事业单位法人，而应定位为公益性社会服务机构法人，即《关于完善仲裁制度提高仲裁公信力的若干意见》中所说的"提供公益性服务的非营利性法人"。根据《仲裁法》的要求，仲裁委员会既需要由人民政府组织有关部门和商会统一组建，从我国目前仲裁机构受行政化影响严重，且长时间内无法扭转这一现实问题的现状，仲裁机构的性质不应定位为事业单位法人，将其定位于"非营利性法人"不但符合法理的要求，更与仲裁机构改革相适应。

将仲裁机构定位为"非营利法人"符合大陆法系对法人的传统分类，与法学学理相符。由于我国的《民法通则》中缺少"非营利法人"的论述，因此借鉴大陆法系的做法，将有助于准确找到仲裁机构的法律定位。大陆法系将法人划分为"公法人"和"私法人（社团、财团）"。我国的仲裁机构是符合大陆法系中对于公益为目的法人的要求。根据大陆法系的理念"非营利性并不禁止获利，而是禁止分配利润"。仲裁机构以解决民事的商事纠纷为目标，其获得的收益并不进行分配，这些都符合"非营利法人"的要求。根据《非营利组织国际分类 ICNPO 细表》中的分类，仲裁机构属于"非营利机构"中的"法律、倡导和政治诉讼和法律服务"。①

仲裁机构为民事主体提供相应的法律服务。仲裁机构不是行政机关，更不是行政机关。仲裁机构作为一个公益性组织，其应依托于自己的信誉获得当事人的信任，从而在获得授权的基础上，解决争端。② 仲裁机构提供仲裁程序管理服务，协助当事人组建仲裁庭，提供相应的资源，决定或授权仲裁庭决定案件的管辖争议，选任符合条件的仲裁员，保证仲裁的公平、公正、效率。因此，将仲裁机构定位为"公益性社会服务机构法人"，不但有助于明确仲裁机构法律定位，还有助于明确其社会功能。根据我国仲裁机构受行政化影响严重的问题，将仲裁机构定位为"公益性社会服务机构法人"还有助于撇清其与事业单位的千丝万缕的联系。公益性社会服务机构法人是非营利法人的重要组成，我国《民法总则》第八十七条，将非营利法人划分为"事业单位、社会团体、基金会、社会服务机构"。根据仲裁机构的非营利性，以及其民间性、自愿性，不向出资人、设立人或者会员

---

① 牛颖秀：《强制合并仲裁权的理论追问与制度完善》，载《北京仲裁》2018 年第 2 期。
② 陶修明：《关于实现优质仲裁的几点思考》，载《北京仲裁》2018 年第 1 期。

分配所取得利润等特征，可将我国的仲裁机构定位为公益性社会服务机构法人，其表现为实现公益目的，为社会提供仲裁服务。

四、仲裁机构与设立政府的关系

当前我国仲裁机构和政府的关系可以概括为以下几个方面：

（一）仲裁机构的成立由政府主导

根据《仲裁法》的要求，仲裁机构由政府与商会进行统一组建。[1] 但是我国当前的现实状况是不但由政府成立，而且受政府的法制部门所领导。由于我国的商会作用较为薄弱，无法发挥应有的作用。仲裁机构的成立，必须获得政府的批文，并且有的政府通过文件的形式对仲裁机构进行注销和组建。根据《仲裁法》的规定，仲裁委员会的设立应经司法部门登记。司法行政机关对仲裁委员会的登记是一种行政许可。但是目前登记机关不统一的问题仍然存在，我国国际经济贸易仲裁委员会是由国家事业单位登记管理局登记注册的，但是其他省市的仲裁机构则是在司法行政部门登记的。[2] 如：在本文调查的265个仲裁机构中，登记管理机关为司法局的33个，登记管理机关为市政府办公厅（办公室）的32个，登记管理机关为市政府的49个，登记管理机关为法制办的88个，登记为仲裁委的37个。这种登记的不统一，恰恰违法了《仲裁法》的规定。仲裁机构作为从事法律服务的社会服务机构法人，其机构和活动有着终止的可能，但是目前我国关于《仲裁法》的相关法律、法规和文件中，均未对仲裁机构的退出机制做出要求，对仲裁委员会的终止、撤销缺少相应的规定。我国现有的仲裁机构是以行政区划为标准设立的，虽然我国《仲裁法》中指出："仲裁机构可以在政府所在地设立"，但是《仲裁法》中提出的是"可以"并不是"应当"，然而在实践中仲裁机构的设立并不是依托于市场需求，而是依附于行政需求。

（二）仲裁机构的财务收支由政府支撑

根据调查发现，目前我国仲裁机构大多还是主要依靠财政全额或差额拨款，离"自收自支"的要求还相差较远。根据本文数据调查发现，在调查的全国265个仲裁机构中，自收自支的仲裁机构仅为63家，财政拨款的仲裁机构11家，财政补贴的仲裁机构137家。在现实中存在"收支两条线"的事业单位财务管理模式，追根溯源，主要受财政部下发的《关于加强中央部门和单位行政事业收费等收入"收支两条线"管理的通知》文件的影响，长期将"仲裁收费"定性为"代行政府职能、强制实施具有垄断性质"的"行政事

---

[1] 贺嘉：《供需关系视域下我国仲裁机构改革路径探析》，载《商丘师范学院学报》2017年第11期。
[2] 吕娜娜：《我国民商事仲裁去行政化路径探析》，载《广西科技师范学院学报》2014年第2期。

业性收费",并作为"国有资产"纳入"收支两条线"的财务管理体系。本文认为,财政部该文件的印发,有悖于"下位法服从上位法"的原则,该文件与《仲裁法》"仲裁委员会独立于行政机关,与行政机关没有隶属关系"相违背。"收支两条线"的预算管理也不利于仲裁机构的健康发展,由于仲裁机构的仲裁收入受经济和社会形势、仲裁机构自身条件、信誉、案件、性质、仲裁员及机构工作人员服务水平等多种因素影响较大,其收支具有较强的不确定性。因此,当前存在的"收支两条线"的财务管理模式,不但使得仲裁机构无法进行自主财务管理,而且影响了仲裁机构的自主发展、自主运营,从客观条件上造成了仲裁机构对于行政权力的依赖。

(三)仲裁机构的人事任免权由政府代行

根据《仲裁法》的要求,对仲裁委员会的主任、副主任,以及成员中的法律、经贸专家数量和身份进行了规定。《仲裁法》中规定:仲裁委员会的主任、副主任和委员由法律和经贸专家和有实际工作经验的人员担任。仲裁委秘书处工作人员应由仲裁委决定聘用或任用。但是目前在现实中,仲裁委员会的秘书长由所在地市政府的法制办主任来担任、仲裁委秘书处工作人员由法制办工作人员来担任等情况屡见不鲜。甚至仲裁委员会的理事长和理事通常也是由政府机关的公务员或事业编人员来担任。理事会作为仲裁机构的决策机构,一些仲裁机构的理事长和理事往往由政府任命或聘任。如:《深圳国际仲裁院管理规定》中规定:"理事由深圳市人民政府聘任,理事长由深圳市人民政府按照规定程序任命。"

五、作为社会服务机构法人的仲裁机构结构性制度安排

(一)社会服务机构法人与公司结构性制度安排的相通性

台湾学者黄福斯将非营利法人的治理结构界定为:"为体现组织服务宗旨,确定机构决策和科学性和运营的有效性,而采取的授权、分权、制衡等方面的行动。"[1] 通常情况下营利的法人是指企业,而仲裁机构作为一种法律服务的非营利机构,其治理结构也是建立在企业治理结构基础上的,两者间具有较强的互通性。公司治理结构是基于所有权与经营权分离的基础上,为了确保股东的利益,而对股东、董事会、管理层之间的结构和关系进行制衡的一种机制。仲裁机构作为不以营利为目的地法律服务提供机构,其治理结构完善的目的就在于促进各方利益相关者的利益实现最大化。

法人与自然人相比的差异性,使得非营利法人治理结构与公司治理结构的共通性更加明显。相对于自身就拥有决策、管理、意志、行动权力的自然人来说,法人面临的问题是如何高效地对以人和资金为基础的实体进行高效运营,合法合理的去执行法人的意志。为了使法人具有享受权利和承担义务的行为能力,营利法人和非营利法人,都必须以一定的

---

[1] 李扬:《试论我国仲裁机构的法律地位》,载《改革与开放》2012年第10期。

组织机构去执行决策，贯彻运营意志。并且需要从法律的角度，对仲裁机构的法人议事机关组成和意思的形成过程、法人执行管理机关的组成和意思实现的过程、法人议事机关和法人执行管理机关间的权利分配及法人内部的监督机制做出规定。因此，作为提供法律服务的社会服务机构法人的仲裁机构，也需要按照一定的框架来进行治理结构的设计。

（二）作为社会服务机构法人的仲裁机构结构性制度安排存在的问题

1. 所有者缺位导致结构失衡

在传统的公司治理结构中，公司的股东是最重要的利益相关者，公司的管理层需要受到"三会"的监督和权力制衡，并且为了使得利益相关者的利益最大化，公司也将采取一定的激励与约束机制，进而降低代理交易成本，形成公司管理层为公司创造利润的主动性。而作为社会服务机构法人的仲裁机构，我国仲裁机构创办的资金和固定资产主要来源于政府出资，而作为政府不可能通过财产所有权的转让而获得股权，政府也不能以非营利法人的身份存在于非营利法人的治理结构。仲裁机构的股权缺失和所有者缺位，必然易导致非营利法人内部权利结构失衡。

2. 激励缺失导致实际控制者监督薄弱

由于仲裁机构是非营利机构，仲裁机构的管理者也往往缺少工作激励，如何激发管理者的工作积极性也成为仲裁机构治理结构存在的重要问题。公平公正是商事仲裁这种准司法活动的基本要求，应按照法律要求，公平公正的对待当事人；按时裁决，仲裁与诉讼相比，其优点就在于其时效性和便捷性，要求仲裁机构能够在短时间内尽可能地快速解决当事人的纠纷；仲裁保密，仲裁机构应为当事人保守秘密，不能披露和泄露当事人或证人在仲裁程序中的信息，对与仲裁相关的事项进行保密。① 法人的董事会成员、执行管理人员、具体工作人员等实际控制者更容易躲避监督和制衡，缺少组织绩效。又由于商事仲裁的又有利可图，导致管理者更容易中饱私囊，在非营利机构的旗帜掩护下，通过其他手段获利。仲裁机构的工作人员有可能为了获得经济利益，无法做到按时裁决和为当事人保守秘密，无法公平公正的对待当事人。这些问题，都是社会服务机构法人禁止分配利润的特性所造成和加剧的。

3. 市场化不足导致服务低效

现代仲裁制度本身源于市场，是市场主体需求催生的产物，仲裁机构自身也是市场主体。仲裁制度的双方当事人自愿，也要求其必须走市场化道路，按市场规律发展。然而目前许多仲裁机构对现代仲裁作为法律服务的本质认识不足，缺少对当事人的服务，而是将自己作为一个准司法机构，没有充分认识到仲裁机构仅是在机构仲裁方式下的一个作为管

---

① V. V. Yarkov. Access to Justice: Foreign Persons and Russia's New Arbitration Procedure Code（Part I）[J]. *Review of Central & East European Law*，2017，32（2）：121 – 189.

理仲裁程序、为仲裁程序提供服务和保障的组织体。对仲裁活动的市场化认识不足，尚不能充分地融入市场经济，面向社会拓展各种渠道开展仲裁工作，过度依赖于政府。仲裁机构这种市场推广机制的不完善，也反映出仲裁机构对其职能定位及仲裁制度理解的偏差。

（三）优化仲裁机构结构性制度安排的措施

1. 规范仲裁机构的登记主体

应解决好仲裁机构应由谁登记注册法人的问题。《仲裁法》中指出："仲裁委员会由前款规定的市的人民政府组织有关部门和商会统一组建。设立仲裁委员会，应当经省、自治区、直辖市的司法行政部门登记。"但是目前我国各地大多采取由地方仲裁委秘书处或机构办公室进行法人登记注册。在人员构成中有一定数量的专家、行政机关人员、事业单位人员和法律工作者，有的秘书处还成立了党组。根据国务院《重新组建仲裁机构方案》和国务院办公厅《仲裁委员会章程示范文本》规定，秘书处是仲裁委的办事机构，而非权力机构。仲裁委秘书处和委员会办公室无人事和财权，并且无法以自己的名义对外活动。由秘书处进行法人登记，由秘书处担任法人的方式，显然与《民法总则》中法人成立的要求不相符，与《仲裁法》和《关于完善仲裁制度提高仲裁公信力的若干意见》对仲裁机构的独立性要求也相背离。因此，在仲裁机构的改革中，不应由秘书处进行法人登记，由秘书处担任法人，而应探索将委员会作为法人登记注册的主体。

2. 完善仲裁机构的权力机关及执行职能

仲裁委员会是仲裁机构的权力机关，根据我国《仲裁法》的要求，仲裁委员会对经济、贸易专家所占数量的比重进行了规定，但是对于这些领域专家可否为行政机关的领导并没有明确的说明。导致现有的仲裁委员会构成人员中，存在政府部门的领导，加剧了仲裁委员会的行政色彩。本文认为，作为提供法律服务的社会服务机构法人，应明确规定商事仲裁委员会的主任、秘书长等重要职位不应由政府部门的领导担任，并且应对政府机关人员担任仲裁委员会委员的数量比例进行限定。仲裁机构的执行部门是其常设机关，通常称为秘书处（局）。仲裁机构执行部门实行秘书长负责制，在其内部还设置咨询和受理、案件程序、综合、宣传等不同的部门。[①] 本文认为，随着仲裁机构改革步伐的不断加快，应积极借鉴我国台湾仲裁协会、美国仲裁协会的做法，探索由仲裁委员会选举成立执行委员会，执行委员会由秘书处的秘书长、副秘书长、一部分仲裁委员会成员、专家等构成，从而使得仲裁执行更加公正、公平，仲裁决策更加民主科学。进一步规范秘书长的职责和权限，使得秘书长能够在有效的制衡和监督下工作，解决好仲裁机构长期存在的内部民主和制衡建设薄弱的问题。

---

① 张祖平：《我国商事仲裁机构的性质与改革困境》，载《上海政法学院学报（法治论丛）》2011年第5期。

3. 加强仲裁机构权力制约和内外监督

在内部，应推进仲裁机构决策权、执行权、监督权相互分享和制衡。处理好仲裁委员会与仲裁庭独立裁决的关系，理顺两者的职能职权，建立仲裁委员会对仲裁庭裁决的核阅机制。加强资产管理和专业化的仲裁人员队伍建设。加强仲裁委员会会议的监督职能，并对秘书长的工作绩效进行考核评价。建立内部信息披露机制，公布仲裁机构的财务、人事、年度报告、争议解决规则、仲裁程序，等等。也可借鉴美国仲裁机构的做法，在委员会下设审计部门和薪酬管理委员会，对工作人员进行绩效考核。在外部，作为由政府出资策筹建的公益性机构，仲裁机构应广泛地接受政府和社会大众的监督。通过信息披露、公开、外审介入、第三方中介组织等方式实现外部监督的透明化。政府应在保障其独立性的基础上，加强对仲裁机构的资金、项目扶持，监督仲裁机构的运行，保障仲裁机构仲裁活动的公开、公正、高效。

4. 加强仲裁的市场化推广力度

从美国、日本等发达国家的仲裁机构成立和运作方式来看，无不是通过市场化的方式获得发展的。仲裁机构与法院实质上存在较大的竞争关系，不同仲裁机构间也存在竞争，而仲裁机构获得发展壮大的关键因素则在于其提供的优质高效的纠纷解决服务。因此，有必要运用市场机制，对不同的法律制度供给主体与消费主体间的公平交易，减少交易成本，通过"价格"机制，刺激法律制度的消费主体进行消费。只有通过市场化的力量，才有助于仲裁机构的生存与发展。[1] 提升仲裁员和办案人员的专业化水平，给予当事人更多的选择权，以最专业的、最强大的力量解决好当事人的纠纷，提高仲裁质量和办案效率。通过仲裁协会制定仲裁员行业纪律责任示范规范和推动相关示范规范在各仲裁委员会的具体落实。同时，推进仲裁规则、受案、仲裁人员的专业化，拓展仲裁领域，针对不同类型、不同区域、不同行业的商事纠纷，制定相应的仲裁规则。

六、结语

严重的行政制约性是目前我国仲裁机构的重要特点，由于我国民间组织立法的缺位，使得仲裁机构的公益性和民间化无法完整的实现，而明确仲裁机构的法人地位，对其依法独立开展工作、治理结构优化、仲裁制度改革创新具有重要的意义。

一是仲裁机构的法人地位应为非营利性的社会服务机构。将仲裁机构定位为"非营利法人"符合大陆法系对法人的传统分类，表现为不以营利为目标、不能够将收入分配给股权人、资产不能以任何形式变更为私人财产。结合《民法总则》对非营利法人的划分，为了撇清其与事业单位的千丝万缕的联系，可将我国的仲裁机构定位为公益性社会服务机构

---

[1] Srivastava M. Legal Status of Perfect and Imperfect Title in Property: A Historical Analysis [J]. Ssrn Electronic Journal, 2012, 12 (1): 58-59.

法人。

二是增强仲裁机构的独立性和去行政化。仲裁机构不应为事业单位及其二级机构，而应完全独立于行政机关，并不受任何行政机关、社会团体和个人的干涉。应进一步明确仲裁机构的所有权、改革仲裁机构"收支两条线"的财务管理体制、推进仲裁机构人事制度的完善，从根本上缓解仲裁机构的行政化。

三是进一步规范仲裁机构的登记主体、完善仲裁机构的权力机关及执行职能、加强仲裁机构权力制约和内外监督、加强仲裁的市场化推广力度，才能够解决好当前存在的仲裁机构社会服务机构法人地位模糊的问题，明确仲裁机构社会服务机构法人地位。

On the Legal Person Status of Social Service Institutions in China's Arbitration Institutions

Liu Junzhi

Abstract: This article makes a comprehensive analysis of the legal person status of arbitration institutions, the relationship between arbitration institutions and the establishment of government, and the governance structure of arbitration institutions. It analyzes the problems existing in China's arbitration institutions in terms of legal person positioning, government relations, governance structure, etc., and puts forward perfect measures. The purpose of this paper is to solve the problem of the ambiguity of the legal person status of arbitration institutions in China, and to speed up the reform of arbitration institutions in China.

Key words: arbitration institution; legal status; public welfare; social service organization legal person

社会调研

"祭龙"议事与乡村治理*

张利利*

摘　要　"祭龙"作为一种民间信仰祭祀活动对村民的行为具有一定的规范作用。"祭龙"议事诞生于"祭龙"活动过程中，通过召开"当家人"会议而启动，会议议程包括商议村寨事务管理办法、制定村规民约、确定"会头"人选等事项，一定程度上发挥着村民会议的议事决策功能。"祭龙"议事是村民自治的"微观化"，其主要特征为自治的主体范围限缩、自治内容更加细化与自治方式更加具体。作为一项民间禁忌，"祭龙"表征着村民对超自然力量的敬畏与恐惧心理的延续，随着时代的发展又融入了平等、民主与自治精神，是传统与现代的结合。"祭龙"议事的合理性性使其在追求效率的同时注重主体精神追求，体现公平与民主，是主体工具理性与价值理性的双重表达。作为"微自治"的创新形式，其有助于弥补村民委员会自治的不足，助力乡村善治。

关键词　"祭龙"　"当家人"会议　"会头"　合理性性　"微自治"

"祭龙"活动是笔者在云南省红河河口瑶族自治县W乡各村寨进行田野调查的过程中发现的，是一种多见于当地少数民族群体中的信仰禁忌形式。作为一种民间禁忌，它不仅在特定期间对特定群体的行为具有约束力，而且对村寨事务管理具有积极作用。据采访得悉，"祭龙"活动原本只局限于特定的民族村寨，即便在当地也不具有普遍存在的特点，但因其有助于调动村民参与村寨事务治理的积极性，减轻村民委员会（以下简称村委会）的自治负担，得到当地村委会及乡政府的肯定，其适用范围也因而在不断地扩大。当地其他村寨、民族逐渐开始吸收、学习"祭龙"活动中的有益部分，实践借鉴早已悄然发生。本文旨在对这一祭祀现象进行考察，并探究其背后潜藏的社会治理价值及其存在的合

---

* 基金项目：国家社科基金重大项目《民间规范与地方立法研究》（项目批准号：16ZDA070）。
* 张利利，中南大学法学理论专业博士研究生。

理性。

一、何为"祭龙"

"祭龙"是常见于W乡所辖村寨中的一种信仰祭祀活动。① 该乡辖8个村委会共116个村民小组，主要聚集有苗族、壮族、瑶族、傣族、布依族和汉族等13种民族，其中苗族和壮族占多数，少数民族占全乡总人口的百分之七十以上。民族传统节日包括苗族的"采花山节"、壮族的"六月年"、瑶族的"三月三"和布依族的"牛王节"等。当地除汉族较少有"祭龙"外，苗族、壮族、瑶族、傣族和布依族等民族基本上都存在"祭龙"。"祭龙"虽然在本地少数民族中较为常见，但这一活动并非仅是民族性的，更兼有地域性特征。在W乡，有些民族举行"祭龙"，有些民族不举行，甚至有些村寨的苗族举行，另一些村寨的苗族则不举行；有些村寨的汉族最初不"祭龙"，但因与其他民族杂居，受其影响也逐渐跟着一起"祭龙"，"祭龙"逐渐成为一种村寨集体活动。这些情况表明，"祭龙"跨越了民族性局限，体现为一种地域性与民族性相结合的祭祀活动。那么到底何为"祭龙"？下文将从"祭龙"活动的发生形式、"祭龙"过程中的要求以及"祭龙"活动的特色三个方面来回答这一问题。

（一）祭龙活动的发生形式

"祭龙"又称"祭公""吃会"，不同民族、不同村寨叫法不一。"祭龙"主要产生于村民对"龙"这一神圣物的崇拜信念，是早期村民对超自然力量的崇拜与畏惧，通过祭祀以祈求风调雨顺、村寨平安。"祭龙"多是在节日前后举行，各民族举行日期不一。"祭龙"前夕一般会杀鸡看鸡骨卦，"祭龙"活动持续时间的长短依据卦象吉凶而定。若卦象吉利则只需祭祀一天；若卦象不吉利则连续祭祀三天②。如苗族一般是正月三十晚上召集村寨中各家的当家人，每家出一人参加"祭龙"会议，也叫"吃会"。参加会议的人聚集在一起吃一餐饭并商议"祭龙"相关事项。杀鸡看鸡卦，通过观看鸡大腿骨上特定的一小节，预测吉凶。若卦象吉利便在二月初一祭祀一天即可，若卦象不吉利则需祭三天，即从二月初一持续至二月初三。壮族则是在七月初一"祭龙"，亦是根据卦象吉凶决定所祭天数，卦象吉利则仅在七月初一这一天祭祀即可，若卦象不吉利则祭三天，即从七月初一持续至七月初三。

"祭龙"的第一天大家聚集到"龙山"上或"龙树"旁，③ 杀鸡、供奉酒肉等食物，

---

① 文章中所述"祭龙"如无特别交代一律仅限于W乡地域范围内，不具有全国普遍性，本文主要探讨的是其所具有的对其他地区或民族的参考、借鉴价值。

② 这里的"祭祀"是指参与"祭龙"活动的村民应遵守"祭龙"禁忌的时间要持续三天，不是指祭祀活动或仪式一直持续三天，祭祀活动或祭祀仪式一般半天甚至在更短的时间内即可完成。下文中提到的"祭一天""祭祀三天"等用法均是指遵守"祭龙"禁忌时间的长短，而非仪式持续时间的长短。

③ 特定的一座山或一棵树，具有神圣性，也是"祭龙"仪式举办的重要场所。

并举行一定的祭拜仪式,祈求一年的风调雨顺,之后的几天则主要是要求村民遵守"祭龙"禁忌。聚集生活的一个寨子或一个小组的人一般都会参加"祭龙"活动,不愿参加者,今后家中有事便有可能得不到村寨中其他人的帮助,人是社会性动物,熟人社会中此类威胁对于村民来讲是极其严重的,因此,出于被孤立的担心,村民一般都选择参加。

"祭龙"作为一种祭祀文化,在不同民族、不同地区的具体操作细节略有差异,但总体上均包括以下流程:召开"当家人"会议,商议祭龙事宜;杀鸡看鸡卦;携带酒肉等祭品到"龙山"上或"龙树"旁举行祭拜仪式,祈求村寨一年的风调雨顺;"祭龙"期间禁止做农活,包括挖地、动土、砍柴等,禁止将绿色植物或其叶子带回家,违反者承担再次"祭龙"所需财物之费用,并罚请做"东道"。

(二)祭龙活动的要求——祭龙禁忌的规范作用

"祭龙"作为一种民间祭祀文化存在于特定地区或民族,祭祀中涉及的程序化、制度化规定以及禁忌要求,对人们的行为具有明确的规范、导向作用。"祭龙"过程中的禁忌事项主要产生于村民对"龙"这一神圣物的崇拜信念,是早期村民对超自然力量的崇拜与畏惧,也是村民期望借助崇拜对象的力量保佑村寨风调雨顺所采取的消极防范措施。尽管禁忌的产生多出自对超自然力量的崇拜或迷信观念,但却具有指导、约束村民行为的规范效力,发挥着类似法律的规范与制约功能。

"祭龙"活动的禁忌主要为忌劳作,一般包括不得动土、挖地,不得将绿色植物或其叶子带回家,不得上山砍柴以及外人不得进"龙山"等。大家彼此监督,如若有人违反禁忌便意味着村寨在接下来的一年会不顺利,则需重新"祭龙",重新"祭龙"所需的财物由违反禁忌者承担,并需请大家吃一顿饭,也叫罚做"东道",以示惩戒。"祭龙"期间的禁忌规范为村民及外来人士提供了明确的行为指引,赋予村民及外来人士一定的不作为义务,以确保祈愿能够实现。另外,当地一些村寨的壮族有专门的一片山称为"龙山",如果"祭龙"活动持续三天,则准许参与"祭龙"活动的男性村民在第一天进入"龙山"祭拜,其余两天则不得入内,需等"祭龙"结束后方可进山。对于其他民族的村民,不仅"祭龙"期间不得进"龙山",即便是在非"祭龙"期间也不得进"龙山",如果违反,虽没有明确的惩罚措施,但传说会遭遇不幸,如受伤、病死等。此种说话尽管没有实证,仅存在于先辈们的传说之中,即便如此也对人们的行为起着一定规范与指引作用。出于对传说的忌惮,其他民族现在基本不会进入壮族"龙山"。

"祭龙"禁忌通过明确规定村民不得做出某些行为的方式,为村民提供明确、具体的行为导向。作为禁止性规范其常与义务、惩罚相对应,违反"祭龙"禁忌者要承担重新"祭龙"的全部费用,并罚请做"东道",即请大家吃一顿饭。违反禁忌者承担的不利后果,既是对其行为的否定性评价,也是对其违规行为的处罚措施,同时具有补救"祭龙"祈愿遭破坏、安抚守规矩者不满情绪的作用。通过明确的禁止性规定对违反禁忌的行为设置适当的惩罚措施,使其承担一定的经济耗损和舆论责难,在对村民实行反面教育的同时增强村民对于"祭龙"禁忌的执行力,并培育村民对于"龙"和禁忌规范的敬畏心理。如曾经有位老人因年事高记性不好,忘记是"祭龙"期间而在早上进山砍柴,当其事后意识到违反禁忌规定后自愿接受惩罚,自此以后再也没有听说过有违反"祭龙"禁忌的行为发生。强制措施的存在既是对违禁行为的惩罚,也是对"祭龙"禁忌规范作用的强化,"祭龙"禁忌规范效力的充分发挥离不开制裁措施的存在。"祭龙"禁忌不仅作为一种祭祀信念对村民的思想产生影响,同时作为行为规范,调整着村民的行为,使村民按照禁忌规则的指引安排生产生活,保障"祭龙"活动的顺利进行,实现风调雨顺的集体愿望,构造良好的村寨生活秩序。

(三)祭龙活动的特色——诞生独特的自治组织

"祭龙"活动的特色之一在于"祭龙"禁忌的持续时间与适用对象上。"祭龙"禁忌并不随着祭祀仪式的结束而终止,而是在仪式结束后持续有效,且最多可持续三天。其次,"祭龙"活动中的某些禁忌并非仅对参与祭龙的村民或村寨有效,而是对其他村寨村民、未参与"祭龙"活动的村民以及外来人士均具有一定的约束力。如壮族的"龙山"则不许其他民族入内,外来人士一般要等到"祭龙"结束方可在当地动工、挖地等。

"祭龙"活动最大的特色之处在于"祭龙"过程中衍生出了独特的村寨自治组织。这一特殊现象主要存在于苗族村寨(主要是 X 村)的"祭龙"活动中,笔者将其称为"祭龙"议事。"祭龙"议事在前述"祭龙"活动的一般流程的基础上,新增了以下内容:"当家人"会议商议村寨治理事务、制定村规民约,并从"当家人"会议参加者之中指定"会头"作为村寨治理事务的管理、监督、执行人员。"当家人"会议在祭龙前夕召开,村寨中每家派出一位当家人参加会议,商议"祭龙"相关事宜,同时针对村寨管理事务发表各自看法,共同协商管理办法,针对村寨中常见的争议事项制定村规民约,并在大会上宣读以使参会者铭记并告知其家人共同遵守。"会头"由"当家人"会议在参会成员中指定,一般为二至三人,负责监督村民执行村规民约,并对违反者执行惩罚。"会头"还参与寨中纠纷调解以及其他村寨治理事宜。"会头"并不通过选举产生,而是由当家人轮流担任,如按居住房屋在村寨中位置排序轮流担任,轮流担任的方式使得每位当家人都享有平等参与村寨事务管理的机会与权利。在个别村寨,"祭龙"活动还被视为遵守村规民约的考验阶段,即以遵守"祭龙"期间的短期禁忌来考验村民遵规守矩的意志力,如若短时间的禁忌约束都无法恪守,何谈在日常生活中遵守村规民约?通过"当家人"会议制定村规民约与村寨管理办法,"会头"组织负责执行"当家人"会议制定的决议并监督村民执行,这一特殊的村民自治形式在村寨治理中收到了良好的效果,逐步得到其他村寨、小组的认可和学习。

综上,"祭龙"的主要功能包括以下两方面:第一,"祭龙"表征天人关系。通过

"祭龙"活动祭奠"龙山""龙树"以祈求村寨风调雨顺，表达村民对原始禁忌的敬畏与恐惧心理，满足人们的精神需求。第二，"祭龙"调整着群己关系。通过"祭龙"活动召开"当家人"会议商议村寨治理事务，制定村规民约，并借助"祭龙"活动公布所制定之村规民约，以告知大家共同遵守，相互监督，促进乡村善治。多数苗族村寨中"祭龙"包含以上两层含义；而对于以壮族为代表的其他民族，"祭龙"则主要是第一层含义。因"祭龙"契合了中华民族为龙的传人这一观念，较易得到其他民族包括汉族在情感上的认同与接受，且随着苗族村寨"会头"组织发挥了较好的村寨治理功能，有助于村规民约的实际执行、落到实处，因此"会头"组织在当地其他地区或民族中逐步被借鉴与学习。"祭龙"不仅作为一项民间信仰祭祀活动，对村民的行为具有导向、规范作用，而且作为一种议事方式在当地村寨治理过程中担任重要角色。

二、"祭龙"议事组织及其功能

（一）"祭龙"中的议事决策组织——"当家人"会议及其功能

"当家人"会议发挥着类似村民代表会议的议事决策功能。"当家人"会议召开于"祭龙"前夕，村寨中每家派出一位当家人参加会议，参会人员聚集在一起商谈"祭龙"及村寨管理事宜；另从参会人员中指定二至三人为"会头"，作为村寨治理事务的管理、执行、监督人员。作为一种议事组织，"当家人"会议的主要议程为："会头"在"祭龙"日的前夕召集并主持"当家人"会议；会议讨论"祭龙"相关事宜，商榷村寨管理办法，制定或修订村规民约，并明确下一届"会头"人选。首届"当家人"会议选定的"会头"在下一年则为"当家人"会议的召集者，负责召集并主持"当家人"会议。"当家人"会议不仅商议与"祭龙"相关的事项和村寨管理事项，行使村民授予的"行政权"，扮演类似国家行政机关的角色，而且还具有制定村规民约或村寨管理办法的"立法"功能。村规民约经"当家人"会议制定或修改，具有村寨"小宪法"的地位，是日常生活中村民行为的指导准则，对村民的行为起到有效的导向和约束作用。

"当家人"会议的"立法"程序主要为：首先，由"会头"召集并主持"当家人"会议，商议村规民约的制定或修改事宜，参照上一年的实施情况征求参会人员意见。主要针对以下一些问题进行洽商：村寨管理办法或村规民约的条款内容是否合理，能否落到实处？有何不足之处？是否需要修改？如何修改？是否有新的情况发生而村规民约没有相应规定的？是否需要加入新的条款以适应变化了的社会情况？是否需要删除过时或不合理的条款？参会人员主要围绕上述问题发表各自看法，提出建议。其次，由"会头"归纳总结所提问题及建议，参会人员自由协商，民主表决通过与否。最后，村规民约内容确定后由"会头"在大会上宣读，以使参会人员谨记并向其家人宣传，告知其严格遵守。

"当家人"会议的"立法"功能主要表现在两个方面：第一，制定村规民约。这种情况主要是指村规民约的具体条款内容即村规民约"草案"由"会头"征集村民意见后在

"当家人"会议上提出,"当家人"会议进行讨论、协商,最后由参会人员通过投票表决,并最终在大会上公布。村规民约"草案"的提出、商议、表决、公布均在"当家人"会议上进行。第二,修订村规民约。即对既有村规民约条款的修改、完善或在既有村规民约中增加或删减条款。随着村规民约的普及应用,乡政府在全乡推广实施村规民约,于是便出现了村规民约的另外一种诞生方式,即先由村委会结合本村具体实际制定村规民约,分发到各村民小组,村民小组可依据实际情况修订村规民约。一个村委会一般由多个村民小组组成,因此村委会制定的村规民约虽然一定程度上较为真实地反映了村寨生活的实际情况,但考虑到统筹全局的效用,村委会制定的村规民约的内容仍较为概括,无法全面反映村寨实际问题。在此情形下,"当家人"会议的"立法"功能便体现在对既有村规民约的修订上。依托"当家人"会议,一方面宣传村委会制定的村规民约,另一方面结合村寨具体情况,对村规民约具体条款进行完善或增加新的条款,如对于概括性规定,"当家人"会议可结合村寨实际情况制定更加具体且操作性强的详细补充内容,既有利于村规民约充分发挥实效,也促使村规民约真正作为一种本土法治资源致力于村寨治理。赋予"当家人"会议依据村寨(或小组)实际情况制定或修订村规民约的权力,体现出村民自治的微观化与具体化。

鉴于近些年村规民约在村寨社会治理中发挥了较好的规范作用,不仅有利于村寨良好秩序的维护,更有利于村委会工作的顺利开展,节约了村委会的治理成本。因此,目前W乡八个村都在普及适用村规民约,一些村民小组还单独制定了适合自己村寨情况的村规民约。当前的发展趋势是村委会组织、制定村规民约,下发到所辖村民小组。但鉴于村委会制定之村规民约的条款规定比较概括,因此"当家人"会议或村民小组可依据村寨具体情况在原有条款的基础上增加一些新的内容或将部分条款内容更加细化。由此,"当家人"会议的"立法"功能主要向修订村委会制定的村规民约方面转化。

(二)"当家人"会议的执行机构——"会头"组织及其功能

"会头"组织产生于"当家人"会议,是"当家人"会议的执行和工作机构,负责执行"当家人"会议的决议,担任村寨治理事务的管理、执行、监督职能,发挥着类似但不同于村委会的功能。"会头"组织一般由两到三人组成,当选者并非由选举产生,而是按照"当家人"会议确定的特定顺序轮流担任,如按照各家在村寨中的地理方位依次排序,从村东头第一家开始依次轮流担任或从村西头第一家开始依次轮流担任。"会头"任期为一年,年满后则在下一届"当家人"会议上明确新一届"会头"的担任者,"会头"不得连任。即将卸任的"会头"在"当家人"会议上总结过去一年的工作经验,并与下一届"会头"进行账目、工作交接。"当家人"会议结束后即将卸任的"会头"请大家吃一顿饭,以向村民表达对其一年来工作的支持。

"会头"组织的职责主要为召集并主持"当家人"会议,主持商议村寨治理办法和村规民约的制定与修改工作，并将"当家人"会议所制定的村规民约在大会上宣读以告诫众人相互监督，共同遵守执行。另外，"会头"还负责在日常生活中监督村民执行村规民约及其他村寨管理规定，并对违反者实施相应的惩罚；管理因执行村规民约而罚处的财与物，制作相应账目；参与村寨纠纷的调解工作、协助村委会的工作以及其他村寨治理工作。"会头"组织虽协助村干部或小组干部工作，但自身具有一定的独立性："会头"组织人员的选任方式不同于村干部或小组干部；"会头"担任者与村干部或小组干部互不干涉，相互独立，若轮到村干部或小组干部担任"会头"，则村干部或小组干部身兼二职，既是"会头"又是村干部或小组干部；村干部或小组干部对"会头"组织的工作只能是提出意见或建议，而没有领导或命令的权力。

值得一提的是，在该地区，乡村纠纷的解决一般遵循这样一条不说自明的成规："小事不出村"，即村民遇到纠纷先找"会头"调解，"会头"解决不了再找小组长，小组长解决不了找村干部，村干部解决不了则上报乡政府，由乡政府派人联合村干部、村民小组长和"会头"一起解决。"会头"既是管理者又是村民的身份使其不仅对村寨纠纷情况较为了解，也对村民个人品性较为熟知，能够与村民产生情感共鸣，从而洞察纠纷调解的关键所在，有助于调解工作的顺利进行。因此村寨纠纷不管上报至哪一级，最终进行调解时，"会头"一般都会参与。"会头"不仅参与村寨纠纷调解，而且依照村规民约的规定管理村寨事务，包括但不限于村寨治安保卫、公共卫生、环境保护、婚姻家庭、学生教育等具体内容，监督村民执行村规民约的情况并对违反者实施处罚，扮演着执法、司法人员的角色。另外"会头"组织还配合、协助小组组长和村干部管理村寨公共事务、宣传法律法规和国家政策，一定程度上减轻了村委会和村民小组的自治负担。由"当家人"会议发展而来的"会头"组织，不仅其产生方式、任职换届方式决定了其内在的民主性与平等性，有助于村寨社会治理。而且其所具有的管理村寨各方面事务、监督村民执行村规民约的情况并对违法者实施处罚、调解纠纷、协助村委会或村民小组等自治组织开展工作等功能，更是促进了乡村社会善治的实现。

"当家人"会议与"会头"组织之间的关系类似于当前村民自治中村民代表会议与村委会的关系，前者是权力、决策机构，后者是执行、工作机构，二者共同致力于村寨善治。

三、"祭龙"议事的合理性性

"祭龙"议事是村民应对变化了的生存环境而采取的新的社会规划活动。这种规划活动不仅如斯科特·夏皮尔所言可以协调参与者的行为、降低审思成本和弥补认知缺陷，以一种有秩序的方式将我们的力量集中起来，使我们拥有实现更加复杂目标的能力，降低失败的风险；[①] 而且作为村寨小团体内的共享规划活动，"祭龙"议事在追求效率的同时注

---

① ［美］斯科特·夏皮尔：《合法性》，郑玉双、刘叶深译，中国法制出版社2016年版，第171、176页。

重主体精神追求，体现公平与民主，是主体工具理性与价值理性的双重表达。

（一）"祭龙"议事保障主体地位的平等性

主体地位平等不仅是乡村自治的前提条件，也是乡村法治建设的必然要求。在"祭龙"议事过程中，各家的当家人不论性别、族别、家庭经济状况等方面的差异，一律享有平等参与"当家人"会议的资格。在商议村寨管理办法或制定村规民约的过程中，每位当家人皆参与其中，其他村民亦可列会，体现全民参与的普遍性和公开性。在制定或修改村规民约的"立法"过程中，"当家人"会议的所有参会人员享有充分表达己见的自由，所表达的想法或意见均被充分尊重与讨论，任何人都不享有特权，参会主体人格平等，权利平等。作为"当家人"会议的执行机构，"会头"组织的成员一般为两到三人，各成员享有平等的执行权、管理权，且相互监督。"会头"组织成员的选任采取轮流担任的方式，任期一年，且不得连任，所有当家人皆平等地享有担任"会头"的资格与机会。

当然，"会头"成员由当家人轮流担任这一组织形式因当家人个体情况的差异可能导致实质上的不平等，这一具体情况，要求村民依据理性，采取一些适当、合理、必要的区别对待措施，从而减弱过度强调形式平等而带来的一定程度上的实质不平等。"会头"人员的选任方式自身无法克服因个体差异而造成的实质不平等，但规定"会头"担任者的任期为一年，且主要负责监督村民执行村寨管理办法或村规民约、协助小组干部或村干部工作，并受村委会或小组干部以及村寨群众的监督，这些举措都将在一定程度上削弱"轮流担任制"可能带来的事实上的不平等与不公平性。另外，"会头"人员不得连任和议行分立的组织机制，有利于避免权力的过度集中与权力的滥用。

在"祭龙"议事中，平等的执行权、管理权以及职位的频繁流转和不得连任，不仅使村民享有平等参与管理村寨事务的权利和机会，兼顾形式平等与实质平等，而且有助于遏制专制的形成，营造平等、民主、自由的村寨治理环境。

（二）"祭龙"议事过程的协商民主性

协商民主是20世纪末兴起于西方政治学界的一种新型民主理论。这一理论主张公民参与，提倡在平等主体间进行公开、自由、平等的对话与协商，以此取得广泛的共识，促使决策的合法化与科学化，具有公开性、平等性、广泛性的特点，在整合社会关系、促进民主监督、提升决策效率等方面具有独特优势。作为基层群众自治的创新形式，"祭龙"议事不仅体现"四个民主"①的自治理念，更是将协商民主贯穿始终。

在"祭龙"议事过程中，"当家人"会议的参会人员由村寨中每户的当家人组成，其他村民亦可列席会议，在以村寨为自治单位的范围内体现出了参会主体的广泛性。作为封

---

① "四个民主"是村民自治的核心内容，即民主选举、民主决策、民主管理和民主监督。

建家长制在乡村地区的现代延续,当家人虽不再具备封建家长对家族成员所拥有的至高无上的绝对权力,但仍具有家庭代表的性质,代表家庭所有成员参与村寨会议,与其他村民平等对话、协商,所发表观点代表整个家庭的意见。因此,村寨各户"当家人"共同参与村寨治理事务的商议、决策,所做出的决议可视为征得全村或全寨村民的同意,具有全体村民决议的性质,对全体村民具有均等的约束力,大家互相监督,共同遵守、执行。"当家人"会议在制定或修改村规民约过程中允许每位参会人员发表自己的见解,对争议事项进行充分的讨论,彼此交换意见,决议由村民通过民主形式表决通过,实现了充分的沟通与协商,具有交互性特点,呈现出类似于国家法律立法程序的民主性、公开性与交涉性特点。在"立法"过程中当家人充分协商,既考量村寨实际情况和村民的可接受能力等因素,也注重村规民约的合法性、可操作性与实施效果,"立法"成果——村规民约更易获得村民的认同,有利于村规民约的真正实施。"当家人"会议制定村规民约的过程体现了实质正义和形式正义的统一。此外,"当家人"会议在发挥"立法"功能的同时也发挥着对国家政策、法律和村规民约的宣传作用,"立法"与"普法"并举。

"祭龙"议事过程中,村民的平等对话、民主协商、理性反思与权衡,不但赋予了协商结果以合理性和对村民行为的规范性,同时有利于避免村寨精英对话语权的操纵和对权力的垄断。"当家人"会议的议事过程和"会头"组织功能的发挥充分体现了协商民主与平等在村寨社会治理中的普及。乡村社会治理离不开民主与平等,借由"祭龙"议事,赋予村民在村寨事务治理过程中较大的协商民主与平等,村民作为社会公共生活主体的意识增强,强化的主体意识促使村民自觉进行自我约束、自我管理,进而促进社会善治;社会善治反过来又保障村民在村寨治理中的协商民主与平等地位。一言以蔽之,协商民主与平等促进了村寨社会的善治,村寨社会的善治又反过来强化和保障着民主与平等。

(三)"祭龙"议事自身的合目的性

"祭龙"议事自身的合目的性是指"祭龙"议事的产生与存在符合村寨主体利益需求、有助于村寨集体的生存与发展。作为一种理性的社会规划活动,"祭龙"议事体现了村民集体的建构理性,不仅有助于满足村民自身的生存与发展需求,而且符合村寨集体的价值追求。

"当需要填补法律的空白之际,我们应当向它寻求解决办法的对象并不是逻辑演绎,而更多是社会需求。"① 社会需求催生规则,"祭龙"议事作为村民"微自治"的创新形式,其产生的目的亦是满足村寨社会生活的需求,弥补规则缺失。"当家人"会议制定的村规民约或村寨管理办法是村寨集体的行为规范,对村民具有约束力,由"会头"组织监督村民执行,对违反者采取惩戒措施,是实现秩序社会的制度保障。"会头"的职责和权

---

① [美]本杰明·卡多佐:《司法过程的性质》,苏力译,商务印书馆2000年版,第76页。

力由村民通过"当家人"会议规定和授予,"会头"既是权力的授予者,也是权力的行使者,同时还是权力行使的受益者。因"会头"的选任采取轮流制,所有的当家人都有做"会头"、管理村寨事务的机会,因此,对于"会头"来讲,一方面,"会头"履行职责、行使管理村寨的权力不仅是对村民负责,也是对自己和家人负责;另一方面,"会头"公正地行使权力、尽职尽责的工作,既为其他当家人做了表率,也能够得到村民的好评与认可,有益于自己工作的顺利开展。而对于村民来讲,一方面,不遵守村规民约将会受到一定的惩罚,加重自身经济负担,受到舆论谴责,承担经济和心理双重压力;另一方面,因"会头"选任采取轮流制,每家的当家人都有做"会头"的机会,因此在"会头"任职期间其他当家人也会较好的遵守村规民约,支持"会头"工作,以便日后自己做"会头"时亦能得到他人的支持与配合,而不至于因自身曾经的不轨行为被人诟病而无法开展工作。鉴于以上原因,"会头"会慎重对待、用好村民赋予的权力,履行应尽的职责;村民也会认真遵守、执行村规民约以及村寨其他规约的规定,尽力配合"会头"开展工作。"会头"组织除了作为"当家人"会议的执行组织外,还具有调解纠纷的功能。因"会头"组织成员来自村寨集体,熟知村寨人文背景,了解纠纷双方具体情况,便较易发觉纠纷症结所在,加之同一族群成员之间的彼此认同心理,调解结果更易得到纠纷双方的接受与执行,改善因传统村寨克里斯玛(Charisma)人物权威的弱化而带来的纠纷解决效果不佳或渠道欠缺的境况。相较于村民委员会,"会头"组织能够更加及时、有效地解决村寨纠纷,节省"司法"成本,提高"司法"效率,确保了村寨生产生活的有序进行,良好社会秩序得以维持。

人类的社会活动均与利益相关,利益是主体行为的主要推动力。"祭龙"议事的产生亦是村寨自治主体利益衡量的结果。"祭龙"议事将民间祭祀活动与村民自治相结合,议事日期与祭祀时间重合,借助外出务工人员回乡参加祭祀活动之机,召开"祭龙"会议,商讨村寨管理事项、制定村规民约,既有益于减省公共活动中村民参与的时间成本和经济成本,缓解因乡村人口流动带来的村民自治活动参与度低的困境,也保障了外出务工人员参与村寨事务的协商与决策的权利和机会,最大程度实现基层民主。"祭龙"议事主体地位的平等性与议事过程的协商民主性,使村民享有平等的权利和机会参与村寨事务的协商、管理,满足村民参与公共生活管理的政治需求。此外,"祭龙"议事以民间祭祀为平台,搭建民族文化与村民自治的沟通桥梁,促使二者互动共荣,为民族传统文化的延续与发展提供了新的场域,满足村民精神利益方面的欲求。

"祭龙"议事的存在符合村民个体利益与村寨集体利益的需要,是自治主体利益衡量的产物,体现了村寨集体的利益期待及其对有序社会的追求,是地方法治理念在符合国家法精神下的创新表达。借助"祭龙"议事,实行村寨"微自治",不仅有助于弥补以行政村为单位的村民自治的不足,满足村民对秩序社会的需求,而且有益于实现村寨集体和谐发展。

四、"祭龙"议事对村民自治的实践效用

"祭龙"议事体现了充分的协商民主性、平等性和自治性,是村寨集体利益衡量的产物。作为村民自治的创新形式,其存在有其自身的合理性性,议事过程中呈现出的平等、公平、民主、协商等精神,不仅在意识层面上较易得到村民共同体成员的认同与接受,更是在实践层面弥补行政村自治的不足,助力于乡村善治。

(一) 以行政村为载体之村民自治的局限性

村民自治是我国法律明确规定的一项基层群众自治制度。我国宪法第 111 条规定:"城市和农村按居民居住地区设立的居民委员会或者村民委员会是基层群众性自治组织"。《中华人民共和国村民委员会组织法》第 2 条规定"村民委员会是村民自我管理、自我教育、自我服务的基层群众性自治组织,实行民主选举、民主决策、民主管理、民主监督"。村民自治不仅是法律规定的一项基本政治制度,同时是广大农民群体享有的一项基本权利。实施村民自治不仅有利于村民集体结合村寨具体情况制定适合自身发展需求的治理办法,同时有助于促进农村基层民主的实现和保障农民的合法权益。当前我国村民自治的基本单位是行政村,行政村的村民通过选举产生村委会,村委会是村民实行自我管理、自我教育、自我服务的基层群众性自治组织,是村民会议决议的执行、工作机构。行政村是村民自治的区域依托,"是中国行政区划体系中最基层的一级,设有村委会或村公所等权力机构。"① 村委会则是基于国家法律规定而设立的、由村民选举产生的基层群众性自治组织,是农村社会基层管理单位。《中华人民共和国村民委员会组织法》第 2 条第 2 款规定:"村民委员会办理本村的公共事务和公益事业,调解民间纠纷,协助维护社会治安,向人民政府反映村民的意见、要求和提出建议。"以行政村为载体的村民自治有助于村民直接行使民主权利,促进基层民主的实现,维护村民合法利益。不过,这一村民自治形式在不断发展完善的同时也表现出对村寨事务管理捉襟见肘的局面。主要体现在以下几个方面:

首先,自治范围过大,自治能力有限。一般情况下,一个行政村由多个村民小组组成,一个村民小组又有一个或多个小的自然村组成,而依照《中华人民共和国村民委员会组织法》的规定村委会成员人数为 3 至 7 人,村干部工作负荷过重,缺少足够的精力去精心细致地处理村寨管理事务。如笔者调研的云南红河河口瑶族自治县 W 乡下辖 8 个村委会,共 116 个村民小组,平均每个村委会由十几个村民小组组成,治理工作任务繁重。此外,村委会还有协助乡政府开展工作的义务,加上近些年国家实行的精准扶贫计划,更是增加了村委会的日常工作量。随着社会的发展,行政村人口在不断增加,而村委会成员数量依然保持不变,村干部对自治事务的管理力不从心。而且村民人口数量的增加、村寨范

---

① 沈延生:《村政的兴衰与重建》,载《战略与管理》1998 年第 6 期。

围的扩大促使乡村社会由熟人社会向半熟人或陌生人社会发展、演变，村民参与自治的热情逐渐减退，村民商谈机会逐渐流失，民主协商无法落实，村民自治难以真正实现。

其次，村民思想观念的转变为村民自治增加了阻碍。互联网技术的快速发展催生网络社会（Cyber society）的诞生，乡村地区接触和使用网络信息技术的人数逐年增多。截至2019年6月，我国农村网民规模已达到2.25亿。① 网络媒体的发达与互联网的普及应用极大地提升了村民获取信息的能力，村民不再是生活在封闭的小村庄，而是活跃于"地球村"的网民。村民对生活的追求也不再仅仅是衣食无忧，而是在物质生活富足的同时，追求一定的精神享受，而这一切归根结底依赖于经济实力的增强。因此，村民的关注点更多地聚焦于如何提高家庭收入，而非参与村寨自治事务。随着经济来源方式的多样化以及安土重迁思想的淡化，农民对土地的依附性亦日趋减弱，逐渐走出农村，外出务工，追求更好的物质生活与精神享受，对村寨自治事务的积极性逐渐减退。而且，外出务工人员多为青壮年，留守村寨的多为老人、妇女、儿童，村民自治后备人才短缺。

最后，村委会行政化或半行政化，自治特性失落。村委会作为基层群众性自治组织，并非乡（镇）政府的下级组织。《中华人民共和国村民委员会组织法》第5条明确规定乡（镇）政府对村委会的工作只能是指导、支持和帮助，二者之间没有领导与被领导的关系；凡是依法属于村民自治范围的事项，乡（镇）政府不得干预，即不能强制要求村委会如何行事，更不能包办，只能给予指导、支持或帮助。这些规定赋予了村委会相对独立的自治地位。但是该法同时还规定村委会有协助乡（镇）政府工作的义务，这就为村委会自治功能的异化埋下了伏笔，为乡（镇）政府干涉村民自治工作提供了机会。实践中，村委会多是沦落为替乡（镇）政府办事的下属机构。乡（镇）政府常常对村委会进行行政管理，对其发布各项指令，分派各种行政任务来领导村委会的工作。村委会的自治功能被行政功能取代，失却了原本应有的自治特性。

（二）"祭龙"议事助力村民自治

"微自治"是在行政村自治的基础上发展而来，是村民自治的微观化、具体化，是对以行政村为载体的村民自治形式的超越与创新。何为"微自治"？学界多有探讨。肖立辉指出，"微自治"是"自治主体在更小的自治单元中开展的对自治事务的自我管理和自我服务"，它的三个主要特点为"自治行为的直接性""自治主体的自主性"和"自治事务的公共利益相关性"。② 赵秀玲认为"'微自治'主要是指针对自己的地方特色，采取具体可行、细致有效、深入透彻的方式，创造式地实行民主自治。……主要表现在：将自治范围不断下移，让自治内容更具体化，使自治方式趋于细化，赋予自治主体以更大的空间和

---

① 2019年8月中国互联网络信息中心（CNNIC）发布的第44次《中国互联网络发展状况统计报告》，网址：http://www.cac.gov.cn/2019-08/30/c_1124938750.htm，2019年11月27日访问。
② 肖立辉：《"微自治"的有效性及有限性》，载《中国社会报》2014年7月28日第2版。

自由度。"① 李晓广在总结前述二位学者的基础上提出"'微自治'就是广大农民在生活与生产活动中，以村民小组或自然村等为单元，对与自身利益休戚相关的政治、经济、文化和社会等领域各项公共性微观事物的直接治理。"② 关于"微自治"的探讨学界有很多学者结合具体的实证研究对此提出了自己的见解，此不一一罗列。综合学者观点我们认为："微自治"是在行政以下更小的自治单元（如村民小组、自然村）中展开的村民自治行为，其主要特点是自治单位下沉，自治主体范围和地域范围收缩，自治事务更加微小、具体。

"微自治"的最主要特点在于自治范围限缩，自治内容更加微观、具体，管理方式更加精细化。"祭龙"议事将村民的自治范围限缩在举行"祭龙"活动的单个村寨中（一般为一个村民小组或村民小组下辖的单个村寨）。不仅通过"祭龙"期间的禁忌信仰对村寨众人的行为起到规范、引导作用，更是借助"祭龙"活动召开"当家人"会议商议村寨事务的管理办法，并由"会头"组织负责具体执行、监督工作。管理事务更加关注与村民日常生产生活息息相关的小事、琐事，管理方式也更加灵活多样。如在村寨管理办法或村规民约中明确规定：偷盗树木，按树的直径每寸罚款 X 元；发生争吵、语言纠纷的无理方付给对方 X 元并赔礼道歉；小组自来水管道维修费按每年每人 X 元收取等等。自治事务更加贴近村民生活，与村民个人利益息息相关，管理手段也更加具体明确，村民自治向精细化发展。由此可见，"祭龙"议事将民间信仰与村民自治相结合，建立独立于村委会和村民小组的"会头"组织，不仅符合"微自治"的精神，更是对我国现有"微自治"范式（如"村民小组"自治、"院落——门栋"自治）③ 的创新。

作为"微自治"的创新形式，"祭龙"议事在以下方面体现出其自身的优势，弥补村委会自治的不足，与村委会自治携同致力于村寨善治：

第一，自治范围收缩，自治事务减少，不仅有助于基层民主的充分实现，也有助于减轻村委会的负担。"祭龙"议事的自治单元为举行"祭龙"活动的单个村寨，规模有限，自治组织——"会头"组织有足够的精力和时间处理与村民切身利益相关的日常"小事"、琐事。单个村寨中，村民之间交往密切，利益关联度高，促使村民对村寨管理事务的关注度和参与度也普遍提升。村民之间的长期交往，逐渐形成了共同的文化、习俗，建立了一套独有的、约定俗成的交往规范，加之自治单元内多为信仰"祭龙"禁忌的同一个

---

① 赵秀玲：《"微自治"与中国基层民主治理》，载《政治学研究》2014 年第 5 期。
② 李晓广：《乡村"微自治"：价值、困境及化解路径》，载《探索》2016 年第 6 期。冷波指出"'微自治'是在村庄微单元输入组织，激活村庄社会资本，重新实现村民自治，使得村庄呈现为行政与自治的双轨治理形态。"参见冷波：《微自治：再造农村纠纷解决的主体与治权——以秭归县 C 村为例》，载《山西农业大学学报》（社会科学版）2018 年第 6 期。关于"微自治"的探讨另可参见王惠林：《乡村"微自治"的运行基础与实践机制——基于陕西关中村民小组治理的实践》，载《湖南农业大学学报》（社会科学版）2019 年第 1 期；刘成良：《微自治：乡村治理转型的实践与反思》，载《学习与实践》2016 年第 3 期等。
③ 赵秀玲：《"微自治"与中国基层民主治理》，载《政治学研究》2014 年第 5 期。

民族，强烈的民族认同与文化认同使得村民之间能够建立一个稳固的社会共同体，极大地调动了人们参与村寨自治事务的积极性，为村民就自治事务共同协商提供了前提条件，有利于决策共识的快速达成。"由共同的血脉和族缘关系构成共同的文化，强化着村民对本共同体的认同和归属，而这正是他们乐意参与公共事务、共建美好家园的重要基础。"①以单个村寨为自治单元，村民人数有限，加上共同的文化信仰和民族认同感，村民参加"当家人"会议的积极性和出勤率都非常高。从平等的角度来看，所有参会人员地位平等，每位当家人均有平等地商议村寨管理事务的机会；会议议程范围内的事项，每位当家人均享有平等地参与讨论、提出意见或建议并进行表决的权利；每位当家人都有担任"会头"的机会。从民主的实现程度上讲，"当家人"会议中，无论是"祭龙"事宜还是村寨管理事务，每位当家人都享有发言权，会议事项由全体参会人员共同讨论、决策，体现出村民自治涵括的民主管理、民主决策的精神。"祭龙"议事不仅促进了乡村社会治理工作的有序、有效进行，而且保障了村民平等协商、民主参政议政的机会。可见，小范围自治更有利于村民对自治事务的充分参与，实现民主协商、民主管理、民主监督的自治精神。另外，"会头"组织作为"当家人"会议决议的执行机构，不仅代表村民处理村寨事务而且还在纠纷调解、公共卫生、环境与资源保护等方面协助村委会或村民小组开展工作，减轻了村委会的工作负担，是当前以行政村为自治单元的村民自治的有益补充。

第二，自治载体——"会头"组织独立于村委会和村民小组，自治特性回归，有助于实现自治与行政的分离。在"当家人"会议过程中，村委会成员和村民小组组长仅是作为参会人员列席会议，与其他"当家人"享有同等的参会权；在进行协商讨论、投票表决时大家一视同仁，任何人都没有特权，不仅充分保障了村民平等参与、民主协商村寨管理事务的自治权利，使村民充分表达自己的利益诉求，而且排除了包括村委会成员、村民小组组长和村寨精英的话语霸权。"会头"组织人员的选任采取轮流担任的方式，村委会成员或村民小组组长如果不是"祭龙"活动范围内的村民则没有担任的机会，如果是则与其他"当家人"享有担任"会头"的平等机会，无优先担任的特权。如果是村委会成员或村民小组组长担任"会头"，那么担任者便是身兼二职，既要履行其村委会成员或村民小组组长的职责，也要履行"会头"职责，并接受村民监督。以此，一定程度上"会头"组织实现了自治与行政的分离，赋予村民自治更多的自由，有利于自治工作顺利开展，实现基层民主。另外，"会头"人选采取轮流担任的模式，有助于缓解外出务工附带的村寨事务无人问津、村民自治后备人才短缺的局势。第三，"祭龙"议事将宗教权威、国家权威与民间权威相结合，使其共同致力于村民自治。在当地，"祭龙"首先作为一项民间祭祀活动而存在，表达着村民对于"龙"这一神圣物种的崇拜与敬畏。"龙"作为村民仪式态度

---

① 徐勇、周青年：《"组为基础，三级联动"：村民自治运行的长效机制——广东省云浮市探索的背景与价值》，载《河北学刊》2011 年第 5 期。

的对象，对"祭龙"群体具有巨大的号召力和凝聚力，因此"祭龙"活动对于村民来讲就显得严肃而庄重，违反"祭龙"期间的禁忌则代表着对"龙"的亵渎与不敬，会给违禁村民乃至全村招来厄运。村民对"祭龙"活动的重视不仅表现在严格遵守"祭龙"期间的禁忌，以期望获得"龙"的庇佑；还表现在积极参与"祭龙"活动。如苗族多是在二月二"祭龙"，有外出务工打算的村民会考虑推迟至"祭龙"后离家；壮族一般是在七月"祭龙"，在外务工的村民则会考虑返乡参加"祭龙"。"祭龙"议事正是利用宗教权威对村民的号召力，将民间祭祀活动与村民自治相结合，借助祭祀活动的号召力实现参会人员的最高出席率，使外出务工人员也能够充分参与村寨事务管理办法的协商与决策，最大程度实现基层民主。此外，"祭龙"议事主要存在于村民小组或村民小组管辖的村寨中，召开"当家人"会议时村委会成员和村民小组长均可参会并发表自己的观点，但没有任何特权，与其他村民地位平等。村委会成员和村民小组组长列席会议，除了与其他参会人员就会议事项进行自由讨论、民主协商外，还起到对会议所制定的村寨管理办法或村规民约进行把关的作用，从而避免其与国家政策法规相违背，有利于村寨治理办法或村规民约的合理化与合法化。"祭龙"议事过程中由"当家人"会议商议村寨管理办法，并在村委会制定的村规民约的基础上结合当地具体情况制定更加详细具体的小组村规民约，以使村寨中常见的争吵琐事都有"法"可依。尽管制定后的村规民约由独立于村委会的"会头"组织负责监督村民执行，并对违反者处以惩罚。但村规民约仍可经村民小组组长收集后送交村委会，村委会再送交乡（镇）政府审查备案，赋予其以国家权威认可的效力。由此可见，在"祭龙"议事中，借助宗教祭祀活动——"祭龙"的凝聚力提升了参会人员出席率；"当家人"作为封建家长制在乡村地区的现代延续，具有家庭权威代表的性质，有些甚至在村寨中都享有一定的威望，兼具家庭权威与民间权威的特性，所发表观点具有广泛的代表性；村委会成员和村民小组组长所具有的一般村民与国家权威代表的双重身份，使其在参会过程中既考虑村民利益，也考虑村寨管理办法的合法性问题，有助于村寨治理工作的合法进行。"祭龙"议事将宗教权威、民间权威与国家权威相结合，使其共同致力于村寨治理，不仅有利于制定反映村民切实需要的村寨管理办法或村规民约、确保管理办法的合理性与可接受性，而且也在最大程度上实现了村民自治的民主与平等。

综上所述，云南省红河河口瑶族自治县W乡"祭龙"议事组织的存在是对"微自治"的积极探索，有助于基层民主的充分实现。"祭龙"议事将民间信仰、禁忌与村民自治相结合，利用民间社会内生资源强化自治单元的自治功能。借助对"龙"的崇拜这一图腾文化将少数民族信仰与中华民族信仰相结合，寻求多民族合作、共享的精神支撑。将宗教权威、民间权威与国家权威相结合使其共同致力于村民自治。作为"微自治"的创新形式，"祭龙"议事与以行政村为自治单元的村民自治不仅在不同的场域各自发挥效用，也在交叉领域共同致力于乡村善治，为其他地区的村民自治提供了借鉴范例。尽管当前"祭龙"议事仅在小范围内存在，但其所具有的独特的自治价值值得其他地区进行灵活吸收、借鉴。

五、结语

"依据不同乡村的自然生态系统和文化资源禀赋,可能形成多种可能的乡村振兴的行动方案,但促使这些方案有效实施的重要机制是作为因地制宜解决问题的系统思维过程的乡村设计。"[①]"祭龙"议事是村民应对变化着的生存环境而采取的因地制宜的社会规划活动,彰显村寨集体理性。尽管目前仅在笔者所调查乡镇的小范围内存在,但其自身的合理性、议事过程中体现的平等、民主、公平、协商的精神使其具有强大的生命力,其实现乡村善治的方法、举措值得其他乡村地区借鉴与学习。"祭龙"作为一项民间禁忌,表征着村民对超自然的敬畏与恐惧心理的延续,随着时代的发展融入了现代平等、民主与自治精神,是传统与现代的结合。"祭龙"不仅作为一项民族祭祀活动在"祭龙"期间通过对违反禁忌的行为课加额外的义务,强制其承担一定的经济损失,惩罚违规者的同时警示其他村民,对村民的行为产生约束、规范作用,维护村寨社会秩序,而且作为村民自治的创新形式,促进着村寨善治的实现。"祭龙"活动中产生的"当家人"会议具有议定村寨管理办法和制定村寨管理规范——村规民约的作用;"会头"在"当家人"会议上发挥宣传村寨"小宪法"——村规民约和国家政策法规的作用;在日常生活中则承担监督村民执行村规民约的职责,并对违反者进行相应的处罚;同时,"会头"还发挥调解村寨纠纷或协助村委会、乡政府工作人员调解纠纷的功用。总体而言,"祭龙"议事发挥着类似国家机关的立法、执法、司法、行政等多重功能。"祭龙"议事主体地位的平等性、议事过程的协商民主性以及其自身存在的合目的性,不仅满足村民对民主、公平、正义等价值的追求,也使得其在乡村社会治理过程中更易得到村民的心理认同,心理认同指导村民行动,如此形成一个良性循环:"祭龙"议事促进村民善行与村寨善治,村寨善治又反过来促进"祭龙"议事获得更大的认同感与实效性,乡村社会治理良性发展。

Deliberation with the aid of "Sacrificing Dragon" and Rural Governance

Zhang Li–li

Abstract: As a kind of folk belief ritual activity, "Sacrificing Dragon" has a certain normative effect on the behavior of the villagers. "Sacrificing Dragon" Deliberation was born in the "Sacrificing Dragon" activity, and was initiated by holding a "patriarch" meeting. The agenda

---

① 李建军、杨丽娟:《乡村振兴战略实施的"基础设施"和重要机制》,载《贵州社会科学》2019 年第 9 期。

of the meeting included negotiating village management affairs, formulating village rules and regulations, and determining the candidates of the "Conference Leader". To a certain extent, it plays the deliberative and decision – making function of villagers' meetings. The "Sacrificing Dragon" deliberation is the "micro – level" of villagers' autonomy. Its main characteristics are that the scope of autonomy is limited, the content of autonomy is more refined and the autonomous approach is more specific. As a civil taboo, "Sacrifice to the Dragon" symbolizes the continuation of villagers' awe and fear of the supernatural. With the development of the times, it has integrated the spirit of modern equality, democracy and autonomy, which is the combination of tradition and modernity. The rationality of the "Sacrificing Dragon" Deliberation make it pay attention to the spiritual pursuit of the subject while pursuing the efficiency, embodies fairness and democracy, which is the dual expression of the subject's instrumental rationality and value rationality. As an innovative form of "micro – autonomy", the "Sacrificing Dragon" Deliberation helps to make up for the lack of autonomy of the villagers' committee and plays an important role in rural social governance.

Key words: "Sacrificing Dragon" "patriarch" meeting "Conference Leader" "micro – autonomy"

论藏式调解的司法整合

王林敏[*] 王 亮[**]

> **摘 要** 藏式调解是基于藏区法制文化传统而产生的,在化解刑事纠纷方面具有独特的优势。但在现代法治观念下,民间的藏式调解容易突破其法律边界,侵犯司法机关的管辖权。因此,要发挥藏式调解的功能,需要识别其有益因素,消解其负面影响,然后通过合理的制度设计,将其纳入正式制度的轨道之内。其中,核心要素是藏式调解要限定在刑事案件的民事部分发挥作用,化解当事人之间的纠纷,而不能参与刑事部分的处理。
>
> **关键词** 赔命价 藏式调解 本土资源 正式制度

藏区传统的赔命价习惯法是命案当事人在民间权威的主持下通过调解达成的赔偿和解协议,这个藏区的民间纠纷解决机制可以称之为"藏式调解"。民间的藏式调解在脱离藏区政法机关独自运作的情况下容易对藏区司法造成冲击,甚至造成两者之间产生对立。部分藏区政法人士"敌视"刑事习惯法的核心因素,可能并非习惯法规则的司法运用,而是藏式调解的运作事实上侵犯了藏区司法机关的司法管辖权。所以,如何整合藏式调解中的有益资源,使其对藏区纠纷解决释放正能量的同时,减少乃至消除其对藏区刑事司法的负面影响,就是藏区社会控制的一个重大课题。为达至这个目标,我们需要充分挖掘藏式调解与刑事司法的价值契合点,为把藏式调解纳入刑事司法寻找充分的理论和实践根据。在内地调解机制的传统及其政策环境中审视藏式调解,或许可以为整合藏式调解找到一个坚实的政策基础和文化基点。

一、藏式调解运作的法律边界

调解机制是法制建设的非常重要的本土资源,是传统以及当下政法机关在司法中努力

---

[*] 王林敏,法学博士,曲阜师范大学法学院副教授。
[**] 王亮,中共湖南省委党校法学部副教授。

挖掘运用的纠纷解决机制。赔命价运作机制中的藏式调解本身是一种具有藏区特色的调解机制，如果这个判断成立，那么，藏式调解融入中国司法体制就具备坚实的制度基础，而不是如同赔命价规则的合法性分析那般得出非此即彼的排斥关系。从司法传统来看，藏式调解既有与刑事司法中的调解相契合的一面，又有着与后者相背反的因素。所以，我们需要识别出藏式调解与刑事司法相契合的因素，而排除那些与刑事司法相抵触的因素，从而合理界定藏式调解的法律边界。从中国司法调解的传统出发来认识和分析这个问题，可以使藏式调解融入刑事司法具有更深刻的历史正当性。

中国共产党领导下的刑事司法历来重视调解，在革命根据地时代的早期便已经有意识的引入调解方式解决刑事纠纷，而在陕甘宁边区时期则开始将调解制度化，通过法规的形式明确了调解在刑事司法中发挥作用的边界和方式。1943年颁布的《陕甘宁边区民刑事件调解条例》（以下简称"条例"）将刑事犯罪划分为"危害国家利益犯罪"和"侵犯个人利益的犯罪"，从而将刑事案件的调解严格限制和控制在"非严重侵害个人利益犯罪"的范围内。"条例"确定了刑事调解司法适用的三个原则，即："（1）对于针对受害人为私人的案件，原则上允许调解，但造成被害人死亡的除外。（2）对于严重危害国家安全、公共安全、社会秩序的案件，一律不允许调解。（3）必须是罪行轻微的，社会危害性较小的刑事案件，才允许调解。"① 《陕甘宁边区民刑事件调解条例》通过列举的方式，明确将故意杀人罪排除在刑事调解的范围之外。据此，命案不得通过调解结案。值得注意的是，"条例"禁止调解命案的确切含义在于命案双方通过调解的方式免除犯罪人的罪责——这个规定与当下司法禁止通过赔命价的方式解决命案的意义是一致的——命案的罪行适用只能通过刑事司法程序加以确定。

"条例"确定了陕甘宁边区刑事调解的形式合法性边界。但在司法实践中，刑事调解很快便突破了自己的边界，出现了向命案扩展的情况，对此，陕甘宁边区高等法院于1945年5月及时进行了纠正。陕甘宁边区高等法院认为，如果命案准许调解，将导致人们"视命案如同儿戏"、导致发生"以钱买罪"现象，对社会产生不良影响。② 陕甘宁边区高等法院的此种认识，与当时边区司法界对国民党统治区的刑事司法的认识直接相关，比如马锡五认为，国民党统治时期对杀人案件、虐待和杀伤妇女、儿童的案件可以调解，这样有钱人犯罪只要花钱就可以逍遥法外；而陕甘宁边区的调解工作目的在于增强人民内部团结，教育人们爱国守法，因此，调解只限于一般民事纠纷和轻微刑事案件，而不适用于社会危害性较大的刑事案件。③ 因此，就陕甘宁边区的司法实践而言，边区司法机关基于政治上的考量，也注意恪守形式合法性的基本原则。在当时的背景下，最大的政治因素就是"民意"。但是"民意"在不同的条件有不同的表现，也因此影响着刑事和解的走向。

---

① 潘怀平：《陕甘宁边区时期刑事调解制度研究》，载《中共中央党校学报》2011年第6期，第91页。
② 参见艾绍润、高海深：《陕甘宁边区法律法规汇编》，陕西人民出版社2007年版，第129页。
③ 马锡五：《新民主主义革命阶段中陕甘宁边区的人民司法工作》，载《政法研究》1955年第1期。

陕甘宁边区刑事调解的制度化有其深刻的历史背景。始于清末修律的中国司法制度现代化"既没有能够快速地解决日益增多的社会纠纷，带给人民期望中的公平和公正，还在一定程度上进一步加剧了中国社会的分化，因而逐渐受到整个社会，特别是乡村社会的怀疑甚至抵制，现代司法制度与民众之间产生了较大的隔阂。"① 所以，基于群众路线工作方法的刑事调解制度的提出，是中国共产党基于对时势的判断而提出的建设新型司法以适应社会需求的政权建设方略，其目的在于最大限度地为边区政权争取合法性。这样，群众的支持与满意度，作为边区政权合法性的根基，必然成为边区司法的最高指针。因此，个案中的"民意"有时会使刑事和解的司法运用突破其合法性边界，但在更高层次上，抽象的民意则会纠正此种突破——多数人还是主张杀人偿命。

在少数民族司法方面，根据地时期中国共产党支持少数民族建立自治区并且尊重少数民族习惯，按照这种思路，在藏区命案中适用刑事和解似乎便是顺理成章的事情。因此，藏区解放初期的政权建设时期，对于赔命价习惯法采取了妥协态度，将命案纳入刑事调解的范围之内。比如，在1950年代，果洛地区的纠纷调解中，当地工作组适当考虑民族习惯，成功调解了38起重大械斗纠纷，其中包括拖延多年死亡55人、伤残77人的9起重大纠纷；而玉树地区的命案纠纷则明确采用传统赔命价机制，在纠纷和解书中明确载明杀死部落头人和一般百姓的命价。② 由此可见，基于某些政策因素的考量，赔命价习惯法突破形式合法性的限制，通过藏式调解融入国家司法程序，对藏区刑事纠纷起到补充作用是可能和可行的。

而在当下，从现实考量，刑事司法现代化难以完全迎合社会需求的矛盾在现阶段依然存在。"当前我国社会转型时期，社会利益格局的巨变不可避免导致社会的不适应，加上利益识别与平衡的制度化程度不高、不同价值取向的利益诉求缺乏沟通机制等因素，利益冲突理性解决的意识形态尚未在普遍意义上形成。"因此，纠纷解决机制的多元化便是一种客观需求，始自2005年的"大调解机制"的建设正是为了适应纠纷解决机制多元化的需求。其基本特点有三："第一，大调解由党委、政府统一领导；第二，是对人民调解、行政调解、司法调解等调解资源的整合；第三，大调解的目的主要在于将纠纷化解于基层，实现纠纷的就地解决。"③ 可见，从构成要素来看，所谓大调解机制只是一个新概念而不是一种新创造，并没有超出中国传统调解的因素。但是，大调解机制背后的思维模式乃是"稳定压倒一切"的维稳思维，这就使其获得超强的行政推动力，从而成为一种国家控制社会的手段，而不是如同西方 ADR 一样的社会自治方式。

在"大调解机制"下，藏区各地普遍建立调解机构以利于当地纠纷解决便具有相当充分的政治正当性。问题就在于藏区大调解机制的法律边界何在。藏区调解机构介入民事纠

---

① 侯欣一：《陕甘宁边区人民调解制度研究》，载《中国法学》2007年第4期，第109页。
② 参见淡乐蓉：《藏族"赔命价"习惯法研究》，中国政法大学出版社2014年版，第154-155页。
③ 王福华：《大调解视野中的审判》，载《华东政法大学学报》2012年第4期，第102页。

纷、治安案件、轻微刑事案件，都不存在任何问题；核心难题就在于其是否应当介入命案等重大刑事案件。这样，藏区传统调解机制的边界与藏区大调解机制的边界便产生了"交集"。如果藏区大调解机制可以介入命案纠纷，那么，藏式调解就有了通往命案纠纷的制度通道。藏式调解就可以借助"大调解机制"的建设这股法制东风，名正言顺地进入刑事司法，参与藏区"命案"纠纷的解决。

命案纠纷分为两个层次，一是当事人之间的纠纷，即刑事附带民事部分；二是双方当事人与国家司法机关的纠纷，即刑事诉讼部分。藏区"大调解机制"不能介入命案刑事诉讼部分，但是其在命案的民事部分仍然具有很大的发挥空间。例如，藏区公安机关主持下的治安调解、司法机关主持下的司法调解可否介入命案？这个问题基本上已经达成共识。即藏式调解机制可以就民事纠纷的部分发挥其应有的功能，但是不能介入刑事部分的处理。因此，我们所谓的藏式调解的发挥空间，正在于命案的民事部分。严格把握住这个边界，命案中的藏式调解整合便有了坚实的合法性基础。

二、藏式调解与刑事司法的契合

为何调解容易为人们所接受？排除大调解机制衍生的强制调解因素，调解最大的优势在于能够在当事人之间保持一定程度的"和气"，从而有益于社会稳定。从当下中国法制的整体状况来看，内地司法中的调解机制源自儒家文化，是纯正的本土资源；虽然西方的ADR近年来引起学者们的高度关注，但是ADR研究只是对调解起到正当化的作用，而不是调解制度的直接渊源。之所以强调这一点，是为了突出法制现代化中传统因素的作用。虽然藏式调解的文化基因不同，但是在传统儒家文化的视野中，藏式调解仍然具有其合理性。藏式调解介入命案，最坚实的价值内核便是其有利于藏区命案的彻底解决。这与传统儒家法律文化中的"和合"思想内在相通，与当下刑事司法追求纠纷解决的价值目标内在契合。

第一，藏式调解介入命案纠纷有益于命案解决的非暴力化。

藏区传统纠纷解决机制的运作是促进了暴力还是抑制了暴力？笔者认为，在这个问题上存在着对赔命价功能认识的模糊之处。很多司法实务人士主张取缔赔命价的一个重要理由是：赔命价的存在导致了大量的社会治安问题，甚至导致诱发新的犯罪。这种观点的模糊之处在于：第一，混淆了赔命价观念和索取赔命价的行动；第二，混淆了命案当事人索取赔命价的行为和藏式调解机制。准确的描述应当是这样的：赔命价观念促使命案受害方索取命价、藏式调解介入命案促使纠纷和平解决。也就是说，赔命价的各个环节所起到的作用是不同的，有的人（主要是实务界）看到了其弊端，而有的人（主要是理论界）则看到了其益处。这同时也说明了藏区命案纠纷的复杂性：由于命价观念的存在，导致藏族当事人对命价的执着，由此衍生了很多治安问题；由于藏式调解机制的存在，藏区当事人接受其规制，从而有利于纠纷的解决；由于命价责任观念的存在，命案当事人接受命价就案结事了；同样由于命价责任观念的存在，命案当事人排斥司法机关的介入，又衍生了当事人干扰司法诸多问题。所以，要想实现藏区赔命价习惯法的司法运用，对藏式调解机制进行整合，就必须能够识别出哪些因素有益、哪些因素有弊端。

总体而言，藏式调解机制的运作，可以在藏区命案当事人之间制造和平屏障，弱化当事人之间的对立情绪，促使当事人以和平手段解决纠纷。

第二，藏式调解介入命案纠纷可以促使藏区命案彻底解决。就藏式调解介入命案的正当性而言，命价观念中"交付命价，将仇恨做空"的理念是最核心的。这种观念使得命价的运作能够重新修复命案当事人之间的和平——至少在理论上，当事人双方从此握手言和、旧事不提。这种效果是现代刑事司法所难以企及的。所以，特别值得加以整合和运用。我们通过发生在北京地区的一个案例或许能够说明其中的差别：

【案例：韩浪报复案】2005年5月24日，北京市房山区韩村河镇某村居民韩浪的儿子（6岁）被同村村民张二群的儿子（13岁）掐死。房山区法院判决张二群夫妇赔偿韩浪15万元，但判决一年多，张二群不但没有赔偿而且拒绝向韩浪道歉。2006年11月25日，韩浪用浓硫酸液致张二群二女儿重伤。韩浪被房山区法院判处有期徒刑13年。一个受害者变成了犯罪人。而韩浪的动机很简单，就是因为张家人拒绝赔偿和道歉，她在庭审中对张二群说："我泼你女儿就想让你心疼！"虽然韩浪事后表示了后悔，但是两家人的双重悲剧却无法挽回了。①

刑事司法如何化解命案当事人之间的仇怨？这可以说是司法机关以及司法工作人员的最大难题。"晓之以理、动之以情"是普遍的方法，但这远远不够；天理、国法、人情，还有利益纠葛，这些因素中的任何一个都会使事情变得复杂。结合韩浪报复案，人们可以进行很多事后解读、做出很多假设：如果张二群家能够及时赔偿悲剧就不至于发生、如果房山法院能够关注韩浪的痛苦悲剧也不至于发生……但司法实践中没有"如果"，只有"结果"。所以，各地都在探索如何能够更好地实现命案等严重刑事案件的终极解决。对藏区司法机关而言，有"赔偿命价，做空仇怨"这样一种现成的法制资源可以运用。对比之下，这种命价观念的确是藏族文化的一种比较优势。藏族当事人因为宗教信仰、尊重传统，使得藏式调解有利于赔偿协议的达成和执行，因此有利于命案纠纷的终极解决。所以，充分挖掘藏式调解的这种优势便是可欲的。

第三，藏式调解的整合有利于发挥藏区法制的司法民主化。自陕甘宁边区将调解制度化以来，中国调解机制的政治基础便是贯彻群众路线，践行司法民主化。从陕甘宁边区刑事调解的模式便可窥见一斑：刑事调解的调解人有群众、政府、法官，协助人员有地邻亲友或民众团体或乡村长、当地各机关人员、公正士绅等。具体运作模式有四种：一是群众

---

① 张莉萍、孙慧丽：《血债血偿 硫酸岂能蚀去仇恨》，载《法庭内外》2007年第9期。

调解、二是群众团体调解、三是政府调解、四是法院调解，法院调解也应有群众在场协助。[①] 而建设"大调解机制"背景下的藏式调解的整合有益于将藏区社会中的各种有益因素充分调动起来：传统的世俗权威因素、宗教权威因素以及普通民众参与纠纷解决的积极性。特别是发挥宗教因素的积极性，是当下和今后很长一段时间内需要特别挖掘的一个因素。虽然宗教不能干涉司法，但在藏区特殊的文化环境中，对宗教因素需要逐步淡化，而不能一刀切。

从这个角度来看，改革开放初期刑事习惯法的复兴，最初是放任藏式调解发展的结果；在后来的"博弈—对抗"结构中，藏区部分政法机关忽视了藏区传统的调解因素的作用，而对其采取了敌视的态度。当下的任务是在大调解机制框架内重新挖掘藏式调解的正面价值。但"大调解机制"的背后是维稳思维，因此，对于藏式调解的重视和整合渗透着实用主义的痕迹，有时会导致无原则的妥协，甚至突破法律框架进行调解。当维稳思维退潮、法治思维上升时，司法民主化会有更加深刻的表达方式，藏式调解的法律边界会更加清晰。

当然，我们也不应该过分拔高藏区调解的价值，要注意控制藏式调解冲击法律边界的可能性。主要因素是调解组织不能干预重大刑事案件的刑事部分的处理。当下司法实践中，伴随藏式调解的一个普遍现象是，当事人、调解参与人乃至当地群众可能会在调解协议达成后，给司法机关一个"司法建议"（请求或者请愿），要求不要判处加害人死刑，请求轻判乃至不要判刑。民间调解不能干预刑事司法，这是现代法制发展的一个普遍要求。所以，藏区调解机制在实际运作中要适应法制现代化的要求，适当约束自身行为不要超出法律的边界。

三、藏式调解司法整合的制度构想

藏区民间纠纷解决机制的司法整合，最终目标要将藏式调解机制纳入刑事司法轨道，实现藏式调解与刑事司法的制度对接。为此，必须要向藏区群众澄清一个观念，禁止"赔命价"和禁止"私了"是两回事。国家尊重藏族群众的宗教信仰，并非一概反对作为实体规则的"命价"，但是反对通过私人途径获取命价。因为赔命价习惯法衍生了大量的社会治安问题，同时对地方司法构成干扰，所以必须加以禁止。但这并不意味着习惯法的纠纷解决机制毫无实践价值，其中的核心部分与国家所提倡调解制度有相通之处，可以纳入社会主义法制轨道，使其作出应有贡献。虽然与以前相比只是换了种说法，但其中的含义绝非同日而语，从感情方面来讲，藏族群众更容易接受禁止"私了"，而不容易接受禁止"赔命价"。

另外，整合藏式调解的制度设计，需要适当考虑其运作机制背后的权力支配关系，逐

---

① 参见潘怀平：《陕甘宁边区时期刑事调解制度研究》，载《中共中央党校学报》2011年第6期，第92页。

步淡化藏区世俗权威和宗教权威在调解中的核心角色,建立起以政法机关为主导因素的藏区调解新模式。也就是说,藏式调解机制的司法整合中,要强调官方因素的主导性,有意识的打破民间权威的主导性,使得赔命价等刑事习惯法在官方规定的合理、合法的框架内运作;和解协议需要经过司法机关的最终确认,逐步改变之前的运作模式中,和解协议的达成需要民间权威背书同意的做法。未经司法机关确认的和解协议无效,不得通过私人力量强制执行。

在法律形式方面,整合藏式调解需要较高规格的法律法规加以规定。在当前国家立法和最高人民法院没有出台相应的政策之前,藏区地方政府和司法机构可以利用现有的人民调解机制,吸收在民间运作的藏式调解程序;待时机成熟之后,可以进行国家立法或者由最高人民法院和最高人民检察院出台专项的指导政策。从法理的角度而言,我们可以从授权性规则和禁止性规则两方面入手对藏式调解整合所涉及的规则设计进行分析。

在授权性规则方面:

第一,按照行政区划的级别,普遍建立调解组织及其常设机构;常设机构负责调解组织的召集。村落的调解组织负责处理村落内部纠纷问题;乡镇机构负责村落之间的刑事案件的调解;县级调解机构负责处理跨乡镇的、以及县域内重大的乡镇调解组织无法处理的案件问题;以此类推,地区(自治州)和省(自治区)级,也建立相应的调解机构,处理跨地区和跨省的刑事纠纷。以往采取的工作组调解的形式,可以由常规化的调解组织取代。

第二,在调解组织的人员组成方面,各级调解机构可以设立一个成员数据库名单,吸收政府机关的政法干部、地方僧俗权威人士、一般藏族群众加入。数据库名单可以按照上述三个类别进行分类,需要在各个方面都具有广泛的代表性,以体现社会主义刑事司法的民主性。

第三,当发生案件时,由常设的调解机构从数据库名单中按照上述三种成分各占三分之一的比例组成调解委员会,由相关的政法机关人员担任调解负责人。这种构成既反映政府主导、也体现地方民间权威、也有一定群众基础,充分体现社会主义民主性。① 这样可以改变过去藏式调解磋商程序中,只有僧、俗权威具有发言权,而一般群众只能旁观的状况。被选中的成员员有义务参加调解,如有特殊情况的确不能参与,可以经过磋商调换成员,但人员比例不能改变。

第四,在委员会主持下,案件的加害方和受害方商讨和解协议的具体事宜,就赔偿的范围、赔偿的数额、赔偿方式达成赔偿协议。赔偿协议需要适当考虑加害方的赔偿能力,不能随意扩大赔偿义务人的范围。

---

① 抗日战争时期的抗日民主政权建设的"三三制"组织原则,充分体现了共产党人的智慧,应当在新时期的法制建设中发挥能量。笔者认为"三三制"特别适合作为藏区调解机构的组织原则,以充分体现藏区调解的机构的社会代表性和民主性。

第五，和解协议需要双方当事人、调解参与人各方签字，由调解机构盖章确认；和解协议经司法机构确认后，在调解机构和司法机关的监督之下，加害人履行赔偿义务。在条件允许的情况下，可以规定加害方交付保证金，由司法机关保管，协议生效后转交受害方。

第六，人民法院对和解协议进行确认之后，可以将协议执行情况作为对犯罪嫌疑人定罪量刑的酌定情节予以考量。

在禁止性规范方面：

第一，在建立正式的调解机构的基础上，命案（以及其他刑事案件）的民事部分只能通过司法机关安排官方调解、确定命价；禁止任何形式的"私了"或者私下调解。

第二，对于违反规定，私自"出兵"威胁或报复加害人及其家属的受害方亲属，如果造成新的命案或者伤害案件，司法机关可按加重情节量刑处理；如果未造成命案，则按治安管理处罚法追究行政责任。政法机关主导的调解应拒绝任何形式的"退兵费""退兵款"。对通过私自"出兵""私了"取得命价的，按敲诈勒索罪处理，其索取的"命价"一律没收，上缴政府财政，作为刑事案件的国家赔偿专项基金。

第三，对于违反规定进行"私了"，取得命价的受害方，隐瞒案情，销毁证据，包庇犯罪嫌疑人的，按照伪证罪、帮助毁灭、伪造证据罪处理；对于交付命价，试图通过命价收买受害方帮助毁灭证据或者作伪证的，按照妨害作证罪、包庇罪处理。

第四，对于未经允许私自参与命价的追讨或者私自召集、主持或参与命价商讨的第三人，按照妨害司法追究行政或者刑事责任。

第五，和解协议履行后，双方案结事了。受害方不得以任何形式滋扰加害方及其亲属；加害方也不得反悔。不得以任何形式对加害方施以强迫离开居住地等法外惩罚。

第六，在明确规定人民法院将和解协议执行情况作为酌定情节的条件下，调解组织和当事人在协议达成后，不得干涉刑事司法，不得以任何方式向人民法院施加压力。

上述制度构想的核心是强调官方主导藏式调解，而不是通过藏式调解达到社区自治。赔命价案件（命案）等重大刑事案件，不仅侵犯私人利益，更是对社会秩序的重大威胁，因此，命案的解决既有私人利益又有公共利益，并且以公共利益为主。当然，藏区调解组织并非单纯为了命案而建立，而是综合处理藏区社会生活中的各类案件。因此，严格限制藏区调解组织在命案中作用，并不意味着其不能在民事案件、轻微刑事案件中发挥主导性作用。这一点需要我们充分注意。

四、藏式调解与刑事司法的衔接

探讨完藏式调解在刑事纠纷解决中的法律边界、价值所在和制度构想，我们应当把目光转向实践，反思现实中的藏式调解组织在刑事纠纷中的运作状况，总结已有的经验，批判其中的不足。在我们所处的时间坐标上，藏式调解运作机制中，除了极少数边远地区之外，官方因素基本上已经占据了主动，所以，二十世纪八九十年代的官方法制与刑事习惯法之间"博弈-对抗"模式现在基本上已经演化为"整合-对话"模式，消极对抗已经成为历史。这一点已经构成我们探讨藏式调解运作机制的话语结构的实践背景。在这种背景下，藏式调解司法整合的重点就在于藏式调解如何与刑事司法相衔接、官方因素如何更好地发挥主导作用。将刑事习惯法纳入法制轨道，在宏观的理论探讨和制度设计上可能并不存在什么重大障碍，但在实践当中可能会就有很多细节问题有待于理顺。在维稳思维的框架中，当下藏区的法律问题在很多案件中都被当作民族、宗教问题加以处理，但是我们的讨论仍然要在法治思维框架内进行，以合法/非法为基本话语结构，对藏区调解的实践状况进行反思。在法治思维下，我们并不单纯的描述事实并发现事实的合理性，而是要观察事实的合法性，并针对其合法性问题提出建议。

第一个重要问题恐怕要数政法机关各个部门内部关系的理顺，即各个官方因素发挥作用的领域、方式和条件。藏区政法机关包括政法委领导下的公安系统、检察院、法院、司法局等等。从社会治安综合治理的角度来看，这些部门分工协作，各司其职，共同对藏区社会秩序发挥贡献。在这种维稳思维模式下，政法机关各部门之间的职能很容易发生模糊。在藏区有些地方，司法局管理之下的调解中心对于该地方的刑事纠纷解决作出了巨大贡献，几乎所有的刑事案件，包括命案在内，都要经过当地调解组织的预先处理。在命案中，双方达成命价赔付协议甚至赔付命价之后，才移交司法机关处理，司法局对于调解机制的工作结果一般会写成书面材料递交司法机关，司法机关成为和解协议的背书者。[1]

从纠纷解决的角度而言，这可能没什么问题。而从部门职能划分来看，司法行政部门与司法系统之间的职能界限被模糊了。司法行政管理部门负责调解机构的组织和日常事务运作，这是其法定职责；但是调解机构在解决纠纷时也由其负责主持，可能就成问题了。所以，政法部门内部各个机构之间应就其在藏式调解运作的各个环节的职能问题划分清楚权限。如果藏区司法机关长期被排除在藏式调解的纠纷运作之外，只能进行事后审查和背书，那么其在藏区的权威性将大打折扣。

第二个问题是调解组织与公安机关之间的衔接关系。在目前的实践中有两种模式，比如在甘南藏区，"在碌曲县西仓十二部落，要求杀人者主动投案后，方可进行调解，调解后将双方的协议书送县法院一份备存，希望减轻量刑；而夏河县个别部落则是在杀人者逃脱后，按照其家属的委托，在不被当地司法机关知情下进行调解的。"[2] 在青海藏区的情形也比较类似："在一些刑事案件发生后，原先只是通过隐蔽的方式或半公开的形式，运用习惯法的做法，解决刑、民事案件；目前习惯法运用更多的转为公开的形式，主要体现

---

[1] 参见苏永生：《中国藏区刑事和解问题研究——以青海藏区为中心的调查分析》，载《法制与社会发展》2011年第6期，第13-14页。

[2] 蒙小莺、蒙小燕：《解析当代甘南牧区民间纠纷调解中的藏族部落习惯法》，载《中国藏学》2010年第1期，第90页。

在刑事案件中被害人一方首先向公安部门报案，请求司法介入确定加害人，之后向加害人家属提出'赔命价'。调研中发现自2005年以后，刑事案件发生后先报案的趋势比较明显……"①这两种模式中，显然"先报案、后调解"的模式更加有利于官方因素与民间因素之间的"整合—对话"关系的发展。"先报案、后调解"逐渐成为主流，说明藏区公安司法机关的社会控制能力不断加强，其权威也逐渐得到当事人的认可。

根据纠纷的性质，设定调解组织与公安机关之间的衔接关系：轻微刑事案件发生后，调解组织在当事人报案或者由调解组织报案后进行调解，而不能径直进行调解，因为案件是否属于轻微刑事案件涉及判断问题，应由调解组织与公安机关沟通；而命案等重大刑事案件发生后，调解组织不能径直进入工作状态，即使接到当事人的请求，也应当告知其先向公安机关报案使案件进入司法程序，在公安机关立案介入后再进行调解。调解严格限制在民事部分，不能干扰公安机关的侦查工作。即使为了社会治安的考量，调解组织派人提前介入命案，其工作也应当限定在安抚受害方情绪劝阻其进行暴力复仇以及劝告加害人投案自首等方面的工作。

第三个问题涉及调解组织与检察院和法院的衔接问题。目前最为重要的还是调解组织与司法机关的角色模糊问题。在一些情形中，调解组织有僭越司法权的嫌疑。比如，海南藏族自治州共和县廿地乡自发地对牧民间的纠纷进行定期处理，每半年或者一个季度将乡里存在的纠纷集中处理，由党员、受人尊重的老人、村干部共同主持，作为调解人按照当地的一些传统方式纠纷解决。按照案件大小标准收取100至300不等的处理费，这些费用大部分用于调解会议的日常工作。②这个地方的调解组织已经具备了司法的所有外部特征，只差国家的合法授权了。如果在重大案件的刑事司法中也出现这样的问题，那么，官方司法与民间调解之间就又退回到"博弈－对抗"模式。

在当下官方因素（村委会主任、党员干部、驻村干部）已经进入民间调解组织的情况下，发生倒退的可能性较小。在调解机构和调解组织两分的前提下，针对每一个案件进行调解组织人员的遴选，在命案等重大案件中，公安局、检察院和法院都应当派员参与。以此为前提，可以逐步改变传统藏式调解的内部结构和主导力量，将以前由僧俗权威人士主导调解进程逐步改变为藏区司法机关主导。这样的话，就更有利于案件调解工作的顺利衔接。笔者认为，藏区政法机关应当倡导调解组织在案件进入诉讼审查阶段再进行调解，由检察机关主持命案调解工作。因为，此时案件侦查已经结束，民事部分的调解不会对刑事部分的审理产生重大的影响。

法院负责对和解协议进行合法性审查。法院在藏式调解运作机制中不应沦为和解协议

---

① 刘艺工、张鹏飞：《西部开发语境下的藏族部落习惯法——以青海省海南藏族自治州为例》，载《甘肃理论学刊》2010年第3期，第131页。
② 刘艺工、张鹏飞：《西部开发语境下的藏族部落习惯法——以青海省海南藏族自治州为例》，载《甘肃理论学刊》2010年第3期，第132页。

背书者的被动角色。合法性审查必须坚守法律底限,有一些因素必须通过审查程序进行过滤,以表明法院对赔命价问题的基本立场和基本态度。比如,前文案例中提到的"退兵款",如果在命价协议中单列"退兵款"一项,那么,法院在审查中就应当予以拒绝,因为承认"退兵款"的合法性就意味着民间"出兵"的私人暴力的合法性;再如有些案件中,受害方偿付命价采取以枪支折合人民币的方式,那么,法院在审查时不仅应当否认其合法性,还应当建议公安机关对其予以没收,因为这是国家违禁品,司法机关应当干涉①。在这些问题上,藏区法院不能无原则退让,而应当通过法治思维适当过滤维稳思维。

经过如上几个环节的合理衔接,就可以把赔命价运作机制中的调解因素并入到正式的司法运作中去,实现国家权力支配关系对民间权力支配关系的整合,从而大体实现赔命价运作机制的司法运用。

Judicial Integration of the Tibetan Mediation

Wang Linmin

Abstract: the Tibetan integration, which is based on the Tibetan legal culture, has special superiority in the settlement of the criminal dispute. But in the view of the rule of law, the civic Tibetan mediation may break through the legal borderline and erodes the jurisdiction of the judicial department. So, in order to make the Tibetan mediation yield well, we should identify the useful factors and eliminate the bad influences of it, and then, bring it into the path of the official institution. The key point is to limit the function of the Tibetan mediation in the fields of the civil dispute and settlement of the dispute between the parties, it can not be used to resolve the criminal dispute.

Key words: Wergild; Tibetan Mediation; National Resources; Official Institution

---

① 周世中、周守俊:《藏族习惯法司法适用的方式和程序研究——以四川省甘孜州地区的藏族习惯法为例》,载《现代法学》2012年第6期,第68页。

我国农村纠纷化解难点的成因及治理

——基于中国传统政治文化治理特征的解释

王韬钦[*]

摘　要　乡村法治建设是一个现实问题，也是传统文化治理的问题，因传统政治环境下基层高度自治、人情政治普遍、平等观念缺失等问题，影响着农村广大群众对于中国特色社会主义法治的理解认同，也影响着当代农村纠纷化解渠道、价值、制度模式与目标导向的选择。研究传统政治文化是实现当代农村治理走向科学化、现代化的必由之路，能够为中国特色社会主义制度注入历史智慧。新时期做好农村纠纷化解工作的基本思路包括：以基层自治搭载农村基层权威与国家权威的和谐共治，以单位内价值共同体融合本土秩序与国家秩序，以现代民主程序规范运作突出村民主体地位，以农村社会治理方式创新实现共建共治共享新格局。

关键词　传统政治文化　农村治理　乡规民约　调解　乡村振兴

随着现代民主法治思想的觉醒和经济社会结构重新调整，农村的纠纷呈现出一些新特点，利益主体多元化、调解渠道的多样性使得农村纠纷调解工作难度加大。党的十九大报告提出了乡村振兴战略，要实现乡村振兴，治理有效是关键，我国是传统的农业社会，农耕文明孕育了独特的中国传统文化，并惯性影响着当代的乡村治理；另一方面，中国特色社会主义法治文明根源于深厚的中国传统文化。因此，要研究解决新时代中国农村的乡村治理和纠纷化解问题，就必须从传统智慧中寻求解决方案，尊重从土地里长出来的制度，这对于坚持以人民为中心实现乡村善治具有重要意义。

---

[*] 王韬钦，经济管理学博士，中共湖南省委党校（湖南行政学院）经济学部副教授。

一、中国传统政治文化影响下乡村治理的特征

(一) 基层高度自治:"皇权不下县"的历史惯性

"皇权不下县"的学说在我国学界流传已久,温铁军认为由于小农经济剩余太少,自秦置郡县以来,历史上从来是"皇权不下县"。周雪光通过研究中国古代的税制发现,中央和地方围绕着基层治理存在着正式与非正式的转化关系,这反映了权威体制与有效治理之中在不断地寻求某种平衡,具体体现在关于农村基层税收财政大权"上收—下放"的不断调整之中。① 农村仍然维持乡村自治,地主和自耕农纳税,贫雇农则只交租。而到了新中国成立前,虽然有区、乡公所这类派出机构代表中央管理农村事务,但是并不能算作一级政府,同时也没有财政揽收大权。这种政治制度得以延续几千年的原因在于管理机制运行相对简单、政府人员财政负担小等。② 到了新中国成立后国家治理过程中仍然存在一定程度的妥协,20 世纪 50 年代,国家为了加强对农村基层的治理,先后颁布了《乡(行政村)人民代表会议组织通则》和《乡(行政村)人民政府组织通则》两个行政条例,明确了乡和行政村成为行政主体和政府机构。同时中央还决定成立人民公社,将其打造成为"党政一体"的社会主义基层单位,既负责政治工作,也负责经济管理和领导工作,以强化中央在基层直接治理的效果。但是这种"党政一体"的治理模式运行效果并不理想,这表现在两个方面:首先,农村传统社会的宗族组织延续到了现代社会,对于党政组织和治理力量有着较大抵触,导致中央政策难以推行,治理效果打折,这也体现在农业经济生产效率在较长时间内难以提高;其次,由于政府派驻各地村庄的工作人员基础庞大,中央和地方财政压力巨大,使得这种治理模式不具有可持续性。财政压力直接导致了 1998 年国务院关于机构和人员精简的重要改革,《中华人民共和国村民委员会组织法》的出台无疑是当年降低政府财政支出的重要举措。此后,村委会正式成为了群众自治组织,从政府机构序列中独立出来。可见"皇权不下县"这种传统政治文化的历史惯性一直在潜移默化地影响着国家治理行为。

(二) 法治环境缺失:"宽容民主"的发展形成

中国古代封建政治体制下体现了"公权力私有"的特征,形成了"普天之下,莫非王土;率土之滨,莫非王臣"的封建集权政治价值观。这种"君主-臣民"极其失衡的政治对立模式的稳定因素何在?马克思·韦伯认为"统治合法性"是政治存在的必要条件,③ 这种合法性的基础主要包括两个方面:一是儒家文化所打造的明君"内圣"道德楷

---

① 周雪光:《从"黄宗羲定律"到帝国的逻辑:中国国家治理逻辑的历史线索》,载《开放时代》2014 年第 4 期。
② 张钰:《天高皇帝近——评胡恒〈皇权不下县?〉》,载《新西部》2019 年第 8 期。
③ [德] 马克思·韦伯:《经济与社会》,林荣远译,商务印书馆 1997 年版,第 238-240 页。

模；二是基于这种封建道德观的"政治宽容"，即明君的开明、仁慈、大度，这种"政治宽容"也表现为"驭人之术"，往往将本来属于民权的内容通过王权授予人民，从而实现表面上的和谐。李普赛特认为"人天生是一种政治动物，不过先缔造城邦的人是最大的恩主。"① 政治关系在封建社会也随时在发生和变化，如果把"君主－臣民"的行为关系的过程看作一场政治交易，那么交易的内容就是"民权"，交易的方式则是赠与，在不完全竞争的"政治交易市场"中，君主通过赠与"民权"来维持政治短暂的稳定。因此，君主的品格往往决定帝国的繁荣与衰败，儒家则主张"大道之行，天下为公"的理想蓝图，作为贤明君主的标准。而这场政治交易无异于将"民权"以人情的方式予以传递。"宽容民主"传统给后世带来的影响是导致了普遍的人情政治，法治环境缺失。民国张耀出任司法总长后发现民国初期司法官整体学识虽不广，但却有很强的社会交往能力，给民国初期的司法审判带来了一些麻烦。② 这种"宽容民主"在农村表现得尤为突出，费孝通在《乡土中国》中用"差序格局"来描述中国社会的网格结构，他认为与西方不同，中国乡土社会以宗法群体为本位，人与人之间的关系，是以亲属关系为主轴的网络关系，是一种差序格局。每个人都以自己为中心形成了各自的社会关系网格。③ "差序格局"讲的就是中国农村普遍盛行的人情关系，就是"宽容民主"产生的根基，每个人都以自己为中心的价值观，必然使各方对于正义的判断有所区别，农村社会对于法治的正义标准缺乏普遍共识，这很大程度上制约着现代民主法治思想在农村的落地生根。

(三) 主体意识淡薄：传统等级思想的桎梏

差序等级在我国历史上因儒家"亲亲、尊尊、贤贤"思想而长期存在，并影响着当代的农村乃至全社会，自李鸿章认识到中国经历了"三千年未有之大变局"时，这时西方的民主平等秩序才对这一价值体系有所冲击。平等是西方的民主的核心价值，金里卡认为"任何一种看似合理的政治理论都分享着同一种终极价值——平等"。④ 这种共识使我国传统政治文化因区分礼制等级而受到攻击。时至今日，这种价值观的影响仍然存在，乡村振兴背景下各地所提倡的"能人经济"或"贤能政治"正是基于这种传统礼制观念而提出来的，这就使得一方面要求现代民主法治的乡村基层需要以平等的个体作为法治主体，另一方面却在塑造大量的文化、经济、政治资源处于绝对优势的群体，形成了当代的差序等级，制约着乡村法治的发展。宋磊等（2015）也认为即使是中国传统法家思想，也绝不是完全奉行"刑无等级"原则，在立法上规定法律特权激励人民努力耕战，在司法上则主张

---

① ［美］西摩·马丁·李普赛特：《政治人：政治的社会基础》，郭为桂、林娜译，江苏人民出版社2013年版，第1页。
② 喻中：《民国初年的司法独立——司法总长梁启超的理论与实践》，载《清华法学》2014年第6期。
③ 费孝通：《乡土中国》，人民出版社2008年版，第10页。
④ ［加拿大］威尔·金里卡：《当代政治哲学》，刘莘译，译文出版社2011年版，第4-5页。

刑无等级以减少犯罪。①

二、中国传统政治文化对农村纠纷化解的影响

（一）纠纷化解渠道的选择：中央司法或基层治理

司法具有国家性，《宪法》第一百二十八条规定，中华人民共和国人民法院是国家的审判机关。与司法不同，基层治理主要体现地方性。从目前的情况来看，农村基层纠纷化解的渠道有多个，主要分为四个方面：一是民间协调组织依据本地习惯法或乡规民约对乡土社会进行纠纷评判，从而达到定纷止争的社会效果。这种民间协调组织往往由当地具有较高权威的多个宗族长老共同组成，具有传统型权威与魅力型权威共同组成的特点。二是通过村委会进行纠纷调解，20世纪80年代基层治理主要还是以中央治理为主，但仍然产生了治理的困境，为解决这一问题，大部分村落于20世纪80年后陆续成立了村委会。并在村委会中设立了人民调解委员，村委会（人民调解委员会）体现了我国基层群众自治制度。1980年，广西宜州市合寨村率先成立基层群众性自治组织，称为"村委会"，此后在"村委会"的努力下，村里的秩序得以重构，社会治安迅速好转。由于村委会需要在上级的指导下开展工作，因此调解纠纷的依据不仅包括习惯法或乡规民约，也包括国家和地方层面的法律法规。三是通过司法所进行调解，司法所属于基层政法组织机构，是司法行政系统参与基层治理的重要体现，从性质上来看仍然体现这中央对基层的治理。四是基层派出法庭，这是基层人民法院的派出机构，相当于法院的内部机构，实际上还是体现着县级以上的司法审判权。从这个四方面纠纷化解渠道的功能、性质来看，只有第一种民间协调组织是完全体现基层自治精神的。由于司法所实际上已经成为村委会或人民调解委员会的上级指导机构，这种等级序列或者说官方特质体现了科层逻辑，从本质上说司法所、村委会（人民调解委员会）这都是公力救济体制或者行政管理体制，而派出法庭体现着公力救济中的司法管理体制，这三个方面都体现着中央治理精神。曾钰诚等（2018）认为诸如西江苗寨这些地方，已经由一元的民间权威演变为民间权威与国家权威并立共同发挥作用的二元模式。②

然而权威的并存必然造成不同价值体系之间的不断冲突，这表现在：一是传统权威弱化和行政权力强化的交替。农村过去在"矛盾不上交"的文化习惯中，往往由社区内部宗族调解组织完成纠纷处置工作，以忍让、和睦为主要精神的内部调解准则和手段运用十分广泛。随着城市工业化进程，大量的空心村开始形成，调解组织得以依托的群众基础已经逐渐消失，民间调解的权威日益削弱。与此同时，由国家公权力所主导的行政、司法机构

---

① 宋磊、尚珍：《法律特权与刑无等级：法家法治思想中的"悖论"探析》，载《河北法学》2015年第7期。
② 曾钰诚、杨帆：《弱化的权威：乡村社会纠纷化解往何处去？——基于西江苗寨"议榔"组织的实证考察》，载《广西民族研究》2018年第5期。

调解开始取代农村民间调解，自上而下针对村集体组织内部事务进行规范化指导，经民间选举或上级任命的村干部则成为管理村内事务的主体，即使这些获得任命的干部在调解威望、经验以及技巧方面存在许多不足。二是国家治理资源供给的有限性与群众需求不断增加之间的矛盾。在农村，体现国家或中央治理精神行政、司法资源在调整力度、广度和深度方面与当前农村所面临矛盾纠纷并不匹配，加之对诉讼成本的担忧和对司法畏惧，[①] 不少农民并不会选择司法途径，基层司法所的工作压力明显大于派出法庭，一些本相对简单的民间纠纷却演化成了到政府信访、申诉、请求、控告等形式，极大的浪费了行政治理资源，而承担这一任务的调解员往往是刚毕业入职公务员队伍的非本地大学生，调解效果难以保证。三是不同法治的驱动模式并存。目前在法学界主要有"社会驱动型""政府驱动型""本土资源论"三种法治模式，前者注重"自下而上"，后者则是"自上而下"。主张"社会驱动型"的学者如徐勇认为随着社会的不断发展，农村的能人治理模式可以实现向依法治理过渡，这其实就是一种"自下而上"的社会驱动模式。[②] 姬艳涛，杨昌军作为法治"双向建构"下的民间动力，社会组织在法治精神培育、基层矛盾化解、社会共识凝聚、公共服务创新、政治生活社会化以及法治秩序构建等方面具有重要推动作用，成为实现共建共享法治蓝图的"第三种力量"。[③] 而主张"政府驱动型"的学者如卢芳霞认为强调政府法治力量要通过"重心下移、力量下沉"做好基层法治建设。[④] 主张"本土资源论"的学者如苏力并不否认二者可以结合起来，[⑤] 由于现代法治对于我国而言属于外来事物，在融入本土文化的过程中必然存在不同程度的抵制，在地区经济、民族、历史等差异基础上，融入的难度更大。最高人民法院二级大法官张根大认为：在诉讼之外通过非正式方式来调解纠纷，这在某种程度上与法治的规则性存在出入，各种法治"地方经验"显然具有极强的适应性和有效性，如果坚持规则中心主义，将会损害基层纠纷化解的效率，这就存在"合法性"和"有效性"的博弈。[⑥] 而在中国基层法治的道路上不可避免地要实现将国家法和自然法结合作为重大的目标，必须充分激发本土资源对于促进外来法治思想的融合力和吸纳力。如果将乡规民约看作习惯法，那么在很多地区这种习惯法并没有被纳入正规化、法治化的轨道，以湖南6乡（镇）为例，整体来看，乡规民约从制定到运用全过程并不乐观，尤其是"过半数认同"和"在调解记录中运用比例"过低，大部分乡规民约无法起到实现建立群众价值共同体的效果。（见表1）

---

① 张红霞、王超：《全面依法治国条件下的农民法治意识培养》，载《红旗文稿》2016年第23期。
② 徐勇：《农村政治稳定的总体评估与发展趋势》，载《文史哲》1996年版第1期。
③ 姬艳涛、杨昌军：《社会组织在基层治理法治化中的功能及其实现——基于"枫桥经验"的调查和思考》，载《中国人民公安大学学报（社会科学版）》，2018年第4期。
④ 卢芳霞：《基层法治建设的经验、瓶颈与展望——以法治浙江建设十年为视角》，载《法治研究》2016年第6期。
⑤ 苏力：《法治及其本土资源》，中国政法大学出版社1996年版第51－55页。
⑥ 张根大：《基层社会治理模式的技术化形塑——评〈基层社会矛盾化解与法治化治理研究〉》，载《社会科学论坛》2018年第2期。

表1 湖南6乡（镇）乡规民约的制定情况

	数量（件）	过半数认同数（件）	实施超过1年（件）	在地方机关备案比例	在调解记录中运用比例
永州毛俊镇	23	4	7	0	20%
永州源口乡	35	1	5	5%	31%
永州何家洞镇	11	3	8	10%	5%
怀化和平溪乡	27	2	0	0	12%
湘潭分水乡	45	5	2	0	6%

（二）纠纷化解价值的选择：差序正义或现代民主正义

中国传统农村社会，农村社区邻里间的生活纠纷主要依靠宗族事务执行机构等内部组织进行调解。进入现代社会以来，随着民主法治进程的加快，"诉讼崇拜"思想逐渐从城市蔓延到农村，农村居民被法律职业工作者鼓励用更符合现代诉讼理念的法律手段来解决这些纠纷，但是现实情况是这些具有公平正义特征和程序性优势的定争止纷手段相比过去却显得力不从心，使得农村矛盾纠纷有增无减。由于农村纠纷具有标的额度小、争议大、调解难度大等特征，处理案件的投入人、回报率低，法律的笼统规范也难以适应农村千差万别的个案，因此该领域甚至一度成了法律职业工作者和司法精英资源投入的"禁区"。司法之所以在农村遭遇了瓶颈与法律背后的价值体系有关，从本质来看，这是因为蕴含着舶来价值观的国家法主要是针对成熟的"市民社会"制定的，对于中国的乡土传统法治文化缺乏充分的了解。赵旭东在费孝通"差序格局"理论的基础上，进一步提出"差序正义"，即"正义与否是要依据相互交情的多少来厘定"。[①] 差序正义建立在人情亲疏远近的基础上，在此基础上形成了中国传统文化中"宽容民主"，宽容民主将本属于人权的客体作为政治赠与的内容，这充分反映了其与基于现代民主正义的"宽容"存在的本质的不同，前者基于儒家亲亲、尊尊、贤贤来实现权利要素的流动，后者要求每一位社会成员具有在法律地位上与生俱来的自由与平等。在改革开放以前很长一段时间里，以斗争为核心，通过惩治少部分人来实现社会的稳定，而基于现代民主宽容与和谐的内容被蒙上"资本主义改良"的标签而从人们的意识里逐渐淡化。通过社会价值整合运动，不仅摧毁了现代民主正义，同时也损害了人际关系，导致农村差序正义和道德水平的降低。改革开放以后，乡村价值结构重构需要找到一种相对固定的正义标准，然而一方面面对着城市化对于农村宗族的冲击，导致人情社会结构再次遭受重创，另一方面现代民主正义观念因农村对于宽容的理解仍然停留在传统文化阶段，两种正义价值都难以完全胜任。葛全（2012）认

[①] 赵旭东：《权力与公正——乡土社会的纠纷解决与权威多元》，天津古籍出版社2003年版第61页。

为,只有当宽容精神走出传统,历经现代化的洗礼,最终成为中国人的常识性的理性精神,融入人们的生活习惯,和谐社会才能从根本上实现。①

从操作层面来看,农村社区的矛盾化解必须高效及时,农村社区圈子小,纠纷处理时间越长,调解组织权威越容易遭受质疑,处理及时则能增强调解组织的权威。此外,不论是农村宗族内部的权威还是来自国家和政府治理的权威,其具体调解人需要通过权威的正义标准来实现有效治理,这种标准必须是才管辖范围内为群众所认可的"共同正义",既非传统"差序正义"的标准,也非置于全国皆可通行的现代民主标准。倘若调解人不能坚持单位人群范围内的"共同正义"标准,按照人情标准来处事,就不可能公正对待单位范围内所有人,农村基层矛盾不但无法化解反而将会愈演愈烈。从大量基层成功化解矛盾纠纷的案例来看,通常要将习惯法与国家法相结合,维护单位共同体的正义共识。从这个角度来看,村组织内部的人民调解委员会较民间调解和司法局调解而言更有优势(见表1)

表2 2016年湖南农村纠纷处置机构情况统计

(单位:件)

	人民调解委员会	司法所	基层派出法庭	宗族调解
单位数量	42928	170	487	1821
工作人员数	166233	4102	371	-
处理纠纷数	354621	5612	77903	-
化解成功率	33.7%	38.9%	43%	23.1%

注:人民调解委员会、司法所以及基层派出法庭数据来源于中国经济与社会发展统计数据库以及司法局、法院有关数据库以及内部工作报告;宗族调解数据来自课题调研初步统计。

尽管基层派出法庭在纠纷化解成功率上更有优势(化解成功率主要是指不再通过其他方式提出要求的案件办理比例,派出法庭主要考虑调解撤诉率,约为40%),但人民调解委员会由于处理纠纷矛盾的基数较大,成功化解纠纷的绝对数也更大,在农村基层纠纷化解中起着主导作用。这是因为其具有灵活性、地方性和低成本性的特点:其一,人民调解委员会调解的周期接近于民间调解,调解的程序正式性程度较低,但是在目前这个时期并不是村民关注的重点,而较司法局的调解周期要短很多,具有效率较高的特点;其二,人民调解委员会具有上级司法行政机关指导和基层自治的特点,与乡级司法所或基层派出法庭不同,其人员构成也以本地化为主,因此人民调解委员会对于差序正义和现代民主正义有一个更好的平衡,更容易构建起单位范围内的"共同正义"标准,在基层的权威性较高。其三,村委会下的人民调解委员具有更多人员力量参与处置纠纷,而行政司法所或

---

① 江荣海、葛全、萧延中:《传统的拷问——中国传统政治文化的现代化研究》,北京大学出版社2012年版,第198-199页。

基层派出法庭则显得有心无力，例如根据长办发［2007］42号文件规定，长沙四县（市）人民调解工作经费为"人平0.2元预算。"而按照2018年长沙市农村的基层实际成本，则估计已经达到人平1.6元。目前湖南省已建立了乡（镇）、村（社区）、组为主体的三级人民调解组织，但乡（镇）一级的人民调解委员会实际上由司法所直接管理（故本文也将此级的人民调解归类到司法所调解行为之中，2016年湖南省村、组层面从事人民调解工作调解人员为166233人，而在司法所担任专职司法助理员的人数为4102人），其人员组成业主要来自司法所在编人员，由于乡镇机构人员不断精简，行政经费相对有限，加上村级区划调整后区域扩大，基层调解工作任务日益繁重，越来越多的中小纠纷主要由村（社区）、组两级的人民调解委员会处置。（见图1）其中人民调解任务量增速较快，而司法所调解和派出法庭办案数量增速相对平缓。

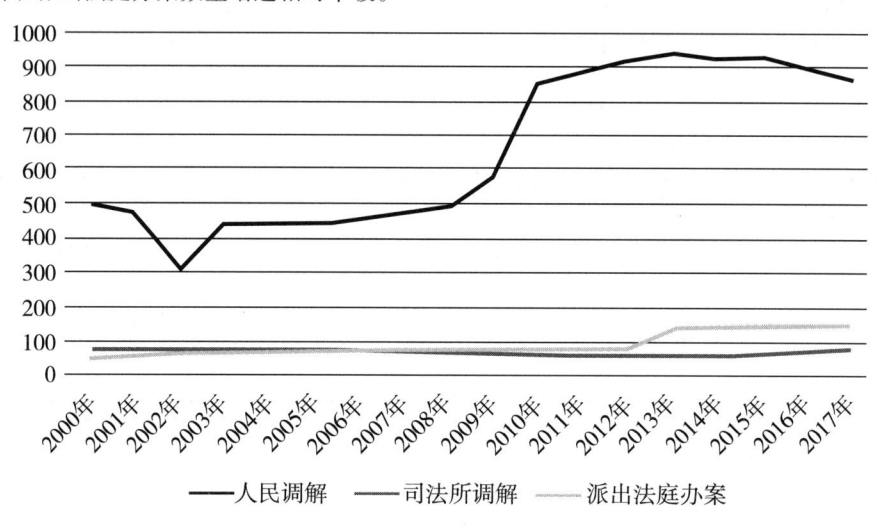

图1　2000－2017年全国农村纠纷化解机构办理案件数量趋势

（三）纠纷化解制度模式的选择：当事人主导或机构主导

依当事人在各类调解中的地位，分为当事人主导或调解机构主导的调解模式。这种模式划分在诉讼中可以分为当事人主义或职权主义，上世纪不少学者认为我国民事诉讼属于"超职权主义"模式，即法官不仅主导审理进程，还要主动收集证据。① 也有学者主张我国是职权主义与当事人主义结合的"协同主义"理论。② 可见职权主义在我国司法诉讼领域影响十分深远。这种思维同样影响到了司法行为以外的其他行为，农村基层除了派出法庭，还有人民调解委员会、司法所以及民间调解机构，以调解为名，各类调解机构的调解结果虽然缺乏司法意义上的作用，但仍然可以起到定纷止争的效果。由于农村社会传统等

---

① 王韶华：《试析民事诉讼中超职权主义现象》，载《中外法学》1991年第2期。
② ［日］谷口安平：《程序的正义与诉讼（增补本）》，中国政法大学出版社2002年版，第97页。

级思想的存在，调解的效果往往取决于村民对于权威的敬畏，与法院调解不同的是，其他调解的程序非正式性特征十分明显，如有人认为人民调解需要有语言艺术，"要学会说表扬话和批评话，要学会说真实话和撒谎话"，① 这种调解人在调解过程中随意开展价值评判的行为，在法院调解过程中无论是奉行当事人主义还是职权主义都难以想象。暂且将诉讼调解也纳入当事人主导或机构主导两种分类之中，发现作为被调解主体的村民在化解模式上表现出了比较复杂的心态：一方面乡土社会及其纠纷的特殊性对非诉讼纠纷解决方式存在巨大的包容性，碍于面子大部分村民不愿意与区域内熟悉的亲邻完全撕破脸皮，希望通过调解机构为自己代言，由其释明规则含义并完全主导程序进程，当事人只需回答"是"或"否"，而由权威调解人作出的评判具有家长效应，能够使双方信服；另一方面，在很多情况下，农民对国家法又非常渴求，农村社会的许多纠纷需要通过司法方式加以解决。村民不同程度的受现代民主思想的影响，特别在一些疑难案件之中，村民希望能够有表达自己观点的机会，并获得其认为有理由的权益。棚濑孝雄将调解划分为"判断型、教化型、治疗型"三种模式（判断型主要是指调解人追求化解纠纷的效率，帮助当事人主动寻找对于当事人有利的规定，从而处于主动地位；教化型调解与治疗型调解则除了考虑法律规范，更要关注道德和礼仪规范，并关注当事人的实际需求和困难）。村民往往属于后两种类型，即村民仅仅会希望调解者能够解决自己的困难，并不在乎也难以掌握相关的法律体系。如若不能，则会转为控诉和上访等方式。因此，整体来看，还是一种"功利主义"的导向，是否由其自身主导或由调解机构主导取决于不同案件中对己方的有利性，即使心理上处于等级较低的一方，也希望能够像传统政治运行的那样获得权益的"赠与"。

此外，群众对于纠纷化解模式满足于"不平等"的当事人地位，也因为其利益基层乡（镇）或村委初次分配时则不公，导致了纠纷的产生，而这两类主体继续扮演调解角色，在很大程度上存在着利益牵制因素。目前基层乡（镇）的纠纷中至少有三分之一是因行政机构或主管单位不适当的行政行为导致利益分配的不公所导致，而非传统纠纷，主要包括山林土地纠纷（因政府山林土地划界出现的纠纷）、退伍军人待遇、扶贫领域政策享受、项目征地拆迁补偿等。（见图2）而根据司法部的数据，2017年全国司法系统调解近900万案件，婚姻家庭和邻里纠纷最多，占到44.3%，医疗纠纷、道路交通、劳动争议、物业管理、环境污染、消费纠纷等行业性、专业性矛盾案件占到了纠纷案件总数的16.7%。② 大部分纯粹基于平等主体之间的纠纷矛盾集中在司法所或派出法庭，而具有行政履职性质所产生的纠纷则大多数仍由人民调解委员会处置，前者往往具有较多当事人主义色彩，而后者因与职权主义高度关联往往由上级机构介入调解。

---

① 李尚智：《谈人民调解工作中的说话艺术》，载《人民调解》2019年版第4期。
② 司法部：《2017年全国共调解矛盾纠纷876万件》，http://legal.people.com.cn/n1/2018/0124/c42510-29785029.html，访问日期：2018-1-24。

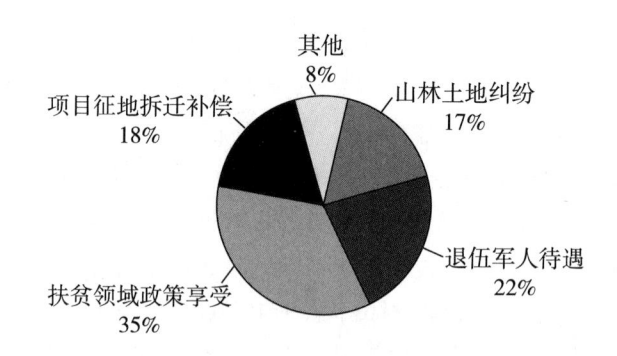

图 2　湖南农村因行政原因导致的新型纠纷比例构成

- 其他 8%
- 山林土地纠纷 17%
- 退伍军人待遇 22%
- 扶贫领域政策享受 35%
- 项目征地拆迁补偿 18%

例如在认定贫困户时则可以获得政府扶贫资金支持,而如何认定并非基于国家法或习惯法,而是政府临时性的认定政策,导致许多被认定的贫困户在事实上经济条件比非贫困户要好,如因利益分配不公导致非贫困户心生怨恨。(见表3)

表3　湖南省6乡(镇)扶贫纠纷占比以及产生的原因分析

区域	扶贫纠纷占比	扶贫纠纷产生原因			
		符合标准但认定遗漏	符合标准但补贴不公	不符合标准但自认不公	其他
永州毛俊镇	45.3%	11.3%	8.8%	21.8%	3.4%
永州源口乡	51.5%	10.1%	7.5	31.7%	2.2%
永州何家洞镇	37.9%	8.9%	5.7%	17.8%	5.5%
怀化和平溪乡	48.8%	15.0%	13.3%	17.6%	2.9%
湘潭分水乡	51.3%	6.7%	3.6%	33.7%	7.3%
株洲十都镇	42.9%	10.8%	4.9%	19.6%	7.6%

注:以上数据为调研组在每个村随机抽选200人进行问卷调查统计而得。

(四)纠纷化解制度的目标导向:"堵"与"疏"的逻辑

维护农村社会稳定已经成为各地政府的重要行政目标,各地政府为了实现这一结果往往习惯于采取以"堵"为特征的粗放型"维稳"策略,有学者认为这种官方主导的矛盾纠纷治理方式,具有组织的快速性、高效性等优势,但仍然存在一些问题,比如刚性稳定任务带来的维稳压力容易产生"不稳定幻想",[①] 从而对于矛盾化解产生认识偏差,在综治维稳形势下,政府通过分解任务和量化结果来实现农村治理,对于越级上访、集体上访、群体性事件有着严格的问责机制,使得治理手段体现为对上级负责的特征。

---

① 陈荣卓、刘亚楠:《新时代农村社区矛盾纠纷有效治理机制建设研究》,载《理论月刊》2019年第11期。

基层政府与村级治理组织对于纠纷化解不在意"疏"的效果，一方面这是来来自现实考核机制压力，但更为深层次的原因在于大部分地区缺乏"疏"的文化和主体，枫桥经验所倡导的"小事不出村，大事不出镇，矛盾不上交，就地化解"精神体现了"疏"的文化，而这也需要一定的文化载体，主要包括三方面：一是文化的制造主体。文化的产生动因可能来自内部，也可能来自外部，这在岭南文化方面有一定的体现。① 而从制造主体来看，内部主体主要包括以宗族、家庭为单位的熟人亲缘圈，外部主体则表现为政党、经济组织。改革开放以来，随着乡村重构的发生和空心村现象的频发，这两类主体却几乎同时在文化治理中缺位，以宗族、家庭为单位的熟人亲缘圈被城乡二元结构所冲击，组织作用发挥不如过去，作为外来组织力量的基层党组织群众组织力、动员力也不够强，而以利润最大化为目标的部分下乡资本企业则乘虚而入，在不少地区构建了虚假的文化繁荣，拖欠农民劳动报酬、侵占农民利益的案件频频发生，并给农民带来了类似的价值观，这是农村基层纠纷产生的又一重要原因。习近平指出要"改善农民精神风貌，提高乡村社会文明程度，焕发乡村文明新气象"，② 二是文化的执行和转化主体。西方新制度主义认为文化不一定是经内部文化共享而形成，也可能来自外部强制力，农村基层纠纷也是外来文化作用于内部产生的文化冲突的表现形式，这一点在各地处理"城中村"问题时表现更为明显，③ 由于"城中村"是农村社会传统经济文化与现代经济文化交织最复杂的地区，一旦在调解过程中任用了不恰当的文化执行和转化主体，用城市文化侵吞村组织文化，那么原本这种非正规的经济将面临生存危机，纠纷则由此产生（例如当代城管在改造城中村过程中的所产的矛盾也是这种情况）。当代乡村内部文化执行和转化的主体为宗族文化和乡土传统组织文化，外来文化执行和转化的主体则是基层党组织（下乡资本企业因为其本身具有外来性且目标单一，不具备真正意义上的文化制造和执行功能，因此显然是不适格主体），应研究如何使二者协同共治，通过构建文化共同体来化解农村纠纷。三是文化认同的受众。文化的内部制造必然包括普通民众，而民众同时也是受众，受到身边人群、组织的影响从而形成大体一致而又各不相同的文化心理和文化认同。然而当代文化意识形态呈现多元化趋势，西方价值观一刻也没放松对农村意识形态领域的攻击，挑战着农村的价值观体系，如何确立社会主义核心价值、优秀传统文化的世界话语权将是赢得受众的根本。不难推断，从前一阶段文化载体的现实情况来看，早已决定了政府采取"堵"的策略不失为低成本治理的首选，而"提高政法工作现代化水平"④ 的要求则意味着未来农村纠纷化

---

① 李锦全：《从开放性与兼容性看岭南文化的发展历程》，载《岭南学刊》1999 年第 2 期。
② 闻言：《深入实施乡村振兴战略，书写好中华民族伟大复兴的"三农"新篇章》，载《人民日报》2019 年 7 月 9 日。
③ 钟海、陈晓莉：《城乡一体化进程中农村社会矛盾的化解途径——以西安市"城中村"改造为例》，载《西安财经学院学报》2008 年第 5 期。
④ 刘杨：《习近平对政法工作作出重要指示》，http：//www.gov.cn/xinwen/2020－01/17/content_5470226.htm？gov，访问日期：2020 年 1 月 17 日。

解要更多的思考在"疏"方面的创新和高质量发展。

三、做好新时期农村纠纷化解工作的逻辑路径

（一）以基层自治搭载农村基层权威与国家权威的和谐共治

随着工业化进程加速，农村传统权威出现弱化，加之司法供给不足，基层政权应该在解决农村纠纷发挥更重要的作用。[①] 黄子非等主张农村纠纷救济的传统回归。[②] 而从实际操作来看，农村传统和现代法治手段应该进一步科学整合。一是要避免"多龙治水"局面。要整合民间自发调解机构、人民调解委员会、司法所以及基层派出法庭的梯度职能分工，努力将人民调解委员会打造成为现阶段农村基层纠纷调解领域的主要场所，将基层派出法庭作为诉讼的主要场所，避免在同一纠纷处理阶段出现多个机构开展工作，从而出现基层权威与国家权威的相互抵消的不利局面。二是要努力实现基层治理与国家治理目标的有机统一。法律的生命不在于逻辑，而在于经验，农村基层纠纷的化解更突出地域性和经验性。农村基层治理与国家治理在目标的实现上，难以通过国家统一法典实现，而需要总结各地不同经验，实现"合法性"和"有效性"的有机衔接。三是做好纠纷化解主体与纠纷监督主体的分工。权利确认是农村矛盾化解的重要目标，结案通过权利确认进而实现了当事人权利。因此，一线纠纷化解机构应尽量高效正确化解矛盾，减少矛盾以控诉、上访等形式上交，保护基层权威不受损害，减少国家权威直接面对农村基层群众的几率，同时维护国家与基层魅力型权威。

（二）以单位内价值共同体融合本土秩序与国家秩序

要清楚认识农村纠纷产生的传统政治文化根源。农村纠纷实际上是背后价值文化主体的冲突，文化冲突从某种文化空间的角度来看，存在各种文化体之间关于文化空间占有权的争夺。[③] 而农村社会纠纷日益复杂多样的根源在于农村社会纠纷化解机制的碎片化、错位化、缺位化和缺失化，需要建立法治化的利益公平分享机制、规范性的价值认同机制。[④] 一是各地要努力梳理形成相对稳定的习惯法。法治是乡村治理有效的前提，这即是"自上而下"的治理模式，同时也是"自下而上"的治理模式。没有法治，任何一个时期的乡村治理都不可能取得成效，而法律规范是一切行为评判的标准。《人民调解若干规定》第4条也明确，在法律没有明确规定的情形下，可以依据道德习俗进行调解。这是国家法对于自然习惯法的包容，也是基于幅员辽阔、人员复杂的具体情况作出的变通。因此，要

[①] 汤唯、刘涛：《农村纠纷的政府化解机制》，载《法学论坛》2008年第3期。
[②] 黄子非、申俊、申一鸣：《纠纷救济的传统回归：乡土社会调解制度——湖北省红安县农村地区调查报告》，载《湖北第二师范学院学报》2011年第1期。
[③] 范士明：《权力知识化和信息时代的国际关系》，载《战略与管理》1999年第6期。
[④] 赵建杰：《农村社会纠纷：新态势、制度根源与化解机制》，载《求实》2016年第12期。

继续重视习惯法对于农村法治基础作用，组织各地司法行政部门开展立法整理工作，加强与地方人大、政协、司法机构的沟通备案，扩大公开范围，保持习惯法长期相对稳定。二是明确习惯法的管辖界限。法的民族性会影响民法典法律渊源的撷取、语言风格的取向、法的要素的确定，而民法典的制定则将强化法的民族性，并重塑民族性格。① 国家法也将保护和发扬法的地方特性，体现农村治理的历史文化传统。单位内价值共同体是以价值观为纽带形成的共同治理的群众基础，在梳理习惯法时要突破行政地域，以农村传统文化价值、宗族血缘、语言风俗习惯等为界限，划分习惯法的适用区域、人群，使习惯法更具有实际操作性和不同人群的可接受性，在不违反国家法基本精神的前提下，便于在最大程度上融合本土秩序和国家秩序，实现二者的有机衔接。

（三）以现代民主程序规范运作突出村民主体地位

要加快农村纠纷化解机制的现代化转型。一直以来农村社会纠纷多由农村精英依据习惯在内部处理，但当前传统纠纷解决方式已经不能满足矛盾化解的需要。② 在化解农村纠纷矛盾的过程中要注重现代民主程序的嵌入和培育。一是增强村民的权利主体意识。要努力消除传统"宽容民主"和"差序正义"影响下村民的依附意识，用现代民主意识唤醒村民的权利意识，帮助其主动学法、用法，参与到农民基层现代民主程序建设过程中来，汇聚民智，共建基层民主法治。二是保持纠纷化解主持者的中立性。无论是司法、行政乃至民间调解，或者司法诉讼，其主持者都应保持中立性和独立性，减少价值评判。例如调解主持者是不仅是解决本次纠纷的关键，更是树立规范导向的风向标，如果作为调解主持者的第三方无法在调解中保持中立，影响的是群众对于整个程序合法性的质疑，不利于更多的主体以平等姿态参与进来。要努力在现代民主法治程序的框架下指导村民依靠内部力量化解纠纷，不断完善制度运行的保障机制。

（四）以农村社会治理方式创新实现共建共治共享新格局

要全面对照《关于政法领域全面深化改革的实施意见》《中国共产党政法工作条例》的要求，创新农村社会治理方式，坚持走中国特色社会主义社会治理之路，推动形成共建共治共享的农村社会治理格局。重点要实现三个转变：一是要转变纠纷化解理念，要从注重解决纠纷从"堵"到"疏"的转变，强调纠纷从根本上化解，以人民为中心，本着对群众负责的态度将纠纷真正化解在初始阶段，在评价考核维稳问题方面，要引入过程评价和结果评价相结合的方式；二是要以政党下乡加快"三治融合"的乡村现代治理的构建，以农村基层党的建设为统领，坚持党对农村工作、政法工作的绝对领导，建设一支党和人

---

① 哈斯巴根、麻昌华：《法的民族性与民法典的制定》，载《贵州民族研究》2013 年第 5 期。
② 卢明威、李图仁：《农村社会纠纷化解：从传统到法治》，载《学术论坛》2015 年第 5 期。

民信得过、靠得住、放的心的基层调解队伍,建立科学的多渠道联合调解机制。三是加强习近平新时代中国特色社会主义社会治理话语权的构建,加强现代文化价值观在农村广大群众中的传播力、感染力,增强群众认同感,仅仅依靠人民群众构建起共建共治共享的新格局,为农村纠纷化解提供强有力的体制机制保障。

总之,历史是一切社会科学的基础,中国农村纠纷这一理论与现实问题具有历史根源,要寻求解决问题的答案也必须借助传统智慧,重视运用历史唯物主义把握社会规律,正确判断前进发展方向。正如习近平总书记强调的"新时代坚持和发展中国特色社会主义,更加需要系统研究中国历史与文化,更加需要深刻把握人类发展历史规律,在对历史的深入思考中汲取智慧,走向未来。"[①] 同时,也要坚持党对农村治理工作的绝对领导,提高政法工作现代化水平,坚持以人民为中心的理念,加快传统政治文化的现代化转型与现代民主政治在乡土社会中的培育发展,加强新时代乡村各类纠纷调解手段的分工协调,发挥各自的优势,并控制和消除其不利因素,不断创新和发展农村纠纷化解的方式方法,让农村广大人民群众在每一起纠纷的调解过程中感受到公平正义,不断增强对社会主义法治文化的认同感。

The Causes and Management of the Difficulties in Resolving Rural Disputes in China
——An Explanation Based on the Governance Characteristics of Chinese Traditional Political Culture

Wang Taoqin

Abstract:The construction of the rule of law in rural areas is not only a practical problem, but also a problem of traditional cultural governance. Due to the high degree of autonomy at the grassroots level, the popularity of human politics, the lack of equality concept and other problems in the traditional political environment, it affects the understanding and identification of the rural masses for the rule of law with Chinese characteristics, and also affects the development of contemporary rural dispute resolution channels, values, system models and goal orientation choice. The study of traditional political culture is the only way to realize the scientific and modern rural

---

[①] 《习近平致信祝贺中国社会科学院中国历史研究院成立》,http://www.gov.cn/gongbao/content/2019/content_5358674.htm,访问日期:2019年1月3日。

governance, and can inject historical wisdom into the socialist system with Chinese characteristics. In the new era, the basic ideas of resolving rural disputes include: carrying the Harmonious Co governance of rural grass – roots authority and national authority with grass – roots autonomy, fusing the local order and national order with the value community within the unit, highlighting the dominant position of villagers with the standardized operation of modern democratic procedures, and innovating the way of rural social governance to realize the new pattern of CO governance and sharing.

Key words: Traditional Political Culture　Rural governance　Rural Rules and Regulations　Mediation　Rural Revitalization

清代民间土地交易的习惯（法）探赜
——基于宁波地区契约文书的实证研究

陶文泰* 李学兰**

摘 要 不动产交易契约作为私家史料记录了交易发生之时的多种信息，从这些信息中可以析出诸如亲邻优先、一田二主、中人参与等具有代表性的交易习惯。以清代宁波地区的土地交易契约为主，以经济史史料为辅，在对契约文本进行总结归纳的基础上，分别从共生与共识、多阶段博弈以及互信共同体的视角对亲邻优先、一田二主、中人参与这三个交易习惯进行了必要的实证探究，通过分类探讨的方法揭示了民间交易习惯所自有的先天独立性。

关键词 清代 宁波地区 交易契约 习惯

一、导论

（一）背景

孟子曰："民之为道也，有恒产者有恒心，无恒产者无恒心，苟无恒心，放辟邪侈，无不为已"，[1] 又曰："无恒产而有恒心者，惟士为能。若民，则无恒产，因无恒心。苟无恒心，放辟邪侈，无不为已"。[2] 恒产论所言的"恒产"限于"制民之产"，也就是被赋予的个人生活资料和生产资料，而"制民之产"的核心所在便是民之土地。特别是在封建社会，土地成了户（丁）所持以生活和连续性生产的基础性要素。明清时期，皇权高度集中，为了维护皇权的稳定大肆推行屯田制度，在贯彻这一制度的同时，清廷曾下令将无主

---

* 陶文泰，中南大学法学院博士研究生。
** 李学兰，法学博士，宁波大学法学院教授，硕士生导师。
① 钱逊译注：《孟子》，中华书局 2018 年版，第 188 页。
② 钱逊译注：《孟子》，中华书局 2018 年版，第 67 页。

荒地、未耕种纳税和已耕种而未纳税的有主荒地一律收作官地，后又将未纳税的有主无主荒地均收作官地，① 外加各兴屯道厅的胡乱作为，使得屯田制度成为国家对私人田产的官家剥夺之公器。与此同时，封建经济土壤中出现了资本主义经济的萌芽，虽是稀疏存在，但在生产关系中已引起诸多变化：如劳动力市场的萌生、货币资本的积累、商人团体的作用②等。除此之外，函射范围最广、发展维度最为复杂的租佃关系产生了剧烈的演变，从初始的自然租佃关系逐步走向庄仆制租佃关系，再发展为以土地兼并与"皮骨"③ 分离相对抗而产生的集约式租佃关系。据资料，浙江地区从顺治十八年（1661）始，至光绪十三年（1887），其实际耕地面积的估计值为4794.8万亩至5912.4万亩，环比增长率（以约35年为一期）为3.6%，其中，光绪十三年的耕地面积估计值与新中国成立后1952年的实际耕地面积相比基本一致。④ 虽说至清末浙江地区的耕垦面积已趋近饱和，但佃农数量却随着日益加剧的土地兼并、战后流民的迁徙和屯田制度的反复行废而不断增多，这在一定程度上推进了租佃关系的剧烈演变以及激增了土地交易的活动数量，亦如顾公燮云："居间者辗转请益，彼加若干，此加若干，甚至鸡鸣而起，密室成交。谚云：'黄昏正是夺田时。'此之谓也。"⑤

（二）问题的缘起

在中国传统民间社会更加注重非理性化和非正式性的社会关系和制度安排的文化背景之下，土地契约在民间同时具备了三种角色，即法律文书、私家档案和特定事情特定地区社会经济关系中的私法规范。⑥ "官有政法，民从私契"，以《大清律例·户律·田宅》为例，其中关于田宅产权所有和交易的规定少之又少，而绝大部分条文都是带有惩罚性意味的公法条文，且以"盗卖""盗耕""强占""不契税""不放赎"等犯罪行为为多见。因此，以契约为文本表现方式的土地交易活动便具备了民间习惯（法）生成的空间。另，"中国传统社会土地所有权的内部结构是国家、乡族两重共同体所有权与私人所有权的结

---

① 张印栋：《屯田史话》，社会科学文献出版社2012年版，第142页。
② 参见李学兰：《中国商人团体习惯法研究》，中国社会科学出版社2010年版，第28-44页。
③ 清中晚期的浙东地区出现了大量一田二主的地权保有形式，田皮（面）与田骨（底）相分离。在关于一田二主的研究中，杨国桢先生认为一田二主的地权分化形式是封建土地所有制衰落和瓦解的征兆之一，但他忽略了土地兼并对封建土地所有制的影响。实际上，不断趋向衰落的是自耕农的自由小土地所有制，一田二主式的地权分化只是其应对土地兼并的一种自卫式变革。
④ 参见史志宏：《清代农业的发展和不发展（1661－1911年）》，社会科学文献出版社2017年版，第44-47页。根据史志宏先生的估算，浙江地区的耕地面积估计值节点分别为：顺治十八年（1661）4794.8万亩、康熙二十四年（1685年）4794.8万亩、雍正二年（1724年）4844.4万亩、乾隆三十一年（1766年）5142.5万亩、嘉庆十七年（1812年）5490.2万亩、道光三十年（1850年）5795.1万亩、光绪十三年（1887年）5912.4万亩。
⑤ 顾公燮：《消夏闲记摘抄·涵芬楼秘笈（第二集）》，北京图书馆出版社2000年版，转引自杨国桢：《明清土地契约文书研究（修订版）》，中国人民大学出版社2009年版，第186页。
⑥ 柴荣：《明清时期田皮交易契约研究》，载《中国人民大学学报》2014年第4期。

合,(而)土地私人所有权的发展始终未能摆脱国家和乡族土地所有权的附着和制约"。① 但是国家和乡族是两个不完全相同的共同体,乡族犹如家庭,是一个较为完备的共识体系,而国家至多是一个共生体系,因此乡族的习惯法和国家法的正当性或强制力的来源是不尽相同的,一个是共识的必然导向,一个是共生的绝对基础。正如黑格尔言:"家庭可比之于感受性,市民社会可比之于感受刺激性,国家是自为的神经系统",② 当家庭和市民社会都在国家内部得到发展时国家才是有生气的,而家庭和市民社会都是共识的,有共识就会产生自内而外的规范,此之谓"习惯权利经常能够通过自觉自愿的主体行为而实现的基本原因——只要主体有生活交往,就必然意味着相关权利的自觉实现。"③ 在城市经济并不发达的封建时期的中国,单个的人被编织在地缘性因子与血缘性因子相交织的纲目之上,二者之结点即为乡(宗)族,而乡族就是一个典型的共识体系。从这一角度来看,以"制民之产"之土地为标的的交易活动更易催生出"议价三方"均所认同的习惯法。而对乡族公认的习惯法,滋贺秀三亦有相对系统的研究:"在解决民事纷争方面,可以供调整私人间利益对立时作为依据的条文在大清律例中也不是一点没有,但其数量既少又缺乏体系性,因而想依照法律但却无可依照的情况很多,"④ 与之形成鲜明对比的是据杨国桢先生的保守估计,仅中外学术机构收集入藏的明清契约文书的总和在1000万件以上。⑤ 基于此,对整个交易过程中的习惯或习惯法进行必要的探赜索隐便显得尤为必要。

(三)研究素材与目的

幸运的是近年来大量的土地契约文书经整理而问诸于世,这为法史和农村社会经济史学界提供了大量的研究材料,随之也产生了相对丰硕的成果,⑥ 而不容忽视的是在研究民间契约本身的同时还应关注到交易习惯的层面,即便有些许论著注意到了这个薄弱环节,但也大都是从史学的角度予以系统性的归真式的描述,至于为何会形成诸如一田二主、亲邻优先、找贴续卖、约随田更、规范性习惯用语以及民间社会组织⑦的交易参与等习惯,以及为何血缘原则与地缘原则会对土地交易产生深远影响,清廷律例与乡规俗例二者之间是如何交织与博弈的等问题未有深入的探讨。本文以王万盈先生辑校的《清代宁波契约文

---

① 杨国桢:《明清土地契约文书研究(修订版)》,中国人民大学出版社2009年版,第1页。
② [德]黑格尔:《法哲学原理》,范扬、张企泰译,商务印书馆1982年版,第264页。
③ 谢晖:《民间规范与习惯权利》,载《现代法学》2005年第2期。
④ [日]滋贺秀三等:《明清时期的民事审判与民间契约》,王亚新等译,法律出版社1998年版,第13页。
⑤ 杨国桢:《明清土地契约文书研究(修订版)》,中国人民大学出版社2009年版,第2-3页。
⑥ 参见冯学伟:《明清契约的结构、功能及意义》,法律出版社2015年版;张传玺:《契约史买地券研究》,中华书局2008年版;杨国桢:《明清土地契约文书研究(修订版)》,中国人民大学出版社2009年版;王旭:《契纸千年:中国传统契约的形式与演变》,北京大学出版社2013年版;田涛:《徽州民间私约研究及徽州民间习惯调查(上册)》,法律出版社2014年版;王帅一:《明月清风:明清时代的人、契约与国家》,社会科学文献出版社2018年版。
⑦ 在宁波地区,土地契约文书中出现了多个民间社会组织,如兰盆会、大王会、敬庆会、关圣会、冬至会、孤文会、圣寿会、聚新会、勇源会等。

书辑校》和张介人先生辑校的《清代浙东契约文书辑选》为代表的民间土地契约为初始的文本数据,并以针对契约文书的描述性统计为引导展开对清代宁波地区土地交易习惯(法)的剖析,进而试对上述问题作出相应的回答,揭橥民间交易规范的形成机理,以期达到知其所以然的目的。①

二、清代宁波土地契约的分类、结构及特点

在本文所采集的契约文本中,王万盈先生辑校的土地契约文书共计397份(剔除其中16份卖屋/房契),其中包括:卖田契305份,占比76.8%;卖山契48份,占比12.9%;卖地契(多指宅基地)44份,占比11.8%;无担保借钱文契2份。张介人先生辑校的土地契约文书共计228份(剔除其中的各类除票以及53份卖/押屋契),主要集中在以"泾浦沿楼氏""韩表桥韩氏""慈溪九都外四图曹氏""慈溪二十七都五图叶氏"等为代表的家族以及"奉化廿一都二庄应家棚村"为代表的村落,其中包括:卖田契112份,占比49.1%;卖山契23份,占比10.1%;卖地契40份,占比17.5%。综合上述两位先生的辑校成果,共得可供研究的契约文书共计625份,其中包括:卖田契417份,占比66.7%;卖山契71份,占比11.4%;卖地契84份,占比13.4%;无担保借钱文契2份。

关于契约文本的筛选,需要说明的是之所以将69份卖屋/房契剔除是基于以下两个原因:第一,卖屋/房契中的买卖标的物具有内部异质性。无论是亲族对外交易还是族内交易,均是房随地走,譬如,在"光绪十八年十一月叶贤堂卖屋契(张137.)"中,卖主叶贤堂将"其屋上连椽瓦并连基地……浮沉石器,前后门户一应俱全"卖予了族外人韩贵生;又如,在"道光二十三年正月叶彩廷卖房契(张122.)"中,卖主叶彩廷将"其屋上连椽瓦并连基地……并地板阁栅等俱全"卖予了其胞弟叶彩堂。但也有例外且不乏少见,如在"应诚利卖、除屋基地契(张287.)"中,卖主应诚利将其"地基一间,量计四厘"卖予了族外人蔡某为业,且约定"自卖之后,任从出钱人造屋居住,并无阻执等情。行路游巡明堂车门,公(共)同受用"。也有只卖屋不卖地的情形,但属个例,如"其屋上连椽瓦,下不连基地,四围门扇壁落俱全,行路出行无阻(王25.)"。第二,房产交易和土地交易实为两个不同的法律关系,这主要体现在交易双方的权利义务之不同上。当交易完成之际,房产的买主所享有的最主要的权利是"管业居住",卖主需负"开割过户"义务;土地的买主所享有的最主要的权利是"造茔布种",卖主需负"照号开割输粮过户"或保证所卖土地不存在诸如"不重行典押在外"等权利瑕疵的义务。而问题在于封建时期民众并未对宅基与田地作本质上的功能性划分,只要交易双方不违背关于"茔造"的约定

---

① 本文绝大部分契约文本来自王万盈:《清代宁波契约文书辑校》天津古籍出版社2008年版;张介人:《清代浙东契约文书辑选》,浙江大学出版社2010年版。其中,张介人先生所辑校的契约文书大部分集中在清慈溪、奉化和鄞县,今均为浙江省宁波市所辖。为简化引注,文中所引契约文书若出自王万盈辑校,则以(王16.)为引,16.代表原书中所编的契约编号,引自张介人辑校同上。

以及风水禁忌，宅基与田地是可以相互转换的，毕竟"输粮入册""管业居住""起造兴化"全凭买主决定，外加房随地走的情形大量存在于卖屋/房契中，鉴于这种相对复杂且不稳定的地权移转关系，予以剔除更易凸显论题。

(一) 田地交易契约

以卖田契为例，在所采集的契约文本中永卖契共计253份，占所有卖田契的82.9%；绝卖契（或找契）共计52份，占所有卖田契的17.1%。若按田地的性质来分，则有官民田、客田（泛指田面/田皮，但也有外乡人租佃的田地之说）①、僧田（寺院僧徒集体所有的产田）、分授民田（在中晚清时期系继承祖上田地的部分份额，在交易中主要表现为共产之份额，但其税额较重，根据光绪《奉化县志·赋户》的记载，分授民田每亩征银六分五厘一豪，或征米已升二合）、自置民田、祀田（乡族为筹措祭祀祖先的经费而置备的田地）、泉田、科生更田（以资读书之灯油、脯脩、试费）以及各类民间组织所有的田地，如关圣会更田、冬至会更田等，不同性质的田地其交易契约亦略有不同。需要明确的是永卖契中的"永"字并不代表"永远"的意思，因为与永卖契相类似的是允卖契，"永""允"相通。此为宁波地区土地契约文书的特点之一，一块土地是否被永卖很难在契约正文中得出结论，但在其他地区的个别土地交易契约中，是可以通过交易标的物的名称来判断是永卖还是绝卖的，如安徽歙县地区有大买/小买之分，绩县有大买/草粪权之分，江西九江地区有大业/小业之分，赣县有骨田/皮田之分等。② 而与绝卖契有着本质上的差异，二者之间的差异所集中反映的是一田二主的土地交易形式及其惯例，以及特定时代背景下的大地主土地兼并活动。永卖契中的标的物是可以被日后赎回的，大多为田皮权的转移，而田骨仍未出售，其本质是一种以田皮使用权为标的的典押合同。以周良福卖田契为例（王114.）：

> 立永卖契
>
> 周良福今因乏用，情愿将自置民田壹处，土座富竹岭脚后门山头垟，计田一代，粮计五亩三分零。其四址：上至毛姓田山，下至山，里至山，外至山为界，具立四址分明。情愿将此田卖与毛坤山为业，三面议开，田价七拾千文，其钱当日随契收足。自卖之后，任从出钱人据契管业布种收花，中间并无争执等事，即日立除票七都贰庄，将父明孝户内民田五亩三分零情愿出除与五拾壹都一庄毛坤山户内收进行粮，此系两愿，恐后无凭，立此永卖契为照。

---

① 杨国桢先生认为自太平天国运动之后，清廷在杭、嘉、湖、金、衢、严等府召集客民开垦荒田，并许以其永佃权，客田自此而来。王万盈先生则发现了比太平天国运动更早的客田契约，认为杨国桢先生对客田的理解值得商榷，并以客田是购置来的田地为解。凡祖上所购置的田地，子孙若用来交易则与分授民田没有差别。

② 前南京国民政府司法行政部编，胡旭晟等点校：《民事习惯调查报告录》，中国政法大学出版社2005年版，第188页、190页。

道光廿六年九月□日立永卖契周良福（押）
见兄　金泉（押）
见中　毛湘江（押）　李敬地（押）　毛西章（押）
代笔　周大有（押）

此为活卖，但仅仅两个月后，卖主周良福与买主毛坤山便通过"找贴"或"加价"的后续交易将永卖契变为了绝卖契（王115.）：

立推找契

周良福今因乏用，前所卖之富竹岭脚后门山头坵，计田一代，共拾坵，内有荒田基贰坵，现耕种七坵，亦卖在内，其四址亩分载明前契，为因业重价轻邀请原中公议找得毛坤山田价叁拾五千文，其钱当日随找收足，自找之后，任凭出钱人据契管业布种收花，绝无再找等情。恐后无凭，立此找契为照。

道光廿六年十一月　□日立推找契周良福（押）
见中　金泉（押）　毛湘江（押）　西章（押）　李敬地（押）
代笔　周大有（押）

在这宗土地交易中，卖主周良福于道光二十六年十一月以总价一百零五千文（田皮价七十千文，后找价三十五千文）的价格将土地断卖与毛坤山为业。

与此同时，亦可以总结归纳出宁波地区土地交易契约的一般结构（此处仍以周良福卖田契为例）：

表1　宁波地区土地交易契约的一般结构

契名	立永卖契/立推找契	标的物	自置民田
出卖人	周良福	面积	五亩三分
意思表示	情愿卖出	瑕疵担保	并无争执等事/并无再找等情
承买人	毛坤山	坐落	富竹岭脚后门山头坵
房亲	金泉（兄）	四至	上至毛姓田山，下至山，里至山，外至山
中人	毛湘江 李敬地 毛西章	权利义务关系	自卖之后，任从出钱人据契管业布种收花，中间并无争执等事，即日立除票七都贰庄，将父明孝户内民田五亩三分零情愿出除与五拾壹都一庄毛坤山户内收进行粮
代笔	周大有	立契时间	道光廿六年十一月□日
批注	无		

从表1可以看出土地交易契约的一般结构中主要有参与人、标的物和权利义务关系三大块，卖山契与卖地契相比，在契约结构上与之并无本质上的差异，但需要对标的物的四至和批注作以说明。在周良福卖田契中，其田地的四至为"上至毛姓田山，下至山，里至山，外至山"，从中可以看出买卖地块的四至并不清楚，下、里、外三方所至之山是否为同一山，若不是，又分别为何山？契约中并未载明，如果有来自官府的田地登记字号（如姜字三百四十号、戎字一百〇三号）则可以辅助判断，但大多数契约文书中并无登记字号的记载。这种含混不清的"四至"其实是一种较为普遍的契约文书习惯，"四至"并不是一种通用的规范表达，而是根据实际情况予以区别对待的。当土地面积较为完整且易于区分时，四至往往是比较清楚的，如"东至启珍公田，南至兴高吅并买主田，西至大路，北至戎洪兴田为界（张121.）"，又如"东至大路，西至西峰寺地并山，南至四洲台并大路，北至秉均田（王45.）"。在其他地区，"四至"在土地交易契约文书中有不同的表达：山东肥城县"买卖地亩，文约上但载地若干段，不详四至及亩数"；甘肃华亭县"凡依河田地，因河流不定，界址常有损益，而习惯上均以抵河为界，不问损益"。① 只要不影响交易的进行，买卖双方对田地界址都心知肚明，在文书中提及"四至"即可，仅具形式上的功能。

相对于四至，批注为土地交易契约中严格的形式主义惯例，其发展轨迹反映的是雍正年间正式颁行的契根契尾制度（下文有述）的行废。在嘉庆六年（1801年）的一则卖田红契的契尾中有以下几条"开计条款"（契尾制度虽于乾隆初年被废除，但地方政府仍有不同程度的沿用，且一般为地方政府所制定，多附于有钤印的红契之后）：

一、凡用此契者，竟作绝卖；
二、卖主不识字者，许兄弟子侄代书；
三、成交后即粘契尾于后，验明推收，如违治罚；
四、契内如有添注涂抹字样者，作捏造论；
五、房屋间架仍载明空出；
六、典戤用此契者，须注明年限回赎字样。如不注者，仍作绝卖。②

其中第四条即为契约批注部分的根源所在，一来可以规避因误写而为代书人带来的被"论作捏造"风险，二来可以强调或明确交易完成之后附随义务的承担者，或以言明特殊之情形。如"再批：其另上坟田不卖在内，其祀火出业人自当承值并照（王56.）"，又如"批：此契为因母丧乏用，情愿将父手所置，此田照衣（依）原契原价推芝甘两房管业，

---

① 前南京国民政府行政部编，胡旭晟等点校：《民事习惯调查报告录》，中国政法大学出版社2005年版，第116页、318页。
② 张传玺等：《中国历代契约汇编考释》，北京大学出版社1995年版，第1248-1249页。

轮流收花并照（王 279.）"，或者对于需要更改的错别字，仍是通过"再批"的形式进行注明的。按照常理，批注中的内容应是对契约主体中遗漏或错写事项的补充说明，不可能存在于每份契约之中，但根据契约文本所反映的情况来看几乎每份契约中均有"再批"或"又批"的事项，这逐渐形成了一种相对固定的契约书写范式。在同时期，与徽州、广东、山西等地区相比，在交代完买卖双方的权利义务关系之后单独形成批注的部分实为宁波地区土地交易契约中的一个特色，直至民国初期，仍有单独的批注在白契中出现。批注在宁波地区的契约中由其原本的文本纠错功能逐渐演变为类似于白契契尾所具有的部分功能，并成为土地交易契约中不可或缺的一部分，除了对契约中的权利义务关系部分做以补足之外，明示、强调、宣示或再申的功能渐渐凸显了出来。

（二）山地交易契约

山地交易契约在民间的不动产交易活动中是比较少见的，这主要受制于地理因素。所谓"宁郡六县，县皆滨海"，宁波府三面环山，虽境内平原地势平坦，河网密布，但由于涨潮季节海水倒灌，受海湾小高地的阻拦，海水很难排出，江河流域被盐碱化，直至南宋经过"围湖成田""围海成田""垦山为田"等一系列措施，宁波地区的农业经济才逐渐好转起来。① 相应的，以宁波为代表的浙东地区自古就有"七山一水二分田"的说法，据《宁波国土资源白皮书（2011—2017）》的记录，其人均耕地面积仅为 0.55 亩（此水平低于联合国粮农组织确定的 0.795 亩安全警戒线，亦远低于全国平均水平 1.20 亩）。若不考虑清末至今浙东地区的耕地面积开发和人口增长等经济因素，想必清代的人地矛盾是比较尖锐的。按照当时人的说法，"一岁一人之食，约得四亩，十口之家，即需四十亩矣"；② 即便是在清末时期，人均四亩地也只为维持温饱的最低指标。③ 因此山地开垦对于宁波地区的农民而言是一个自然的生存策略选择，相对平原地区，发生较多的山地交易活动也就见怪不怪了。

山地交易契约的结构与田地交易契约差别不大，从某种程度上来说，山地交易契约是随着田地交易契约的发展而发展的，除了苗贵地区特有的山林交易习惯及其制度，宁波地区的山地交易契约在结构上并无独立性。雍正年间推行契根契尾之法，由布政司钤印颁发统一的官方契根和契纸，"发各纸铺，听民间买用"。④ 乾隆初年废除了契根契尾之法，允许民间在按则纳税的前提下自行订立不动产买卖契约，⑤ 但始终未有关于山地交易的相关

---

① 赵倩：《从〈清代宁波契约文书辑校〉看清朝中后期宁波地区不动产交易》，吉林大学硕士学位论文，2010 年，第 3 页。
② 洪亮吉：《洪亮吉集·卷施阁文甲集·意言生计》，中华书局 2002 年版，转引自史志宏：《清代农业的发展和不发展（1661 – 1911 年）》，社会科学文献出版社 2017 年版，第 144 页。
③ 罗尔纲：《太平天国革命前的人口压迫问题》，载《中国社会经济史集刊》第 8 卷第 1 期。
④ 蒋兆成：《明清杭嘉湖社会经济研究》，浙江大学出版社 2002 年版，第 113 页。
⑤ 刘高勇：《清代买卖契约研究——基于法制史角度的解读》，中国社会科学出版社 2016 年版，第 34 页。

规定，其交易规则均是按照当地民间田宅交易的惯例而运行的。唯一有别的是相对于田地和土地交易，山地交易系属更为大宗的交易，其交易价格动辄以百十千文计算（一般而言，在永卖契中的山地交易价格额度为总卖价的十分之三左右，找贴绝卖时所找之价约是其二倍；田地永卖交易价格接近于最终绝卖的总价，再找价格与永卖价格大致相等），因此中人的数量更多，其身份构成也更为复杂。兹有粗略统计：在王张二人所辑的文书中，涉及山地交易契约中的平均中人数约为3.1人，这其中包括"见兄""见弟""见叔""见侄"等身份构成；田地交易契约中的平均中人数约为1.8人，其中包括"见兄""见弟""见叔""见侄"等身份构成。由此可见山地交易契约虽然宗数较少但标的额相对较大，见中人的数量规模亦比一般的交易而言要更为庞大。这种将交易过程中产生的关键信息进行分散储存的做法实为对未来可能发生的争议所采取的主动防范措施，亦不自觉地提高了契约的公信力。

（三）土地交易契约

与山地交易契约相似，土地（一般为宅基地）交易契约的结构与田地交易契约的结构相比并无本质上的差别，但是土地交易契约与房屋交易契约之间存在着千丝万缕的勾连，这主要源自人们对土地及其附着物的属性及其权利存在着历史认知差异和地域认知差异。《新唐书·王义方传》记载了一则在今天看似较为荒唐的事：王义方买民人房屋一座，院内有一大树。某日王在大树下乘凉时突然想起只付了民人房屋的钱，而未付大树的钱，遂找到卖主补付大树的钱。唐代房屋交易的制度和习惯因缺少文献并不可考，但时至明清，宁波地区的土地交易契约或房屋交易契约往往是房随地走的，尽管宅基并不是严格的功能意义上的宅基。与之形成鲜明对比的是同时期的福建漳州、安徽合肥等地，其交易习惯往往是卖屋不卖地，故有"浮房"和"借地盖屋"之说。① 此乃其一。

其二，通过对宁波地区土地交易契约的解读，可以发现出业人对于所卖土地的地役权有着较为强烈的主张意识。现以"仁陆同弟仁瀚卖基地契（王211.）"为例进行说明：

> 立永卖契
>
> 仁陆同弟仁瀚今因乏用，情愿将祖父遗下分授基地壹块，土名老臺门底，量（粮）计壹分零。其四址：前至得业人墙脚，后至出业人并周生墙脚，里至得业人并荣辉墙脚，外至得业人并有房、永伦滴水为界，具立四址分明，情愿出卖与坤山为业。三面议开，基地价钱念（廿）四千贰百文，其钱当日随契收足。自卖之后，任从出钱人起造兴化，中间并无争执等事。此系两愿，各无异言，恐后无凭，立此永卖契存照。

---

① 刘高勇：《清代买卖契约研究——基于法制史角度的解读》，中国社会科学出版社2016年版，第131页。

再批：出业人楼屋檐下车门行路出入无阻并照。

又批：里至荣辉并出业（人）墙脚并装厕贰眼，计明横壹丈直六尺五寸，出业人自己墙脚留路三尺五寸，出业人自己楼屋出入并照。

再批：其粮照号开割过户并照。

咸丰三年十月□日　立永卖契任陆（押）

同弟　仁瀚（押）　　见中　周生（押）　　见叔　向沏（押）

代字　景新

在该份土地交易契约中共有三项批注，前两项批注约定出业人对于供役地享有通行地役权和建造附属设施或安设临时附着物的地役权，均为积极的、持续性的地役权，最后一项批注为关于税款交割的约定，是三类交易契约的通用批注。在其他地区的民间土地交易契约中很难见到以单独批注的形式对地役权的分配作出记载的，再结合宁波地区房随契走的交易惯例，可以推测清中晚期当地居民对于不动产权利所涵射的范围已经具有了较为完备的认知，物有所值，物尽其用成为受业人与出业人置产办业的交易原则之一。在这项实用原则之下，即使标的物存在权利负担也不会影响到最终交易的达成。

三、土地交易习惯（法）的析出与探赜

在王万盈和张介人先生辑校的 625 份土地交易契约文书中，可析出的具有代表性的交易习惯或习惯法主要有亲邻优先、一田二主、中人参与等。下面笔者将以上述三项具有代表性的习惯或习惯法为主进行相应的探讨。

（一）共生与共识视野下的亲邻优先

亲邻优先是指在土地交易活动中出卖人的宗亲和邻人享有优先购买权的情形，类似于合伙人或股东所享有的优先购买权。拥有优先购买权的主要有五类人：亲房人、地邻、典主、前手业主和合伙人（指类似于盐业契约中的合伙人）。① "卖田问邻，成券会邻，古法也"，《宋刑统·户婚律》规定："应典卖，倚当物业，先问房亲，房亲不要，次问四邻，四邻不要，他人并得交易。房亲着价不尽，亦任就得价高处交易。如业主、买主二人等欺妄亲邻，契贴内虚抬价钱，及亲邻安有遮都者，并据所欺钱数与情状轻重酌量科断"。该条规定是亲邻优先购买制度距今可考的最早的法律文献。据系统的考证，我国关于不动产优先购买权的文本记载肇端于中唐、五代时期的诏令敕文中，制度化于宋元时期，并于明清时期形成观念，深入人心，成为民间不动产交易活动中必须要遵循的原则。② 后在明清

---

① 梁治平：《清代习惯法》，广西师范大学出版社 2015 年版，第 62 页。
② 吕志兴：《中国古代不动产优先购买权制度研究》，载《现代法学》2000 年第 2 期。

时期，基于减少民间因绕开亲邻径行交易而引起的类似"田土细事"的争讼，政府曾一度否决亲邻优先购买权，如《钦定大清会典事例（卷七百五十五）》中规定："执产动归原先尽亲邻之说，借端挦勒，希图短价者，具照不应重律治罪"，意在减轻出业人减损亲邻优先购买权权益的法律责任，这相当于政府从法律责任的层面上否定了亲邻优先购买权。后至乾隆年间，《清实录·清高宗实录（卷一百七十五）》载明"各省业主之田，出资财而任买"①，其意价高者得。

以上为不动产亲邻优先购买权的发展历史沿革，从国家法的角度看总体上经历了从无到有，由兴转衰的过程，但不动产亲邻优先购买权在民间仍保持着自身所独有的生命力。笔者认为不动产亲邻优先购买权的生成和发展是民众共生与共识这两种生产属性共同作用的结果。人类社会共同体同时存在两种不同层级的属性——由低到高分别是共生和共识。所谓共生，是原始状态下共同体的基本属性。比如角马在同一时间段内集体迁徙，除了气候变化的规律性因素之外，更重要的是共同抵御捕食者的入侵，从而以降低迁徙途中的死伤率，此为对共生的需求；反观处于农耕文明中的人类，集体生产，聚集而居亦是如此，即便是逐水草而居的草原文明，也有大小部落之分。随着皇权的逐步加强，民众的共生属性不自觉地沦为了封建统治阶级推动赋税征收制度变革的工具，尤其是在顺治初年全国推行里甲制度之后，农民反为共生所累。根据《民事习惯调查报告录》的记载，"如全县粮银共分若干里，里中又分若干甲，甲中又分若干姓名，一姓名应纳粮银若干两是也，其先尽后尽之故，因有'甲倒累甲，户倒累户'之习惯"。② 政府基于对税收保障和政治稳定的考量，形成了由户及甲，由甲及里的粮银推纳顺位。户绝之时，由其近族履行缴税义务，近族亦绝时，则由远族继续缴税，远族亦绝时，其缴税义务累及同甲之他户。由此可知不动产近邻优先购买权由制度化到深入人心的发展轨迹是对共同体连带缴税方式的自然反应。宁波地区地狭人稠，聚居密度较高，宗祠制度健全，因此一甲可能就是一族或一姓，同姓同族同村的情形也不为少见。当一姓一族、一里一甲在纳税一事上成为连带责任共同体时，不动产交易活动中亲邻优先购买就是一个经济的、理性的制度选择；当族中或里甲之中的其它子单元额外承担了"绝户"者的纳税义务时，享有先买权则是一种较为公道的体现，毕竟它承受了"绝户"者的外部成本。既有共生，便有其共同承担的责任和义务，即为"因有一般逃亡绝户，本族（负有）垫赔空粮之义务"，而与之对应的，则为"利不外溢之乡规"。③ 这一点反映在契约文本中，常见的表达为："中间房亲伯叔兄弟子侄并无争执等事，此系两想（厢）情愿，各无异言（王124.）"，或"其屋并不重押在外，

---

① 《清实录·清高宗实录（卷一七五）》，转引自刘高勇：《清代买卖契约研究——基于法制史角度的解读》，中国社会科学出版社2016年版，第95页。
② 前南京国民政府行政部编，胡旭晟等点校：《民事习惯调查报告录》，中国政法大学出版社2005年版，第116页、132页。
③ 前南京国民政府行政部编，胡旭晟等点校：《民事习惯调查报告录》，中国政法大学出版社2005年版，第123页。

亦非利债准折，又无房内上下应分人等争执（张137.）"。

相比于共生，共识则有明显的妥协意味，而妥协又是以互惠为前提的。亲邻优先购买之所以会成为一个深入人心制度，其中很大一部分的原因是共同体成员之间在共生的基础之上达成了一种以互惠为前提的共识，只有存在双方可取的体量相当的私人利益时，互惠才能成为一种可能被共同体成员所追求的一种状态。从体态上来讲，共识体远不及共生体那样庞大，根据费孝通先生的观点，家庭（族）实为一个典型的共识体。① 这主要是因为相较于地缘性因子，血缘性因子所蕴含的纽带功能更为强大且更显牢固，并由此造就了世袭的宗法土地占有制。此外，与共生共同体不同的是共识共同体以对内的牺牲和制约为主要存续手段，而共生共同体则是以对外的抗衡和竞争为主要生存手段，这一点为"亲邻优先"在社会事实层面提供了正当性证成依据。其中，一个有力的证据是虽然作为国家法的规范事实因为各种原因产生了自我调整，但不动产交易仍然是以社会事实的发展轨迹为操作指引的。同治七年紫阳县有一例关于亲邻优先购买权的争讼，知县马某认为"业由主便，卖业先尽亲房，久干倒禁，不准"，另一则同类案件中知县孔某认为"查买卖田地，并无先尽亲族承买之例"。② 这说明清代政府也在司法层面上对亲邻有优先购买权进行了不同程度的否定性干预。但是，直至明国初期，就《民事习惯调查报告录》中所记载的具有亲邻优先购买权的省份或地区多达五十多个，在宁波地区的土地交易契约文书中，几乎都有言明"中间并无亲房争执等事"。这种独立于规范事实所发展起来的民间交易习惯正是共识共同体内部成员妥协的结果。之所以会发生内部妥协，其原因有二：其一，同等价格并非亲邻优先购买的充分且必要条件，"优先购买"仅仅是次序上的优先，这虽有违"价高者得"的交易原则，但"利不外溢"的效力要高于"价高者得"，那么业主不动产之市价与亲邻购买最终价之间的差价便是业主向家庭（族）进行利益妥协的部分，亦即族亲利益优先于私房利益，家族的价值位阶高于作为个人的价值位阶。其二，国家法和司法官员之所以对亲邻优先购买权采取否定性干预也存在一定的政治性考量。自南宋以后，南方宗族通过扩置族产、修建祠堂、完善族谱、成立民间组织机构、制定宗族法等措施加强了宗族的实体化程度，将作为结构性社会单元的宗族推向了一个新的历史高度。③ 明清两代皇权愈加集中，而宗族势力却在地方政治中扮演着越来越重要的角色，这是统治阶层不愿看到的，因此中央政府通过立法及地方通过司法否定亲邻优先购买权则有利于限制地方宗族的势力扩张。若循此而论，出于对宗族利益的保护，族内成员在出业时先问及亲房无疑是一种具备正当性的利益妥协和价值迎合。此两点反映在财产的处分观念上，即为"中国物权中的私人财产只限于消费财产，例如衣饰物品是由物主独占，不与他人共享；土地

---

① 参见费孝通：《生育制度》，北京联合出版公司2018年版，第135－153页。
② 《陕西省紫阳县档案馆藏清代档案第21卷》，转引自刘高勇：《清代买卖契约研究——基于法制史角度的解读》，中国社会科学出版社2016年版，第96页。
③ 朱勇：《中国法律的艰辛历程》，黑龙江人民出版社2002年版，第158－160页。

与资本财产则共同属于全家成员名。家庭财产的收益由全体家庭成员共享,个别成员在分家析产以前不能独自转移和处分任何田产"。①

(二) 多阶段博弈中的一田二主

类似一田二主的地权分化形式源于永佃权的发展。自永佃权形成之后,田主基于对稳定地租的需求一般禁止佃户私相转佃,这一方面是为了控制佃权在私相转佃过程中产生的过高溢价,以致佃权价远高于田价(这并不利于田骨主收租及纳粮);② 另一方面是为了避免诸如"抗租霸种之案层出迭见"的争讼。然而佃户在取得佃权的过程中付出了一定的成本,因此在出现不利于继续佃耕的情形时是不愿进行无偿退佃的。在既无法得到补偿又不想无偿退佃的情形下,永佃权在佃户阶层中便会以私相授受的方式进行市场化的流转,逐渐的,这种自由流转从一开始的禁止演变成了默认,再一步步生成公开的乡约俗例。③ 自田皮习惯形成后佃户即享有了独立的佃权,法律关系也由合同性质的租佃关系演变为物权性质的地权关系。④ 自然地,田皮使用权便成了可供独立交易的标的,地权的运动模式由完整的分配及再分配模式逐渐演化为更为灵活的分化模式,这意味着产权观念也逐渐走向抽象化。

经济史视野下地权的运动模式决定了一田二主习惯在土地交易活动中将发挥的不同作用,尤其是在地狭人稠的宁波地区,这些作用在一定程度上将被放大。通常来说,宁波地区绝大部分供于交易的土地在性质上为"分授民田",对于从祖上继承的田产若非迫不得已是不会卖于他人的,即便以"永卖"的方式出让田皮使用权,也会尽可能在约定的赎回期限内进行赎购。这主要是因为在封建社会,一方面土地是户(丁)所持以生活和连续性生产的基础性要素,在乡民生活中具有特殊的重要性;另一方面土地也是继承于祖上的家族财产之一,若将土地卖则会被视为不孝,对"祖遗产业"是不轻易出业的。诸如浙江平湖县,凡弃产杜绝之户子孙,穷极无聊,欲向得主加价而无理由,有将祖宗牌位用红布包好携往主家,谓之"牌位回门",得主无奈便酌以金钱挥之使去。⑤ 但是,作为民生之"恒产",各类土地并不会长久性的为一姓所有,而是基于各种苛捐杂税或流年灾祸等因素逐渐演化为以阶级所有。据资料,清乾隆年间鄞县地区水稻平均亩产为 2.46 石/亩,远底

---

① 赵冈:《永佃制研究》,中国农业出版社 2005 年版,第 30-31 页。
② 根据赵冈的测算,田皮价格波动起伏远大于田价,自 1735 年至 1796 年,田皮价格增值 10 倍,田骨价格增值仅为一倍。至 1828 年,田皮市价 40 两,为田骨价的二倍。另,田皮价格的大幅上涨降低了测算地区的基尼系数,虽然均化了地权,但也增加了田骨主收租与纳粮的困难。参见赵冈:《永佃制下的田皮价格》,载《中国农史》2005 年第 3 期。
③ 杨国桢:《明清土地契约文书研究(修订版)》,中国人民大学出版社 2009 年版,第 77 页。
④ 陈云朝:《近代"一田两主"习惯转型研究——以徽州六县为中心》,中国书籍出版社 2018 年版,第 207 页。
⑤ 前南京国民政府行政部编,胡旭晟等点校:《民事习惯调查报告录》,中国政法大学出版社 2005 年版,第 498-499 页。

于浙江地区的平均产量 3.93 石/亩，而大小男妇名口（人丁数）稳定在 275 万出头，仅次于水稻产区的江苏地区。① 由此不难推衍尖锐的人地矛盾一方面使得一部分农民逐步地丧失田骨权和田皮权，一方面又激励一部分农民通过交易获得田骨权与田皮权，在地权市场中呈现出较为显著且激烈的挤出效应。

兹引录一份土地交易契约（王 167.）作以具体的分析：

> 立绝卖田文契
> 新昌卅都梁家畈毛荣昌同弟荣瑞今立绝卖田文契，原有祖父遗下泉田壹处，土坐和尚山脚布袋丘，系福字号七百八十四号，计田壹坵，粮计壹亩壹分五厘。又壹处，土名同长洋田，系福字七百七十二号，泉田半丘，粮计贰分五厘三毛。又七百七十四号泉田半坵，粮计三分九厘九毛。为因无钱使用，情愿将前田一直出卖与奉邑毛坤山为业，其田字号四址亩分坵爿悉照丈量号册管业，三面议开，田价钱叁拾五千文正，其钱当日遂契收足，外不另立领钱文契。即日立除票坐三十都贰庄毛成国户内出除与奉邑五拾壹都一庄毛坤山收入己户输粮，中间内外兄弟并无争执等，今欲有凭，立此卖田文契并除票永远存照。
> 道光叁拾年九月□日立永卖田文契毛荣昌（押）
> （略）
> 光绪五年出与愈仁其唐姓为业。

该宗交易发生在道光三十年，从契文中还可以看到位于福字号七百八十四号等三处田产曾出佃于三十都贰庄毛成国，即早先毛成国拥有以上三处田地的田皮使用权，而毛荣昌兄弟享有的是三处田地的田骨权。后毛荣昌兄弟因无钱使用又将田骨权出与奉邑大地主毛坤山，此为对田骨权的绝卖。自交易之后，三处田地的地权仍为一田二主的保有形式，毛坤山享有田骨权和收租的权利，负有起推过割的义务，毛成国依旧是以上三处田地的佃户，享有"永远管业"的权利，但仅负有向田骨主交租的义务。至于光绪五年（自交易起三十年后）佃户转为某唐姓人是田骨权人毛坤山背俗撤佃所为还是田皮权人毛成国自行转佃所为便不得而知，但根据当时习惯，"是皮田之项乎，一经契买，即为世业"，而"田根者与业主有分据之势，业主即欲转佃，有田根者为之阻隔，不能自行改佃，于是有拖欠田租至七八年之久者"，② 由此可以推断应为毛成国自行转佃至某唐姓人。此即为

---

① 参见史志宏：《清代农业的发展和不发展（1661—1911 年）》，社会科学文献出版社 2017 年版，第 44—47 页。根据史志宏先生的估算，浙江地区的耕地面积估计值节点分别为：顺治十八年（1661）4794.8 万亩、康熙二十四年（1685 年）4794.8 万亩、雍正二年（1724 年）4844.4 万亩、乾隆三十一年（1766 年）5142.5 万亩、嘉庆十七年（1812 年）5490.2 万亩、道光三十年（1850 年）5795.1 万亩、光绪十三年（1887 年）5912.4 万亩。第 224—228 页、154 页。

② 王帅一：《明月清风：明清时代的人、契约与国家》，社会科学文献出版社 2018 年版，第 75 页。

"及至代远年湮，佃户甲转顶与乙，乙转丙，互相推递，无论移转何人，业主不得过问。业主但有收租之利益，但无撤佃之权利"。① 与田地交易相类似的，一田二主的地权分化模式也广泛渗透于前文所提及的山地交易中，相应的，也存在山皮权与山骨权的民间交易市场，此处不再赘述。

事实上，永佃关系中的佃户能否将其佃业自由且独立地转让于他人是永佃与一田二主之间根本性的差异之处。② 永佃权以佃户向田骨主支付佃租为成立要件，而一田二主中的田皮所有权在本质上则是更为彻底的纯粹的永佃权。从表面上看虽然一田二主分割了土地的完整所有权状态，但实为土地地主占有制在经济外力影响下产生了某种变异，即田地所有权仍为田骨所有者所有，只是田骨所有者自出佃后便丧失了对田地用益的控制，仅保有对于地租的请求权，且须听任佃户顶耕。在承认一田二主习惯的地区，绝对的田地物权是不存在的，这既是皮盛骨衰的农业经济发展趋势所致，也是田骨权所有者与田皮权所有者相互博弈的结果。以下引入一个简单的囚徒博弈模型来进行具象的说明（见图1）：

		田骨权所有者	
		合作（承认佃权）	背叛（背俗撤佃）
田皮权所有者	合作（依俗转佃且按期缴纳田租和各项手续费用）	R = 3，R = 3	S = 0，T = 5
	背叛（抗租或欠租）	T = 5，S = 0	P = 1，P = 1

图1 田骨权与田皮权所有者博弈模型图

注：R（Reward）：双方合作的收益；S（Sucker）：非理性者的收益；T（Temptation）：背叛的诱惑；P（Punishment）：对背叛的惩罚。为了便于分析，对各项进行了模拟赋值，数值是可以进行更换的。

在实际的交易中，田骨权所有者之所以会背俗撤佃主要是基于以下三个原因：其一，佃户（田皮权所有者）拖欠地租以至影响到田骨权所有者向国家履行起推过割的义务；其二，单个佃户或联合佃户发起了抗租行为，从利益的根本上威胁到了田骨主对田骨权的行使；其三，田骨权所有者为了获取更多的地租而背弃佃契将其转佃与愿意支付更高地租的佃户（虽然在大多数情形中地租是定额的，但也不排除此种情况的存在）。田皮权所有者背叛田骨主的原因一般为因各种内生因素或外生因素所致使的抗租或欠租行为。从图1中可知如果田骨权所有者与田皮权所有者都合作，则双方的收益之和为 2R = 6，如果一方背叛另一方而被背叛者实施了合作计划，则双方的收益之和为 S + T = 5，如果彼此背叛彼此，则双方收益之和仅为 2P = 2。很明显，对于田骨权所有者和田皮权所有者而言最好的结果是能在双方之间达成某种合作，但是从个体角度出发，无论是田骨权所有者还是田皮

---

① 前南京国民政府行政部编，胡旭晟等点校：《民事习惯调查报告录》，中国政法大学出版社2005年版，第710页。

② 梁治平：《清代习惯法》，广西师范大学出版社2015年版，第91页。

权所有者的利益选择顺位均是 T > R > P > S，因此从个体角度而言选择背叛的收益要远高于双方合作的收益。但是，现实生活中的交易活动是一连串的选择和博弈行为簇，换句话说即为多阶段的博弈组合。在某一方赚取了高额的背叛收益的同时即会丧失在下一博弈阶段中的信用，这对于非目光短浅者而言是得不偿失的，但即便存在背叛收益与个体信誉间的利益考量，也不能保证在某一阶段中不会出现背叛行为。但是，当第三方权威者介入到博弈模型中后情况便会有所改善，比如中人（关于中人，将在接下来的一部分进行讨论）。在中人的参与下，多阶段博弈会促使交易双方逐渐达成合作的共识，从而达到纳什均衡，而这种共识便是永佃制度向一田二主习惯过渡的一个行为选择层面的缩影。

（三）互信共同体中的中人

在本文所选取的宁波地区土地交易契约文书中，中人几乎参与了每一宗交易，不见中人的交易实则少之又少，可见中人在当地的土地交易活动中是不可或缺的一部分，甚至到了没有第三方参与的买卖交易契约几乎无存订立的地步。① 据此可知中人参与私人不动产交易已经成为当地根深蒂固的交易习惯之一，甚至在某种程度上中人参与得到了地方司法裁判者的首肯，如"此案姜殿元如果买房置业，立契时不能无中人在座说合，何以契内仅止贾德贵一人出名？"②

关于中人称谓，自明清两代起便有见人、见中人、凭中人、同中人、中证人、中见人、保人、中保人、居间、中间人、见立契人、见立合同人、中人，等等，且以直书中人者为常见。③ 此外，中人的参与与契约正文中的"三面议开""三面言明"等表述在结构上也是遥相呼应的。在类型上，根据交易对象、交易性质的不同以及个别交易的特殊性，契约中常见的中人角色可大致被分为三种类型：（1）完全意义上的中人。这类中人与买卖双方均无房亲关系，是纯粹意义上的交易中间人，常见的表述为"见中怀岳（押）"（王162.）或"见中地保叶松林"（张67.）（2）同为房亲的中人。该类中间人既是交易一方（通常为财力较弱的一方）的房亲，又同时扮演中人的角色，如"见兄""见侄""见中兄""见中弟"等表述。（3）同为找贴撮合人的中人。此类中间人在完成撮合找贴的同时仍担任中人，在交易中拥有更高的权威、职业能力④或资信条件，且只出现于绝卖契中，如有类似"见找中陈兆康（押）"（张66.）的契文表述。与此同时的其他地区，如巴县，在"乾隆三十一年十二月十九日何卢氏出卖田土文约"中，关于中人的表述与宁波地区有鲜明的对比。该份契约将中人按其功能细分为三类，一是"引进 何维霖"，二是"说合

---

① 刘高勇：《清代买卖契约研究——基于法制史角度的解读》，中国社会科学出版社2016年版，第109页。
② 庄纶裔：《卢乡公牍（卷四·赵孟臣控姜殿元案堂判）》，转引自王帅一：《明月清风：明清时代的人、契约与国家》，社会科学文献出版社第2018年版，第103页。
③ 李祝环：《中国传统民事契约中的中人现象》，载《法学研究》1997年第6期。
④ 就找贴过程中的撮合人，多为专业的牙人或牙郎，相比一般的中人具有显著的职业性。

何松山",三是"凭邻族 何懋祯 何懋爵";① 相应的,按照中人的身份可将其分为"族人""宗族长""保长""里、甲长""社首"等。② 实际上,这种差异实为具体表达与整合表达的区分,且有从具体表达向整合表达的发展趋势,特别是在中晚清时期,交易契约中中人的功能差异与身份差异已逐渐趋向符号化表达,即直书为中人,从而使得"我们超越它自己在我们感官上产生的映象而联系到别的事物……并把它移注到另一个人的精神里去"。③ 与此所见略同的是也有学者认为"中人"是传统民事契约发展走向标准化以后对交易第三方参加者较为固定的称谓。④

中人的参与使得其与某宗交易中的出业人和买受人三方形成一个互信共同体,而支撑且约束该互信共同体的四个基本要素分别为效率加成、利益共存、责任连带和声誉机制。且说效率加成,意为中人可以凭借其固有身份、职业能力以及资信条件为出业人寻求买家,从而降低交易启动阶段的交易成本。在中人寻得意向买家之后,基于出业人的委托便有撮合该宗交易的义务,而交易达成的核心条件便是买价与卖价在双方共同利益上的契合程度需足以满足各方的期望,而中人便可以在寻价与报价之间做以调和,或参考抑或予以引导,故在契文中有类似"时凭户族邻中,当于某名下为业,三面言议……"的表达,或称"为因无银度用,投请房族,无人承买外,情愿托中引到某处三面商议,实值时价细丝银若干两正"。⑤ 申言之,中人为撮合交易最终达成而在交易对手的寻找上和合理价格的调和上起到了举足轻重的作用,而最终的作用便是极大地提高了交易的效率。利益共存则是指中人与出业人及买受人之间存在利益瓜葛。当一宗交易完成时,中人也会收取一定手续的手续费。根据刘高勇先生以《民事习惯调查报告录》和《中国民事习惯大全》(台北进学书局1969年影子印本)为对象的统计,中人在每宗田宅交易中所得的报酬约在总标的 2% -10% 之间,且以 5% 者居多,而在这 5% 的报酬中,多为出业人与买受人依照三比二的比例共同出资。⑥ 如若尽力促成一宗大额交易,中人单报酬一项的收入也是不菲的。责任连带是约束互信共同体的核心要素,早在唐代,订约者便对中人的连带责任作了相关约定:"如取钱后,东西逃避,一仰保人等代还"。⑦ 在陆九渊的《象山集·卷二十八·葛致政志》中亦有记载:"乞公为保,公欣然保之。已而讼者迫公索钱,凡三人为钱三万,公度三家者贫甚,终不能得钱,即代偿之"。由此可见无论是人为约定还是出自公心,中人代偿是保证契约被贯彻行使的有效手段,如若中人失信,则恐日后无人再托,由

---

① 四川省档案馆:《清代巴县档案汇编(乾隆卷)》,中国档案出版社1991年版,第13-14页。
② 李祝环:《中国传统民事契约中的中人现象》,载《法学研究》1997年第6期,,第142页。
③ 茨维坦·托多罗夫:《象征理论》,王国卿译,商务印书馆2005年版,第37页。
④ 李祝环:《中国传统民事契约中的中人现象》,载《法学研究》1997年第6期,,第141页。
⑤ 佚名:《五刻徽郡释义经书士民便用通考杂字(卷二)》,载谢国桢编:《明代社会经济史料选编(下)》,福建人民出版社2004年版,第173页。
⑥ 刘高勇:《清代买卖契约研究——基于法制史角度的解读》,中国社会科学出版社2016年版,第116-117页。
⑦ 中国科学院历史研究所资料室编:《敦煌资料(第一辑)》中华书局1961年版,第460页。

此也申引出下一个约束要素——声誉机制。声誉机制是中人个人权威垂范于他人认知的社会性基础。在田宅交易关系中，出业人与买受人因中人的参与而建立了"熟人"网络，而"熟人"网络更容易吸纳中国传统道德来对契约关系进行私力层面的保护，从而使得相对抽象的契约关系在人际（甚至是乡际、里际）网络中显得更为具象。[①] 而在熟人关系网中，个人的"面子"则是硬通货，"面子"在某种程度上便为个人声誉。一个不重视个人声誉建立的中人无法树立起可供垂范于他人的权威，更无法在私权领域发挥相对于官方权威的纠纷评价优势。此为中人在互信共同体中的存在方式及其意义。

四、结语

正如熊彼特所言，人离开习惯是无法生存的。生存习惯使得人的生产活动有迹可循，有律可遵，而生产习惯则指引并约束人类私产的交换及其附加值的增减。同一地区各种不同生存习惯通过反复不断的杂糅-融合-迭代这一过程逐渐形成其特有的生产习惯，从而间接将各生产要素联系起来，以推动特定地区居民的生息和繁衍。

通过对宁波地区六百余份土地交易契约的阅读、梳理和归纳，深感诸如亲邻优先、一田二主、中人参与等交易习惯对一宗宗交易所产生的影响是举足轻重的。纵如清廷律法如何规定，纵如地方司法怎样裁判，民间交易习惯在大多数情形中总是按照自己的发展轨迹进行进化并演变的，虽然不时为国家法所规制，但自身的独立性毫无疑问是显著的。这条若隐若现的发展轨迹淹没于浩如烟海的历史文献中，可稍加梳理也可窥其一二。再者，与民间交易习惯发展轨迹并行的是以交易标的为对象的经济史发展轨迹，习惯之所以有其显著的独立性，这在很大程度上需归功于一个时代经济发展的根本动因。对于本文，与其追求一定贡献，对于笔者来说，倒不及通过契约文本将清代宁波地区的不动产交易习惯做以探赜索隐，以期重现当时个人、群体之于社会生活和秩序的追求及期望。

An Empirical Study of the Habits of Folk Land Transaction in the Qing Dynasty
——Based on Contract Documents in Ningbo Area

Tao Wentai；Li Xuelan

Abstract：The real estate transaction contract as a private history records a variety of information at the time of the transaction. From this information, representative trading habits such as "Neighbor or relatives purchase first", "One field two owners", and "Middleman in the trans-

---

① 参见王帅一：《明月清风：明清时代的人、契约与国家》，社会科学文献出版社2018年版，第98页。

action" can be extracted. On the basis of summarizing the contract texts, focusing on the transaction contract, supplemented by historical data on economic history, the necessary empirical research on the above three trading habits is carried out from the perspectives of symbiosis and consensus, multi-stage game and mutual trust community. At last, this paper brought to light the inherent independence of private trading habits by the method of classification discussion.

KeyWords: Qing Dynasty; Ningbo area; Transaction contract; Habits

清末民初湖南民商事习惯调查之研究及意义*

夏新华　陈仁鹏**

摘　要　随着法治湖南建设与基层治理改革的深入推进，单靠国家制定法已无法解决多元化的民商事纠纷等社会矛盾。清末民初民商事习惯调查是前人为完善民商事立法、司法所做出的努力和贡献。本文依托丰富的史料，廓清湖南民商事习惯调查的真实情形，反观其缘起、组织机构设置、调查方式、调查过程和调查成果等，总结其特色。同时，以地方法制史研究者的视角，反思当前民法典编纂、社会治理体系现代化转型与民商事习惯调查研究之间的关系，认为民商事习惯是弥补民法典缺漏的良方，是传承传统文化的重要载体，因而法史学人应积极投入民商事习惯的整理与研究中，对其进行批判和转化，以期为法治建设作出贡献。

关键词　清末民初　湖南　民商事习惯　调查

民商事习惯调查是我国法律史学界和民法学界长期关注的焦点问题。自20世纪90年代以来，学界对清末民初民商事习惯调查的研究热潮不减，由史料整理、文化解读逐渐深入到专题研究和实证研究，且成果迭出①。然亦存在一些问题，突出表现在：已有成果大

---

* 基金项目：湖南省成果评审委员会重大课题：《清末民初湖南民商事习惯调查史料整理与研究》（XSP20ZDA008）；湖南省研究生科研创新项目《清末民初湖南民商事习惯调查史料整理与研究（CX20190347）。

** 夏新华，湖南师范大学法学院教授、博士生导师，湖南师范大学法治文化研究中心主任；陈仁鹏，湖南师范大学法学院法律史硕士研究生。

① 此方面代表性研究成果，如：前南京国民政府司法行政部编，胡旭晟、夏新华、李交发点校：《民事习惯调查报告录》，中国政法大学出版社2000年版；梁治平：《清代习惯法：社会与国家》，中国政法大学出版社1996年版；张生：《清末民事习惯调查与〈大清民律草案〉的编纂》，载《法学研究》2007年第1期，第125—134页；俞江：《清末民事习惯调查说略》，载《民商法论丛》第30卷；眭鸿明：《清末民初民商事习惯调查之研究》，法律出版社2005年版；李卫东：《民初民法中的民事习惯与习惯法》，中国社会科学出版社2005年版；苗鸣宇：《民事习惯与民法典的互动——近代民事习惯调查研究》，中国人民公安大学出版社2008年版。上述成果均对民商事习惯调查的背景、过程及意义等问题作出探讨。

多为梳理调查进程、方式以及习惯文本，未能深入探究民商事习惯产生、运用的深层原因，且目前专门针对地方民商事习惯调查进行研究的成果仍显不足，相比于国家法的研究，民间法（特别是民商事习惯）的研究显现出较大的滞后性。基于此，笔者将目光聚焦于清末民初湖南的民商事习惯调查，旨在系统梳理调查成果，廓清不同时期调查的发展沿革，考据勘误，并对其进行反思，提炼出现代之启示。

一、清末湖南民商事习惯之调查

（一）清末调查与变法修律

清末预备立宪与民商事法律的修订是开展民商事习惯调查的直接原因。以庆亲王奕劻为首的中央大员和以直隶总督袁世凯、湖广总督张之洞、两江总督刘坤一为代表的地方大员均认识到"本国固有之沿习"的重要性，并且将调查中国各省政治与考察西方宪政列于同等重要之地位。有学者认为，早在光绪三十三年八月一日（1907年9月18日），暂署黑龙江巡抚程德全就提出在各省设立调查局的建议。① 但迄今为止，学界所达成的共识为：清末民商事习惯调查至迟始于光绪三十三年九月十六日（1907年10月22日）宪政编查馆大臣庆亲王奕劻等奏请于省设立调查局。奕劻等宪政编查馆大臣认为："惟是考察各省事实，以为斟酌损益之方，较之考察外国规制，尤为切要。当于本国之设施，固有之沿习，未能⋯⋯得其真际，恐仍无以协综核审定之宜。"因此，他们在比较德国的两级调查模式和日本的三级调查模式后，建议借鉴德国模式设立调查局："查德国法制局中央既设本部，各邦复立支部。一司厘定，一任审查，故所定法规通行无阻。中国疆域广袤，风俗不齐，虽国家之政令，初无不同，而社会之情形，或多歧异。现在办法，必各省分任调查之责，庶几民宜土俗，洞悉靡遗。"② 这份奏折当日便得到清廷的批准，自此，正式拉开了民商事习惯调查的序幕。③

清末湖南民商事习惯调查肇始于湖南调查局之设立。湖南调查局在筹备成立时十分艰难，巡抚岑春蓂在《奏湘省调查局办理情形折》中写道："湖南界连六省族杂，苗瑶风气不齐，习尚迥异，当此调查伊始，端绪纷杂，必有整齐划一之方法，庶收兼综条贯之益……只以法制统计学理繁赜，人才虽得，总办责任尤重。"④ 因此，他上奏朝廷，请求

---

① 邱志红：《清末法制习惯调查再探讨》，载《广东社会科学》2015年第5期，第125页。
② 宪政编查馆：《宪政编查馆奏请饬令各省设立调查局并拟呈办事章程折（附片并清单）》，载《东方杂志》1908年2月26日，第21—24页。
③ 宪政编查馆：《令各省设立调查局各部院设统计处谕》，载《清末筹备立宪档案史料（上册）》中华书局1979年版，第52—53页。
④ ［清］岑春蓂：《湖南巡抚岑春蓂奏湘省调查局办理情形折》，载《北洋官报》1909年第2118期，第3—4页。

调派毕业于日本法政大学的翰林院编修张启后①担任湖南调查局总办。"兹查有翰林院编修张启后,品端学粹、体用兼赅,由进士馆派赴日本法政大学肄习毕业回国,堪胜调查局总办之任。合无仰恳,天恩俯念湘省要政需材,准予调湘以便设局奉办,并恳照章免扣原衙门资俸,俾资臂助理。"② 岑春蓂与张启后通力合作,湘省调查局得以开设。

(二)调查局之构成及调查事宜

1. 求全求新的机构设置

湖南调查局于光绪三十四年(1908年)七月初八日正式开办,其组织机构完全按照宪政编查馆的规定进行设置,十分健全。内设法制科(亦名"编制科")、统计科,前者负责编制法规,后者负责统计政要。每科各设三股,附设庶务处。法制科分设的三股,职责分别为:第一股负责调查一切民情风俗,如地方绅士办事习惯、民事习惯、商事习惯以及诉讼事习惯;其第二股负责调查本省督抚权限内之各项单行法以及行政规章;其第三股负责调查各省行政上之沿习及其利弊。统计科分设的三股,职责分别为:第一股负责外交、民政、财政等工作的统计;第二股负责教育、军政、司法等工作的统计;第三股负责实业、交通等工作的统计。每科均设有科长一人,对总办负责,综合司理科务。各股设管股委员一至三人,由科长指挥,分司各股事务。如果课务繁杂,科长可以与总办商议,酌定设书记等人员。庶务处由总办选派委员二人分司一切杂务。③ 科长和管股委员的选拔任用,需由总办张启后开军呈请示督抚岑春蓂所定。书记、委员等直接由张启后委用。科长、管股委员均为研习法政、通达治理之人。此外,各衙门添设统计处。

2. 先进严谨的调查规范

湖南调查局的工作较为规范,尤为注重设置调查问题、填写表式等,制成一批程式化的文本,便于调查事项的开展。法制科需将所负责的调查事项逐一缕列问题,以明确调查事实的范围。统计科需将所负责的调查事项分类暂定表式,以作为填写的标准。这些程式化的文本均装订成册、批量印制,由岑春蓂核定后陆续颁行,通饬各地遵照办理。据《湖南调查局调查民事习惯各类问题》所载,调查局将民事习惯分为"人事部"与"财产部"进行调查研究。以"人事部"为例,其又细分为:人、户籍、失踪、代理人、宗族、婚姻、子、承继、家产和遗嘱十大类。各类均设置若干具体调查问题,在某些时人难以理解

---

① 张启后(1873—1944),字燕昌,号若曾,安徽泗州人。光绪三十年(1904),参加殿试,中甲辰恩科二甲第一名进士。散馆授编修,授任湖南检察使、陕西榆林知府。民国元年(1912),中华民国临时政府(北京)时期,任国史馆编修。后得徐世昌召见,授盐务处处长之职,但其推辞不就。1923年,曹锟贿选总统时,每投一票,可得大洋5000元,时启后任国会议员,目睹当时政府腐败,愤然放弃选举权,离北京南下广州。得同榜谭延闿的介绍,参加国民革命军政府。不久,又目睹旧军阀当权,痛感报国无望,于是决心不再参政,归隐山林。经谭延闿一再相劝,一度任安徽省政府秘书长。但仍不能随俗,赴上海攻研书法,以卖字为生。参见翟边:《晚清末科殿试和传胪张启后》,载《江淮文史》2006年第2期。
② [清]岑春蓂:《又奏调编修张启后办理调查局片》,载《北洋官报》1908年第1708期,第4—5页。
③ 《宪政编查馆奏各省调查局章程》,载《北洋法政学报》1908年第53期,第1—3页。

的问题后，还列举一例加以说明，便于调查人员理解运用。如"人"类前两个调查问题为："（一）人自出生后即能享应得知权利否（如小儿出世即能承继其父产之类）；（二）胎儿亦有权利能力否（如胎儿之父为乙伐杀，至胎儿出生后无人抚养，即无形之损害，则对乙有要求损害赔偿之权利之类）"。① 这体现出制定调查问题者具有较高超的法律技术，能够通晓中国传统法律文化和西方现代法律术语。实际上，这种规范、先进的工作方式不仅局限于民商事习惯的调查，也体现在"行政上之沿习及利弊各类问题"的调查。② 《湖南调查局调查民事习惯各类问题（人事部）》"人""户籍""失踪"类中举例说明问题详见表1。

表1 《湖南调查局调查民事习惯各类问题（人事部）》"人""户籍""失踪"类中举例说明问题

类别	条目	问 题	例 子
人	第1条	人自出生后即能享应得之权利否	应得之权利（如小儿出世即能承继其父产业之类）
	第2条	胎儿亦有权利能力否	权利能力（如胎儿之父为乙戮杀，至胎儿出生后无人抚养，即受无形之损害，则对已有要求损害赔偿之权利之类）
	第6条	心神丧失者或浪费者与他人有交涉行为时，是否作为有效	心神丧失（如疯癫白痴之类）
	第7条	心神失者或浪费者，其家属当预为声明，其声明之法如何	声明之法（如禀官存案及通贴广告之类）
	第10条	心神丧失或浪费者被人引诱为不正行为，失去为巨之财产时，父母或代理人可否向引诱人追还？其未给付者可否作罢	不正行为（如嫖赌之类）
户籍	第3条	不知来历之人，约以何人之籍为籍	不知来历之人（如道路弃儿，掠卖之婢仆等类）
	第4条	取得重籍之人，究以何籍为定	取得重籍之人（人有两籍之类）
	第7条	因前项事既得占籍者，旋因离婚或离缘转入他籍，嗣应仍准回复所占之籍否	离缘（如养子归宗回籍之类）

---

① ［清］湖南调查局：《湖南调查局调查民事习惯各类问题》，国家图书馆藏，第1—3页。
② 据《湖南调查府厅州县行政上之沿习及利弊各类问题》所载，调查局将行政调查问题分为七大类，分别为：对于上级官厅、同级官吏、邻封官厅、下级官吏、官厅内外服公务者、地方行政上之沿习及其利弊以及初莅任时行政上之沿习及利弊。其中，"地方行政上之沿习及其利弊"又细分为：内务行政、司法行政、财务行政、教育行政、实业行政、军务行政、交通行政和外交行政等八个具体方面。参见湖南调查局：《湖南调查府厅州县行政上之沿习及利弊各类问题》，国家图书馆藏，第1—2页。

续表

类别	条目	问 题	例 子
户籍	第8条	有无从教之人当居住本地时,必须出籍之习例	从教之人（如入回教、耶稣、天主教类）
	第9条	外属或外省流寓者,已置有不动产,须住居本地若干年始得入籍,其入籍时有无特别限制	不动产（如山林田宅之类）；特别限制（如捐金之类）
	第10条	外来执业不正之人,准其入籍否	执业不正（如娼优隶皂之类）
	第11条	不能自立一户之人,准其入籍否	不能自立一户之人（如流民乞丐之类）
	第12条	地方公事有无限制外籍人不管及与闻之例	如不得充当董事、团保之类
	第13条	未入籍者,于地方上公益之事,亦须尽捐输之义务否	公益之事（如修筑道路桥梁之类）
户籍	第14条	地方公共财产以慈善为目的者,外籍人亦得享有救济之利益否	以慈善为目的者（如恤贫育婴之类）
	第15条	有无本地不动产不许本籍人出卖与外籍人之习例	不动产（如山林田宅之类）
	第17条	丧失国籍之人,尚能取得本地户籍否	丧失国籍之人（如归化外国之类）
失踪	第3条	失踪者无管理其财产之亲族,所有财产应如何处分	如归宗祠或分配其亲戚之类

3. 求速求妥的调查方式

在调查过程中,岑春蓂一方面限定调查期限,明确责任,使地方官皆负有确实调查、迅速报告的责任；另一方面,由湖南调查局选派研习过法政的人员分赴各地调查,将其成果与地方官的报告相互比较,避免地方官虚饰敷衍。所有编制事项均由督抚札饬各府厅州县就近派员调查,统计事项按照宪政编查馆所制定的表式札饬司道及府厅州县各衙门的统计处,派专员就统计事项分别列表统计,并呈送调查局。调查局的调查成果均按类编订,呈由督抚咨送宪政编查馆。调查局的统计成果也分别咨送负责主管的各部院。①

4. 办公保障事宜

在办公场地和经费方面,督抚岑春蓂也十分重视。湖南调查局在抚院附近租赁房屋办公,局中的一切用款,以及开办、常年等经费均由岑春蓂饬令藩司会同各司道以及善后局

---

① 《宪政编查馆奏各省调查局章程》,载《北洋法政学报》1908年第53期,第3页。

筹款。事实上，湖南调查局的开办经费约用银一千三百余两；常年经费除特别临时活支不能预计外，每年约需银一万七八千两。① 岑春蓂还饬令善后局为调查局专门刊刻木质印章一枚，用以昭示信守。②

（三）调查中辍，成果散佚

随着政局变幻，清廷式微，清末的民商事习惯调查工作只好中断。当局于宣统二年（1910年）十月专门召开"湘省局所归并会议"商讨调查局等局所该何去何从。关于湖南调查局的终结，存有两种截然不同的意见：一说认为应当将湖南调查局并入财政公所，另一说则称将调查局并入自治筹办处为佳。③ 不久后，与调查局关系密切的善后局即被并入财政公所。④ 另据《准宪政编查馆奏裁各省调查局变通调查办法》载，宣统三年（1911年）三月十五日，据资政院议决宣统三年预算，决定裁撤各省的调查局。但清廷也清醒地认识到，"调查事宜为宪政要端，断难中辍"，所以采取变通办法，将原属于调查局法制科的事宜并归各省督抚会议厅参事科办理。由于统计事宜尤为重要，因而在各督抚衙门设立专处，定为常设机关，以汇核全省统计。⑤ 然而，湖南调查局最终是否采取此种变通办法，抑或被并入财政公所或自治筹办处，今因史料匮乏已无从得知。

湖南调查局虽仅存不到四年，但其所作的调查工作为北洋政府时期乃至南京国民政府时期开展的民商事习惯调查奠定了良好的基础。湖南调查局调查成果为《湖南民事习惯调查报告》（共含四十处、六十三册，均系问答题）和《湖南商事习惯报告书》（六册，均为陈述体，并附商业习惯条规十二种），后者尤受好评："所立编章节目甚为详尽，末附商业条规约占六分之四"。⑥

有学者认为，《湖南商事习惯报告书》系《湖南民情风俗报告书》之一部分⑦，笔者则认为此说法为谬误。笔者认为，民事习惯、商事习惯等民情风俗虽均由湖南调查局法制科第一股负责，但就《湖南商事习惯报告书》之规模与内容分析，已然十分详尽完备，似无并入《湖南民情风俗报告书》之可能。再者，若如劳柏林先生所言，则《湖南民事习惯报告书》也应为《湖南民情风俗报告书》之一部，然而却在后者中未见到与《湖南调查局调查民事习惯各类问题》相关联的内容。因而，笔者认为《湖南民情风俗报告书》、

---

① 《湘省调查局组织情形》，载《广益丛报》1909年，第210期，第9页。
② 《湘省开办调查局》，载《北洋官报》1908年，第1773期，第8页。
③ 《湘省局所归并之会议》，载《申报》1910年11月28日，第1张后幅第3版。
④ 《咨催船政官轮表册》，载《申报》1910年12月19日，第1张后幅第4版。
⑤ 《准宪政编查馆奏裁各省调查局变通调查办法》，载《东方杂志》1911年，第3期，第4页。
⑥ 《清末湖南省呈报之件》，载《司法公报》1927年，第232期（增刊37），第35页。
⑦ 劳柏林先生认为："《民情报告书》第四章'职业'，按'四'士农工商的序列分列四节，可正文中只写了士、农两节，工、商两节连标题都没有，只在目录中工商两节标题下有'俟续编'三字。由此可知，《商事报告书》是《民情报告书》中的一部分。"参见湖南调查局编，〔民国〕湖南法制院印，劳柏林点校，《湖南民情风俗报告书 湖南商事习惯报告书》，湖南教育出版社2010年版，前言第1页。

《湖南民事习惯报告书》与《湖南商事习惯报告书》应均为独立之报告书,但现今《湖南民事习惯报告书》已佚失。

二、民初湖南民商事习惯之调查

(一) 民初调查之现实需求

民国伊始,为避免缺失规范而引发无序过渡,北京政府颁布《临时大总统宣告暂行援用前清法律及〈暂行新刑律〉令文》,但因《大清民律草案》并未经过法律程序议定颁行,故而临时参议院议决沿用《大清现行律》与《大清新刑律》中的民事相关部分办理民事案件。直至1929年《中华民国民法》颁布为止,残缺的"现行律"民事有效部分,一直是北洋政府时期的实质民法。① 虽然当时的立法机关②尽力编纂各式法典,但从司法实践来看,可援用的民商事法规仍无法满足大量民商事纠纷的调处和审判需求。据《安徽民商事习惯调查会章程及附属规则》载:"查吾国民商事法规,尚未完全,裁判上应依据各种习惯之处甚多。"③ 北京政府司法部代总长单豫升亦言:"审理民事及商事诉讼,每苦无实体法规以为依据,恒用习惯为判案之帮助。有感于调查民商事习惯之关系重大,且足为修订民商法规之资料。"④ 可见,民初开展民商事习惯调查的直接动因不同于清末,乃是在尚未颁行民法典的情况下,为满足民商事纠纷调处和审判之需要而进行的。⑤ 近年,也有学者关注到民初开展民商事习惯调查与编纂法典及收回治外法权之间的密切关系。⑥

基于上述情形,奉天省高等审判厅率先呈请北京政府司法部设立民商事习惯调查会。司法部在批文中称其"所见极是,殊堪嘉奖……自应照准。"民国七年初,司法部发布《通令各省高审厅处仿照奉天高审厅设立民商事习惯调查会,并限自令到日起四十日以内报部》的训令⑦,由此展开民初民商事习惯调查之事务。

---

① 马建红:《清末民初民事习惯调查的勃兴与民间规范的式微》,载《政法论丛》2015年第2期,第97页。
② 民国元年 (1912年) 即成立"法典编纂会",民国三年 (1914年) 又将其改称为"法律编查会"。民国七年 (1918年) 取消"法律编查会",重组"修订法律馆"。
③ [民国]北洋政府:《安徽民商事习惯调查会章程及附属规则》,见《民商事习惯调查录》,载北洋政府编:《司法公报》第242期,第48页。
④ 单豫升:《民商事习惯调查录 (序)》,见《民商事习惯调查录》,载北洋政府编:《司法公报》第242期,第1页。
⑤ 眭鸿明:《清末民初民商事习惯调查之研究》,法律出版社2005年版,第28页。
⑥ 马建红副教授敏锐地观察到民商事习惯调查与收回治外法权之间的关系,她认为:在1921年底召开的华盛顿限制军备会议上,各国将中国司法体系达到法律科学的水平作为放弃治外法权的先决条件,因而促使北洋政府调查民商事习惯,编纂民刑各法典。最终,前清民律草案、调查各省民商事习惯及各国最新立法例,构成1926年民律草案的渊源。参见马建红:"清末民初民事习惯调查的勃兴与民间规范的式微",载《政法论丛》2015年第2期,第99页。
⑦ 单豫升:《民商事习惯调查录 (序)》,见《民商事习惯调查录》,载北洋政府编:《司法公报》第242期,第1页。

同年，南方护法军与北洋政府军在湖南的大战爆发，湖南境内战乱迭起。[①] 虽然湖南高等审判厅在当年十二月十三日，即向北京政府司法部呈送了《遵设民商事习惯调查会，拟定章则及支费预算请核》一案，但由于时局复杂，战事频发，湖南高等审判厅的厅员星散他方，加之各厅县与长沙之间交通闭塞，一时间难以依托湖南高等审判厅组建民商事习惯调查会。考虑到"与其编纂简陋，有误将来法典之根据，何如暂缓设立之为愈"，直至民国八年（1919年）三月十五日，湖南民商事习惯调查会才正式成立。三日后，调查会将包括成立日期、职员名册、指派缘由在内的相关成立信息呈报至司法部。八月三十一日，经司法部第一二九二五号指令备案，作为调查会纲领性规范的《湖南民商事习惯调查会章程及附属规则》方得正式确立。[②]

（二）调查会之组成及调查事宜

1. 附设于高审厅的组织架构

较之清末湖南调查局开展的调查活动，民初的湖南民商事习惯调查更为纯粹，其调查内容仅限于民商事习惯，并未包揽一切民情风俗或行政沿革利弊等，其组织架构也依托于高等审判厅这一官方司法机关。调查会附设于湖南高等审判厅内，主要由会长、会员、常任调查员、编纂、文牍和庶务等人员构成。调查会会长由高等审判厅厅长兼任。会员则由当然人选和自愿人员组成，并无定额。湖南各级审判厅厅长、推事及兼理司法的各县知事、承审员作为当然人选担任。各级检察厅检察长、检察官及审检各厅书记官自愿加入的，也可成为会员。常任调查员（亦称"专任调查员"）为会长选派的专职人员，由黄岩和高等审判厅书记官长董祺担任，月薪三十元，主要负责实地调查民商事习惯。编纂员四人，皆由会长指定的高等审判厅庭长及地方厅厅长或庭长兼任，负责对会员及调查员的报告随时汇订，最终交由会长汇核。文牍及庶务的主任由会长指定的高等审判厅书记官兼任。此外，还设有负责缮写事宜的雇员。

2. 清晰的调查内容与标准

调查会首先明了调查对象为民事习惯和商事习惯。调查范围具体为以下四个方面：一是由天灾兵乱或历史事实相沿所生的各种习惯；二是不论是否为善良习惯，只要足以成为习惯的与民商事件相关的权利、义务；三是各地域的不同习惯；四是同一地域内两种截然相反的习惯。其次，在判别标准上，调查会采取书类证明和先例证明两类标准。各官署文件、农工商会及自治团体文件、民间缔结契约（如婚姻、继承、亲属等各种书类）皆可

[①] 1918年，北京政府明令对南方用兵，特派曹锟为两湖宣抚使，张敬尧为援岳前敌总司令，兵分四路向湖南进军。3月，南北两军大战爆发。程潜率湘南游击司令李仲麟部与张敬尧部接战。之后屡战屡和，湖南时局颇为复杂。

[②]《湖南民商事习惯调查会章程及附属规则》，转引自前南京国民政府司法部编，胡旭晟、夏新华、李交发点校：《民事习惯调查报告录》，中国政法大学出版社1998年版，第1084—1085页。

作为书类证明的载体。先例证明则是因无书类可供证明，但却有具体事实可以证明为习惯的先例。

3. 综合的调查方式与程期

调查会较之清末调查局，显现出更为浓厚的专业色彩和官方色彩，可分为日常编录、实地调查、协助调查三类。因调查会的会长、会员等基本上为审判厅、检察厅组成人员，故而最基础的调查方式为记录经办案件中的民商事习惯。《调查规则》中明确规定："会员应各就经办民商事案件随时留心观察，如有发见某项习惯者，应勤加记录。其于经办案件外别有积习该地习惯者，亦应一并记录。""同一案卷中之习惯，在合议庭时由主任推事编录之；若案件不同之同种习惯，凡同厅各推事可各任编录之责，俾得互相参考。前项规定县知事与承审员准用之。"① 除日常编录外，调查会还采用常任调查员实地调查的方式。当会员发现某种习惯，但无法确定其真实性或具体情形时，可报请会长派常任调查员前往调查。调查完毕后，调查员必须从速汇报，除去路程耗时外，最多不得超过一周时间。此外，会员在必要时也可函请各处工农商会、地方士绅协助调查。由湖南高等审判厅管辖的律师公会，如发现民商事习惯，也可将其撰为报告书，函送调查会参考。

在调查程期方面，调查员将调查所得分类汇集、编订成册，并于册面注明"调查员某某编录"字样，每二个月报告一次。各会员将调查所得分类汇编，并于册面注明官衔、姓名，每年一月和七月各报一次。调查会每半年编纂一次调查成果，分送各会员，并交由高等审判厅分送司法部修订法律馆、大理院。

4. 办公经费事宜

调查会的办公经费主要从律师登录费及讼费中支出。调查局的开办经费为百元左右，每月支用约二百余元，皆从当时所存的律师登录费票洋三百二十余元及随时收入的律师登录费中支付。不足部分由讼费项下截留弥补。在预决算方面，由高等审判厅厅长编制预算，呈请司法部拨给。庶务员每月负责编制决算（支销计算书），连同收据汇送司法部查核。

（三）调查会之成果

1921年以后，由于时局变换，全国范围内的民商习惯调查逐渐趋于沉寂。正如北京政府司法部参事汤铁樵所言："各省除边远外，络绎册报，堆案数尺，浩汗大观。十年以后虽经继续得报，然以时局纠纷而渐希矣。"② 因缺乏相关史料，湖南民商事习惯调查局终结的确切时间笔者暂无法判定，但结合湖南省宪自治运动的进展情况，笔者推测调查会的

---

① 《湖南民商事习惯调查会章程及附属规则》，转引自前南京国民政府司法部编，胡旭晟、夏新华、李交发点校：《民事习惯调查报告录》，中国政法大学出版社1998年版，第1086—1088页。
② 汤铁樵：《各省区民商事习惯调查报告文件清册叙》，见《各省区民商事习惯调查报告文件清册》（第1期），载北洋政府编：《司法公报》第232期。

活动在民国十年（1921年）左右停止。① 据《各省区民商事习惯调查报告文件清册》所载，湖南民商事习惯调查会共向司法部呈报二期报告书，其中，关于物权习惯共计四十四则，债权习惯共计四十八则，亲属继承习惯四十六则，民事习惯共计一百三十八则。② 因清末湖南调查局编撰的《湖南民事习惯调查报告》已佚失，无法与之进行文本对比，但较之湖南调查局与湖南民商事习惯调查会的组织人员配置、调查方式、调查内容及时代背景等，笔者认为民初形成的两期《湖南民事习惯调查报告录》应比清末之调查报告更为详实准确，其为目前研究湖南民事习惯最权威的材料。

三、民商事习惯调查之特征、反思与启示

（一）湖南民商事习惯调查之特征

其一，调查问题的设置及整理呈现中西合璧之特质，且以西法为主。西方现代法律语言与中国传统法律术语在调查问题中并行不悖，体现出时人的国际视野与本土情怀，更彰显出立法者渴望弱化法律移植中排异反应所做出的最大努力。以《湖南调查局调查民事习惯各类问题》为例，调查局将民事习惯分为"人事部"与"财产部"进行调查研究。其中，"人事部"其又细分为：人、户籍、失踪、代理人、宗族、婚姻、子、承继、家产和遗嘱十大类。明显是以西方现代民法的基本体系为架构，但亦将中国传统法治文化中的宗族习惯法及婚姻习惯等融入调查。

其二，商事习惯调查成绩尤为显著。在清末各省调查局呈报的文件中，较之民事习惯调查报告，商事习惯调查报告甚少。据《各省区民商事习惯调查报告文件清册》记载："商事习惯调查文件仅有直隶、江苏、浙江、福建、湖南、四川、广东、广西、贵州、奉天、吉林等十一省共计五十三册，其余各省均缺。查所缺诸省所辖境内皆有重要商埠，而商事习惯之调查亦无片纸只字足资考镜，可谓缺憾。"③ 湖南调查局编印的《商事习惯报告书》，无论从呈送数量还是编制质量上看，放眼全国可谓数一数二。《湖南商事习惯报告书》共六册，均为陈述体，并附有商业习惯条规十二种，尤受好评："所立编章节目甚为详细，末附商业条规约占六分之四"。④ 在固有观念中，徽商、晋商、浙商和粤商在传统商界独占鳌头，湖南似乎是政绩军功优于经济贸易之地，然而《湖南商事习惯报告书》所

---

① 1920年11月，赵恒惕被广州军政府任命为湘军总司令，开始启动自治。次年初，成立"湖南自治法筹备处"制定湖南省宪，同年末，省宪经公投获得通过。湖南逐渐发展成独立于中央之趋势，省宪自治时期司法独立得以相当程度之发展，由机构独立、权力独立、法官独立等意涵演变为湖南本地的司法机关独立于中央司法机关之外。参见丁德昌：《民初湖南省宪自治研究》，上海人民出版社2011年版。陈建平：《湖南省宪研究》，法律出版社2009年版。

② 前南京国民政府司法部编，胡旭晟、夏新华、李交发点校：《民事习惯调查报告录》，中国政法大学出版社1998年版，第348—982页。

③ 参见《各省区民商事习惯调查报告文件清册》，载北洋政府编：《司法公报》第232期。

④ 《清末湖南省呈报之件》，载《司法公报》1927年第232期（增刊37），第35页。

展现出的全面翔实的商业条规足以证明近代湖南商业之发达,"湘商"亦可谓"国商"。清末各省区呈报商事习惯调查报告文件统计详见表2。

表2 清末各省区呈报商事习惯调查报告文件统计表①

省区	名称	册数	体例
顺天府	无	缺	无
直隶省	邯郸县商事习惯报告书	1	问答题
山东省	无	缺	无
河南省	无	缺	无
山西省	无	缺	无
陕西省	无	缺	无
甘肃省	无	缺	无
新疆省	无	缺	无
安徽省	无	缺	无
江西省	无	缺	无
江苏省	江宁商务总会调查商业习惯清册	1	无
浙江省	浙江杭州商务总会调查商事习惯报告书	2	问答题与陈述体各1册
福建省	闽省商业研究所调查商事习惯总册、厦门调查商事习惯册、闽商习惯简明答复、福建商事习惯文件	4	陈述体1册 问答体2册 汇编文件1册
湖北省	无	缺	无
湖南省	湖南商事习惯报告书(附商业条规12种)	6	陈述体
四川省	四川商事习惯报告书	2	陈述体
广东省	广东省垣及各府县共21处商事习惯报告书、清册、问题册、答复、答案册	28	陈述体6册 问答体22册
广西省	广西省商事习惯报告书	2	陈述体
云南省	无	缺	无
贵州省	贵州调查员造呈商事习惯前册	1	问答体
奉天省	奉天调查局法制科调查商事习惯报告册	5	问答体
吉林省	吉林调查局商事习惯报告册	1	无
黑龙江省	无	缺	无

---

① 表2根据《各省区民商事习惯调查报告文件清册》整理,故各省区名称依照该《清册》记载之名称。参见《各省区民商事习惯调查报告文件清册》(第1期),载北洋政府编:《司法公报》第232期。

其三，善于取法他省，以求调查之完备。光绪三十四年（1908年）八月初九日，湖南调查局草创伊始，由于调查表式等重要文件尚未收悉，故而诸多应办事宜久未实施。总办张启后面请岑春蓂致电宪政编查馆，请其速将各类表式寄往湖南。但因路途遥远，期程需半月有余，张启后又立即联络南洋、北洋及湖北等地之调查局，请其将该省所撰的各类表式一律咨送一份至湖南调查局，以为借鉴。① 可见，在湖南调查局的工作中，其不仅遵循中央机关的指导，还会主动借鉴他省调查局的经验。

（二）反思与启示

2017年《民法总则》正式公布施行，学界对以此为代表的民法典编纂工作褒贬不一。诸多学者认为，《民法总则》虽为鸿篇巨制，却是一部西方民法大拼盘，未能足够尊重中国国情。"民法典时刻"的到来，似乎给法史学人注入一剂强心剂。② 如何走出法律东方主义之迷思，增加民法典编纂的传统考量，提高其本土性或民族性调适度，在民法典制定过程中体现法律史的学科价值，成为诸多学者思考与争鸣的焦点。民商事习惯作为本土文化的重要载体，自然成为这场大讨论的宠儿。关于民商事习惯的地位与作用，抑或对于清末民初民商事习惯调查意义与价值的评价，法律史学者形成观点截然不同的两派——理想派与现实派。理想派认为民商事习惯至关重要，是解决移植法制与民族伦理冲突的良方，可以经过系统的整理、遴选和确认后融入民法典，即：构建民商事法律关系中的习惯规则确认程序。③ 并且"应当由国学、法律史两界学人合作起草一部体现中国文化自觉或中国人伦价值自觉且无悖于现代自由权利共同价值的民法典草案。"④ 而现实派则认为："当下编纂民法典的立法时间表似乎不允许法律家回过头对固有法进行梳理、总结。但当下至少应该不要误读固有法，可以在民法中给固有法留下嵌入的空间，让司法实践和学术探讨慢慢积累，逐渐形成对固有法的学术总结和现实转化"⑤，"不仅要研究、发现许多传统民事法律文化习惯，也要研究这些习惯该不该进入民法典，怎样影响民法典的编纂"。⑥

意大利历史学家克罗齐有言"一切历史都是当代史"。回顾清末民初两次大规模民商

---

① 《湖南调查局请颁表式》，载《时报》1908年9月4日，第5版。
② 姚中秋教授批判道："本来，民法典编纂是整个法学界的事情，是理论、历史发挥作用之良机，至少是理论发展的良机，但法理、法史学却无言。民法学培养出来的法律工程师们就凭着其狭窄的专业知识大胆施工，在中国大地上造作他者的法典。"马小红教授也反思道："如果法史学科在民法典编纂过程中不能发挥作用，那这个学科存在的价值何在？"参见姚中秋：《在'民法典时刻'反思法史学科》，载马小红、孙明春编《民法典编纂的历史之维》，北京大学出版社2017年版，第2—3页。
③ 蒋传光：《民事习惯在民事立法中的地位与价值》，载马小红、孙明春编《民法典编纂的历史之维》，北京大学出版社2017年版，第26页。
④ 范忠信、黄东海：《传统民事习惯及观念与移植民法的本土化改良》，载《法治现代化研究》2017年第2期，第72页。
⑤ 张生：《民国民法的制定：从'会通中西'到'比较立法'》，载马小红、孙明春编：《民法典编纂的历史之维》，北京大学出版社2017年版，第98页。
⑥ 参见马小红、孙明春编：《民法典编纂的历史之维》，北京大学出版社2017年版，第154页。

事习惯调查，不难发现，即使所处之背景、调查之起因不同，但皆工程浩大、成果繁多，最终也均未能对当时之民法典编纂起到实质性作用。据张生教授考证，在《中华民国民法典》编撰时，主张固有文化融入民法典的起草委员林彬曾与崇尚西方法文化的起草委员史尚宽有过争议，试图以固有法来辩驳外国民法，但最终还是史尚宽取得了压倒性胜利，且在《中华民国民法典》中，存在一些假采固有法之名曲解固有法的条文。①

胡旭晟教授当初点校《民事习惯调查报告录》之际，就曾发出"现今的民法学者对20世纪上半叶国人创制民法典的经验教训了解多少？对中国传统社会的民商事习惯有过多少研究？又有几人考察过现今民间生活中的民商习惯？又有谁来发起当代中国的民商事习惯调查运动"②的世纪之问。时移世易，二十余年弹指一挥间，笔者不禁思索起那个困扰诸多学者的问题——什么是你的贡献？一个时代有一个时代的问题，一代人有一代人的使命。

以史为镜，可以为鉴。如何避免此类问题出现在当前民法典的制定中？笔者认为应当采现实派之客观、冷静的态度，应否将民商事习惯融入民法典与是否应进行民商事习惯调查研究是两个维度的问题，前者或许存在争论，但后者无疑是十分必要的。民商事习惯作为"活法"的重要组成部分，有其顽强的生命力和独特的影响力。清末民初民商事习惯调查的成果现今的有效部分究竟还有几何？怎样看待它们和现行民商事法律的差异与冲突？现今的民事习惯与百余年前的习惯有何承与变？民商事习惯自身的灵活性、多样性与法典的稳定性、普适性之间的冲突如何解决？这些都是亟待研究的课题。或许我们应当以平和的态度对待此次民法典的编纂，以积极的态度投入民商事习惯的整理与研究中，对其进行批判和转化。

党的十九大报告指出，要加强社会治理制度建设，完善社会治理体制。然而，当前基层利益诉求多元化、治理体系不健全，基层治理难度不断加大。故而亟须重新考察现今地方（包括湖南）民商事法律规范的本土根基或土壤问题，寻求移植民商事法制与本土传统习惯之间的调适之方。《湖南省乡村振兴战略规划（2018—2022年）》③明确要求"夯实乡村治理基础，坚持自治、法治、德治相结合。深入挖掘乡村熟人社会蕴含的道德规范，结合时代要求进行创新。引导农村形成和谐文明、健康淳朴的乡风民俗。"面对新时期矛盾纠纷主体多元化、成因复杂化等特点，有效提升基层社会治理水平，不仅要采用现代化的方式，更应从历史中寻求经验。身处于新时代法治湖南建设的瓶颈期、攻坚期，湖南本

---

① 张生：《民国民法的制定：从'会通中西'到'比较立法'》，载马小红、孙明春编：《民法典编纂的历史之维》，北京大学出版社2017年版，第93—97页。
② 胡旭晟：《20世纪前期中国之民商事习惯调查及其意义》，载《湘潭大学学报（哲学社会科学版）》，1994年第2期，第8页。
③ 湖南省人民政府网：《中共湖南省委湖南省人民政府关于印发〈湖南省乡村振兴战略规划（2018—2022年）〉的通知》，载 http://www.hunan.gov.cn/xxgk/wjk/swszf/201812/t20181212_5233648.html，访问日期：2019年8月1日。

土的法史学人有责任深耕地方法史,系统整理、研究湖南民商事习惯。当现有的基层治理体系无法满足多元化的利益诉求,当未来民法典的适用遭遇瓶颈,需要民商事习惯进行调适时,我们便可欣然为民法界、司法界提供一份极具参考价值的解决方案。

The Research and Significance of Hunan Civil and Commercial Customs Inve stigation in the Late Qing Dynasty and the Early Republic of China

Xia Xinhua   Chen Renpeng

Abstract: With the deepening of the construction of rule of law in Hunan and the reform of grass – roots governance, it is impossible to solve the social contradictions such as pluralistic civil and commercial disputes solely by state – enacted laws. The investigation of civil and commercial customs at the end of Qing Dynasty and the beginning of Republic of China is the effort and contribution made by predecessors to improve civil and commercial legislation and judicature. Based on abundant historical materials, this paper clarifies the real situation of the investigation of Hunan's civil and commercial habits, reviews its origin, organizational settings, investigation methods, investigation process and investigation results, and summarizes its characteristics. At the same time, from the perspective of local legal history researchers, this paper reflects on the relationship between the current compilation of civil code, the modernization of social governance system and the investigation and study of civil and commercial habits. It holds that civil and commercial habits are a good way to remedy the shortcomings of civil code and an important carrier to inherit traditional culture. Therefore, legal historians should actively invest in the collation and research of civil and commercial habits and criticize them. Conversion, with a view to contributing to the construction of the rule of law.

Key words: Late Qing Dynasty and Early Republic of China; Hunan; Civil and Commercial Habits; Investigation

多元协作框架下网络餐饮第三方平台的治理路径[*]

尚海涛^{**}

摘　要　随着大数据和算法逻辑的发展，第三方平台逐渐成为网络餐饮交易的实际控制者。在实用主义的指引下，监管部门从自身利益出发，着力构建第三方平台的外部规制，而忽视了平台的内部规制和合作规制，由此导致治理体系出现义务失衡和治理缺位。第三方平台治理体系的优化，既要鼓励技术创新和经济效率，也要做到风险防控和权利保护，就需要坚持精准性和技术性原则，合理设定第三方平台法定义务的边界；坚持多元协作和激励性原则，适度规制平台私权力，并助推多源数据体系的开放共享。

关键词　第三方平台　多元协作　平台私权力　数据共享体系

随着互联网经济的蓬勃发展，网络餐饮平台异军突起，在迎合民众多样化、便捷化需求的同时，也带动了传统餐饮、送餐包装等业务的快速增长，从而成为创新商业模式、推动经济社会发展的新动能。2019年我国网络餐饮平台用户达4.6亿，平台交易额6536亿元，网络餐饮收入占餐饮业比重升至12.4%。① 自2015年起，国家陆续修改并颁布了《食品安全法》《电子商务法》《网络食品安全违法行为查处办法》（以下简称《查处办法》）、《网络餐饮服务食品安全监督管理办法》（以下简称《管理办法》）② 等法律和部门

---

* 基金项目：国家社科基金重大项目《民间规范与地方立法研究》（项目号：16ZDA070）。
** 尚海涛，法学博士，天津师范大学法学院副教授，硕士生导师。
① 相关数据具体参见《中国共享经济发展年度报告（2020）》《中国外卖产业调查研究报告（2019年前三季度）》、《第45次中国互联网络发展状况统计报告》和《2019年及2020年上半年中国外卖产业发展报告》。
② 需要说明的是，虽然《查处办法》与《管理办法》皆由国家市场监督管理总局所制定，但两者之间是一般法与特别法的关系，即对于网络餐饮服务，一般适用《管理办法》，只有当《管理办法》无相关规定时，方适用《查处办法》。

规章，明确并强化了第三方平台的主体责任和安全保障义务。尽管已有上述制度规范，但通过各地的执法和司法实践发现，我国网络餐饮在整体向好的同时，仍有诸多痼疾亟待解决，如第三方平台还存在算法偏颇、强制独家经营等行为；而监管部门则陷入"回避"和"转嫁"自身监管义务的困境。① 究其原因，网络餐饮的当前问题，并非全然因为法律规制不足，而更主要源于现行法律规制理念的偏差。基于此，本文即在揭示现有问题的基础上，探索构建以精准性和技术性、多元协作和激励性为主导理念的法律规制新体系，既契合强化消费者保护的价值需求，又回应鼓励第三方平台创新发展的政策导向。

一、网络餐饮第三方平台的法律治理

随着网络技术和移动智能设备的革新，第三方平台已成为网络餐饮经济最显著的标志。"过去的工业革命以工厂为中心，而当代经济变革则主要围绕网络平台展开"。② 在早期时，第三方平台主要是信息汇集的虚拟空间，典型如大众点评网，所提供的主要是餐饮信息和餐饮评价，而对餐饮交易并没有深度介入。其后，随着人工智能技术的发展，第三方平台对餐饮交易的组织和控制越来越强，开始"提供包括支付、物流、认证、技术服务、纠纷解决等在内的经营活动"③，实现了平台内部数据流、技术流和资金流的合一，平台亦逐渐发展为新型的经济组织形式。与此同时，国家法律亦开始将网络餐饮平台视为独立的经营者，并以"网络餐饮服务第三方平台提供者"予以界定。

第三方平台的崛起改变了线下餐饮的资源组织和信息交换方式，并对既有法律体系提出了新要求。新修订的《食品安全法》规定了第三方平台的信息审查义务，即审查登记、信息公示、发现报告和停止服务，其后的《查处办法》《管理办法》和《电子商务法》，则在此基础上进一步强化和扩张了第三方平台的义务范围。一是将信息审查义务扩展为安全保障义务，在既有信息审查义务的基础上，将网络餐饮平台安全机制建设义务纳入其中。二是将信息审查义务中的"形式审查"升级为"实质审查"，且规定要及时更新，从而第三方平台需要承担持续性的线上和线下审查义务。三是将发现报告义务中的被动通知转换为主动监测，第三方平台需要对平台商家的经营行为进行抽查和监测，并对涉及食品安全的投诉举报要及时处理。

监管部门之所以强化和扩张第三方平台义务，主要源于三方面的现实考虑：一是监管部门囿于信息技术和执法资源的限制，无法全面有效地监管网络餐饮交易。网络餐饮具有交易风险隐蔽、业态规模各异、金额小但数量大的特色，而我国餐饮监管体制欠账巨大并

---

① 相关问题参见杨皓：《外卖帝国在破败商区的"完美"蜕变》，载《检察风云》2018年第24期；张涛：《餐饮协会怒怼外卖平台是一封举报信》，载《嘉兴日报》2020年4月13日第2版；廖海金：《外卖健康证乱象亟需治理》，载《中国质量报》2019年6月5日第4版等。

② Kenney, Martin, J. Zysman, The Rise of the Platform Economy: 32 - 3, Issues in ence and technology, 63 (2016).

③ 赵鹏：《平台、信息和个体：共享经济的特征及其法律意涵》，载《环球法律评论》2018年第4期。

沉疴已久，从而使得单一监管主体、有限监管资源的政府机关面对线上监管往往力不从心。此时，将监管对象从数量庞大的平台商家转换为数量有限的网络平台，就成为极具诱惑的监管选择。二是借助于大数据和算法技术，第三方平台能够全面监测网络餐饮交易。作为信息服务的提供者和网络餐饮交易的控制者，第三方平台拥有良好的信息技术和交易管理经验，在成本收益上比监管部门更有优势，在发现和制止违法行为方面，也远比监管部门更有技术和方法。且"由平台来监控亦避免了在证据调查、事实认定和与被处理当事人交涉过程中的一系列成本。"① 三是监管部门赋予第三方平台一定的监管职责，还能够鞭策和激励平台更好地管理平台企业，有效避免商业舞弊和监测俘获行为的发生②。同时，也可以分散公众因网络餐饮事故频发而对监管部门的不满情绪。

二、第三方平台的二元治理体系

随着第三方平台的资源集成和配置效应日益凸显，我国网络餐饮法律规制的重点，也从餐饮商家转到第三方平台，并形成了事实上的二元治理体系：一是第三方平台的外部法律规制，表现为政府对第三方平台所设定的法律义务；二是第三方平台的内部规范规制，表现为平台制定的内部治理规则。

（一）第三方平台的外部法律体系

第三方平台的外部法律规制主要体现为平台所担负的法定义务和法定责任。平台的法定义务主要包括建设餐饮安全机制的义务和对平台商家的监督管理义务两部分。建设餐饮安全机制的义务具体包括备案义务、网络技术保障义务、建立网络餐饮安全档案和记录的义务、建立网络餐饮安全管理制度的义务。第三方平台通过安全机制建设可以预防潜在侵权行为的发生，由此建设餐饮安全机制就主要是一种防范危险发生的义务。对平台商家的监督管理义务具体包括审查证照的义务、信息公示的义务、抽查监测的义务、违法报告的义务、停止服务的义务和忠实告知的义务。以阶段划分，则审查证照和信息公示属于事前阶段的义务，主要是将潜在的侵权者阻挡于平台之外；抽查监测、违法报告和停止服务属于事中阶段的义务，主要是防止侵权行为的继续发生；而忠实告知则属于事后阶段的义务，主要是让平台及时将关键信息提供给消费者，以方便消费者获得赔偿。

通过裁判文书网中既有的第三方平台案例，建设餐饮安全机制的义务属于柔性义务，鲜有第三方平台因此而受到行政处罚；而平台商家的监督管理义务则属于硬性义务，尤其是审查登记和信息公示义务，大部分行政处罚和行政诉讼因此发生。如美团在2018年共被处罚64次罚款650余万元，其中有41次是因为平台未审查商家的食品经营许可证，被

---

① 赵鹏：《超越平台责任：网络食品交易规制模式之反思》，载《华东政法大学学报》2017年第1期。
② 商业舞弊和监测俘获都由第三方平台工作人员的参与，为此饿了么和美团等第三方平台都成立廉政部门，重点整治内部人员利用职权恶意刷单、上线违规餐厅等行为，并将相关线索向公安机关报案。

罚款 359 万元。① "食品经营资质问题仍然是网络餐饮服务第三方平台最常见、最严重的问题。"②《食品安全法》第 131 条规定，第三方平台未尽监督管理义务的，应同时承担民事责任和行政责任，因此对平台商家的监督管理义务既是民事义务，同时也是行政义务。此外，第三方平台还承担一定的约定义务，即第三方平台承诺消费者所应担负的义务，如美团和饿了么所规定的先行赔付，即属于约定义务。

第三方平台的法定责任包括民事和行政两种责任类型。民事责任主要体现为第三方平台应承担的连带责任和不真正连带责任。连带责任是由于第三方平台没有履行审查证照等法定义务，主观上具有故意或过失的可归责性，基于共同侵权行为而需要承担的法定责任。不真正连带责任则是由于第三方平台不能提供商家的真实名称和联系方式等而需要承担的法定责任。在"高超诉上海拉扎斯信息科技有限公司服务合同纠纷案"中，由于饿了么未能提供平台商家的有效联系方式，因此法院判定饿了么向原告高超除返还购物款外，另行支付赔偿金 1000 元。③

行政责任主要是第三方平台违反上述法定义务而担负的行政法上的责任，包括责令改正、没收违法所得、罚款、责令停业、吊销许可证等。在"喜呈电子商务有限公司诉仙居县市场监督管理局处罚案"中，由于第三方平台喜呈电子商务有限公司未审查平台商家的食品经营许可证，被仙居县市场监督管理局处 50000 元罚款。④ 由以上分析可以看出，以《食品安全法》《电子商务法》和《管理办法》为基础，我国已经构建起一个以第三方平台为中心的义务责任体系。在这一体系中，监管部门借用第三方平台在审核、公示、监测、发现等方面的信息优势，要求第三方平台积极开展内部治理，有效保障了正常的网络餐饮交易秩序。

(二) 第三方平台的内部规范体系

随着第三方平台担负起本应由监管部门承担的部分职责，"平台就具有了自身运营的管理权和政府转加的公法审查权，形成了日益庞大的、具有某种公权特征的私权力。"⑤

一是第三方平台具有制定平台架构和平台规则的私权力。首先，平台架构是平台规则的基础，"考虑到架构所内在的高效率和强制性，隐形的'架构'是网络平台规制的优先选择。"⑥平台架构涵盖的范围较广，既包括微观的代码设计、传感器和摄像头，也包括宏

---

① 具体参见北京市食品药品安全法治研究会：《网络餐饮消费维权舆情数据报告（2018 - 2019）》，https://www.sohu.com/a/322647301_99927860，访问日期：2020 - 8 - 25。
② 刘柳：《网络餐饮服务第三方平台资质审核义务"履行难"困境及大数据实施对策》，载《法学论坛》2020 年第 2 期。
③ 具体参见上海市普陀区人民法院（2017）沪 0107 民初 18804 号民事判决书。
④ 具体参见浙江省仙居县人民法院（2017）浙 1024 行初 29 号。
⑤ 马长山：《智能互联网时代的法律变革》，载《法学研究》2018 年第 4 期。
⑥ 许可：《网络平台规制的双重逻辑及其反思》，载《网络信息法学研究》2018 年第 1 期。

观的传输协议、操作系统和应用程序，而其内核则是数据评分机制，借由平台用户的行为数据和数据评分实现对平台内多元主体的规制，从而使得基础架构成为能够自我执行且不以平台用户意志为转移的"法律"。其次，平台规则是显性的平台架构，"平台规则也不同于平台架构，是规范性而非技术性的，尽管架构可以被用于实施规则。"① 无论是美团还是饿了么，都制定了大量的平台规则，这些规则涵盖用户服务协议、隐私政策、点评规则、用户诚信公约、安全管理办法、侵权投诉须知等多方面的内容。一方面，平台规则与国家法律不同，平台主要通过与用户签订协议的方式获得规制依据，且平台用户缺乏实质的参与能力。另一方面，平台规则包含大量义务性条款，对用户权利进行了多方面的实质限制，有许多措施类似于单方强制性的行政处罚和行政强制。

二是第三方平台具有实施平台规则的私权力。第三方平台既是平台规则的制定者，也是平台规则首当其冲的实施者，"在规则的执行上，平台展现出刚性和理性并存的特征"②。首先，第三方平台建立了证照审核、信息公示等机制，从源头上预防高风险商家入驻平台，从而大量餐饮安全风险在这一环节被阻挡于平台之外。其次，第三方平台充分利用信息技术优势，通过定期抽检、神秘买家等机制对平台商家进行全面监管。第三方平台对用户采取的技术监测方式使得平台规则的实施具有低成本、高效率和高确定性的特征。最后，第三方平台通过主动监测和消费者投诉发现违法事实，从而启动对平台商家的阶梯式处罚。第三方平台通过警告等声誉型处罚实现了对平台商家的社会控制，通过下架违规商品、置休店铺等限制服务型处罚实现了对平台商家的信息控制，通过下线活动、下线店铺等财产型处罚实现了对平台商家的经济控制。

三、当前网络餐饮第三方平台治理中的问题及表现

当前网络餐饮第三方平台治理体系虽然取得了一定成效，但在运行过程中仍有诸多痼疾亟待解决，这集中表现为外部法律体系中的义务失衡和内部规范体系中的治理缺位。

（一）第三方平台外部法律体系中的义务失衡

考虑到第三方平台并不属于公共属性的监管部门或公益团体，本质上它仍是以获利为目的的营利法人，因此外部法律体系就需要权衡第三方平台所担负义务的合理范围及其限度。

一是审核登记公示义务中"线下真实"的确立标准不尽合理。依据《食品安全法》等法律法规，第三方平台负有审核登记公示的义务，即审核平台商家的食品经营许可证，登记和公示商家的名称、地址、法定代表人、量化分级信息等，并保证审核登记公示的信

---

① 邱遥堃：《论网络平台规则》，载《思想战线》2020年第3期。
② 姚辉、阙梓冰：《电商平台中的自治与法治——兼议平台治理中的司法态度》，载《求是学刊》2020年第4期。

息真实。对于"信息真实"的标准主要有三种解释：其一，"合理真实"标准，即第三方平台只要尽到合理注意义务，对平台商家所提供的证照、地址等信息进行了谨慎审查，第三方平台就不应对平台商家因造假欺骗而承担法律责任。① 其二，"线上真实"标准，即第三方平台除了尽到合理注意义务外，还要将商家提供的营业执照、食品经营许可证等信息与监管部门的数据库进行比对，两者一致方能入驻平台。若餐饮商家套用他人许可证，由于许可证本身是真实的，则第三方平台不需要承担法律责任。其三，"线下真实"标准，即第三方平台除了线上比对外，还需要线下核验，确保线下营业主体、经营场所、经营项目与许可证内容的一致性，否则就要承担法律责任。其中，"合理真实"属于形式真实的范畴，而"线下真实"和"线上真实"则属于实质真实的范畴。

实践中监管部门多支持实质真实的标准，如"李杰明诉上海拉扎斯信息科技有限公司服务合同纠纷"一案，原告李杰明发现涉案商家其经营地址与平台公示的地址不一致，即向普陀区市场监督管理局举报，该局调查后责令被告饿了么对商家下线处理。② 但是，若全部采纳实质真实的标准，就会过分加重第三方平台的义务负担。一方面，虽然有些地区的监管部门和第三方平台进行了数据库对接，但全国统一的大数据平台尚未建立，且许多地区监管部门的基础数据还存在一定质量问题，无法向第三方平台开放其数据库以协助平台完成资质审核义务。另一方面，第三方平台去商家实体店逐一核验信息，既面临执法权限的障碍，也涉及巨额实施成本的问题。

二是第三方平台的监测－制止义务难以落实。《食品安全法》等法律法规不仅规定了第三方平台的抽查监测义务，还进一步规定平台在发现商家违法时应及时制止，并向所在地的监管部门报告，严重时应停止平台服务，即"监测－发现－制止－报告－停止"的义务。实践中，第三方平台履行此项义务面临三重困境：其一，第三方平台无法全面抽查监测平台内部的海量经营行为。当前美团和饿了么已占据99%以上的市场份额，数量庞大的商家和消费者聚集在两个平台，由此产生了海量的经营行为，如美团在2019年日活跃用户数量已达6985.86万，日均订单量达2680万单。法律要求第三方平台对所有经营行为逐一合法性审查，将使平台不堪重负。其二，当前法律法规对于平台应负何种"发现"义务缺乏明确解释。"发现"既可以是主动发现，如采取技术措施或人工手段主动监测和排查；也可以是被动发现，如接到监管部门的通知或消费者的举报。采用不同的解释标准，将对第三方平台的运营成本和基础架构有着不同的影响。从实践来看，监管部门多有强化平台发现义务，要求平台主动进行违法经营行为抽查和监测的倾向。其三，第三方平台无法专业地判断违法行为的标准。一方面，当前法律法规中网络餐饮违法行为的标准比较抽象和模糊，如《管理办法》第十八条规定，发现待加工的食品及原料"感官性状异常的"

---

① 参见刘金瑞：《网络食品交易第三方平台责任的理解适用与制度创新》，载《东方法学》2017年第4期。
② 具体参见上海市普陀区人民法院（2017）沪0107民初18800号民事判决书，上海市普陀区人民法院（2017）沪0107民初18804号民事判决书。

不得加工使用，由于"感官性状异常"过于抽象和模糊，因此在实践中的适用就存在一定偏差。另一方面，第三方平台并非专业的执法部门，并不掌握法律解释的技能，且只能远程通过线上文字和图片进行判断，缺乏违法判定的专业能力和仪器设备。此外，由于现行法律缺乏清晰的义务履行标准，因此监管部门在实际执法中容易滑向"结果主义"，即以平台商家的违法结果来推定平台未尽到抽查监测义务，这实际上是让第三方平台对平台商家承担严格责任。

(二) 第三方平台内部规范体系中的治理缺位

第三方平台的自身利益并不总与法律所追求的消费者权利保护和网络餐饮安全相一致，诸如独家经营、监测合谋、算法偏颇等平台负外部性，就需要国家法律的介入和规制。但在实用主义的指引下，监管部门将自己的绝大部分注意力投注于"转嫁"自身责任，而相对忽视和放任了平台内部和平台合作的法律规制，由此造成了第三方平台的治理缺位。

一是第三方平台的私权力未得到有效规制。第三方平台的私权力虽有助于减少平台的负外部性，并弥补监管部门的技术缺陷，但其目的仍是服务于平台自身利益，由此平台私权力就存在被滥用的风险。首先，第三方平台的独家经营协议未得到有效约束。平台经济的双边市场效应，使得网络餐饮市场高度集中于美团和饿了么两大平台，根据DCCI发布的数据，2019年第四季度美团和饿了么的市场占有率分别为67.1%和32.2%。① 由此，两大平台就利用其市场优势地位，通过提高佣金、限制流量、降低排名等技术方式，强迫平台商家签订独家经营协议②。强迫型独家经营协议在剥夺商家选择权的同时，也减损和侵害了被动平台的合法权益，"减少了它们的交易机会，本质上是一种排除、限制竞争的行为"③，从而实质上阻碍了网络餐饮市场的业态创新。其次，第三方平台私权力的滥用还体现为算法权力的偏颇。一方面，算法的设计和研发过程具有黑箱性，因此第三方平台可以轻易将自身利益诉求和价值指向内化于算法中，以技术的"中立性"为名实现自己特定的利益诉求，如第三方平台的算法评分"事实上并非对用户在线活动的真实反映，其更多是以自身秩序和用户的商业价值为判断标准。"④ 另一方面，随着机器学习和多层神经网

---

① 具体参见 DCCI：《网络外卖服务市场发展研究报告（2019Q4）》，http：//www.logclub.com/articleInfo/MTk3MTYtYzc3OTg2ZjA=？dc=hm，访问日期：2020-8-5日。
② 参见罗赟：《"群殴"美团》，载《中国经济周刊》2020年第8期；张淳艺：《"餐饮协会怒怼美团"是封举报信》，载《民主与法制时报》2020年4月18日第2版。当前第三方平台的强迫方式具有较强的技术性、隐蔽性和内部性，因此平台商家通常举不出相关证据予以证明。可以参见集安市派乐汉堡店与吉林省星伙餐饮管理有限公司、北京三快在线科技有限公司网络服务合同纠纷二审民事判决书，吉林省通化市中级人民法院（2020）吉05民终247号；钟政与北京三快在线科技有限公司网络服务合同纠纷一审民事判决书，北京互联网法院（2019）京0491民初37401号。
③ 王晓晔：《论电商平台"二选一"行为的法律规制》，载《现代法学》2020年第3期。
④ 刘晗、叶开儒：《平台视角中的社会信用治理及其法律规制》，载《法学论坛》2020年第2期。

络等算法技术的发展,第三方平台与平台用户之间的信息和权力不对称愈加明显,平台商家和消费者"通过多层次数据标注和计算勾勒而来,个体变成可以被单独量化和进行数据解析的对象"①,由此平台用户面临越来越多的信息茧房、算法歧视和大数据杀熟等问题。

二是网络餐饮多源数据的共享未有实质进展。数字经济时代,数据被认为是新型石油,已成为经济社会发展的重要驱动。由此,网络餐饮安全的共同治理,首要也是最为核心的应是多源数据的共享,以降低数据的收集成本,提高数据的利用效率,但在数据共享缺乏规则激励的情况下,网络餐饮安全的多元共治也就更多流于形式,"缺乏核心力量的合作监管反而会相互牵扯,消耗社会成本。"② 其一,监管部门的数据共享还不完善。政府机关掌握了全社会80%以上的数据资源,由此政府数据的共享将有力释放数据红利,产生良好的经济社会效益。如通过浙江政务服务网的"食放心药安心",可以查询商家食品监督抽查的不合格信息。尽管如此,当前网络餐饮的政府基础数据仍存在一定问题。一方面,部分数据由于监管部门的忽视而未得到有效采集,如小餐饮和食品摊贩的许可备案数据。另一方面,被采集的部分数据因真实性和时效性问题而无法直接使用,"食品监管部门数据缺乏整全性、统一性、真实性、时效性,这些基础数据质量问题容易造成'数据孤岛'"③,且有些基础性、关键性数据被监管部门垄断并束之高阁。其二,第三方平台的数据共享也存在一定问题。一方面,与数据共享相比,第三方平台更青睐于数据兼并和数据垄断。第三方平台往往将平台数据视为具有排他使用权和收益权的独有资源,并通过平台架构和平台规则逐步强化其数据垄断者的地位,由此"破坏了政府的数据规划以及相应的治理体系"。④ 另一方面,平台数据是第三方平台的核心资产,关系到平台的核心竞争力,在没有清晰数据共享风险和收益规则下,第三方平台往往以保护用户隐私和商业秘密为由拒绝披露,从而平台和政府之间双向的数据共享往往蜕变为平台单向的数据攫取。其三,监管部门和第三方平台秉持不同的数据共享逻辑。对于监管部门而言,网络餐饮数据关系餐饮食品安全和消费者的权利保护,这就要求监管部门必须掌握数据共享体系的主导权,而平台更多承担技术提供者的角色。但在第三方平台看来,监管部门对于政府数据的挖掘和利用缺乏效率和深度,无法满足网络餐饮经济发展的现实需求,因此应由第三方平台来主导数据共享体系,而监管部门更多担负数据资源提供者的角色。

四、第三方平台多元治理体系的创新路径

第三方平台治理体系的重构,需要转换法律规制的理念,秉持精准性和技术性、多元

---

① 段鹏:《平台经济时代算法权力问题的治理路径探索》,载《东岳论丛》2020年第5期。
② 胡凌:《从开放资源到基础服务:平台监管的新视角》,载《学术月刊》2019年第2期。
③ 刘柳:《破解网络餐饮领域治理难题》,载《东方法学》2019年第5期。
④ Scassa, Teresa, *Sharing Data in the Platform Economy*: *A Public Interest Argument for Access to Platform Data*: 54-4, University of British Columbia law review. University of British Columbia, 1025 (2017).

协作和激励原则。一方面，要积极鼓励第三方平台的技术创新，"生产性资源需要进一步开放，允许分享经济向更多领域扩展，深化过去二十年中国互联网兴起的逻辑。"① 另一方面，也要顺应社会对网络餐饮规制的需求，压实第三方平台的义务和责任，因此就需要细致衡量创新收益和风险成本。当创新利益大于风险成本时，就应当包容风险；而当创新利益小于风险成本时，应当抑制风险，避免出现监管套利的不利局面。

（一）坚持精准性和技术性原则，合理设定第三方平台法定义务的边界和限度

精准性和技术性原则，"是市场规制的高级形态，是弥补传统市场规制不足的必然结果，是大数据时代市场规制发展的必然要求"。② 坚持精准性和技术性原则，监管部门就要考虑法律规制的必要性和可行性，并权衡监管部门、第三方平台、平台商家和消费者各方主体的利益，并进行必要的成本收益分析，不能要求平台以超出其能力范围和承受成本的方式审核监测。

（1）坚持精准性和技术性原则，合理确定第三方平台"信息真实"标准。首先，"信息真实"原则上只能是"形式真实"，"实质真实"的制度解释不尽合理。在网络餐饮安全治理体系中，监管部门是主体，第三方平台仅负协助义务，但即便是监管部门也无须承担"实质真实"的义务。最高院的司法解释明确规定，"当申请人提供虚假材料骗取行政许可而对他人产生侵害时，只要行政机关依法定程序尽到审慎合理审查义务，就不需要承担责任。"③ 因此，监管部门要求第三方平台承担比自身更严格的"信息真实"担保，并不符合法理和情理。

其次，不同的审核登记公示信息应施以不同的解释标准。平台商家的身份识别信息应认定"线下真实"标准，如平台商家的名称、经营场所和联系方式。其一，网络餐饮安全关系消费者的生命健康权，属于政府的重监管领域，平台商家理应向监管部门和第三方平台提供自己真实的身份信息，第三方平台也有义务保证信息的真实有效。若平台未履行义务从而侵害了消费者的权益，应当认定"直接侵权"，由第三方平台与平台商家共同承担侵权责任。其二，对于这些身份信息，第三方平台完全有能力线下核验，且核验成本也在平台的承受范围内。如美团自行制定的《食品安全自查制度》，规定美团市场人员、品控人员和第三方机构等要对平台商家的名称、地址等实地核查。若平台就身份识别信息都无法做到"线下真实"，那等同于放纵潜在的侵权者在平台肆意行事。平台商家的证照信息应认定"线上真实"标准，如平台商家的营业执照、食品经营许可证、量化分级信息等。通过与监管部门的信息共享，第三方平台有能力实现平台商家证照的"线上真实"。如美

---

① 胡凌：《从开放资源到基础服务：平台监管的新视角》，载《学术月刊》2019年第2期。
② 王永强、管金平：《精准规制：大数据时代市场规制法的新发展——兼论〈中华人民共和国食品安全法（修订草案）〉的完善》，载《法商研究》2014年第6期。
③ 参见最高人民法院《关于审理行政许可案件若干问题的规定》（法释［2009］20号）第30条。

团将自己的食品安全电子档案库与上海市食品经营许可证信息数据库进行对接。对于证照信息,若认定"线下真实"标准,由于平台需要甄别不同餐饮商家,且许多商家还是单纯的线下主体,涉及行政执法权限问题,因此将给第三方平台造成极大压力。平台商家的经营行为信息应认定"合理真实"标准,如平台商家所公示的菜品名称、主要原料、主体业态、经营项目等,第三方平台达到合理注意义务即可,即"第三方平台只要尽到一般的谨慎审查义务,就不应对入驻商家因造假骗过审查而承担责任"。① 在"海淀区市场监督管理局与瑞德佳园餐厅执行裁定书"一案②中,因超过许可的经营范围销售,海淀区市场监管局处罚了瑞德佳园餐厅,但没有处罚百度外卖平台,就在于监管部门认为第三方平台只要尽到合理注意义务即可,并不要求线上线下真实。此外,对于平台商家的经营行为,即便第三方平台具有一定的线下监管能力,监管部门也不应将监管义务"转嫁"于第三方平台,毕竟平台监管并非代替政府监管,而是以更低的成本、更好地技术和信息优势协助政府机关监管。

(2) 坚持精准性和技术性原则,优化第三方平台监测—制止义务。首先,第三方平台应以合理的技术手段抽查和监测平台商家的经营行为。实施成本是确定第三方平台抽查监测的关键要素,要求第三方平台对海量经营行为逐一人工监测,面临着巨额的实施成本,并不具有可行性。但若以技术性抽查监测为主,人工监测复查为辅,就能将实施成本降至平台可以承受的范围内。当然,要使技术性抽查监测具有可实施性,还必须将其限定于判定标准简单且事实客观清晰的范围。此种限定既可以保证抽查监测在技术上能够实现,也可以避免在判断标准不清晰的情况下强行使用技术逻辑,易造成平台商家权益损害的后果。如第三方平台的敏感词过滤技术,就从源头上防范了违法违禁商品和超范围经营商品进入平台交易。③ 此外,人工监测复查也必不可少,在弱人工智能的当下,需要将人工的审慎分辨与技术的高效便捷有机结合。

其次,根据技术能力、服务方式和引发侵权的可能性,具体确定第三方平台应承担何种"发现义务"。"优化平台责任的设定,其关键在于厘清平台'发现'和'判明'违法信息的标准。"④ 受实施成本、人员能力限制,不应要求第三方平台承担全面主动发现义务,尤其是全面的线下抽查监测义务,否则将导致大量模糊性经营行为被严格禁止。如平台商家是否公示菜品名称和主要原料名称等。对于侵权的多发领域,且平台事先也能够采取一定控制措施的,第三方平台应承担适度的主动发现义务。如饿了么在严格审核商家入驻申请外,还会组织平台品控人员和第三方食品安全认证机构,对平台商家的实体店主动

---

① 刘金瑞:《网络食品交易第三方平台责任的理解适用与制度创新》,载《东方法学》2017年第4期。
② 参见北京市海淀区人民法院(2020)京0108行审50号。
③ 如美团外卖对于香烟的自动屏蔽,就在最大限度上阻止了平台内部的烟草交易,具体参见《南京男子点外卖备注"救命"民警赶到现场后傻眼》,https://js.qq.com/a/20200629/002338.htm,访问日期:2020-8-5。
④ 孔祥稳:《网络平台信息内容规制结构的公法反思》,载《环球法律评论》2020年第2期。

监测，主要看证照是否在有效期、证照是否与门店信息相匹配、商家是否在经营范围内经营等。① 对于其他经营行为，可要求第三方平台建立符合技术能力的风险筛查和防范机制，从而以较小的成本实现有效率的规制。如美团利用智能识别监测技术，实时收集和分析海量数据，描摹平台商家画像并进行精准定位，从而判别平台商家的后台登记地址、上传门店和堂食环境照片的一致性。智能识别监测技术的运用可以有效避免监测水平的参差不齐，推动监测朝着标准化方向迈进。第三方平台还要承担一定的被动发现义务，这主要根据市场监管部门、消费者协会的要求以及消费者的举报投诉，当认定平台商家存在餐饮安全问题时，将会启动对涉事商家的处理。如美团规定，根据消费者投诉，查实商家存在提供假发票或承诺开发票但未履约等情况的，根据次数分别被置休 4 小时、1 天或 3 天。

最后，厘清第三方平台违法经营行为的法律标准。其一，确立"明显违法"的判断标准。无论是主动监控还是举报投诉，只有当理性人能够直接判断行为的违法性时，第三方平台才负有处理义务，否则"即使穷尽现有技术手段，平台也不可能完全消除网站上的违法内容，因此，如果严格追究，将陷入所有人均违法的境地。"② 其二，经营行为的违法标准适用"技术安全港"模式。即只要第三方平台采取了合理的技术性监测措施，就意味着其恰当履行了抽查监测义务。"从电子商务行业的长久发展及消费者保护上看，应当理性对待电子商务平台经营者的主动监控义务，不宜要求其承担一般的普遍监控民事侵权行为的义务"。③ 在第三方平台采取了合理的技术监测措施后，即便有违法经营行为未被监测出来，平台也可以提出抗辩从而免于承担法律责任。此外，第三方平台所承担的抽查监测义务是行为义务而非结果义务，只要尽到善良管理人的注意义务即可，不需要对商家的违法经营结果负绝对担保责任。

（二）坚持多元协作和激励性原则，适度规制第三方平台私权力并促进多源数据体系共享

第三方平台将自身利益置于价值中心，并凌驾于消费者权益和网络餐饮安全之上，这必然导致平台私权力的滥用和多源数据共享流于形式，因此就需要监管部门优化价值排序，坚持多元协作和激励性原则，用法律义务遏制平台私权力，用激励规范推动多源数据共享。

（1）坚持多元协作和激励性原则，适度规制第三方平台的私权力。首先，第三方平台的私权力理应得到有效规制。对于第三方平台私权力的法律规制，要因时而变以顺应现实国情。在互联网经济发展伊始，国家对第三方平台的扩张保持一定容忍，既有在新一轮国

---

① 参见王三虎、贾娅玲：《网络餐饮平台食品安全管理的责任、挑战和对策》，载《食品科学技术学报》2018 年第 5 期。
② 赵鹏：《私人审查的界限——论网络交易平台对用户内容的行政责任》，载《清华法学》2016 年第 6 期。
③ 王道发：《电子商务平台经营者安保责任研究》，载《中国法学》2019 年第 6 期。

家竞争中取得优势的希望,也有平衡逐渐尖锐的新旧利益冲突的考虑。但网络餐饮经济发展至今,以美团和饿了么为代表的餐饮平台已成长为网络巨头,对其私权力的法律规制不仅不会损及其核心竞争力,反而由于破除可能的商业垄断而再度激发网络餐饮市场的创新活力。同时,对于第三方平台私权力的法律规制,还要因地制宜以适应平台治理的新语境。依托于广泛的智能终端和强大的数据处理能力,第三方平台可以全程记录、监控、追踪和评价网络餐饮交易的全过程,从而数字经济时代的第三方平台已不是普通的私主体,其公共基础设施和公共资源属性愈加明显,且平台私权力的行使与网络餐饮安全也密切相关,"平台治理已经越来越具有准公共性质,其内涵延伸到社会治理乃至国家治理层面"①,这都赋予法律规制平台私权力以正当性和合法性。

其次,第三方平台行使私权力应符合基本的程序正义和实体正义标准。良好的程序设计和实体价值是防止第三方平台私权力滥用的护波堤。第三方平台应遵循最低程度的正当程序原则,"就法治而言,程序是排除权力或个人恣意、保障人们理性选择、公平交往中'作茧自缚',并对程序交涉内容在过程中进行整合的一套机制"。② 这包括平台制定的用户规范应事先公开,规范应清晰明确并易于理解;第三方平台在对平台商家处罚前,应明确告知商家并充分说明理由,同时要听取商家的陈述和申辩。"平台对用户进行处罚,应当履行告知、说明理由、听取陈述申辩等基本程序,这是自然正义的基本要求。"③此外,应保障平台用户在规则制定和实施上的参与性,搭建平台用户申诉救济的实质机制。第三方平台还应遵循最低限度的实体价值标准,包括平台私权力的行使要符合比例原则,对平台商家的管制措施要有限度和阶梯性,裁量权的行使应具有合理性;私权力的行使也应符合平等原则,即对平台用户要同等对待,同质事件应相同处理;私权力的行使还要遵循信赖利益保护原则,平台规则应有一定的稳定性,损害用户利益应予以补偿等。

最后,要以公权力作为规制第三方平台私权力的重要手段。无论是独家经营还是算法黑箱,都要通过国家公权力确保对平台私权力的可规制性,调整因过度放任导致的失衡关系。一是以行政执法严格限制强迫型独家经营协议。在法律渊源上,应优先适用《反不正当竞争法》。虽然《电子商务法》《反垄断法》《合同法》等法律也都有规制独家经营协议的条款,但考虑到《反不正当竞争法》对于独家经营协议的明确指向性,其第十二条适用的便利性和证据证明的简洁性,以及平台承担法律责任的限度等因素,《反不正当竞争法》是处罚强迫型独家经营协议并实现权利救济的最优法源。且在既有的执法案例中,通江县和黔南州的市场监督管理局也都是适用《反不正当竞争法》做出行政处罚④。在规制手段

---

① 梁正、余振、宋琦:《人工智能应用背景下的平台治理:核心议题、转型挑战与体系构建》,载《经济社会体制比较》2020年第3期。
② 谢晖:《论紧急状态中的国家治理》,载《法律科学(西北政法大学学报)》,2020年第5期。
③ 刘权:《网络平台的公共性及其实现——以电商平台的法律规制为视角》,载《法学研究》2020年第2期。
④ 具体参见通市监管处听告字〔2019〕001号和黔南市监经听〔2019〕17号。

上，应优先使用行政执法的方式加以规制。行政投诉和司法诉讼都是平台商家寻求权利救济的重要方式，但考虑到监管部门主动调查违法证据的便利性，行政处罚对于证据要求的宽松性，因此在认定平台强制交易的基础上再行提起民事诉讼，就成为平台商家更为便利的救济选择。二是建立平台算法的风险监控和法律审查机制。为缓和算法的黑箱效应，提高算法的透明度和责任感，监管部门应要求第三方平台对算法做必要披露，并以"适当透明"为标准建构面向平台算法的技术正当程序。同时，还应要求平台注重算法的可解释性，"可解释性是人类与自动化决策系统之间的接口"，应为平台用户做好算法解释，让其了解算法决策的原理和理由。在解释方法上，可以综合适用预建模解释和建模后解释。监管部门还应当支持学术组织和非营利机构等第三方专业算法审计人员的适当介入，在事前评估第三方平台算法可能引发的歧视风险，并预判歧视风险的程度和范围；同时，还要建立明确的算法设计者和控制人的监管机制，明确不同场景下算法设计者、控制人的法律义务和责任，"在建立科学的'尽职免责''避风港'规则的同时，严格避免以算法责任规避算法设计者、控制人责任的情形。"[①]

(2) 坚持多元协作和激励性原则，构建以监管部门为主导的多源数据共享体系。社会共治是《食品安全法》所确立的基本原则，监管部门、第三方平台、平台商家和消费者都拥有餐饮安全所必需的部分数据，将这些分散化的数据有机整合，就可以形成对不同餐饮商家的安全评级。由此，网络餐饮多源数据共享体系的构建，就需要发挥不同社会主体的数据优势和技术专长共同治理。

首先，多源数据共享体系的构建需要发挥监管部门和第三方平台的数据和技术优势。作为数据共享体系的主导者，监管部门掌握营业执照、食品经营许可证、抽检结果、违法查处、量化分级等重要数据。监管部门要以元数据标准建立和统一政府数据的格式，"综合考虑包括资源描述、资源管理、资源利用等政府信息生命周期环节上的元数据需求，在建立统一的标准框架基础上，制定合适的元数据标准。"[②] 同时，各省级政府也要建立政府数据的统一管理机构，统筹和管理农业、工商、卫生、检验检疫等涉及网络餐饮安全的政府数据。同时，监管部门还要建立政府数据与平台数据的共享标准，包括监管数据向第三方平台的开放标准和平台数据向监管部门的提交标准，从而有效推进两类数据之间的互联、对接和共享，并充分利用区块链的加密技术和哈希算法保障数据交流的安全性和真实性。作为数据开放共享平台的实施者，第三方平台要充分发挥其在数据采集、清洗和处理方面的技术优势，尽可能地开发政府数据的商业价值，"政府并不对数据本身享有独占性权利，任何人都有权通过对这些数据资源的分析和使用，发掘其中蕴含的社会和经济价

---

① 周辉：《算法权力及其规制》，载《法制与社会发展》2019年第6期。
② 张晓娟、唐长乐：《我国政府信息元数据标准体系框架构建及其应用流程》，载《信息资源管理学报》2018年第3期。

值"。① 同时，第三方平台还掌握消费者的餐饮评价和投诉举报等重要数据，可以为多源数据共享体系的运营提供重要支撑。"有效的政府监管需要平台及时报送相关数据，积极配合政府监管和调查职能的开展。"② 如美团点评与上海市场监管局合作开发了"天眼"系统，在智能检索和分析用户评价后，将负面线索每日提供给监管部门。此外，第三方平台还要充分运用大数据、云计算、人工智能和区块链等技术，不断探索和提升多源数据共享体系的不同功能。

其次，多源数据共享体系的构建也要激励其他社会主体发挥各自信息优势。大数据时代，数据消费与数据生产合一，由此所有主体都是数据的消费者和生产者。要建立并完善网络餐饮领域"吹哨人"制度。包括厨师、送餐员在内的网络餐饮从业人员掌握大量餐饮信息，为充分发挥他们在网络餐饮安全监管体系中的信息优势，政府应当建立和完善网络餐饮领域的"吹哨人"制度。如福州市就颁布了我国第一部《网络餐饮服务从业人员食品安全违法行为举报奖励办法》，依照罚没款的金额计算举报人的奖励，从而有效调动了网络餐饮从业人员举报的积极性。同时，政府和第三方平台还应激励平台商家和消费者发挥他们的信息优势。第三方平台应通过流量支持和优惠补贴等形式，鼓励和助力平台商家建立阳光后厨，将后厨视频即时上传至平台，让消费者知晓餐饮的制作过程，从而倒逼平台商家规范餐饮安全操作。同时，第三方平台还要重视消费者的举报信息，如美团在客户端增加"举报商家"功能，可以即时投诉餐厅刷单、商家资质等问题。

最后，多源数据共享体系的构建还要设立适当的政策体系。一是构建正向和负向双重激励工具，助推第三方平台的数据共享。"规制机构与企业之间思维不一致、知识不对等、信息不对称等的差异性造成规制机构规制能力的不足，坚持激励性规制的原则显得尤为必要"。③ 既要对主动参与数据共享体系的平台和商家，给予税收优惠、政策倾斜、费用减免等优惠措施，并按照监管层级确定为较高等级，适当放松监管强度，增强他们参与数据共享体系的意愿。还应建立数据共享体系的惩罚机制，适当加大对单方违约主体的惩罚力度，通过负向激励推动数据共享。二是建立网络餐饮安全信息追溯体系。通过在网络餐饮的各环节建立标识，安全信息追溯体系可以实现"从田间到餐桌"的数据全流程追溯，让消费者明晰网络餐饮生产、检验、流通、消费和食用等环节的全过程。安全信息追溯体系主要聚焦网络餐饮的食材来源，利用区块链的分布式存储、网络协议和共识机制等技术，可以实现食材来源数据的存证共享、追溯查验和信用监管，从而让消费者根据食材的生产基地、农产品是否有机、是否使用化肥农药等信息选择不同的平台商家。

---

① 王利明：《数据共享与个人信息保护》，载《现代法学》2019 年第 1 期。
② 刘权：《论网络平台的数据报送义务》，载《当代法学》2019 年第 5 期。
③ 殷继国：《论创新友好型规制模式的逻辑意蕴与路径选择》，载《华南师范大学学报（社会科学版）》2019 年第 2 期。

五、结语

第三方平台并非是传统餐饮的简单线上化,而是一种新型的经济组织形态,因此其治理体系的建构,就必须正视第三方平台的基础属性,并充分理解第三方平台在网络餐饮治理体系中的核心作用。第三方平台规制的复杂性与执法资源的有限性,迫使监管部门采取了"以网管网"的实用主义进路,我国网络餐饮法律规制的重点,也从餐饮商家转到第三方平台,藉此形成了外部法律和内部规范的二元治理体系。监管部门着力构建第三方平台的外部规制,而相对忽视了平台的内部规制和合作规制,由此导致法律治理体系出现义务失衡和治理缺位等问题。因此,第三方平台治理体系的完善,就要秉持精准性和技术性、多元协作和激励性原则,合理确定第三方平台"信息真实"标准,并优化第三方平台的监测-制止义务。同时,适度规制第三方平台的私权力,并推动以监管部门为主导的多源数据共享体系的建设。

Concept change and system optimization of legal regulation on the third party platform of online catering

Shang Haitao

Abstract: With the development of big data and algorithmic logic, the third – party platform has gradually become the actual controller of online catering transactions. Under the guidance of pragmatism, the regulatory authorities focus on the construction of external regulation of the third – party platform from their own interests, while ignoring the internal regulation and cooperative regulation of the platform, which leads to the imbalance of obligations and the absence of governance in the governance system. To optimize the governance system of the third – party platform, we should not only encourage technological innovation and economic efficiency, but also prevent and control risks and protect rights. We need to adhere to the principles of precision and technology, reasonably set the boundary of legal obligations of the third – party platform, adhere to the principle of multiple cooperation and incentive, moderately regulate the private power of the platform, and promote the opening and sharing of multi – source data system.

Key words: third party platform; multiple cooperation; platform private power; data sharing system

域外视窗

法律多元视角下的荷兰阿达特法

张 泽*

摘 要 法律多元是后现代法学反思国家与法的关系的产物，从法律以外的条件审视法律的运行并对良法治理从社会、民间、民族的角度以特定群体为样本提出建议。与英美学者不同，荷兰的法律多元论起源于殖民时代的经验研究，但由于语言障碍较少为外界所知。阿达特法学派作为荷兰法律人类学的代表，就印尼是否需要根据荷兰法律制定统一民法典展开了长期论战，其避免从民族中心主义以西方法学术语定义东方民族的习惯法，阿达特法与国家法之间的法律多元状态也重新给法下定义。迈向现代的阿达特法学派应当重新评估多元法律在选择时的变量以及商业对自治团体的影响。阿达特法学派对于我国法治发展有诸多启示，有助于在构建人类命运共同体的背景下将理论法学中的法律多元转化为实践。

关键字 法律多元 阿达特法 国家法 东方主义

一、阿达特法的缘起：殖民时代的古典法律多元

法律多元主义作为近年来中外学者的一种研究工具和视角，是西方法学界于十九世纪六十年代到七十年代提出的一种理论，研究一国或地区及其所属各民族的法律现象和文化，不同于当时居于主流的概念法学预设了国家和国家法律体系两个基本元素，将民族国家、社会和法律体系视为封闭和自给自足的体系进行孤立的研究。[①] 法律多元滥觞于韦伯，他把国家的法律垄断的规范性要求不视为理所应当的理论原则，通过制裁来概念化法律，但认为法律不是必然与国家相关，并不一定是排他性的，"承认不同、矛盾的，有效

---

* 张泽，法学博士，西北政法大学行政法学院讲师。
① ［英］威廉·推宁：《全球化与比较法》，吴大伟译，载［英］埃辛·奥赫绪、［意］戴维·奈尔肯编：《比较法新论》，马剑银、鲁楠等译，清华大学出版社2012年版，第85页。

的命令相互共存的可能性"。① 与韦伯几乎同时代的荷兰法学家科内利斯·范·沃伦霍芬（Cornelis van Vollenhoven）率先对法律多元现象进行了经验性研究，并且开创了旨在研究法律多元现象的阿达特法学派（Adat Law School）。

英美和荷兰的法律人类学作为西方的两条主流路径，马林诺夫斯基的《原始社会的犯罪和习俗》开始进行法律民族志的研究，进而霍贝尔《原始人的法》突破了进化论中的法律功能，格鲁克曼和波汉南对英美法律术语、分类论是否适用非西方社会的经典之争，自格尔茨用阐释学方法将法律为一种不同于功能主义人类学的"地方性知识"，通过对于生活、感觉、认知等进行整体论的阐释来解决事实与规范的内在紧张，形成了英美法律人类学自人类学至法学以田野调查为方法的进路。② 囿于语言障碍，荷兰的法律人类学一直不为本国以外的国家的学者所熟悉。

19世纪末到20世纪初的荷兰在法律史上具有独特地位，同样继受了古罗马法的欧洲大陆，不同于注重一国单一民族精神的历史法学派，荷兰催生出了兼容并蓄的古典法律多元主义。这是由荷兰作为新兴殖民宗主国在列强角逐殖民地中的地位和荷兰法学的学术传统两方面决定的。一方面，荷兰作为十七世纪的新兴资本主义国家取得独立后迅速崛起，与第一批殖民宗主国西班牙、葡萄牙争夺海外殖民地时逐渐取得优势，但在随后又在与英、法的争夺中落败，殖民地迅速萎缩到仅剩东印度群岛地区。在国力上升时期，格劳秀斯为了批驳葡萄牙和西班牙对海权和贸易的垄断，提出"每个民族均可与另一个民族自由地交往，并可自由地与之从事贸易"的断言。③ 在19世纪后的国力衰落期，荷兰的新兴资本主义阶层废除了旨在经济掠夺的强迫种植制度，继而提出"伦理政策"，强调较先进民族对后进民族的道义使命，尽管带有反动的人种论色彩，但表明荷兰已意识到世界多民族的图景，能够在多元主义的前提下实施社会治理。另一方面，荷兰的法学学术传统是富有国际色彩的，岛田弦认为，由于18世纪末拿破仑对荷兰的征服，荷兰的法律传统受到法国影响颇深，19世纪中期荷兰又受到德国法学的影响。④ 荷兰也诞生了一批国际法学家，最著名的格劳秀斯是现代国际法学的奠基人，巴根罗斯、伏特等法学家提出了荷兰的国际私法法则区别说，胡伯的国际礼让原则把适用外国法的问题放在国家主权的基础上考

---

① WEBER Max, *Wirtschaft und Gesellschaft* (Köln: Kiepenheuer und Witsch, 1956), pp. 23-25.
② 对于该种进路国内已有若干研究，参见高丙中、章邵增：《以法律多元为基础的民族志研究》，载《中国社会科学》2005年第5期；以及赵旭东：《秩序、过程与文化——西方法律人类学的发展及其问题》，载《环球法律评论》2005年第5期；明辉：《穿行于法律与人类学之间——西方法律人类学的历史、现状及趋势》，载《比较法研究》2008年第4期；这两篇将西方法律人类学家分为"法学家派"和"非法学家派"或"人类学家"两派。王伟臣：《法律人类学的身份困境——英美与荷兰两条路径的对比》，载《法学家》2013年第05期；在此基础上将西方法律人类学分为英美"人类学的分支"与荷兰"法学院的法律人类学"两条路径。
③ ［荷］格劳秀斯：《论海洋自由或荷兰参与东印度贸易的权利》，马忠法译，上海人民出版社2005年版，第7页。
④ 島田 弦，"インドネシア・アダット法研究における19世紀オランダ法学の影響：ファン・フォレンホーフェンのアダット法研究に関する考察"，国際開発研究フォーラム 38, 2009-03, 55-69。

察，从法律实施的角度，众多国际法庭驻地荷兰也与荷兰的法律多元主义传统不无关系。

阿达特法学派受到格劳秀斯影响颇深，后者体系化论证了由众多国家所展现出来的世界秩序，质疑了经院哲学对于罗马教皇和基督教欧洲普遍主权的主张，反对基督教会对于殖民地的世俗管辖权，为现代的理想国家的构建路径提供了典范。① 他们对将欧陆法典不加区别地移植到其他国家是拒绝的。简言之，古典法律多元主义是对殖民时期法律帝国主义的反思，思考西方人应履行的伦理义务和道德责任，不应强加自己的法律、制度和思想给别国，而应去了解和理解东方民族的生活智慧并与东方人民合作。在当时复杂的印尼社会，各民族共存但因公民身份不同而严重分化，许多经济和文化冲突引起关于适用于各个群体法律的具体问题。

二、触发条件：制定统一民法典的论战

任何学说以及学派都有其深刻社会背景，多是为了解决现实问题、推动社会变革的理想图景而产生的，与历史法学派代表人物萨维尼参加的德国制定统一民法典的论战相类似，荷兰议会在很长一段时间都处于东印度群岛应该有单一还是多元法律体系争论的僵持状态。东印度公司并未触及印尼人本土法律，但荷兰议会在19世纪末开始提出荷兰文明应当影响印度尼西亚，应当引入西化的法律的思潮。殖民政府的官员普利特于1904年在荷兰议会提出议案，希望根据荷兰的成文法制定一部旨在统一适用于全部印尼居民（印尼人、欧洲人和外国东方人）的法律。普利特法案后来被撤销，在1919年新的1854年印度尼西亚宪法修正案第75条生效，该条规定西方法律适用于欧洲人，部分西方法律可以适用于印尼人，剩余的印尼人适用阿达特法，但不能与普遍公认的公平和正义的原则冲突，印尼人个人可以自愿提交欧洲法院起诉。然而，荷兰政府没有放弃编纂统一法典的想法，1923年巴达维亚大学发表了荷属东印度群岛统一民法典草案。

阿达特法学派是统一法典的激烈反对者，代表人物沃伦霍芬严厉抨击了该草案，他认为任何一种民法或私法法典的编纂都会损害大部分当地人的法律需要和现实，② 故而反对旨在引入西方式的所有权的法律，认为制定统一民法典不过是"现成的法律"，且"不符合印尼政府可接受的框架，来源于法律实证主义落后的教条，只知道'拜占庭—拿破仑'的教条体系对各个情形制定规则，想着几个法律精英仅仅通过出版政府公报就可以制造一部活生生的让法院适用的法律。"③ 沃伦霍芬抨击政府的目标是制定一部"放之四海而皆准的法律"，一部"标准法，尽可能符合现有的荷兰法"，也就是"律师的"法律，正如

---

① Van Vollenhoven. C, "Grotius and the Study of Law", *The American Journal of International Law* 19, no. 1 (1925): 1–11.
② Subandrio, H., "Adat Law in Indonesia", *The Islamic Review*, Vol. 50, No. 7–8–9 (Woking, 1962).
③ J. F. Holleman (ed.), *Van Vollenhoven On Indonesian Adat Law Selections*, trans. J. F. Holleman, (Holland: Springer Science Business Media Dordrecht, 1981), pp. 34–42.

罗马法与早期的荷兰法律的关系。① 因此虽然就统一民法典的争论相类，但沃伦霍芬明确表示了对德国历史法学派以及建设欧洲法律体系主导的民间法和习惯法的疏离和批评。

1909年，沃伦霍芬发表《对阿达特法的误解》，讨论了本土自治，未开垦和开垦土地的权利，阿达特法的性质和系统，法院对阿达特法误解的本质在于法院认为阿达特法本不存在。1922年，阿达特法学派的学者起草了"荷属东印度群岛宪法草案"，受到政府认可，但由于该草案授予殖民地过多自治权，要求政府尽量减少干预阿达特法而被殖民政府搁置。1923年，沃伦霍芬成功地反对科恩（Cowan）编纂现行统一的民法的计划，该计划得到了荷兰政府的支持和批准，意在使民法在印度尼西亚普遍有效。统一法典的反对者并不反对积极制定法典本身的想法，但是在何者构成最合适的法律来源方面有所分歧，因为阿达特法具有源自神话、传统和习俗的权威而在工业化前的民间社会比西方法律更为合适。沃伦霍芬将实证主义传统中的习惯法定义为"单独的普通习惯与其他普通习惯之间以及普通习惯及其偏离之间的互动"，"如果与命令和禁止的集合意识和行为不可分割地联系起来，那么就是法律而不仅仅是道德"，他并不反对把阿达特法作为实体民事法的基础和法律渊源。② 在这一点上，他清晰地沿袭了另一位法律人类学家拉德克利夫·布朗对习惯法的定义。③ 沃伦霍芬成功说服了荷属东印度政府将阿达特法作为整体法律体系内的一种渊源予以适用。④

三、阿达特法与国家法的关系

阿达特法的概念相当宽泛，因为"Adat"是阿拉伯语中的"风俗习惯"的意思，还包括习惯、用法、规则、适当的行为和礼貌。"阿达特法"（kurum adat）首先由荷兰人类学家斯努克（Snouck Hurgronje）使用，他意识到"阿达特"被用在印度尼西亚大部分地区，是指由道德、习俗和法律制度的整体。⑤ 在传统的印度尼西亚社会没有专业的法学家，也没有独立的司法机构，关于"东方"法律体系的专业术语也没有系统化。⑥

在沃伦霍芬和他创立的阿达特法学派开始将西方法学家认为是本土习俗进行法典化之前，阿达特法并不是独立的概念，在大多数情况下与当地各个民族或文化单元的历史，神

---

① 参见 Schmutzer, Eduard J. M., "Dutch Colonial Policy and the Search for Identity in Indonesia 1920–1931." *E. j. brill* (1977)。

② 参见 Utrecht, E. "Pengantar dalam hukum Indonesia." *Hukum* (1983)。

③ [英] 拉德克里夫·布朗：《原始社会的结构与功能》，潘蛟等译，中央民族大学出版社1999年版，第29–106页。

④ Jaspan, M. A, "In Quest of New Law: the Perplexity of Legal Syncretism in Indonesia", *Comparative Studies in Society & History*, (1965) 7 (3), pp. 252–266.

⑤ Vandenbosch, A., 'Customary Law In the Dutch East Indies', *Journal of Comparative Legislation & International Law* (1932) 1, p. 36.

⑥ 荷兰对于"东方"的理解不限于印尼，因为阿达特法并不仅限于荷属东印度群岛的居民，而且在马达加斯加，英属马来亚，英属婆罗洲，菲律宾和台湾地区的很大一部分居民中也发现了阿达特法。下文凡提及"东方"均指该等阿达特法地区（legal areas）。

话和制度因素交织在一起，大多数在大量口述的传统案例中形式化，包括社会对各种争端解决的不成文规定。① 沃伦霍芬仔细考虑后反对采用"习惯法"或其他定义，最终于决定使用复合词"阿达特"。因为在阿达特关于婚姻，财产和继承，政治权力和决策过程等制度化的规则和程序中在某种程度上有法律性质的要素，阿达特中法律的部分和其他部分并没有明确的界限，有时很难区分，因此沃伦霍芬用了宽泛的法的定义，认为可能存在与国家相对应且独立具有不同组织结构的法律秩序，也就是法律多元阿达特法的效力不是来源于司法权力的强制，而是因为遵从已经成为习惯。

关于是否应当运用当地语言定义法律术语在英美法律人类学中曾经产生争议，法律人类学家格拉克曼（Max Gluckman）在描述非洲洛兹人的法时，"发现最好还是遵照1951年版《牛津简明英语词典》所提供的含义来使用这些最常用的术语（法律、权利、义务，等等）。因此"习惯"是指"惯常行为……在分析非洲法律问题时所使用的术语和概念，已经被法学家们实践了2000多年，因而研究者必须充分重视法学家研究成果"，② 与格拉克曼针锋相对的意见来自另一位法律人类学家博安南，他认为土著的法律概念有不可翻译性，"尽量不使用我们自身的"法律"体系来"解释"非洲提夫人，因为这将会破坏他们的思想观念和民俗体系，"③ 他将几个重要的概念以当地语言保留下来的做法与阿达特法学派相似，尽管沃伦霍芬并没有学习当地各民族语言，但对"他者"法律的观察需要"通过东方人的眼睛来认识东方人"④，而不是试图将阿达特法概念纳入熟悉的西方法理学范畴和分析模式中，这种理念比英美法律人类学早近三十年。

阿达特法学派的特哈尔专门为学习阿达特法的学生写了一章关于阿达特法的术语，向一个社会成员翻译另一个社会的规则是社会学的基础任务，当翻译是从"原始"人的语言向现代欧洲语言时则面临更多困难，特哈尔提出了明确问题并提出三种可能的方法：（1）寻找接近的语义；或者（2）继续使用原有条款；或（3）在翻译中铸造"中性"术语。阿达特法学派也对于交易和土地占有使用了中性定义。这种尊重当地语言的尝试也得到了格拉克曼的最终的认同，他认为本土术语通常很繁琐，特别是如果使用了许多术语只有少数可以被欧洲社会的语言替代，"阿达特法"这一短语的含义较少，并且避免了"当地法律与习俗"一词的一些缺陷。⑤

---

① 参见 Jaspan, M. A, "In Quest of New Law: the Perplexity of Legal Syncretism in Indonesia", *Comparative Studies in Society & History*, (1965) 7 (3), pp. 252 – 266.

② Max Gluckman, *The Judicial Process among the Barotse of Northern Rhodesia*, (Manchester: Manchester University Press, 1955), pp. 19 – 20.

③ 参见 Paul Bohannan, *Justice and Judgment among the Tiv* (London: Oxford University Press for International African Institute, 1957).

④ Holleman, J. F., 'Trouble – Cases and Trouble – Less Cases in the Study of Customary Law and Legal Reform.' *Law & Society Review* (1973), vol. 7, no. 4, pp. 585 – 609.

⑤ Gluckman, M, 'Adat Law in Indonesia', 31 *Journal of Comparative Legislation and International Law*, 1949 (3), p. 63.

在大多数国家的法律体系中，习惯法是由立法者、法官或法学家鉴别与验证的，使得只有符合这种标准的规则和原则可以并入法的范畴。不熟悉法律社会学和法律多元化的律师和法律人类学家可能更倾向采用习惯法和国家法二元对立的方式，将法律与政治组织或制裁权力直接联系起来的法的类型学模型或多或少都受以奥斯汀为代表的分析法学的影响。法律、权利和义务的概念在逻辑上依赖于主权的概念，在奥斯丁的建构中，主权本身并非由法构成，而是以其从每个其他优势者的控制中豁免，不受法的类型的限制，而受"积极的道德"限制为特征，[①] 法律概念依赖于权力制裁。权力制裁衍生的规则不在法的概念之内，而法律规则本身，其结果是循环推理，什么是"合法"不在定义范围之内。[②] 法律多元与法社会学、法律人类学密切相关，任何社会都包含多层次的法律秩序，社会、秩序、规则的多元函射了法律的多元。"以法的统一性原理加以统和的各种官方法、非官方法、固有法、移植法、法律规则、法律原理等组合的整体，以及国内的各种法、国家法、世界法等多元结构及其文化特征。"[③] 法律必须回应社会需求，不同的人，不同的经济和社会发展阶段必须各有其法律。

荷兰法全面、整体地形成了成文法律法规，在形式上完全不同于规则道德、行为和艺术，而阿达特法却与之不同，只有少数成文法，其余绝大多数是不成文法，因社会群体不同而不同，但法律的变化更多是自由、无意识产生的。以成文法的眼光审视印度群岛的法律，会认为阿达特法是混合、不完整、不充分和杂乱的，但是以渴望认识和解释世界上存在的法律而探索角度，印尼阿达特法将会以其过去的多样性和现在的表现，成为阿达特法学家们眼中取之不尽的法律宝库。[④] 印尼阿达特法官裁决特点是试图调解纠纷，注重个人利益与集体利益的冲突与和解。这是阿达特法调解的特征，阿达特法学派认为"这种首领和其他人对法律的维护以及本土司法比威权指令的裁决有效一百倍"，[⑤] 因为阿达特法是自然的，调解者也被视为社会自然秩序的一部分。阿达特法学派根据沃伦霍芬的说法澄清印尼法律概念是为了殖民时期司法实践的最终正义，早期的殖民法院往往未能给出全面的、让人可以接受的判决。因此阿达特法学派工作的一个重要部分是揭露政府法院的谬误。例如，根据印尼民法典土地因为不是动产而不能抵押，然而，阿达特法常见的交易是一个人将土地可赎回地转让给他人以换取一笔贷款。法院通常使用"对世权"和"对人权"的概念，但在阿达特法中并没有对应概念。法院完全不了本土阿达特法的观念就以当

[①] [英] 奥斯丁：《法理学的范围》，刘星译，中国法制出版社2002年版，第215–220页。

[②] Von Benda Beckmann, F. 'Anthropology and comparative law', *Anthropology of law in The Netherlands Essays in Legal Pluralism*, (1986).

[③] [日] 千叶正士：《法律多元——从日本法律文化迈向一般理论》，强世功译，中国政法大学出版社1997年版，第246页。

[④] J. F. Holleman (ed.), *Van Vollenhoven On Indonesian Adat Law Selections*, trans. J. F. Holleman, (Holland: Springer Science Business Media Dordrecht, 1981), p. 42.

[⑤] J. F. Holleman (ed.), *Van Vollenhoven On Indonesian Adat Law Selections*, trans. J. F. Holleman, (Holland: Springer Science Business Media Dordrecht, 1981), p. 43.

事人缺乏诉讼能力,法院无权管辖,或未能在一开始规定的时间起诉等原因驳回起诉。[1]

荷兰在印度尼西亚持续四百多年的殖民统治,然而荷兰大部分保留了印度尼西亚的社会结构和法治状况,未直接统治印尼的大部分地区,而是由275个或大或小的自治领地组成,由当地本土机构进行自治。政府管辖是直接或间接的二元状态,司法也呈现二元化,分为以荷兰国王名义的司法体系和印尼本土的司法体系。除了欧洲法律宣布适用于印尼或印尼人已经自愿提交纠纷至欧洲法院,本土法院将在"不违反普遍公平正义原则的前提下适用宗教法律、本地制度和的风俗"。该规定还延伸到民事、商事和刑事法律关系,因此建立了以不同民族为基础的法律多元体系,对于本地居民按照属地不同分别使用不同的本土的"阿达特法",对欧洲人使用荷兰成文法。[2]

阿达特法学派在早期区分阿达特法是以强制制裁为标准,但后来他们摒弃了这种标准。由于遵守阿达特法不是因为司法强制力的威胁,而是因为遵从已经成为一种习惯,对于祖先的敬畏和自身利益的考量,也因为口口相传的力量。如果一项规则十分根深蒂固以至于没人想要违反,则没人会记得该规则是否已被司法肯定,则不能否定其已成了事实上的阿达特法。[3] 如果一些规则被权威和首领、长老严加保护,该规则比狭义的判决重要得多,当阿达特法官面临案件时,即使已经不记得已经裁决的类似先例,也不能因为当事人违反道德而没有违反法律而拒绝审理。[4] 阿达特法学派一方面为了法律的确定性想对阿达特法提供正式的标准,比如司法决定,管辖等。此外他们也担心该标准会过度限制阿达特法发展,阿达特法的本质标准在于习惯性的社会实践和社会实践越轨后偏离习惯之间的互相作用。本质问题在于"即使阿达特法已经被全面发现并毫无隐瞒地呈现给我们,它仍然会给西方社会带来目前尚不清楚的问题。因为印尼综合的法律体系中阿达特法和西方法律并生共存,很少整齐地有组织地互相契合,多数情况是处于紧张状态,甚至偶尔发生直接冲突。那么问题在于,这两个法律体系中是否有一个作为主要框架,另一个必须作为从属符合这个框架?如果是这样,二者是怎样互相联系的,什么样的结构可以框住两个法律体系?[5] 这一问题持续困扰着阿达特学者们。印尼独立也未能解决这一问题。

四、迈向现代的阿达特法学派

由于荷兰成文法和阿达特法的紧张关系,阿达特经常面临降为道德或习惯的危险,这

---

[1] J. F. Holleman (ed.), *Van Vollenhoven On Indonesian Adat Law Selections*, trans. J. F. Holleman, (Holland: Springer Science Business Media Dordrecht, 1981), p.45.

[2] 相关的历史背景参见 E. Adamson Hoebel and A. Arthur Schiller in B. Ter Haar, Adat Law in Indonesia, (New York: Institute of Pacific Relations, 1948), pp.1-43。

[3] J. F. Holleman (ed.), *Van Vollenhoven On Indonesian Adat Law Selections*, trans. J. F. Holleman, (Holland: Springer Science Business Media Dordrecht, 1981), p.45.

[4] J. F. Holleman (ed.), *Van Vollenhoven On Indonesian Adat Law Selections*, trans. J. F. Holleman, (Holland: Springer Science Business Media Dordrecht, 1981), p.47.

[5] J. F. Holleman (ed.), *Van Vollenhoven On Indonesian Adat Law Selections*, trans. J. F. Holleman, (Holland: Springer Science Business Media Dordrecht, 1981), p.58.

种情况并没有随着印尼的独立而改变,印度尼西亚独立后取消了多个正式法律体系并存的局面,建立了单一的国家法律体系,但印尼政府面临的困难在于如何使适用传统法律的人们适应新法律体系。① 沃伦霍芬从当时19世纪荷兰的海外殖民社会的现实出发,对土著社会存在的看似杂乱无章的规则进行经验性研究,并留下了"莱顿遗产"——阿达特法学派,荷兰莱顿大学法学院为了纪念这位"阿达特之父"创立了范·沃伦霍芬研究所,研究亚、非、中东、欧洲地区不同社会背景下法律制度形成和运作的认识以及这些制度反过来对社会的影响及其治理效果和对发展的贡献。②

首先,迈向现代的阿达特法的批判性所基于的一些假设和主张需要重新评估。在法律多元化的语境下,不同的参与者和决策者可能会提到同样的法律,在非常小规模的互动中也有很多变量,如印尼西苏门答腊的一件继承纠纷可以适用阿达特法和伊斯兰教继承法。这是当事人个人知识以及其所交互的更广泛背景的一部分。这又分为四种情况,第一种情况下当事人在阿达特法的框架内争辩;第二种情况下,当事人为了实现其对立请求的合理化和合法化可以将阿达特法和伊斯兰法置于互相对立的位置;在第三种情况下,他们使用阿达特法和伊斯兰法解决继承问题的不同方面;在第四种情况下,虽然当事人意识到其他人或法院对阿达特法和伊斯兰法之间国家法律可以以不同方式再现法律规则,很多法律再现在一般概念、规则、原则表述普遍性的过程中,不必涉及任何具体问题或案件。在平常的生活中的情境都可以在一般规则,概念和标准的帮助下合理化和正当化。在这样的过程中,规则和原则通过对具体的法的评估产生"具体法律"的情景。③

其次,阿达特法学派应当形成更系统的观点。有学者认为阿达特法就像任何其他实证性的法律体系,不应被分类在法律民族学、社会学、法律史学或比较法学。有效的阿达特法只能通过权威团体制度的决策去了解。④ 也有学者认为没有必要人为限制阿达特法的研究领域和准则,迄今为止,阿达特法学派认为法律包括了可以从社会提取出科学和司法实际问题的全部规范。⑤ 在各个领域中的日常生活交往中,法律规范虽没有与社会规范分开,但却是一种特殊的社会规范,可以通过从司法的角度观察其运行来识别。整个阿达特法处理具体的利益的决策几乎总是以表达具体问题的形式出现,而不是以法律规则出现,尽管训练有素的律师可以将其制定成法律术语。还有学者研究本土习惯与国家法律思想和

---

① J. F. Holleman (ed.), *Van Vollenhoven On Indonesian Adat Law Selections*, trans. J. F. Holleman, (Holland: Springer Science Business Media Dordrecht, 1981), p. 49.

② 参见范·沃伦霍芬法学研究所官方网站 https://www.universiteitleiden.nl/en/law/institute-for-the-interdisciplinary-study-of-the-law/van-vollenhoven-institute,2020年3月11日访问。

③ 'Scapegoat and magic charm: Law in development theory and practice'. *Journal of Legal Pluralism* 28: 129-148.

④ J. F. Holleman (ed.), *Van Vollenhoven On Indonesian Adat Law Selections*, trans. J. F. Holleman, (Holland: Springer Science Business Media Dordrecht, 1981), p. 49.

⑤ J. F. Holleman (ed.), *Van Vollenhoven On Indonesian Adat Law Selections*, trans. J. F. Holleman, (Holland: Springer Science Business Media Dordrecht, 1981), pp. 45-47.

决策过程之间的共存和矛盾关系,试图将英美法律人类学和阿达特法学派的思想结合。①

再次,迈向现代的阿达特法学派还试着探讨小型部落和自治州县等封闭社会受到的商业影响。独立后的印尼不仅全面开放受到各种外部势力影响,而且艰难地抵制外国势力对其主要资源的剥削与开采。阿达特法没有在本土团体以外建立有效运行机制,也没能阻止外国特许权的滥用。② 由于外界各种力量影响着乡村生活传统阿达特法不足以保护人们对抗殖民剥削。

尽管阿达特法具有历史连续性,但并不是一成不变的,人们在后殖民时代结束后的今天依然发现并重新创造阿达特法。贝克曼在《阿达特的神话与刻板印象——沃伦霍芬在当前阿达特法律争论中的再评价》,澄清英美学术界对于阿达特法的误解,认为阿达特法学派并未落入法律东方主义的窠臼,"法律"和"习惯法"概念之间并没有也不可能存在清晰的界限,用宽泛的法的定义理解就是可能存在与国家相对应且独立具有不同组织结构的法律秩序。对于每个人来说,自己的习惯法是最好的,因为它是由他们的需求和正义感产生的,随着他们的发展而增长。③ 在法律多元主义的概念应植根于对经验情况和历史过程的分析,应该给予法律多元的经验研究和这些不同经验影响实际地区社会、政治和经济条件和人的生活的解释更多关注。

五、余论:阿达特法对我国法律多元研究的启示

殖民时代早已过去,随之而来的全球化进程没有拉近不同族群之间历史传统、宗教民族、政治经济的差异,反而加剧了这些差异,可见阿达特法的理论依然有现实要求。在阿达特法学派眼中,人类法律的多样性首先归因于无数建立在法律上,被称为法律团体(rechtsgemeenschap)的无数团体的多样性,其次是因为其产生了丰富多样的规则,最后是因为这些法律团体或多或少用他们创造的法律持续维护统治的能力。法律团体的强制和权威是包括阿达特法在内所有法律秩序的支柱。④ 阿达特法学派将民族国家作为基本单元纳入一个法律系统中,认为各个主权国家的法律制度和运用方式具有自己的独特性,表现出地方化的特点,这与我国构建人类命运共同体的倡议不谋而合。中国没有采取前殖民主义国家的法律输出模式,而是谋求一种超越民族国家多层次性的法律体系。中国法学如何描绘世界法律版图既是一个理论问题,也即将被构建人类命运共同体的法律实践

---

① Holleman, J. F. , 'Trouble – Cases and Trouble – Less Cases in the Study of Customary Law and Legal Reform', *Law & Society Review* (1973), vol. 7, no. 4, pp. 585 – 609.

② J. F. Holleman (ed.), *Van Vollenhoven On Indonesian Adat Law Selections*, trans. J. F. Holleman, (Holland: Springer Science Business Media Dordrecht, 1981), p. 138.

③ 参见 Benda – Beckmann, Franz Von, and K. V. Benda – Beckmann. "Myths and stereotypes about adat law: A reassessment of Van Vollenhoven in the light of current struggles over adat law in Indonesia." *Bijdragen tot de Taal – , Land – en Volkenkunde* (2011) 167. 2/3: 167 – 195.

④ J. F. Holleman (Ed.), *Van Vollenhoven On Indonesian Adat Law Selections*, trans. J. F. Holleman, (Holland: Springer Science Business Media Dordrecht, 1981), p. 41.

回应。

中国法学界自近代以来关注欧陆、英美等发达国家、亚洲近邻国家如日本等国的法律发展道路，很少把关注的目光投向遥远的南美洲、非洲的国家，对东南亚、南亚等近邻国家也知之甚少，没有涉及与中国相关度较低的这些国家和地区的法学知识，这种缺乏多样性的研究现状限制了法学界的视野，使得勾勒人类命运共同体的法学版图极为困难。阿达特法学派有两百多年的历史，且比英美学派更早认识到了西方学者带有的种族中心主义研究别国法律时可能产生的偏见，开辟了以法学为主导的法人类学研究路径。阿达特法学派早先研究印尼的多元法律，继而转向对大量非洲部落的法律，有超前的学术眼光，通过对不同国家和民族本土法律收集和探索积累了丰富的域外法研究成果，可以为我国学者参考。尽管荷兰的阿达特法学从属于法人类学这个交叉学科，但其学者大多出身于法学院，更偏重于法学学科的实证和规范研究，这一点与以人类学为主导的英美法人类学有所区别。荷兰法人类学的学术结构与我国法学界对法律多元的研究现状更为类似，更有借鉴意义。此外，阿达特法的目标"不是为了法学而了解阿达特法，也不是保存作为遗迹的阿达特法而实际阻碍社会发展。最终是为了在现实中，而不是在纸面上创设良好的司法治理"，将理论法学中的法律多元落实到司法场域中的阿达特法庭、阿达特法官和阿达特律师，这种应用法学的转向被证明是成功的，使具体的法律多元在一国的司法实践中成为可能，这或许对于更偏重于法理学的我国法律多元研究提供了一种思路。

Dutch Adat Law from the Perspective of Legal Pluralism

Zhang Ze

Abstract: Legal pluralism is the product of the postmodern legal science's reflection on the relationship between the state and the law. It examines the operation of the law out of the conditions and proposes suggestions on specific groups as a sample from the social, civil, and ethnic perspectives. Unlike the English aestheticians, the Dutch legal pluralism originated in empirical research during the colonial period, but because of language limitations its claims and ideas are difficult to know by English speaking counties. Adat School as the representative of the Dutch legal anthropology, have done a lot of research on the indigenous folk law of the Dutch East Indian colony and launched a long debate on whether Indonesia needs to formulate a unified civil code under Dutch law. The name of Adat law avoided the defining it as customary law of eastern peoples in terms of western methodology of ethnocentrism. The state of legal pluralism between laws has also redefined the law. Towards modern Adat school of law should re-evaluate the variables in the choice of plural law and the impact of business on the autonomous community. The Adat school of law has many enlightenments for the development of the rule of law in China, and helps to re – understand the qualitative nature of party regulations, the positioning of rural lawyers, and the connection between ethnic and religious laws and state law in a modern pluralistic legal system.

Keywords: legal pluralism; Adat law; state law; orientalism;

习惯法对法律现代化的稳定作用
——以英国古典普通法的习惯法特征为例

王永祥[*]

摘 要 17世纪形成的法律现代化观念以建立民族国家为目标，其要求立法的实证性和法律原则体系化，强调了抽象自然理性下的意志和衡平。而英国普通法在中世纪有着深厚的习惯法基础，并受到自然法影响。法律现代化冲击了既有的习惯法，用主权权威取代自然法权威，造成了传统与现代之间的动荡。这一时期的古典普通法则通过习惯法中的民族性和合理性稳定了法律发展。民族性强调习惯法集体经验的基础地位，阐述了普通法来自人民的不成文宪法基础，驳斥了王权意志的至上理论；合理性指出了习惯法既要关注个案适用性，也要思考经验类比下的连续性，其用渐进发展的方式融合了惯习特殊性与原则普遍性。这两点展示了习惯法的共同体实践性，普通法通过其司法职业的共识将法律现代化融入了社会共同体的共识之中，保证了法律的稳定发展。

关键词 习惯法 共同体 普通法 法律现代化 主权

习惯法来源于真实生活经验，强调从经验中对纠纷进行解决，这与现代国家的立法体系结构相异。现代法律兴起于17世纪，其主要表现为一种来自实证性和原则化的现代主权权威：主权国家享有立法的权力，在法律原则的指引下通过立法确定规则体系的实在性，将社会视为一个主权意志的抽象集合，对现代民族国家实行有效管理。这极大地冲击了中世纪欧洲留存下的封建习惯传统，这种习惯法并不依附于主权权威，其从自然法传统中获得合法性。17世纪的法律现代化处于萌芽阶段，法律科学尚未成型，法律现代化导致了法律发展无法找到一个稳定的理论基础，使得自然法传统与主权国家结构之间产生割

---

[*] 王永祥，北京航空航天大学法学院博士研究生。

裂，在欧洲诸国形成了现代性革命。然而，英国则以光荣革命的形式平稳过渡，其中普通法因袭历史的习惯属性发挥了重要作用，其强调了习惯的不成文宪法基础、合理性的司法宽容度以及社会共同体的实践观。借助于普通法对习惯法的观念和司法方式的恢复，普通法稳定了法律现代化中存在的主权意志，减少了王权至上和法律原则对既有社会传统的冲击。这一时期的发挥稳定作用的普通法被称为古典普通法，其认为法律是由司法职业代表社会而进行的公开宣示，将法律视为由历史证明的民族习惯。① 它以习惯作为新法律的检验工具，探究了从习惯法向现代法律的渐进式发展过程。因此，习惯法在法律现代化转型过程中扮演了重要的角色，以习惯法的共同体实践为基础，对现代法律的有效性进行检验，实现现代理性观念与传统法律的融合。

一、普通法历史上的习惯法传统

普通法产生于11世纪前后盎格鲁—撒克逊时代的七国地方习惯。虽然这些法律是习惯、立法、敕令等的复合体，但其基础是原始社会的自治，更加接近纯正的日耳曼人的习惯。② 至中世纪末期，日耳曼思想依然认为法律根植于特殊地区生活方式的习惯，具有天然不可让渡的效力。③ 中世纪的法律根植于地方封建习惯，自由佃农的封建土地保有权来自地方习惯（consuetudo loci）的认可，普通法与封建土地规则有关，普通法是被视为平民（commons）和佃农使用领主的封建土地而产生的一些习惯，根据本土庄园的习惯对争议做出适当性判断，而"皇家法庭很少直接对庄园习惯行使司法管辖权"。④ 尽管亨利二世的巡回审判具有行政性功能，实现了对地方习惯的司法中心化，但其判决的基础根植于本地社会，依托郡法院、庄园法庭和百户法院等地方习惯进行裁决，"当时那些被我们视为法律的东西，并未与社会其他方面割裂开来"。⑤ 在此基础之上，普通法的司法制度是以法的社会适用性为前提，这包括令状制度的社会基础、陪审制的邻人选择和法律职业对事实问题的关注等一整套完整的司法程序。普通法律师始终关注习惯法与其他法律渊源的关系，强调一种本土习惯下司法争议的解决程序。在解决各类封建法律地产问题中，社会各阶层本土形成的封建习惯始终是解决法律纠纷的依据。

这种普通法的习惯法基础深受自然法传统的影响。在16世纪前的中世纪传统中，习惯法以自然法为其合法性来源，自然法强调共同的善，它阐述了一种以共同体为核心的法律性质。在自然法体系下，习惯代表了整个民族的同意，比君主的权威更能支持守法行

---

① [美] 杰拉德·波斯特玛：《边沁与普通法传统》，徐同远译，法律出版社2014年版，第10页。
② 李秀清：《日耳曼法研究》，商务印书馆2005年版，第97页。
③ George L. Haskins, Executive Justice and the Rule of Law: Some Reflections on Thirteenth‑Century England, 30 *Speculum* 529, 531 (1955).
④ N. Neilson, Custom and the Common Law in Kent, 38 *Harvard Law Review* 482, 484 (1925).
⑤ [英] S. F. C. 密尔松：《普通法的历史基础》，李显冬译，中国大百科全书出版社1999年版，第4页。

为，共同体才是法律的基础。① 习惯法指出法律合法性的来源，通过习惯表达了自然法中共同善的目标，任何一种社会法的运作，都代表了共同体对于正义的追求。这赋予了多元习惯法可自由运作的权威，而排斥了纯粹理性对于法律渊源的单一化。习惯法的权威是一种自然法之下理性的规则，比如中世纪强调的首要理性规则就是封建习惯下财产规则的绝对性，而普通法更主要关注对于封建习惯的具体运用，其基于世俗政治中次要理性规则，指的是通过惯习（usage）在社会中的特殊运用，发现解决共同体的司法过程。这一过程中法律规则的形成是建立在大量地方习惯实践的基础之上，通过英格兰独有对特殊地区习惯的司法，从而形成王国治域内所形成的一般习惯、特殊习惯和法律格言，对社会进行治理。② 它强调了独立于欧洲大陆宗教法体系下的世俗习惯法，尽管这种世俗法律体系也以封建主义为核心，但其侧重用统一的共同法（ius commune）的教义规则对地方习惯进行管理。相比之下，英格兰的习惯规则将自然法的抽象观念与社会真实生活联系起来。由此，中世纪市民社会的自治性被习惯法的悠久历史延续到了早期现代，论证了世俗法律对政治的重要影响，强大的习惯传统代表了社会自治的真实反映，强调了共同体是法律的基础。

二、法律现代化对习惯法传统的冲击

自17世纪起，不同于中世纪的共同体的生活习惯，以霍布斯为主的自然理性派提出了完全不同于自然法传统的新观念，建起了不依靠于社会共同体的主权国家理论，其将社会视为一个原子化的个体组成的抽象社会概念，用自然状态取代了共同体生活，奠定了现代社会的抽象个体权利的模式。这为一国的主权者寻求国家统一的目标提供了合法性支持，主权者运用意志塑造立法，立法的法律体系再为抽象社会中的人提供法律在行为上的指引。这种法律的现代化主要表现在两个方面。一方面，主权现代化导致了王权至上。主权者的意志塑造了独立于共同体生活的正义观，司法从其过程性转向了结果性，提出了外在于社会惯习的实证性结构，这种结构使得法律必须依靠专制王权的权威进行塑造；另一方面，科学性的原则也提出了司法改革的要求，要求以衡平救济取代冗杂的习惯法。法律原则的体系性对冗杂的普通法实践提出了批评，其以思维的简洁清晰为目标，孕育了法律科学的原则性，为法律的发展提出了指引。

（一）主权实证化的冲击

法律现代化以法律的实证性为目标。实证性是指法律存在一个明确的主权意志，由这个意志对法律做出实在性的规定，一个政治权威必须以可操作的方式实现正义。在这一主

---

① ［意］阿奎那：《论法律》，杨天江译，商务印书馆2016年版，第95页。
② St. German. *Doctor and Student*, S. Richardson and C. Lintot, 1761, p. 13.

权者的体系下，正义的实现依赖于意志和原则，而不依赖于社会惯习所形成的传统。它的目标是建立一个完全独立于中世纪传统的新的世俗政治，即主权下的民族国家。法律是"拥有主权权力的人向他或他们的臣民所发布的命令，公开地，明白地宣告每个人可以做什么，必须克制不做什么。"① 霍布斯认为，主权者承担社会正义的责任，其用意志制定法律，并保证了臣民的安全，这也必然要求人民对主权者表示臣服。主权者可以直接行使意志对普通法的不公进行救济，主权者在其治域之内享有无限的权力，他只受到自然衡平在道德上的约束，但是在世俗权力的体系中，制定而出的实在法的地位具有至上性。

法律的实证性对普通法的习惯法传统造成了冲击，这导致了自然法和实在法之间的分离。正如前述，自盎格鲁－撒克逊时代起，英格兰的法律将自然法与习惯法结合起来，正义与共同体习惯之间并没有实质性区别，在这种习惯性正义观下，"普通法具体问题的特定解决方案是符合法律的，与说它是合理的、公平的或公正的解决方案之间没有非常明显的区别。"② 依据社会惯习做出的司法判决天然具有效力，其合法性来自自然法所强调的共同体生活经验。然而，现代法律的实证性则认为实在法可以取代自然法传统，实在法的效力依托于主权整体的完整，主权国家负责将臣民组成一个集体，保证其安全，这不仅是法律的唯一目标，而且也是其合法性的唯一来源。个体意志主导法律，通过契约的方式结成国王与臣民之间的国家整体，这一抽象整体赋予了实在法合法性权威，围绕王权建立相应法律制度，贯彻了意志对于法律的影响，而抛弃了以社会经验为核心的习惯正义观。

在现代法治并不成熟的17世纪，这种实证性并未形成法律规则之间的承认效力，它转而将王权至上视为主权的唯一标准，通过王权的意志而制定所有法律。这非但不能促进法律现代化，反而颠覆了习惯法自治传统，使得法律权威逐渐脱离了社会自治。回顾中世纪法律权威，尽管中世纪的国王享有权力，但是其权力仅仅局限于王室法和政治事务。王权不仅要受到自然法在理论上合法性的束缚，现实中也存在着大量欧洲社会世俗法体系，包括封建法、庄园法和城市法等，都是习惯自治的产物，不受到王权约束。③ 正因如此，由于新的民族国家没有一种立基于社会的权威，建立实证法的法律权威只能求助于王权，产生了王权独裁的问题，推翻了既有的习惯自治传统。普通法需要从传统习惯中，重新理解民族国家中的人民基础，以保证法律不受王权独裁的影响。

（二）法律原则化的冲击

法律现代化也提出了法律原则性的诉求。现代法律强调先验的法律原则在司法中的支配地位，通过原则建立的法律体系，保证现代法律的明确性特征。其立论基础是抽象的自

---

① ［英］霍布斯：《哲学家与英格兰法律家的对话》，姚中秋译，上海三联书店2006年版，第25页。
② A. W. B. Simpson, The Common Law and Legal Theory in A. W. B. Simpson ed., Legal Theory and Legal History Essays on Common Law, Hambledon Press, 1987, p.362.
③ ［美］哈罗德·J. 伯尔曼：《法律与革命》，贺卫方译，中国大百科全书出版社1993年版，第329页。

然理性，自然理性认为人的抽象思维之间并无不同，因此即便是普通人也可以运用通用的法律原则。自然理性强调法律能够以体系化和清晰化的方式进行描述，在描述过程中它的首要目标就是在个体思维体系内形成一整套基础完备的法律观念，这包括规则、理由（ground）和公理（axiom）等。① 在每个人思维的普遍性中发现共同法律原则，令理性具有普遍适用性，运用个体的理性，将先验原则运用到法律实践中。

为了维持自然状态下个体自然理性的存在，同时实现塑造现代民族国家合法性的目的，必须建立起能够适用于每一个国民个体的法律体系。法律体系对于个体的特殊性能够完全覆盖，以便于利用原则直接处理个案，而对个体直接进行的衡平救济。这意味着司法裁判不再依附于传统，为了实现衡平正义的救济原则，法律存在更多超越社会基础而进行的法律原则的移植。17 世纪英国的自然理性律师（natural lawyer）对普通法传统展开批评，认为法律科学所形成的抽象理性可以建构一个完整的体系，法律科学化提出了一整套严密的规则逻辑，指出了现代法律明确性的要求。但也同时这导致解决具体法律问题完全可以交由衡平法实现，超越经验的衡平法可赋予法官强大的自由裁量权，以此来实现正义。② 换言之，自然理性律师并非否认普通法既存的判例报道、律师制度和普通法程序等实践活动，相反他们还承认这些内容是英国法的压舱石。③ 他们所批判的是普通法无法给予的新的法律救济方式。他们要求能够用体系的手段取代普通法建立的惯习传统，用科学观固定某一具体判决的规则，并用这种规则在未来法律发展中预测司法的可行性，通过救济方式的规则化，实现与普遍正当原则之间的联系，从而确定法律原则的支配地位。新的个案救济方式将特殊的社会事实与其司法的具体规则合为一体，司法的过程具有自由裁量权，视为了在未来法律发展中具有普遍性的原则，并与这种原则体系相呼应。

这种自然理性对习惯法的司法方式造成了冲击，改变了司法活动的权威来源。在古典普通法看来，虽然原则是法律的表现形式之一，但其并不能成为唯一的权威来源，法律原则必须以建立在共同体的习惯基础上，习惯法天然地具有正义性，无须衡平法修正。共同体生活的实践经验比个体思维更具有权威性，由共同体实践演化出的规则比抽象的自然理性更为重要。然而，法律原则改变了这种共同体生活的经验，先天的法律原则是指引司法的具体方式，这使得法院可以直接依据抽象原则判案。衡平法通过法律原则超越了普通法按部就班的司法程序，大法官法院给予的明确衡平救济，这不仅具有司法个案判决的意义，其还形成了基于原则整个新的法律体系：衡平原则在对普通法的不公正进行救济的同时，这种原则性要求产生了相应的衡平法院司法体系，国王的大法官可以不经习惯经验的

---

① Michael Lobban, *A History of the Philosophy of Law in the Common Law World*, 1600 – 1900, Springer, 2007, p. 35.

② Roscoe Pound, Maxims, of the maxims of equity, 809, Harvard law review association, 1921, pp. 823 – 836.

③ Michael Lobban, *A History of the Philosophy of Law in the Common Law World*, 1600 – 1900, Springer, 2007, p. 31.

检验而直接做出"正义"的判决，赋予了法官基于原则的自由裁量权的合法性，法成为一种权力，而不再是社会习惯的表达。

综上，我们通常认为18世纪之后现代法律科学才逐渐达到顶峰，法律科学确实提出了现代平等的法律原则，但它也无法回避社会生活的复杂性。尽管用一种统一的理性原则可以实现法律一体化，但其同时也忽略了社会法在社会生活中的多元法律渊源，使得17世纪的法律权威在社会性与科学性之间的鸿沟不断加大，法律原则逐渐向着法官自由裁量权和国王权力的至上性发展。正如培根运用新科学对普通法进行针砭时弊改革的同时，这种革新的原则必须依附于最高权力，才能完成对于传统的革新，以便重塑一种新的权威，取代长久以来的习惯法的社会权威。17世纪的法律原则化与法律的实证性有着密不可分的关系，是主权国家下法律现代化的一体两面，"培根对法律的理解与霍布斯的法理学有着突出的一致"。①

三、普通法下习惯法的稳定作用

面对实证性和科学化对中世纪习惯法的冲击，普通法恢复了习惯法的精神，借用习惯法的司法特殊特征对法律发展进行稳定。一方面，为了驳斥过度主权化的王权至上论，普通法强调了习惯法的人民性，认为主权国家的建构必须与民族的内在本性相适应，而非寻求超越现有社会经验的抽象意志，而英格兰民族国家的基础是历史习惯法中蕴藏的不成文宪法惯例。另一方面，对于法律科学化的革新要求，普通法也利用了习惯法的合理性。习惯法的适用一般更为圆融，其强调了经验的合理度，只要司法实践能够与历史整体保持一致，那么法律原则就可以被适用。这大大拓展了司法概念的外延，将法律原则纳入为普通法的法律渊源，同时也保证了在特殊适用和普遍规则之间的均衡，习惯法的合理性能够将两者联系起来，形成从个案特殊性到法律普遍性的渐进发展，法律的原则化必须循序渐进。

（一）民族性对主权意志的批判

受主权立法的影响，王权对地方习惯行使政治意志引发了一场其合法性的争论：早期诺曼征服是否改变了盎格鲁—撒克逊的历史习惯？地方习惯（local custom）转变为王国的一般习惯（general custom）需要如何论证？② 对此，古典普通法律师用习惯法观念来驳斥王权意志，并提出了"不可追忆论"的普通法心智学说，认为普通法的起源超出民族记

---

① Joseph Cropsey, *Introduction in Hobbes*, *A Dialogue Between a Philosopher and a Student of the Common Laws of England*, University of Chicago Press, 1997, p. 12.
② 其中特殊习惯一般指地方各级习惯法，包括庄园习惯、郡习惯、肯特郡的特殊习惯、自治市习惯（Brough）等。尽管很多时候普通法习惯被视为是国家治域内的习惯，但其基本内容依然是上述的地方自治习惯。Albert Kiralfy, Custom in mediaeval English law, 9 *The Journal of Legal History* 26, 28 (1988)。

忆，而无从追溯，它是自古以来未曾断裂且时间久远的习惯"神话"。这将现代立法意志的权威转化为了历史有效性的论证。正如科克所言，"习惯并不能确定一个人记忆的开端，但是时效可以"。① 由于习惯取得法律效力并不具有明确的时间起止点，它的效力存在于"时效（prescription）"之中，只有通过共同体集体的历史经验，才能理解关于法的概念，习惯为中世纪的多元法律渊源提供了一个上位概念——"王国的共同习惯"。② 这弱化了人民在诺曼征服中的臣服性，征服行为并没有打断盎格鲁—撒克逊的习惯法传统，征服后的司法中心化解释了法官继续对地方习惯法渊源的适用。王国共同习惯的基础是民族共同体在各郡的习用，法律职业人的理性可以发现这种共同习惯，他们保存并表达了它们。③ "法官的职责不是制定法，而是公开阐述和宣示：宣示法而非制定法"。④ 这种观念将法律视为适合民族气质的实践，更加关注法律演化过程，通过习惯的自生性而创设法律的合法性，反对统治权威对社会进行制约，明确法律权威的习惯基础。

在习惯法的论述中，一个新的国家形式的建立不依赖于王权意志的立法，它的基础是人民在历史中形成的共同经验，这种共同经验即为民族性。在英格兰，这表现为不成文的宪法基础，它用王国的共同习惯对现代法律进行合法性检验，即只有通过集体智慧的确认，方可将主权者的自然理性视为国家法。站在这一视角上观察立法，普通法对现代立法理性持有温和的怀疑论。现代立法往往强调一个明确的时间起止点，自某一法典成形之日，法律在社会中发生效力。而习惯法则用历史的合法性取代了立法具体生效的时间点，习惯法没有立法的起止点，历史的经验是其形成法律的基本条件，时间的有效性强调了法律现象背后的经验基础。"时间不再是一个空洞的事件占位符号……是一幅有我们对其表示认同的民族的行为、言辞、思想和情操，超越时间的'合伙'的成员构成的丰富多彩的画卷。"⑤ 通过这样的方式，习惯法有力地回击了那些声称习惯法没有确定性的论断，习惯尽管无法考据其时间，但是习惯的时间属性转化成了民族经验的合法性。法律是必须适合于某一民族的特殊性：法律只能在同一民族中观察到，具有"精神状态和思想倾向的高度一致性"。⑥

相较于个体的意志，古典普通法对中世纪自然法—习惯法一体化的思想基础重新进行了阐述，共同体智慧代表了法治的真正含义。通过这种"集体理智"在实践中形成的"共同理性"，区别于现代自然理性的独断论；共同理性更加关注法律权威的社会基础，而

---

① Paul Lucas, On Edmund Burke's Doctrine of Prescription; Or, an Appeal from the New to the Old Lawyers, 11 *The Historical Journal*, 35, 58 (1968).

② ［英］波考克：《古代宪法与封建法》，瞿小波译，译林出版社2003年版，第30页。

③ J. W. Tubbs, *The Common Law Mind Medieval and Early Modern Conceptions*, Johns Hopkins University Press, 2000, p.149.

④ Gerald J. Postema, Classical Common Law Jurisprudence (Part 1), 2 *Oxford University Commonwealth Law Journal*, 155, 169 (2002).

⑤ ［美］杰拉德·波斯特玛：《边沁与普通法传统》，徐同远译，法律出版社2014年版，第6页。

⑥ ［美］杰拉德·波斯特玛：《边沁与普通法传统》，徐同远译，法律出版社2014年版，第107页。

不是立法对社会问题的具体解决方案。它以共识的达成过程对合法性展开论述，法律必须是经过本民族人民长久经验所认可的理性。在这种语境下，普通法反对民族国家建立在君主意志之上，共同理性排斥对现代立法一元化的解释，反对立法者的专断意志。普通法作为一种习惯法，要求听到基于本土习惯临近地区陪审团成员的声音——"这片土地的真相"，这种民族性的约束力是"一种来自过去的考验，人民（vox populi）的呼声代替了不可思议的最终的呼声（vox Dei）。"[1] 因此，法律和政制必须经过民族的经验性才能获得权威，在现代主权理论兴起之前，为英格兰埋下了不成文宪法的根基。

民族性稳定了普通法的发展，它通过民族的特殊性驳斥了来自立法对社会进行统一的方式。比如科克同时代的戴维斯法官将这种合法性总结为一种适合度，强调时间和经验必须满足于"先天存在于国家内的特征""满足于民族的本性和禀性"。[2] 到伯克时期，普通法依然保持了民族特殊性的"脾气（temper）"或"禀性（disposition）"，这表明英国法律已根植于民族性，民族性才能够反映现代宪制的真实需求，宪制生活不能以外在于民族的自然理性为基础，其应具有与习惯相似的伦理生活经验的表达，这奠定了不成文宪法在英国现代政制中的基础。黑尔大法官认识到，没有一种实践经验，没有一种强大的宪法基础，现代性的自由观念是毫无意义的，它只能是一种力量或激情，而无法成为一种稳定的现代政治形态。[3] 在社会将立法理性视为唯一法律渊源之前，普通法阐述了法律深刻的社会基础。

（二）合理性对法律原则的整合

然而不可追忆的习惯只是一种观念论，它并不能回应法律原则对传统法律提出的挑战，法律原则的衡平救济更具有便捷性。面对衡平法院超越法律体系而直接适用良心原则，普通法律师必须从习惯法中寻找能够处理个案和法律体系之间关系的方法，用习惯法的完整性取代法律科学的体系性，以求稳定17世纪尚不成熟的法律原则适用方式。[4] 普通法律师寻找到了习惯法自身的本质特征：合理性（reasonableness）。相较于古代宪法观念的抽象，合理性充分保留了习惯法依照个案特殊性来判案的特征，但进一步用普通法专业司法对个案之间进行比较。合理性司法并不意味着按照道德观念来进行司法，而是依照惯习在司法活动中总结出的经验意见进行司法。在17世纪创新的判例报道中就提出了司法意见的概念，司法意见是一种介于个案例证和法律原则之间的法律适用规则。通过在司法

---

[1] R. C. van Caenegem, *The Birth of the English Common Law*, Cambridge University Press, 1973, p. 71.

[2] Gerald J. Postema, *Classical Common Law Jurisprudence* (Part 1), 2 Oxford University Commonwealth Law Journal, 155, 171 (2002).

[3] Stephen B. Young, Beyond Bok: Historical Jurisprudence in Replacement of the Enlightment, 35 *Journal Legal Educucation* 333, 354 (1985).

[4] 18世纪后法律科学才形成，法律的原则开始独立于良知和自然法体系。但此时期的法律原则是法律科学的萌芽阶段。

活动中分离出司法意见，基于个案的司法意见，社会惯习的事实层面被剥离，古代习惯法不再指向个体惯习，普通法下的习惯法是一种专注于司法意见的法律惯例规则。尽管其具有规则性，但案例与案例之间依旧保持着彼此的例证联系，其在共同社会道德基础上保持了法律的完整性，不同司法意见之间进行历史的比较，权衡意见与当下社会普遍道德原则之间的关系。

与法律原则将特殊案件放置到体系中相比，合理性司法是指在惯例的类比之间做出判断。这与衡平正义直接作出司法判决有着巨大差别，类比不仅提供了普通法既有实践的具体案例基础，而且还在类比之间形成了彼此的联系，其注重法整体的过程，不仅为法庭提供了习惯法人之常情的合理认识，而且普通法使得抽象原则以社会道德原则为基础，在这一基础上法律体系的建构不再来自抽象理性，而是社会道德原则的整体。普通法律师的合理性目的是力求消除法律的"不便性（inconvenience）"，他们主张在普通法的事后救济之外，应该长远考虑，使得法律在统一结构的规则中运行。① 用习惯法实践与法律原则之间的适合度对法律整体进行考量，其目的是将抽象的法律原则的体系性建立在一个更加坚实的社会道德基础上，防止其超越社会发展的阶段。社会道德基础将法律原则吸纳入普通法的司法过程中。比如，法律原则中的衡平观念被普通法律师同样接受为一种重要法律渊源，16世纪以后普通法律师认为，衡平法是对立法作出延伸的一种合理解释。② 这也就说明，普通法律师反对衡平法对司法的垄断，但不反对衡平观念在普通法司法中作为一种重要的司法方法而存在。衡平法不能成为一种占有支配性地位的总体原则，更不能以衡平原则为体系塑造一种司法活动的具体模式。

经过用习惯法用其合理性兼容法律原则，古典普通法通过真实司法活动的理性化，在习惯法的特殊适用性和现代原则普遍性之间保持平衡。在实际司法中，习惯观念影响了法律性质在实践中的论证过程。普通法律师普遍认为一般习惯来自地方习惯，地方习惯是实践总结后的职业性操作。普通法所形成的规则往往与地方具体案例密切联系，格言、实在法、原则等理性内容是实践中的自然表达。③ 这意味着理性规则在地方习惯中被普通法司法吸收，成为一种被习惯实践化的合理性，这种合理性通过展示习惯法面向未来和过去两个维度的历史，反对了自然理性通过预设的原则审视法律的方式。原则的基础是自然理性，以建构法律原则的方式指引未知的司法判决，其面向未来；而习惯的共同理性指向了过去，只有根据历史的经验才能进行判断。合理性则是综合了这两种理性观，将法律视为在形式上有着历史惯习的基础，也同时将重点转移到提升法律专业化的过程中，通过类比

---

① Michael Lobban, *A History of the Philosophy of Law in the Common Law World*, 1600 – 1900, Springer, 2007, p. 88.
② Michael Lobban, *A History of the Philosophy of Law in the Common Law World*, 1600 – 1900, Springer, 2007, p. 26.
③ J. W. Tubbs, *The Common Law Mind Medieval and Early Modern Conceptions*, Johns Hopkins University Press, 2000, p. 131.

惯例的规则使得其保证法律原则一般的连续性。换言之，习惯法用惯例的连续性取代了法律原则的体系性。其在习惯传统的基础上实现了超越传统的发展：既展现了普通法传统的审慎优势，又为现代性的发展结构提供了一种对多元化价值的包容，允许在实践中对法律原则进行重构。这种中立的"理性均衡"强调了多种法律渊源的融合，用司法理性取代惯习化和原则化的理性。[1] 这种范式不仅维持着中世纪以来大量碎片化惯习之间的连续性（continuity），而且还保证法律发展的内在融贯性（internal coherence）。[2] 相较于科学原则对普通法既有实践的颠覆，合理性是具体司法与多种法律原则在整体上的契合，而不只是满足抽象理性的等级次序。[3]

总之，在面对现代自然理性的冲击之时，习惯法提供了一种继受传统并包容理性原则的连续方式。它阐述了现代法律的非线性发展结构，其围绕社会基础，在特殊性和普遍性之间的循环发展，逐渐实现从特殊走向普遍的法律发展逻辑。在古典普通法中，它形成了从特殊习惯到一般习惯的论述过程。其关注法律渐变的过程：从保守的民族性出发，逐渐走向世界性的抽象体系化过程。[4] 这种渐进性的发展逻辑将法的本体论与实在法的解释性相结合，通过习惯法的媒介形成关于法的整体认识。

四、稳定作用的共同体实践性基础

普通法正是内化了习惯法的特征，借用习惯法在思想观念上的传统性，通过共同体实践经验的观念论，重申了法律基于民族集体经验的基础，为现代法律打下了牢固的宪法基础。同时，古典普通法也并不急于向法律统一化过度发展。普通法强调通过专业实践来重构单一的社会惯习，吸收习惯法民族经验的内容，将习惯法司法之间的连续性转化为判例之间合理性司法关系，使得一种传统法律在适应法律原则的同时，兼顾传统与现代之间的法律发展关系。普通法司法化后的习惯法指出了法律发展根植于实践的本性，只有将一种法律深刻地根植于其本土民族的人民，才能保证法律发展的稳定性。

通过在一个类似于社会共同体范围内的法律共同体，普通法借用了习惯法以社会共同意见为法律观念上的基础。通过普通法司法职业共同体的专业性，展现了专业法律技术与社会惯习的有机结合，运用法律职业的专业理性取代习惯法的非理性化弊端，使得法律的道德性与实践规则天然地结合在一起。普通法律师将职业共同体的实践命名为技艺理性（artificial reason），社会惯习与法律原则结合为专属于法律的交往方式。古典普通法律师

---

[1] 李猛：《除魔的世界与禁欲者的守护神——韦伯社会理论中的"英国法"问题》，载《韦伯法律与价值》，上海人民出版社2001年版，第199页。

[2] 马修·黑尔：《英格兰普通法史》，史大晓译，北京大学出版社2016年版，第7页。

[3] J. W. Tubbs, *The Common Law Mind Medieval and Early Modern Conceptions*, Johns Hopkins University Press, 2000, p. 50.

[4] Harold J. Berman, The Origins of Historical Jurisprudence: Coke, Selden, Hale, 103 *Yale Law Journal* 1651, 1733 (1994).

认为法律实践凭借的是一种共同的博学（common erudition）。虽然共同博学是指一种来自职业实践中比较隐秘专业技术，但其强调的重点是在普通法实践中所总结出法律职业独有的互相交流的司法经验。共同博学早在1440年的普通法年鉴中就以拉丁文"共同意见（*communis opinio*）"而存在，它是一种共享的意见（share opinion），通过个体之间的交流，才能形成法律的基本原则。① 人类只有通过在事实和经验支配的共同认识下的语料库，才能获得一种超越科学原则且具有智识性和文化性的博学（erudition）。② 借用来自社会惯习的司法实践，普通法律师通过在共同交往过程中交流多元规则的适用性，从而不断丰富法律规则的语料库空间，法律规则彼此之间自由地产生联系，职业共同体的经验不断对法律规则进行一次次检验与提炼，使之可以反向地与具体生活问题中的惯习再次发生作用。在古典普通法中，科克将这一来源于习惯法的职业思维过程定义为技艺理性，他借用修辞学中"人造艺术逻辑（artificial logic）"的概念来表述这种司法技艺过程，强调法律实践对于形成规则的本质作用，这种律师和法官职业共同体之间交流具有论辩性。通过论辩过程的交往属性，司法实践才能成为一个有机体，依循西塞罗论辩修辞中的自然本性（nature），法在实践中依照其自身逻辑发展，使得习惯法随着时间的推移自然而然的固定下来。③ 理解事物本性必须顺应该事物的产生过程，在这一传统过程中，保持共同体成员之间的交流，才能促进社会向未来新观念的稳定发展，从而也保证了新的法律的创造力。

经由普通法专业的理性，不可追忆的习惯观念找到其实践落脚点，将法律视为一个立基于共同体实践的有机整体，有机指的是在传统和现代之间的连续性，用连续和完整的过去来建构现代国家。这使得17世纪的普通法的司法技艺具有了更深刻的目标：既巩固了习惯蕴含的法律特殊社会惯习基础，也认可法律原则普遍性的发展方向，在恢复和建立的两个方向上，将法律始终固定在法律实践的基础上，从而形成一种连贯的有机体发展。普通法通过伦理生活的法律专业化，将修辞论辩的特殊性与亚里士多德方法上的普遍性结合起来，使其形成一种有机互动关系。④ 它强调法律乃是与社会相连的实在道德，而不是霍布斯所言的抽象人的概念，法乃是需要在共同体生活交往中传承和创造的一种整体性的传统。普通法的专业实践深化了习惯法的社会基础，主张在法律实践形成的理性之下，创设更多具有活力的社会交往，法律不再是刚性的科学原则，而是激发共同体的活力的催化剂。

---

① J. H. Baker, *The Law's Two Bodies*, Oxford University Press 2001, pp. 67 – 70.

② Boyer Pascal, Science, Erudition and Relevant Connections, 3 *Journal Cognition & Culture*, 344, 345 – 347. (2003).

③ "法律的权威来自它的长久生命力。源于自然的法律和某些原则，因其效用得到承认而被接受，并成为习俗（*consuetudo*）的一部分，这些原则中有一些后来成为立法（*lex*）。虽然自然法则不值得讨论，但在这方面，因为它们与市民法（civil law）无关，习惯法随着时间的推移已经固定下来。" Jill Harries, *Cicero and the Jurists From Citizens' Law to the Lawful State*, Gerald Duckworth & Co. Ltd., 2006, p. 94.

④ David Marsh, *Cicero in the Renaissance* in Catherine Steel ed., The Cambridge Companion to Cicero, Cambridge University Press, 2013, p. 306, p. 312, p. 314.

因此，通过习惯法对于共同体的强调，普通法抓住了法律现代化的纰漏，即其对于伦理生活的疏忽，并强调伦理生活与国家政治权威之间的分离，习惯法由此则强化了法律的共识观念。习惯法与现代法律有着不同点，在现代法律下，个体在立法体系下呈现出鲜明的权利外观，这使得其呈现出一种原子化的社会性，先形成法律体系，再在体系之下塑造人的概念。然而习惯法的基础则是社会整体的共同性，习惯法强调在社会交往中形成对于共同体的认同感，将社会视为一个整体，在整体中保持社会的自生性发展。在普通法看来，习惯法权威的认同感是一种共同体成员在内部的共同感觉（sense），并不需要承认规则在外在体系中的合法性证成，共同体成员之间的相互承认就是法律的基础，习惯的感觉反对将法追溯至先验的基本原理，而是将它置于活生生的法体系中，表现了共同生活的感觉。这种感觉始终使得伦理生活在法律发展中起到了中流砥柱的作用。尽管共同感觉属于一种在现代法律看来是非理性的内容，但是其确实与人最为基础的常识感（common sense）紧密相关，这种常识感并非抽象理性人之所运用的某种原则，而是强调了人作为共同体成员一员而对法律规则进行丰富的想象，共同体下的个体享有对于法律适用的高度自由。常识感允许共同体成员运用想象力拓展法律的适用性，丰富法律渊源。当然，与现代理性的先验不同，法律的扩展或缩编就必须在共同体内部获得与其相同的感受、愿望和行动，这不仅是其标准，也是想象力的行动方式。正因如此，共同体的认识由于想象力而凝聚，想象力是"一种靠继受的大量先见发挥作用的本能或情操"，它消解了法律现代化中原子化个人的危机，避免现代人无处安放的精神去寻找个体意志或超验原则，现代机械化的观念消解在了一种抽象的连续性与彼此相似的"共识"理念中。① 由此，以普通法为例，习惯法完成了从传统到现代的转型，使得在社会这个极大的场域中，实现了对法律的稳定发展。

The stabilizing effect of customary law on legal modernization
——Take the common law features of British classical common law as an example

Wang Yongxiang

Abstract：The Modernity of law formed in the 17th century is aimed at the establishment of the nation. Meanwhile the positivity and the legal system emphasizes the will and equity under the natural reason. However, there is a foundation of custom in the common law history. So The legal modernization has a huge impact on the customary law using the sovereignty to replace the

---

① ［美］杰拉德·波斯特玛：《边沁与普通法传统》，徐同远译，法律出版社2014年版，第129页。

natural law and causing the social instability. On the contrary, the classical common law jurisprudence stabilized the development of law through the nationality and reasonableness found in the customary law. The nationality discussed the fundamental status of collective wisdom, which expounds that the common law comes from the unwritten constitution of the people against the will; The reasonableness points out the analogical reasoning between different cases, and it consider the internal coherence under the analogy of experience. And lastly these two points demonstrate the community of customary law, and the judicial consensus of common law integrates legal modernization into the consensus of social community, ensuring the stable development of law.

Key Words: Custom; Communit; Common law; Modernity of law; Sovereignty

跨文化视野下的中国藏族与日本古代对偶婚比较研究

孙 璐[*]

摘 要 对偶婚是以母权为中心，夫妻双方关系不稳固的一种婚姻形式，是维持与发展母系家庭所重要的组成部分。居住方式是考察对偶婚的一个重要因素，随着居住方式从夫妇别居发展至夫妇同居，婚姻形态亦开始趋向稳定、多形式化；后又随着居住方式由从妻居发展至从夫居，母权制开始逐渐向父权制转移。婚姻制度由群婚发展至单偶婚的过程中，大多经历了漫长的对偶婚过渡时期，并在此时期形成了独具特色的婚姻形态与习俗。细数世界范围内具有典型特点的对偶婚姻制度，我国藏族与日本古代[①]在浪漫自由的婚姻观、多样化的婚礼仪式、长期存在的"招婿婚"习俗以及关于女性地位与女性禁忌等方面有着许多相似之处。对偶婚最终变迁为单偶婚，但时至今日藏族的母系对偶婚习俗在我国部分藏区仍被保留，而另一方面日本的母系对偶婚习俗却消逝于历史长河中，其理由与不同社会的家族血缘观念密不可分。对处于不同地域及文化的二者进行跨文化比较研究将为世界婚姻史及女性史的研究带来新的视角与方向。

关键词 对偶婚 单偶婚 居住方式 血缘家庭 变迁

对偶婚是一种世界性的文化现象，是人类婚姻形式发展的一个重要阶段。对于究竟何为对偶婚家庭的问题，摩尔根的概括是："家族形态的基础就是一男一女按婚姻形式结成配偶，但双方都不排斥与外人同居。这是专偶制家族的萌芽。在这种形态下，无论丈夫或

---

[*] 孙璐，广岛大学大学院人间社会科学研究科，助教。
[①] 此处日本古代之时间划分是指日本古坟时代到平安时代之间的时期。参见〔日〕高群逸枝：《日本婚姻史》，日本白泉堂1963年版，第10页。

妻子，双方都可随意离婚或分居。"① 但是摩尔根关于"双方都不排斥与外人同居"的提法却引起了学界对于对偶婚与群婚是否具有本质区别的争议。恩格斯对此在《家庭、私有制和国家的起源》中提到"某种或长或短时期内的成对配偶制，在群婚制度下，或者更早的时候，就已经发生"②，从摩尔根与恩格斯的论述中，我们可以看出对偶婚在群婚的基础上产生，但又区别于群婚，其兼具了"多夫多妻"关系与夫妻间独占性关系并存的特点，父权制才得以逐渐萌生和发展。作为在世界范围内具有代表性的两个母系社会，这样的特点从我国藏族与日本古代不同时期对偶婚变迁过程中完全可以得到证明。

藏族是一个多元化的民族，不同地域的藏文化有所区别，不同阶层、不同生活生产方式的藏族婚姻形态亦有所不同。藏族婚姻的专门史并不多，对于藏族贵族阶层婚姻的记载，可从《贤者喜宴》《西藏王臣记》以及《西藏王统记》等藏族文献中查到相关记载。有关藏族历史以及地方志的研究，近代以来多有学者探讨，如陈光国所著的《青海藏族史》是研究青海藏族的第一部通史，为地区民族史之嚆矢，更是各地编写少数民族史之先声。日本学者对于藏族传统婚姻的研究始于20世纪，早在1900年，日本游学僧侣河口慧海就曾将其在西藏旅行时所见闻的"一妻多夫"婚姻进行记录，特别对兄弟共妻、父子共妻等进行了研究。③ 近年学界对于藏族传统婚姻的研究则多基于田野调查，所述内容更加详细具体，如长野祯子的《チベットにおける'ヤンを呼ぶ'儀礼》（《藏族"招福"仪式》）一文，正是基于田野调查以宗教仪式的角度对西藏藏族以及云南等地藏族婚礼仪式进行研究，并扩展开来与印度藏族系传统婚礼仪式进行比较研究。现学界对于藏族传统对偶婚的比较研究一般多将其与印度喜马拉雅的藏族系社会进行比较，从"骨与肉"的父系与母系关系，阐发到一妻多夫以及继承制度等展开讨论。另一方面，日本民俗学者高群逸枝所著《日本婚姻史》《招婿婚的研究》详述了日本对偶婚的起源、变迁与特点，为日本学界关于对偶婚研究的奠基之作。在比较研究方面，学界虽有将日本古代早期"访妻婚"对偶婚形态与我国纳西族摩梭人走婚进行单独比较的研究④，但仍缺少关于日本古代对偶婚之变迁的系统比较研究。

综上，以我国藏族对偶婚与日本古代对偶婚的研究现状为例，现学界对于对偶婚之研究多局限于同一语言、文化或地域范围内的比较研究，基于此方法的对偶婚研究并不具有普世性，且对于某个文化体系中对偶婚的单独探讨并不能突显出其潜在性，要解决这个问题，跨文化比较研究不可或缺，意义重大。跨文化比较研究有两种不同的视角：一种是基于相同性视角，从各文化的相同性出发，寻找相同点，以此为基点突显文化的相同性；另

---

① ［美］路易斯·亨利·梅尔根：《古代社会》，杨东莼译，中央编译出版社2007年版，第25页。
② ［德］恩格斯：《家庭私有制和国家的起源》，中共中央马克思恩格斯著作编译局译，人民出版社2003年版，第43页。
③ ［日］河口慧海：《チベット旅行記》，日本白水社1978年版，第94－95页。
④ 参见胡洁：《源氏物語と平安時代の婿取婚》，载《比較日本学教育研究部門年報》（第14号）2017年9月。

一种视角则是基于相异性，认为研究文化相同性与共同背景，无益于对人类文化及经验有深入认识，应该从个体文化的相异性出发，去捕捉、对比差异，并在不同文化之间互动的过程中探讨文化之间的关联，这无疑是一个"异中求同"的过程。法国学者汪德迈先生认为，从一种文化到另一种文化，首先引人注目的和引起疑问的东西，就是寻找差异性，然而这个出发点并不能从共性出发去研究。① 当然，从个体文化相异性出发进行的跨文化比较研究并非是"制造神话"，比较研究之对象须具有比较的可能性与逻辑性。婚姻习俗是世界各民族文化传承的重要载体，藏族对偶婚与日本古代对偶婚为世界范围具有典型特点的对偶婚制度之代表，虽我国藏族文化与日本文化截然不同，但对比两个社会文化差异的过程中可发现，藏族文化与日本古代文化的形成过程中都长期受到母系氏族文化影响，在这种影响下所形成的两个社会的对偶婚制度，其两者都具有"重情轻利"的婚姻价值观和思维方式，都经历了较长时间渐进式的对偶婚变迁之过程，反映在婚姻形态上则便是"多夫多妻"关系与夫妻间独占性关系之并存。独占性使对偶婚与群婚区分开来，在经历了对偶婚前期的"多夫多妻"婚姻形态后，随着居住方式变为同居婚，对偶婚的个体性与独占性逐渐开始突显出来，婚姻形式从"无宣告"的自由离合婚姻逐渐开始转变为仪式多样的成对配偶制婚姻，这恰恰与摩尔根与恩格斯所述的对偶婚之特点相一致，因此我国藏族与日本古代对偶婚的比较研究具有可能性与逻辑性。并且通过进一步对藏族与日本古代对偶婚的起源和发展进行研究，可发现两者在自由浪漫的婚姻观、多样化的婚礼仪式、长期存在的"招婿婚"习俗，对偶婚变迁过程中所形成的特殊婚姻形态、居住方式以及关于女性地位与女性禁忌等方面有着许多相似之处。

跨文化视野下对于我国藏族与日本古代对偶婚的比较研究具有以下意义：首先，选择作为不同文化体系的藏族与日本古代在不同时期的对偶婚变迁为研究对象具有普世性，这种全面的、世界范围社会的系统比较方法之优势在于能够体现出对偶婚在其各文化体系自己无法单独突显出来的潜在性；其次，藏族与日本古代对偶婚之跨文化研究是一个由"异中求同"至"同中求异"的过程，从不同的社会中不同时期对偶婚变迁过程出发进行研究，其目的在于对处于不同文化、不同社会中的对偶婚这一人类特有的婚姻形态之普遍特征进行探讨，并最终由藏族对偶婚与日本古代对偶婚变迁之不同结局探讨影响对偶婚变迁的原因。

一、夫妇别居婚："无宣告"的自由离合婚姻

所谓"无宣告"的自由离合婚姻，指的是"聚""散"皆无仪式宣告的自由婚姻，俗称走婚。这样的婚姻形态虽还残留着些许群婚的特点，但已发展为一对一的男女结合，且一对男女之间由两厢情愿的爱意所牵绊，形成不受约束而稍有固定的成对同居形式，虽夫

---

① ［法］金丝燕：《跨文化研究与文化转场的定义》，载《民间文化论坛》2016年第5期。

妇并不共同居住生活但相互间的贞操感已开始萌芽，而这一时期的对偶婚形态下男女相爱是平等的，感情是婚姻的重要因素，从古代所流传下来的藏族传统情诗与日本古代的情歌中都可看出当时浪漫自由的婚姻观。

（一）藏族情诗与"着桑婚"

恋爱是一个民族习惯以及人生观与价值观的体现，藏族人天生的浪漫使其自古具有追寻自由的恋爱与婚姻观。早在康熙年间，六世达赖仓央嘉措同时亦是一位民歌诗人，通过其细腻的笔触描绘了藏民族自由真挚的恋爱观：

> 因为心中热烈的爱慕，
> 问伊是否愿作我的亲密的伴侣
> 伊说：若非死别，决不生离。①

对于自由真挚恋爱的向往，使藏族的婚姻中除了少数贵族婚姻有着严格的门第限制外，庶民阶层更倾向于追寻自由恋爱，父母不会加以干涉。比起汉民族之间的世俗禁忌，藏族男女间的交往更加自由。男方可以在夜晚潜入女方家中与其约会，女方家人一般不会干涉。

一年一度的赛马大会、望果节等宗教节日则是男女相遇的机会。男性与女性初见后一般会以邀请女方去饮"酥油茶"或是跳舞，由此展开交往。在牧区，藏族男女的爱情则多在共同劳作与生活中展开，日常劳作为男女创造了一个追寻自由恋爱的机会。藏族的包办婚姻多见于贵族阶层，一般庶民阶层的藏民族男女的自由结合则更为普遍，人们说：自由结合的像"嘎乌"②一样贴身；父母强迫结合的是用"胶粘石头"。③ 对于藏族年轻男女来说，自由恋爱、结婚似乎是一件自然的事情，尤其是牧区的藏族部落，虽受到周围汉族婚俗的影响，但由于环境仍较为封闭，因此仍保留着自身的古老习俗，藏族姑娘在举行"戴天头"④ 仪式后，意味着已经成年，可以自由地与异性交往，并同宿于中意的男子。此种偶居称之为"着桑婚"。"着桑"意为"朋友"，这种"婚姻关系"合离容易，所谓"男女相悦即为夫妇，稍一反目，即琵琶别抱，掉首无情，男子亦不问也。然亦有行结婚仪式者，不数见也"⑤。根据学者研究，"着桑婚"的原型正是母系氏族的走访婚⑥，当藏

---

① 仓央嘉措：《六世达赖情歌：仓央嘉措情诗集》，于道泉译，当代中国出版社2011年版，第73页。
② 嘎乌，是藏语的音译，护身佛的盒子。盒子里一般装有小佛像、印着经文的绸片、舍利子或者甘露丸、由高僧念过经的药丸，以及活佛的头发、衣服的碎片等。
③ 陈光国：《青海藏族史》，青海民出版社1997年版，第262-263页。
④ "戴天头"为女子成年礼风俗，多流行于青海互助等地。
⑤ 周希武：《玉树调查记》，吴均校释，青海人民出版社1986年版，第86页。
⑥ 严汝娴：《藏族的着桑婚姻》，载《社会科学战线》1985年第3期。

族处在母系氏族时代，可推测"着桑婚"为其普遍的婚姻形态，随着母系氏族过渡为父系氏族社会，父系嫁娶婚则变得普遍，"着桑婚"退居次要地位，作为古老遗俗被保留。以古代西宁府牧区藏民族为例，其定婚一般由男女自主，相较于汉民族的传统"六礼"，藏族婚姻虽纳采以牛马，但不同于汉族重视"亲迎"，藏族婚姻或无"亲迎"或是"遣他人迎之"。女家将新妇送入男家，可无交拜仪式，有些牧区更有夫妇不同寝、夫妇别居的习俗。① 即男女相悦则可一起生活，若是随着时间两方的爱情消逝，则男方可离开女方，因此所出之子多并不知其父。如此年轻男女向往自由恋爱的浪漫情怀，婚姻关系的缔结与解除较容易且夫妇别居并保有"走婚"习俗的特征与日本古代母系氏族时期的"访妻婚"②有着异曲同工之处。

(二) 日本古代求婚歌与"访妻婚"

访妻婚，又称为"妻问婚"。顾名思义，即夫妇别居，男女各自与其母亲及同母兄弟姊妹同住，男方在晚上造访女方家中，短则翌日清晨离开，长则在女家逗留数日，随后回到自己家中。与藏族传统婚俗相似，古代日本人亦追求自由的恋爱与婚姻，善于寄情于诗歌中，且与藏族情歌不同的是，古代日本的"求婚歌"往往具有"问名"与"定婚"之效力。如日本和歌集《万叶集》③ 开篇记载着流传于世的"雄略天皇的求婚歌"：

籠もよ　み籠持ち　掘串もよ　み掘串持ち
この岡に　菜摘ます子　家告らせ　名告らさね
そらみつ　大和の国は　おしなべて　我れこそ居れ
しきなべて 我れこそ居れ　我れこそは　告らめ　家をも名をも④
译文：
一手持木铲，美哉小木铲！一手提竹筐，精巧小竹筐！
来此山冈上，采菜少女郎。愿你把家告，愿你将名讲。
在此大和国，惟尊我为王。在此国土中，惟服吾为皇。⑤

类似于六世达赖仓央嘉措的情歌，此求婚歌体现了古代日本人浪漫自由的婚姻观，但

---

① 邓承伟纂，基生兰续纂：《西宁府续志》，青海人民出版社1986年版。
② 访妻婚，日文称为"妻问婚"。"问"为拜访、访问之意。按照日本学者高群逸枝的研究，日本的大和时代（弥生时代－古坟时代）婚姻形态为访妻婚。
③ 《万叶集》是日本最早的诗歌总集，在日本相当于《诗经》在中国的地位。所收诗歌自4世纪至8世纪中叶长短和歌，成书年代和编者，历来众说纷纭，但多数为奈良时期（公元710~794）的作品。一般认为《万叶集》经多年、多人编选传承，约在8世纪后半叶由大伴家持（公元717~785）完成。其后又经数人校正审定才成今传版本。
④ [日] 大伴家持等：《万葉集》，佐竹昭弘等校译，日本岩波书店2013年版，第3页。
⑤ 赵乐甡译：《万叶集》，译林出版社2009年版，第1~2页。

不同于藏族情歌的是，日本古代求婚歌中还包含有一种常见的求婚方式，即"问名"。所谓"问名"，是在求婚歌中男方问女方之名，若是女方回答了，便是同意了男方的求婚，具有婚约的效力。①

藏族传统"着桑婚"与日本古代"访妻婚"亦俗称为"走婚"，都基于以群婚为基础的氏族共同体而存在，并逐渐发展为一种特殊的对偶婚，婚后夫妻双方的身份、生活都保留于各自的氏族（部落）中，这样的结合方式并不具有很强的羁绊，离合亦较为容易。日本平安时代随笔集《枕草子》②中用"夜離れ"（夜离）来形容访妻婚离合容易之特点，意思为当男子不再夜访妻子时，则意味着以一种不需要任何程序的宣告方式，从事实上解除了婚姻。③因此从形式上来说，"访妻婚"与"着桑婚"相同，这种婚姻形态与其称之为"婚姻关系"，更似是一种"恋爱关系"。

（三）"着桑婚"与"访妻婚"的特点

世界范围内人类婚姻的发展史，是由群婚向一夫一妻婚（单偶婚）发展的过程。而由群婚向单偶婚发展的过程中，不可避免要经历对偶婚的过渡形态。传统"着桑婚"与"访妻婚"同为母系氏族社会中的对偶婚，具有以下共同的特点：

第一，"着桑婚"与"访妻婚"的原型都为走婚，都是以男女感情为基础，崇尚自由的恋爱观，"合"与"离"、"聚"与"散"都无须宣告，缔结婚姻所需的最大条件为男女的爱情，而并非制度的约束。并没有"夫妇"与"恋人"的区别，缔结的"婚姻关系"并不稳固，相比起婚姻，更是一种"恋爱"的状态。

第二，夫妇别居，不共同组成家庭。双方在"走婚"期间，虽有短暂偶居的情况，但双方的身份、生活都在保留于各自的氏族中。并且在"走婚"中仍可与他人"走婚"，不发生独占式的偶居。

第三，若是男方断绝访妻的行为，则婚姻悄然终止，而子女的归属，为母亲的亲族来抚养，一般说来教育子女的责任归于舅舅。

第四，婚姻排除母系血亲。排除母系血亲的族外婚是母系氏族走访婚共同的特点。"着桑婚"与"访妻婚"的配偶双方都隶属于不同的两个氏族单位，通过走访而实现偶居。但"着桑婚"随着时间的推移变为遗俗，现今藏族现存的"着桑婚"与原始母系氏族时代的"着桑婚"相比，通婚范围缩小，不仅排除母系血亲，更是排除父系血亲，施行严格的禁止近亲结婚的禁婚观，"着桑婚"已变为男女在正式结婚前的一段"恋爱经验"。

---

① ［日］高群逸枝：《日本婚姻史》，日本白泉堂1963年版，第10页。
② 《枕草子》：日本平安时期女作家清少纳言创作的随笔集，大约成书于1001年。作者清少纳言将其在宫廷之中任职期间所见所闻整理成三百篇，从几方面来记述。《枕草子》开日本随笔文学之先河。《枕草子》与同时代的另一部日本文学经典《源氏物语》，被喻为日本平安时代文学的双璧。
③ ［日］清少纳言：《枕草子》，池田龟鉴译，日本岩波书店1962年版。

而"访妻婚"现已完全消失于日本现代社会,且日本古代崇尚近亲婚,尤其是皇族与贵族阶层婚姻中,为保证家族"纯血统",父系近亲婚虽然十分普遍,但母系近亲婚仍为一种禁忌。①

二、特殊的"夫妇同居婚":兄弟共妻婚与姊妹共夫婚

随着母系氏族社会向父系氏族社会的过渡,父权对婚姻的影响进一步加深,夫妻的居住方式更是从"夫妇别居"转变为了"夫妇同居"。② 也就意味着,共同生活的对偶婚模式开始正式确立,夫妻间的独占性开始显露,婚后夫妻属于同一个生活共同体,氏族的概念逐渐开始转变为家族的概念,而宣告夫妇同居的婚姻仪式更是变得多样化。藏族传统婚姻与日本古代传统婚姻在形成夫妇同居婚后至单偶婚确立以前分别形成了各自独居特色的婚姻习俗,如藏族的抢婚、买卖婚、交换婚、招婿婚、童养婚等特色鲜明的婚姻嫁娶习俗;又如日本古代长时间持续的招婿婚习俗。其中藏族兄弟共妻婚与日本古代姊妹共夫婚更是因其特殊的婚姻形态而引起了世人的关注。

(一)"兄弟共妻婚"与"姊妹共夫婚"之形成原因

1. 藏族"兄弟共妻婚"及其形成原因

藏族一妻多夫婚姻在学术界瞩目已久,恩格斯在《家庭私有制和国家起源》中就曾指出:西藏地区的一妻多夫制起源于群婚这个无疑是不无兴趣的问题,还需要做进一步的研究。③ 当今世界仅存的一妻多夫制,藏族的一妻多夫婚俗无论从文化影响上、研究还是在数量上都最为引人注目,藏族由于地域不同各地风俗有所不同,尤其是青海省的藏民族由于与多民族交流频繁,可谓是百里异习。时至今日,这种婚俗在较偏远的藏区农村仍占相当比例。藏族社会婚姻形式的特殊性体现在一夫多妻制与一妻多夫制并存,其中兄弟共妻婚更是在很早就引起了关注。④《西藏志·卫藏通志》中载:"一家兄弟三四人,只娶一妻共之"。⑤ 河口慧海在西藏的旅行记中亦对藏族同胞兄弟共妻的婚姻进行了记录,"大多的藏族家庭中存在着兄弟三五人,只娶一位妻子的婚姻现象。"⑥ 关于藏族兄弟共妻婚之形成原因,总结起来大概有以下几点:

首先,防止家产的分割。由于母权向父权发生转移,"从妻居"转变为"从夫居"的居住方式,因此兄弟共妻可防止家产的分割。且家产分割不仅使家族经济状态恶化,也使

---

① 参见[日]高群逸枝:《日本婚姻史》,日本白泉堂1963年版,第10页。
② [日]高群逸枝:《母系制の研究》,日本讲谈社文库1979年版,第23页。
③ [德]恩格斯:《家庭私有制和国家的起源》,中共中央马克思恩格斯著作编译局译,人民出版社2003年版,第48页。
④ 陈光国:《青海藏族史》,青海民族出版社1997年版,第488页。
⑤ 吴丰培:《西藏志·卫藏通志》,西藏人民出版社1982年版,第28页。
⑥ [日]河口慧海:《チベット旅行记》,日本白水社1978年版,第94页。

家族在社会上的威信力下降，在现实中多兄弟藏民族家庭若采取一妻多夫婚，可以保全从领主领到仅有的土地不被分割。

其次，减轻婚资的负担。兄弟人数多，则需准备的婚资负担也相对较大。越是穷匮的地区，选择兄弟共妻婚的家庭越多。

最后，是血缘方面的原因。藏民族对血缘关系尤为重视，因此绝对禁止近亲婚。藏民族家族中有"骨"与"肉"之分，同父系兄弟、姊妹为称为"骨"，"同骨"兄弟的关系讲求兄弟同心。为了使兄弟一心，常使兄弟共妻。且兄弟共妻婚姻所出后代的兄弟关系被称为"同骨、同肉"，即双亲相同的关系，这样的家族关系比起兄弟各娶妻子而言要更加紧密。①

2. 日本"姊妹共夫婚"及其形成原因

另一方面，与"兄弟共妻婚"相似的是日本古代"姊妹共夫婚"的婚姻形态。所谓"姊妹共夫婚"，即姊妹二人共同嫁给同一男性的婚姻。这样的婚姻形态在世界各民族的婚姻史中几乎都曾出现过。例如中国古代亦有"娥皇女英"之典故，但其须遵守"同姓不婚"原则，姊妹与夫之间不得是同姓同宗的关系。与之不同的是，日本古代虽在律令中规定了"同姓不婚"的原则，但实际在日本婚姻史上姊妹共同嫁给父系兄弟的婚姻占有着重要的地位，且这种"近亲婚"曾盛行一时，常见的是"姊妹共夫婚"下的"异母兄妹婚"，即姊妹二人共同嫁与其同父异母兄弟。②

这种父系"近亲婚"尤其常见于天皇或贵族的婚姻中，据史书记载天智天皇与天武天皇时代③，天皇家血缘集团内女性几乎无例外的与同一血缘集团男性结婚。例如，日本第38代天皇，天智天皇④的十位女儿中，有四人都嫁给了天智天皇的同母同父弟弟天武天皇，即"叔侄婚"⑤，天智天皇余下的女儿中，另有四人嫁给了天智天皇之子，即所谓的"平行的堂兄妹婚"。⑥天皇家庭选择姊妹共夫的族内婚多是为了保持其"一族"血缘的"纯洁性"。而日本古代的地方豪族也大多倾向于这种"一族"内的婚姻。究其原因，多包含着政治意图在其中，为了强化与保持其血缘集团的地位。大化改新后，日本户籍制度形成，根据户籍记载，各阶层的内婚形态较多，其中不仅是皇族与贵族，甚至在一般庶民

---

① ［日］六鹿桂子：《チベット族における兄弟型一妻多夫婚の形成理由の考察》，载《多元文化》2011年第10期。
② ［日］官文娜：《日中親族構造の比較研究》，日本思文閣出版2005年版，第99页。
③ 天智天皇统治在位年为662—672年。天武天皇在位年为673-686年。
④ 天智天皇是日本第38代天皇，生于公元626年（推古天皇34年），卒于公元672年1月7日（天智天皇10年12月3日）。天智天皇在公元645年发动乙巳之变，公元661年开始摄政，公元668年在近江大津宫正式即天皇位。天智天皇推行大化改新，并颁布了《近江令》，使日本开始走向法制化道路，在日本发展史上有着重大的历史意义。
⑤ ［日］黒板胜美：《国史大系·日本三代実録》，日本岩波书店1973年版，第55页。
⑥ ［日］高群逸枝：《日本婚姻史》，日本白泉堂1963年版，第10页。

阶层也普遍存在同姓婚。①

(二) 藏族"兄弟共妻婚"与日本古代"姊妹共夫婚"的相似之处

"兄弟共妻婚"与"姊妹共夫婚"同为对偶婚发展至夫妻同居婚姻时期的特殊形态，两种特殊的婚姻形态形成有经济、社会或婚姻习惯等方面的原因，但更关键的是血缘观念方面的深层原因。具体说来，以两者为代表的我国藏族与日本古代对偶婚在"夫妇同居"阶段有着有以下几个相似之处：

1. 两者都形成了一系列多样化的婚姻仪式。

随着母系婚姻向父系婚姻发展的过程中婚姻发展至夫妻同居的居住方式，逐渐有了"嫁""娶"的观念产生，自然会伴随着一系列多样化仪式的形成。

藏族婚姻程序、仪式由于受其生产方式、人们的审美观念等诸多因素的影响，不同地区（如农业区与牧业区）各有不同，且不同阶层（如牧主头人与普通农牧民）亦差异很大。整体来说，藏族的婚姻程序经历"六礼"，分别为提亲、占卜、定婚、迎娶、婚礼、回礼。② 藏族青年男女虽崇尚自由的婚姻方式，但是"父母之命、媒妁之言"仍不可缺。即须在得到双亲首肯后被，通过媒妁之言，通过中间人向女性父母提亲。且藏族的婚礼一般包含着与宗教相关的多样化仪式，有些仪式至今仍保留下来。

以青海省同仁县农村为例，同仁县位于青海省省会西宁市的东南部，为黄南藏族自治州的州政府所在地。同仁县分为三镇与九乡，是藏族与汉族、回族、土族、撒拉族以及蒙古族等多民族聚居地，而藏族占总人数73%。③ 同仁县的农业人口较多，因此婚姻除了以自由恋爱为途径，保留着通过相亲、介绍的传统型婚姻，从今天的仍残存婚姻程序与婚姻仪式、关于藏族婚姻的田野调查及史料文献可窥见传统藏族婚姻多样化仪式之全貌：

在提亲之前，传统的同仁县农村藏族婚姻要得到父母对于结婚对象的首肯。以本民族并且为佛教徒为寻找配偶的前提，在这个前提下，寻找同村内传统藏族的土地神（Sa-bdag），与地方保护神（yul-lha）的信者家庭，并且追溯到3代之前没有父系的血缘关系的适龄青年为结婚对象。

提亲后将男女二人的出生年月与生肖属相等进行占卜，例如"牛与羊""龙与犬"、"虎与猿"的生肖配对都是相冲的，需要避之。若未犯生肖以及血缘方面的禁忌，则准备"slong chang"（求婚酒）与"kha btags"（哈达）等物品有家族年长者担任中间人向女方提亲。女方若手下求婚用的哈达则表示接受了婚约并婚约成立。举行婚礼的喜日一般由高

---

① ［日］原岛礼二：《日本古代社会の基礎構造》，日本未来社1968年版，第261页。
② 西藏社会历史调查资料丛刊编辑组：《藏族社会历史调查》，民族出版社2009年版。
③ 黄南藏族自治州概况编：《黄南藏族自治州概况》，民族出版社1999年版。

僧占卜得出，吉日则集中于正月。① 结婚喜日当天，男方派人身着民族衣装到新妇家接亲。新妇则由母亲或家族长者为其编发，并着民族衣装、佩戴珊瑚与宝石等制成的装饰品。盛装准备后，在出家门之前须进行"扔筷子"的习俗，为了是将幸运留在娘家。出了新妇家门一行人可边歌唱民谣边前往新郎家，新妇的族人则可将新妇送至新郎家附近，在路途上经过神庙或寺院、佛塔等须行"五体投地"之礼。到了新郎家附近新妇族人将其交给新郎家族而返回家中。② 待新郎家族的年轻人点燃爆竹，又两位长者手持奶茶，边挥洒边敬献给神。这一天，新郎与新妇两家分别计算着时间在家中由僧侣来举行"g-Yang'gugs"（招福）的仪式③，新郎新妇进入家门后，新妇须向新郎家中的佛堂行"五体投地"之礼、向家神祈祷。随后新妇可进入厨房，此时婆婆须避于门后，以期望今后家中不会有争执。婚礼上新郎家以 sha skya（羊肉菜汤）④ 来招待亲友，直到深夜把酒言欢，载歌载舞。

而新郎在翌日或再选日期来招待新妇家族，其后一日新妇家族招待新郎家族称为"回礼"。除婚资以外，新郎须再向新妇家族每人置礼，礼品通常除了钱财还可为带骨羊肉、衣服、或哈达等。媳妇家族再后一日同样须以菜肴与美酒来招待新郎家族，通过两家的往来与祝宴，新郎新妇"昭告"结成夫妇并为社会所认可。⑤

除了兄弟共妻，藏族在女方家中无子，缺乏劳动力的情况下，可招夫婿上门当家，并继承财产，根据当地习俗，如果女方姊妹同意，可姊妹共夫，但此现象在牧区比农业区普遍。世界婚姻史中同样以招婿婚为代表的还有日本古代飞鸟时代至镰仓南北朝时期，招婿婚亦曾存于日本婚姻史约3个世纪之久，从史料记载可发现日本古代豪族婚姻形态几乎为招婿婚，且豪族女性姊妹大部分与同一血缘集团男性结婚。

与藏族婚姻发展史相同，日本古代的对偶婚发展到了夫妇同居婚的阶段比起夫妇别居婚姻阶段的访妻婚（走婚）更具有稳定性，也开始有了"家族"的观念。日本古代夫妇同居婚的普遍形式为招婿婚，招婿婚形成了多样化的仪式且迎娶女婿的仪式同时也是女方家昭告亲朋邻人的仪式，日本招婿婚虽逐渐发生母权向父权的转移，但仍是以在妻方家居住的"妻居婚"为主，因而婚礼仪式完全围绕着女方家族进行。藏族婚姻讲求"提亲"，同样在日本招婿婚时代，女方父亲会通过"仲人"向男方"求婚"，男方若是首肯，则会

---

① 乔旦加布：《チベット・アムド地域における人生礼儀の変化に関する考察——ワォッコル村の事例から》，载《総研大文化科学研究》2011年第13号。
② 乔旦加布：《チベット・アムド地域における人生礼儀の変化に関する考察——ワォッコル村の事例から》，载《総研大文化科学研究》2011年第13号，第211-237页。
③ Yang：央。藏民族把央看得很重要，都希望它能够长久地留在自己家中招福的目的就是希望新娘将央带入新郎家。参见：長野禎子：《チベットにおける"やんを呼ぶ"儀礼》，载《四天王寺大学紀要》（第46号）2008年9月。
④ 参见長野禎子：《チベットにおける"やんを呼ぶ"儀礼》，载《四天王寺大学紀要》（第46号）2008年9月，第433-463页。
⑤ 参见吴丰培：《西藏志·卫藏通志》，西藏人民出版社1982年版，第28页。

向女方直接传递表明自己意愿的文书，称为"文使"，对女方表明自己的承诺。在经历了求婚以及传递文书两个阶段后，根据日本女性史学家高群逸枝的研究，这阶段的婚礼仪式主要有"婿行列""火合""沓""衾覆""后朝使""露显""婿行使"①。

婿行列，即男方家在半夜组成的奔赴女方家的队伍，并在女方家过初夜。在最初，婿行列十分简单，后来渐渐地在队伍的组成以及衣着排场等方面都变得华丽起来。

火合，是指送女婿的队伍到达新妇家后，新妇家的年轻人（大多为新妇的兄弟）拿着蜡烛出来迎接，并用婿行列所持火把将蜡烛点燃，随后将婿引入古床幔帐。并将床廊、帐侧等处的灯炉点燃，使其三日间不熄灭。

沓取，是指新妇父母要将婿在到达新妇家后脱下的鞋子放入房中卧床内，并"与鞋共枕"三夜。这样的习俗在今日看起来似乎令人啼笑皆非，但在当时，人们认为此行为是包含着新妇的家人对于婿能够成为新的家人安心生活之美好祈愿的咒语，在三日后将鞋还于婿之时，婿就永久的成为新妇方的家庭成员。

衾覆，衾即被子。婿在新妇家人的引导下到达寝室，准备进入床帐之前，新妇已经先一步坐在床帐之中。婿在进入床帐之前要解脱身上的华服，随后衾覆人会将为新人盖上被子。根据《玉叶》②记载，衾覆人多是新妇之母，且衾覆人须要与新人同宿三日。③ 以表明本家族与新家族成员的婿永久同居之意，由新妇之母来履行衾覆人的职责，应当也是母系氏族习俗的残留。

后朝使，是指自婿到达新妇家之日起，须连续三日在早晨回到自己家中去，在与新妇暂别之后婿要向新妇表达自己的思念之情以及下次夜晚再会的约定，而新妇也同样要对于婿的心情进行自己的答复。这样反复三日后，于"露显"之日，在女方家中正式举行仪式，两方的家族见面，向外界宣告这桩婚姻的成立。此时婿作为妻家族的一员被公认，露显之日也正是婿到妻家正式开始同居生活的日子。

婿行使，指的是婿在妻家共同生活后的第一次外出，此时婿已经完全代表的是妻子家族的一员，外出所乘坐牛车、随行小厮、车夫等人都是妻家为其准备。④

2. 两者都具有对于女性的保护规定

第一，藏族女性与日本女性在婚姻都有自由择偶的权利。如前所述，藏族女性拥有充分的恋爱自由，恋爱期间她们对自己的婚姻有着较大的抉择权，且最终婚姻的抉择人也多为女方的女性族长。藏族女孩在结婚前在家中享有与男孩相同的地位与待遇，有时候甚至略高于男孩。日本招婿婚多倾向于双方的合意，女方有充分的择偶自由，且女方族长对于

---

① ［日］高群逸枝：《招婿婚の研究》（第2卷），日本理论社1966年版，第36–102页。
② 《玉叶》（日语：ぎょくよう），别名玉海、月轮兼实公记，为日本平安时代末期关白兼太政大臣九条兼实的日记。本日记记录自1164年至1200年间，九条兼实于公私等方面的记载，也详细记录各项仪式的内容。也针对当时的源平争斗有着相当多的记载，是平安时代末期到镰仓时代初期的珍贵史料。
③ ［日］小原仁：《〈玉葉〉を読む——九条兼実とその時代》，日本勉诚出版2013年版。
④ 前引高群逸枝书《招婿婚の研究》，第36–102页。

婚姻、婚后的居住以及女婿的人选有着一定的"承认权"。

第二，藏族与日本古代婚姻习惯法对于女性的经济地位都有一定的保护。在财产继承上，藏族未出嫁女性享有与男性相同的权利。女性出嫁后也可回娘家继承财产，甚至招婿婚中女性夫婿的地位亦与家中儿子相同。如玉树藏区部落婚姻法至今规定：女方招婿，女性在家庭中的地位近同儿子，不受歧视，有财产继承权。子女分家，另立门户，按人头分配财产，父母双亲各两份，子女各一份。① 出嫁后的夫妻生活中，藏族女性仍具有一定的保障，藏族妇女通常可以分得牛羊等陪嫁财物，保障女性在婚姻中的经济地位并且保障其在离婚后的生活。女性在离婚时可将所有的陪嫁物收回并作为主要劳动力分得夫妻双方共有财产。② 日本古代婚姻法之规定与其类似相似，亦体现了对于女性经济地位的保护。当时的日本社会为了保障女性，女性一般比男性得到财产的机会更多，尤其对于贵族女性，财产的继承是保障其地位的重要途径，根据史料记载贵族选择将财产全部留给女儿的事例较多。平安时期的女性，尤其是贵族女性为了保证自己与所生子女的生活，强烈主张女性的经济独立以及母系继承。也就是说女性拥有着自己的财产并且女性在当时对于自己的财产有着法律上的主体性与处分权。③

第三，藏族女性与日本古代女性都具有离婚自由。中国古代有"七出"之条，使丈夫在婚姻中处于绝对的地位，相反女性却未被赋予自由的离婚权，因此不符合"礼义"，正所谓："夫有恶行，妻不得去者，地无去天之义也"。但藏族女性通常在离婚时与结婚时一样拥有一定的自由，有权主动提出离婚，双方不欲继续同居，便可分道扬镳，一方另有所欢，他方也可放弃，很少需要亲族长者或他人对于婚姻进行干涉④，社会对于离婚女性亦少有歧视。同样，日本古代习俗婚继承访妻婚"多夫多妻"习俗，即女方在婚姻中具有主动性。现实中妻子再婚甚至重婚的行为屡见不鲜。《养老律》虽然模仿唐律制定了离婚的程序，针对女性规定了"七出"与"三不去"的原则，但是在实际生活的婚姻生活中，甚至有女方主动提出离婚之例。⑤ 且对于寡妇再嫁的问题，在夫死后再嫁成了普遍的行为，藏文化与日本文化中都没有"好女不嫁二夫"的思想存在。

3. 两种特殊婚姻形式都有助于加强血缘集团内部的稳固

正如前述，藏族"兄弟共妻婚"与日本"姊妹共夫婚"的一个重要特点即为通过同胞共妻或同胞共夫的婚姻形态，以达到加强血缘集团内部稳固的作用。

"兄弟共妻婚"通过同胞兄弟共妻的婚姻，可以防止财产的分割，防止同胞兄弟因财产而离心，增强内部团结，稳固其血缘集团的生存与生产能力。"姊妹共夫婚"亦是如此，

---

① 格勒，海森，嘎·达哇才让：《色达牧区的嫁妆和聘礼——川西藏族牧区的人类学专题调查之一》，载《中国藏学》1995年第2期。
② 邢海宁：《果洛藏族社会》，中国藏学出版社1994年版，第118页。
③ ［日］本周五郎：《荣花物語》，日本新潮文库1972年版，第80–96页。
④ 于式玉：《于式玉藏区考察文集》，中国藏学出版社1990年版，第92页。
⑤ 前引高群逸枝书《日本婚姻史》，第166页。

通过同胞姊妹共夫的婚姻，尤其是在这基础上同胞姊妹与族内男性结婚，以排除异血缘，维护其一族的"纯血缘"，并达到加强族内成员血缘、亲属关系之羁绊的目的。值得注意的是，两者虽目的都在于加强其各自血缘集团内部的稳固，但两者的血缘家庭观念却并不相同。

（三）藏族"兄弟共妻婚"与日本古代"姊妹共夫婚"的不同之处

以兄弟共妻婚与姊妹共夫婚为代表，纵观我国藏族婚姻与日本古代婚姻中最大的区别应属对"血缘"的认知以及相关婚姻习惯法之规定。

藏族有着严格的血亲之间的禁婚原则，据《后汉书·西羌传》记载，现安多藏族的祖先之羌族的婚俗规定："其俗氏族无定，或以父命母姓为种号。十二世后相与婚姻。"①，故藏族血缘外婚的传统由来已久。藏族不似汉族讲究族谱，而是用"骨系"与"肉系"来划分。"骨"为父系而"肉"为母系，通常藏族对于血亲的禁止要追溯到数代以外，亲骨肉即同父同母兄弟姊妹间绝对不能发生性关系，更不能婚配，属于"绝对禁止"之规定，否则即视为有悖于人伦，同一"骨系"内部亦杜绝婚配，否则即为重罪，会受到制裁。② 母系血缘内部亦适用此规定，但相比起来对于"骨系"的规定比"肉系"更加严格。如日喀则地区在计算可婚配的须间隔的代际时认为母系要经过 7 代，而骨系则要经过 21 代，直至曾有过的血缘关系被世人遗忘才能够提亲的规定。计算待际间隔的算法有 7 代或 9 代算法，通常认为 7 代至 9 代以后曾有过的血缘关系则已变得十分淡薄。7 代算法是指，第一辈开始从心算；第二辈是肩关节相同；第三辈退到肘关节相同；第四辈看腕关节；第五辈是手指与手掌相联的关节；第六辈是手指第二道关节；第七辈退到手指最后的关节；到了第八失去相同处，才可进行婚姻与两性关系。③ 藏族对于血缘近亲婚的禁止是因为藏文化认为"骨"是人体遗传的媒介，后代通过"骨"继承先祖以及父母的身体与精神方面的品质，"骨"使"一族"作为生物的特质传承下去。正所谓"骨头相同，血脉相合"④，因此现在虽有少数藏区认为骨亲血缘外婚仅集中于父系，而对母系的"血肉"间的近亲婚时表现出允许的态度，但骨系血缘近亲婚无论在宗教、人伦还是生物学的角度在整个藏民族都是被绝对禁止的。⑤

相比藏族绝对的禁婚观，日本古代对于"近亲婚"的推崇主要见于皇族或贵族阶层中，"异母兄妹婚"为代表的父系近亲婚婚俗在律令制确定了一夫一妻婚姻形态后仍然存续着，如果说婚姻习惯法反映着一个社会的文化与风俗，日本天智、天武天皇时代的近亲

---

① 范晔：《后汉书》，中华书局 2010 年版。
② ［日］川喜田二郎编：《チベット人》，日本角川书店 1960 年版，第 152 页。
③ 同上注，第 153 页。
④ 张济民：《青海藏区部落习惯法资料集》，青海人民出版社 1993 年版，第 68 页。
⑤ 刘军君：《藏族骨系血缘外婚制的"非正式制度解析——基于文献稽考与安多农区的田野实证》，载《西南民族大学学报（人文社会科学版）》2015 年第 11 期，第 60 – 66 页。

婚亦反映出了当时血缘内婚的显著特征，即皇族内女性几乎无例外地与同血缘集团的男性结婚。① 与藏族对于同一血缘继承的"骨系"血亲之间的禁婚原则所不同的是，日本古代尤其是皇族追求的"纯血统"概念是指为了维持古代天皇家一贯的神圣血统不被其他血统"侵害"，而要求皇族内部拥有同一血缘关系的"一族"内婚，其结果则是此婚姻的父系与母系以及亲族皆出自同一血缘集团。

三、血缘家族观念与对偶婚之变迁

随着社会的不断演进，对偶婚至单偶婚的变迁是不可避免的，"氏族"最终消失，取而代之的是"家族"的观念。日本古代对偶婚结束了其作为过渡阶段的"使命"，最终完全消逝于历史长河。自日本武家政权登上历史舞台，父权制正式建立，带有母系社会特点的对偶婚完全过渡至父系嫁娶婚，最终在明治时期形成了现代的纯一夫一妻婚。② 反之藏民族具有多元性，依据其特有的生存条件，西部藏区选择以游牧为主进行生产生活的较多，而东部的农业区藏民族由于其与汉族以及其他多民族杂居，大部分从事着农耕经济，从事着半农半牧的生产生活方式，随着与汉民族的交融以及经济的发展以及生产生活方式的变化，藏族的婚姻形态有着一定的变化。新中国成立后随着新婚姻法的颁布，一夫一妻制的思想亦逐渐深入到藏区，但是在地理位置较偏远的藏区仍保留着传统的婚姻形态。据调研，现今生活于四川省甘孜藏族自治州的雅江县和道孚县的"阿坝人"，以及青海省化隆县的个别村落现仍保留着"走婚"的习俗，也就是"着桑婚"。而大多数藏民族除了保留了一些习俗（如湟中县上新庄镇静房村的入赘习俗），或保留了一些传统婚姻仪式外，历史遗留的婚姻形态、婚姻制度逐渐发生着变化，取而代之的是现代背景下的新的婚姻形态与理念。③

同是母系对偶婚，日本古代的对偶婚随着父权的建立而销声匿迹，但藏族对偶婚的习俗至今仍有部分被保留，其中原因应与两个社会不同的血缘家族观念密不可分。

首先，日本古代社会虽为母系氏族制，但在对偶婚时期的日本社会，父系氏族的观念已逐渐开始显露，例如对父亲称呼方式的多样化、以及大氏族族长可以在妻方部落所养育的子女中挑选继承人为自己部落的族长等特例④即可看出，父系氏族色彩在当时已开始渗透至母系氏族社会，并逐渐扎根于其血缘家族观念中。因此日本古代对偶婚的社会基础其实并非纯母系氏族制，婚姻中对母权的肯定也只是母系氏族向父系社会过渡时期的暂时保留。⑤ 其次，在随后过渡至招婿婚的过程中，父系家长的地位更是愈加重要起来。不同于

---

① 参见［日］官文娜：《日中親族構造の比較研究》，日本思文閣出版2005年版，第82页。
② 参见前引高群逸枝书《日本婚姻史》，第243页。
③ 湟中县地方志编纂委员会：《湟中县志》，青海人民出版社1989年版。
④ 参见前引高群逸枝书《日本婚姻史》，第53－54页。
⑤ ［日］江守五夫：《婚姻の民俗　東アジアの視点から》，日本吉川弘文館1998年版，第68－101页。

藏族"大家族"、"大氏族"的观念，日本的氏族主要指母系氏族，并随着武家政权登场、父系的权力社会建立而逐渐失势。随之建立的"家族"观念则与藏族的"家族"观念完全不同，对血缘、血统问题的认知亦有差异。① 日本古代"家"的概念除了以夫妇为中心进行子孙繁衍的"私"的概念以外还包含着另一层有关家业继承的"公"的概念。② 氏族社会逐渐瓦解后，随着武家政权登场，"家督制"逐渐形成。所谓家督，指的多为武家政权的嫡长子，但却不同于中国古代的嫡长子继承制度，家督并不单是家主，更是其藩地的主君，主君为其所属"一族""一门""一流"的责任者，其族人为"家臣"，家臣具有为主君奉公尽忠的义务，并以此为代价获得俸禄。因此日本古代"家"的实质，更像是一个以天皇与朝廷的公务为中心的"公家机关"，作用是"家业"与"家产"的继承。对于家业的继承权，则不同于藏族拥有强烈的血缘观念与其独特的血缘结构，日本古代建立了无视血缘关系的"养子继承制度"，并一直兴盛于日本近世，形成了完善的有关"养子继承"的法律条文。③

与日本古代逐渐对于血缘家族观念的淡化相反，藏族对血缘家族观念极为重视，且这种血缘家族观念并没有随着时间流逝而淡化，对偶婚时代的藏族血缘结构、血缘观念在现代婚姻中仍保留着，如禁止近亲婚，以及鼓励同宗教结婚等。藏民族在其独特的生产与生活方式中形成了其独特的"家族"观念，由于生产生活方式需要大量的劳动力，藏民族一般都是大家庭，现代的藏族氏族关系分为外氏族（Phyi tsho）与内氏族（Nng tsho），外氏族实质虽属于同一氏族，但互相没有亲戚关系的家族。而内氏族又分为父系7代之间、母系4代之间的亲戚与父系旁系4代之间的亲族子孙。除了要满足近亲不婚的铁则，氏族亲戚在婚礼以及葬礼等场合也起着重要的作用，例如内氏族承担着准备婚礼食材以及祝贺歌曲等重要的使命。④

随着经济发展，现青藏高原的藏区有一部分仍维持着传统的文化与生产生活方式以及氏族组织形式，但亦有一部分牧区的藏民族放弃了放牧的生产方式，转而从事近年兴起的冬虫夏草挖掘的生产方式，例如青海省果洛藏族自治州与黄南藏族自治州，因地理原因村民大约一年有 3-4 个月外出挖掘冬虫夏草谋现⑤，因此有些村落现处于"半开放、半保守"的状态⑥，即随着与外界接触增加村人的生产生活方式、价值观等发展着不可避免的变化的同时，依然坚持着以寺院为中心的精神生活、以及坚守着其独特的"氏族"观念以及血缘观念。

---

① 参见［日］官文娜：《日中親族構造の比較研究》，日本思文閣出版 2005 年版，第 99 页。
② 同上注，第 130 页。
③ ［日］明石一紀：《日本古代の親族構造》，日本吉川弘文館 1990 年版，第 207–212 页。
④ ガザンジェ：《中国青海省チベット族の村社会——双朋西村と曲馬爾村の村社会の事例から》，载《金沢文化資源学研究》2012 年第 4 期。
⑤ 参见邢海宁：《果洛藏族社会》，中国藏学出版社 1994 年版，第 118 页。
⑥ 前引ガザンジェ文，第 85–92 页。

藏族传统对偶婚与日本古代对偶婚虽然同样经历了走婚、招婿婚等对偶婚阶段，同样拥有着自由浪漫的婚姻观，经历了由夫妇别居至夫妇同居的居住方式的变迁，形成了多样化的婚礼仪式，对于女性在婚姻中的保护规定，并分别形成了以兄弟共妻与姊妹共夫为代表的特殊婚姻形态，但最终一个消逝于历史长河、一个却在今天仍能看到其残存。深究其原因，对偶婚的变迁与血缘家族观念密不可分，不同的社会文化造就了不同的血缘家族观念，不同的血缘家族观念又导致了两种对偶婚变迁的不同结局。

四、结语

藏族对偶婚与日本古代对偶婚作为两种具有代表性的对偶婚制度，对两者的跨文化研究体现对偶婚文化所具有的世界性、普遍性的共同特点，同时不同的文化土壤孕育出了不同的婚姻形态与婚姻习俗。地域特点以及多元化的民族聚居生活方式，孕育出了多元化的藏族婚姻习俗，"百里异习"的我国藏族婚姻习俗至今能够有所保存，除却宗教、文化、地域等多方面因素外，独特的血缘家族观念是不可忽视的重要原因。而日本古代虽经历了与藏族相似的走婚、招婿婚等对偶婚阶段，但作为母系社会向父系社会过渡阶段的婚姻形式，具有氏族色彩的传统婚俗随着父系血缘家族社会的建立而最终完全消失。"历史是由人类所创造，而婚姻是男女两性关系的社会组织形式，因此对于决定人类存续的婚姻与家庭之研究将永不会停止。"① 婚姻制度反映了一个民族的特点，同时亦反映出了不同地域、民族在婚姻史上所具有的共通特点。我国藏族与日本古代传统对偶婚的跨文化比较研究为不同文化与地域的婚姻研究提供了新的视角与可能性，同时见证了母系婚变迁至父系婚的过程中不同文化、地域的两种母系社会的残存与消逝。

A Cross – cultural Comparative Study of Chinese Tibetan and Japanese Ancient Dual Marriage

Sun Lu

Abstract: The dual marriage is a form of marriage which is centered on matriarchy and the relationship between husband and wife is not stable. Also The dual marriage is an important part of maintaining and developing matrilineal family. The Living mode is an important factor to investigate the dual marriage. As the Living mode develops from couples living apart to couples living together, the marriage form also tends to be stable and more formalized. Later, with the development of Living mode from wife residence to husband residence, the matriarchy gradually

---

① 参见前引高群逸枝书《日本婚姻史》，第3页。

transferred to patriarchy. In the process of marriage system developing from group marriage to single marriage, most of them experienced a long transition period of dual marriage, and formed a unique marriage form and custom in this period. In detail, there are many similarities between the two dual marriage in terms of romantic and free marriage, diversified wedding ceremonies, long – standing "Son – in – law marriage" custom, female status and female taboos. In the end, dual marriage changed to single marriage. Up to now, the matriarchal marriage custom of Tibetan is still retained in some Tibetan areas of China, but on the other hand, the matriarchal marriage custom of Japan has disappeared in the long history, which is related to the concept of consanguine family. The cross – cultural comparative study of the two in different regions and cultures will bring a new perspective and direction for the study of the world's marriage history and women's history.

Keywords: Dual marriage; Single marriage; Living Mode; consanguine family; vicissitude